ÉDITORIAL

Un week-end ou plusieurs jours en gîte ou chambre d'hôtes est une manière très agréable de découvrir une région et ses richesses. En gîte comme en chambre d'hôtes, l'accueil réservé par les propriétaires est chaleureux et personnalisé. Dans un gîte, vous retrouvez le confort de la maison et conservez un maximum d'indépendance, quand, dans une chambre d'hôtes, vous êtes plus qu'un client à qui l'on donne les clés. Vous êtes en effet presque considéré comme un proche à qui l'on souhaite faire profiter du confort d'une partie de l'habitation, de son jardin et de ses différents équipements. Même s'il est tout à fait possible d'être autonome en chambre d'hôtes comme en gîte, l'atmosphère d'une chambre d'hôtes est un tantinet plus familiale avec les propriétaires. Pour cela, ils n'hésitent pas à proposer de savoureux petits déjeuners, une table d'hôtes, mais aussi des dégustations dans une cave ou bien de précieux conseils pour découvrir les incontournables et les trésors cachés de la région. À vous qui vous apprêtez à vous arrêter dans un gîte ou dans chambre d'hôtes en France, voici, notre sélection de bonnes adresses dans toutes les régions.

SOMMAIRE

© DANCURKO - ISTOCKPHOTO.COM

© MARTIN-DM-ISTOCKPHOTO.COM

LES INFORMATIONS À CONNAÎTRE

Qu'est-ce qu'un gîte ?

Un gîte est une maison meublée et équipée, mise à la disposition des familles et des groupes à l'occasion de leur séjour. Les gîtes peuvent accueillir de 2 à 15 personnes et sont classés en fonction de leur confort. La location d'un gîte présente l'avantage de retrouver le confort de la maison, avec la présence d'une cuisine souvent parfaitement équipée, d'un salon-salle à manger, d'une salle de bains, de WC et de chambres. Les formules tout confort mettent de plus à votre disposition du linge de maison et incluent le ménage en fin de séjour. En général, la location d'un gîte se fait à la semaine, mais il n'est pas rare de trouver des lieux à louer le temps d'un week-end, d'un court et même d'un long séjour. Il n'est en revanche pas possible de louer à la nuitée. Il faut différencier le gîte classique du gîte de groupes, qui lui peut de son côté accueillir plus de 15 personnes. Si le gîte offre l'avantage d'être totalement autonome et indépendant, les propriétaires qui vivent à proximité n'hésitent souvent pas à se rendre disponibles pour donner de précieux conseils de visites et d'excursions.

Qu'est-ce qu'une chambre d'hôtes ?

Les chambres d'hôtes sont des chambres meublées qui se trouvent chez l'habitant et qui accueillent les vacanciers pour une ou plusieurs nuits en échange d'une participation financière. Le tarif inclut la plupart du temps les petits déjeuners. Les chambres peuvent se trouver dans l'habitation principale des propriétaires ou bien dans une dépendance de la maison. Sont considérées comme chambres d'hôtes les habitations proposant la location de 5 chambres au maximum, avec une capacité d'accueil ne pouvant dépasser 15 personnes. Les chambres d'hôtes incluent la présence de linge de lit et donnent accès à des WC et à une salle de bains. En fonction des lieux, un petit espace cuisine équipée peut être mis à disposition de l'ensemble des locataires, avec machine à café, bouilloire, four à micro-ondes, réfrigérateur, etc. Ce qui permet aux vacanciers de pouvoir préparer leurs repas en toute autonomie et de les consommer sur place ou en balade. Il faut cependant savoir que beaucoup de chambres d'hôtes proposent le service de table d'hôtes. Toutes les adresses ne le proposent pas, mais pour celles qui le font, la table d'hôtes est une prestation qui consiste à partager les repas avec les propriétaires (souvent le dîner). Ce sont ces derniers qui le confectionnent et qui proposent un menu unique, élaboré à base de produits frais et de saison. La cuisine est souvent familiale et traditionnelle. C'est en outre l'occasion pour les touristes de goûter à des spécificités régionales, et de partager un grand cru du coin. La table d'hôtes est aussi un moment très convivial, un retour à l'essentiel : les rencontres, le partage des expériences et le plaisir de la gastronomie. Le petit déjeuner est un autre moment à part dans une chambre d'hôtes. C'est le plaisir de démarrer la journée du bon pied, en savourant un bon café chaud, un thé, un chocolat, du jus de fruit, des viennoiseries, des gâteaux, du pain et des confitures maison.

C'est un autre instant où vous découvrez des spécialités locales. Parlons à présent des équipements. Séjourner dans une chambre d'hôtes offre en effet, toujours en fonction des lieux, la possibilité de profiter d'équipements tels qu'une piscine, très agréable lors de la saison estivale, mais aussi d'un terrain de tennis, de pétanque, d'un espace spa, d'un salon de jardin pour prendre les repas et de transats pour se prélasser au soleil.

Certaines chambres d'hôtes peuvent aussi mettre à disposition des locataires des vélos ou bien des raquettes pour aller marcher la neige en montagne. À l'intérieur de l'habitation, il n'est enfin pas rare que les propriétaires vous proposent d'occuper certains espaces pour vous détendre : un salon avec cheminée pour prendre une boisson et jouer à des jeux de société avec les enfants, ou une bibliothèque pour lire. Les chambres d'hôtes qui proposent l'accueil de familles s'attachent d'ailleurs en général à disposer d'équipements pour que les enfants puissent jouer à l'extérieur (balançoires, toboggan, etc.).

Les différents labels des gîtes et chambres d'hôtes

Le label Gîtes de France repose sur un large réseau de logements saisonniers. C'est l'un des principaux labels de tourisme qui concernent aussi bien les gîtes que les chambres d'hôtes. En fonction de la qualité de l'hébergement, le label accorde de 1 à 5 épis. Plus on grimpe en nombre d'épis et plus on retrouve d'équipements mis à disposition des locataires. Les gîtes 4 et 5 épis sont souvent des maisons de caractère, offrant un maximum de confort et prenant place dans un environnement remarquable. Du côté des gîtes, de nouveaux labels ont vu le jour : les Gîtes Panda concernent ainsi les structures prenant place sur des Parcs naturels régionaux sous l'accord de WWF ; Ecogîtes est attribué au hébergements reconnus pour leur qualité environnementale ; Pré Vert concerne lui les habitations de plein air dans un cadre naturel préservé. On note une multitude d'autres labels également appliqués aux chambres d'hôtes, permettant aux touristes de mieux choisir en fonction de leurs affinité et de leur désir de vacances. Ainsi, le label Clévacances permet aux propriétaires de recevoir une multitude d'avantages en termes de communication et de visibilité de l'hébergement ; le label La Clef Verte est lui un label qui promeut les hébergements engagés dans une démarche responsable ; le label Tourisme et Handicap regroupe les logements accessibles aux personnes handicapées, qu'elles aient un handicap mental, moteur, auditif ou visuel ; le label Fleurs de Soleil met en avant les chambres d'hôtes et les gîtes situés dans une demeure de caractère, un cadre agréable et où l'accueil est reconnu pour être de qualité ; le label Accueil Paysan fait la promotion des producteurs agricoles et des séjours qui prennent place à la ferme, pour un séjour à la découverte des territoires ruraux, du terroir et des produits locaux ; le label Bienvenue à la Ferme concerne les exploitants qui souhaitent faire découvrir leur activité aux vacanciers au cours de leur séjour ; le label Charmance, créé par les Gîtes de France, vise lui à vanter les chambres d'hôtes également situées en milieu rural ; enfin le label Bienvenue au Château est accordé aux propriétaires proposant de prendre place au sein de grands châteaux de l'Ouest de la France.

© AJ_WATT-ISTOCKPHOTO.COM

Comment se passe la réservation d'un gîte ou d'une chambre d'hôtes ?

En premier lieu, les vacanciers repèrent le lieu qui les intéresse pour leur séjour. Ils peuvent pour cela se référer à un guide touristique au format papier ou numérique, ou bien naviguer sur Internet. Une fois les propriétaires contactés, par mail ou par téléphone, une réservation en gîte ou en chambre d'hôtes fait l'objet d'un contrat entre les propriétaires et les locataires. Le contrat vise à protéger l'ensemble des parties et à mettre sur papier les conditions générales de vente. Le document mentionne les cordonnées du propriétaire, celui du client, les dates du séjour, le prix du séjour, d'éventuelles informations complémentaires, les encadrés pour les signatures et les conditions de vente. La réservation est confirmée à partir du moment où le locataire envoie un acompte de 25 % du montant total de la location au propriétaire, ainsi qu'un exemplaire du contrat signé. Notez qu'il est toujours recommandé de conserver un second exemplaire du contrat avec vous. Sauf exception, la location ne peut en aucun cas concerner d'autres personnes que celles désignées sur le contrat. Notez aussi que pour les réservations qui se font sur Internet, par téléphone ou par courrier, le locataire ne bénéficie pas de délai de rétractation, et ce conformément à l'article L121-21-8 du code de la consommation au sujet des services d'hébergement.

Comment se passe une annulation ?

Les locataires qui souhaitent annuler un séjour réservé dans un gîte ou une chambre d'hôtes doivent notifier leur annulation par lettre recommandée adressée au propriétaire. L'annulation doit évidemment prendre place avant l'arrivée sur les lieux. Les propriétaires conservent l'acompte et si l'annulation se tient moins de 30 jours avant la date réservée pour le gîte et moins de 24h pour la chambre d'hôtes, il est dans son droit de demander l'intégralité du prix du séjour. Deux autres cas sont à bien considérer : si le locataire n'arrive pas sur le gîte dans un délai de 24h suivant la date d'arrivée et dans un délai de 19h pour les chambres d'hôtes, il peut remettre son gîte ou sa chambre en location. Il conserve alors l'acompte et peut légalement faire la demande du paiement de l'intégralité du séjour. Enfin, lorsque le locataire doit mettre prématurément fin à son séjour, aucun remboursement n'est pratiqué. Les locataires ne sont pas les seuls à avoir des devoirs relatifs à l'annulation d'un séjour, les propriétaires en ont eux aussi. Ainsi, lorsqu'un propriétaire annule un séjour, il est dans l'obligation de rembourser intégralement le client et de verser une indemnité correspondant au montant que ce dernier aurait eu à assumer si lui avait dû annuler à cette date.

Comment se passe l'arrivée dans un gîte ou une chambre d'hôtes ?

Le locataire est chargé d'arriver sur les lieux à l'heure qui a été convenue. Il ne doit pas se présenter avant pour ne pas mettre le propriétaire en porte-à-faux vis-à-vis de la préparation du lieu, et inversement, s'il a du retard, il est nécessaire de le prévenir par téléphone pour ne pas empiéter sur son temps. Au moment de l'accueil sur place, le locataire règle la totalité du montant du séjour, ainsi que la taxe de séjour. Pour un gîte, le propriétaire effectuera un état des lieux de la maison, via un document signé par les deux parties. Cela prend en revanche rarement place dans le cadre de la location d'une chambre d'hôtes, mais reste possible. Toujours pour les gîtes, le locataire doit effectuer un dépôt de garantie, payer les charges en fin de séjour, et il lui est conseillé de prendre une assurance.Durant le séjour, il est important que les locataires respectent le caractère paisible des lieux, autant dans un gîte que dans une chambre d'hôtes. Dans les chambres d'hôtes, ils ne peuvent accéder qu'aux espaces autorisés et ne peuvent en aucun cas faire venir du monde de l'extérieur pour partager un repas ou un moment festif et bruyant. À savoir que si le nombre d'occupants dépasse celui est convenu sur le contrat, le propriétaire est en mesure de refuser l'accès au gîte ou à la chambre d'hôtes. Il est également interdit d'emmener un animal si cela n'a pas été convenu au préalable. Enfin, en cas de litige, une réclamation est à adresser par lettre à l'antenne départementale des Gîtes de France, qui se charge alors de tout mettre en œuvre pour un accord amiable.

OUVREZ VOTRE CHAMBRE D'HÔTES

Les touristes sont nombreux à faire le choix d'une chambre d'hôtes comme type d'hébergement pour passer les vacances. C'est en effet une alternative intéressante aux campings et autres hôtels, mais surtout un véritable art de vivre son séjour, dans un cadre plus familial et plus proche du patrimoine et du terroir. Se lancer dans l'aventure d'ouvrir une chambre d'hôtes séduit de plus en plus de personnes, à la retraite ou souhaitant tout simplement changer de voie professionnelle. Mais comme tout projet d'envergure, ouvrir une chambre d'hôtes nécessite de la réflexion et de la préparation. Il doit suivre plusieurs critères : proposer une chambre meublée avec sanitaires chez l'habitant, être louée pour une nuit ou plus, offrir des prestations comme le petit déjeuner ou la table d'hôtes, être en adéquation avec la règlementation en vigueur niveau salubrité, hygiène et sécurité, et fournir un service de nettoyage du linge de maison. Vous souhaitez prendre part à la belle histoire des chambres d'hôtes ? Voici quelques conseils à suivre.

Savoir se poser les bonnes questions

Si pour obtenir l'appellation « Chambre d'hôtes », il faut remplir les différents critères ci-dessus et déclarer l'hébergement auprès de la mairie de votre lieu d'habitation, il est indispensable de se poser au préalable un certain nombre de questions. Que vous soyez à la retraite ou souhaitiez changer de métier, il faut en effet suffisamment vous questionner pour voir si le projet correspond réellement à vos attentes et surtout, éviter tout problème. Faites ainsi le point sur vos motivations ainsi que sur vos compétences pour diriger une entreprise, car oui, en ouvrant une chambre d'hôtes, c'est bien vous qui serez à la tête du projet et qui devrez faire face à tout ce que cela implique d'un point de vue administratif et organisationnel. Ensuite, interrogez-vous pour savoir si cela correspond à vos attentes en termes de vie familiale. Si c'est un projet que vous menez entre conjoints, cela ne devrait pas poser de problème, mais si vous décidez d'exercer seul et que votre conjoint(e) exerce une autre activité professionnelle, il ou elle doit être d'accord avec le fait d'accueillir des vacanciers dans votre domicile. Enfin, faites le point sur votre rapport au tourisme et votre volonté à exercer dans ce domaine. Car louer des chambre d'hôtes, c'est loin d'être seulement fournir les clés pour une installation dans une chambre. C'est aussi savoir accueillir les hôtes comme il se doit, être attentif, proposer un petit déjeuner et éventuellement un repas, ainsi qu'être disponible pour informer sur les richesses du territoire. Il faut en d'autres termes aimer la présence des autres, être dans l'échange et être amoureux de sa région au point d'en partager tous les secrets !

Faire une étude de marché et trouver le bon lieu

La phase d'étude de marché est indispensable. Les personnes qui souhaitent ouvrir une chambre d'hôtes ont souvent l'un des deux projets suivants en tête : soit il souhaite ouvrir leur belle et confortable maison aux vacanciers et les faire profiter des richesses de leur région, soit il décide de tout quitter pour aller vivre dans la région de leur rêve et dont ils savent qu'elle est un lieu de passage pour de nombreux touristes. Quel que soit l'endroit choisi, il faut dans un premier temps faire le point sur l'offre et la demande dans la zone concernée, et notamment voir quels sont vos principaux concurrents sur le territoire (Airbnb, les hôtels, les campings mais aussi les autres chambres d'hôtes, etc.). À partir de là, vous devriez avoir une idée claire s'il est opportun ou non d'ouvrir une chambre d'hôtes. Il est ensuite conseillé de faire une étude de terrain pour cibler les attentes des consommateurs, et plus particulièrement ici des vacanciers. Souhaitent-ils des vacances en famille ? Un week-end à deux ? Qu'est-ce qui les motive à venir dans la région ? Mais aussi quels sont les freins qui pourraient les dissuader de venir (prix, absence de certains équipements, etc.) ? N'oubliez pas à l'occasion de votre étude de marché de définir le profil type de votre future clientèle. Cela concerne le sexe, la tranche d'âge, la catégorie socioprofessionnelle, mais aussi les habitudes de consommation et les dates sur lesquelles elle souhaite partir en vacances. L'étude de marché vous aide également à savoir quel type de chambre d'hôtes vous pourriez ouvrir : simple ou bien haut de gamme, voire luxueuse.

Choisir la maison

Dans un premier cas, l'idée est d'ouvrir aux vacanciers la maison dans laquelle on vit depuis un certain temps, et que l'on considère comme agréable, tant du point de vue de l'habitation que des espaces extérieurs et des équipements. Dans un second cas, il est souvent plus question de trouver une belle maison ailleurs, que vous allez décorer à votre goût, afin de proposer un véritable petit cocon dans une région que vous affectionnez en particulier et qui regorge de sites d'intérêt touristique. Dans tous les cas, il est important que la maison dispose de suffisamment d'espace pour éviter une trop grande promiscuité. Même si le concept de chambres d'hôtes repose sur le partage avec les propriétaires, les locataires doivent pouvoir conserver de leur intimité et se sentir libres. C'est pour cela que certains propriétaires font le choix d'un accès aux chambres indépendant et de la mise à disposition d'un coin cuisine équipé. Parmi les chambres d'hôtes, beaucoup de maisons se démarquent, par leur décoration et leur aspect cosy, mais aussi par les équipements et services dont elles disposent sur place. Une piscine, un espace spa, la mise à disposition de vélos, un jardin, des jeux pour les enfants, un salon intérieur, de jardin ou bien encore un coin bibliothèque, sont autant de choses à mettre en avant en termes de communication pour attirer la clientèle. Le petit déjeuner et l'option table d'hôtes interpellent aussi les vacanciers qui souhaitent ne pas trop se fatiguer niveau repas, et compter sur les qualités culinaires des propriétaires pour bien manger et découvrir des produits locaux et des spécialités régionales. Dans la région de votre choix, l'emplacement de la maison est lui aussi essentiel. L'étude de marché vous aura aidé à comprendre s'il vaut mieux ouvrir la chambre d'hôtes dans un charmant petit village avec accès direct aux commerces, ou bien à proximité de la campagne, de la montagne ou de la mer. Quel que soit l'emplacement, la maison doit se trouver à proximité de lieux touristiques (musées, nature, parcs nationaux, monuments et villages historiques ou bien encore parc d'attraction et zoos, etc.). L'accès à l'habitation doit être simple et les vacanciers doivent y trouver un cadre agréable. Pour un séjour proche de la nature, mais aussi souvent en milieu urbain, les hôtes aiment avoir accès à un jardin ou un parc, pour profiter de l'extérieur et prendre l'air. Pour le petit déjeuner, veillez à ce que la maison soit équipée d'une salle à manger spacieuse et d'un salon de jardin pour les beaux jours. Une belle cuisine équipée est, elle, indispensable lorsque vous proposez l'option table d'hôtes.

Préparer un business plan

Que vous souhaitiez ouvrir les portes de votre maison dans le cadre d'une reconversion professionnelle ou bien acheter une autre maison dans votre région, ou ailleurs, il est fort probable que vous ayez besoin d'un prêt pour mener à bien le projet de chambre d'hôtes. Le business plan chambre d'hôtes sert à convaincre votre banquier de la fiabilité de votre projet. Il comporte des éléments tels qu'un compte de résultat prévisionnel, un plan de financement et un budget de trésorerie. Ce sont ces éléments qui vont permettre au banquier de juger de la fiabilité du projet et de vous accorder un prêt ou non. N'oubliez jamais que si vous souhaitez que propriétaire de chambre d'hôtes soit votre futur métier, il est impératif d'être au clair financièrement, d'avoir les capacités financières de mener à bien le projet, mais aussi de vous assurer de sa rentabilité.

© PINKYPILLS - ISTOCKPHOTO.COM

© NEUSTOCKIMAGES - ISTOCKPHOTO.COM

Le choix du statut juridique

Vous êtes sur le point d'ouvrir une chambre d'hôtes dans le lieu de vos rêves, alors vous allez avoir besoin d'un statut juridique comme pour tout projet d'entreprise. Pour les chambres d'hôtes, il est tout à fait possible de démarrer le projet sous le statut de micro-entrepreneur. Un statut apprécié car il s'obtient très facilement et ne présente pas beaucoup de contraintes administratives. Il concerne cependant les projets de petite taille. En fonction du projet que vous souhaitez mettre en place, il peut être plus opportun de se tourner vers le statut de SARL (société à responsabilité limitée). C'est d'ailleurs la forme la plus courante dans ce secteur d'activité. L'entreprise, qui est une personne morale soumise à l'impôt sur les sociétés, se compose alors de 2 associés au minimum, souvent deux conjoints. L'autre option est l'EURL (entreprise unipersonnelle à responsabilité limitée). Elle présente les mêmes caractéristiques que la SARL, mais l'associé est cette fois-ci unique. L'EI (entreprise individuelle) constitue également une alternative intéressante pour ouvrir une chambre d'hôtes. En cas de doute sur le statut à privilégier, il ne faut pas hésiter à se tourner vers la Chambre des métiers de l'artisanat de la préfecture de votre département. C'est en effet dans cette structure que beaucoup d'entrepreneurs sont conseillés et accompagnés pour leur projet d'entreprise. C'est l'occasion d'échanges très riches et qui permettent d'y voir plus clair.

Adhérer à un label

Si adhérer à un label n'est pas obligatoire lorsque vous décidez d'ouvrir une chambre d'hôtes, il est pourtant conseillé de le faire, notamment pour rassurer la clientèle. Elle lui assure en effet de s'installer dans un hébergement de qualité, avec un certain sens de l'accueil. Un label est en outre intéressant car il peut vous aider à monter votre projet, mais vous offre également une visibilité sur son site Internet et dans les catalogues. Le label permet aussi aux touristes de mieux cerner le type d'hébergement dans lequel il pourrait se rendre. À titre d'exemple, les labels « Bienvenue à la ferme » et « Accueil paysan » informe que le séjour prend place dans un cadre champêtre et proche de la nature.

Les points forts à respecter

Pour vous assurer que votre projet fonctionne, certains points clés sont à respecter. Déterminez premièrement l'ambiance que vous souhaitez que les vacanciers trouvent chez vous : traditionnelle, familiale, haut de gamme, etc. Pour le prix, étudiez sérieusement la concurrence afin de proposer des prix justes, mais qui correspondent bien au produit que vous proposez. Ensuite, ne négligez pas la promotion de votre chambre d'hôtes. La communication peut se faire par le biais du label, mais aussi d'un site Internet avec photos et descriptifs et sur les réseaux sociaux. N'hésitez pas pour cela à vous faire aider par des professionnels afin de créer des visuels qui suscitent l'envie de la clientèle. Vous pouvez aussi contacter les annuaires de chambres d'hôtes, solliciter les guides touristiques et thématiques ou bien encore mettre en lien des sites de tourisme largement fréquentés. Ce qui fait la force d'une chambre d'hôtes, c'est aussi la convivialité, l'esprit familial que l'on retrouve sur place et les moments de partage entre locataires et propriétaires. En tant que propriétaires, vous ne devez pas hésiter à être de véritables ambassadeurs de votre région. Pensez aussi à vous démarquer. Par la décoration et l'aménagement des lieux, mais aussi en proposant des activités sur place (dégustation dans une cave, massage par un professionnel, excursions avec l'un des propriétaires-guides, etc.). Sachez enfin surfer sur les tendances actuelles, en proposant une expérience au plus près de la nature, loin de la pollution et du tumulte des villes. Proposez par exemple un hébergement écologique, respectueux de l'environnement, et incitez les hôtes à la pratique d'un slow tourisme, plus responsable.

AUVERGNE-RHÔNE-ALPES

AIN

LA DARDAINE €€

219, route d'Epaisse Bâgé la Ville
BAGÉ-LA-VILLE
✆ 06 88 41 82 82

Gîtes de France (3 épis). 2 chambres. Chambre simple 52 € ; chambre double 64 €. Petit déjeuner inclus.

Cette maison est située sur un vaste terrain arboré proche du Mâconnais et comprend deux coquettes chambres à l'étage avec accès indépendant, une cuisine, et une terrasse couverte à disposition des occupants. Vous pourrez profiter des environs avec la plage et une base nautique à 12 km pour vous adonner à des activités aquatiques. La ville de Mâcon se trouve elle à 15 km. Le calme est ici assuré et de nombreux circuits pédestres permettent de flâner au fil des randonnées. Fermes et églises romanes sont à découvrir aux alentours de la propriété.

LE CLOS DE LUTHEZIEU €€€

BELMONT-LUTHÉZIEU
✆ 04 79 87 69 48

Gîtes de France (4 épis. 3 chambres. Chambre double à partir de 105 €. Wifi. Restauration (repas : 25 €).

Une superbe demeure du XVIIIe siècle restaurée avec goût par la famille Roy, installée au cœur d'un parc où l'on aime se ressourcer dans un environnement naturel exceptionnel. Un havre de paix où l'on se sent tellement bien que l'on voudrait prolonger son séjour autant que possible dans l'une des trois chambres spacieuses et confortables. Restaurées avec goût, elles offrent un cadre qui invite au repos et à la sérénité. Un salon-bibliothèque est également mis à disposition. Autre bonheur des lieux, la table d'hôtes (sur réservation).

RIAD DES BAUDIÈRES €€

40, avenue Amédée-Mercier - **BOURG-EN-BRESSE**
✆ 06 50 83 13 31
www.chambre-d-hotes-riad-des-baudieres-bourg-en-bresse.vivehotels.com

Gîtes de France (3 épis). 1 chambre. Chambre simple 83 € ; chambre double 93 €. Petit déjeuner inclus.

S'il est rare de trouver une chambre d'hôtes en plein centre-ville, ce n'est pas le cas de Bourg-en-Bresse. Le Riad des Baudières propose une chambre au charme contemporain, aménagée dans un ancien pigeonnier, dans un jardin de 600 m² qui offre la possibilité de prendre son petit-déjeuner sur la terrasse au bord de la piscine. Idéal les jours de beau temps lors de la belle saison. A cinq minutes des rues piétonnes et du monastère royal de Brou, le tout est très au calme, contrairement à ce que pourrait laisser craindre son caractère citadin.

LE CLOS DES CONDAMINES €€

362, rue du 12-Juillet-1944 - **CERDON**
✆ 04 74 39 95 67
www.closdescondamines.com

4 chambres. Chambre double de 58 € à 69 €. Garage vélos, motos, parking. Vente (de vins et de produits locaux).

Andrée Piperini est presque une légende dans cette localité de Cerdon. Cette fille d'immigré italien, chaleureuse et enjouée, cultive l'art de recevoir : « Accueillir les voyageurs et leur monture, quelle qu'elle soit » : tel pourrait être le credo de la maison qui, en plus de ses parkings et garages à vélo et moto, est également un relais équestre. Mais, qu'on y vienne pour dormir dans des chambres d'hôtes installées dans une ancienne maison vigneronne ou pour déjeuner ou dîner, l'accueil sera invariablement le même : convivial et volubile.

LE NID ROSE €€

627, route de Tutegny - **GEX**
© 04 50 28 30 24
www.lenidrose.fr
Ouvert toute l'année. 4 gîtes confortables. Semaine à 450 €. Petit déjeuner inclus.

Cette maison neuve, moderne et toute rose, est idéale pour découvrir tous les points d'intérêt du Pays de Gex : Ferney-Voltaire, le lac Léman, Genève et Annecy. On apprécie le point de vue sur le Mont Blanc. Dominique, la propriétaire, propose 4 gîtes confortables et chaleureux. Très accueillante, elle chouchoute ses hôtes qui apprécient la luminosité de sa demeure et se sentent comme à la maison. Les animaux sont acceptés et on apprécie le confort : wifi, TV, climatisation, hammam dans 1 gîte, ping-pong, jardin avec chaises longues et ménage inclus dans le prix.

PURA VIDA LODGE €€

8, rue du Roy-Damon - **LAGNIEU** © 04 74 61 12 49
www.puravida-lodge.com
8 chambres (+ 4 appartements équipés). Chambre double à partir de 75 €. Petit déjeuner : 9 €. Restauration.

A proximité de la cité médiévale de Pérouges, les chambres du Roy Damon ont évolué pour devenir Pura Vida Lodge, un nouveau concept pour encore plus de bien-être. En plus de l'accueil chaleureux de Sylvie et Olivier, vous êtes dans une maison typique du pays, de plus de 300 ans d'histoire. Entièrement rénovée, elle vous apportera tout son charme, alors que les chambres ont également profité d'un *home staging* bien réussi. En supplément, 3 chambres dans des matériaux naturels et chaleureux et 4 appartements équipés. Possibilité de repas cuisinés par H. Meunier.

QUIETUDE D'UN SOIR €€

77, impasse de la Passerelle - **GUÉREINS**
© 04 74 66 27 08
www.quietudedunsoir.fr
4 chambres. Chambre double 60 €. Petit déjeuner inclus. Restauration (repas : 20 € et 25 €).

Cette belle ferme ancienne en murs de pisé a été restaurée dans le style authentique de la région et propose deux chambres d'hôtes créées dans les anciennes granges à foin et à grain. Par sa situation au calme, c'est un repos total qui vous attend ici. La table d'hôtes se décline quant à elle selon vos goûts, entre cuisine traditionnelle, créative ou régionale, toujours à base de produits locaux. Sur place, vous prendrez autant plaisir à vous adonner à une partie de babyfoot qu'à lézarder au bord de la piscine aux beaux jours. Dombes est à 15 km.

LE LION D'OR €€

Grande-Rue - **MARLIEUX**
© 04 74 42 85 15
www.liondor-marlieux.fr
Chambre simple 69 € ; double 74 € ; triple 79 €. Petit déjeuner inclus. Restauration : 30 €. Bain bouillonnant.

Ancienne auberge du XIXe siècle restaurée, située au cœur de la Dombes, proposant un logement en cinq chambres d'hôtes toutes équipées d'un lit double en 160, d'une salle d'eau et de wc privatifs. Pour votre bien-être, hammam, jacuzzi et des massages vous sont réservés en supplément. De quoi vivre un séjour sous le signe de la relaxation, sans oublier la belle piscine pour les beaux jours. Vous pourrez partir à la découverte de la faune et de la flore de la région grâce au parc des oiseaux de Villars-les-Dombes ou dans les étangs aux alentours.

L'ORANGERIE €€

1, côte Levet - **JUJURIEUX**
© 06 89 14 10 41
www.domainedelorangerie.fr
Ouvert toute l'année. 4 chambres. Chambre double de 53 € à 77 €. Petit déjeuner inclus.

Dans un manoir de charme entouré d'un jardin clos et arboré, quatre chambres sont à votre disposition dans un environnement très calme. Les chambres sont coquettes et soignées, décorées dans une ambiance fraîche, intimiste et chaleureuse à la fois. Les salles de bains sont également très agréables et modernes, avec douche à l'italienne. Une cuisine et un salon sont en libre accès si besoin. Des randonnées sont possibles à 100 mètres, comme de la pêche à 4 km, et vous pourrez visiter Ambronay à 5 km, ou encore Dombes à 15 km.

BOSSERON €€

325, route de Genève - **NEUVILLE-SUR-AIN**
© 04 74 37 77 06
http://arivoire.free.fr
Gîtes de France (3 épis). 4 chambres. Chambre simple 55 € ; chambre double 64 €. Petit déjeuner inclus.

Vous serez au calme dans cette gentilhommière des années 1920, entourée d'un parc de 2 ha proche de la rivière Ain. Raffinées et cossues, les quatre chambres qui vous attendent sont toutes pourvues d'une salle de bain avec wc privés. L'ambiance chaleureuse et la décoration soignée réalisée par Madame Rivoire vous permettront de passer un vrai moment de détente et de profiter d'agréables soirées au coin du feu, près du piano, dans la bibliothèque ou autour d'une partie de billard. Les petits-déjeuners sont servis face à la rivière ! Vélos disponibles à la location.

PAULETTE JOURDAN €

712, route de Sorbier - **PARVES ET NATTAGES**
✆ 04 79 81 52 89
www.chambresdhotes-paulettejourdan.fr
2 chambres. Chambre simple 42 € ; chambre double 46 €. Petit déjeuner inclus. Réduction pour séjours de plus de 3 jours.

Ferme centenaire en pierre de pays restaurée avec soin comprenant deux chambres au mobilier rustique. Cour fermée, terrasses et pergola ombragées vous réservent un environnement paisible et agréable pour vos moments de détente autour d'un jeu ou d'un livre. Le petit-déjeuner vous comblera avec des confitures maison confectionnées avec les fruits issus du verger. Pour les loisirs sportifs, l'escalade est possible à 1 km, ainsi que baignades et pêche à 8 km. La Réserve naturelle du Maris-de-Lavours se situe quand à elle à 3 km.

FENG SHUI €€€

46, rue du Cercle-Logras - **PÉRON**
✆ 04 50 48 02 21
www.fengshui-chambres-hotes.com
Gîtes de France (3 épis). 4 chambres. Chambre simple 65 € ; double 80 € ; triple 95 €. Petit-déjeuner inclus.

Maison avec jardin au cœur d'un petit village de l'Ain comprenant quatres chambres, certaines décorées dans l'esprit feng shui et pouvant accueillir de deux à quatre personnes. Au programme : parfum d'exotisme, bambous, mais également nid romantique à la décoration d'antan ou encore suite orientale. Vous l'aurez compris, ici le voyage et le dépaysement sont à l'honneur. Bouilloire, sèche-cheveux et quelques brochures accompagnées d'un guide pratique de la région sont à votre disposition dans chaque chambre, ajoutant au confort des lieux.

LE GRENIER À SEL €€

Rue des Rondes - **PÉROUGES**
✆ 04 74 46 71 90
www.hebergement-perouges.fr
Gîtes de France. 5 chambres. Chambre double de 85 € à 98 €. Petit-déjeuner inclus. Location à la semaine : 240 €.

Dans le vieux quartier de la porte d'En-Bas, une maison ancienne avec ses fenêtres à meneaux et ses moulures s'ouvrant sur la rue des Rondes. Le Grenier à Sel de Pérouges fut le siège de la collecte d'impôts sur le sel. Depuis son chemin de ronde, on jouit d'une belle vue sur la nature environnante. Les maîtres de la maison vous proposent cinq chambres confortables dont une à l'étage avec kitchenette. La maison met à la disposition de ses hôtes un salon-séjour où vous pouvez participer à l'atelier de calligraphie de la propriétaire (sur rendez-vous).

CHEZ MARIE €

Maisons Neuves - **PEYZIEUX-SUR-SAÔNE**
✆ 04 74 04 03 42
www.chezmarie01.fr
Gîte de France. 3 chambres. Chambre simple 35 € ; chambre double 52 € ; chambre triple 55 €. Petit-déjeuner inclus.

Dans ce beau corps de logis de ferme servant d'exploitation agricole, c'est assurément le calme qui vous attend. Trois chambres portant un nom de saison (dont une petite suite de deux pièces pour les familles) avec douche et wc, mais également salle commune agréable et spacieuse avec coin cuisine sont à votre disposition. Vous bénéficiez donc des équipements et de l'autonomie nécessaires, et aux beaux jours, vous pourrez profiter d'une terrasse avec salon de jardin et prendre au grand air vos petits-déjeuners. Nombreux sites touristiques à proximité.

LES LODGES DU DOMAINE DE LA DOMBES €€

Chemin de Verfey - **SAINT-PAUL-DE-VARAX**
✆ 06 33 24 27 81
https://domainedeladombes.com
Le pigeonnier de 145 € à 160 € la nuit. Cabane perchée de 120 € à 135 €. Cocon et cabane flottante de 130 € à 145 €.

Le domaine dispose de cabanes perchées, flottantes et d'un cocon perché avec vue plongeante sur toute la prairie des cerfs Sika. Les trois tipis toile et bois ont des terrasses surplombant les cerfs, daims et sangliers. Enfin, les Trolls familiales sont nichées au cœur de la forêt. Ces petites chaumières de lutins sont aussi bien équipées qu'un mobil-home. Vous pouvez aussi profiter de la roulotte ou bien camper. En option, panier apéro, option romantique et option panier-repas.

MAISON MESSIMY €€

26, rue du Palais - **TRÉVOUX**
✆ 04 74 00 23 74
Gîtes de France (2 épis). 2 chambres. Chambre double 61 €. Petit déjeuner inclus. Lit supplémentaire : 18 €.

Deux jolies chambres d'hôtes situées dans un ancien hôtel particulier du XVIIIe siècle : cela vous dit pour passer de bonnes vacances et vous ressourcer ? C'est en tout cas ce que proposent Alain et Sabine Bodet dans une belle demeure en lisière de parc et en bordure de Saône. Les chambres sont aménagées en rez-de-chaussée et au premier étage, l'une avec des lits jumeaux et la seconde avec lit double et lit pour une personne supplémentaire. De nombreux sites historiques sont à proximité et vous pourrez découvrir la région des pierres dorées du Beaujolais.

ALLIER

VILLA BERNADETTE MA CHERE €€

10, rue Jacques-Fourgeon - **BELLERIVE-SUR-ALLIER** ✆ 06 87 50 10 91
www.villabernadettemachere.com
3 chambres. Chambre double de 65 € à 110 €. Petit-déjeuner inclus. Wifi. Restauration. Bain bouillonnant.

Cette villa des années 1930 a été réhabilitée en maison d'architecte, permettant de vivre en harmonie avec le jardin zen. Alliant l'ancien et le moderne, trois chambres vous attendent, dont deux situées à l'étage avec accès au toit-terrasse. A disposition, la terrasse panoramique avec salon de jardin, et un grand espace spa superbement équipé. Petit-déjeuner avec viennoiseries servi sur la terrasse et dîner servi dans la salle à manger gothique. Possibilité de panier pique-nique.

DEMEURE DE GIVREUIL €€

Lieu-dit Givreuil - **BESSON**
✆ 04 70 46 13 93
www.demeuredegivreuil.fr
Chambre à 105 € pour 2 personnes et à 100 € pour une personne. Repas sur réservation : 26 €.

C'est en pleine campagne que Marie-Françoise vous accueille dans sa demeure seigneuriale du XVe siècle. Au premier étage, vous trouverez deux chambres Iris et Lilas à la décoration raffinée et personnalisée. Marie-Françoise vous contera de nombreuses histoires sur le Bourbonnais et vous préparera de généreux petits-déjeuners dans la belle salle à manger au coin du feu. A sa table, vous dégusterez les produits du terroir, volailles et lapins fermiers, légumes bio du potager. Aux beaux jours, profitez de la terrasse et du jardin arboré et fleuri pour vous prélasser.

GRANGE FLORIEJEAN €€

RD28 - **BRAIZE**
✆ 04 70 06 15 09
www.grangefloriejean.net
Clévacances. 3 chambres. Chambre double 85 € ; triple 100 €. Petit-déjeuner inclus. Spa. Accueil de chevaux.

Flo et Jean Lenay-Cessiecq vous proposent 3 belles chambres dans une grange bourbonnaise. A votre disposition : la cuisine, le salon, le coin lecture, ainsi que des boissons. Le petit-déjeuner traditionnel est servi avec pain et brioche fabriqués par Flo, croissants chauds, confitures et miels divers. Profitez aussi du parc arboré et fleuri. En saison, accès libre à la piscine et à son espace détente, ainsi qu'à l'aire de barbecue dans le verger. Profitez aussi de l'espace relaxation dans le jardin, avec un Softub Canadien, donc un spa à 38 °C et jets de massage.

CHATEAU DE LA PIERRE €€

1, rue de la Vigne-aux-Bois - **CÉRILLY**
✆ 09 81 61 26 33
www.chateau-de-la-pierre.com
5 chambres. Chambre double de 110 € à 125 €. Réceptions et mariages. Table d'hôtes : 42 €.

La famille Thayse vous accueille au château de la Pierre situé à côté de la forêt de Tronçais. Ils mettent à disposition quatre magnifiques chambres avec cheminées et décorées avec goût, dans un style chic et ancien. Le petit-déjeuner est copieux. Quant à la table d'hôtes, elle est axée sur les produits du terroir. Sur commande, ils vous prépareront des paniers pique-nique gourmands, des plateaux de tapas, et même une bouteille de champagne. Ce bel l'ensemble, implanté dans un joli parc, accueille les mariages et des stages de remise en forme. Un lieu enchanteur !

LA GRANDE POTERIE €€

9, rue de la Grande-Poterie - **COULANDON**
✆ 04 70 44 30 39 - www.lagrandepoterie.com
4 chambres. Chambre simple de 75 € à 80 € ; double de 90 € à 95 € ; triple 120 €. Petit-déjeuner inclus. Restauration.

Tout proche du berceau historique des Bourbons, Coulandon a su préserver le charme d'un petit village rural. Dans un cadre verdoyant, vous serez reçu dans des chambres spacieuses, confortables et joliment décorées, aménagées dans une ancienne grange, indépendante de la demeure des propriétaires. Vous attendent quatre chambres dont une avec mezzanine (quatre personnes), avec sanitaires. À votre disposition, le grand jardin fleuri avec sa piscine et la possibilité de repas sur réservation sous la véranda. C'est une halte reposante proche de la forêt de Moladier.

DOMAINE DE ROUZAT €€

Route de Saint-Priest-d'Andelot - **GANNAT**
✆ 04 70 90 20 04
www.chambre-hote-gannat.com
Bienvenue à la Ferme. 4 chambres ; simple 48 € ; double de 57 € à 64 €. Petit-déjeuner inclus. Table d'hôte : 23 €.

Martine et Christian Mathinier vous accueillent dans quatre chambres réalisées avec des matériaux traditionnels, conservant ainsi l'authenticité du lieu. Côté table, Martine concocte des repas à partir de produits de la ferme, où Christian élève des poulets labellisés, du potager et des producteurs locaux pour la viande de charolais et le lait de la ferme voisine, le tout accompagné d'un vin du terroir. Aux beaux jours, le petit-déjeuner est servi sous la tonnelle. Vous aurez le plaisir de goûter les confitures maison, le miel du pays et le pain d'épice de Rouzat.

CHATEAU BESSON €€

89, rue Joseph-Besson - **DÉSERTINES**
✆ 04 70 04 02 14
www.chateaubesson.weebly.com
3 chambres. Chambre simple de 60 € à 65 € ; double de 70 € à 80 € ; triple 95 €. Petit-déjeuner inclus. Hammam.

Le château était une ancienne maison bourgeoise devenue maison de vigneron, d'ailleurs la cave est l'une des plus grandes de la commune. Il comporte aussi une belle tour avec un escalier à vis. Les chambres sont lumineuses et décorées avec goût dans l'esprit brocante. Lynda Majer vous prépare de copieux petits-déjeuners avec pâtisseries et confitures faites maison, charcuterie et fromages d'Auvergne, servis dans la salle du pressoir. Vous trouverez aussi sur place des produits de la région. Vous pouvez également profiter du hammam pour un moment 100 % détente.

LA PASSAGÈRE €€€

34, rue des Sables - **HAUTERIVE** ✆ 04 70 41 08 33
www.chambresdhotes-lapassagere.fr
5 chambres. Chambre double 95 € ; double avec terrasse ou sauna 115€, familiale 125 €. Petit-déjeuner inclus.

La maison est une ancienne usine d'embouteillage et de fabrication de pastilles de Vichy. Karine et Thierry Fondecave ont su garder toute l'authenticité du lieu, avec une décoration dans le plus pur style Art déco. Les différentes chambres permettent d'opter pour un séjour au grand confort, avec le choix pour certaines entre une terrasse et un sauna. La demeure se compose d'un salon avec bibliothèque, et des jeux de société sont à disposition. Après quelques marches surmontées d'une jolie fontaine, vous accédez à la salle à manger pour les petits-déjeuners.

KURNIA €€€

130, rue de Champodon - **ESPINASSE-VOZELLE**
✆ 04 70 56 59 49
www.kurnia.fr
3 chambres. Chambre double de 135 € à 160 € ; suite 160 €. Petit-déjeuner inclus. Gîtes : 650 € semaine. Restauration.

Sani Liên et Roland Salzmann vous accueillent dans leur superbe maison aux allures de château, entourée d'un vaste parc. Vous apprécierez le cadre de toute beauté de cette maison raffinée, pour vous reposer dans l'une des trois chambres : Paris, Bali et New York, à la décoration très cosy. Dans la salle à manger vous seront servis de copieux petits-déjeuners et une cuisine alliant mets asiatiques, origines de Sani, et cuisine du terroir. À disposition également, un gîte. Le parc est parfait pour les balades, la piscine, le barbecue et la terrasse. Accueil au top !

MAISON COGNET €€

RD995 - **LA CHAPELLE**
✆ 04 70 41 88 28
http://maison.cognet.free.fr
Gîtes de France. 1 chambre. Chambre double 70 €. Petit-déjeuner inclus. Restauration. Terrasse.

Dans une maison du XIXe siècle située dans un petit hameau, une vaste chambre sous les toits a été aménagée pour accueillir les hôtes. Tout en boiseries, avec un beau parquet et une décoration dans les teintes bleues et crème, cet espace (35 m^2) est doté d'un coin salon et offre une vue sur le grand et joli jardin. Une salle de bains privée est à disposition afin de vivre en parfaite indépendance. Dehors, verdure et pâtures pour un séjour au calme et en totale harmonie avec la nature dans ce pays de vallons. Une escapade de caractère vous attend.

AU PUY DES VERITES €€

7, avenue Pasteur - **LAPALISSE**
✆ 04 70 96 22 05
www.lepuydesverites.net
Gîtes de France. 5 chambres. 80 € ; suite 115 €. Petit-déjeuner inclus. Espace de stationnement.

Nichée dans un parc clos aux arbres centenaires, face au château de Lapalisse, cette belle demeure bourbonnaise vous accueille pour un ressourcement au vert. 5 chambres et suites de charme dotées chacune de son atmosphère dans un esprit chaleureux de maison de famille. Petit-déjeuner traditionnel français, composé de produits frais et/ou faits maison. Pour vous détendre, vous trouverez une piscine, une table de ping-pong, un portique et… des transats. Agréable salon avec cheminée, wifi, nombreux livres sur la région et billard. Idées séjour bien-être sur place.

LA DEMEURE DE BABETTE €€

24, rue des Potiers - **MOULINS**
✆ 04 70 35 08 14
www.lademeuredebabette.fr
Gîtes de France. 5 chambres. Chambre double 98 € ; suite de 98 € à 115 €. Petit déjeuner inclus.

A proximité du quartier historique, Christian et Elisabeth de Vaulx ont entièrement restauré cet hôtel particulier Napoléon III, son entrée cochère et son jardin clos de murs. Ils vous proposent cinq chambres spacieuses et lumineuses, aménagées avec raffinement. Le petit-déjeuner, préparé avec soin par Elisabeth, est servi dans la salle à manger et dès les beaux jours, dans le jardin. Détendez-vous dans le salon où se trouvent un billard et une riche bibliothèque. Christian, passionné d'histoire, se fera un plaisir de vous faire partager ses connaissances.

LA MAISON DE GISÈLE €€

20, rue Regnaudin - **MOULINS**
✆ 04 70 46 53 24
www.la-maison-de-gisele.fr
3 chambres. Chambre double à partir de 80 € ; triple à partir de 100 €. Petit-déjeuner inclus. Restauration. Sauna.

C'est dans un hôtel particulier que Gisèle met à votre disposition deux chambres et une suite. Côté cour, au premier étage, vous trouverez la chambre Doisneau. Les autres chambres sont la Fleurie et enfin la chambre Regnaudin, avec ses grandes fenêtres et son balcon donnant sur la rue Regnaudin. Vous prendrez vos petits-déjeuners avec les délicieuses confitures de Gisèle. Gisèle est aussi une fine cuisinière qui aime partager les saveurs de la cuisine bourbonnaise. Vous pourrez profiter du spa et de la piscine. Gisèle propose aussi de meublés de tourisme.

LA MAISON XVIII ÈME €€

22, rue Michel-de-l'Hospital - **MOULINS**
✆ 06 81 47 43 88 / 33 4 70 44 18 99
www.lamaison18e.canalblog.com
3 chambres. Chambre simple 69 € ; double 79 € ; triple 93 €. Petit-déjeuner inclus.

C'est dans une maison de caractère de 1790, située dans le quartier historique que Brigitte Leleu vous propose trois chambres. Elles sont toutes aménagées avec goût, spacieuses, lumineuses aux couleurs tendance et chaleureuses. Elles sont dotées de salles de bains modernes. La terrasse, lieu privilégié à la belle saison, est idéale pour prendre le petit-déjeuner maison, mais aussi le midi ou le soir, pour un pique-nique improvisé. La salle à manger est aussi à disposition lorsque le temps ne s'y prête pas. Jolie étape, très pratique pour visiter la cité.

CHEZ CHRISTY €€

Lieu-dit les Dinots d'en Bas
SAINT-BONNET-DE-FOUR ✆ 06 09 85 72 04
www.chezchristy.com
2 chambres. Chambre simple 65 € à 70 € ; double 70 € à 75 €. Petit-déjeuner inclus. Bain bouillonnant. Restauration.

Christine et Christian ont aménagé La Dinotière, une chambre spacieuse avec terrasse privée, salon de jardin et un coin cuisine avec réfrigérateur et micro-ondes. La seconde chambre-suite La Campagnarde comprend aussi une terrasse et tous les équipements nécessaires. Les petits-déjeuners sont faits maison et servis en plateaux sur la terrasse ou dans la chambre. Ils confectionnent également des plateaux gourmands servis en terrasse. A disposition, le bain bouillonnant avec les serviettes et les peignoirs pour se détendre après les visites. Superbe !

DOMAINE DU PETIT LAGE €

RD943 - **SAINT-DÉSIRÉ** ✆ 04 70 07 10 03
www.gitedelage.com
Bienvenue à la Ferme. 5 chambres : nuitée à partir de 58 € pour 2 personnes. Petit-déjeuner inclus. Restauration.

Catherine et Francis Leroy vous accueillent dans une ancienne grange rénovée face à leur maison en pleine campagne. Elle dispose d'une grande salle en pierres apparentes avec une cheminée. En rez-de-chaussée, quatre chambres équipées de sanitaires privatifs, avec accès direct sur le jardin. A l'étage, vous trouverez une chambre familiale. Les repas et petits déjeuners se prennent autour de la table en chêne de Tronçais. Catherine vous propose des plats cuisinés à partir de produits locaux, légumes et fruits du potager. Possibilité de pique-niquer sur place.

LA PORTERIE €€€

2, cours Jean-Jaurès - **SOUVIGNY**
✆ 04 70 43 12 07
https://laporterie-souvigny.com
Gîtes de France. 5 chambres. Chambre simple 120 € ; double 120 € ; suite 140 €. Petit-déjeuner inclus.

Le domaine de La Porterie du XVIIe siècle a été entièrement restauré par la famille Fleury dans le respect du lieu classé aux Monuments historiques. Les chambres et suites offrent un haut niveau de confort et sont décorées avec le plus grand soin. A disposition, vélos, table de ping-pong et l'accès au parc constitué en terrasse avec un bassin circulaire et deux puits. Rémy et Geneviève vous font découvrir l'univers des anciennes apothicaireries puisqu'ils ont reconstitué au sein de La Porterie une herboristerie où ils préparent tisanes et huiles essentielles.

LE MOULIN BERTHON €€

RD68 - **VERNUSSE**
✆ 04 70 07 62 69
www.gitemoulinberthon.fr
3 chambres de 2 à 5 personnes : à partir de 83 €. 3 gîtes de 2 à 18 personnes : à partir de 300 € la semaine.

Sabrina et Michel Gorisse ont aménagé trois jolies chambres dans une maison typique de la région, sur un domaine vallonné, en lisière du Boismal et d'une rivière. Elles disposent toutes de salle de douche et sanitaires séparés. A votre disposition aussi le salon bibliothèque et la kitchenette. Une aire de jeux, ping-pong, accès à la salle de sport, au sauna et à la piscine couverte chauffée, étang pour la pêche, des chemins pour randonner, la rivière pour faire trempette, le terrain de pétanque et le bac à sable géant. Également trois superbes gîtes.

LES VIEUX MURS €€€

11, rue Marie-Delaume - **SOUVIGNY**
✆ 04 70 42 91 10
www.lesvieuxmurs.fr
4 chambres. Chambre double 150 €. Petit-déjeuner inclus. Piscine.

Vous logerez dans une splendide demeure de style néoclassique entièrement rénovée et entourée d'un magnifique parc. A l'étage, les quatre chambres ont gardé leur nom d'origine : la chambre Rose, la chambre Empire, la chambre Bleue, la chambre de Monsieur. La décoration est inspirée du nom qu'elle porte. Le petit-déjeuner copieux est servi dans la salle à manger ou, s'il fait beau, à l'extérieur. A disposition : une piscine chauffée de juin à septembre, des jeux de société, des vélos, un tennis de table, des terrains de badminton et de pétanque. Un lieu magique !

SUR LE CHEMIN DES BUVATS €€€

8, chemin des Buvats - **VICQ** ✆ 04 70 41 26 75
www.chemindesbuvats.com
5 chambres. Chambre simple 95 € ; double 110 €. Petit-déjeuner inclus. gîte : 450 € la semaine. Table d'hôtes. Piscine.

Estelle et Philippe Laurent ont aménagé cinq chambres très cosy dans une ancienne ferme rénovée avec goût, entourée d'un grand espace vert. Que vous soyez logé en chambre ou en gîte, vous pourrez profiter pleinement du jardin, de la piscine en été et du bain norvégien en hiver. Sachez qu'un spa et un sauna sont également proposés en annexe des chambres. Restaurateurs de renom à Clermont-Ferrand, ils vous proposent une cuisine fine élaborée à partir de produits locaux et de leur potager. La cuisine est ouverte sur la maison pour un moment de convivialité !

CHÂTEAU DE PEUFEILHOUX €€€

Peufeilhoux - **VALLON-EN-SULLY**
✆ 06 61 64 16 68
www.chateaudepeufeilhoux.fr
Gîtes de France. 5 chambres. Chambre double de 120 € à 170 € ; suite 240 €. Petit-déjeuner inclus.

Antoine et Claude Thévenin proposent un lieu véritablement magique doté de magnifiques chambres, *Louis XIII*, *Pompadour*, *Baron*, *Shéhérazade*, et la suite parentale *Anne de Bretagne* comprenant deux chambres. Les généreux petits-déjeuners sont servis dans la magnifique salle à manger avec sa monumentale cheminée. Baladez-vous dans le parc pour découvrir la roseraie. A l'étage se trouve un gîte de quatre chambres. Pour une soirée hors du commun, anniversaire ou fête de famille, la bibliothèque peut recevoir 30 convives. Un lieu idyllique doté d'un accueil formidable.

LE PERRON €€

29 bis, rue Joseph-Baudron - **YZEURE**
✆ 04 70 44 57 75
www.chambresdhotesleperron.e-monsite.com
Gîtes de France. Ouvert toute l'année. 1 chambre. Chambre double 85 €. Petit-déjeuner inclus. Wifi.

Dans sa magnifique maison du XIXe siècle située dans un quartier calme, Martine Sirot a décoré harmonieusement une suite classée Gîtes de France *Premium*, dans un camaïeu de gris et quelques notes de vert anis, le tout ponctué de jolis meubles anciens patinés et d'objets plus contemporains. Elle apporte un soin particulier à la mise en scène de la table des petits-déjeuners servis sous la verrière ou dans la salle à manger. La maison est entourée d'un jardin arboré et clos de 2 700 m^2, autant dire que vous serez vraiment au calme. Tout est parfait !

ARDÈCHE

DOMAINE DE L'ABÉALE €€

Lieu-dit Peygros - **ALBOUSSIÈRE**
✆ 04 75 84 58 10
www.abeale.fr
5 chambres. Chambre simple à partir de 69 € ; double à partir de 82 €. Petit-déjeuner inclus. Gîtes de 205 € à 950 €.

Une adresse authentiquement ardéchoise où vous accueillent Véronique Legrand et Félix Larcher. Cette ancienne ferme ardéchoise magnifiquement réhabilitée est une vraie ruche avec de multiples solutions d'hébergement et autant d'activités ! Dans un coin de nature préservée, le Domaine de l'Abéale est un site idéal de ressourcement et de découvertes. Repas gourmand dans une folle ambiance, pêche dans l'étang, cette maison de caractère offre la possibilité de nombreuses activités à proximité : randonnées, cyclotourisme, escalade, piscine, tennis…

L'AIR DU TAN €€

2A, la Combe du Prieuré - **ANNONAY**
✆ 06 81 11 17 08 - www.espaceduparchemin.fr
2 chambres. Chambre double 70 €. Chambre familiale de 70 à 100 €. Petit-déjeuner et visite du musée inclus.

Voici un hébergement insolite, deux chambres d'hôtes charmantes implantées dans la parcheminerie Dumas, fabrique de parchemin dont l'origine remonte à 1926. Vous êtes à deux pas du musée consacré à cette activité et de sa boutique, mais aussi du lieu où sont organisés des stages autour de la calligraphie et de l'enluminure. À 100 m de la gare routière, autant dire que le lieu est bien situé pour profiter pleinement d'Annonay à pied, des commerces de proximité, des restaurants, du théâtre, du cinéma… avec des randonnées de part et d'autre de la vallée ouvrière.

LA BÂTISSE €

32, rue de Charmenton - **ANNONAY**
✆ 04 75 33 28 14
www.annonay-gite.com
2 chambres et un gîte. Petit-déjeuner inclus. Gîte : de 80 € à 120 € la nuit, de 370 € à 390 € la semaine selon saison.

Drôle d'endroit pour un lieu d'hébergement, puisque les locaux en pierres apparentes de cette bâtisse abritaient une usine où l'on triait les vêtements usagés pour les recycler en pâte à papier ! Mais derrière une façade massive, ce sont des nids douillets qui vous attendent avec tout le confort et une belle décoration contemporaine. Deux formules d'hébergement : un gîte de six personnes parfaitement équipé et disposant d'une large terrasse ou une formule en chambres d'hôtes *very cosy*. Le quartier résidentiel est calme et vous êtes à 10 min à pied du centre-ville.

LA CLÈDE €€

Lalignier - **BURZET**
✆ 04 75 94 58 04
Chambre simple de 65 € à 95 € ; double de 75 € à 105 €. Petit-déjeuner inclus. Table d'hôtes : 35 €.

La clède est le nom des anciens séchoirs à noix et celui d'une petite adresse de charme en Ardèche méridionale, à proximité de Vals-les-Bains et Aubenas. Béatrice et Daniel vous accueillent dans cette jolie maison de pierre ancienne, restaurée et aménagée avec goût, en surplomb du village de Burzet. Vous êtes au cœur du Parc naturel régional des monts d'Ardèche pour un séjour au naturel. La table d'hôtes est savoureuse. Les crus dénichés par Daniel accompagnent comme il faut les petits plats de pays mijotés par Béa. Les petits-déjeuners sont également savoureux.

CHÂTEAU DU VERGIER €€

DESAIGNES

✆ 06 86 26 53 29

www.lechateauduvergier.fr

5 chambres. Chambre simple 70 € ; double 87 € ; triple 110 €. Petit-déjeuner inclus. Table d'hôtes : 23 €, enfant 12 €.

Accueil vraiment charmant d'Anita dans ce beau château du XIVe siècle, ancien fief des Tournon, implanté en pleine nature, qui invite à un séjour de charme. Les chambres d'hôtes sont confortables et royales : parquet, cheminée, baldaquin et jolis murs pigmentés... En plus du cachet fou du château et de l'immense parc, une piscine, une salle de gym, une salle de jeux et un billard sont à disposition. Les cavaliers apprécieront également de trouver sur le site un centre équestre. Derniers mots : la table d'hôte ne dénote pas. Que du bonheur !

DOMAINE DE LA GRAVEYRE €€

Saint-Cirgues-de-Prades - **JAUJAC**

✆ 06 44 84 06 39

www.lagraveyre.com

3 chambres. Petit-déjeuner inclus. Gîte de 435 € à 850 € la semaine, selon la saison et le gîte (3, 4 ou 6 personnes).

Cette superbe ferme de caractère du XVe siècle, entièrement rénovée à l'ancienne, dans une propriété de plusieurs hectares au cœur de l'Ardèche, permet de profiter d'un environnement exceptionnel et de l'accueil de propriétaires très sympathiques. Trois chambres d'hôtes vous attendent, toutes ouvertes sur la nature, au milieu des châtaigniers centenaires. Le matin, un petit-déjeuner copieux avec des confitures maison vous est réservé. Calme et repos sont garantis sur la terrasse après une belle journée de visites ou de randonnées. Egalement trois gîtes.

DOMAINE EN TERRE'HAPPY €€€

Bois de Ronze - **LABASTIDE-DE-VIRAC**

✆ 04 75 38 42 53

www.cabanes-du-domaine-en-terre-happy.com

180 € deux nuits pour 2 pers. À partir de 250 € deux nuits pour 4/6 pers. La semaine de 420 € à 1 390 € selon la saison.

Etienne et Joëlle vous accueillent à proximité des gorges de l'Ardèche, dans un décor sauvage « préhistorique ». Ils vous proposent d'adorables cabanes, façon éco-gîtes, bien intégrées dans le paysage et confortables. Si vous êtes deux, la Fée des Bois vous attend, une cabane de poupée pleine de charme ! Il y a aussi des cabanes pour quatre personnes et même pour une bande de huit amoureux de la nature, la possibilité de louer toutes les cabanes. En prime : une piscine. En option : des soins d'harmonisation corporelle et une mise à disposition de vélos.

SUCHASSON €€

Ferme De Suchasson - **SAGNES-ET-GOUDOULET**

✆ 04 75 38 85 56

www.suchasson.fr

Chambre double 72 € ; triple 92 € ; quadruple 112 €. Petit-déjeuner inclus. Restauration : 26 €, moins de 10 ans : 12 €.

Vous êtes reçus dans une magnifique ferme du XVIIe siècle, une bâtisse traditionnelle de la montagne ardéchoise aux murs de pierres et au toit de lauzes. Claire et Pierre, agriculteur bio, vous accueillent en toute simplicité. Vous êtes à 9 km du Suc du Gerbier de Jonc, à la source de la Loire, et les propriétaires vous font partager leur amour pour ce pays authentique et nature. Un camp de base au bon air pour la détente, la randonnée, le VTT, le cheval… Les 5 chambres sont douillettes et de caractère. Possibilité de partager un repas.

CHÂTEAU DE MAISONSEULE €€€

SAINT-BASILE

✆ 04 75 08 59 96

www.maisonseule.fr

5 chambres et une suite. Chambre double de 190 € à 320 €. Petit-déjeuner inclus. Table d'hôtes : 58 € sur réservation.

Propriété de l'humoriste Yves Lecoq, depuis 1990, cette magnifique bâtisse a été entièrement restaurée. Ce château a été édifié pour sa partie la plus ancienne, le donjon de Saint Louis, au XIIIe siècle pour servir de garnison. Vous pouvez désormais dormir dans ces murs chargés d'histoire. Les chambres d'hôtes et la suite sont dotées de tout le confort et d'un mobilier d'époque. Vous bénéficiez d'une vue magnifique, d'un parc, d'une piscine chauffée et d'une table gastronomique de terroir. Possibilité de louer le lieu pour des événements privés.

CREME DE MENTHE €€

Les Tuilières - **SAINT-MONTAN**

✆ 04 27 58 01 39

www.creme-de-menthe.com

Chambre 2 personnes 70 à 100 €. Suite parentale : 100 à 130 €. Gîte de 490 € à 700 € la semaine. Table d'hôtes : 25 €.

Vous êtes accueillis dans un mas ardéchois jouissant d'une vue splendide sur la vallée du Rhône et au-delà. Vous avez le choix entre une suite et trois gîtes. Tous les hébergements profitent d'un terrain arboré et bien entretenu. Toutes les chambres sont personnalisées et joliment décorées. Vous apprécierez le confort, la piscine sécurisée, la terrasse, le barbecue, le terrain de boules… Quoi d'autre ? La maison est ouverte toute l'année et l'accueil y est très chaleureux. Seul bémol, il est bien difficile de quitter un tel lieu...

MAS DES MONÈDES €€

n°50, Route des Pins - Les Monèdes
SAINT-PAUL-LE-JEUNE ✆ 04 26 62 54 03
www.lemasdesmonedes.fr
4 chambres. Chambre double 66 €. Petit-déjeuner inclus. Table d'hôtes les lundi, mardi et vendredi : 20 € par convive.

Le Mas des Monèdes, ancienne magnanerie entièrement rénovée vous propose 4 chambres d'hôtes de charme, près de Les Vans et de Banne, entre l'Ardèche, le Gard et les Cévennes. Au sommet d'un escalier de pierres, derrière de belles portes de bois, chaque chambre à caractère intimiste est traitée dans des matières brutes comme la pierre, le bois et les terres cuites. Accord subtil entre tradition et modernité. Vous pourrez profiter des petits-déjeuners, table d'hôtes, piscine ou encore massages lors de votre séjour en Ardèche du Sud.

L'ARBRASSOUS €

Le Village - **USCLADES-ET-RIEUTORD**
✆ 04 75 38 06 42
www.arbrassous.fr
4 chambres. Chambre double 66 €. Petit-déjeuner inclus. Restauration.

Un joli nom pour une jolie demeure ardéchoise en pierres apparentes. Dans cette vaste demeure, les quatre chambres sont simples, chaleureuses, confortables et thématiques. On profite également de la table d'hôtes pour goûter aux salaisons du pays et autres spécialités locales comme les caillettes, la soupe de châtaignes, la maôche ou la tarte aux myrtilles. Il y a également un dortoir pour les randonneurs. C'est ici, au cœur des moyennes montagnes, que vous profitez de la neige en hiver, des fleurs au printemps, un cadre idéal pour vous ressourcer.

LE MOULINAGE €€€

85, Chemin des Carmes - **SAINT-THOMÉ**
✆ 04 75 52 62 11
www.le-moulinage.com
Gîtes de France. 3 chambres. Chambre double 170 € ; suite 270 €. Petit-déjeuner inclus. Restauration. Spa, location vélo

Ce Moulinage est situé à proximité du village de Saint-Thomé. Cadre de charme pour cette maison d'hôtes bordée d'un ruisseau et pour ses trois chambres décorées de mobilier souvent chiné sur les brocantes. Quand l'eau de la rivière est trop froide, vous profitez d'un espace détente avec bain, sauna et hammam doté d'une magnifique piscine à débordement au sein d'une salle voûtée. Une table d'hôtes gourmande vous attend qui met en valeur les saveurs du terroir. Les hôtes ont accès sans supplément à l'espace spa, et bien entendu à la piscine. Possibilité de massage.

AUBERGE LE ROMARIN €

Quartier Saint-Martin - **VALGORGE**
✆ 04 75 88 98 90
www.le-romarin.com
Chambre double dès 55 €, chambre familiale dès 75 €. Gîtes 2, 4 ou 5 personnes disponibles. Petit-déjeuner, restauration

Une étape sympathique au pied du massif du Tanargue où l'on trouve confort, amabilité, service et qualité sous la bonne garde des patrons d'origine belge tombés sous le charme de ce petit coin de paradis. Dans leur belle demeure, on découvre le restaurant qui propose une savoureuse cuisine du marché. Côté hébergement, on a le choix entre les appartements pour une famille complète, des formules de gîte ou des chambres d'hôtes. On profite du sauna et d'un bar pour un cocktail à terminer sur la terrasse. Une certaine douceur de vivre dans un cadre exceptionnel.

AUBERGE DE THORRENC €€

Le Village - **THORRENC**
✆ 04 75 34 21 02
www.auberge-thorrenc.com
5 chambres. Chambre double de 65 € à 110 €. Petit déjeuner inclus. Table de restauration «saveurs du terroir».

L'Auberge de Thorrenc est une pure merveille de style, un lieu magique où l'on aime venir se ressourcer. Décor à la fois végétal et minéral avec cette belle bâtisse à étages et ses cinq chambres d'hôtes spacieuses, confortables et décorées avec bon goût. Matériaux bruts, détails raffinés, il se dégage des lieux un charme fou complété par l'accueil adorable des propriétaires aguerris. Il ne reste plus qu'à choisir entre sieste à l'ombre des arbres ou bien randonnées dans la région avant de retrouver la table de cette auberge gourmande.

FERME DE PRÉMAURE €€

Route de Lamastre - **VERNOUX-EN-VIVARAIS**
✆ 04 75 58 63 97
www.chambre-d-hotes-ardeche.fr
5 chambres. Chambre simple 69 € ; chambre double 79 €. Petit-déjeuner inclus. Remise de 5 % à partir de la 4ème nuit.

A 8 km du centre de Vernoux, près du col de Montreynaud, cette ferme de pierre a été édifiée selon la tradition architecturale locale en 1820. Son aspect, surtout le soir avec les éclairages, rend le lieu magique. À voir : son four à pain typique. Restaurée dans le respect du patrimoine et avec beaucoup de goût, elle offre un hébergement confortable et de caractère. Pour des courts ou longs séjours, le lieu se prête à la détente, à l'évasion, aux randonnées et à la quiétude. La piscine à l'eau de source avec vue sur les monts d'Ardèche ajoute au plaisir du séjour.

CANTAL

RÉSIDENCE HAUTECLAIR €€

Le Bourg - **APCHON** ✆ 04 71 78 20 07
www.hauteclair.be

Chambre 1 personne 49 €, chambre double 55 €, suite familiale : 75 €. Petit-déjeuner inclus. Garage à motos et vélos.

A quelques kilomètres de Riom-ès-montagnes, Adélaïde Pinckers vous accueille avec chaleur et humour, dans ses chambres d'hôtes confortables au cœur du Parc régional des Monts du Cantal. Le salon, au décor composé de meubles anciens et modernes raffinés, un brin vintage, saura vous faire passer de bons moments. Au petit-déjeuner, vous goûterez les confitures maison sur la terrasse orientée plein sud avec une vue splendide ! Adélaïde se fera un plaisir de vous initier au Taiji et au Qigong : un frisson d'Asie à pratiquer en plein air lorsque le temps le permet !

LA MAISON DE GILBERT €€

La Valette - **CHAUDES-AIGUES**
✆ 04 71 20 67 27
www.lamaisondegilbert.strikingly.com

5 chambres. Chambre double de 98 € à 108 €. Petit-déjeuner inclus. Forfait cure thermal. Golf practice. Restauration.

Béatrice et Bruno vous proposent un hébergement de choix. Avec beaucoup de goût, ils ont su faire de cet ancien corps de ferme un lieu cosy. Les chambres sont spacieuses et très confortables. Vous apprécierez la vue des monts du Cantal et la campagne environnante. Pour les petits-déjeuners, sachez que Béatrice a une formation de pâtissière qu'elle n'hésite pas à mettre en pratique ! Piscine et salon de jardin sont à votre disposition, ainsi qu'un practice de golf. A l'intérieur, le séjour dispose d'une bibliothèque, d'un billard, de jeux et de la télévision.

L'ENCLOS SAINT-ROUFFY €€

Saint-Rouffy - **ARNAC**
✆ 04 71 47 11 58
www.gitessaintrouffy.fr

Ouvert toute l'année. Pour 6 personnes (2 chambres). Animaux acceptés. Lave-vaisselle.

L'enclos Saint-Rouffy propose plusieurs gîtes pour votre séjour. Dans un esprit rustique et très confortable, vous pourrez opter pour «Les Myosotis», « Le Crocus», «Les Jonquilles», «Les Violettes» ou encore pour un four à pain aménagé, prévu pour les pêcheurs avec un aquarium. Tous les gîtes ne présentent pas la même capacité d'accueil. Proches des commerces et de nombreuses petites villes du Cantal, vous devriez aimer, surtout pour profiter d'un séjour au plus près d'une nature saisissante. Le mieux est encore de se renseigner auprès de Michel Trophime.

LE COUSQUES €€

Le Bourret - **CRANDELLES**
✆ 06 10 03 25 25
www.leschambredhotesducousques.sitew.fr

Chambre double à partir de 80 €. Petit-déjeuner inclus. Terrasse, salon.

Catherine de Courcy vous accueille dans sa grande maison de maître de 1778, d'architecture typiquement cantalienne. Depuis la terrasse vous pourrez admirer la vue sur la Vallée de l'Authre. Vous aurez aussi la possibilité de pêcher et de faire quelques brasses dans le lac de Crandelles. Idéalement située à quelques kilomètres d'Aurillac, cette demeure est un havre de paix avec deux chambres charmantes et calmes dotées d'un mobilier ancien. Dans le salon, un beau cantou vous attend pour un véritable moment de détente. Cette adresse est inscrite aux Gîtes de France.

LA BARAJADE €

Recoules - **JOURSAC**
✆ 06 68 10 35 83
www.labarajade.com
Chambre simple 68 € ; double 78 € ; triple 113 € ; quadruple 143 €. Petit-déjeuner inclus. Table d'hôtes : 27 €.

Cette ferme ancienne vient de refaire peau neuve ! La salle à manger a gardé ses lits en alcôve et son grand *cantou* tout près de la grande table d'hôtes. Les chambres confortables et flambant neuves offrent une vue sur le superbe massif cantalien. Vous pourrez profiter des aménagements extérieurs : salons de jardin, pétanque,... Ou bien vous cocooner dans le sauna, à la bibliothèque, ou jouer aux échecs près de la cheminée. Les environs sont magnifiques : plateau du Cézalier, Murat ou bien encore Parc naturel régional des Volcans d'Auvergne.

LA GASPARDINE €

20, route du vieux four - **LA CHAPELLE-D'ALAGNON**
✆ 04 71 20 01 91
www.cantal-hote.fr
4 chambres. Chambre double 65 € ; triple 75 €. Demi-pension : 96 €. Petit-déjeuner inclus. Table d'hotes : 20 €.

Dans un hameau en bordure de l'Alagnon, Joëlle et Denis vous accueillent dans une ancienne ferme familiale construite en 1844. Quatre chambres romantiques sont à votre disposition. Vous trouverez aussi une belle salle pour passer à table et déguster des spécialités régionales, deux terrasses en bois suspendues, un garage pour les motos et les vélos. Au milieu des volcans cantaliens, vous n'aurez qu'un pas à faire pour profiter de la nature. Possibilité d'effectuer des séjours à thème créatifs : broderie, cartonnage, boutis, patchwork.

LA GRANGE DE LA BASTIDE €

1, route des Gazelles - **LAVEISSIÈRE**
✆ 04 71 20 24 14
www.grangedelabastide.com
3 chambres. Chambre double de 68 € à 72 €. Chambre 1 ou 2 personnes à partir de 2 nuits : 68 €. Petit-déjeuner inclus.

Si vous aimez les beaux points de vue, alors vous aimerez la grange de la Bastide ! A la croisée des chemins de randonnée et à 3 km de Murat, vous vous sentirez en pleine nature et pourrez marcher des heures lors de balades sélectionnées par Annemiek et Joost, ou bien profiter du jardin, de la terrasse et de leur beau point de vue sur la vallée de l'Alagnon. Les trois chambres sont très confortables. Annemiek est une hôte qui saura vous faire apprécier la région et vous régaler avec ses « Vrais petits-déjeuners » complets. Une adresse dont vous vous souviendrez !

LA FOURNIO €€

18, Escladines - **CHAUSSENAC**
✆ 04 71 69 02 68
www.lafournio.fr
Tarif 1 personne : de 83 € à 100 € ; 2 personnes : de 88 € à 105 €. 3 personnes ; de 118 € à 135 €.

© PIERRE SOISSONS

A deux pas de la cité médiévale de Salers, des monts du Cantal et de la vallée de la Dordogne, cette maison de famille datée de 1819 allie confort et élégance. Restaurée dans le respect de l'architecture locale avec des matériaux nobles et naturels, elle vous invite à venir goûter au charme intemporel des lieux. Deux suites et une chambre vous seront proposées. Mobilier ancien, parquets cirés, poutres chaulées... composent un ensemble propice à la détente. Vous pourrez vous ressourcer dans le jardin qui ouvre par-delà les champs face aux monts du Cantal.

LA BOUDIO - GÎTE AUBERGE €€

La Boudio - **LAVIGERIE**
✆ 04 71 20 81 87
www.gite-laboudio.fr
Ouvert toute l'année en demi pension de mai à octobre et janvier et février. Gestion libre du gîtes.

Vincent et Marie ont repris en 2020 ce gîte situé au pied du Peyre-Arse. L'esprit n'a pas changé dans cet ancien corps de ferme. La route s'arrête devant la porte. Plus loin la montagne accueille cerfs, chamois et mouflons que l'on peut observer depuis sa chambre pour donner envie à belles balades dans les environs en toute saison. L'ambiance est familiale. Le feu dans la cheminée est propice à la convivialité. Le soir pour les pensionnaires ou à midi pour les visiteurs, la cuisine maison fait découvrir les spécialités régionales. Possibilité de privatiser.

AUVERGNE-RHÔNE-ALPES

LE BUFADOU €€

12, route du Rocher du Cerf - **LE LIORAN**
✆ 04 71 49 55 76
www.lebufadou.fr
Nuit adulte : 28 € en dortoir ; 60 € en chambre double. Location gîte complet sur demande. Cuisine à dispo ou restaurant

Le grand chalet en bois est entouré de sapins, face à la piste du Rocher du Cerf. Une étape idéale pour les randonneurs sillonnant le GR4 ou le GR400. Chaque chambre possède sa kitchenette, est joliment décorée et se trouve au rez-de-chaussée. Le décor en bois rappelle l'esprit de la montagne. Le restaurant offre une carte régionale et une décoration chaleureuse elle aussi typiquement montagnarde. Le grand poêle émaillé vient réchauffer la salle. Une façon originale de séjourner au Lioran ou de découvrir les spécialités du coin ! On adore !

VERT AZUR - LES 4 SAISONS €

Chemin de Larmandie
MANDAILLES-SAINT-JULIEN
✆ 04 71 47 93 81
www.gite-vertazur.com
4 chambres. Chambre double de 64 € à 69 €. Petit déjeuner inclus. Table d'hôtes : 22 €.

Avec une vue dégagée sur Mandailles, les sommets et les forêts, le gîte accueille les randonneurs dans une maison en bois et en ardoise. Son espace se divise en trois dortoirs, avec une salle à manger équipée d'un poêle, lumineuse et donnant sur la terrasse qui domine Mandailles. C'est un repère pour les activités nature. Vous pouvez aussi choisir l'hébergement en maison d'hôtes, avec quatre chambres décorées aux couleurs des saisons, dans un environnement champêtre et poétique.

FERME DE VAZERAT €€

3, Vazerat - **MASSIAC** ✆ 04 71 23 03 05
www.aubergedevazerat.com
Chambres d'hôtes 2 pers. à partir de 85 €, petit-déjeuner inclus. Gîte 5 personnes : 130 €. Table d'hôte : 25 à 27 €.

C'est dans une ferme fortifiée du XVIe siècle que se loge l'auberge. Haute et en pierre, son architecture s'inscrit pleinement dans le patrimoine historique de Massiac. La restauration de la ferme a été réalisée avec goût mais surtout dans une démarche écologique. 5 chambres et 2 gîtes y sont installés. Cet écrin de verdure dispose d'une piscine, parfait pour vous accueillir après une belle journée de randonnée à la découverte de l'environnement montagnard. Chaque soir, la table d'hôtes vous servira du « fait maison », avec des produits frais et auvergnats.

LE FROMENTOU €

Le Bourg - **PEYRUSSE**
✆ 04 71 20 62 59
www.lefromentou.com
3 chambres et suite pour 4 personnes : de 80 à 90 €. Chambre double de 45 € à 55 €. Petit-déjeuner inclus. Gîte.

Stéphanie et Sébastien Jouve vous accueillent dans leur maison d'hôtes, au cœur de ce petit village d'une vingtaine d'habitants situé à 950 m d'altitude entre le Cézallier et la vallée de l'Allagnon. Ils vous proposent trois chambres d'hôtes dont deux suites familiales, décorées sur le thème de la couleur. Vous avez aussi la possibilité de louer leur gîte rural parfaitement équipé et confortable à l'occasion d'un séjour en groupe. Atmosphère simple et accueil sympathique dans un lieu de caractère. Idéal pour des vacances en famille ou entre amis.

L'ASTRASSADOU €

Le Bourg - **RÉZENTIÈRES**
✆ 04 71 20 10 18
www.astrassadou.fr
7 chambres (chambres de 50 € à 135 €). Demi-pension : 94 €. Petit-déjeuner inclus. Location de trottinettes électriques.

L'auberge occupe l'ancienne laiterie et école du village. Cette dernière, située non loin de Saint-Flour, se trouve de plus au cœur de la Planèze. Le maître mot de cet établissement est le service ! Avec gentillesse et savoir-faire, vous serez accueillis comme chez vous. Les chambres sont commodes, confortables, très lumineuses et calmes. Vous y trouvez aussi un salon et un coin terrasse. Côté restaurant, une cuisine simple et savoureuse est proposée pour recharger les batteries après une journée de visites et de sports de montagne.

FERME LE RUISSELET €€

Mazerat - **ROFFIAC** ✆ 04 71 60 11 33
www.ferme-le-ruisselet.com
5 chambres. Tarifs sur demande. Gîte 18 personnes. Demi-pension. Table d'hôtes. Bain bouillonnant. Excursions.

La famille Bergaud vous accueille dans une maison familiale typiquement auvergnate à proximité de Saint-Flour. Un lieu unique ! Dans ce corps de ferme typique de la planèze, les hébergements sont labellisés Clévacances. Gîtes de groupes, charmantes chambres rustiques, mobil-homes et camping à la ferme, spa, découverte des animaux, table d'hôtes, marché des producteurs... Vous dormirez dans des chambres au décor raffiné et authentique et dégusterez de copieux repas de spécialités locales et des petits déjeuners aux parfums de gâteaux et brioches maison. On aime !

GÎTE RURAL JEAN VERMEULEN €€

Régheat
SAINT-BONNET-DE-CONDAT
✆ 04 71 78 43 60

Gîte de France. Pour 15 personnes : De 850 € à 1 200 € la semaine selon saison. Salon de jardin. Terrasse.

Cécile et Jean-Luc vous proposent un séjour dans une très belle maison de caractère de 240 m², entourée de 1 500 m² de terrain au cœur du Cézallier. A vous le grand espace ! Le luxe : le chauffage central géothermique couplé avec une cheminée. Idéal pour une soirée d'hiver au coin du feu à boire un verre de vin ou à se réchauffer autour d'une tisane. Ce gîte est labellisé Tourisme et Handicap et permet donc à tous de venir y prendre du bon temps.

LES GÎTES BON AIR €€

Fraissinet - **SAINT-FLOUR**
✆ 06 45 12 57 94
http://gite.bon.air.stflour.free.fr

Ouvert toute l'année. Chalet de 5 à 7 personnes. Tarif sur demande. Label Tourisme & Handicap. Piscine extérieure.

Situés à 1 000 mètres d'altitude avec une vue imprenable sur les monts d'Auvergne et le massif de la Margeride, les gîtes Bon Air sont le lieu idéal pour passer un séjour paisible dans le Cantal. Les gîtes sont au nombre de 4 et peuvent accueillir jusqu'à 13 personnes. Ils sont conçus pour favoriser l'accès aux personnes handicapées. Engagé dans les valeurs environnementales, Guy Salat, le responsable des gîtes, a aussi voulu que ses chalets soient écoresponsables. En plus de la tranquillité, vous pourrez aussi profiter d'une piscine extérieure chauffée.

LA MAISON D'ADÉLAÏDE €€

12, rue de la Rollandie - **SAINT-FLOUR**
✆ 04 71 73 96 50
www.maisonadelaide.com

4 chambres (aux doux noms féminins : Louise, Marie, Joséphine et Clothilde). Chambre double 100 €. Petit-déjeuner inclus

La Maison d'Adélaïde est un hôtel particulier du XIXe siècle. Cette demeure porte encore les marques de sa propriétaire, Marie-Adélaïde Delzers, fille d'une famille d'horlogers sanflorains. Au centre d'une grande réforme historique, l'une des chambres de la maison a servi de refuge à un évêque au moment de la loi de la séparation entre l'Église et l'État. C'est aujourd'hui Fabienne qui vous ouvre son univers charmant, où le repos et la détente sont de mise. Ses chambres sont raffinées et confortables. Le petit-déjeuner laisse la part belle aux produits locaux.

LE CHÂTEAU DE LESCURE €€€

Lescure - **SAINT-MARTIN-SOUS-VIGOUROUX**
✆ 04 71 73 40 91
www.chateaudelescure.fr

3 chambres. Chambre double 98 €. Petit-déjeuner inclus. Repas : 28 € (sur réservation).

Ce magnifique ensemble bâti face à la vallée de Brezons se compose d'un corps de logis du XVIIe et d'une grande tour du XIe siècle. C'est dans cette tour aux murs épais que l'on accède aux chambres d'hôtes par un escalier à vis. Tout est authentique, sauf, bien heureusement : les salles de bain modernes ! Le petit-déjeuner se tient dans le corps de logis et sa cuisine auvergnate. Les repas des hôtes sont confectionnés avec les légumes du jardin et les produits de la région. La terrasse, la roseraie et le jardin médiéval offrent une très belle vue sur la vallée.

DOMAINE DE LA CHAUX DE REVEL €€

La Chaux de Revel - **SAINT-MARTIN-VALMEROUX**
✆ 04 71 40 68 10
www.domainedelachauxderevel.com

Fermée de mi-novembre à mi-décembre. Chambre double de 82,50 € à 106,50 €. Petit déjeuner inclus. Wifi. Animations.

Vous profitez d'un domaine nature de 7 ha, dans le parc des volcans d'Auvergne, près de Salers et à 1 000 m d'altitude. Vous logez dans une roulotte, la cabane ou le petit buron du vacher, pour des vacances atypiques. Vous êtes dans une exploitation avec des vaches Salers, des chevaux, des moutons et des cochons. Vous pouvez même acheter une vache et la laisser en pension sur place. La ferme fabrique des savons au lait et à la gentiane d'Auvergne. Piscine chauffée et sauna extérieur.

LE SAGRANIER €€

Rue Notre-Dame - **SALERS**
✆ 04 71 40 70 50
www.le-sagranier.com

Fermé du 15 novembre au 10 février sauf pour les vacances de Noël. Chambre double 79 €/nuit petit déjeuner inclus.

Le Sagranier possède des chambres d'hôtes et des meublés touristiques où il fait bon de poser ses bagages et partir à la découverte d'un des plus beaux joyaux du Cantal. Ces hébergements sont aménagés avec goût, chaque chambre personnalisée porte un nom aux couleurs de la déco et de la vue. Une harmonie entre authenticité et modernité. Nathalie, J.-Charles et toute l'équipe du Sagranier vous accueillent chaleureusement et se montrent disponibles. Finalement, on peut dire que c'est l'endroit idéal pour venir se ressourcer à l'air des montagnes.

DRÔME

DOMAINE DE BAYANNE €€

695A, route de Bayanne - **ALIXAN**
✆ 04 75 47 07 00
www.domainedebayanne.com
5 chambres. Chambre simple à partir de 62 € ; chambre double à partir de 71 €. Petit déjeuner inclus.

A proximité de la gare TGV, de Valence et de Romans, le Vercors à l'horizon et la campagne à vos pieds, le Domaine de Bayanne vous invite à un séjour agréable. Nathalie et Stéphane Ogier, vos hôtes, sont de délicieuses personnes et vous vous sentez comme à la maison. Les quatre chambres spacieuses sont situées à l'étage de la maison familiale et décorées avec beaucoup de cachet dans un style rustique chic. Le copieux petit déjeuner est inclus et sera parfait pour bien démarrer la journée et partir à la découverte des nombreuses richesses de la région !

GÎTE DE L'HUBAC €€

Ferme de l'Hubac - **BARSAC**
✆ 04 75 83 09 23
www.gites-de-france-drome.com
Gîtes de France. Location semaine à partir de 450 €. Terrasse. Barbecue.

Cette maison du XVIIIe siècle, joliment restaurée, constitue un bel ensemble de caractère sur les hauteurs du village. Le gîte dispose d'un accès indépendant, d'une terrasse, d'un barbecue et de tout le confort. Possibilité de rendre visite aux chèvres des propriétaires et de voir la fabrication des picodons, petits fromages emblématiques de la région. Randonnée possible depuis la maison jusqu'au sommet du Grillon ou la petite ville de Die, en passant par la montagne. Vous pouvez aussi faire le tour des caves pour déterminer la meilleure clairette du village.

FERME DE L'AYGUEMARSE €

BÉNIVAY-OLLON
✆ 04 75 28 10 02
www.ayguemarse.com
Chambre double 49 € à 55 € ; triple 62 € ; quadruple : 92 €. Gîtes : de 335 € à 490 €. Table d'hôtes : 21 €.

Bienvenue à la ferme ! Simone et Daniel Charasse vous accueillent dans ce petit village dominant la vallée de l'Ayguemarse. Calme, bon air et produits gourmands du terroir à la clé. Vous avez accès à la piscine. Vous pouvez préférer la version sauvage : plongée dans l'Ouvèze ou le Toulourenc. Location de vélos sur place. Vous avez le choix de résider en chambre d'hôte ou en gîte. Avant de repartir, faites le plein de bons produits de la ferme : abricots, cerises, raisins, olives et huile d'olive, tilleul, confitures maison... Du soleil dans les valises !

LE MOULIN DE CRUPIES €€

CRUPIES
✆ 04 75 53 39 16
www.lemoulindecrupies.com
5 chambres. Chambre simple de 95 € à 115 € ; chambre double de 105 € à 125 €. Petit déjeuner inclus. Forfaits semaine.

Vous trouverez cette demeure en prenant la direction de Nyons. Un ancien moulin du XVIIIe siècle avec un parc aux senteurs de lavande et de roses, une piscine, un trampoline et des hamacs. Elle offre cinq chambres rénovées, spacieuses et charmantes qui affichent la couleur : *Picholine, Lavande, Soleil Rouge, Terre de Provence, Temps des Cerises*... La table d'hôtes met en valeur les produits bio du terroir. On mange près de la cheminée en hiver, sous les platanes en été. Vous avez aussi la possibilité de profiter de sorties équestres accompagnées.

LA ROULOTTE DU PANICAUT €€

Ferme de Lagier - **FRANCILLON-SUR-ROUBION**
✆ 06 99 36 23 59
www.laroulottedupanicaut.com
Minimum deux nuits, à partir de 85 € la nuitée pour deux personnes. De 490 € à 595 € la semaine.

Une adorable roulotte de bois vous attend pour une escale bohème. Vous êtes dans une exploitation engagée en agriculture bio, entre Vercors et Provence. A 600 m d'altitude, dominant le village, la ferme de Lagier est une bâtisse en pierres dont les fondations datent du XVe siècle. Dans votre roulotte, vous profitez d'une vue superbe et d'un calme parfait. La maison vous fournit gratuitement un délicieux petit déjeuner 100 % bio. Kitchenette et barbecue à disposition. Une chambre d'hôtes pour deux à quatre personnes est proposée en alternative.

L'AIGUÈTE €

1255, route de L'Aiguète - **HAUTERIVES**
✆ 03 4 75 68 83 61
www.chambre-hote-drome.net
Chambre simple 35 € ; double 70 €. Petit déjeuner inclus. Gîte : de 450 à 550 € la semaine selon saison. Restauration.

Dans le village du facteur Cheval, une famille ouverte aux rencontres et engagée dans le respect de l'environnement accueille les voyageurs dans une ancienne ferme réhabilitée, avec vue sur les Alpes et les collines drômoises. La maîtresse de maison propose une cuisine bio-végétarienne et créative concoctée essentiellement à base de produits locaux ou du potager. Pour le petit-déjeuner, pains et confitures maison vous attendent dans le jardin ou au coin du feu. Cabinet de naturopathie et d'aromathérapie sur place. Ajoutons : une piscine et un hamac.

GÎTE ET CHAMBRES D'HÔTES LA CHAPELAINE €€

240, chemin Riouvérou
LA CHAPELLE-EN-VERCORS ✆ 04 75 02 81 53
www.lachapelaine.com
3 chambres. €. Chambres d'hôtes de 70 € à 180 € pour 2 p. avec pdj. Gîte pour 6 p. de 490 à 700 € la semaine.

Les chambres d'hôtes et le gîte sont comme Magali : chaleureux. Une grande maison de plus de 600 m² et un beau parc de 5 600 m² ont permis de proposer trois grandes chambres, un gîte spacieux de charme et un pub avec table gourmande. L'adresse est appréciée des locaux, des touristes, des acteurs en tournage (Thierry Lhermitte et l'équipe du film *Hommes au bord de la crise de nerfs*), des sportifs à l'entraînement, etc. Une excellente maison où l'on se sent vraiment bien.

MAISON DE L'AVENTURE €

Avenue Bruyères - **LA CHAPELLE-EN-VERCORS**
✆ 04 75 48 22 38
www.maison-aventure.com
12 chambres. Nuitée : 21 € adulte, 16,50 € enfant. Possibilité de demi-pension ou de pension.

Ancienne maison de la spéléologie ouverte dans les années 1975. Son slogan : *respirez* ! Ici on défend un tourisme doux. Une adresse multiple qui propose un grand gîte ouvert à tous, un centre de loisirs à la journée pour les 4/12 ans (les Marmottons) et organise des randonnées et des raids de 2 à 7 jours, en groupe ou à la carte, en ski nordique, en raquettes, en traîneaux à chiens, à pied. Egalement au programme un séjour sensations fortes : spéléo, canyoning et via ferrata. Ainsi donc, soit vous partez à l'aventure seul depuis le gîte, soit on vous accompagne.

LA MAISON DU BAILLI €€

Calade de la Sauvegarde - **LA MOTTE-CHALANÇON**
✆ 04 75 27 26 17
www.gite-bailli.com
Gîte 8 personnes de 250 € à 725 € la semaine. En formule chambre d'hôtes : 15 € par personne, petit-déjeuner : 8 €.

Nicola et Alain Piccardi vous accueillent dans leur demeure villageoise en pierre, datée du XVIe siècle. Avec sa belle porte massive ancienne et son jardin clos, ses rosiers grimpants et ses valérianes, elle propose des locations en gîte ou des chambres d'hôtes rustiques. A noter, la cuisine intégrée avec lave-vaisselle, four, plaque vitrocéramique, hotte, réfrigérateur-congélateur, afin de vous offrir une parfaite autonomie. La maîtresse de maison ouvre sa table aux hôtes pour pallier la fermeture des restaurants du village à certaines périodes.

DOMAINE DE LA CROIX DU VERRE €

15, traverse Chautin
LARNAGE
✆ 04 75 07 26 29
www.la-croix-du-verre.com
2 chambres. Chambre double 53 €. Petit-déjeuner inclus. Wifi.

La propriété viticole de la famille Dumaine, maison du XVIIe siècle en galets du Rhône entre vignobles et abricotiers, abrite également des chambres d'hôtes de belle tenue - notamment la Marsanne, luxueuse et charmante - où il fait bon goûter aux délices de la région. La vente de vins, de jus d'abricots et de confitures saura ravir les plus gourmands. Un salon d'inspiration campagnarde accueillera vos moments de détente, autour d'une boisson chaude ou d'un bon livre.

TERRE À TERRE €€€

795, route des Tilleuls - **LE CHALON**
✆ 04 75 47 64 50
www.terre-a-terre.org
Ouvert toute l'année. Tarifs selon le type de séjour et d'activités.

A 15 km de Romans et de Saint-Donat-sur-l'Herbasse, vous pouvez faire une pause de ressourcement à Terre à Terre. Un lieu atypique plein de charme, dans un cadre de nature apaisant. Marilyne et Vincent vous accueillent pour un séjour, un stage, un repas. Table et maison d'hôtes, mais pas que. Un joli lieu d'accueil et de création, esprit écolo. Ici c'est agriculture biologique, création artistique avec des ateliers poterie et art-thérapie, stages d'initiation céramique ou pour apprendre à faire son couteau... Bref, le paradis pour les artistes en devenir !

LA VERCORELLE €€

145, rue des Marais - **LÉONCEL** ✆ 04 75 44 42 85
www.la-vercorelle.com
chambres. Chambre simple de 79 € à 89 € ; double de 96 € à 106 € ; triple de 114 € à 124 €. Restauration.

Vous pouvez loger à deux pas de l'abbaye de Léoncel, dans un gîte doté de chambres de charme. Le label Accueil vélo propose en location deux vélos électriques. Cette jolie maison d'hôtes, rénovée avec soin, est désormais proposée en gîte. Été comme hiver, c'est un petit paradis sur la GTV (Grande Traversée du Vercors). Chaque chambre est décorée d'objets vintage et chacune à un charme fou ! Vos hôtes, dont l'une est artiste, vous accueillent avec gentillesse. Possibilité de table d'hôtes le soir, à base de produits du Vercors. Possibilité de massages bien-être.

LE POINT VIRGULE €

Le Village - **LUS-LA-CROIX-HAUTE**
✆ 04 92 58 52 70
http://gite-point-virgule.fr
Plusieurs formules en gestion libre, en demi-pension, etc...

Cette ancienne bergerie joliment rénovée, à l'orée de la forêt et à la croisée de chemins de randonnée, vous accueille en gîte d'étape ou de séjour, en gestion libre ou en demi-pension, voire en pension complète car le patron est aussi aux fourneaux du Pin d'Epices, restaurant situé à proximité. Une escale bienvenue sur la Grande Traversée du Vercors qui peut recevoir jusqu'à 15 personnes, deux chambres au rez-de-chaussée, deux chambres à l'étage. Le charme d'un chalet simple mais confortable. En été, accès gratuit à la piscine municipale. Accueil équestre.

LA GRANDE MAISON €€

Quartier Les Granges - **MONTMEYRAN**
✆ 04 75 59 31 68
www.lagrandemaisondrome.com
5 chambres. Chambre double de 115 € à 150 €. Petit-déjeuner inclus. Table d'hôtes tous les soirs sur réservation.

Entre Valence et Crest, cette grande maison de charme est le domaine d'Audrey et Séverine, deux sœurs qui ont repris la Grande Maison fin 2019. Une très belle bâtisse de maître du XIXe siècle, restaurée par les anciens propriétaires architectes en 2012. Les 5 chambres d'hôtes, spacieuses, confortables, lumineuses et très élégantes dans leur sobriété, permettent de profiter pleinement d'un séjour calme et convivial. Vous pourrez vous détendre au bord d'une piscine derrière ses murs, chauffée à l'inter saison. Une escale de charme et toute en raffinement.

LA FERME DU PESCHER €

Le Pescher du Bas - **OMBLÈZE**
✆ 04 75 42 93 18
www.lafermedupescher.com
Refuge en hiver : 15 € la nuit. Cabane ou chalet : 53 €, 100 € le week-end, 325 € la semaine. Petit-déjeuner inclus.

Voici une adresse sauvage, écolo et au goût de paradis ! Au programme : élevage de chèvres et transformation fromagère, accueil touristique (chalets ou roulottes de bois), maraîchage, apiculture, randonnées équestres, poterie, et petite restauration fermière dauphino-thaïe. Cette ferme écologique orientée en agriculture bio, située dans le site classé des gorges d'Omblèze, fonctionne grâce aux énergies renouvelables. On y trouve des picodons, légumes, sirops, confitures et pistous bio. Gîte d'étape sur les sentiers du Vercors. Possibilité de massages thaïs.

MAISON D'HÔTES MORIN/SALOMÉ €€

26, rue Faubourg du Temple - **SAILLANS**
✆ 04 75 21 43 95
www.chambres-hotes-morin-salome.fr
5 chambres à partir de 75 € la nuit pour 2 personnes. Petit-déjeuner inclus. Table d'hôtes : 24,50 € le repas.

Des bambous, du bleu qui évoque le Maroc, vous ne pouvez rater cette belle maison, ancien moulinage sur les berges de la Drôme. Tout à la fois maison orientaliste, maison d'artistes qui accueille des expos, des rencontres et des stages, table d'hôtes du terroir et d'ailleurs, vous aurez l'impression de vous sentir ici chez vous. Vous êtes chez Frédéric Morin et Salomé, deux hôtes aussi charmants qu'artistes. Les cinq chambres sont spacieuses, calmes, décorées avec originalité.

LA VEYRARDIERE €€

280, chemin les Veyrats
SAINT-DONAT-SUR-L'HERBASSE
✆ 04 75 45 17 49
5 chambres. Chambre double de 90 € à 110 € ; triple 130 €. Petit-déjeuner inclus. Repas d'hôte : 25 €. Pas de tv.

Peintre décoratrice, Josiane Desse a apporté sa patte et un charme tout particulier à la rénovation et à la décoration intérieure de sa maison. Toutes les chambres sont différentes et empreintes de romantisme : charpente apparente dans l'une, mur de galets dans l'autre, et pour toutes des enduits à la chaux avec pigments naturels dans des tons raffinés. Des anges en décoration, des pétales de rose sur un lit, un potager dans le jardin, des conserves et des confitures dans la cuisine à l'ancienne. Un moment de grâce... Ateliers de peintures proposés.

LES CABANES DE CARPAT €€

1325, chemin des Rimets
SAINT-JEAN-EN-ROYANS
✆ 04 75 47 53 91
http://cabanes-carpat.fr
Cabane à partir de 14h et libérées avant midi. Chambre double 140 €. Petit déjeuner inclus

Pour un séjour assurément branché. Au pied du Vercors, à proximité du cirque de Combe Laval et de sa route taillée à flanc de montagne, deux cabanes perchées, aménagées dans des chênes séculaires, qui rivalisent de poésie : Lune de Miel et Pain d'épices. Ambiance magique, odeur de bois, voici la maison de Poule rousse (album du *Père Castor*), toute proprette. Une étape originale pour une escapade dans le parc naturel régional du Vercors avec ses trésors. Appréciables : les petits déjeuners à base de produits bio de la ferme de vos hôtes.

LA GRANGE À MIREILLE €€

Les Granges - **SAINT-JULIEN-EN-VERCORS**
✆ 04 76 64 34 93
www.lagrangeamireille.fr
4 chambres. Chambre double 65 € ; triple 85 € ; quadruple 105 €. Petit déjeuner inclus. Table d'hôtes. Gîte pour 7 pers.

Située au cœur du parc naturel régional du Vercors, la Grange à Mireille vous accueille pour une nuit, un week-end ou un séjour de plusieurs jours. Les chambres ont été créées là où était entreposé le foin dans la grange. Alliant aujourd'hui charme et confort, les quatre chambres sont très bien équipées, avec salle de bains privative. L'ancienne étable de la ferme elle, a été restaurée, afin de vous recevoir pour le petit déjeuner et pour le dîner si vous le souhaitez. Possibilité de panier pique-nique. Idéal pour un séjour nature en famille.

LE SERPOLET €

Chemin du Lioron - **SÉDERON**
✆ 04 75 28 73 38
www.leserpolet.com
Chambre double : 66 € à 72 € ; triple de 79 € à 85 €. Petit- déjeuner : 10 €. Gîte de 395 € à 495 €, selon saison.

Plusieurs hébergements possibles à cette adresse : deux gîtes ou des chambres d'hôtes. Situé au pied du rocher de la Tour et du Crapon, Le Serpolet a des allures de village provençal avec ses maisonnettes de plain-pied aux terrasses privatives serrées autour d'une place-jardin. La décoration est simple mais le confort satisfaisant. Dans la salle à manger avec vue splendide sur les montagnes, on vous propose des planches de charcuteries et de fromages à midi, à déguster en terrasse ou au bar et des menus au restaurant pour le dîner. Menus à emporter.

L'ESPERLUETTE €€

Route de Bollène - **SUZE-LA-ROUSSE**
✆ 04 75 51 31 45
www.esperluette-en-provence.com
Ouvert toute l'année. Pour 2 personnes. De 400 € à 650 € la semaine selon saison. Piscine l'été.

Si vous aimez les chocs des matières, c'est une fort belle réussite que ces deux petits gîtes très design installés dans un grand mas on ne peut plus traditionnel. Tout autour de la vigne et à l'intérieur des couleurs soutenues, des têtes de rhinocéros en carton, des meubles de grands designers. Il y a de nombreuses belles surprises qui vous attendent. Et bien sûr, un confort très contemporain propice au repos et à un séjour des plus confortable. En revanche attention, seuls les amoureux pourront en profiter. Nouveauté : la piscine !

LES P'TITS HÔMES DE CHRIS & BÉNÉ €€

21, rue Ambroise-Paré - **VALENCE**
✆ 09 52 45 58 62
Gluten-free friendly. A partir de 60 € la chambre, petit déjeuner compris. Dégressif à partir d'une semaine.

Chris et Bénédictine proposent une chambre d'hôte et deux studios indépendants au premier et dernier étage d'une maison de ville avec chacun une entrée et une petite terrasse privée, disposant de tout le confort : lit double, kitchenette et décoration de cachet. À disposition : télévision, Wifi gratuit, machine à laver, linge de maison, vaisselle et de tout ce qu'il faut pour faire le petit déjeuner. Vos hôtes peuvent aussi faire le marché le samedi matin pour vous préparer un repas locavore.

HAUTE-LOIRE

L'ESTIVE €€

Par la RD906 - **BONNEVAL**
✆ 04 71 00 91 12
www.chambresdhotes-lestive.fr
4 chambres. Chambre simple 58 € ; double 68 €. Petit-déjeuner inclus. Restauration.

L'Estive, ancienne ferme rénovée, vous convie à faire étape dans une ambiance mêlant la sérénité des vieilles pierres et la quiétude des forêts. Ici, toutes les chambres sont familiales et accueillent de deux à six personnes. Par beau temps, la terrasse vous permet de prendre l'apéritif face au soleil. Puis, vous dînerez dans la salle commune en dégustant les plats du terroir concoctés avec les fruits et légumes du potager. Un espace jeux est aménagé pour les enfants. Possibilité de camper pour les randonneurs. Un pré est disponible pour les ânes et les chevaux.

YOURTES EN TERRASSE €€

Lieu-dit la Terrasse - **BONNEVAL** ✆ 04 71 00 09 84
www.yourtesenterrasse.com
2 chambres. Chambre double de 65 € à 80 € la nuit, de 300 € à 450 € la semaine. Petit déjeuner : 7 €.

Envie d'un hébergement insolite au cœur du parc naturel régional du Livradois-Forez ? Annie et Pierre mettent à votre disposition deux yourtes de 38 m^2: Framboise et Chocolat. Elles sont aménagées avec cuisine et salle de bains avec douche à jets et toilettes sèches séparées. Conçues par un artisan local et inspirées de leurs cousines mongoles, elles ont été spécialement pensées pour s'adapter parfaitement au climat de moyenne montagne, isolation et chauffage permettant leur location toute l'année. Vous pourrez copieusement déjeuner à l'auberge du bourg.

LA MAISON DES CHARTREUX €€

6, rue Saint-Vosy - **BRIVES-CHARENSAC**
✆ 04 71 02 18 11 - www.maisondeschartreux.fr
4 chambres. Chambre simple à partir de 60 € ; double à partir de 65 € triple à partir de 79 €. Petit-déjeuner inclus.

Vous serez accueilli avec le sourire à la Maison des Chartreux, dernière demeure existante sur les treize maisons de chartreux qui entouraient le cloître et autour d'un parc. Les chambres chaleureuses et raffinées sont situées au second étage. Les petits-déjeuners buffet sont composés de pains et de croissants croustillants. Aux beaux jours, vous profiterez de la piscine et des transats. A 500 m de la maison coule la Loire où un parcours agréable et fleuri vous emmène du vieux pont en pierre au village ou au pied du Rocher d'Aiguilhe.

COSYCAMP' €€

Lieu-dit les Ribes - **CHAMALIÈRES-SUR-LOIRE**
✆ 04 71 03 91 12
www.cosycamp.fr
Ouvert de début avril à fin septembre. Cabane perchée pour 6 à partir de 90 €. Wifi. Restauration.

Ce CosyCamp' abrite des hébergements insolites et écologiques dans un parc naturel de 4 ha 100 % piéton, au bord de la Loire. Vous croisez potager, verger, plantes médicinales, aromatiques, labyrinthe... Alternent cottages en douglas, lodges safari (tente de 35 m^2), cabanes perchées, cabanes lodges, roulotte, tentes trappeur de 25 m^2, paillote en toile et bois sur pilotis, tentes canadiennes sur terrasse, etc. Accès au CosyCorner bardé en douglas, avec bain romain chauffé, bain à remous, nage à contre-courant. Feu de camp en soirée, piscine extérieure, canoë...

LA ROCHE AUX FÉES €€

Lieu-dit Brossettes - **LAPTE**
✆ 04 71 65 69 82
https://la-rocheaux-fees.jimdo.com
Dôme étoilé : 125 € la nuit. Chambre : 65 €. Chalet : 77 €. Arbre à bulles : 50 €. Kota finlandais : 73 €. Restauration.

Envie de vous relaxer le temps d'un week-end ? Cathy et Jean-Marc ont installé cinq hébergements atypiques, pour les amoureux de la forêt. Un kota finlandais, une bulle de toile suspendue à 1,50 m du sol, le chalet Gaïa avec hublot géant et terrasse panoramique, la chambre Anis et son sauna privatif et le Dôme étoilé, où vous dormirez sous la voûte céleste. Profitez d'une séance de yoga, du tonneau sauna et du Kota grill. A la tombée de la nuit, glissez dans le bain nordique au milieu des pins. Petit-déjeuner servi à l'ombre d'un arbre ou près de la cheminée.

LES DELICES DE LAVOUTE €€

3, impasse de l'Eglise - **LAVOÛTE-SUR-LOIRE**
✆ 04 71 01 07 21
www.lesdelicesdelavoute.com
3 chambres. Chambre double 90 €. Petit-déjeuner inclus. 1 Suite Junior (jusqu'à 4 personnes) 120€/nuit. Restauration.

Les Délices de Lavoute proposent chambres d'hôtes, restaurant, salon de thé, pâtisserie et épicerie fine. Parmi les 4 chambres, 3 sont situées dans un ancien moulin donnant sur la Loire (la Tropézienne, la Paris-Brest et la Saint-Honoré). La 4e, l'Opéra, située au-dessus du restaurant dans l'ancien corps de ferme, donne sur le parc de 4 600 m^2. A noter : la belle luminosité et la jolie alliance entre moderne et déco chinée. Le choix des noms affirme une gourmandise assumée que l'on retrouve dans les pâtisseries de Florence, diplômée de l'école d'Alain Ducasse.

LES BOIS DE CHEYNE €€€

245, chemin du Cros de Cheyne
LE CHAMBON-SUR-LIGNON
✆ 06 03 68 33 50
www.lesboisdecheyne.com/fr
De : 65€/nuit à 290€/nuit selon l'hébergement choisi.

Les Bois de Cheyne, c'est le projet de Christian, ancien ébéniste, et de sa femme Odile. Ce projet est axé autour de 4 concepts de logements : la Re(s) source, ancien container surplombant un lac ; l'Ebénisterie, gîte de 14 places installé dans l'ancien atelier de Christian ; le Gîte d'Odile, coquette bâtisse en pierre réaménagée, et la Suite à la campagne, alliant luxe, modernité et charme des vieilles pierres. Points communs entre ces 4 logements : un aspect cosy et lumineux, avec de beaux volumes, et une nature environnante sciemment magnifiée.

DOMAINE 2 LA TOUR €€€

Par la RD44 - Le Cortial Bas
BEAUZAC
✆ 06 72 59 55 97
www.domaine2latour.fr
Ouvert toute l'année. 3 chambres. De 110 € à 210 €. Petit-déjeuner inclus. Restauration. Bain bouillonnant.

Quel beau voyage qu'une nuit dans la suite polynésienne, dans la suite cactus ou dans la tour exotique ! Tout est prévu pour vous plonger dans l'ambiance merveilleuse des îles. Et en plus, elles sont équipées d'un spa. Ce qui fait aussi le charme de ce lieu, c'est l'étonnant espace abrité au-dessus de la piscine, avec le sol en verre, qui laisse transparaître le bleuté de l'eau. On trouve aussi un salon d'accueil très cosy, un bar tropical et des douceurs maison à déguster ! Pour la table d'hôtes, tout est fait maison avec des produits locaux et même parfois bio !

© DOMAINE2LATOUR

© DOMAINE2LATOUR

DOMAINE DE LA PLANCHE DE MELUSSAC €€

La planche
CUSSAC-SUR-LOIRE
✆ 04 71 01 45 03
www.laplanchedemelussac.com
3 chambres doubles de 80 à 120 €/ 2 chambres quadruples de 150 à 180 €. Petit-déjeuner fermier non inclus.

Le Domaine de la Planche de Melussac vous accueille dans son parc de 50 ha en bord de Loire. Vous trouvez des chambres joliment décorées, épurées, dans un séduisant style industriel moderne. Les salles de bains sont superbes ! Le domaine propose un petit-déjeuner fermier ainsi qu'une table d'hôtes aux savoureux produits du terroir bio et de la ferme ! Le cadre est idéal pour les balades à vélo alentour, ou pourquoi pas jusqu'au Puy-en-Velay à 12 km...

© DOMAINE DE LA PLANCHE

© DOMAINE DE LA PLANCHE

LA DEMEURE DU LAC DE FUGÈRES €

2, rue cardinal de polignac - **LE PUY-EN-VELAY**
✆ 07 85 89 49 07
www.demeure-du-lac-de-fugeres.fr
5 chambres d'hôtes à partir de 95 € pour 1 personne. Petit-déjeuner inclus. Tables d'hôtes : 14 €.

Au cœur du Puy-en-Velay, vous prenez place dans un superbe ancien hôtel particulier, l'une des plus anciennes demeures de la commune. Impossible de ne pas tomber sous le charme des beaux volumes et de la décoration faite de parquets, de moulures et de boiseries. Les chambres sont tout simplement superbes, mêlant l'ancien à des touches plus modernes. Le petit-déjeuner est complet, la table d'hôtes permet de «Goûter l'Auvergne» et le charme de la petite cour intérieure opère de suite.

LE REPOS DU PÈLERIN €€

Rue des Jacquets - **MONISTROL-D'ALLIER**
✆ 04 71 57 23 57
http://lereposdupelerin.com
Chambre simple 50 € ; double 82 € ; triple 123 €. Petit-déjeuner inclus. Restauration.

Le Repos du Pèlerin se trouve sur le GR65. Au cœur des gorges de l'Allier, les chambres sont ouvertes d'avril à octobre. Simples, authentiques et confortables, elles vous apporteront calme et repos. Les propriétaires possèdent également un gîte d'étape pour 10 à 12 personnes, équipé d'une kitchenette et de sanitaires, avec possibilité de demi-pension sur réservation. En saison, vous pourrez aussi déguster une cuisine de terroir et consistante, au sein de la brasserie. A noter également la présence d'un coin bar-tabac-presse.

AU CHAMP BONHEUR €€

Le Chambon - **MONISTROL-SUR-LOIRE**
✆ 06 75 35 88 51
www.auchampbonheur.fr
Gîte de France. Pour 18 personnes (4 chambres). De 700 € à 1500 € la semaine selon saison. Terrasse avec barbecue.

Catherine et Damien vous accueillent en pleine campagne. Le gîte est au cœur d'un espace de 5 000 mètres carrés délimité par les bords de la Loire et la nature environnante : un véritable coin de paradis pour ceux qui rêvent de grands espaces, de balades, ou de pêche. Quatre chambres vous sont proposées dont deux peuvent accueillir les personnes à mobilité réduite. En été, n'hésitez pas à profiter de la grande terrasse ensoleillée et de la Loire toute proche avec sa plage discrète au milieu de la verdure. Des cannes à pêche sont également à votre disposition.

© RL

© RL

CHEZ TANTE SOLY €€

20, Route de Saint-Agrève
LE CHAMBON-SUR-LIGNON
✆ 04 71 66 70 55
www.cheztantesoly.fr

3 chambres doubles : 90 € la nuit. Petit-déjeuner inclus. Tables d'hôtes.

Bienvenue dans une charmante maison des années 1920 chargée d'histoire. Les propriétaires se feront d'ailleurs un plaisir de vous raconter diverses anecdotes. Les trois chambres sont confortables et décorées dans des styles qui invitent au voyage : à la campagne, en Inde ou en Orient. Le soir, Renaud vous propose une cuisine familiale et réconfortante, à base de produits frais et régionaux. Enfin, pour votre détente, vous avez également accès à l'espace comprenant une piscine chauffée et un Jacuzzi. Parking privatif de deux places derrière la maison.

© RL

LA GOURMANTINE €€

Chemin de Ridet - **POLIGNAC**
✆ 04 71 05 94 29
www.gourmantine.fr
5 chambres. Chambre simple de 50 € à 60 € ; double de 60 € à 75 € ; triple de 85 € à 95 €. Petit-déjeuner inclus.

C'est dans une ferme en pierre du XVIIIe siècle que Monique et Daniel Chaulet ont aménagé quatre chambres avec sanitaires séparés. Les petits-déjeuners sont servis dans la salle à manger des collections, véritable petit musée où Monique expose le fruit de sa passion de collectionneuse, tandis que vos dîners seront servis dans la salle à manger Monet, modeste copie de la salle à manger de la maison de Claude Monet à Giverny. Cette dernière dispose d'un salon de détente : lecture, musique, télévision, vidéothèque de plus de 350 films. Accueil formidable !

LES HERBES SAUVAGES €

Lieu-dit Couchoux - **RIOTORD**
✆ 04 71 75 36 31
www.herbessauvages.com
2 chambres. Chambre double à partir de 50 € ; triple 72 €. Petit-déjeuner inclus. Restauration. Gluten-free friendly.

La maison d'Anne-Marie Besson est isolée au milieu des bois. A 1 180 mètres d'altitude, elle domine le site cistercien de Clavas. Vous y trouvez une chambre double au premier étage avec bibliothèque. Au dernier étage, la chambre aux couleurs indiennes disposent d'une porte-fenêtre ouvrant sur la chaîne des volcans du sud de l'Auvergne. Vous retrouverez les herbes sauvages dans vos assiettes, timbale de courgettes à la truite et au ciste, fromages locaux, crème dessert aux fleurs des champs, etc. Anne-Marie organise des week-ends découverte et cuisine l'été.

LA FERME DE PIERROT €€

Lieu-dit Pieyres
SAINT-PAL-DE-CHALENCON
✆ 04 71 75 29 33
5 chambres. Chambre simple 55 € ; double de 65 € à 80 €. Petit-déjeuner inclus. Restauration : 25 €.

Bernadette et Bill Harvey vous reçoivent dans une ancienne ferme du XVIIIe siècle, où ils ont aménagé cinq chambres, situées à l'extrémité du hameau de Pieyres. Les chambres dune, listel, bambous, rose et chocolat avec leur mezzanine, sont toutes douillettes et chaleureuses. Elles disposent de salles d'eau et sanitaires privés, et ont à disposition le salon avec sa superbe vue sur la campagne. Les petits-déjeuners et les repas du soir sont servis dans la grande salle à manger aux murs en pierres apparentes. Coin salon disponible avec TV et wifi.

AU REPAIRE DE BONA €€

Lieu-dit Dallas - **SAINT-PRIVAT-D'ALLIER**
✆ 09 82 35 52 54
www.aurepairedebona.com
5 chambres. Chambre simple à partir de 50 € ; double 50 € ; triple 60 € ; quadruple 70 €. Petit-déjeuner inclus. Repas.

Ce gîte est situé sur le GR40. Vous serez accueilli dans des chambres coquettes, chacune étant dotée d'une salle de bains avec douche et sanitaires attenants. Certaines peuvent accueillir les petites familles. Profitez également de la table d'hôtes pour découvrir la cuisine régionale. Les cavaliers et leurs montures sont les bienvenus dans des infrastructures adaptées et trouveront des circuits en étoile pour découvrir la région. Venez vivre au rythme de la ferme pédagogique et équestre, avec soins aux animaux, cueillette et jardinage, et divers ateliers.

LA BUISSONNIÈRE €€

27, rue de la Viaille - **SAINT-VINCENT**
✆ 04 71 08 54 41
http://buissonniere-auvergne.com
5 chambres. Chambre double de 73 € à 84 € ; suite de 80 € à 104 € ; prestige de 92 € à 106 €. Restauration. Sauna.

Vous serez accueilli dans une charmante demeure. Toutes les chambres comprennent une salle d'eau avec douche, vasque et sanitaires attenants. Au second étage, la chambre donne sur le jardin d'entrée et dispose d'un salon privatif. La suite familiale comporte trois chambres. Les petits-déjeuners sont complets, avec confitures maison et produits laitiers de montagne. Table d'hôtes sur réservation pour découvrir la cuisine de Lorette. A disposition, le parc arboré pour se détendre. Dans le salon, vous disposez de la télévision, de la bibliothèque et de jeux.

DOMAINE DE BAUZIT €€

Chemin d'Eycenac - **VALS-PRÈS-LE-PUY**
✆ 04 71 03 67 01
www.domainedebauzit.fr
4 chambres. 60 €/nuit pour 1 personne, 70€/nuit pour 2. Petit-déjeuner inclus. Table d'hôtes : 23 €, réserver avant 24h

A moins de 5 km du Puy, à côté du chemin de Saint-Jacques, vous voici au Domaine de Bauzit, ancien prieuré du XVIIIe siècle. A l'intérieur, 4 chambres : Le Puy, La Source, Le Tilleul et L'Ermitage. Toutes, en plus d'être lumineuses, sont d'inspiration moderne et nordique. Dans le même style, n'hésitez pas à vous poser dans l'élégant salon coloré qui a été aménagé dans l'ancienne chapelle ! Le petit-déjeuner copieux ne peut que vous inciter à tester également la table d'hôtes, d'autant plus que les hôtes, Fabrice et Virginie, sont très gentils et attentionnés !

© VL

© VL

© VL

LE MOULIN DE LA PAPETERIE €€

Lieu dit La Papeterie - **TENCE** ✆ 06 85 88 52 21
www.lesgitesdelapapeterie.com
Table d'hôtes : 28€. De 60€ à 95€ la nuit pour 2. Petit-déjeuner inclus. Spa, sauna (40€ l'heure pour 2 personnes).

Le Moulin de la Papeterie, dont les débuts remontent à 1645, est désormais un gîte tenu par Vincent et Audrey ! Les chambres, aux noms indéniablement bucoliques (Le Trifoulou, Les Mélèzes, Les Fougères, Les Bruyères et Le Lignon), sont agréables, dans un style cottage anglais. Dans ce cadre idyllique, le dépaysement est total, surtout avec l'espace bien-être (sauna finlandais et bain chaud norvégien). Le soir, n'hésitez pas à découvrir la très bonne table d'hôtes d'Audrey !

© VL

© VL

HAUTE-SAVOIE

CHAMPFLEURY €

24, rue de la Scierie - **ABONDANCE**
✆ 06 71 43 63 26
www.legiessen.com

5 chambres (de 2 à 5 personnes). Chambre double 62 € ; triple 75 € ; demi-pension : 48 €. Petit-déjeuner inclus. Repas.

Chalet entièrement rénové situé en moyenne montagne proposant cinq chambres d'hôtes pour votre repos et votre confort. Des visites de l'abbaye d'Abondance et de son cloître sont possibles à 3 km, mais vous pourrez également voir le musée d'Art religieux ou profiter de goûters à la ferme organisés par l'office du tourisme. De quoi satisfaire les amoureux de beau patrimoine, les gourmands, ainsi que les sportifs dans l'âme. La frontière suisse est en effet à seulement 10 km, et les pistes de ski ne sont donc pas loin pour quelques glissades...

UN LIEU UNIQUE €€€

19, rue Jean-Jacques-Rousseau - **ANNECY**
✆ 06 86 76 48 12
www.unlieuunique.com

4 chambres. Studio/appartement de 140 € à 160 €/nuit. Petit déjeuner inclus. De 840 € à 960 €/semaine. Wifi gratuit.

Une manière vraiment unique de séjourner en plein cœur de la vieille ville d'Annecy. 4 appartements, entre la suite luxueuse d'un hôtel de grand standing et la convivialité de la chambre d'hôtes. Aux portes de la vieille ville et à proximité du lac, retrouvez le *Cocon*, le *Lodge*, avec sa vue imprenable sur le canal, le *Cosy* au cœur de la rue piétonne s'ouvrant sur le lac, le *Dolce* aux airs plus colorés et contemporains avec sa terrasse panoramique aménagée. Des suites équipées à un niveau de confort supérieur : Wifi, capsules Nespresso, tv avec 100 chaînes...

SUR LA CORNICHE €€

26, route de la Corniche - **EVIAN-LES-BAINS**
✆ 04 50 74 08 29
www.surlacorniche.com

Gîtes de France. 2 chambres. Chambre simple 75 € ; double 90 € ; triple 105 €. Petit-déjeuner inclus.

Maison traditionnelle rénovée au décor contemporain, avec jardin, terrasse à l'étage et vue sur le lac et les alentours, disposant de deux chambres d'hôtes spacieuses, confortables et bien équipées. Chacune possède des sanitaires privatifs, télévision et coin salon pour se reposer après une journée de balades et de visites. On apprécie le panorama, la cuisine indépendante, et la proximité avec les thermes et lac d'Evian à 2 km, ou encore Thonon-les-Bains à 10 km. Un endroit reposant, bien situé, et dans lequel on apprécie de passer du temps.

LA GRANGETTE €

3, route de Gadoli - **FILLIÈRE** ✆ 04 50 62 04 55
www.la-grangette.eu

Gîtes de France. 2 chambres. Chambre simple 50 € ; double 65 € ; triple 80 €. Petit-déjeuner inclus.

Dans une ancienne ferme restaurée à 930 mètres d'altitude, La Grangette vous propose deux chambres décorées dans un esprit chalet de montagne. Spacieuse pour l'une, elles peuvent accueillir de deux à quatre personnes. Vous pourrez vous détendre dans la véranda et jouir d'une belle vue sur la nature environnante. Lors des beaux jours, n'hésitez pas à rejoindre le jardin pour prendre le soleil et vous installer autour de la table en bois. Une étape de calme et de tranquillité sur le plateau des Bornes dont les chemins de campagne vous réservent de belles balades.

LA GRANGETTE €

3, route du Gadoli - **FILLIÈRE**
✆ 04 50 62 04 55
www.la-grangette.eu/
2 chambres. Chambre double 70 €. Petit-déjeuner inclus. Table d'hôtes : 20 €.

Une ancienne ferme rénovée avec vue panoramique sur les massifs des Bornes et des Aravis. Sur le plateau des Bornes, où l'on se rend pour les balades et activités sportives ou nautiques (le lac d'Annecy est à 25 km), deux chambres confortables dans le cadre reposant d'une nature préservée, très bien tenues par Bernadette. Au premier étage de l'ancienne grange, *La Grange Dort*, une chambre pour quatre personnes à la décoration campagnarde. Si vous préférez une ambiance de type chalet, *La Clairière*, pour trois personnes, est équipée d'un lit et d'un canapé-lit.

CHALET DE MARFANON €€

323, chemin du Chambaudian
GLIÈRES-VAL-DE-BORNE ✆ 00 33 4 50 25 03 05
www.chambres-hotes-aravis.com
2 chambres. Chambre double 110 €. Petit-déjeuner inclus. Repas sur réservation : 34 € toutes boissons comprises.

Ce chalet digne d'une image d'Epinal avec jardin ombragé propose deux chambres d'hôtes à proximité du Grand Bornand à 5 km et de La Clusaz à 9 km. Le décor est ici très soigneux, chaleureux et douillet. Entouré de bois et d'une grande cheminée, vous serez ici dans un réel nid propice au repos et au bien-être. Un lieu charmant qui donne envie de s'y lover quels que soient la saison et le mois de l'année. Sports d'hiver et balade dans une nature envoûtante en été, la localisation est idéale pour profiter de la région et de ses richesses.

LA FERME AUX OURS €€€

La Voagère
LA BAUME
✆ 04 50 72 19 88
4 chambres. Chambre double 105 €. Petit-déjeuner inclus. Restauration (occasionnelle et sur réservation). Sauna.

Envie d'une chambre d'hôtes près du domaine des Portes du Soleil ? La Ferme aux Ours est une vieille ferme du XIXe siècle typiquement savoyarde, elle apporte chaleur et confort à ses hôtes. De là-haut, on surplombe la vallée de Morzine et l'on ne peut que tomber sous le charme. Les chambres sont décorées avec goût et personnalisées selon des prénoms. On se repose et on profite du jardin. Une cuisine est également à disposition. Et pour être encore plus détendus, on goûte aussi au coin bien-être avec sauna finlandais et douche multijets.

CHALET ROULIN €€

La Sauge - **LA CHAPELLE-D'ABONDANCE**
✆ 04 50 73 12 46
www.chaletroulin.monsite-orange.fr
Gîte de France. 2 chambres. Chambre double 75 €. Petit-déjeuner inclus.

Ce superbe chalet savoyard en bois exposé sud-sud-ouest surplombe la vallée et propose à ses hôtes une suite et un studio à la décoration montagnarde. Vous apprécierez la vue sur les belles montagnes et le calme environnant, tout en étant à proximité immédiate des pistes de ski pour votre plus grand plaisir lors de la saison hivernale. La pêche est également possible aux alentours et le cadre est tout aussi agréable en été. Pour la location du studio, le linge de maison est fourni et le prix comprend un service de ménage en fin de séjour.

CHAMBRE D'HOTE L'ABEILLE 1834 €€

489, route des Frasses
LE REPOSOIR
✆ 04 50 98 63 08
www.labeille1834.com
Clévacances (3 clés). 4 chambres.

Une ferme savoyarde rénovée pour se ressourcer dans un calme vallon de montagne et profiter de la nature. Deux chambres de 2 personnes et deux suites de 4 personnes ayant chacune sa salle d'eau privée avec wc. La pièce de vie, le salon et la cuisine sont communs. A souligner et à encourager : une chambre est spécialement équipée pour l'accueil des personnes à mobilité réduite : sanitaires adaptés et une plate-forme élévatrice permet l'accès à l'étage.

AUBERGE LE CRÊT €

128, route Aillouds
LES HOUCHES
✆ 04 50 55 52 27
www.auberge-le-cret.com
Uniquement en demi-pension. Chambre double 58 €. Petit-déjeuner inclus. Restauration.

Cette auberge est une authentique ferme fleurie de 1823, perchée à 1 100 m d'altitude, on apprécie la terrasse face à la beauté unique de la chaîne alpine. Point de départ des plus belles randonnées (TMB, GR5, etc.), le lieu propose des chambres coquettes ou un dortoir pour les groupe : n'oubliez pas les sacs de couchage ! Dans une ambiance montagne, on participe aux récits des randonneurs tout en dégustant une cuisine familiale et traditionnelle. C'est aussi l'occasion d'opter pour de nouvelles activités, encadrées par un moniteur d'escalade-canyoning.

LA MAISON DE MATHILDE €€

1345, route départementale 1005
MAXILLY-SUR-LÉMAN ✆ 04 50 83 07 10
www.lamaisondemathilde.com
3 chambres (dont une suite). De 105 € à 125 €. Restauration (table d'hôtes à 35€).

La Maison de Mathilde est une belle villa 1920 au bord du lac Léman, qui vous réserve un accueil chaleureux et une ambiance familiale. La vue sur la baie d'Evian s'apprécie depuis certaines chambres. Vous disposez d'une chambre ou d'une suite très agréable et d'une situation géographique idéale pour explorer la nature environnante. Ne manquez pas non plus la table d'hôtes offerte par Mathilde, qui cuisine les prises de son père, pêchées dans le lac. Nuits paisibles et bonnes choses à manger dans l'assiette, voilà le combo idéal pour profiter d'une belle région.

LE MAS DE LA COUTETTAZ €€€

429, chemin de la Coutettaz - **MORZINE**
✆ 04 50 79 08 26
www.thefarmhouse.fr
11 chambres.Demi-pension : 205 € à 315 €. Petit-déjeuner inclus. Chambre seule en été seulement. Table d'hôtes : 60 €.

Une demeure de charme au caractère savoyard et à la patine très british ! Rénové avec goût par le propriétaire d'origine anglaise, le corps d'habitation flanqué d'une grange et de dépendances a conservé son toit recouvert de lauzes de pays. On tombe sous le charme de la luxueuse farmhouse et ses onze chambres raffinées. Sur la table d'hôtes du dîner se dresse un petit banquet savouré à la lueur des chandelles. Le petit-déjeuner est servi dans la salle aux grandes baies vitrées s'ouvrant sur le jardin. Parfait pour découvrir la région ou fêter un événement.

LA CABANE DANS LES ARBRES €€

278, route de l'Abbaye
SAINT-JEAN-D'AULPS
✆ 06 70 80 20 20
www.lacabanedanslesarbres.com
Chambre double à partir de 139 €. Petit-déjeuner inclus. Wifi.

Un séjour insolite ! On pousse la porte de la Cabane dans les Arbres pour dormir en pleine nature, accroché à un mélèze, dans les hauteurs... L'idéal pour un week-end romantique. La cabane est équipée d'un lit double, d'une douche et de WC, d'une kitchenette, d'une TV, d'un lecteur DVD et possède une agréable terrasse, le tout à la cime des arbres... Pour le confort, un panier petit déjeuner est livré chaque matin. Parfait pour un séjour en amoureux ! Prêt de VTT.

CHEZ CATHY ET GILOU €€

86, avenue André-Lasquin
SALLANCHES
✆ 04 50 58 22 83
2 chambres. Chambre double 68 €. Petit-déjeuner inclus. Table d'hôtes sur réservation 22 €.

A 25 km de Chamonix, ce lieu est idéal pour profiter de toutes les activités de montagne, dans une ambiance familiale. Cathy et Gilou proposent des chambres aux allures de bonbonnières, confortables et entièrement équipées et soignées. A table, on prend un réel plaisir à partager et découvrir la cuisine maison de Cathy, composée de produits frais et de légumes en provenance du jardin. Quant vient la belle saison, on profite du parc arboré. Un accueil exemplaire, des chambres confortables, une cuisine surprenante, et des tarifs qui, comme l'ambiance, sont amicaux !

LOGIS DE LA MARMOTTE €

Le Mont-Bene - **SAXEL**
✆ 04 50 31 65 19
www.logisdelamarmotte.fr
5 chambres. Chambre simple 35 € ; double 50 € ; triple 65 €. Petit-déjeuner inclus. Restauration (repas : 20 €).

Il nous manquait une adresse pour séjourner à Saxel. On l'a trouvée avec ce logis tenu par Patrick Loste, qui porte la double casquette d'accompagnateur en montagne et de cuisinier (rendez-vous sur le site www.alpnature.fr). Autant dire qu'après de bonnes balades dans les environs, on profitera des talents culinaires de notre hôte qui nous mijote des repas « aux p'tits oignons » ! Avec une vue plongeante sur le Léman, ces chambres d'hôtes peuvent accueillir jusqu'à onze personnes et reçoivent volontiers les familles avec enfants.

GÎTE DU TENNEVERGE €

D907 - **SIXT-FER-À-CHEVAL**
✆ 04 50 34 91 58
www.gite-hautesavoie.com
5 chambres. En été et hors-saison, nuitée possible : 19 €. Hors vacances scolaires d'hiver, nuitée : 22 €. Restauration.

Le Gîte du Tenneverge jouit d'un panorama idyllique. Construit d'après les plans d'un architecte régional à la demande de l'écrivain Ernest Hemingway, son style n'a rien de savoyard à part quelques touches de bois. La cheminée maintenant condamnée au foyer arrondi évoque plutôt le Mexique selon Evelyne et Dominique. Chaleureux, en solitaire ou en groupe, le gîte est parfait pour démarrer les activités pédestres mais aussi équestres en saison estivale. On y mange copieusement et bien. L'accueil est attentionné et les propriétaires actuels, très sympathiques.

ISÈRE

LA MAISON AUX VOLETS BLEUS €€

Lieu-dit Perrinière
AUTRANS-MÉAUDRE EN VERCORS
© 04 76 94 79 33
3 chambres. Chambre simple 50 € ; double 55 € ; triple 75 €. Petit-déjeuner Bio et commerce équitable.

Entre Méaudre et Autrans (2 km), en lisière de forêt et à 1 050 mètres d'altitude, la Maison aux Volets bleus propose trois chambres (forêt, vallée, ou jardin) au confort chaleureux (salle d'eau et wc privatifs pour chacune). Un espace repas (micro-ondes et réfrigérateur) est à disposition et des petits déjeuners copieux (produits locaux, bio et commerce équitable) vous sont proposés. La proximité des stations de ski en fait un lieu pratique et agréable, au calme.

LA MAISON DE JOANNY €€

1490, route de la Guilletière - **CHIRENS**
© 33 6 70 06 23 34
www.maison-de-joanny.com
Chambre : 79 € la nuit (petit-déjeuner inclus) sur la base de 2 personnes. Table d'hôtes le soir sur réservation à 15 €.

Sur les hauteurs de Chirens, voici une ancienne ferme familiale restaurée ouvrant son jardin face au massif de la Chartreuse. N'est-ce pas le bonheur ? En tout cas, ça y ressemble beaucoup, d'autant que l'on séjourne dans l'une des quatre chambres spacieuses et décorées avec goût. On aime se retrouver au salon, sous les magnifiques poutres centenaires, pour une partie de billard et un dîner composé selon le marché de saison avec de bons produits fermiers. Le lac de Paladru à 5 km, ou les caves de la Chartreuse à 7 km sont alors des idées de sortie.

CHATEAU GAILLARD €

CORBELIN
© 04 74 83 78 73
www.chateau-gaillard.net
4 chambres. Chambre simple 50 € ; chambre double 58 €. Petit déjeuner inclus. Restauration (repas : 23 €).

Dans cette maison dauphinoise du XIXe siècle, la chaleur est au rendez-vous tant par les crépitements de l'âtre que par l'accueil des propriétaires Gabriela et Claude Delcey et les chambres d'hôtes grand confort. Gabriela se fera une joie de vous cuisiner une de ces volailles élevées à la propriété car ici tous les repas sont élaborés à base des produits du jardin, mais aussi des viandes des élevages locaux, des fromages artisanaux et des desserts maison (en particulier les glaces). Un superbe parc permet de se détendre au calme.

LE TRAVERSOUD €

484, chemin sous l'Ecole
FAVERGES-DE-LA-TOUR © 04 74 83 90 40
http://garnier.traversoud.free.fr
3 chambres. Chambre simple 50 € ; double 60 € ; triple 76 €. Petit-déjeuner inclus. Tables d'hôtes 25 €.

À la campagne, une belle demeure dauphinoise en pisé entièrement rénovée qui a su conserver son caractère d'antan pour nous offrir le meilleur du confort moderne. Relaxation garantie dans un sauna mis gratuitement à notre disposition. Repos complet dans trois chambres parfaitement aménagées aux noms de peintres, tandis que l'on profite d'un parc ombragé avec des jeux pour les enfants. Copieux petit-déjeuner avec des confitures maison et des produits locaux. Le soir, table d'hôtes familiale, où l'on découvre une cuisine élaborée avec des produits frais.

LA GRANGE AUX LOUPS €

La Batie - **GRESSE-EN-VERCORS**
✆ 04 76 34 11 08
www.la-grangeauxloups-chambresdhotes.com
3 chambres. Chambre double 70 €. Petit-déjeuner inclus. Repas 25 €.

Cette belle et ancienne ferme restaurée se trouve au pied du mont Aiguille et de la réserve des hauts plateaux du Vercors, mettant à votre disposition trois chambres d'hôtes dans une ancienne dépendance. Vous serez charmé par l'aspect chaleureux du salon avec cheminée et poutres apparentes et la table d'hôtes est appréciable avec des plats à base de produits du terroir, fermiers et des légumes frais du jardin. Les pistes de ski alpin et de fond ne sont pas loin (7 km), et de nombreuses randonnées sont possibles dans les alentours.

LES TOURNESOLS €€

371, route de Vermenu - **LES ABRETS EN DAUPHINÉ**
✆ 04 76 31 00 69
www.gitelestournesols.fr
Gîte pour 14 personnes. Tarifs selon le nombre de personnes et la durée. Exemple pour 4 pers : 864 €/semaine.

Un gîte de France labellisé par Tourisme et Handicap, même pour les chambres à l'étage car il dispose d'un ascenseur pour y accéder. Un peu à l'écart de la commune de Fitilieu, une belle maison qui propose cinq chambres situées au rez-de-chaussée et au deuxième étage de l'habitation des propriétaires. Tous les espaces de vie sont confortables et chaleureux. Bien au calme dans ce coin de campagne, on se repose en famille ou entre amis, on profite de la terrasse et du jardin et on part à la découverte de la région et des sites de loisirs alentour.

LE VAL FLEURI €€

730, avenue Léopold-Fabre
LANS-EN-VERCORS
✆ 04 76 95 41 09
5 chambres. Chambres doubles de 63 € à 68 €.

Cette maison Art déco fait partie de l'histoire de la station, puisqu'elle a été bâtie en 1928. Tour à tour pension de famille, puis hôtel avec restaurant, le Val Fleuri propose depuis l'an passé des chambres d'hôtes de bon standing. De 10 chambres d'hôtel, on est passé à 5 chambres d'hôtes tout confort avec balcon s'ouvrant en direction d'une nature préservée. Une adresse idéale pour profiter en famille des activités à Lans-en-Vercors. Possibilité de louer la fameuse salle Art déco de la maison, ainsi que l'office attenante, pour organiser vos réceptions.

CHATEAU DE CESARGES €€

770, chemin Césarges - **MAUBEC**
✆ 04 37 03 08 22
www.chateau-cesarges.com
10 chambres. Basse saison : chambre double de 119 € à 149 €. Haute saison : chambre double de 139 € à 169 €. Suite.

Dans un parc aux arbres séculaires, le château de Césarges offre le charme d'une étape apaisante et hors du temps. L'accueil, le confort des chambres, la douce nostalgie d'une demeure familiale du XVIe siècle vous séduiront à coup sûr. Après plusieurs mois de rénovation, le château propose de nouveaux espaces et des chambres de standing. Vous pourrez ainsi profiter du calme qu'offre le lieu et prendre le temps d'observer la faune et la flore locales. Le château peut également se louer le week-end pour vos grands événements de la vie.

LE CHANT DE L'EAU €€

Mollard Giroud - **LE SAPPEY-EN-CHARTREUSE**
✆ 04 76 88 83 16
www.gite-en-chartreuse.fr
5 chambres. Chambre double de 67 € à 77 €. Petit déjeuner inclus. Wifi gratuit. Restauration.

Toutes les raisons sont bonnes pour venir au Chant de l'Eau. Pour échapper à la pollution dans un cadre de nature préservée. Pour profiter des activités de randonnées pédestres en été, de raquettes en hiver ou de ski de fond, mais encore pour goûter à la convivialité d'un accueil chaleureux. En bordure de forêt, face aux montagnes, c'est dans une ancienne grange chartroussine de caractère que vous trouverez un repos bien mérité dans des chambres parfaitement aménagées. La table d'hôtes de fin de semaine est 100 % locale. Une adresse idéale pour se ressourcer.

LE MAS DU BRUCHET €€

Chemin du Bruchet - **MEYLAN**
✆ 04 76 90 18 30
www.lemasdubruchet.com
4 chambres. Chambre simple de 60 € à 80 € ; double de 65 € à 85 €. Petit-déjeuner inclus.

«Dans la partie haute de Meylan, tout contre l'escarpement de la montagne, est une maisonnette blanche, entourée de vignes et de jardins, d'où la vue plonge sur la vallée de l'Isère» : ainsi parlait Berlioz de ce lieu, où il aimait tant se promener. La maisonnette est toujours là, son vignoble également. Anne-Marie et Michael Ferguson ont converti l'ancienne grange attenante en une charmante maison d'hôtes, avec quatre chambres au confort moderne et à la décoration raffiné. Petit-déjeuner savoureux sur la terrasse devant un paysage féerique.

CHAMBRES D'HÔTES DES FRANCISCAINES €

205, rue Auguste Ravier - **MORESTEL**
✆ + 33 4 74 80 56 82
www.gites-de-france-isere.com
Gîtes de France. 4 chambres. Chambre double à partir de 63 €. Petit-déjeuner inclus.

Au cœur du centre historique de Morestel, cette maison forte dauphinoise, authentique bâtiment de caractère du XIVe siècle, est occupée aujourd'hui par les sœurs franciscaines. Quatre chambres lumineuses et au confort raffiné n'inspirent qu'à la sérénité et la méditation, pour un séjour sous le signe du repos. Comment ne pas apprécier les petits-déjeuners avec un grand choix de confitures maison et autres. Pour un séjour original et insolite dans la cité des Peintres.

LE SÉCHOIR DE CRÉNEUF €€

407, route de Créneuf - **NOTRE-DAME-DE-L'OSIER**
✆ 04 76 38 35 24
www.sechoirdecreneuf.com
Ouvert toute l'année 3 chambres dont une chambre accessible. Chambre double + petit-déjeuner : 68 €.

Bienvenue dans cette ancienne ferme des collines dauphinoises soigneusement restaurée, proposant trois chambres spacieuses et décorées de mobilier ancien. Elles disposent d'un accès direct au jardin pour vos instants de détente. Vous êtes ici au calme, aux environs du Massif du Vercors et de ses superbes paysages. Le plus : les propriétaires bénéficient d'une solide expérience auprès des personnes handicapées. Une adresse pour goûter au plaisir d'un cadre authentique et profiter des richesses de la région, également soucieuse de l'environnement.

LES FORGES DE LA MASSOTTE €€

655, chemin des Forges - **ROMAGNIEU**
✆ 04 76 31 53 00
www.aubergemassotte.com
5 chambres. Chambre double à partir de 88 €. Petit déjeuner : 10 €. Garage. Chèque Vacances.

Cette ancienne maison dauphinoise, forge fondée en 1830 en bordure de la Bièvre, offre une charmante escale à cheval sur le chemin de Saint-Jacques-de-Compostelle. Vous commencerez par vous reposer dans un petit salon avant de rejoindre l'une des cinq chambres au décor romantique et au confort soigné. Au fil des saisons, des plats originaux composent le repas servi dans la salle à manger rustique. Un établissement de choix pour les amateurs du « bien manger, bien dormir ».

GITE LA MIELLERIE €€

Le village - **SAINT ANTOINE L'ABBAYE**
✆ 04 76 36 45 32
www.miellerieabbaye.com
Pour 2 personnes. Tarif : 100 €/jours, minimum 2 jours (remise 15% à partir de 7 jours). Forfait ménage 65 €.

Relaxation, repos et découverte au cœur d'un village classé parmi les Plus Beaux Villages de France. Il suffit de réserver son séjour dans ce gîte pour 2 personnes installé dans un ancien local d'extraction du miel entièrement rénové par Katy et Jean-Marc Renevier. Superbe gîte mêlant le charme de l'ancien et le confort moderne, notamment avec une étonnante baignoire balnéo lumineuse pour se détendre à deux dans l'eau bouillonnante après des journées bien remplies. Cuisine entièrement équipée, lave-linge, sèche-linge, télévision... rien ne manque à notre confort.

LE VALOMBRE €€

Chemin du Grand Logis
SAINT-PIERRE-DE-CHARTREUSE ✆ 04 76 53 20 74
www.le-valombre.fr

Gîtes de France. Chambre double 79 €. Petit-déjeuner inclus. Accès espace bien-être : 15 €/jour/personne.

La bâtisse a un charme fou avec ses vieilles pierres ainsi qu'une âme apaisante, idéale pour se ressourcer. C'est ce que vous propose Jean-Pierre et Eric, qui vous accueillent dans l'une des 5 chambres d'hôtes portant des noms de pierres colorées. Grand confort pour des chambres de bon goût où l'on se repose après une journée passée à randonner sur les chemins ou sur les pistes de ski. Et pour se détendre, un magnifique espace bien-être ainsi qu'un petit espace fitness. Table d'hôtes sur réservation pour ne pas avoir à ressortir de ce petit paradis.

AUBERGE DE L'ETERLOU €€

100, chemin des Rabourds - **VALJOUFFREY**
✆ 04 76 30 25 12
www.aubergeeterlou.com

Gîtes de France. Ouvert du 1er juin au 31 octobre. Demi-pension : 60 €. Restauration (menus à 15 € et 20 €).

Au pied du massif des Écrins, à la porte du plus haut parc européen de haute montagne, c'est l'adresse idéale pour les randonneurs et les traileurs. Pour les recevoir, Marie-Claude Hustache tient cette Auberge depuis une trentaine d'années. Autant dire qu'elle connaît bien le pays. Son accueil se montre prévenant. Cadre rustique, confort simple, l'Auberge de l'Eterlou propose des chambres d'hôte et des appartements pour 2 ou 6 personnes. Marie-Claude prépare une cuisine campagnarde avec des produits du terroir. Une auberge gourmande au cœur des Alpes.

DOMAINE DE SUZEL €€€

267, route de Suzel - **VIGNIEU** ✆ 04 37 06 39 66
www.domainedesuzel.com

Chambre double 99 €. Cabane dans les arbres, chambre bulle et luxe de 119 € à 149 €. Restauration. Bain bouillonnant.

Le Domaine de Suzel, propriété du XIIIe siècle, est un lieu de toute beauté. Il est composé de chambres, de suites, de maisons de campagne, de chambres insolites, de deux piscines, d'un espace bien-être et spa, d'un étang de pêche et d'un restaurant qui propose une cuisine mariant tradition et modernité. Il est aussi le lieu idéal pour organiser tous vos événements privés. Tout est à disposition pour faire la fête et garder vos invités pour passer des moments de rêve. Les enfants seront eux aussi ravis avec de multiples activités proposées directement au domaine.

LES BALCONS DU LAC €

145, chemin de Béluran
VILLAGES DU LAC DE PALADRU ✆ 04 76 06 68 82
www.lesbalconsdulac.com

5 chambres. Chambre double 69 €. Petit déjeuner inclus. Restauration (repas : 20 €). Bain bouillonnant.

Les Balcons du Lac, maison d'hôtes et magnifique demeure de caractère, vous accueillent dans une ancienne grange en pisé restaurée, sur les hauteurs du lac de Paladru avec vue sur les eaux bleues et à deux pas de la plage. Détente assurée dans la salle à manger panoramique avec une cheminée centrale, alors que l'on profite également d'un spa pour se relaxer et détendre les muscles endoloris par les visites. Côté loisirs : la plage bien sûr, mais aussi la pêche, la voile ou l'aviron, sans oublier les nombreuses randonnées pédestres.

LES MATINS BLEUS €€€

149, rue du Lycée Polonais - **VILLARD-DE-LANS**
✆ 04 76 43 11 36
www.lesmatinsbleus.fr

2 chambres. Chambre double 120 €. Petit-déjeuner inclus.

Cette belle maison au nom tout doux dit bien plus que de simples mots. Elle dit des attentions de tous les instants pour votre chéri(e) qui sera comblé(e) par un séjour dans cette maison charmante. Une vraie maison de famille au cœur du village de Villard, juste ce qu'il faut à l'écart de l'agitation, idéale pour une escapade romantique dans l'une des 2 chambres très cocooning avec leur décoration contemporaine mariée au caractère de l'ancien. Service personnalisé pour un séjour sans nuage et pour partir à la découverte du Vercors.

LA GLORIETTE €€

170, place de la Guinguette - **VIRIEU**
✆ 04 74 88 27 43
www.giteisere.com

4 chambres. Chambre simple de 48 € à 62 € ; double de 68 € à 81 € ; triple de 88 € à 97 €. Petit-déjeuner inclus.

Direction les environs du lac de Paladru, aux portes des Alpes et au cœur de la vallée de la Bourbre, un petit paradis de campagne. Un lieu idéal pour vivre des instants magiques au bord de la piscine chauffée et couverte, du bain à remous pour se détendre, dans le parc fleuri où flotte toujours un air de vacances et dans les 4 chambres d'hôtes et une suite parfaitement aménagées. La pièce de vie Jongkind, où l'on peut cuisiner, a été refaite pour des moments conviviaux. Possibilité de privatiser le logement, pour vos réunions de famille. Coup de cœur.

LOIRE

CROIX BLANCHE €€

10, chemin des Ayats - **CELLIEU**
✆ 06 26 46 67 05
http://croixblanche42.vpweb.fr
Tarifs : 30 € par personne. Petit-déjeuner inclus. 20 € le repas en table d'hôtes. Jeux pour enfants.

Située entre Saint-Etienne et Lyon, la Croix Blanche peut accueillir jusqu'à 3 voyageurs. Dans cette maison calme et sereine, vous bénéficierez d'une bonne exposition plein sud et d'une vue panoramique sur la vallée du Gier. Vous pourrez vous échapper des soucis de la ville et profiter du feu de cheminée en hiver et du verger lors des beaux jours, avant de partir à la découverte de la région et notamment du Parc naturel du Pilat. Un séjour relaxant dans un cadre agréable, en plein cœur de la nature. La Croix Blanche propose également un service de table d'hôtes.

CHÂTEAU DE CHALMAZEL €€€

2, place Talaru - **CHALMAZEL**
✆ 06 18 63 15 15
www.chateau-chalmazel.com
Ouvert toute l'année. 5 chambres. De 125 € à 210 €. Petit-déjeuner inclus.

Construit par Arnaud de Marcilly en 1231 pour le comte de Forez, cette forteresse a conservé son charme du Moyen Age et de la Renaissance. Aujourd'hui, Isabelle Suguenot met à votre disposition l'une de ses 5 chambres ou sa suite aux décors d'exception. Chaque chambre rappelle un style, une époque du château : Renaissance, XVIIIe et XIXe siècles. Vous profitez du charme de l'ancien tout en bénéficiant du confort actuel. Une table d'hôtes est possible. Votre hôte vous servira une cuisine d'inspiration médiévale réalisée avec des produits locaux et de saison.

MARIUS BARBIER €€

Route de Saint-Rambert - **CHAMBLES**
✆ 04 77 52 32 42
www.mariusbarbier.com
Gîtes de France. Ouvert toute l'année.

Marius Barbier a décidé d'arrêter son activité de restaurateur pour se consacrer à l'hébergement des touristes qui viennent visiter les environs. Ses trois gîtes sont de vrais petits appartements où vous pourrez séjourner en couple ou en famille. Une piscine et des espaces verts privatifs sont également à la disposition des vacanciers. Et si vous faites un saut chez Marius, il ne manquera pas de vous raconter que de célèbres présentateurs, tels Nagui ou encore Roger Zabel, ont également séjourné dans son gîte, à l'occasion de la Coupe du monde de Football de 1998.

LA MITONNIÈRE €

CHAMBLES
✆ 04 77 52 91 10
www.lamitonniere.com
Chambre d'hôtes à partir de 55 € la nuit avec petit déjeuner. Gîte à partir de 390 € les 2 nuits, petit déjeuner 6 €.

Dans une grange authentique, restaurée et bien aménagée, située dans un cadre fort agréable à proximité de Saint-Étienne, profitez d'une halte détente pour vous retrouver en famille ou entre amis. Au choix : chambre d'hôtes pour 2 à 4 personnes avec sanitaires privatifs, salons et table sur réservation, ou gîte tout confort avec terrasse abritée et labellisé Tourisme et Handicap, avec 4 chambres pouvant recevoir jusqu'à 15 personnes. Enfin, visitez la ferme et goûtez les produits issus de l'exploitation, avant de vous atteler à découvrir cette sublime région !

LA CHAMPOLYNOISE €

La Verchère
CHAMPOLY
✆ 04 77 65 07 91
www.lachampolynoise.fr
3 chambres. à partir de 70 €.

Cette maison en bois au sommet d'une colline est idéale pour une escapade dans un cadre naturel, tout proche du bourg de Champoly. Les chambres d'hôtes sont écologiques et décorées avec le plus grand soin. Vous vous sentirez bien et en totale harmonie avec la nature. Sans oublier la piscine et les matériaux naturels qui ne semblent faire qu'un avec les paysages environnants. Des VTT sont mis à disposition pour profiter des environs et des jolis panoramas. Le soir, lors des jours les plus clairs, vous ne pourrez pas vous lasser de la beauté du coucher du soleil.

CABANES DES VIEUX COUCOUS €€

Chez Bost, Lieu dit le Frein - **COTTANCE**
✆ 04 77 28 38 13
www.cabanesdesvieuxcoucous.fr
Ouvert toute l'année. Une nuit pour 2 personnes 140 € en basse saison, 175 € en haute saison avec petit déjeuner.

Prenez de la hauteur avec ces deux maisons d'hôtes - la Caracoule ou la Fenière - perchées à 6 m de hauteur dans un petit coin de paradis, au milieu de la forêt. Les cabanes sont parfaitement aménagées, isolées grâce à la laine de mouton et équipées d'un couchage de haute qualité. Chacune dispose d'un lavabo, d'une douche et de toilettes sèches. Vous hissez vos paniers gourmands avec une poulie. Un réfrigérateur et un four à micro-ondes sont à votre disposition à l'accueil.

GITE DE L'AUBERGE DU COLLET €€

Route du Pilat - **DOIZIEUX** ✆ 04 77 20 90 64
www.aubergeducollet.wordpress.com
Ouvert toute l'année. Pour 14 personnes. Tarifs : 350 € une nuit et deux jours. 100 € la nuit supplémentaire.

Ce bâtiment de 200 m² a été transformé en gîte pouvant accueillir jusqu'à 14 personnes. Les 7 chambres doubles sont toutes équipées de salle d'eau et toilettes. Le gîte possède une cuisine entièrement équipée, ainsi que d'une grande salle avec sa table « monastère » pouvant réunir tous les convives. Terrasse privée face au col pour se ressourcer dans ce havre de paix où chacun trouvera une activité : parcours dans les arbres, randonnée, espace d'eaux vives et ski nordique !

ARCHIPEL €€

Lieu-dit Faury
ESSERTINES-EN-CHÂTELNEUF
✆ 04 77 58 79 26
www.archipelduforez.com
Ouvert toute l'année. De 85 € à 105 € la nuit, deux nuits minimum. Petit déjeuner inclus.

Érigée à la lisière d'un bois de chêne, la cabane perchée du domaine Archipel domine la vallée du Vizézy, sur les premières pentes des Monts du Forez. A sa chambre tout confort (chauffage, lit en 160, lecteur CD, diffuseur d'arômes...) s'ajoutent salle de bains, coin bar et terrasse pour le petit déjeuner déposé à votre porte. Venez toucher le mélèze rougeoyant des murs, respirer les senteurs citronnées du douglas, vous régaler de l'ambiance feutrée des lieux. Également une roulotte, un pod et un gîte écologique. Et même une cabane pour les enfants.

LA ROULOTTE DU FOREZ €€

145, pic des Echaux
ESSERTINES-EN-CHÂTELNEUF
✆ 04 77 58 79 26
www.archipelduforez.com
Ouvert toute l'année. Roulotte de 85 € à 105 € la nuit. Petit déjeuner inclus. 2 nuits minimum.

Exposée plein sud, la roulotte est installée sur le site du gîte écologique Archipel, à deux pas de la vallée du Vizézy. Confortablement aménagée dans des tons colorés, elle abrite un lit en 140 et deux lits en 90 avec la possibilité d'un lit d'appoint, un coin cuisine et une salle d'eau. Venez retrouver le charme et la magie des roulottes en bois d'antan, et pour un séjour de charme dans la nature. Vous serez chaleureusement accueillis par Martine et Francis Baroux qui seront aux petits soins pour rendre votre séjour inoubliable.

CHÂTEAU DE MONTEUX €€

Monteux
LA FOUILLOUSE
✆ 04 77 30 56 89
Ouvert toute l'année. 4 chambres. De 60 € à 80 €. Parking privé inclus. Animaux acceptés. Wifi gratuit.

Dans une habitation bourgeoise construite par Léon Lamaizière vers 1900, située en pleine nature, vous pourrez passer un séjour dépaysant et reposant, loin du bruit de la ville et des tracas du quotidien. Quelques jours dans cette chambre d'hôtes vous permettront de plonger dans un univers hors du temps. Vos hôtes vous accueilleront avec le sourire et vous laisseront l'accès à différents équipements selon vos goûts : piscine, terrasse... Situé dans la campagne, cet établissement pourra être le point de départ de nombreuses balades aux alentours.

LE CHALET DES ALPES €€€

La Croix-de-Chaubouret - **LE BESSAT**
✆ 04 77 20 40 60
https://chalet-des-alpes.com
Ouvert toute l'année. Devis sur demande du lundi au vendredi de 8h à 12h et de 13h30 à 18h30. 31 chambres. 2 dortoirs.

Le Chalet des Alpes est un centre d'hébergement collectif. Il accueille des associations, des familles, des comités d'entreprise, des classes de découverte, des centres de vacances. Sa situation est privilégiée à 1 200 m d'altitude, en plein Pilat, au départ des sentiers de randos. Il est possible d'y pratiquer de nombreuses activités comme le VTT, le ski de fond, les raquettes et des courses d'orientation. Les séjours scolaires y sont organisés de la maternelle jusqu'au CM2. Le Chalet vous accueille également lors de vos réunions de famille ou professionnelles.

GÎTES DES NOËS €€

Le Bourg - **LES NOËS** ✆ 04 77 64 21 13
http://abri-des-noes.fr
Gîtes de France. Ouvert toute l'année. Pour 4 personnes (35 m², 2 chambres). Gîte à partir de 400 €.

Les gîtes sont situés dans un parc résidentiel de huit chalets neufs et de plain-pied, sur un terrain 10 000 m². Vous trouverez un séjour, une cuisine, deux chambres de deux lits 80 regroupés et un lit superposé, salle d'eau et wc. La belle piscine commune à l'ensemble du parc est aussi accessible aux personnes handicapées. De nombreuses promenades sont possibles grâce à un réseau de chemins balisés. La commune est en surplomb d'un très beau panorama sur les vallées, les forêts et les deux barrages de Renaison. De quoi passer un agréable séjour en pleine nature !

DOMAINE DE LA LOGE €€

1843, route de Poncins - **MONTVERDUN**
✆ 04 77 97 56 96
https://domainedelaloge.jimdo.com
4 chambres dont une familiale en duplex. Chambre double 75 €. Petit-déjeuner inclus. Gîte 9 places. Tables d'hôtes bio.

Envie de vous ressourcer en pleine nature ? Direction La Loge, une belle demeure animée par des personnes formidables. Juste ce qu'il faut à l'écart du village pour profiter de balades à pied ou en VTT vers les monts du Forez. Autour de la piscine et dans les 4 chambres charmantes, on peut se prélasser à deux ou à bien plus. En effet, le Domaine est composé d'un gîte rural de 9 places et de 4 chambres d'hôtes ayant chacune leur caractère. Détente assurée entre la piscine, le spa et la bonne humeur sur place. A table, les produits locaux sont mis à l'honneur.

LA CROIX BARDON €€€

Lieu-dit La Croix Bardon
PONCINS
✆ 06 19 86 77 19
Pour 10 personnes (5 chambres). A partir de 150 €/nuit pour 2 pers. Wifi gratuit. Salon de jardin.

Quand on parle de «petit paradis» pour la Croix Bardon, ce n'est pas exagéré. Entourée d'une nature préservée des plus accueillantes, la Croix Bardon est une ancienne ferme forézienne rénovée avec beaucoup de goût. Environnement exceptionnel (les pêcheurs qui seront à la fête) pour ce gîte qui dispose d'un grand parc et d'une piscine chauffée pour se détendre. On peut même manger à l'extérieur dès le printemps grâce au parasol chauffant. 5 chambres tout confort pour se reposer dans les meilleures conditions en famille ou entre amis.

CHÂTEAU DE MATEL €€

19, allée du Château de Matel - **ROANNE**
✆ 04 77 69 72 88
www.chateaudematel.fr
Fermé de décembre au 15 mars. 5 chambres : double à partir de 90 €. Petit déjeuner inclus. Lit supplémentaire : 15 €.

Le château de Matel vous propose cinq chambres de caractère ouvrant sur le parc. Parmi elles, deux suites sont à disposition, dont une avec baignoire massante. Au deuxième étage, la chambre Matel dispose d'un lit en baldaquin en 140. Tandis que les chambres Louvre et Josselin disposent chacune d'un lit en 160 et d'un lit en 90, ainsi que d'un bureau. Le petit-déjeuner est de qualité : il peut être servi dans la salle à manger ou sur le perron aux beaux jours. Sur place, des promenades à pied ou à vélo sont agréables le long du canal.

BELLE ÉTOILE €€

4, rue du Grand-Moulin - **SAINT-ETIENNE**
✆ 06 15 46 75 37
www.chambredhote-saintetienne.com
Formule Chambre d'hôtes : 1 personne 75 € la nuit ; 2 personnes 85 € ; 1 ou 2 personnes 65 € (formule gîte).

Vous souhaitez passer quelques jours à Saint-Étienne ? Ces chambres d'hôtes, situées au cœur du quartier piéton, vous satisferont à coup sûr. Installez-vous dans une chambre spacieuse « L'Étoile » et offrez-vous tout le confort d'un appartement avec coin cuisine et coin bureau, puis prenez votre petit déjeuner par beau temps sur la tropézienne ! Si vous cherchez simplement un endroit pour dormir lors d'un passage en ville, choisissez plutôt la chambre « La Mine », plus petite. Le petit-déjeuner très complet peut être adapté en fonction de vos régimes particuliers.

LES LOGES DE L'OPÉRA €€

3, rue Lassaigne - **SAINT-ETIENNE**
✆ 06 82 09 08 11 - www.leslogesdelopera.fr
Clévacances (3 clés). Ouvert toute l'année. 45 à 55 € la nuit. Petit déjeuner inclus. CB non acceptée. Wifi gratuit.

Les Loges de l'Opéra sont des chambres d'hôtes situées près du cours Fauriel, une situation idéale à deux pas du centre-ville avec un calme assuré. Tenues par des passionnés de musique et d'opéra, ces chambres d'hôtes portent les noms de différents grands musiciens. Cette maison bourgeoise des années 1920 a été rénovée de manière contemporaine. L'accueil est fort sympathique, la maîtresse des lieux est toujours disponible pour des échanges enrichissants. Vous aurez accès à la piscine, au jardin, à la bibliothèque..,. bref vous vous sentirez vite comme chez vous.

LES TERRASSES DE LA DAMOURELLE €€

4, rue de la Bornière - **SAINT-HÉAND**
✆ 06 88 36 88 70
www.saint-heand.fr/les_terrasses_de_la_damourelle
Pour 4 à 6 personnes. Jeux pour enfants. Restauration (table d'hôte). Lave-linge, lave-vaisselle.

Belle propriété de campagne à quelques kilomètres de Saint-Étienne. Ce domaine privé offre jardins arborés et fleuris avec terrasses, piscine couverte, salle de gymnastique, table de ping-pong... Vous pourrez occuper, en rez-de-chaussée de la maison des propriétaires, un appartement de 63 m² environ tout confort. Ce gîte constitue l'hébergement idéal pour découvrir le pays stéphanois. Le soir, une table d'hôtes est proposée avec des menus renouvelés à base de produits du terroir.

LA FERME DE LA SOURCE €€

1702, route de Lupé
SAINT-JEAN-SAINT-MAURICE-SUR-LOIRE
✆ 09 88 02 41 65 - www.lafermedelasource.com
Clévacances (3 clés). 3 chambres. Chambre double 75 €. Petit-déjeuner inclus. Yourtes de 69 à 79 € pour 2 personnes.

Cette ancienne ferme vigneronne de 1870, joliment restaurée, domine les gorges de la Loire et le lac de Villerest. Les chambres Lotus, Tilleul et Grain d'orge comportent une salle d'eau et des wc privatifs. Tout a été conçu pour que vous vous sentiez chez vous. 3 yourtes mongoles de 20, 27 et 50 m² sont également proposées, et pour le plus grand bonheur des enfants un trampoline est installé. Le spa avec vue sur la Loire est complété par une salle de massage, un hammam et une baignoire balnéo. Table d'hôtes avec des produits locaux en provenance d'une AMAP.

LA RIVOIRE - CHAMBRES ET TABLE D'HÔTES €€

La Rivoire - **SAINT-JULIEN-MOLIN-MOLETTE**
✆ 04 77 39 65 44 - www.larivoire.net
Gîtes de France. 5 chambres. Chambre double 80 €. Petit-déjeuner inclus. Gîte du Castel de 700 € à 920 €. Restauration.

Le château de Rivoire abrite cinq chambres d'hôtes dans un cadre verdoyant. Au premier étage, vous découvrirez les chambres rose, lilas, tilleul, et au second les chambres bleuet et bouton d'or. Outre les chambres d'hôtes et les 2 gîtes (Castel et Alexandrine), les propriétaires proposent également une cuisine élaborée avec légumes du jardin et produits locaux, servis en terrasse ou dans la salle à manger. Une superbe demeure sur la route de Saint-Jacques-de-Compostelle.

LE GÎTE DU PORT €€

16, chemin de Halage - **SAINT-PIERRE-DE-BOEUF**
✆ 06 62 70 74 27
Pour 7 personnes (4 chambres). De 390 € à 590 € la semaine selon saison. A partir de 75 € par nuitée.

Une base d'eaux vives où l'on peut pratiquer le kayak – avec une nouvelle passerelle d'accès à proximité immédiate de la maison –, la ViaRhona pour le vélo, une plage pour se détendre en famille... Tout ça à quelques minutes de Lyon. Pour un week-end ou pour un plus long séjour, voici une belle maison où partager des moments de plaisir au pied des vignobles de la vallée du Rhône. Belle maison au calme avec une terrasse, une cuisine équipée, 4 chambres pouvant accueillir jusqu'à 7 personnes. Une destination idéale pour des vacances heureuses.

LE PLATEAU DE LA DANSE €€

650, route de Boulain - **SAINT-VICTOR-SUR-LOIRE**
✆ 04 77 90 36 90
www.leplateaudeladanse.com
Gîtes de France. 5 chambres. €. Petit-déjeuner inclus. Capacité totale 15 personnes single 66/74 € ; double 74/60 €.

Au cœur des Gorges de la Loire, site naturel protégé, Martine et René ont aménagé dans leur ferme cinq chambres. Toutes disposent de sanitaires privés et d'une TV à écran plat. Trois d'entre elles se partagent une grande terrasse, les deux dernières sont mansardées et à l'étage. Elles offrent toutes une vue sur les gorges et disposent d'un bel espace commun avec salon, cheminée, séjour et cuisine. À la belle saison, le jardin et la piscine offrent de beaux moments de détente. Calme et dépaysement assurés à 15 minutes de Saint-Étienne et Firminy. Maison non fumeur.

PUY-DE-DÔME

DIVIN MÉLANGE €€

20, boulevard Henri-IV - **AMBERT**
✆ 04 73 82 38 36
www.divin-melange.fr

5 chambres (dont une suite et un loft). De 130 € à 150 €. Petit-déjeuner inclus. Massages à 80 €. Repas de 20 à 40 €.

Il est possible de dormir dans cet ancien hôtel particulier du XVIIe siècle en plein centre du parc naturel du Livradois-Forez. Ces chambres d'hôtes gay disposent d'un parc privatif avec piscine. Cinq suites et chambres tout confort y sont proposées. Elles sont meublées avec goût pour vous permettre de profiter au mieux, entre amis ou en amoureux, d'un moment de détente. Petit-déjeuner bio, snack le midi et table d'hôtes le soir, l'établissement propose également une boutique d'objets et de petits meubles. Des soins et massages avec aromathérapie sont proposés.

AAISA €€

2, rue du Marché - **BESSE-ET-SAINT-ANASTAISE**
✆ 04 73 79 59 50 - www.aaisa.eu

5 chambres (+ 1 duplex 2 pièces). Chambre double à partir de 75 €. Petit-déjeuner maison inclus. Wifi. TV satellite.

Venez découvrir cette splendide et ancienne maison d'hôtes dans le cœur du village médiéval de Besse. Pierre et Françoise vous y accueillent avec gentillesse et vous prodiguent de nombreux conseils rando et autres bons plans. Cinq chambres et un appartement entièrement rénovés et régulièrement rafraîchis vous sont proposés. Spacieuses, modernes et fonctionnelles, les chambres sont également de bon goût et allient le confort moderne au charme de l'ancien. Le matin, on appréciera prendre le petit-déjeuner dans le jardin entouré de murets, au cœur du vieux Besse.

DATCHA ANASTASIA €€

Hameau de Saint-Anastaise
BESSE-ET-SAINT-ANASTAISE ✆ 06 89 37 72 24
www.datcha-anastasia.com

Qualité Tourisme. Clévacances (3 clés). Fermé en novembre. 5 chambres de 80 € à 90 €. Parking. Chèque Vacances.

La Datcha Anastasia, c'est un bout de Russie en Auvergne ! À 1 100 mètres d'altitude, cette bâtisse typique en pierre de Volvic s'est transformée en un délicieux cocon, chaleureux et un tantinet bobo. Cinq chambres aux thématiques soignées se répartissent les étages. Parfaitement étudiées, les mezzanines organisent la maison et dominent un salon où trône une majestueuse cheminée. Un gîte de 2 chambres complète l'offre. On aime venir s'y ressourcer en famille ou entre amis. Une table d'hôtes accueille les convives, traditionnels ou exotiques selon les goûts.

BURON DU COL DE LA CROIX-MORAND €

RD996 - **CHAMBON-SUR-LAC** ✆ 04 73 22 14 25
www.buronducol.fr

Gîte, avec 2 chambres de 6 lits : 15 €/pers. Petit-déjeuner : 8,50 €. Demi-pension en gîte : 35,50 €/pers. Restauration.

Etape du GR4, le Buron du Col de la Croix-Morand est un lieu clé des randonnées auvergnates. Dans les environs proches, vous découvrez le lac Chambon, le lac du Guéry, la réserve naturelle de la vallée de Chaudefour, les monts du Sancy et ses stations de ski. Deux lodges en bois, une très belle chambre d'hôtes avec baignoire et vue sur les cols, et aussi un très bon restaurant de terroir ! Vous pourrez aussi vous détendre dans le salon avec cheminée. Le panorama est juste magnifique !

LE PETIT SIAM €€

23, rue des Vieillards - **CLERMONT-FERRAND**
✆ 04 73 36 72 75
chambre-gite-lepetitsiam.com
Chambre simple de 46 € à 85 € ; double de 50 € à 92 €. Petit-déjeuner inclus. Gratuit enfants moins de 2 ans.

Isabelle Le Baron vous ouvre les portes de son havre de paix aux accents asiatiques. Nichés en plein Clermont, les lieux sont insoupçonnables depuis la rue. Ils s'agencent autour d'un patio et d'un jardin intérieur. Les murs du XVIIIe siècle englobent quatre immeubles retapés en un grand logis. La décoration et le confort des cinq chambres sont très soignés, grâce au mobilier ramené d'Asie. Un gîte muni de deux chambres peut être loué à la nuit ou à la semaine. Le Petit Siam est aussi table d'hôtes, avec des spécialités thaïlandaises et auvergnates faites maison.

ALTAMICA €€

12, rue Blaise-Pascal - **COURNON-D'AUVERGNE**
✆ 04 73 84 34 29
www.altamica.fr
Gîtes de France. 3 chambres. Chambre simple à partir de 75 € ; double à partir de 85 € ; triple à partir de 105 €.

Derrière son apparence de banlieue clermontoise, la seconde ville du département abrite de superbes bâtisses. Parmi ces pépites, une ancienne maison vigneronne. Avec beaucoup de goût, Catherine et Michel ont rénové et magnifié ses vieilles pierres, tout en apportant une touche moderne. L'ensemble de l'hébergement est confortable. Les trois chambres sont disposées autour d'une charmante petite cour fleurie. Vous recherchez une visite à faire ? Les propriétaires vous conseillent sur les sites d'intérêt du coin. Profitez également de l'espace bien-être.

Ô & DÉCOUVERTES €€

18, rue des Capucins - **ISSOIRE**
✆ 06 59 21 62 95
www.gite-oetdecouvertes.com
Gîtes de France. Pour 4 personnes (2 chambres). De 290 € à 490 € la semaine selon saison.

C'est au sein d'une ancienne maison vigneronne que vous serez accueilli, au cœur d'un des plus vieux quartiers d'Issoire. Le gîte se divise en trois niveaux. Vous y trouverez un séjour-cuisine, une chambre avec un grand lit, une chambre avec deux petits lits, une terrasse, une salle de jeux et une bibliothèque. En termes d'équipement, vous aurez accès à une connexion Wifi, à tout le matériel de petit électroménager, à un lave-linge, un lave-vaisselle, un fer à repasser, un sèche-cheveux et un lisseur, et même un parc et un trotteur pour bébé.

LA LAUZERAIE €€€

577, chemin de la Suchère - **LA BOURBOULE**
✆ 04 43 10 14 40
www.lalauzeraie.fr
5 chambres (+ 1 gîte). Chambre double de 90 € à 120 € ; quadruple 120 €. Petit déjeuner inclus. Gîte : 2 800 €/semaine.

Une maison auvergnate au toit de lauzes à 500 mètres du centre-ville, dans un parc arboré et clos, propice à la détente et à l'amusement pour les enfants. Là, cinq chambres de charme aux décors raffinés vous offrent tout le confort nécessaire. Elles ont une vue magnifique, soit sur le parc aux essences très diverses, soit sur les puys environnants. Le petit-déjeuner copieux est servi dans la salle à manger familiale. À disposition, piscine intérieure, bain bouillonnant, hammam, billard, ping-pong, transat, salon de jardin, salle de fitness, et cuisine. Superbe !

MANOIR DE LA MANANTIE €€

5, rue Georges Clémenceau - **LEZOUX**
✆ 04 44 05 21 46
www.manoir-manantie.fr
La Clef Verte. 5 chambres (chambres doubles ou suites à partir de 145€).

Au cœur de Lezoux, la bâtisse cache derrière elle un vaste parc arboré. Elle s'étend sur trois niveaux de 250 m² chacun et chaque étage est une nouvelle surprise. Les chambres spacieuses sont décorées avec beaucoup de goût. Le manoir regorge de trésors de famille et d'objets chinés. L'accueil est des plus chaleureux, Véronique est aux petits soins et son mari Guillaume prend volontiers le relais. Les hôtes se feront une joie de vous faire découvrir les produits locaux. A table, tout est fait maison et on ne peut que faire l'éloge de ce petit-déjeuner délicieux.

LE MOULIN DE PACROS €€

Chadernolles - **MARSAC-EN-LIVRADOIS**
✆ 04 73 95 65 53
www.pacros.com
4 chambres d'hôtes + 2 gîtes + terrain de camping. Studio / appartement de 75 € à 110 €. Petit-déjeuner inclus.

Hanke et Ros ont transformé cet ancien moulin à papier du XVIe siècle en chambres d'hôtes, appartements et gîtes ruraux additionnés d'un camping. Un lieu qui, tout en conservant son authenticité, a su évoluer afin de recevoir familles, amis et couples ici sur les flancs des monts du Forez. Vous avez donc le choix de la formule pour vos vacances. Les équipements et services proposés assureront tout le confort nécessaire, vous incitant à mieux arpenter et découvrir les environs ou tout simplement à vous reposer au son du ruisseau qui coule à proximité du moulin.

LE PRIEURÉ €€€

37, rue de l'Eglise - **MONTAIGUT-LE-BLANC**
✆ 04 73 96 29 31
https://cz63mich.wixsite.com/location-gites-sancy
3 chambres (+ 1 gîte). Chambre simple 69 € ; studio / appartement de 250 € à 590 € la semaine. Petit-déjeuner inclus.

Située à proximité du parc des volcans, du massif du Sancy, de Saint-Nectaire, et du plateau de Gergovie, dans un ancien prieuré jadis habité par les moines, la maison propose trois chambres tout confort et un gîte. Le gîte comprend 3 chambres, 1 salle d'eau et un WC, une cour fermée avec salon de jardin et barbecue. Le salon est décoré par des tableaux de la maîtresse de maison. Le jardin offre une vue imprenable. Au printemps, vous serez émerveillé par la floraison de la glycine. Possibilités de randonnées pédestres ou séjour personnalisé à la demande.

LE PETIT VOLCAN €€

1, place du Cheix - **MONTPEYROUX**
✆ 04 73 89 11 41
www.lepetitvolcan.fr
Gîtes de France. 2 chambres. Chambre simple 70 € ; double 75 €. Petit-déjeuner inclus. Parking fermé inclus.

Michèle et Bernard Lepetit vous ouvrent leur jolie maison aux pierres apparentes. Vous trouverez en rez-de-chaussée la Hutte gauloise, une chambre spacieuse au décor soigné. En haut du vieil escalier, la chambre la Magnolia dispose de deux lits en 90 avec une grande salle de bains moderne et des sanitaires séparés. Les petits-déjeuners sont très complets, à déguster aux beaux jours sur la terrasse dominant le parc arboré. Vous pourrez aussi vous détendre côté salon avec bibliothèque. Trois restaurants sont à votre disposition à deux minutes à pied de la maison.

CHEZ PATRICIA €€

27, route de Blanzat - **NOHANENT**
✆ 06 07 06 05 72
www.france-voyage.com/chambres-hotes/chambre-maison-nohanent-16867.htm
Ouvert toute l'année. 2 chambres. Chambre double de 65 € à 70 €. Petit-déjeuner inclus. Parking.

Chez Patricia, c'est comme à la maison. Le cadre coquet autant que l'accueil chaleureux des hôtes permettent aux voyageurs de se sentir à l'aise. Le gîte, aménagé dans la maison, abrite deux chambres agréables, décorées dans un style neutre. Le jardin arboré et fleuri entoure une large piscine. Parfait pour profiter des beaux jours et des soirées d'été. A quelques minutes en voiture de Clermont-Ferrand et de la chaîne des volcans, au pied des chemins de randonnées pédestres et de VTT, le point de chute s'avère idéal pour partir à la découverte de la région.

CLOS BEAUMONT €€

CLERMONT-FERRAND
✆ 04 73 26 32 52
www.closbeaumont.fr
Gîtes de France (5 épis). 5 Chambres double à partir de 110 €. Petit-déjeuner inclus. SPA extérieur. Parking inclus

© CLOS BEAUMONT - ANTHONY ITH

Cette maison d'hôtes se situe dans une superbe maison de maître de la fin du XIXe siècle. Le cadre est somptueux, tout en pierre de Volvic avec une décoration très étudiée. Les chambres de 25 à 35 m² sont lumineuses et très élégantes, confortables et bien équipées. Un salon privatif et un petit espace cuisine sont accessibles pour toutes les chambres. Un spa est présent pour un moment de bien-être après une journée bien remplie. Les petits déjeuners sont servis sur demande, dans les salons ou à l'extérieur, sur la terrasse, dès les premiers beaux jours.

LE DOMAINE DE CAMBRAI €€€

Le Marais - **RIOM**
✆ 06 74 09 58 65
www.domainedecambrai.fr
Location du gîte entre 450 € et 600 € la semaine. Chambres d'hôte : 2 personnes entre 90 € et 110 €. Petit-déj inclus.

Le Domaine de Cambrai daterait du XVIe siècle. Depuis la fin du XIXe, il appartient à la même famille. Yvon Bec, l'actuel maître des lieux, a entamé une longue et ambitieuse remise en état, et a ajouté quelques ruches à son domaine. Dans un authentique pigeonnier s'articule un appartement sur trois niveaux, à la décoration soignée : cuisine, salle à manger et cheminée au rez-de-chaussée, salon au 1er et chambre au dernier étage. Côté chambre d'hôtes, la chambre « Flore des Marais » aux attraits gustaviens offre une belle vue sur les monts du Forez.

LES TERRASSES DE MASSILLON €€

26 bis, rue Saint-Amable - **RIOM**
✆ 06 70 88 50 10
lesterrassesdemassillon.jimdo.com
chambre double de 80 € à 852 €. Petit déjeuner inclus. Lit supp bébé (2 à 12 ans) : + 20 €. Wifi.

En plein cœur du centre historique de Riom, cette grande et vieille bâtisse retapée se cache derrière de hauts murs. La maison est côtoyée par une belle terrasse en pierre de Volvic et d'un jardin suspendu et sa tonnelle. Cette chambre d'hôtes vous accueille dans une grande suite, où l'on distingue encore des corbeaux gravés du XIVe siècle, vestiges de l'abbaye Saint-Jean, une chambre et un appartement. De bons petits-déjeuners sont proposés pour bien démarrer la journée.

CLASSIC DRIVER HOME €€

25, avenue du Puy de Dôme
ROYAT
✆ 06 86 46 87 01
Ouvert toute l'année. Chambre double à partir de 88 €. Wifi.

Les amateurs de voitures anciennes ont leur refuge ! Bien entendu, le confort est de mise, mais l'originalité réside dans le décor, spécialement pensé pour les gentlemen conducteurs. Il a été réalisé par le décorateur Thierry Penet de Driver's Loft, situé à Châtel-Guyon, et est complété par les objets chinés par Arnaud Belzanne, le propriétaire passionné de sports mécaniques. L'esprit anglais et vintage se fait sentir dans ce chalet datant des années 1960. La chambre peut accueillir deux personnes. A quelques kilomètres se situe le légendaire circuit de Charade !

SUITES DE CAMPAGNE LES EYDIEUX €€

Lieu-dit les Eydieux
SAINT-ANGEL
✆ 04 73 86 91 95
www.leseydieux.com
2 chambres. Chambre double 145 € la nuit, 770 € la semaine. Petit-déjeuner inclus.

Entre le gour de Tazenat et les gorges de la Sioule, Marie-Claire et Cyr ont aménagé deux suites ouvrant sur le jardin. La suite le Poulailler comprend un hammam maçonné. Les petits-déjeuners sont servis dans la salle ou à l'extérieur. Ils sont préparés avec soin par Marie-Claire qui vous fera goûter à ses meilleures recettes. La maison propose aussi des soins du corps, séjours thématiques et week-end découverte, en plus d'accueillir cavaliers et chevaux.

LE COUDI €€

Roure - **SAINT-PIERRE-LE-CHASTEL**
✆ 04 73 88 59 35
lecoudi.com
Gîtes de France. Chambre double à partir de 70 €. Petit-déjeuner inclus. CB non acceptée. Chèque Vacances. Wifi.

Le Coudi est de ces adresses à conserver pour des séjours hivernaux, pour qui souhaite une étape au chaud, au coin de la cheminée après une journée d'escapades, au calme et tout confort. La maison se situe non loin des volcans et des grands sites touristiques de la région pour vivre des randonnées inoubliables. Régine et Alain sauront vous conseiller sur les bons plans et les circuits à découvrir dans les environs. Table d'hôtes sur réservation, dans la salle à manger commune, à laquelle s'ajoute un salon propice à la lecture et à la détente.

LA PARESSE EN DOUCE €€

Le Bourg - **TOURS-SUR-MEYMONT**
✆ +33 9 64 39 60 93
www.laparesseendouce.fr
5 chambres (dont 2 chambres familiales) : 85 €. Petit-déjeuner inclus. Table d'hôtes à 26€. Bain nordique/ terrasse.

La Paresse en Douce est une belle maison d'Auvergne où vous attendent cinq chambres spacieuses et agréablement décorées. Vous apprécierez le choix des meubles et des coloris. Une bibliothèque, un salon avec cheminée, un jardin entièrement clos et équipé d'une piscine en bois pour les enfants sont à votre disposition pour votre plaisir et votre détente. A la table d'hôtes, on vous sert des plats préparés avec des produits locaux. Il y a également un bain nordique dans le jardin pour un doux moment de relaxation après vos balades.

LE COUVENT €€

15, rue du Couvent - **VEYRE-MONTON**
✆ 06 74 72 04 34
www.rue-du-couvent.fr
5 chambres. De 75 à 140 € la nuitée, petits-déjeuners maison compris. Wifi. Lave-vaisselle. Tv satellite. Excursions.

Cette chambre d'hôtes est installée dans un ancien couvent. Le pari architectural est assez réussi pour cette reconversion, offrant un mélange des genres entre quiétude d'un lieu monacal et chaleur d'une maison d'hôtes. Tous les éléments décoratifs ont été conservés, la pièce centrale (l'ancienne chapelle) s'illumine grâce aux vitraux et accueille une grande mezzanine où l'on peut s'installer pour lire ou profiter du cadre. Le petit-déjeuner peut être adapté (sans gluten, végan...) et l'on ne manquera pas de vous guider pour vos parcours de visites.

RHÔNE

LA CHAMADE EN BEAUJOLAIS €€

4, impasse Messimieux - **ANSE** ✆ 06 73 68 42 87

Gîte de France. 3 chambres. Chambre double de 70 € à 80 €. Petit-déjeuner inclus. Lit supplémentaire : 18 €.

Viviane et Fabien vous invitent à partager l'ambiance décontractée de leurs chambres réalisées dans une maison de caractère, décorée très joliment. Située sur une place tranquille, vous pourrez aller flâner dans les ruelles. Les confitures maison seront un régal au petit-déjeuner. En été, ce dernier vous sera proposé sur la terrasse. Et les parents seront ravis par l'espace pour enfants, où jeux de société et livres sont à votre disposition. La salle commune peut également accueillir des événements professionnels. Une adresse comme on les aime et qu'on partage.

LES CHAMBRES D'AGATHE €

621, route de la Mezerine - **BELLEVILLE**

✆ 04 74 62 84 99

www.chambre-hotes-beaujolais.fr

Gîtes de France. 4 chambres dont une familiale. Chambre simple 60 € ; double 70 €. Petit-déjeuner inclus.

Au coeur des vignes du Beaujolais, une belle maison de caractère dans un paysage plein de quiétude pour se ressourcer et recharger les batteries chez Agathe. Une belle «longe», maison de caractère, du XVIIIe siècle, pour se retrouver en amoureux ou en famille avec quatre chambres pour nous accueillir dans le meilleur confort. La décoration a été élaborée avec soin afin de vous offrir un agréable petit cocon où vous reposer. Du calme, de la verdure, de l'espace, tout ce qu'il faut pour un séjour paisible à la découverte du Beaujolais.

LA TOUR DE LA BELLE-MÈRE €€

Les Combes - **CHARENTAY**

✆ 04 74 66 82 21 - www.dutraive.com

Gîtes de France. 5 chambres. Chambre double de 73 € à 90 € ; triple 110 €. Petit-déjeuner inclus.

Sur un domaine qui fut jadis un ancien prieuré du XIVe siècle, au milieu des vignes, vous passerez un séjour agréable dans l'une des cinq chambres aux ambiances diverses : beaujolaise, parisienne ou provençale, la bretonne mer ou la normande. Pendant la journée, vous choisirez de vous détendre au bord de la piscine ou dans le salon bibliothèque. Certains préféreront visiter la cave du château du Chapitre, située sous le domaine de la famille Dutraive qui cultive, depuis 1934, 16 ha de vignes. Vous pourrez préparer votre dîner champêtre en utilisant le barbecue.

AUBERGE DES HAUTS DE CHENAS €

Bois Retour - **CHÉNAS**

✆ 04 74 06 76 31

www.levinaufeminin.fr

5 chambres. Chambre double de 90 € à 120 €. Petit déjeuner inclus. Chalets à partir de 149 €.

Un site exceptionnel, sur les hauteurs de Chénas, et une adorable maison avec un espace de dégustation pour les vins. On s'installe dans l'une des chambres d'hôtes aux couleurs des saisons et du terroir, toutes personnalisées et de bon confort. Des instants de détente vous attendent à la piscine sur la terrasse panoramique ou au minigolf en famille. Enfin, un musée - le P'tit Musée d'Emilie - permet de découvrir une collection de plus de 1 000 outils liés au travail de la vigne.

AUBERGE DE PRÉJEURIN €€

Chemin de Préjeurin
ECHALAS
© 06 03 02 01 80
www.auberge-de-prejeurin.fr
6 chambres pour 2 à 48 €. Petit-déjeuner : 7,50 €.

Sur ce beau plateau dominant la vallée du Gier, voici une auberge où notre naturel carnassier revient naturellement au galop ! Dans un magnifique cadre de nature préservé, air pur et vue à couper le souffle garantis, l'Auberge de Préjeurin se trouve au cœur d'un centre équestre. Une adresse pour les amoureux du cheval, mais aussi pour ceux qui recherchent un lieu afin d'organiser un événement privé (groupes de plus de 10 personnes). L'Auberge de Préjeurin permet de prolonger son séjour dans des gîtes (6 chambres) de bon confort.

BATEAU FRIPONNE €€

10, quai Rambaud - **LYON**
© 06 37 89 19 18
http://bateaufriponne.pagesperso-orange.fr
1 chambre. Chambre simple de 55 € à 65 € ; chambre double de 70 € à 80 €. Petit-déjeuner inclus.

Ce n'est pas sur Terre que vous trouverez cet hébergement mais sur les eaux de la Saône. Amarrée à cette partie sud de la Presqu'île, voici une péniche fleurie. Pas la peine d'avoir le pied marin, mais l'âme un peu bohème pour loger dans ce petit studio sur l'eau aménagé avec goût de boiseries et disposant de tout le confort. Après une nuit paisible, on profite d'un délicieux petit déjeuner en partie bio, alors que l'on peut également savourer un plateau repas en goûtant, pourquoi pas, des légumes du potager du bateau ! Une expérience inoubliable.

LE GOURGUILLON €€

46, montée du Gourguillon - **LYON**
© 06 66 66 11 17
www.legourguillon.fr
9 chambres de 195 € à 385 €. 1 suite : 850 €. Ouvert 7j/7. Services sur mesure.

10 véritables cocons, 9 chambres et 1 suite haut de gamme à entrée privative, chacun avec bain à remous privatif, pour recevoir les amoureux dans un quartier paisible du Vieux Lyon. Accueilli par une femme formidable, chacun profite de logements d'exception, de petits paradis à partager et de prestations de haut standing. De nombreux forfaits pour un séjour personnalisé. Pour certaines chambres, des terrasses ou jardins privatifs accrochés à la colline avec vue sur Lyon. Adresse parfaite pour les amoureux désirant un séjour «so romantic» à Lyon.

PÉNICHE BARNUM €€€

3, quai Sarrail - **LYON** © 09 51 44 90 18
www.peniche-barnum.com
1 chambre (cabine). Chambre double de 135 € à 155 €. Petit déjeuner inclus (bio). De 250 € pendant Fête des Lumières.

Embarquement immédiat sur une péniche amarrée aux berges du Rhône face à l'hôtel de ville. Vue imprenable et situation idéale pour visiter tout Lyon, notamment la Presqu'île. Au calme, le long des berges, les visiteurs se laissent bercer par les flots. Une péniche cosy et charmante qui propose deux chambres d'hôtes haut de gamme, dont une Cabine de l'Amiral suite spacieuse très confortable qui nous permet de profiter d'un emplacement de parking gratuit sécurisé à proximité de la péniche. Depuis la terrasse sur le pont du bateau, point de vue inédit sur la ville.

LA FERME DU PLANET €€

Le Planay - **OUROUX**
© 04 74 04 64 89
www.ferme-du-planet.com
Gîtes de France. Chambre double de 65 € à 70 €. Petit-déjeuner inclus. Table d'hôtes 25 €.

Dans cette ferme de moyenne montagne à 550 m d'altitude, les forêts et les prés offrent un paysage de bocage. L'élevage prédomine surtout celui de la chèvre et de la vache charolaise. Deux chambres doubles et une suite familiale offrent une capacité d'accueil de 14 personnes. La décoration est digne les chalets de haute montagne. Au petit déjeuner, tous les produits proposés par Valérie et Laurent sont faits maison (confiture, pain, fromage...) et les repas en table d'hôte sont servis au coin du feu, dans une ancienne grange restaurée en salle commune.

LES ROULOTTES ET LES FOLIES DE LA SERVE €€

La Serve - **OUROUX** © 04 74 04 76 40
www.lesfoliesdelaserve.com
2 chambres. Chambre double à partir de 95 €. Petit-déjeuner inclus. 3 roulottes : 69 €/nuit 2. Restauration.

Chez Pascaline et Pascal Patin, vous serez dépaysé c'est certain ! Trois roulottes vous attendent pour découvrir la région. Confortablement aménagées et installées par leurs propriétaires dans un magnifique jardin, ces hébergements d'un autre temps ont été réhabilités pour vous offrir un séjour inoubliable. Que ce soit en couple ou en famille, les formules sont complètes. Deux chambres d'hôtes offrent des « folies » insolites pour se transformer en princesse nomade.

CLOS DE POMEIR €€€

130, chemin de la Fontaine - **POMMIERS**
✆ 04 74 03 94 03
www.pomeir.fr
Gîtes de France. 3 chambres. Chambre double 120 €. Petit-déjeuner inclus. Table d'hôtes occasionnelle 35 €.

Dans cette magnifique maison beaujolaise, Véronique et Pierre Thivent vous reçoivent dans les règles de l'art. Authenticité, calme et volupté sont les maîtres mots de cet endroit charmant où vous séjournerez au rythme des saisons ou des thèmes proposés : séjour œnologie pour les inconditionnels du patrimoine viticole, initiation à la photographie pour apprendre à capturer les paysages. Vous avez aussi la possibilité de vous faire masser pour un bien-être total. Le village est également un vrai petit paradis. Un véritable havre de paix.

CHÂTEAU DE RIVERIE €€

Le Château - **RIVERIE**
✆ 04 78 48 28 38
www.chateau-de-riverie.fr
5 chambres. Chambre double 98 €. Petit-déjeuner inclus. Connexion Internet. Restauration.

Il faut monter sur les hauteurs de Riverie pour découvrir une superbe bâtisse du XIe siècle, ouvrant un panorama splendide sur les Alpes, la Vallée du Rhône et Lyon. Derrière les murs épais de pierre, la maison d'hôtes est l'œuvre commune de Valérie et Guy Palluy. Elle sait parfaitement être à l'écoute de nos besoins, pour nous offrir un séjour convivial. Lui, agriculteur de métier, connaît parfaitement le terroir et partage sa passion pour cette terre d'exception. 5 chambres rénovées, équipées, alliant le charme de l'ancien à un esprit contemporain.

AUX 3 SAPINS €€

Les Places - **RONNO**
✆ 04 74 89 16 19
www.aux3sapins.com
Gîtes de France. 4 chambres. Chambre simple 61 € ; double 71 € ; triple 96 €. Petit-déjeuner inclus. Restauration 26 €.

Dans cette très jolie ferme restaurée avec goût et caractère, vous serez chaleureusement accueillis par les propriétaires. En pleine nature, à quinze minutes à pied du Lac des Sapins, vous avez une vue magnifique sur la splendide campagne environnante. De quoi vous inviter à la détente et à la rêverie. En terrasse, ou dans la lumineuse salle à manger, Nicole vous délectera de son pain fait maison et vous fera goûter de bons produits locaux. Vous apprécierez les coins où vous reposer et profiter : à l'étage de la verrière ou près de la cheminée du salon.

LA SOURCE DORÉE €€

53, chemin du Chalet - **SAINT-PIERRE-LA-PALUD**
✆ 04 72 84 94 01
la-source-doree.fr
5 chambres 95 € petits-déjeuners inclus. Gîte de 2 à 8 pers : de 214 €/2 nuits à 1127 €. Table d'hôtes : 25 €.

Plus qu'une maison d'hôtes d'où se dégage une belle énergie, bâtie au début du XXe siècle par Hélène Mangin et Léon Bérard, la Source Dorée est une maison «ouverte» où l'on vient prendre soin de soi. Quiétude parfaite, plénitude du silence, beauté, douceur et chaleur de l'accueil chez Nathalie et Philippe Gaillet, qui nous reçoivent dans une maison que l'on habite pleinement le temps d'une heure ou au cours d'un séjour. Une vraie ferme-auberge a vu le jour, tout comme le restaurant gastronomique 3BL (Bon, Beau, Bio et Local).

LA FALCONNIÈRE €€

131, chemin de la Farge - **SOURCIEUX-LES-MINES**
✆ 04 74 70 14 67
http://lafalconniere.monsite-orange.fr
Gîtes de France. 3 chambres. Chambre double de 65 à 72 €. Petit-déjeuner inclus. Table d'hôtes : 19 €.

A la Falconnière, chez Florence et Laurent, on trouve toute la quiétude d'une campagne verdoyante et le bonheur d'être reçu dans une maison d'hôtes familiale et à l'esprit convivial. Le cadre est bucolique - on préserve la nature par des écogestes - et charmant, maison parfaitement tenue, accueil adorable et 3 chambres d'hôtes. On profite de la terrasse ombragée, du parc pour se détendre, avant de passer à table pour se régaler d'une cuisine aux accents lyonnais, réalisée avec des produits en provenance de fournisseurs locaux.

MAMOUNA, CABANOTTE ET LA CABANE PERCHÉE €€

Le Bayard - **THURINS**
✆ 04 78 19 10 83
www.cabanotte.fr
Cabane perchée : 150 € la nuitée, 240 € 2 nuitées avec petit déjeuner. Possibilité de massage.

Une source de bien-être jaillit des hauteurs de Thurins, où Marie-Odile a ouvert des chambres d'hôtes dans le respect de l'environnement et le souci de votre bien-être. Son mari signe l'aménagement. La Cabanotte, toute de bois vêtue, offre la chaleur et le charme d'un chalet disposant d'une kitchenette ; la Mamouna envoûte par ses couleurs ; la Cabane perchée a de nombreux adeptes. Piscine aux allures méditerranéennes, aire de jeux pour les enfants, petits déjeuners au top.

SAVOIE

MIKIA - CHIENS DE TRAÎNEAUX - LE REVARD €

Le Revard - **AIX-LES-BAINS**
✆ 06 03 67 44 84
www.mikia.org

Gîte de la Gaillarde (avec petit-déjeuner, restauration ou en demi-pension). Pour 15 personnes. À partir de 25 € la nuit

Sandra Ferrari et son équipe accueillent les visiteurs dans une ambiance Grand Nord. Le chien est au cœur de toutes les activités puisque le chenil jouxte le gîte. A côté de lui, l'école de traîneau s'affaire en haute saison. Les pistes de ski de fond passent à proximité et les itinéraires rando, VTT ou raquettes à neige sont à portée de pied. Un séjour nature et sport qui ne peut que séduire. L'initiation à la conduite de chiens de traîneaux reste l'expérience à tenter.

LA GRANGE DE MON PÈRE €€

85, impasse des Cheminots - **BEAUFORT**
✆ 06 32 16 74 23
www.lagrangedemonpere.net

Gîtes de France. 3 chambres. Chambre double 95 €. Petit-déjeuner inclus. Restauration.

La grange de la ferme familiale du XIXe siècle, où l'on stockait le foin jusque dans les années 1980, a été restaurée et surtout transformée avec soin par Jacques et Eliane Maurin dans un esprit « éco-rénovation », d'où la présence d'un chauffe-eau solaire, d'un chauffage à bois granulés et d'une démarche de tri des déchets entre autres. Le lieu est fabuleux et les montagnes tout autour donnent des envies de découvertes. Cela tombe bien puisque Jacques est guide et moniteur de ski, l'idéal pour découvrir été comme hiver quelques itinéraires dont il a le secret.

LA BERGERIE DU MIRAVIDI €€€

Hauteville le Plan - **BOURG-SAINT-MAURICE**
✆ 06 23 34 75 59
www.bergerie-du-miravidi.fr

4 chambres avec SPA. Chambre double de 185 € à 258 €. Petit-déjeuner inclus. Prêt raquettes à neige, vélo.

Avec la métamorphose en écolodge d'une ancienne ferme située sur les hauteurs de Bourg-Saint-Maurice, à 5 min du funiculaire, le lieu s'inscrit dans une démarche « nature ». La conception (construction avec des matériaux écologiques), la décoration (des ambiances forestières, grand Nord ou esprits de la nature) et le petit-déjeuner, forcément bio ; tout ici invite à la relaxation. Les autres plus : vélos et raquettes sont mis à disposition, des massages sont possibles sur demande, sans oublier la possibilité d'acheter les forfaits de ski. Une bonne et zen adresse.

REFUGES EN VILLE €€

734, avenue Maréchal Leclerc
BOURG-SAINT-MAURICE ✆ 06 45 15 96 73
http://refugesenville.fr

3 chalets pour 6 personnes. De 146 à 250 € la nuit. De 600 € à 1 000 € la semaine selon saison. Restauration.

Laurence et Pierre ont ouvert depuis peu un hébergement conçu comme un camp de base en plein cœur de la ville. Un refuge toutefois tout confort, avec vue et tout ce qu'il faut pour arpenter la montagne : casier à skis, abri à vélos… et même les appareils à fondue, raclette et plancha, pour se régaler ! Depuis Bourg-Saint-Maurice, on peut facilement rayonner sur les grandes stations de Tarentaise alentour et les nombreux cols. L'hébergement est situé non loin du funiculaire pour les Arcs, de la piste cyclable et de la base internationale d'eaux vives..

CHALET L'ÉTAGNE €€€

71, rue du Lac - **COURCHEVEL**
✆ 06 28 34 46 05
www.chalet-etagne.fr

Gîtes de France. 3 chambres de 2 à 4 personnes : de 120 € à 280 € la nuit. Spa.

Le chalet de l'Étagne est un hébergement en chambres d'hôtes. Assez rare pour être souligné, ce type d'hébergement n'est pas fréquent à Courchevel. C'est Jacky et Béatrice qui dirigent les lieux. Ils accueillent avec simplicité dans le chalet qui conjugue charme traditionnel savoyard et confort moderne. Composé de 3 chambres doubles, il peut être loué en exclusivité à la semaine pour un séjour en famille ou entre amis. Un espace détente (spa 6, sauna 4/5 places et coin salon avec cheminée), une proximité immédiate des remontés mécaniques... Une adresse à retenir.

SUITES DE LA TOUR €€€

400, impasse de Pacoret - **GRÉSY-SUR-ISÈRE**
✆ 04 79 37 91 59
www.suites-de-la-tour.com

A partir de 230 €/nuit. Massages, location de VAE... avec supplément. Table d'hôtes 38 €.

Cette ancienne tour de guet du XIVe siècle a été métamorphosée par Laurence et Gilles qui en ont fait un lieu où tout n'est que luxe et romantisme. Le charme de la pierre est resté intact, mais tout le confort moderne a su trouver sa place. Les 5 suites nichées dans un écrin de verdure offrent une parenthèse détente. La baignoire balnéo en atteste. Douceur et volupté avec terrasse panoramique et glycine centenaire, piscine et salon. Les motards sont les bienvenus, le piano est à disposition et dans l'assiette, saveur et raffinement sont au rendez-vous.

CHALET SAVOIE FAIRE €€

LA LÉCHÈRE
✆ 06 17 54 83 40
www.chaletsavoiefaire.com

Ouvert toute l'année. De 110 € à 130 €. Table d'hôtes à 30 €.

Nikki et Hugh, vos hôtes australiens et irlandais, vous réservent un accueil convivial dans cette jolie ferme d'altitude, au cœur des Alpes. La décoration est tout ce qu'il y a de plus raffinée. Le bois se marie parfaitement avec le mobilier et chaque élément de la décoration. Chaque espace invite à profiter d'un lieu où l'on se sent très vite chez soi, et infiniment confortable. A noter que le couple vous propose aussi des cours de cuisine. Car c'est aussi cela les plaisirs de la montagne, se retrouver autour de bonnes saveurs et se laisser aller.

CHAMBRES D'HOTES GENTIL €

85, allée de la Combaz - **MERCURY**
✆ 04 79 37 88 09
http://pagesperso-orange.fr/chambre.mercury

1 chambre. €. Petit-déjeuner inclus. Chambre de 1 à 4 personnes de 28 € à 58 €. Coin cuisine.

Villa récente exposée sud avec vue panoramique sur les massifs du Mont Blanc, du Beaufortain, des Bauges et du Grand Arc, avec à disposition une suite pouvant accueillir jusqu'à quatre personnes et composée d'une chambre avec un lit deux personnes (160 x 200) et d'un séjour avec un convertible deux personnes (140 x 190). Un coin cuisine est à disposition si besoin pour vivre en parfaite autonomie et se préparer de bons petits plats du coin. Albertville n'est qu'à 6 km, et le parc régional du massif des Bauges à proximité pour vous émerveiller de la nature.

CHALET DES BRONZIERS €€

Rue des Bronziers
PEISEY-NANCROIX
www.whitebeamchalets.co.uk

Chambre double de 45 € à 110 €. Petit déjeuner inclus. Wifi gratuit. Tv satellite.

Le chalet Bronziers est une maison d'hôtes restaurée par Tom et Natalia qui se situe à quelques minutes de l'entrée du parc national de la Vanoise et des pistes de ski. L'intérieur du chalet est très agréable avec de grands espaces en commun pour jouer, regarder des DVD, lire, se détendre, discuter. La cuisine est très bien équipée. Les chambres sont équipées d'un coin salon, d'un écran plat avec les chaînes en anglais, leurs salles de bains disposent d'une baignoire ou douche avec tout le nécessaire. Accueil chaleureux, voici une très bonne alternative à l'hôtel.

LA TRANCOULETTE €€

Haut Bachelin - **SAINT-GENIX-LES-VILLAGES**
✆ 04 76 93 22 52
www.latrancoulette.fr

Location Gîte Janu à la semaine à partir de 380 € ; 2 nuits à 180 € ; 3 nuits à 230 €. Chambre d'hôtes à partir de 65 €.

Dans la campagne aux alentours de Saint-Genix-sur-Guiers, deux chambres d'hôtes et un gîte sont accessibles aux personnes handicapées. Cette ancienne maison en pisé a été rénovée pour vous offrir le plus grand confort. Entourée de son parc de plus d'un hectare, elle offre une halte de silence et de sérénité. Les chambres sont spacieuses et bien équipées avec des accès indépendants. Le gîte permet de passer une nuit ou une semaine sur place. Les petits-déjeuners sont servis dans l'ancienne écurie, ou dans la cour intérieure, aux beaux jours.

L'ORÉE DU BOIS €€

255, rue de Guillé - **SAINT-JEAN-DE-MAURIENNE**
✆ 04 79 64 31 27
www.l-oree-du-bois.net
Gîtes de France. Chambre Blues 69 € pour 2 personnes - Chambre Rhapsodie 99 €.

Situé à 10 min à pied du centre de Saint-Jean-de-Maurienne (environ 1 km), cette maison de caractère « sixties » bénéficie du calme de la forêt qui la borde. Proche des plus grandes stations de ski pour les amoureux des sports d'hiver et de randonnées d'été, ce gîte est équipé d'un local à skis mais également d'un local à vélos pour les férus de cyclisme. L'Orée du Bois permet de profiter des activités en toute saison ! Quant aux chambres, vous apprécierez leur confort qui vous permettront de passer un agréable séjour en famille ou entre amis !

LA MAISON JAUNE €€

Le Chosalet - **SAINT-PANCRACE**
✆ 04 79 64 44 36
www.lamaisonjauneenmaurienne.blogspot.com
Gîte de France. 2 chambres. Chambre simple 57 € ; double 64 € ; triple 88 € ; quadruple 96 €. Petit-déjeuner inclus.

A cinq minutes de Saint-Jean de Maurienne, située sur un versant sud, et au-dessus de la vallée, ce lieu profite d'un ensoleillement favorable et d'une magnifique vue sur les montagnes formant la frontière avec l'Italie et la vallée de l'Arc. Entourée de son jardin, la maison contemporaine est au calme. Deux chambres pour une à quatre personnes sont proposées, lumineuses et bien agencées. Les stations de ski ne sont pas loin et l'ambiance est conviviale et sympathique. La terrasse panoramique offre une vue à couper le souffle.

LA MERCERIE €€

La Thuile - **SAINTE-FOY-TARENTAISE**
✆ 04 79 24 68 33
www.chalet-tarentaise.com
5 chambres. Chambre double été de 70 € à 120 € hiver de 95 € à 160 €. Restauration. Bain bouillonnant.

Une très belle maison d'hôtes installée dans une vieille bâtisse datant de la moitié du XIXe siècle. Idéalement placée au cœur des cinq domaines skiables pour l'hiver et à deux pas du parc de la Vanoise en été, cette adresse se montre accueillante. Toutes les chambres sont différentes, originales et cosy. Elles jouent entre contemporain et matériaux anciens. Pour l'été, un jardin et un local à vélo. En hiver, un bain bouillonnant niché sur une pièce voûtée et pleine de charme. La cuisine est 100 % maison à base de produits frais et de saison. Une belle adresse.

LE CHALET DU LYS €€

Les Fontaignoux - **VAL-CENIS**
✆ 04 79 20 18 25
www.chaletdulys.com
Ecogîtes. Pour 8 personnes de 2 490 € à 3 490 € la semaine selon saison. Week-end de 690 € à 990 € selon période.

Installé en pleine nature, le beau chalet du Lys séduit dès l'extérieur par son environnement et son architecture alliant pierres et bois. À l'intérieur, les propriétaires, Élise et Frédéric, ont su créer une ambiance familiale et chaleureuse par l'utilisation du bois dans la décoration et l'ameublement du chalet. L'équipement permet de profiter confortablement d'un séjour jusqu'à 12 personnes. Côté détente, le chalet propose un salon bibliothèque, des jeux de société, un sauna et un spa. Situé à deux minutes à pied du centre du village et du départ des pistes.

CHALET LAVIS-TRAFFORD €€

Lieu-dit Le Planay - **VAL-CENIS**
✆ 04 79 05 06 83
www.chalet-lavis-trafford.com
Gîtes de France. 5 chambres. Tarif : 150 à 215 € la nuit pour 2 personnes. Demi-pension. Bain norvégien et sauna. Repas.

Niché dans un petit hameau, en bordure de torrent, cet ancien poste de garde-frontière offre le cadre magnifique des falaises dolomitiques à proximité. On y apprécie le calme d'un lieu à l'écart du stress et de l'agitation et le confort de chambres d'hôtes de caractère. La décoration soignée est agrémentée de touches anglo-saxonnes. Amoureux de la montagne, les propriétaires aiment à partager leur passion avec les occupants du chalet. Ils cultivent dans leur potager plantes aromatiques, fruits et légumes dont ils se servent pour préparer les repas.

LE RELAIS DE LA DILIGENCE €€

559, route Napoléon Bonaparte - **VAL-CENIS**
✆ 04 79 20 30 99
www.chambres-hotes-maurienne.info
Ecogîtes. 4 chambres. Chambre double de 98 € à 108 €. Petit-déjeuner inclus. Restauration.

Françoise et Arnaud ont entièrement rénové le Relais de la Diligence dans un esprit écoresponsable. Spacieuses, les chambres sont toutes différentes. Françoise est discrète, mais aux petits soins et de bon conseil pour rayonner dans la région et s'informer des bons plans. Son petit-déjeuner garni de produits bio est une merveille. Les pistes de ski de fond passent juste à côté. Alors, ne vous fiez pas aux apparences extérieures qui ne rendent pas justice à cette pépite !

BOURGOGNE-FRANCHE-COMTÉ

CÔTE-D'OR

LA DEMOISELLE €€

4, rue sous les Vieilles-Halles - **AIGNAY-LE-DUC**
✆ 03 80 93 90 07
www.maisonlademoiselle.com
Gîtes de France. 5 chambres (une familiale de 90€ à 105€). Chambre simple 50 € ; double 55 € ; triple 75 €. Restauration

Mr Bonnefoy à ouvert cette maison d'hôtes atypique dans une belle maison de maître datant du XVIIIe siècle et construite contre la roche. Des extérieurs fleuris et un intérieur authentique avec cheminées d'époque, pierres apparentes, décoration simple et élégante. Les cinq chambres disposent de leur propre salle d'eau et cabinet de toilettes. Les parties communes offrent un espace détente avec un salon, une bibliothèque, et un séjour aménagé. Les amateurs du charme rustique seront ici ravis. Un lieu idéal et calme, avec un jardin et une jolie vue sur le village.

LE DOMAINE DU MOULIN DU COQ €€

21, rue du Moulin - **ARGILLY**
✆ 06 77 92 82 94
www.lemoulinducoq.fr
Gîtes de France. De 1920 € à 2300 € pour week-end 3 jours 2 nuits. Petit-déjeuner : 10 €.

C'est dans une ancienne bâtisse cistercienne que vous êtes accueillis en gîtes. Ils disposent tous d'une piscine intérieure chauffée. Unique ! Les chambres sont vastes et de bon goût. Une salle de ping-pong, de baby-foot, un terrain de pétanque, un terrain de volley, des balançoires pour les enfants, nos hôtes ont pensé à tout ! En outre, des services sont proposés : petit-déjeuner, panier garni, pique-nique, brunch, un chef de cuisine vous concocte des spécialités bourguignonnes.

LE CLOS DE LA CHALLANGETTE €€

225, rue de la Bretenet - **BEAUNE**
✆ 06 19 48 01 93
www.clos-challangette.fr
Label Vignobles et Découvertes. 5 chambres + roulottes + gîtes. Table d'hôtes sur réservation. Piscine chauffée

Le Clos de la Challangette est un domaine confortable avec piscine extérieure chauffée au sein d'une cour verdoyante. Vous avez la possibilité de séjourner dans l'une des roulottes tziganes décorées sur le thème du romantisme. De façon plus classique, vous pouvez opter pour les maisons d'hôtes et les gîtes. Si les univers sont différents, le style est toujours raffiné et de bon goût. Jackie David, votre hôte, vous accueille avec professionnalisme et un panel de nombreux services.

L'ESCALE DE JULES ET LILY €€

2, rue de l'Eglise - **BLIGNY-LÈS-BEAUNE**
✆ 07 86 36 66 09 - www.jules-lily.fr
4 chambres 99 €. 4 gites grand confort 4 personnes de 280 à 470 € la semaine selon période. Dégustation et oenologie.

À 4 km au sud de Beaune, l'Escale de Jules et Lily est un incontournable si vous recherchez le charme, la tranquillité et une ouverture sur l'œnotourisme. Vous êtes dans une maison bourgeoise des années 1920 qui a été restaurée et où les 4 chambres d'hôtes et les 4 gîtes sont tous de haut standing et décorés avec beaucoup de goût. Le parc de 3 000 m² sera un lieu de détente. Bertrand propose des dégustations de vins et vous avez aussi accès à une magnifique piscine chauffée.

DOMAINE CLAUDE NOUVEAU €€

Marcheseuil - **CHANGE**
✆ 03 85 91 13 34
www.claudenouveau.com
Le gîte du château. Pour 6 personnes (150 m², 3 chambres). De 700 € à 850 € la semaine selon saison.

Installé dans une dépendance de la maison vigneronne du Domaine Claude Nouveau, le Gîte du Château dispose d'un accès indépendant, d'une terrasse côté vignes et de tous les équipements pour un séjour confortable. Accès privilégié au caveau du domaine pour une visite du domaine et ses dégustations. Les amateurs de séjours œnologiques seront forcément ravis du lieu. La situation entre Côte-d'Or et Saône-et-Loire permet un accès facile aux principaux sites touristiques de la région. Vue et calme uniques pour un séjour des plus reposants !

CHÂTEAU DE CHASSAGNE-MONTRACHET €€€

5, chemin du Château - **CHASSAGNE-MONTRACHET**
✆ 03 80 21 98 57
www.chateaudechassagnemontrachet.com
5 chambres 295 €. Petit-déjeuner inclus. Visite et dégustation inclus. Restauration.

Le Château de Chassagne-Montrachet vous accueille pour un séjour inoubliable. Tout entouré de vignes, il trouve ses origines au XIe siècle. Rénové, le lieu propose cinq chambres au confort absolu. Des designers italiens ont pensé la décoration tandis qu'un sculpteur bourguignon a réalisé les salles de bains. Plusieurs salons ont été aménagés pour vos moments de détente. Vous pouvez choisir la table du midi, avec menu bourguignon, visite et découverte des vins de la famille Picard.

DOMAINE DU PRÉ DU CHÊNE €€

Le Pré du Chêne - **CHEVANNAY**
✆ 03 80 23 63 17
www.alvestraiteur-domainelepreduchene.fr/accueil-le-pre-du-chene
Gites de groupes - 50 € la nuit par personne - Traiteur - Evenements.

C'est parce que le domaine du Pré du Chêne, traiteur et lieu de d'organisation d'évènements, est installé dans une ancienne ferme forte du XIIe siècle que Carlos Alves a exploité ses multiples espaces. Plusieurs gites de grande capacité sont en cour de création. La déco demeure sobre et ce sont les pierres de la bâtisse, ses poutres et plafond qui en font le charme. Le rapport praticité, qualité, prix est imbattable au creux de ce vallon de l'Auxois. Les groupes de motard, automobilistes, randonneurs trouveront de quoi gaillardement s'amuser et bien se reposer.

LA COUR BERBISEY €€€

31, rue Berbisey - **DIJON**
✆ 03 45 83 12 38
www.lacourberbisey.fr
Les Collectionneurs. 5 chambres. De 150 € à 290 €. Sauna.

Offrez-vous un magnifique séjour à la Cour Berbisey, hôtel particulier situé au centre-ville, aménagé en chambres d'hôtes d'exception. Dans cette demeure datée du XVIIe siècle, calme et tranquillité sont les maîtres-mots, avec quatre suites à disposition de la clientèle chacune parfaitement équipée. Pour compléter ce décor idyllique aux plafonds à la française, boiseries, parquets et mobiliers anciens, faites-vous plaisir en prenant un bain de jouvence dans la piscine intérieure chauffée ou encore au sauna. Le petit-déjeuner continental est généreux.

CABANE ET CUBE DU PONT DE LA ROCHE €€€

Moulin de la Roche - **FRÉNOIS** ✆ 06 23 02 39 81
www.pont-roche.com
Cabane : 250 € la nuit pour 2 avec séances sauna et spa. Le cube : 480 € les 2 nuits pour 2 (minimum 2 nuits).

Frédéric Dansert propose deux hébergements insolites. En commun : chic, design et confortable. Une cabane sur pilotis, la tête dans les arbres et les pieds dans l'eau. Un cube posé dans la prairie, au bord de l'eau. Vous disposez d'une kitchenette équipée, d'une salle de bain avec une douche à l'italienne. Tout est pensé pour un séjour au top, hors du monde, pour quelques jours. Une formule week-end romantique et gourmande est proposée, avec champagne et produits du terroir.

LE CLOS DES 4 SAISONS €€

Hameau Les Lourchardes - **LA ROCHEPOT**
✆ 03 80 21 37 73
www.leclosdes4saisons.com
5 chambres. Chambre double 110 €. Parking fermé, pratique, vaste et bien éclairé. Gite de 3 chambres pour 6 personnes

Le Clos des 4 Saisons, situé sur les côteaux entre La Rochepot et Nolay, est un petit havre de paix. Chaque chambre est de plain-pied avec terrasse coté piscine et vue imprenable sur les monts et vallons du sud de Nolay. Le nom des quatre premières chambres rappelle les saisons. La dernière, «La Cinquième saison», est celle des amours qui durent toujours ! Mais avant la poésie du lieu vous allez apprécier la gentillesse de Sylviane Zapla qui vous invite à partager sa table d'Hôtes. Un vrai must pour la convivialité autour d'un dîner gastronomique.

GÎTES DE LA GARE €€

Rue de la Gare - **LEUGLAY**
✆ 03 80 45 97 15
www.gites-de-france.com
5 gîtes pour 4 à 5 personnes. De 270 € à 370 € la semaine selon saison.

Au nombre de 5, les gîtes comportent chacun 2 étages et peuvent accueillir entre 4 et 5 personnes. Le bois et la décoration contemporaine font de ces habitations des espaces chaleureux. Juste à côté, l'ancienne gare fait office de point d'accueil et dispose d'une télévision, de toilettes ainsi que d'une machine à laver et d'un sèche-linge en libre accès. Avec leur conception moderne et leur équipement design, ils prennent des allures de lofts contemporains. Chaque gîte dispose d'une terrasse pour prendre un petit-déjeuner ou un repas face à la nature.

CHATEAU DE MAUVILLY €€€

2, chemin du Château - **MAUVILLY**
✆ 06 30 69 60 12
www.chateaudemauvilly.eu
Gîtes de France. 4 chambres dont 1 suite. Chambre double de 90 € à 145 €. Petit-déjeuner inclus.

Le Château de Mauvilly offre un séjour de grand confort dans le cadre dépaysant d'un château construit au XIVe siècle, et dont l'aile du XVIIIe siècle a été aménagée en chambres d'hôtes châtelaines.Très sympa, un golf champêtre s'étend dans le vallon. Etienne et Véronique vous accueillent avec un verre de bienvenue. Pensez à réserver la table d'hôtes qui s'ouvre avec un verre de Crémant du Châtillonnais et se poursuit avec un menu bourguignon. La proximité avec la nature et la disponibilité de grands espaces permet d'organiser de grandes fêtes familiales.

CLOS PIERRE ARNAUD €€€

2, rue de l'Eglise - **MERCEUIL**
✆ 07 81 95 17 71
www.myboutiquehotel.com/fr/boutique-hotels-merceuil/clos-pierre-arnaud-spa.html
2 chambres. Suite de 129 € à 200 €. Petit-déjeuner inclus. Dîner sur réservation 44 €.

Des services 5 étoiles, c'est ce que Pierre et Arnaud proposent dans leur maison d'hôte aménagée dans les codes de l'hôtellerie de luxe. Les bâtisses du Clos sont remarquablement couvertes de dalles de pierre, une matière très présente dans la décoration, les escaliers, les salles de bains ou le spa. Il règne dans cette maison une lumière plaisante où le mobilier contemporain et quelques œuvres d'art finissent de vous séduire. La table d'hôte relève plus du restaurant gastronomique avec une cuisine élaborée avec une grande esthétique.

L'ORÉE DU PARC €

9, rue de Potelle - **MONTIGNY-SUR-AUBE**
✆ 03 80 93 58 48
www.chambredhote-oreeduparc.com
Vignobles et Découvertes. 2 chambres. Chambre double 75 €. Petit-déjeuner inclus. Dégustations.

Vous allez être charmé par l'accueil que vous réservent Janice et Jim Campbell, deux Écossais qui ont fait le choix de s'installer à Montigny avec deux chambres bien confortables qui offrent une touche de leur pays d'origine côté décoration. Le petit-déjeuner est également l'occasion d'un voyage outre-Manche. Suivant le label « Vignobles et découvertes », ils vous conseillent sur les meilleures adresses de producteurs à visiter sur la route du Crémant. Une belle adresse pour rayonner dans la région. L'accueil en français est excellent.

DOMAINE GHEERAERT €€

1, rue Haute - **MOSSON** ✆ 03 80 93 71 67
www.cremant-gheeraert.fr
Gîtes de France. Pour 2 à 3 personnes. 1 chambre de 250 € à 295 € la semaine selon saison. Tarif deux nuits : 140 €.

Si vous décidez de faire un séjour sur la route du Crémant, prenez le temps de passer au Domaine Gheeraert. Producteur et manipulateur de Crémant depuis 1991, le domaine vous propose également la location d'un gîte. Ce charmant duplex de 60 m² dispose d'une grande cuisine ouverte et d'une chambre à l'étage. Idéal pour un couple, vous séjournez au cœur du Domaine. En plus du calme, profitez de la proximité des coteaux pour de superbes balades avec vue sur les monts du Châtillonnais. Dès votre arrivée, vous êtes invité à une dégustation des crémants du domaine.

DOMAINE DES ANGES €€€

Place des Marronniers - **PULIGNY-MONTRACHET**
✆ 03 80 21 38 28
www.domainedesangespuligny.com
Chambre double de 75 € à 125 €. Petit-déjeuner inclus. Wifi gratuit.

Cet ancien domaine viticole restauré avec le plus grand soin est la propriété de deux Anglais qui ont fait de la réception de leurs hôtes une spécialité. Cinq chambres dont deux suites avec sanitaires particuliers vous sont proposées. Confort, calme, convivialité et hospitalité sont les maîtres mots de cette adresse bien équipée et proche de nombreuses attractions touristiques (hospice de Beaune à 10 km, château de Pommard à 8 km). Le petit-déjeuner est copieux et permet de prendre une bonne dose d'énergie avant de partir en balade.

LA JACQUINOTTE €

3, rue du Bugnon - **RIEL-LES-EAUX**
✆ 03 80 93 71 46
www.gite-rural-a-riel-les-eaux.fr
Pour 6 personnes (120 m², 3 chambres). De 310 € à 440 € la semaine selon saison. Week-end : 185 € Accueil « bébé calin ».

Ancienne maison vigneronne restaurée, le gîte est idéal pour les familles avec enfants avec sa grande cour fermée. Une cour soigneusement aménagée et dans laquelle vous apprécierez passer du temps. Le plan d'eau de Riel-les-Eaux est à proximité (1,2 km) pour la baignade ou la pêche, et de nombreuses balades en nature sont possibles autour du village. Gîte très confortable et agréable, avec le charme des maisons anciennes. Vous y apprécierez notamment la décoration qui sent bon la campagne, un cadre idéal pour des moments complices et chaleureux en famille.

ÂME DE LA TERRE €€

2, rue de Dijon - **RUFFEY-LÈS-ECHIREY**
✆ 03 80 47 81 45
www.chambresdijon.com
5 chambres. Chambre simple 78 € ; double 84 €. Petit-déjeuner buffet inclus. Formule séjour oenotouristique.

Âme de la Terre est une bâtisse du XIXe siècle jumelée à la maison contemporaine en bois où se trouvent des chambres à la décoration épurée et apaisante. L'une d'entre elles peut accueillir une PMR. Mobilier contemporain, salle commune lieu de vernissage et d'exposition d'artistes, petit salon et cafés ou thés disponibles à toute heure. Tous les soirs sauf samedi, une assiette de fromage, charcuterie, salade vous est proposée, accompagnée d'un verre de vin ou d'une bière allemande de la boutique de la maison. En été, la terrasse de la cour invite à dégustation.

DEMEURE DE L'ÎLE ROLLET €€

12, quai de l'Europe - **SAINT-JEAN-DE-LOSNE**
✆ 09 81 13 35 22
www.demeuredelilerollet.com
Accueil vélo. 4 chambres. Chambre double à partir de 95 € ; suite à partir de 120 €. Petit-déjeuner inclus. Sauna.

Installées dans une maison construite en 1837 au style parfaitement conservé, les chambres d'Hôtes de la Demeure de l'Ile Rollet offrent un confort et un charme de 1er niveau. La décoration intérieure, très intimiste et cosy, offre aux visiteurs l'environnement idéal pour se laisser porter. Les chambres agencées avec goût situées à l'étage offrent des vues imprenables sur la Saône. Un grand parc boisé permet de passer de parfaits moments de repos. Un espace bien-être avec jacuzzi, et la possibilité de massages complète cette offre haut de gamme.

L'ORÉE DU BOIS BOURGOGNE [ADULTS ONLY] €€

1, rue du Pasquier Haut
SAINT-NICOLAS-LÈS-CÎTEAUX ✆ 03 80 33 06 55
www.l-oreedubois.com
4 chambres. Chambre double de 95 € à 155 €. Soirée étape pour les professionnels 99 €. Restauration.

C'est à l'orée du charmant village où siège l'Abbaye de Cîteaux que vous allez poser vos valises. Corine et Jacques vous propose des chambres agréables avec accès indépendant, un parking privatif, une piscine chauffée au bord de la terrasse où la table d'hôtes du soir est dressée. Vaste parc, site ultra calme, boutique de vins où Jacques vous propose de déguster ses sélections régionales. Et vos hôtes peuvent vous réserver un VTC si vous sortez à Nuits, Beaune ou Dijon.

LES TOURELLES DE KA - CHÂTEAU DE SEURRE €€

10, grande Rue du Faubourg Saint-Georges
SEURRE ✆ 06 10 66 95 83
www.chateau-seurre.fr
5 chambres (qui peuvent se privatiser en gîte pour 15 personnes). Petit-déjeuner inclus. De 70 € à 130 €.

Cette superbe bâtisse du XVIe siècle propose des chambres d'hôtes. Parc, cour intérieure et piscine lui donnent de sérieux atouts. Château oblige, les pièces sont toutes XXL, les lits King size, la cuisine pour 10 et la salle à manger pour… 40. On peut venir y faire de grandes réunions ou bien un séminaire. Pointe d'originalité : lieu parfait pour les geeks avec des bornes d'arcade dans plusieurs pièces ! Le Château de Seurre est un endroit décontracté, sans chichis, mais authentique.

LES TERRIERS €€

VIGNOLES
✆ 08 26 04 01 21
www.gites-de-france.com
Pour 8 personnes (250 m², 4 chambres). A partir de 940 € la semaine. Bain bouillonnant, sauna. Terrasse. Barbecue.

Entre vignes et champs, ce gîte vous accueille dans une superbe longère rénovée avec goût. Le rez-de-chaussée se compose d'une cuisine équipée, d'un salon, de 2 chambres, d'une salle d'eau avec douche à l'italienne et de W.C. A l'étage : un salon avec bibliothèque, 2 chambres et 2 salles de bains avec W.C. L'environnement du lieu posé au cœur d'un beau jardin vous assure calme et repos. L'ensemble du rez-de-chaussée a été aménagé dans le respect des normes, permettant aux personnes handicapées de passer un séjour en toute autonomie.

DOUBS

FERME-AUBERGE DE SAINT-LIGIER €€

Lieu-dit Saint-Ligier - **BAUME-LES-DAMES**
✆ 03 81 84 09 13
www.chambre-doubs-saintligier.com

Gîtes de France. 4 chambres : simple 50 € ; double 60 € ; triple 81 € ; quadruple 98 €. Petit-déjeuner inclus.

Les quatre chambres sont situées dans l'habitation familiale mais peuvent fonctionner indépendamment grâce à la présence d'un salon et d'un coin détente avec une télévision ainsi qu'une kitchenette. Les chambres sont spacieuses et l'odeur du bois y est envoûtante. Les activités environnantes sont nombreuses et le séjour peut être organisé en demi-pension avec des menus locaux et de nombreux produits fabriqués à la ferme. Vous êtes ici certain d'être bien logé et de manger sain.

LE GITE DE L'AFFINEUR €

3, rue du Petit-Battant - **BESANÇON**
✆ 03 81 61 47 29
www.restaurant-laffineurcomtois.fr

Pour 4 personnes (55 m², 2 chambres). 90 € la nuit. Restauration (restaurant juste à coté). Terrasse.

On connaissait l'appétissant restaurant l'Affineur Comtois, il dispose aussi de son propre gîte. En vis-à-vis avec le restaurant, ce loft de caractère retranscrit fidèlement l'esprit montagnard de son voisin en y intégrant tout le confort moderne et deux chambres bardées de lambris et parquet. Situé en plein cœur de la ville ancienne, vous pourrez l'utiliser à la nuitée, au week-end ou à la semaine. Le gîte offre des prestations sympathiques : visite de la fabrique de cancoillotte, terrasse et dégustation. Idéal pour séjourner avec un accueil très convivial.

LA RETRAITE SENTIMENTALE €€

39 chemin Montboucons - **BESANÇON**
✆ 03 81 40 57 98 -
www.laretraitesentimentale.com

Chambre double 85 €. Petit-déjeuner inclus. Salle de jeux.

Pour ne pas que vos sentiments prennent leur retraite trop tôt, prenez une Retraite Sentimentale, où, à deux, isolés, cocoonés, emmitouflés sous la couette d'une de ses 2 chambres ou de la suite parentale, vous éprouverez vos sentiments comme jamais. Le lieu doit son nom à l'écrivain Colette, qui y passa tous ces étés et y écrivit l'œuvre du même nom. Cette belle demeure bourgeoise, avec jardin, piscine, chambres spacieuses et confortables, au style épuré qui mise sur la sobriété, vous propose différentes prestations que vous veniez à deux, seul ou en famille.

LA MARAUDE €€

3, route des Joux - **CHARQUEMONT**
✆ 03 81 68 26 20
www.lamaraude.com

7 chambres. Double à partir de 75 € ; triple à partir de 85 € ; suite de 150 € à 165 €. Bain bouillonnant, sauna.

La Maraude, c'est un gîte très confortable avec terrain de pétanque, de tennis, sauna le tout établi dans une maison du XVIIe siècle niché dans un parc de 6 ha. Les chambres sont chaleureusement décorées avec du bois du sol au plafond ! Pour se détendre, on se blottit dans un fauteuil au coin du feu dans le grand salon ou à la lumière de la véranda ou de la terrasse. Un agréable séjour vous attend ! En famille ou en séminaire, vous pouvez privatiser l'endroit avec la restauration ou libre accès à la cuisine équipée. Un moment incroyable.

FERME ÉQUESTRE LA MONTNOIROTTE €

Route de Vellevans
CROSEY-LE-PETIT
✆ 03 81 86 83 98
www.montnoirotte.com

42 € pour une personne, 55 € pour deux personnes. Petit-déjeuner inclus. Table d'hôte : 20 €.

Cette ferme équestre vous propose plusieurs formules afin que vous puissiez profiter de ce qu'elle offre : des randonnées à cheval, en calèche, une piscine, une table d'hôte... On le garantit, impossible de s'ennuyer à la Montnoirotte ! Des formules sauront s'adapter à vos envies comme par exemple le week-end découverte comprenant la nuit, le repas du soir, et une heure d'équitation pour deux personnes. Tous les tarifs sont renseignés sur le site.

LAUTRE GITE €€

3, chemin de Notre Dame - **ETERNOZ**
✆ 03 81 86 67 37
www.lautregite.fr

5 chambres. Location du gîte entier (pour 15 personnes) : En week-end de 580 €, la semaine entre 1 250 € et 1 450 €.

Au cœur de la nature, ce gîte est un véritable havre de paix, idéal pour un séjour au calme et pour se ressourcer ! Vous pourrez profiter de la piscine mise à votre disposition par le propriétaire, un équipement fort apprécié l'été les jours de grand soleil. Le gîte est très agréable, décoré simplement mais en parfaite harmonie avec la nature qui l'entoure. Vous prendrez plaisir à vous y installer. A proximité, de nombreuses randonnées pédestres ou cyclistes vous permettront de découvrir la région ainsi que de charmants villages.

LA FERME MORIN €

3, Les Louisots - **FOURNET-BLANCHEROCHE**
✆ 03 81 68 87 04
www.lafermemorin.fr

5 chambres (dont 2 suites). Chambre simple 49 € ; double 61 €. Petit-déjeuner inclus. Terrasse.

A la frontière suisse, vous n'aurez pour voisins que des sapins dans cette ferme du XVIIe siècle. Isabelle et Alain y ont aménagé des chambres, dont 2 suites dans un chaleureux confort. Vous retrouverez d'ailleurs le sapin omniprésent à l'intérieur, mais il n'altère pas le côté spacieux des pièces, dont la salle à manger et une salle de jeux dotée de diverses activités ludiques. Vous pourrez profiter du jardin de 50 et de sa terrasse aux beaux jours. Le GR la frôle (mer du Nord/mer Méditerranée) ainsi que Le GTJ (Grande traversée du Jura) en VTT notamment.

LE PRE OUDOT €€€

FOURNETS-LUISANS
✆ 03 81 67 02 31
www.le-pre-oudot.fr

Gîtes de France. 5 chambres. Chambre simple 90 € ; double 120 € ; suite de 140 € à 170 €. Petit-déjeuner inclus.

Une jolie ferme comtoise traditionnelle de 1689 entre prairies et forêt, qui compte trois superbes chambres et deux vastes suites. Style montagnard avec beaucoup de bois, un ameublement et une décoration bien choisis pour passer un séjour au calme dans cet environnement des plus reposants. La suite du manège est située sous le toit du manège à chevaux. Climatisation, jardin et box pour chevaux disponible de mai à octobre pour vos sorties équestres. Dans les environs : le cirque de Consolation, le saut du Doubs, l'abbaye de Montbenoît.

LES GRANDS PRES €€

14, Grande-Rue - **GENEY**
✆ 03 81 93 26 07
www.lesgrandspres-geney.fr

3 chambres. Chambre double de 73 € à 76 €. Petit déjeuner inclus.

Thierry et Valérie Bonduelle vous ouvrent trois chambres de charme dans leur belle ferme comtoise rénovée avec goût. Celles-ci sont situées au rez-de-chaussée et disposent de terrasses privatives. La table d'hôtes propose des plats de saison réalisés à partir de produits locaux. A la belle saison vous profitez de la piscine extérieure chauffée. Vous avez aussi la possibilité de louer l'espace bien-être spa/sauna. Idéal pour un séjour détente et randonnée. Votre chien est accueilli avec plaisir. Le plus : le cadre verdoyant et paisible.

L'ARBRE À CHAPEAUX €€€

18, Les Bois du Fourg - **GRAND'COMBE-CHÂTELEU**
✆ 03 81 68 19 11
www.larbre-a-chapeaux.com

4 chambres (3 chambres doubles et 1 suite). Chambre double 120 € ; suite 220 €. Petit-déjeuner inclus. Restauration.

Bien plus qu'un projet, c'est un état d'esprit, un art de vivre qui anime les propriétaires du lieu. Lorsqu'ils ont décidé de rénover leur ferme, construite sous Louis XIV, et d'y créer l'arbre à chapeaux, ils étaient convaincus que ce lieu ressemblerait à leurs rêves les plus chers. Qu'il s'agisse de peinture, de sculpture ou d'animations, l'art se décline sous toutes ses formes sous le toit ! Si l'envie de partager une parenthèse de vie avec d'autres vous séduit, poussez la porte de ce bout de monde : vous y recevrez un accueil authentique et chaleureux.

FERME DE L'ABSINTHE €€

Route de La Champagne - **GRANGES-NARBOZ**
✆ 06 84 22 55 58
www.fermeabsinthe.fr
Pour 10 personnes (3 chambres). De 390 € à 500 € la semaine. Nuitée : 80 € en basse saison. Balades avec ânes.

La ferme élève des vaches Angus pour la viande et produit également du lait pour les fromages : le Comté, le Mont d'Or et le Morbier. Bien située à proximité des domaines skiables de Métabief, les Fourgs et le Larmont, elle se trouve sur la route du Comté. Elle est proche des plages du lac de Serre-Point et de beaux circuits de randonnée. Le gîte est une belle construction en bois, chauffée par un poêle à granulés. Un gîte proche de la nature où les enfants adoreront visiter la ferme et nourrir les animaux. Des balades à dos d'âne sont également proposées.

LES CHARMETTES €€

10, Grande-Rue - **RANG**
✆ 03 81 92 51 68
www.chambre-hote-lescharmettes.com
5 chambres. Chambre simple de 70 € à 90 € ; double de 75 € à 100 € ; triple de 95 € à 120 €. Petit-déjeuner inclus.

Cinq chambres à choisir entre la Massaï, la Scottish, la Berbère, la Nippone et la Provincial. À chacun de faire en fonction de ses goûts et ses envies du moment. Cinq ambiances pour un confort égal. Poutres apparentes, belle déco et sanitaires privatifs. Cet ancien relais de diligence du XVIIIe siècle est aussi doté d'une piscine chauffée, d'un billard, d'une bibliothèque, d'une table de ping-pong et d'un boulodrome pour vos moments ludiques et de détente. A proximité, nombreuses randonnées pédestre et le château de Belvoir (15 km).

LE BALCON DU PRINCE €€€

21, place Saint-Martin - **MONTBÉLIARD**
✆ 06 85 30 40 09
www.le-balcon-du-prince.com
Gîtes de France. 2 chambres. De 70 € à 100 €. Entrée indépendante pour chaque chambres.

Au cœur du centre-ville de Montbéliard, la chambre Louis-Christophe et la suite Eberhardine sauront vous transporter dans un autre temps et vous inviter à la détente. Située au troisième étage d'un hôtel particulier, vous accéderez à votre chambre par un escalier classé monument historique, la classe ! Une fois installés, vous pourrez contempler la vue sur les toits de la ville et si vous avez la bonne idée d'y séjourner pendant le marché de Noël, alors ce sera tout simplement féerique et inoubliable. Un vrai voyage dans l'histoire !

CHAMBRES D'HÔTES DE LA MAISON DE JULIETTE €€

8, rue des Combes-Saint-Germain - **VALENTIGNEY**
✆ 03 81 91 88 19
maisondejuliette.fr
3 chambres (dont 1 suite). Chambre simple 85 € ; double 95 € ; suite 95 €. Petit-déjeuner inclus. Vélos à disposition.

À l'image de son prénom, cette chambre d'hôtes est infiniment romantique en tous points. Tout d'abord, on s'arrête sur sa bâtisse, un petit bijou du début XXe, dotée d'une architecture bourgeoise Belle Époque. Quant aux chambres, toutes sont décorées façon *Shabby Style*, cette décoration brocante romantique venue d'outre-Manche. En journée, vous profitez des sentiers de VTT, de la piste cyclable touristique et du parcours botanique et sportif à proximité.

LA MAISON D'À CÔTÉ €€

11, rue Jules-Mathez - **PONTARLIER**
✆ 03 81 38 47 18
www.lamaison-da-cote.fr
2 chambres (80 € pour une personne, 100 € pour deux). Petit-déjeuner inclus. Restauration en face.

Au cœur du centre-ville de Pontarlier, au sein d'un bâtiment du XIXe siècle, la Maison d'à côté saura vous accueillir comme il se doit. Passionnée par la décoration, la propriétaire prend un soin particulier à décorer votre chambre et vous aurez l'impression d'être envoûté et cocooné dans ce lieu à part. On apprécie le mobilier, les objets de décoration et les tissus choisis pour s'envelopper le soir. En clair, un lieu dont on a du mal à repartir. Propriétaire du restaurant Côté Pont en face des chambres d'hôtes, vous pourrez y manger comme à la maison.

GÎTE SAUT DU DOUBS €€

2, Les Bracons - **VILLERS-LE-LAC**
✆ 06 16 03 44 39
www.sautdudoubsgite.com
Gîtes de France. Pour 6 personnes (3 chambres). De 490 € à 690 € la semaine selon saison. Coin barbecue. Terrasse.

Une ambiance résolument contemporaine, des espaces lumineux, la vue sur les montagnes environnantes, un confort le plus complet possible, quoi de mieux pour un séjour d'exception. Le gîte est situé sur les hauteurs de la commune. Vous êtes à quelques encablures du Saut du Doubs, et de la Suisse toute proche (2 km). L'été, la terrasse ombragée est un must dont on ne saurait se passer. Les œuvres d'art qui décorent les pièces sont les créations du propriétaire qui saura aussi vous renseigner sur les randonnées ou visites avoisinantes.

HAUTE-SAÔNE

LE MOULIN A EPICES €€

55, rue Nationale - **CHARGEY-LÈS-GRAY**
✆ 03 84 64 87 55
www.moulin-a-epices.com
Gîtes de France. Chambre simple 48 € ; double 58 € ; triple 73 €. Petit-déjeuner inclus. Restauration.

Quatre chambres d'hôtes dans cet ancien moulin à épices du XIXe siècle : Nordique, Bretonne, Sud-Américaine et Provençale sont les noms de ces pièces destinées aux visiteurs. Claires et décorées agréablement, celles-ci sont dotées de jolis parquets et de sanitaires privés. La demeure est entourée d'un grand parc arboré, et l'accès aux chambres est indépendant. Vous trouverez dans les environs la ville de Gray (5 km), le château de Champlitte (15 km), plusieurs petites cités comtoise de caractère, la citadelle de Besançon et de nombreux vignobles.

L'HERBIER DORMANT €€

51, La Grande Croix
FRESSE
✆ 03 84 63 39 06
Gîtes de France. 3 chambres (capacité 6 personnes) : simple 37 € ; double 49 €.

Au cœur du territoire des Mille Etangs, Caroline vous accueille dans une ancienne ferme saônoise avec deux chambres joliment décorées labellisées pour les quatre types de handicaps. Un grand salon invite à la détente avec sa belle cheminée et une petite cuisine est à votre disposition. Ambiance familiale garantie. Possibilité de table d'hôtes sur réservation. On souligne la gentillesse de la propriétaire, qui met un point d'honneur à s'adapter du mieux possible aux situations les plus diverses : sa maison est avant tout un lieu de rencontres et d'échanges.

LE NAPOLÉON €€

43, rue Victor Genoux - **LUXEUIL-LES-BAINS**
✆ 06 64 58 94 52
http://hebergement-luxeuil.fr
Chambres : à partir de 65 €/nuit. Forfait Curistes : à partir de 650 €/3 semaines.

Trois chambres d'hôtes aux noms évocateurs à découvrir dans cet établissement (qui propose également des meublés à la location) : Napoléon, Joséphine et Austerlitz. Cette dernière dispose de sa propre kitchenette (et d'un lave-linge). Les occupants des deux premières pourront partager la cuisine avec les autres résidents. Chaque chambre dispose de sa propre salle de bains (avec toilettes). Cette maison de maître du centre-ville vous offre une plongée dans l'époque napoléonienne. A noter également la présence d'un patio et d'un agréable jardin.

LA FERME DES GUIDONS €

MELISEY
✆ 03 84 63 20 43
www.ferme-des-guidons.fr
Gîtes de France. Chambre simple 50 € ; double 60 €. Restauration (20 €/personne. 10 € pour les enfants).

Amoureux de la nature, vous êtes ici au bon endroit ! La Ferme des Guidons est toujours opérationnelle. Cinq chambres sont mises à disposition pour accueillir une douzaine de personnes. Grande salle à manger et vue sur l'étang, depuis la terrasse. Les enfants apprécient la piscine extérieure pour jouer et se rafraîchir en été. Les parents sont guidés pour organiser des randonnées depuis le gîte, observer la nature ou redécouvrir les spécialités de la maîtresse de maison. En bref, le lieu est idéal pour entrer en communion avec la nature et bien manger.

LES GOURMANDISES BIO €€

3, rue des Varennes - **RECOLOGNE-LES-RAY**
✆ 06 33 52 75 28
www.les-gourmandises-bio.fr
Chambre simple 73 € ; double 83 €. Petit-déjeuner inclus. Week-end thématique 149 € pour deux. Restauration 32 €.

Christine Spohn accueille ses visiteurs dans un cadre écologique. Elle propose deux chambres dans une maison en bois, au bord de la Saône, et se fait un plaisir de vous concocter des plats à base de produits naturels. Le but est aussi de comprendre ce que l'on mange ! Au fil des cueillettes et des recettes, le plaisir de cet hôte pas comme les autres est aussi d'éveiller les consciences. Vous pouvez aussi repartir avec un ou plusieurs souvenirs (confitures, sirops, pesto, vinaigres, aromates...). Epicerie fine, table d'hôtes et stages thématiques !

DORLOTINES €

5, chemin du Petit-Breuil - **RUPT-SUR-SAÔNE**
✆ 03 84 92 72 77
www.dorlotines.com
Chambre simple 65 € ; double 75 €. Petit-déjeuner inclus. Sauna.

Cette maison cosy située dans un village bucolique au bord de la Saône, vous accueille dans trois chambres d'hôtes et un gîte pour un séjour de tout repos. Ce château est formé de plusieurs bâtiments, construits à différentes époques. Il se situe dans un village sur trois collines. Les chambres sont claires et confortables, le petit-déjeuner copieux. Le premier spot de pêche est à 200 m. Rupt-sur-Saône abrite un château médiéval, une église-halle et les vestiges d'un couvent des Minimes. Le plus de la maison d'hôtes : la proposition de sorties champignons.

CHAMBRES D'HÔTES - PAS DE DEUX €€

Rue de Saint-Colomban
SAINTE-MARIE-EN-CHANOIS ✆ 03 84 49 38 31
https://krizanovic.com/fr/b-b-chambres-d-hotes
La Grande – Prix : 75 €/ La Double – Prix : 58 €/ La Haute – Prix : 58 €.

Dans cette ancienne ferme datant de 1890 et entourée de verdure, vous découvrirez à la fois des chambres d'hôtes et une galerie d'art. Trois chambres d'hôtes aux couleurs zen vous invitent à un séjour de repos. Au sein de la propriété, vous pourrez vous balader autour de l'étang et partir à la découverte du « pays des 1 000 étangs », tout proche. L'établissement propose également des stages de photo et de gravure, peinture et aquarelle avec initiation au yoga. Zen !

CHÂTEAU DE LA HUSSARDIÈRE - CHAMBRES D'HÔTES €€

1, route de Roche
VAITE
✆ 03 84 31 64 69
Ouvert toute l'année. Réservation possible sur le site : www.chambresdhotesdecharme.com.

Quatre chambres d'hôtes vous attendent dans ce château convivial, toutes richement et chaudement décorées. Les salons sont aussi spacieux que cosy, notamment en hiver avec le feu de cheminée. Le château est entouré d'un parc de 2 ha avec des arbres centenaires et possède son propre terrain de golf. Vos hôtes se sont fait une spécialité de la cueillette de champignons et pourront vous y initier. Des paniers repas sont également proposés pour partir à la découverte des forêts alentour.

CHAMBRE D'HÔTES - CHÂTEAU DE VILLERSEXEL €€€

63, place de l'Hôtel de Ville
VILLERSEXEL
✆ 03 84 20 51 53
www.villersexel.com
Prix par nuit : Empire : 150 € / Montebello : 250 € / Honneur et Rotonde : 175 €.

Ce château style Louis XIII, construit au XIXe, est l'un des plus beaux édifices de la région, avec un fronton décoré de deux colonnes à pierre alternées comme sur la saline royale d'Arc-et-Senans. Quatre chambres d'exception avec un mobilier reconstitué à l'identique dans l'esprit du XIXe vous y attendent : l'Empire, la suite Montebello (un lit double et cinq lits simples), la chambre Honneur et enfin la Rotonde installée dans la tour du château.

CHAMBRES D'HÔTES SUR PILOTIS €€

2A, rue des Pins - **VYANS-LE-VAL**
✆ 03 84 56 84 42
www.chambre-hotes-franche-comte.fr
Chambre simple 80 € ; double 110 €. Petit-déjeuner inclus. Restauration. Bain bouillonnant.

Au sud d'Héricourt, Christophe et Lina ont conçu deux cabanes en bois, juste à côté de leur résidence. Les deux hébergements sont accessibles de plain-pied, mais surplombent une colline. Cela donne une vue panoramique depuis un intérieur très raffiné et à l'équipement parfaitement moderne. La construction et les produits servis sur place, comme le petit déjeuner, sont tournés vers l'écotourisme. De quoi savourer un moment en couple ou en famille, dans un lieu dépaysant.

JURA

LE 35 / 37 €€

37, rue de Courcelles - **ARBOIS**
✆ 09 84 49 28 63
www.arbois-chambre.fr
Gîtes de France. 3 chambres (dont 2 suites familiales). Chambre double de 75 € à 80 €. Petit-déjeuner inclus. Terrasse.

Corinne et Yves Lecoq vous accueilleront dans leur maison vigneronne du XVIIIe siècle. Vous adorerez flâner dans le joli parc arboré et vous détendre dans la piscine. L'appartement est très agréable, calme et confortable tout comme les chambres. Le 35/37 est aussi un lieu de pratique et de présentation d'activités culturelles et artistiques (salle d'exposition, atelier pour petits et grands...). Le couple aime partager ses passions par le biais notamment d'associations comme Eco Logik Art, pour faire rythmer l'écologie avec l'art !

FERME DE LA TUILERIE €

La Tuilerie - **AUMONT**
✆ 03 84 37 67 53
www.ferme-de-la-tuilerie.fr
Accueil paysan. Gîte 4 personnes de 270 à 380 € la semaine. Repas 20 € par personne. Chambre couple 59 € par nuit.

Gîte, chambres, table, tout cela est réuni sous le chapeau « Accueil paysan ». Vous dormirez au calme, que ce soit dans le gîte ou les chambres. Au réveil ou à l'occasion des repas, vous saliverez pour des plats pour la plupart cuisinés avec les ingrédients produits sur place. Le jardin pédagogique est ouvert comme la basse-cour, y compris pour les enfants. Les champs et la forêt bordent la demeure et le patron vous fera une joie de virées en calèche avec ses chevaux comtois. Barbecue et veillées sous les étoiles pour parachever des journées bien remplies !

CHEZ DENISE €

2, rue Saint Jean - **BAUME-LES-MESSIEURS**
✆ 03 84 44 61 48
www.chez-denise.com
Pour 4 personnes (2 chambres). De 300 € à 330 € la semaine selon saison. TV, DVD, barbecue. Cuisine toute équipée.

Dans une pittoresque demeure vigneronne, Denise Maître vous accueille chaleureusement dans ce coucher de villégiature coquet et confortable. La petite rivière chante à côté au sein d'un nid de verdure appelant à la flânerie. Les pièces et les chambres sont très propres et fort bien équipées, notamment la cuisine. L'établissement possède une cour, un jardin avec barbecue et un parking en face pour les véhicules. Quelle que soit la saison, il s'inscrit comme un point de départ de nombreuses randonnées dans la reculée ou sur ses hauteurs.

LES TROIS CLOCHES €€

5, place de la Mairie - **BAUME-LES-MESSIEURS**
✆ 03 84 44 63 28
www.les3cloches.fr
Gîtes de France. 2 chambres. Petit-déjeuner inclus. Chambres : 90 €/nuit. Restauration.

Nathalie, maîtresse des lieux, vous propose 2 jolies chambres. L'une donne sur les contreforts des falaises et l'autre sur le village. Cette belle maison en pierre typiquement vigneronne et jurassienne date de 1681. Elle est située à une minute de la célèbre abbaye impériale. Une terrasse vous permettra de profiter d'un paysage merveilleux, celui du cirque de Baume. Sur demande la propriétaire, excellente cuisinière, pourra vous confectionner un dîner avec les meilleurs produits du coin. Un bel endroit pour étape ou villégiature.

GÎTE DE LA PRAZ €

48, rue de la Vouivre - **CROTENAY**
✆ 03 84 51 27 86
www.gitedelapraz.com
Gîtes de France. Pour 45 personnes. Gîte familial jusqu'à 6 personnes. Nuitée 14 €, pension complète 39 €. Panier-repas.

Le gîte de la Praz accueille naturellement depuis 2002 des groupes, mais s'est adapté en gîte familial jusqu'à 6 résidents pour plus de souplesse. Les spécialités de la région vous seront servies avec grand savoir-faire. Plusieurs activités sont proposées à proximité (golf, équitation, canoë, cirque, pêche, randonnées...). Et en hiver, les pistes de ski et les chemins de raquettes ne sont pas loin. Lors de votre séjour, Alexandra et Eric Delahaye peuvent vous organiser des dégustations de vins et vous mettre en relation avec nombre de partenaires.

CHE'VAL D'AMOUR €€

8, rue du Château-d'Eau - **ECLEUX**
✆ 03 84 37 66 16
www.cheval-damour.fr
Chambre double 60 € ; triple 80 €. Petit-déjeuner inclus. Roulotte : 495-540 € (3 jours), 880 à 1 100 € la semaine.

A partir de cette fermette entièrement rénovée, en pleine nature, proche de la forêt et d'un étang, vous pourrez opter pour 2 formules de séjour. Soit des vacances itinérantes en roulotte. Soit un hébergement dans l'une des 3 chambres d'hôtes pouvant recevoir 6 couchages. Les chambres sont agréables autant que l'accueil de Dominique Prévitali la gérante. La belle originalité de Che'Val d'amour est la possibilité de faire un séjour et/ou un circuit en roulotte tirée par un beau cheval comtois. Voilà une belle façon de découvrir le Val et ses coins de nature.

ENTRE COMBE ET LACS €€

5, hameau les Bez - **GRANDE-RIVIÈRE**
✆ 03 84 60 86 26
www.entrecombeetlacs.com
Gîtes de France. Suite de 62 € à 78 €. Petit-déjeuner inclus.

Entre pâturages et forêts, à 4 km du lac de l'Abbaye au coeur d'un petit hameau, Martine et Philippe vous accueilleront chaleureusement dans leurs petites chambres et table d'hôtes, ou dans leurs yourtes bien aménagées pour un confort simple mais suffisant. Vous pourrez alors profiter pleinement de la nature environnante en empruntant les chemins de randonnée ou en chaussant les skis de fond ou raquettes et en vous laissant porter par vos envies d'aventure et sans aller bien loin puisque les départs peuvent se faire dès la sortie de la maison ou des yourtes.

COULEURS JARDIN €

269, les Granges Bruant - **HAUTEROCHE**
✆ 09 52 00 58 75
www.couleursjardin.fr
Gîtes de France. 3 chambres (dont 2 suites et une chambre mobilité réduite). Chambre double 75 €. Petit-déjeuner inclus.

Dans cette ferme rénovée, la décoration tranche parfois avec le cachet de la vieille pierre. Qu'à cela ne tienne, l'accueil et les produits biologiques servis à la table d'hôte de la grande salle à manger, aménagée dans l'ancienne grange, font tout le charme du séjour. Un salon/cheminée, une salle à manger, une cuisine sont également mis à la disposition des hôtes. Au rez-de-chaussée, 2 chambres pour personnes handicapées. A l'étage, des suites. La ferme est un bon point de départ pour de belles balades dans les environs avec la proximité du GR 57.

AUX RE-SOURCES DES PLANCHES €€

1, rue Cuisance - **LES PLANCHES-PRÈS-ARBOIS**
✆ 06 32 32 10 80
Pour 30 personnes. Chambre d'hôtes 69 € pour 2 personnes. Gite complet 490 € les nuitées suivantes : 390 €. Restauration

Cristelle Jeannin et de Chrisitan Lahemade vous proposent d'abord une chambre d'hôte spacieuse. Puis il y a le « Gîte du relais ». Enfin si vous êtes nombreux, le « Gîte des Planches » peut héberger 30 personnes. Les propriétaires des lieux ont des partenaires pour un vaste choix d'activités. Pendant l'été, le gîte est un petit bistrot où il est agréable de boire un verre et déguster une glace. Séjour au pied des falaises, de la rivière, de la cascade, des bois... que faut-il de plus ?

CHÂTEAU DE MARIGNA €€€

Le château - **MARIGNA-SUR-VALOUSE**
✆ 06 86 12 15 30
www.chateaudemarigna.com
Gîtes de France. 13 chambres (pour 34 personnes). Gîtes de 680 à 1650 € la semaine. Table d'hôtes.

Si vous envisagez quelques jours dans un cadre unique, un lieu chargé d'histoire, ce somptueux château vous est destiné. Les tours et le pont-levis ne sont qu'un échantillon de ce qui vous attend intra-muros : quatre gîtes majestueux et fort bien agencés. L'homme-orchestre de la résidence, Pierre Jacquemin, a su y marier le médiéval et le rétro de nos grands-mères qui fait que l'on se sent bien. Vous pourrez profiter également de la table d'hôtes, mais aussi de la piscine et du parc de la propriété. Cette région préservée vous dévoilera des moments de bonheur.

LA COMPAGNIE DES ANES €

Hameau de Chanon - **MARTIGNA**
✆ 03 84 42 36 83
www.lacompagniedesanes.fr

3 chambres (pour 6 personnes). Chambre double 68 €. Petit-déjeuner inclus. Repas : 22 € avec boissons.

Jean-Michel et Françoise Bessières sont des propriétaires charmants et vous aurez le bonheur de profiter de leur hospitalité dans un joli cadre. En pleine nature, près du lac de Vouglans, leur grande maison de famille a été rénovée dans un respect de la tradition, avec des matériaux nobles et une volonté écologique. Entourée de bois et de prairies, celle-ci compte des chambres spacieuses, avec des vues dégagées. Un point de chute sympathique, en toute quiétude, pour découvrir le Parc naturel régional du Haut-Jura et ses randonnées, ses lacs, falaises et rivières.

L'ENTRE-CŒUR €€

192, rue de l'Église - **MENÉTRU-LE-VIGNOBLE**
✆ 06 95 08 73 54
www.chambredhote-entrecoeur.fr

Chambre double 90 € ; suite 115 € ; gite de 5 personnes : 250 à 600 €. Petit-déjeuner inclus. Restauration 25 €.

Cette charmante bâtisse abrite cinq chambres. Chaque chambre propose un univers apaisant, parfait pour une pause à la campagne. La vue sur la vallée depuis les fenêtres de certaines d'entre elles est époustouflante. Au rez-de-chaussée, les pierres apparentes de l'ancienne grange protègent maintenant la salle à manger, à laquelle on préférera l'extérieur en été. En soirée, les maîtres des lieux se rendent disponibles pour faire découvrir leur production. La cabane accolée à un châtaignier et en hauteur offre une vue remarquable sur le vignoble de Château-Chalon.

CHEZ LES GRIMAUD €€

Rue de Traverse - **MIGNOVILLARD**
✆ 03 84 51 34 11
www.chezlesgrimaud.fr

3 chambres. Chambre double 80 €. Petit-déjeuner inclus. Table d'hôtes : 23 €/ personne hors boissons.

Les chambres se trouvent dans une ancienne ferme comtoise du XVIIIe siècle et accueillent les hôtes dans des décors simples. En cas d'intempéries, des coins détentes sont à disposition : bibliothèque, salle commune avec jeux de société et documentation sur la région. Le calme est assuré dans le jardin, sur la terrasse, à l'ombre des arbres. Dans les environs : randonnées, VTT, piscine, rivière, équitation... Monique et Jean-Loup Grimaud proposent aussi leur table d'hôtes, de bons petits plats franc-comtois, mais aussi méditerranéens et du Sud-Ouest.

DOMAINE DE SAINT LOTH' €€

7, rue de la Cocarde - **SAINT-LOTHAIN**
✆ 09 52 53 80 83
www.saint-loth.fr

Gîtes de France. 3 chambres. A partir de 100 € pour deux, 125 € pour 3 et 150 € pour 4. Table d'hôtes sur réservation.

Au cœur du Reverront et au milieu des vignes, c'est une maison de caractère que vous découvrirez. Véronique et Robert Starck-Mühlebach veillent toujours à ce que vous sentiez bien. Trois chambres vous sont proposées, toutes décorées avec goût. Amateurs d'art, des œuvres y sont disposées, ainsi que dans les parties communes. Le grand parc arboré s'est doté, un peu à l'écart, d'une piscine. Les talents de ces deux amoureux du Jura s'expriment aussi en cuisine, à base de produits locaux et bio. Vous y découvrez également les vins du Jura, en bio ou biodynamie.

LA SCIERIE MAISON D'HÔTES & SPA €€€

10, Hameau de Blégny - **SALINS-LES-BAINS**
✆ 07 64 20 39 39
www.domaine-la-scirie.com

5 chambres avec spa. Séjour à partir de 129 € pour deux personnes et 100 € pour une personne. Petit-déjeuner inclus.

Le projet d'une famille et un pari fou que de transformer cette ancienne usine en une Maison d'hôtes haut de gamme, avec des éléments design et moderne. Les chambres sont spacieuses, les équipements rigoureusement sélectionnés pour un confort optimal. Côté restauration, c'est 100 % fait maison et délicieusement bon ! en plus avec des produits de la région. Tout est pensé pour que vous vous sentiez le mieux au monde, du haut de gamme en toute simplicité.

GÎTE DES FLÂNEURS €

102, Grande-Rue - **VILLETTE-LÈS-ARBOIS**
✆ 06 74 55 49 19
www.gites-jura-arbois.fr

Gîtes de France pour 30 personnes. Petit gîte «charme» 2/5 personnes dès 76 € la nuité. Semaine de 535 € à 585 €.

Ce gîte très confortable, aménagé dans une maison vigneronne peut accueillir jusqu'à 30 personnes. Mais il peut aussi se louer séparément : le « petit » gîte pour 2 à 5 personnes, le « familial » pour 6/10 personnes et le « gîte de groupe » pour 11/15 personnes. A chacun son atmosphère : chic et raffinée pour le « petit » jusque dans les chambres, rustique et chaleureuse pour les « grands ». Vous apprécierez la déco et l'incroyable équipement des cuisines ! Il y a là de quoi cuisiner à toutes les sauces et bien évidemment jurassien !

NIÈVRE

AUX ÉTANGS €€

Baye
BAZOLLES
✆ 03 86 38 97 23
Gîtes de France (2 épis). Ouvert toute l'année sauf en mars. 2 chambres.

Au cœur de la Nièvre, et face à l'étang de Vaux, venez profiter du calme qu'offrent ces deux chambres aménagées au premier étage d'une jolie maisonnette. Bénéficiant de tout le confort moderne, ces chambres se feront douillettes pour un séjour nature. Les petits déjeuners sont servis dans la salle à manger ou dès les beaux jours, sur la terrasse. Vous pourrez flâner dans le grand jardin de 2 000 m² planté d'arbres fruitiers. De belles balades à pied ou à vélo sont à programmer sur la véloroute voisine, tout comme la pêche dans les rivières du Morvan.

AU FIL DE L'EAU €€

29 - 31, Le Bourg
BAZOLLES
✆ 03 86 38 10 96
https://au-fil-de-leau-bazolles.jimdofree.com
3 chambres. A partir de 69 €.

Un ravissement que ces chambres d'hôtes situées à 800 mètres du canal du Nivernais. Lumineuses, les chambres seront votre refuge pour une parenthèse de sérénité au cœur de la campagne nivernaise. Point de départ idéal pour de longues balades à vélo sur les chemins de halage le long du canal, ne manquez pas d'aller jusqu'aux fameuses voûtes de La Collancelle où vous serez sous le charme de cette Petite Amazonie comme elle est appelée ici. Un retour à la nature qui, mêlé à l'accueil chaleureux de vos hôtes, fera de votre séjour un enchantement.

LE RELAIS DE CHASSE €€€

1, place de l'Eglise - **CHANTENAY-SAINT-IMBERT**
✆ 03 86 38 69 22
www.lerelaisdechasse.com
4 chambres. Chambre double de 87,50 € à 97,50 € ; triple 121 €. Petit-déjeuner inclus. Table d'hôtes, 28,50 €.

Situé en plein cœur du bourg, face à l'église romane, ce relais de chasse, daté des XVIe et XVIIIe siècles, ouvre sur un fabuleux parc aux arbres séculaires. Diana et Annelot vous accueillent dans l'une de leurs quatre chambres d'hôtes : osez passer une nuit à Stockholm, évadez vous à Paris, venez rêver à La Haye ou goûter au dépaysement de Windhoek. Vous l'aurez compris, chaque chambre porte le nom d'une grande ville, et offre un confort inégalable. On apprécie les terrasses, la cuisine d'été, le parc, et la table d'hôtes (sur réservation). Une belle adresse.

LE PRIEURÉ SAINT-AGNAN €€€

Place Saint-Agnan
COSNE-COURS-SUR-LOIRE
✆ 06 19 91 96 82
www.prieuresaintagnan.com
Ouvert toute l'année. Chambre à partir de 110 €.

Véronique et Gilles Cegretin vous accueillent dans cet ancien prieuré bénédictin qui jouxte le clocher de l'église Saint-Agnan. Au cœur du quartier historique de Cosne-Cours-sur-Loire, cette maison du XIXe siècle vous ouvre les portes de ses cinq chambres au charme discret, et au confort absolu. Vous apprécierez de vous détendre dans le salon bibliothèque, de flâner dans le magnifique jardin qui surplombe la Loire, et en saison, de goûter à la joie de vous baigner dans l'agréable piscine chauffée. Un lieu propice à la détente et à la découverte du Pays ligérien !

DOMAINE DE LA MOTTE €€

Route de Gannay-sur-Loire
DECIZE
✆ 03 86 25 26 13
Ouvert toute l'année. chambre à partir de 70 €.

À quelques kilomètres du centre-ville de Decize, cette belle maison bourgeoise du XIXe siècle vous ouvre les portes de ses trois chambres d'hôtes qui vous sont entièrement réservées. Situées aux premier et deuxième étages, Fantassin, Les Dauphins et Les Archives seront la promesse de nuits paisibles dans un cadre lumineux et spacieux. Le confort est irréprochable, et vous apprécierez tout particulièrement de flâner dans le jardin, siroter une orangeade sur la terrasse ou faire quelques longueurs dans la piscine. Bel endroit.

LES TRAMOIS €€

DONZY
✆ 0788377846
www.lestramois.fr
Ouvert toute l'année. Chambres d'hôtes à partir de 75 € la nuitée. Gîtes à partir de 130 € la nuitée.

A la croisée de la Puisaye, du Morvan et du Sancerrois, le domaine des Tramois est un écrin de verdure de 5 hectares à l'orée des bois. Choisir de séjourner ici, c'est s'offrir une véritable parenthèse de bonheur et entrer dans un cocon de sérénité. Que vous dormiez dans la yourte dont la terrasse en bois surplombe les prés, dans la cabane gîte avec vue sur la canopée du bois voisin ou encore dans l'une des charmantes roulottes, vous serez émerveillés par tant de tranquillité. Les animaux en liberté sur le domaine feront le bonheur des enfants. Une jolie adresse.

CHÂTEAU DU MARAIS €€€

Domaine du Marais - **GIMOUILLE**
✆ 03 86 21 04 10
www.chateau-du-marais.com
Ouvert de fin mars à début novembre. Chambre à partir de 85 €.

Bernadette et Thierry Graillot vous accueillent dans leur magnifique demeure féodale où le temps vous semblera s'être figé au XIVe siècle, période où fut construit le château, à l'emplacement d'une motte féodale servant de vigie pour surveiller la confluence de la Loire et de l'Allier. Les douves, les tours rondes, le donjon, la chapelle ou encore le magnifique parc arboré, contribuent à votre dépaysement, et mettent en lumière le charme séculaire de cette demeure où les ravissantes chambres invitent à un séjour tout en finesse.

CHÂTEAU DE VILLEMENANT €€€

n°347, rue Emile Frebault - **GUÉRIGNY**
✆ 06 07 06 15 02
www.villemenant.com
Visite des lieux 4 € 10H - 12H30 et 14H30 - 18H.

Vivez le temps d'une nuit la vie de châtelain : vous êtes ici dans l'un de ces nombreux châteaux privés dont regorge le Vert Pays des Eaux Vives ! Remontant au XIVe siècle, c'est dans sa globalité que le château se loue, pour une famille entière, parfait pour les cousinades par exemple ! Les 7 chambres (et donc les 24 couchages) de style Renaissance sont spacieuses et possèdent le confort que requièrent nos temps modernes. Vous aimerez le parc, les jardins et la piscine chauffée pour vous y détendre. Un havre de paix au cœur du Nivernais.

DOMAINE LES ETANGS DE VAUX €€

24, la Corvée de Vaux - **LA COLLANCELLE**
✆ 06 82 93 35 05
www.etangsdevaux.com
85 couchages répartis dans plusieurs gîtes. Attention, le domaine ne peut être loué partiellement d'avril à octobre.

Le domaine Étangs de Vaux est situé sur la commune de La Collancelle, il surplombe 220 hectares d'étangs et des milliers d'hectares de forêts, offrant un panorama magnifique et changeant sur la nature environnante. Le domaine vous propose 6 gîtes (Arbres, Bouleau, Chêne, Douglas, Hêtre et Tilleul), ainsi qu'une maison dans les arbres. Un lieu idéal pour les familles, les couples avec enfants ou les groupes d'amis désirant se réunir le temps d'un séjour en Bourgogne.

CHÂTEAU DE PLANCHEVIENNE €€€

MAGNY-COURS ✆ 04 95 51 32 46
www.chateaudeplanchevienne.com
Ouvert toute l'année. Chambre double 140 €. Un cottage pour 4 personnes.

Implanté sur un domaine de 11 ha, le château de Planchevienne date des XVIIe et XIXe siècles. Disposant de 5 chambres au confort haut de gamme et d'un cottage, vous apprécierez leur luminosité et leur décoration subtilement personnalisée. Pour agrémenter votre séjour, le jardin du château aux harmonieux parterres d'hortensias et le parc aux arbres séculaires seront le cadre de flâneries bucoliques. La piscine accueillera vos envie de baignades. Un très bel endroit qui saura également être l'écrin précieux de vos réceptions, et notamment de votre mariage.

DOMAINE DE FONSEGRÉ €€

Fonsegré
MAGNY-COURS
✆ 06 79 43 18 86
www.fonsegre.com
Chambres à partir de 68 €.

C'est dans une magnifique ferme, en pleine campagne bourguignonne, que vous séjournerez à quelques encablures de Magny-Cours et de son mythique circuit. Cinq chambres spacieuses et confortables disposent de toutes les commodités modernes que l'on est en droit d'attendre dans ce type d'hébergement. Vous apprécierez la piscine en période estivale, et la table d'hôtes où les mets subliment le terroir local. Également à la location, La Cachette, charmant cottage pour 6 personnes. Un bel endroit dans un écrin de verdure, idéal pour se ressourcer.

EN BAZOIS €€

Sur l'Haut de la Croix - **MONT-ET-MARRÉ**
✆ 06 80 13 50 96
https://fr.enbazois.com
Ouvert toute l'année. Chambre double 68 €.

Envie d'une escale paisible dans la campagne vallonnée du Bazois ? Au *Petit Futé*, nous avons l'adresse idéale pour un séjour en amoureux dans un havre de verdure. Monique et Bert vous ouvrent les portes de leur charmante chambre d'hôtes où vous apprécierez le calme et la plénitude qui s'en dégagent. Spacieuse et lumineuse, votre chambre donne sur une terrasse ensoleillée où le petit-déjeuner sera servi dès les premiers soleils. A 5 min du canal du Nivernais, vous partirez en balade sur les chemins de halage, et pourrez aussi vous baigner à l'étang de Baye voisin.

LA GRANDE SAUVE €€

MOULINS-ENGILBERT
✆ 03 86 84 36 40
www.lagrandesauve.com
Gîtes de France. 3 chambres. Chambre simple 65 € ; double 75 € ; triple 85 €. Petit-déjeuner inclus.

Un accueil de grand standing dans cette superbe maison de maître nichée au creux d'un parc boisé de 1,5 hectare où le petit étang fera le bonheur des amateurs de pêche et de ceux que la présence de l'eau apaise. Un pré et des boxes sont à disposition des chevaux, et leurs cavaliers apprécieront, au même titre que tout autre hôte, la douceur des trois vastes chambres à l'esprit romantique pour passer de bonnes nuits reposantes. Dominique et Marc Dérangère vous ouvriront volontiers les portes de leur petit paradis pour un séjour mémorable !

LA LUTINE €€

29, rue Chaude - **MOULINS-ENGILBERT**
✆ 03 86 78 15 85
www.la-lutine.fr
Chambre double de 60 € à 68 €. Petit-déjeuner inclus. Gîte pour 2 personnes : 385 € et 420 € la semaine.

Il n'y a pas de meilleur endroit que cette charmante ferme pour une parenthèse enchantée. Aux portes de la ville, à l'orée du Morvan naissant, La Lutine vous ouvre les portes de ses deux chambres d'hôtes et de son gîte. Dans une ambiance aux tons clairs mêlant pierre apparentes et chaleur des poutres, le confort y est optimal. Vous aimerez vous prélasser dans le lit *kingsize* d'une des chambres, flâner dans le coin lecture, prendre du temps dans l'agréable jardin fleuri, bref, profiter des bonheurs simples d'un séjour à la campagne.

CHEZ PAPOUM €€

13, rue Gambetta
NEVERS
✆ 02 48 74 18 83
Ouvert toute l'année. Location pour deux personnes à partir de 200 € pour é nuits consécuvtives.

Au cœur de la cité ducale, cet hébergement offre le charme d'une rénovation contemporaine dans un bâtiment ancien. Situé au rez-de-chaussée, et donnant sur une cour à l'arrière du bâtiment, le gîte est extrêmement lumineux. Les tons clairs et la sobriété de la décoration jouent pour beaucoup dans cette clarté. Vous apprécierez le confort des équipements, tant dans la cuisine, le salon ou encore la salle d'eau ouverte sur la chambre. Un lieu fonctionnel et authentique, idéal pour découvrir la région en toutes saisons. Une belle adresse.

CABANES LACUSTRES €€

Ettevaux - **POIL**
✆ 03 86 30 16 41
www.cabanes-lacustres.fr
Ouvert toute l'année. 2 cabanes. A partir de 125 € la nuit pour 2 personnes.

Deux adorables petites cabanes lacustres pointent leur toit, chacune sur son étang. L'une est plutôt dédiée aux pêcheurs, l'autre aux séjours romantiques. On accède à ces cabanes empreintes d'une grande poésie en barque. Chacune dispose d'un coin pour se détendre avec petite banquette, et en mezzanine la chambre, une terrasse pour buller et petit-déjeuner, une douche solaire et des toilettes sèches. Un hébergement écologique, au sein de la nature, les grenouilles pour voisines, les étoiles pour rêver... Un vrai coup de cœur !

CHAMBRE D'HÔTES DU MONT GIVRE €€

34 b, rue du Docteur-Jean-Pidoux
POUGUES-LES-EAUX
✆ 07 87 32 97 92
www.lemontgivre.fr
Ouvert toute l'année. Chambre à partir de 55 €.

Sur les hauteurs de la ville, dans un magnifique parc jalonné de parterres fleuris et de coins ombragés où se reposer, une superbe bâtisse s'ouvre à vous. Sylvie met à votre disposition la chambre de Rose, aux douces tonalités pastel ainsi qu'une très agréable suite familiale, spacieuse, lumineuse et nichée sous les combles. Et ce qui assurément vous marquera, ce sont les copieux petits déjeuners. Un vrai régal et un endroit où il fait bon séjourner !

LA MAISON DE MA TANTE €€

Route de Priez - **POUGUES-LES-EAUX**
✆ 03 86 38 40 83
www.lamaisondematante.fr
Ouvert du 1er avril au 30 septembre. Chambres à partir de 90 €.

Idéalement située à quelques kilomètres de l'A77, cette gentilhommière du XVIIIe siècle vous offrira le calme de la campagne nivernaise. Bénéficiant toutes d'un cadre personnalisé, les chambres proposent tout le confort moderne avec salles de bains indépendantes, l'accès au wifi et la télévision. Un grand salon vous charmera par ses lignes classiques, et la terrasse saura se faire apprécier dès les beaux jours pour savourer le copieux petit déjeuner fait maison. Le jardin clos fera le bonheur de vos flâneries. Bel endroit pour vous évader en Val de Loire.

CHAMBRE D HÔTE ARMALOU €€

4, chemin de Bel-Air - **POUILLY-SUR-LOIRE**
✆ 03 86 39 11 15
www.armalou.com
Chambre à partir de 50 €. Chalet de 60 € à 90 € la nuitée selon le nombre de personnes.Ouver toute l'année.

Une longère du XIXe siècle en plein cœur des vignes, voilà le cadre qui vous est réservé à Armalou ! Deux chambres au confort impeccable, une véranda des plus agréables pour prendre les savoureux petits déjeuners maison, des hôtes très chaleureux et d'une grande sympathie, toujours partant pour vous renseigner sur les activités à faire dans les environs. Le chalet La Noisetière, tout en bois, implanté sur une parcelle de vignes, vous offre un hébergement tout confort pour 4 personnes. C'est la bonne adresse pour séjourner au pays des vignes !

LA CHATELIÈRE €€

1, rue des Gobets
PRÉMERY
✆ 03 86 38 96 74
www.lachateliere.com
Chambre à partir de 60 € la nuitée.

Au cœur du bocage nivernais, et à 2 km de Prémery, une belle demeure sera le nid douillet de votre séjour nature. Evelyne et Michel vous accueillent avec plaisir, et mettent à votre disposition des chambres spacieuses, lumineuses, et au charme certain. Le vaste jardin et la terrasse ajoutent à la quiétude des lieux. Proche de la forêt de Prémery, La Chatelière est le point de départ idéal pour des balades sur les sentiers forestiers, à la découverte de la faune et de la flore locale. Une sensation de liberté au cœur de la nature qui se veut très agréable !

CHÂTEAU DE SURY €€

Hameau de Sury - **SAINT-JEAN-AUX-AMOGNES**
✆ 06 28 29 30 44
www.chateau-de-sury.com
Ouvert toute l'anneé. Chambre à partir de 75 €. Table d'hôtes, 35 €. Sur réservation.

A une quinzaine de kilomètres de Nevers, le château de Sury vous ouvre ses portes et vous accueille dans l'une de ses trois chambres, spacieuses et à la décoration sobre et personnalisée. Toutes orientées plein sud, elles sont baignées de lumière, ce qui accentue leur côté chaleureux. Calme et volupté dans ce sublime écrin qu'est ce château du XVIIe siècle, ivresse des sens avec la table d'hôtes où vos papilles se délecteront des saveurs locales, et détente au bord la piscine... Une très belle adresse pour découvrir les richesses de ces terres nivernaises.

DOMAINE DE TOURY €€€

Le Bourg - **TOURY-SUR-JOUR** ✆ 06 07 49 12 46
http://domainedetoury.fr
Maison principale, 2500 € le weekend et 5000 € la semaine. Les 2 lofts, 500 € le weekend et 1000 € la semaine. Sauna.

Le domaine de Toury est un lieu d'accueil raffiné qui vous offre plusieurs formes d'hébergement. Au cœur d'un parc verdoyant, vous disposerez d'une maison principale pouvant accueillir jusqu'à 16 personnes, ainsi que de deux lofts indépendants, à l'esprit design et contemporain. Parfaitement équipés et digne d'un hôtel de luxe, le Domaine de Toury est une invitation à la sérénité. Vous apprécierez de lézarder au bord de la piscine l'été ou de profiter du sauna avant de partager une séance d'home cinéma ! Une belle découverte pour un séjour en terres nivernaises.

SAÔNE-ET-LOIRE

LE MOULIN DE BRANDON €€

Le Grand Moulin - **BRANDON**
✆ 03 85 32 97 62
www.moulindebrandon.be
2 chambres (une suite appartement de trois chambres) : 85 € ; suite 90 €. Petit-déjeuner : 12 €.

A mi-chemin entre le Mâconnais et le Clunysois, le moulin de Brandon est l'étape idéale ou faire une pause gourmande. Non loin du golf de Mâcon et des sites historiques de Cluny et à moins de cent kilomètres de l'aéroport de Lyon St-Exupéry. Cadre champêtre pour se mettre au vert, dans un lieu joliment restauré. Joery et Sarah accueillent les touristes dans deux chambres et suite dans un savant mélange entre rusticité et modernité. La table du Moulin vous permettra de vous restaurer sans vous déplacer, de quoi se permettre la dégustation des vins du cru.

LES 3 FONTAINES €€

61, rue Trois Fontaines - **BURNAND**
✆ 03 85 47 76 49
www.bourgogne-troisfontaines.com
Gîtes de France. 2 chambres. Chambre double à partir de 75 €. Petit-déjeuner inclus. Table d'hôtes.

Dans le hameau de Saint-Martin-de-Croix, une belle demeure de pierre sur le bord d'une route paisible pour nous faire profiter de la douceur de vivre en Sud Côte Chalonnaise. Une fontaine de jouvence se trouve non loin de là. En attendant, détente et repos au bord de la piscine dans le jardin et nuits agréables dans une ancienne demeure de maître bien rénovée. Suite parentale à l'étage et salon-bibliothèque. Dîner à la salle à manger avec feu de bois en hiver. Petit-déjeuner sur le balcon en été. Salle de jeux (billard américain, baby-foot, flipper...) à dispo.

CHATEAU DE BURNAND €€

2, place de l'Eglise - **BURNAND**
✆ 06 44 72 26 60
www.chateaudeburnand.net
5 chambres. Chambre double de 155 € à 160 €. Gîte. Animaux acceptés. Wifi gratuit. Table d'hôtes.

Un château à l'aspect féerique, magique, avec ses tours et ses tourelles, qui nous fait penser à un film de Disney. Joli parc pour profiter de la nature environnante et séjour romantique au « château de la Belle au Bois Dormant » dans un lieu chargé d'histoire. Jean Seah, artiste qui vécut au château avec son compagnon Nico Vrielink, peintre néerlandais, vous reçoit aujourd'hui dans l'une des suites et chambres spacieuses qui ont conservé leur caractère tout en profitant du confort moderne. Gîte dans une ancienne ferme donnant sur un étang. Table gourmande.

LA BILLEBAUDE €€

6, rue des Guyons
BUXY
http://la.billebaude.pagesperso-orange.fr
Gîtes de France. 2 chambres. Chambre double 95 €. Petit-déjeuner inclus. Wifi gratuit.

Que vous passiez à vélo (Accueil Vélo) ou que vous veniez en voiture, votre séjour à la Billebaude sera toujours un enchantement. Derrière un joli mur de pierre, découvrez un superbe jardin fleuri et arboré pour se reposer. D'ailleurs, les deux chambres d'hôtes disposent d'une terrasse privative. Si le temps le permet, le petit-déjeuner sera servi sur la terrasse qui domine le jardin. Comment mieux commencer la journée après une nuit paisible dans l'une des chambres climatisées, spacieuses avec leur coin salon, décorées avec pierres et poutres apparentes ?

LES CABOTTES €€

7, rue Collot - **CHANGE**
✆ 03 45 28 09 33
www.lescabottes.com
A partir de 2 nuits Tiny House à Partir de 95 € en basse saison en semaine à 195 € le WE en haute saison. Table d'Hôtes

Installées à flanc de coteau sur les hauteurs du village et faces aux vignes, les *tiny houses* Les Cabottes sortent le grand jeu dans leur conception minimaliste, tout en étant très confortables et super équipées notamment d'un bain nordique. Conçues en peuplier de l'Auxois, toutes disposent d'une immense terrasse à la vue unique. Comptez sur la bienveillance d'Alexane et Félix pour vous procurer les essentiels d'un séjour cocon et original au grand calme, mais cependant à proximité des axes de transport et des meilleurs sites œnotouristiques de la Bourgogne.

AU PETIT PRESSOIR €€

15 Ter, avenue de Chalon - **GIVRY**
✆ 06 83 21 02 73
www.aupetitpressoir.jimdofree.com
3 chambres (avec salon et cuisine indépendante, possibilité gîte pour 8 pers.). De 68 € à 123 €. Petit-déjeuner inclus.

© AU VIEUX PRESSOIR

Ce petit havre de paix est né en 2020 dans l'extension en construction bois d'une ancienne maison vigneronne. Tout est neuf, pratique et surtout confortable. Les chambres, très vastes, sont équipées de toilettes indépendantes et donnent directement sur une piscine des plus accueillante. La cuisine de la pièce à vivre est tout équipée pour préparer un repas, une salle à manger et un salon complètent une terrasse où il fait bon s'attarder aux beaux jours. La maison d'hôtes peut se louer en gîte à la semaine. Idéal pour un groupe désireux de visiter la Bourgogne.

CHÂTEAU DE MILLERY €€

3486, route du Bois Doré
AUTUN ✆ 03 85 52 18 51
www.chateaudemillery.fr
4 chambres (dont 1 familiale + 1 loft gîte). De 95 € à 125 €. Petit déjeuner inclus. Parking fermé inclus.

© CHÂTEAU DE MILLERY

Imaginez, des chambres refaites à neuf dans un château du XIVe doté d'un parc boisé, en pleine campagne, mais à seulement 6 km d'Autun que l'on admire en pleine vue depuis les chambres ou le parc. Catherine et Gérard Ritter, les nouveaux propriétaires, l'on rendu des plus accueillants avec aussi la capacité d'y organiser des événements pour 150 personnes sous un chapiteau. L'accès, comme le salon ou la salle de petit déjeuner sont indépendants. Ces espaces 100 % rénovés sont parfaits. Un barbecue permet de s'offrir des repas bienfaisants en plein air en été.

LE CLOS DE L'ABBAYE €€

6, place du Marché - **CLUNY**
✆ 03 85 59 22 06
www.closdelabbaye.fr
5 chambres. Chambre simple de 65 € à 75 € ; double de 70 € à 80 € ; triple de 90 € à 100 € ; suite de 120 € à 150 €.

Le Clos de l'Abbaye a été la première maison civile construite à la fin du XVIIIe siècle dans l'enceinte même de l'abbaye de Cluny et fut le premier hôtel particulier de la commune. La bâtisse à l'imposante façade est donc située dans le plein centre historique de Cluny. Ici ce sont 5 chambres que proposent les hôtes. Décorées avec un goût certain, chambres simple triples ou même suite, les couples comme les familles pourront ici trouver repos. Une pièce commune sous les toits, avec un coin cuisine équipée, un esprit cosy qui invite à la détente.

MAISON TANDEM €€€

21, rue d'Avril - **CLUNY**
✆ 06 67 27 82 46
maison-tandem.com
Gîtes de France (4 épis). 4 chambres. 85 €. Petit déjeuner inclus. Chèque Vacances. Animaux acceptés (sur demande).

Construite en 1903 par le dernier cuisinier du dernier empereur d'Autriche ! Cédric et Francien mettent cette belle propriété, rénovée avec goût, à disposition d'une clientèle exigeante. Située dans l'enceinte de la cité, la maison est lumineuse, moderne, avec des lignes épurées et des matériaux chaleureux. Le mobilier design ajoute une touche zen aux quatre chambres à disposition. Des dégustations de vin sont organisées sur commande. Location de vélos pour découvrir la région. Vous ne pouvez qu'apprécier un moment dans cette belle maison de maître !

AU FIL DE L'EAU €€

Rue du Gazomètre - **DIGOIN** ✆ 06 72 51 62 91
www.peniche-chambre-hotes.com
Ouvert toute l'année. 4 chambres. Chambre double dès 78 € ; chambre triple dès 98 €. Petit déjeuner inclus.

A quelques pas du centre-ville, au bout de la passerelle, venez dormir sur une belle péniche des années 1950 magnifiquement rénovée et décorée. Vivez à un rythme de croisière, au son du clapotis de l'eau, et profitez d'une ambiance marine très relaxante et réjouissante. Vous apprécierez votre cabine avec son hublot sur l'eau mais aussi le petit salon où chacun pourra se détendre à sa façon, coin lecture, jeux de sociétés, un piano pour les mélomanes aux pieds marins. Sachez que cette péniche peut naviguer et que des croisières de plusieurs jours sont organisées.

À LA ROCHE BLEUE EN VAL LAMARTINIEN €€

Chemin de Linde - **LA ROCHE-VINEUSE**
✆ 03 85 39 00 95 - www.alarochebleue.fr
5 chambres. De 650 € à 700 € la semaine selon saison. Gîte privatisé de 1 000 € à 2 500 €/ semaine selon saison.

Séverine Opposer vous accueille dans sa maison de famille éco-rénovée. Lumineuse et confortable, elle est accessible à tous. Plusieurs formules possibles : à la semaine pour prendre le temps, en escapade week-end ou de passage pour la nuit. A proximité de la Voie Verte, elle est le lieu rêvé pour se ressourcer et faire le plein de belles ondes. Autour de la maison un jardin clos et arboré et une piscine d'eau douce chauffée installée sous la charpente de l'ancienne menuiserie.

AUX DEUX BUIS €€

21, rue de Lyon - **MÂCON**
✆ 09 83 52 80 71
4 chambres. Chambre double de 85 € à 115 € ; studio / appartement à partir de 160 €. Petit-déjeuner inclus.

Cette grande maison bourgeoise du XIXe siècle vous plonge dès la porte franchie dans un environnement apaisant. Vous êtes accueillis par Sandrine la propriétaire soucieuse de votre bien-être autant que de celui de la planète. La maison d'hôtes compte 3 chambres entièrement rénovées, modernes, aux couleurs contemporaines sans pour autant perdre le charme d'antan. « Aux deux buis », dispose aussi d'un espace spa, d'un jardin fleuri et d' une grande piscine traitée écologiquement. Côté table d'hôtes, Sandrine propose un menu unique composé de produits frais et bio.

CHÂTEAU DE PIERRECLOS €€€

144, - **PIERRECLOS** ✆ 03 85 35 73 73
www.chateaudepierreclos.com
Relais & Châteaux. 5 chambres. Chambre double 175 € ; suite 280 €. Petit-déjeuner inclus. Dégustations de vins.

Moment d'exception pour qui viendra passer la nuit dans l'une des 5 chambres d'hôtes du château. Il y a la magnifique suite d'une élégance rare, avec son mobilier contemporain et son parquet Versailles. Egalement deux suites familiales idéales pour une famille. Ou encore les chambres Paloma, Anne et Jean. Elles ont toutes leurs salles de bains et de jolies vues sur la cour du château, la chapelle romane et le vignoble. Le petit-déjeuner avec des produits locaux est copieux, et le séjour inclut la visite du château et la dégustation des vins bio du domaine.

LA TOUR DU TRÉSORIER €€€

9, place de l'Abbaye - **TOURNUS**
✆ 03 85 27 00 47
www.tour-du-tresorier.com
4 chambres. Chambre double 165 € ; suite 220 €. Petit-déjeuner inclus. Appartements. Restauration. Bain bouillonnant.

La Tour du Trésorier est un lieu empli de charme et d'élégance, tout en restant discret. Quatre chambres d'hôtes et une suite offrent une vue imprenable sur les toits de la ville ou le parc. Toutes les chambres ont leur terrasse privée à l'exception de «La Tour» qui bénéficie elle d'une vue à 360°. Un parc d'arbres centenaires constitue un havre de paix. Sans oublier le Jacuzzi avec une vue sur le vignoble. La décoration mêle mobilier d'époque au confort d'aujourd'hui. Une ardoise de fromages locaux et une belle carte des vins permettent de se restaurer sur place.

TERRITOIRE DE BELFORT

LE BAMBOIS €€

33, rue de Rechotte - **AUTRECHÊNE**
✆ 03 84 23 41 17
www.le-bambois.fr
3 chambres. Chambre simple à partir de 45 € ; double de 55 € à 68 €. Petit-déjeuner inclus. Table d'hôtes.

Entre Delle et Belfort, le village d'Autrechêne est assez dynamique, malgré son nombre restreint d'habitants. L'embellissement du village et la préservation de l'environnement sont au cœur du projet de vie. C'est dire si la nature est au rendez-vous, au 'Bambois'. L'avantage de cette chambre d'hôtes, outre le fait qu'elle est bien tenue et chaleureuse, c'est son tarif. En effet, pour plusieurs nuits réservées ou pour une semaine, la propriétaire vous fera une belle ristourne. Nichée en haut d'une colline, trois chambres spacieuses vous attendent.

CHAMBRES D'HÔTES - AU BOUT DU CHAMP €€

2, impasse des Combes salins
BAVILLIERS
✆ 06 08 48 34 65
www.auboutduchamp.fr
A partir de 75 € la nuit pour 2 personnes. 3 chambres disponibles. Piscine.

Chambre Orge, chambre Seigle ou encore chambre Blé pour un séjour apaisant dans les chambres aux couleurs douces. La pièce à vivre à partager avec les autres occupants met à votre disposition une bibliothèque à la sélection éclectique. L'établissement est installé dans un parc de 4 000 m^2 ou vous pourrez profiter des transats ainsi que de la piscine équipée de nage à contre-courant et de balnéo. Des VTT et une table de ping-pong sont également disponibles.

LA TERRASSE BEAUCOURT €€

Chemin des Vignes
BEAUCOURT
✆ 03 84 36 32 34
www.laterrasse-beaucourt.fr
3 suites entre 50 et 65 m2. Tarifs sur demande.

Les trois suites proposées dans cet établissement sont élégamment décorées et peuvent accueillir chacune entre deux et quatre personnes. Elles appartiennent à ensemble du château Fernand Japy qui a plus de 200 ans. Le château est également doté d'une piscine à remous, d'un sauna, d'un hammam et d'un spa ainsi que d'un espace détente et fitness. Le restaurant La Terrasse est également très prisé avec le chef Loïc Boyer à sa tête. L'endroit idéal pour profiter d'un séjour au calme, avec une jolie vue et des services très appréciables.

CÔTÉ GRANGE €€

16, rue Bernadot - **BOUROGNE**
✆ 03 84 27 74 52
www.cote-grange.fr
Gîtes de France. 5 chambres. Chambre simple de 48 € à 58 € ; double de 58 € à 68 €. Petit-déjeuner inclus. Repas.

Cette ancienne ferme alsaco-francomtoise au charme authentique propose cinq chambres à des prix aussi agréables que le calme environnant. Marie-Claude et Jacques vous réservent un accueil chaleureux et seront heureux de partager leur table sur réservation. Si vous souhaitez vous reposer, une terrasse avec jardin, un sauna et une piscine extérieure feront votre bonheur. Également à disposition : VTT, ping-pong, pétanque, fléchettes, croquet, tennis. Par ailleurs, sur le canal proche du gîte, vous pourrez louer un bateau pour une promenade fluviale délicieuse.

LES COLOMBAGES €

9, rue Fontaine - **BREBOTTE**
✆ 03 84 23 42 91
www.colombages.com
Chambre simple à partir de 62 € ; chambre double à partir de 48 €. Gîtes 4/5 personnes : de 418 à 589 €/semaine.

Au cœur du charmant village de Brebotte, la propriétaire dispose de plusieurs solutions pour vous héberger... Trois chambres d'hôtes sont accessibles (6 couchages en tout), soit dans un grand espace, soit sous les mansardes de cette maison à colombages de charme. Le repas, servi le soir, n'est pas très onéreux. L'autre solution d'hébergement se trouve à proximité : deux gîtes sont adossés à la maison de la propriétaire, pour un peu plus d'indépendance et tout l'équipement moderne à disposition. Vous y trouverez forcément votre bonheur !

CHAMBRE D'HÔTES - MAISON CURIALE €€

Rue Curiale - **MONTREUX-CHÂTEAU**
✆ 06 50 14 84 20
http://maisoncuriale90.canalblog.com
68 € petit-déjeuner compris. Diner en option et sur réservation : 25 €.

Deux grandes chambres (avec salle de bains et toilettes privées) vous accueillent dans cet ancien presbytère pour un séjour au calme, à proximité de l'Eurovéloroute 6 et du canal du Rhône au Rhin. Depuis 2020, une piscine extérieure chauffée vient agrémenter le jardin qui accueillait déjà un hamac, des transats, une balançoire et un petit terrain de pétanque. La situation de la maison vous permettra de découvrir facilement Belfort, Dannemarie ou Mulhouse.

PRÉ LA DAME €€

22, rue de la Saint Nicolas - **FRAIS**
✆ 06 31 88 32 40
www.pre-la-dame-90.fr
3 chambres.

Anne, Franc-Comtoise de cœur, vous accueille dans l'une des trois chambres d'hôtes qu'elle propose au sein d'une maison vaste et chaleureuse : la chambre Noisetier, la chambre Saule ou encore la chambre Soleil. Toutes sont décorées avec soin. La chambre Soleil s'adresse aux familles et permet jusqu'à 7 couchages. Vous bénéficiez ainsi de l'étage entier ainsi que d'une très jolie vue sur les Vosges. Petit-déjeuner copieux et gourmand élaboré à base de produits locaux mais également une bonne dose de produits faits maison comme les confitures ou les pâtisseries.

ROSA MUNDI €

16 ter, rue du Bringard - **ROUGEGOUTTE**
✆ 03 84 29 39 05
gite.rosa.mundi.pagesperso-orange.fr
Pour 4 personnes. De 250 € à 300 € la semaine selon saison. 120 € le week-end de 2 jours, 140 € le week-end de 3 jours.

Le gîte Rosa Mundi offre un refuge paisible et douillet. Le propriétaire, ébéniste, a construit un intérieur cosy et coloré : une grande chambre, un séjour avec canapé convertible et un espace repas, une cuisine équipée, une salle d'eau avec douche spacieuse en bois. Le jardin, intimiste et naturel, est constitué d'arbres cinquantenaires et de roses anciennes. Il accueille aussi azalées, hydrangeas, viornes et érables du Japon. Des «fabrications maisons» agrémentent la promenade comme des bancs sur lesquels vous prendrez plaisir à vous assoir.

EQUINOXE €

10, rue de Bellevue - **LACHAPELLE-SOUS-CHAUX**
✆ 03 84 29 12 45
www.equinoxe-equitation.fr
Bienvenue à la Ferme. 2 chambres. Chambre simple 50 € ; double 55 €. Petit-déjeuner inclus. Repas : 20 €.

Depuis Belfort, prenez la direction de Giromagny et tournez à gauche sur la D13. Au milieu des étangs et des lacs, vous tomberez sous le charme de cette ferme rénovée datant du XIXe siècle. L'étage (1 chambre double et 1 chambre avec deux lits une personne) est à votre disposition. Idéal, donc, pour une famille. La table d'hôtes est à 20 €. À l'extérieur, des vélos sont à la disposition des visiteurs et les chemins ne manquent pas alentour. Les amateurs de pêche et d'équitation trouveront aussi leur compte. Un bel endroit pour savourer des vacances dynamiques !

AUX PORTES DE L'ALSACE €€

22, rue Principale - **SUARCE**
✆ 03 84 19 33 25
www.chambresdhotesenalsace.fr
3 chambres. Chambre double de 55 € à 74 € ; triple de 55 € à 81 € ; suite de 64 € à 107 €. Petit-déjeuner inclus.

À une vingtaine de kilomètres de Belfort, aux portes de l'Alsace, vous vous sentirez comme à la maison dans cette ancienne bâtisse à colombages du XVIIIe siècle qui reste imprégnée de son charme originel. Proche de la Suisse, la maison entièrement rénovée abrite trois chambres d'hôtes, décorées dans un « esprit d'autrefois ». Vous y serez reçus par Isabelle, dans un décor authentique et chaleureux, et elle vous servira des petits déjeuners copieux et bons. Vous pourrez également déguster des œufs frais et du bacon grillé, ou des pancakes avec sirop d'érable !

YONNE

CHÂTEAU LE BARREAU €€

28, rue Gabriel Basset - **CHEMILLY-SUR-YONNE**
✆ 06 61 80 80 20
www.chateaulebarreau.com
4 chambres (9 pers) : à partir de 95€/nuit (2 pers). Table d'hôtes : 20€. Gites : de 380€ à 550€/ semaine (selon saison)..

Autrefois maison de campagne d'un membre du barreau (ce qui lui vaut son nom), ce petit château du XIXe siècle dispose de 4 chambres spacieuses et tout confort, dont certaines avec balcon face aux vignes du domaine et aux bois alentour. On aime aussi son parc de 3 ha et sa jolie piscine qui donne sur lesdites vignes. C'est tout à côté d'ailleurs que, l'été, le petit déjeuner est servi. Un cadre authentique et paradisiaque ! A noter que 2 gîtes indépendants sont aussi proposés : «Les Vignes» (4 chambres) et «Le Petit Barreau» (2 chambres). On aime !

DE GITES EN VIGNES €€

IRANCY
✆ 06 11 66 17 21
www.degitesenvignes.fr
Gîtes de France (3 épis). A partir de 670€/ semaine. Week-end : de 570€ à 670€. Animaux acceptés (supplément).

Situé au cœur d'Irancy, ce gîte (qui peut accueillir 10 personnes) est un véritable havre de paix. La maison appartient à la famille Verret, exploitante du domaine du même nom. Vous apprécierez sans nul doute la subtile alliance du moderne et de l'ancien, heureux présage d'un séjour tout en douceur. Les 3 chambres et la suite familiale sont spacieuses et chaleureuses. Une grande cuisine entièrement équipée, ainsi qu'un grand salon-salle à manger parfont l'agencement du gîte. Quant au jardinet, il accueillera volontiers vos moments de détente.

DOMAINE DE L'OCRERIE €€€

8, rue du 24 Août 1944 - **POURRAIN** ✆ 03 86 42 19 12 - www.domainedelocrerie.com
2 chambres, 1 suite. A part. de 140€/ chambre, 200€/ suite. Table d'hôtes le soir (sur réserv. 24 heures à l'avance).

© MICHEL GANTNER

Vers 1750, le propriétaire de ce superbe domaine exploita la carrière pour en extraire l'ocre jaune qui deviendra le pigment des peintures à l'huile. Plus tard, cette maison sera aussi celle de Robert Gall, père de France Gall. Cathy Wagner et Gilles Laburthe vous accueillent dans cette ocrerie riche de chambres aux allures de galerie, et d'un grand parc. Elles allient luxe et confort. Le domaine propose un panier-repas le midi. Sans oublier les massages, dégustations privées, ateliers de peinture, concerts, expositions et conférences proposés... On adore !

L'ANERIE €€

2, ruelle du curé
LE VAL D'OCRE
✆ 06 76 05 13 30
Chambre (pour 2 personne) : 60 euros. Petit-déjeuner compris.

A deux minutes du centre du village de Saint-Aubin-Chateau-Neuf et son immanquable « Chemin des arts », « L'Anerie » vous propose une confortable chambre d'hôte pour deux personnes. Située dans une belle longère, en rez-de-chaussée, elle dispose d'une salle de bain privative et d'un accès indépendant. En pleine nature aillantaise, le calme est 100 % garanti ! Autre avantage, une cour fermée vous permettra de garer en toute sécurité votre véhicule. Une halte paisible et ressourçante à deux pas de Joigny, d'Auxerre et de la Puisaye.

A LA METAIRIE €€

16, rue de la Métairie - **LINDRY**
✆ 03 86 32 32 91
www.alametairie.com
3 chambres, à partir de 95€ (pour 2). Lit supp : 15€. Lit d'appoint (6-12 ans) : 20€. Kitchenette d'été. Prêt de vélo.

Isabelle et Joël vous accueillent dans leur longère du XVIIIe siècle bâtie sur un terrain de 2 500 m² clos et arboré. 3 chambres de charme, spacieuses et confortables vous y attendent. Joliment décorées, romantiques à souhait, on adore ! Notre préférée ? « La Marina », une suite en duplex (pour 2 personnes) située dans une dépendance et disposant même de son coin tisanerie, de son ancien four à pain et d'une terrasse privative. On aime aussi la piscine extérieure et la nature qui nous entoure. Une jolie halte sur le chemin de la Puisaye.

GÎTE BROSSIER €€

3, rue du Tonneau - **MAILLY-LA-VILLE**
✆ 06 14 21 02 90
www.france-voyage.com
Ouvert toute l'année. Pour 2 personnes (40 m²). 70 € la nuit. 280 € la semaine.

Jolie maisonnette en pierre, au calme, bénéficiant d'un accès direct au canal du Nivernais et au bord de l'Yonne. Une adresse de charme pour ceux qui aiment le contact avec l'eau. Une chambre à l'esprit campagne, située à l'étage, et une cuisine parfaitement équipée seront parfaites pour des vacances au plein air et s'offrir de belles escapades. Une cour et un jardin pour profiter du soleil, la voie verte à proximité pour de belles balades à vélo, un ponton pour accoster en bateau… bref l'endroit idéal pour un séjour en amoureux !

CARPE DIEM €€

53, Grande-Rue - **MASSANGIS**
✆ +33 (0) 3 86 33 89 32
www.acarpediem.com
5 chambres. 75€/nuit (2 pers.). - de 12 ans non admis. Table d'hôtes : 38€ (demi-bouteille de vin inclus).

Une vieille ferme datant de 1723 et joliment rénovée. Un jardin bucolique où se prélasser. Des chambres douillettes et confortables. Une table d'hôtes délicieuse qui vous accueille avec un menu différent chaque soir. Des hôtes absolument charmants. Que demander de plus ? Carpe Diem est un véritable havre de paix, à deux pas de Noyers-sur-Serein. A découvrir absolument lors de votre passage dans la région. Notre chambre préférée ? Celle nommée «Diane» pour sa baignoire en îlot, son ciel de lit et sa tapisserie façon toile de Jouy. Chic.

LES CHAMPS MELISEY €€

1, rue Basse - **MÉLISEY**
✆ 03 86 75 73 20
www.champsmelisey.com
5 chambres. Chambre double 75 €. Petit-déjeuner inclus. Restauration (possibilité de repas sur réservation : 28 €).

Une belle maison de maître XIXe siècle restaurée en résidence d'artistes vous accueille dans ses cinq chambres confortables et donc vous apprécierez à coup sûr le charme et leur identité propre. Possibilité de prendre le petit-déjeuner composé essentiellement de produits frais maison ou le dîner dans une cour avec roseraie aux beaux jours. La table d'hôtes propose traditions culinaires françaises et parfums et épices ramenées de voyage. Vous prendrez plaisir à flâner dans le charmant village de Mélisey, dont le nom signifie « Mille sources ».

HAMEAU DE LA FAUSSE SAUGE €€€

La Fausse Sauge - **MÉZILLES** ✆ 07 86 21 90 30
www.la-fausse-sauge.fr
5 chambres. Studios/appartements (de 2 à 5 personnes) : de 140€ à 285€/nuit. Animaux non acceptés.

N'hésitez pas à venir vous ressourcer dans ce havre de paix qu'est le Hameau de La Fausse Sauge et ses 400 ans d'histoire. De belles bâtisses restaurées avec goût et tradition, 5 chambres et appartements cosys et indépendants… Les portes du confort et de la sérénité vous sont ouvertes ! A souligner aussi, de grands et beaux espaces, une piscine intérieure chauffée, 2 terrasses et une forêt pour flâner… Bref, de très belles prestations pour un séjour chic et tout en douceur.

MAISON CRÈME ANGLAISE €€

22, Grande Rue - **MONTRÉAL**
✆ 03 86 32 07 73
www.maisoncremeanglaise.com
3 chambres : à partir de 90€/nuit. Gite Petit Crème : à partir de 350€/sem. Grand Crème : à partir de 550€/sem.

Dénichée rien que pour vous, une adresse gourmande lovée au cœur du charmant village médiéval de Montréal : 3 chambres d'hôtes et 2 gîtes à la saveur *so british*. Christine et Graham vous invitent à pousser la porte de leur belle demeure de pierres, à l'authenticité marquée par des meubles de style et des chaudes tonalités qui rendent l'ambiance encore plus chaleureuse. Les gîtes sont à l'image de la maison, parfaitement équipés et à la décoration stylisée. Vous aimerez prendre votre petit-déjeuner sur la terrasse qui surplombe la piscine. Un vrai havre de paix !

CÔTÉ SEREIN €€

18, place de l'Hôtel-De-Ville - **NOYERS**
✆ 06 42 07 43 64
www.chambre-dhotes-bourgogne.fr
Chambres à partir de 95€ /nuit. Gites à partir de 700€/sem. Petit-déjeuner 12€. Kayaks, canoés, barques en libre accès.

Côté Serein, ce sont de magnifiques gîtes et chambres d'hôtes au cœur de Noyers. On dit que ce village a inspiré celui de Belle dans le film de Disney *La Belle et la Bête*. Une raison de plus pour nous donner envie de le découvrir. Et pourquoi pas loger dans un de ces gîtes comme La Tour Madame et son lit king-size, La Tour cachée et ses 5 chambres, ou La Loge, un duplex. Si vous êtes plutôt chambre d'hôtes, plusieurs d'entre elles vous permettront une nuit romantique en amoureux, ou d'autres en famille dans des suites pouvant accueillir jusqu'à 7 personnes.

HÔTEL VIEILLE FRANCE €€

18, avenue du Général-Leclerc - **SAINT-FLORENTIN**
✆ 06 76 79 32 48
www.vieille-france-st-florentin.fr
4 chambres (1 simple, 1 double, 1 triple et 1 familiale) : de 35€ à 80€. Petit déjeuner : 8€. Animaux : sur demande.

Au cœur de Saint-Florentin, tout proche de la gare, l'hôtel Vieille France est une demeure bourgeoise du XVIIIe siècle, ancien relais de poste, qui propose 4 belles chambres d'hôtes. Le lieu charme d'entrée par son authenticité, son élégance et son bon goût. Quant à l'accueil des propriétaires, Najette et Henri, il est toujours des plus chaleureux. Pour le travail et pendant les vacances, Vieille France est une adresse à tester les yeux fermés. Le cadre est calme, propice au repos. Et l'on s'y sent comme à la maison. Bref, on aime beaucoup !

ALFRED ET GEORGE €€

12, Les Cours
SAINPUITS
✆ 06 14 26 28 91
www.alfredetgeorge.com
Ouvert toute l'année. 3 chambres. De 135 € à 145 € la semaine selon saison. Jusqu'à 4 personnes.

Francis Levêque a quitté ses fourneaux parisiens où il excellait pour ouvrir ce gîte charmant au cœur de la Puisaye, à une encablure de la Maison de Colette à Saint-Sauveur. La maison est décorée avec beaucoup de goût, le salon du rez-de-chaussée avec sa cheminée est particulièrement agréable et vous apprécierez y prendre une boisson chaude ou y lire un bon livre. Calme absolu, accueil charmant et sérénité garantie pour un séjour ressourçant. En prime et sur réservation, Francis propose une table d'hôtes et des cours de cuisine.

© ALFRED ET GEORGE

© ALFRED ET GEORGE

BOURGOGNE-FRANCHE-COMTÉ

MAISON MARTHE €€

Place Paul-Doumer - **SAINT-SAUVEUR-EN-PUISAYE**
✆ 03 86 45 66 94
www.maisonmarthe.com

3 chambres de 2 personnes. De 65€ à 110€/ nuit. Animaux acceptés (sur demande). Panier bourguignon (pour le repas) : 15€.

Près du Musée Colette, la Maison Marthe est une demeure bourgeoise du XVIIIe siècle chargée d'histoire, au caractère et au charme bien français, avec un côté très cosy. Les propriétaires sont de véritables passionnés de décoration, et ils ont trouvé dans cette maison l'atmosphère idéale pour exprimer leur style de vie. Maison Marthe offre trois belles chambres avec cheminées et salles de bains individuelles, ainsi qu'un magnifique jardin romantique où il vous sera agréable de petit-déjeuner aux beaux jours. Idéale pour une étape bucolique !

L'ABBAYE €€€

Chemin de Bel Air - **TONNERRE**
✆ 03 86 54 87 16
www.l-abbaye.fr

Chambre double à partir de 150 €. Restaurant. Carte : 40€ environ. Bar. Animations. Séminaires.

Au cœur d'une ancienne abbaye, voilà un magnifique écrin de verdure à l'abri des regards. Ici, les 5 chambres d'hôtes rivalisent de beauté et d'exotisme de par leurs meubles et objets chinés en Asie. Dans une ambiance chic et cosy, ce « boudoir d'étape » vous permettra aussi de vous prélasser au bord de la piscine creusée dans la pierre, de profiter du bar et de ses cocktails. Sans oublier le restaurant où une gastronomie savoureuse est proposée. A noter que concerts et animations sont régulièrement proposés. Bref, « L'Abbaye » est un magnifique havre de paix.

LES BRIONS €€

Les Brions - **TONNERRE**
✆ 06 17 81 76 88
www.lesbrions.net

5 chambres. De 84 € à 87€ la chambre double. Petit déjeuner inclus. Solarium. Animaux autorisés.

Les Brions, c'est le charme d'une gentilhommière du XVIIIe siècle, ancrée au cœur d'un parc arboré, et perché sur une hauteur qui offre à notre regard un fabuleux panorama sur la campagne environnante. Le décor est planté ! Passez le seuil de la porte, et vous serez littéralement séduits par l'ambiance qui se dégage des lieux : salon aux boiseries d'époque, parquet ciré, cheminée. Quant aux chambres, elles se font accueillantes, mariant avec harmonie le confort moderne à la décoration de style, avec une cheminée dans chacune. On apprécie beaucoup !

ABBAYE DE REIGNY €€

Reigny - **VERMENTON**
✆ 03 86 81 59 30
www.abbayedereigny.com

5 chambres à partir de 98€ - 2 gîtes (4 et 11 personnes), à partir de 470€/semaine. Logis 44 chambres. Table d'hôtes 40€

Béatrice et Louis-Marie vous accueillent dans leur demeure du XIIe siècle, située à l'orée de l'abbaye de Reigny. Les 5 chambres traduisent l'authenticité des lieux : spacieuses et lumineuses, elles disposent de toutes le confort moderne. Avec vue sur le parc, le jardin du cloître ou le pigeonnier, elles sont un véritable havre de paix pour un séjour tout en quiétude. Deux gîtes sont aussi disponibles, ainsi qu'un logis de 44 chambres. Et une belle Formule Spa pour mieux se ressourcer. Une très belle halte sur la route du Morvan.

CABALUS €€

Rue Saint-Pierre - **VÉZELAY**
✆ 03 86 33 20 66
www.cabalus.com

4 chambres. Chambre double de 42 € à 62 €. Petit déjeuner : 9,80 €. Salon de thé. Boutique d'art.

Cette maison du XIIe siècle fut d'abord l'hôtellerie-infirmerie de l'abbaye de Vézelay qui hébergea jadis Louis VII. Depuis 25 ans, elle est devenue un lieu atypique où se côtoient chambres d'hôtes, salon de thé, et atelier d'art et d'expositions. Arrêtez-vous au salon de thé, avec sa splendide salle voûtée et son imposante cheminée. Caractère et chaleur peuplant Cabalus ! A la boutique Ap'Art aussi, qui expose des objets uniques en pierre, en bois ou en terre. Elle est également un lieu d'échange et de partage pour les artistes. Une très belle adresse.

LE MOULIN DE COCHEPIE €€

Route de Dixmont - **VILLENEUVE-SUR-YONNE**
✆ 06 29 70 48 39
www.lemoulindecochepie.com

Gîtes de France (3 épis). 4 chambres. 90 €. Petit déjeuner inclus. Lit supplémentaire : 30 €. Animaux acceptés (12 €).

Le Moulin de Cochepie est un ancien moulin à blé dont on trouve les premières traces en 1025. Construit à environ 1 km, on le retrouve en 1726, reconstruit à l'identique sur son emplacement actuel. Sur 6 hectares, dans un cadre de charme et de verdure, vous aimerez cette étape. 4 chambres très spacieuses sont à votre disposition. Notre préférée ? «L'Etable», située en lieu et place d'une ancienne… étable ! Les mangeoires en pierres de taille y ont été conservées, et la déco est résolument de style bourguignon et rustique. Bref, ces lieux ont tout pour plaire !

BRETAGNE

CÔTES-D'ARMOR

LA COLOMBIÈRE €€

Lieu-dit La Tricherie - Ploubalay
BEAUSSAIS-SUR-MER
✆ 06 43 58 84 25

Fermé de novembre à mars. 4 chambres. Petit déjeuner inclus. Chambre double avec grande salle de bain, à partir de 130€.

Brigitte, la maîtresse des lieux, a eu un coup de foudre pour cette grande longère et son terrain de 12 000 m^2. En pleine campagne, vous jouirez ici d'une grande quiétude, et serez idéalement situé pour visiter la région. Brigitte est aux petits soins pour chacun de ses hôtes qu'elle accueille comme des amis. Le petit-déjeuner est excellent et soigné. A l'heure de la balade, elle vous prêtera volontiers des vélos. Dernière chose : elle parle couramment anglais et espagnol. Une hôtesse en or dans un lieu au charme fou. Lit bébé mis à disposition.

LE DOMAINE DES PAPETERIES €€

2, allée des Frères Vallée - **BELLE-ISLE-EN-TERRE**
✆ 06 06 56 66 90
www.domainedespapeteries.com

Chambre double 68 € à 118 €, suite familiale 148 € (petit déjeuner inclus). Assiette gourmande 18 €, pique-nique 12 €.

Au bord du Léguer, à côté des ruines des papeteries Vallée, Jan, Martine et Franck ont redonné vie à l'ancienne demeure des patrons de l'usine, longtemps laissée à l'abandon. Ils ont construit tout un monde, poétique et un brin excentrique. Partout, ces trois chineurs et amoureux d'art ont installé les œuvres acquises au fil du temps, que les hôtes peuvent acheter. Les lieux sont aménagés dans un mélange de style élégant et arty. A l'arrière, un grand jardin se déploie sur la rive.

TAGAR'ÉTAPE €

75, rue Pasteur - **BINIC-ETABLES-SUR-MER**
✆ 07 68 40 55 08
www.tagaretape.fr

Ouvert toute l'année. 23,5 € la nuit en dortoir, gîte pour 2/4 personnes de 61 à 94 €, gîte pour 4/6 de 92 à 120 €.

Non loin du bourg d'Etables, à 500 m de la plage et du GR34, cette grosse maison a été totalement rénovée en 2016 pour devenir un agréable gîte d'étape, simple mais charmant et coloré. Il comprend 12 couchages, réparti dans 3 chambres de 4 lits simples, ainsi qu'une grande cuisine et une vaste pièce commune avec salon. Dans le jardin, des tables de pique-nique sont à votre disposition. La bâtisse comprend également deux gîtes indépendants, entièrement équipés, l'un pour 2 à 4 personnes, l'autre pour 4 à 6 personnes. Attention, le lieu fait vite le plein en été.

TY BARA KOZH €€

4, place de la Bascule - **BON REPOS SUR BLAVET**
✆ + 33 2 96 36 90 66
www.bedandbreakfast-brittany.co.uk/accueil

3 chambres. Chambre double 65 €. Petit déjeuner inclus. Wifi. Table d'hôtes sur demande : 29 € / pers. Tv satellite.

Vous avez des velléités de tranquillité, de confort et de tradition ? Quittez quelques jours la côte pour visiter le beau et méconnu Centre-Bretagne. Vous serez accueilli par Stephen et Elizabeth dans de jolies chambres d'hôtes rustiques, à la décoration soignée, et vous y dormirez sur vos deux oreilles loin des tracas de la vie quotidienne. Après un petit-déjeuner copieux, élancez-vous sur le canal de Nantes à Brest pour une escapade en deux-roues, partez vous baigner au lac de Guerlédan à 5 km et testez le vélo-rail du Kreiz Breizh. Un agréable point de chute.

TY LODGE €

8, rue du Viaduc - **BON REPOS SUR BLAVET**
✆ 06 66 88 87 05
www.tylodge.com
25 € la nuit par personne, chambre double 45 €. Petit-déjeuner 6 €, conserve 7 €, dîner 19 €, panier pique-nique 12 €.

Ce gîte d'étape occupe une coquette maison, à deux pas du canal de Nantes à Brest et de l'abbaye de Bon-Repos. Il comprend neuf couchages, répartis dans des chambres pour une à quatre personnes, aménagées de façon simple et moderne. Le rez-de-chaussée comporte une grande cuisine et un petit salon communs. Une restauration d'appoint est également proposée, principalement à base de conserves locales. Sur le devant de la maison, le joli petit jardin accueille une drôle de cabane en bois, qui offre un vrai matelas pour deux et une fenêtre sur les étoiles.

LE LOGIS DU JERZUAL €€

25-27, rue du Petit-Fort - **DINAN**
✆ 02 96 85 46 54
www.logis-du-jerzual.com
5 chambres (4 chambres doubles et une suite). De 60 € à 98 €. Petit-déjeuner inclus. Lit supplémentaire : 30 €.

Nichée au cœur de Dinan, dans la rue la plus ancienne de la ville, cette maison d'hôtes a tout pour plaire... À commencer par le cachet de ses pierres, qui datent des XVe et XVIIIe siècles. On apprécie également ses jardins suspendus - près de 5 000 mètres carrés en terrasses - et ses chambres spacieuses et bien équipées avec un mobilier ancien pour préserver le style de la demeure. Le logis donne sur la rue pavée la plus célèbre de Dinan, qui vous mène directement au port. Sur votre chemin, vous trouverez plusieurs boutiques d'artisans et galeries d'art.

MAISON LA TOUR €€

32, rue Comte de la Garaye - **DINAN**
✆ 06 24 19 66 92
2 chambres. De 81 € à 95 €. Petit déjeuner inclus. Animaux acceptés. Borne véhicule électrique. Parking privé gratuit.

Une adresse comme un trésor qu'on aime partager. Séverine a ouvert sa première chambre d'hôtes en 2016, au cœur de sa charmante maison, sur les remparts de Dinan (pratique pour tout faire à pied). La chambre de 42 m², à la décoration contemporaine, possède une petite cuisine et une terrasse privative avec vue sur la Tour Beaumanoir. La seconde chambre tout aussi spacieuse, dotée d'une grande salle de bains de 18 m² et offre une vue sur la porte Saint-Malo. Un lieu très plaisant pour séjourner dans la cité médiévale en toute saison. Accueil fort sympathique.

LA VILLA CÔTÉ COUR €€€

10, rue Lord Kitchener - **DINAN**
✆ 02 96 39 30 07
www.villa-cote-cour-dinan.com
Ouvert toute l'année. 5 chambres (dont 2 suites). Chambre double à partir de 69 € ; suite à partir de 159 €.

La Villa Côté Cour à Dinan dispose de cinq chambres (dont deux suites) équipées de bains bouillonnants, balnéo et autres spa. L'une des suites peut accueillir jusqu'à 4 personnes. La maison en granit est par ailleurs équipée d'un sauna et, sur demande, vous pouvez bénéficier d'un service de massage, pour encore plus de relaxation. L'endroit est charmant et la décoration moderne et cosy. La Villa est bien située ; à 5 minutes à pied de la gare et à 10 minutes des fameuses maisons à colombages du centre médiéval de la ville. Tenté pour un séjour romantique ?

LA RÉCRÉATION €€

2, impasse Aribart - **CHÂTELAUDREN**
✆ 09 86 55 13 17
www.larecreationbretagne.fr
5 chambres : à partir de 80 € (avec petit-déjeuner). 2 gîtes : à partir de 70 €. Jeux pour enfants. Table d'hôtes.

© LA RÉCRÉATION

La Récréation est une pépite. L'ancienne école construite en 1892 s'est convertie en 5 chambres d'hôtes et 2 gîtes en filant la métaphore de l'école d'antan. Le lieu s'offre une seconde jeunesse, repris en 2020 par Youmna et Anthony. Les chambres « Musique », « Géographie », « Sciences », « Histoire », « Mathématiques » allient mobilier d'époque chiné, décor frais et vitaminé et confort moderne. Au petit déjeuner, on apprécie les produits bio, locaux et faits maison. Belle escale entre terre et mer située à 10 min des premières plages.

AUBERGE GRAND MAISON €

1, rue Léon-Le-Cerf - **GUERLÉDAN**
✆ 02 96 28 51 10
www.auberge-grand-maison.com
5 chambres : 80 €. Demi-pension (150 € par personne). Petit-déjeuner : 13 €. Restauration : menus de 31 € à 91 €.

L'auberge Grand Maison dispose de cinq chambres d'hôtes (12 couchages) pour profiter pleinement du Centre-Bretagne. Les chambres sont confortables et à prix abordables. C'est l'occasion pour les clients du restaurant étoilé de pouvoir dormir sur place après une divine soirée épicurienne et éviter la route du retour. Une belle démonstration de l'accueil chaleureux de l'Auberge Grand Maison. Car ici, on vient avant tout pour savourer la cuisine du chef Christophe Le Fur. On ne saurait que trop vous suggérer le menu vintage, servi dans des assiettes d'époque.

L'HIPPOCAMPE €

ILE-DE-BRÉHAT
✆ 07 88 16 66 12
www.locationlamy-brehat.fr
150 € pour 2 personnes et 2 nuits, 500 € la semaine. 15 € par nuit par personne supplémentaire. Petit déjeuner compris.

Au cœur du bourg et de l'île, tout près des commerces et des restaurants, cette petite maison propose un hébergement pouvant accueillir jusqu'à 4 personnes, avec un lit queen size, un lit simple et un canapé-lit. Il comprend une salle de bains indépendante, une kitchenette, une terrasse privative avec barbecue ainsi qu'un accès direct au jardin, caractéristique du microclimat qui règne sur l'île aux fleurs. Votre hôtesse, Maryvonne Lamy, vous concoctera un bon petit déjeuner, à base de confitures et pains briochés faits maison.

MANOIR DU REPOSOIR €€

HÉNANBIHEN
✆ 02 96 31 52 90
www.manoir-du-reposoir.com
Gîtes : 450 à 1500 € la semaine selon la période et la capacité. Cabane : 130 € la nuit pour deux, petit déjeuner inclus

Au cœur d'une belle propriété fleurie et arborée, ce manoir du XVIe siècle propose 4 gîtes pour 5 à 11 personnes, dans les dépendances. Bien équipés, ils ont tous leur terrasse et leur jardin. Le plus grand se trouve au sein même du manoir et offre une belle pièce à vivre, avec cheminée d'époque. Les hôtes ont accès à la piscine couverte et son espace balnéo. Ils peuvent aussi aller taquiner le gardon dans l'étang privé, jouer au ping-pong ou au basket. Trois cabanes dans les arbres, accessibles par un pont de singe, se nichent dans la partie la plus boisée.

MEN JOLIGUET €€

Le Port Clos - **ILE-DE-BRÉHAT**
✆ 06 88 20 32 88
www.locations-brehat.net
Ouvert d'avril à fin septembre. Chambre double de 83 € à 123 € (petit déjeuner inclus).

A deux pas de l'embarcadère, vous rejoindrez cette maison qui domine le port-clos et porte le nom d'une de ses balises. Elle est ceinte d'un jardin typique de l'île, fleuri à souhait, avec une terrasse bien ensoleillée. Les 5 chambres sont parfaitement meublées et confortables, toutes munies d'une salle de bains. Certaines ont même une cheminée. Depuis votre fenêtre, les bateaux dansent mollement au mouillage et, au fond, le continent vous fait de l'œil. Vous êtes bien ici, profitant d'un paysage splendide et d'un accueil à la fois discret et chaleureux.

CHÂTEAU DE BONABRY €€

HILLION
✆ 02 96 32 21 06
www.bonabry.fr
Chambre double 90 à 120 €, suite 150 à 160 € (petit déjeuner inclus). Gîte 400 à 900 € la semaine.

Le vicomte et la vicomtesse Louis et Joëlle du Fou de Kerdaniel vous accueillent dans leur château maritime du XVIe siècle, niché dans un beau parc à l'anglaise fleuri et boisé, de 25 hectares. Avis aux amateurs d'authenticité, de vieilles pierres et de calme : c'est ici qu'il faut faire étape. Les chambres à l'atmosphère élégante et feutrée possèdent de superbes meubles d'époque. Joëlle vous servira un copieux petit déjeuner, à base de produits frais et maison. Un gîte, aux plafonds voûtés et aux murs de chaux, a été aménagé dans un pavillon indépendant.

LA POTINIÈRE DE BRÉHAT €€

Plage du Guerzido - **ILE-DE-BRÉHAT**
✆ 02 96 20 04 78
www.lapotinieredebrehat.com
Avril-octobre, dès 95 €/nuit (2 nuits mini), petit-déj. inclus. Snack ouvert de fin avril à mi-sept.

Au sud de l'île, la Potinière offre une superbe vue sur la mer et un accès direct à la plage du Guerzido. Chambres doubles et appartement face à la mer au style moderne et à l'ambiance cocooning, dotés d'accès indépendant et terrasse privative. Farniente sur la plage et convivialité au snack côté jardin : moules, galettes, glaces artisanales, bière et cidre paimpolais... qui ont un petit goût en plus ici ! A l'heure où le soleil descend et que les visiteurs du jour s'éclipsent, découvrez la tranquillité et les couleurs de « l'île aux fleurs et aux rochers roses ».

MAISON D'HÔTES ARTEFACT €€

8, rue de Lanjouan - **LAMBALLE ARMOR**
✆ 06 73 37 69 81
www.artefact-maison.com
Ouvert toute l'année. Chambre double 90 € (petit déjeuner inclus).

Non loin du centre, cette demeure bourgeoise de 1814 renferme une élégante maison d'hôtes. Pierre-Hugues, le jeune maître des lieux, a rénové avec goût l'ancienne maison de famille, mariant rétro et contemporain : boiseries repeintes, moulures et meubles *vintage* côtoient luminaires et ornements modernes. Les trois chambres sont toutes différentes. Chacune comporte une platine vinyle et des disques. Le salon recèle un étonnant papier peint panoramique, *Les Rives du Bosphore*, aussi vieux que la maison. A l'arrière, un jardin surplombe une grande terrasse.

LA MAISON DE LA PLAGE €€

9-11, Chemin de Goas Lagorn
LANNION
✆ 02 96 13 79 98
Pour 8 personnes (4 chambres). Location à la semaine : de 900 à 1600 €. Restauration (creperie-moulerie).

Situé au pied de la plage de Beg Léguer, ce gîte rénové jouit d'un emplacement très privilégié. Les pieds dans l'eau, il offre la possibilité de se baigner au petit matin ou de prendre des bains de minuit. Le sentier des Douaniers, le fameux GR34, passe aussi juste à côté. La maison, sur deux étages, accueille jusqu'à 8 personnes. Elle possède son petit jardin privé et une vue imprenable sur la mer. Son atmosphère cosy fait qu'on s'y sent comme à la maison. Juste à côté, le Bar de la plage permet de se restaurer avec une bonne crêpe ou de délicieuses moules.

LES GÎTES DE PORT-BLANC €€

31, rue Edouard Donzelot - **PENVÉNAN**
✆ 06 29 59 89 63 - www.sejourportblanc.fr
Gîte 4-5 pers 50 €/nuit b-saison, 500 €/semaine h-saison. Gîte 8 pers 250 €/2 nuits b-saison, 850 €/semaine h-saison.

© LES GÎTES DE PORT BLANC

Ouverts toute l'année, les deux gîtes de Port-Blanc, situés dans des maisons individuelles, se trouvent à proximité des plages, de l'école de voile (750 m), du centre équestre (300 m) et du GR 34. Ce ne sont pas les activités qui manquent ! Le propriétaire, Dominique, se fait un plaisir de vous accueillir et de vous renseigner sur les sites à visiter aux alentours. Sur place, vous disposez d'un jardin avec sa terrasse privative. Le barbecue à disposition promet de belles soirées estivales. Le plus : les gîtes sont bien équipés et fonctionnels.

LAN CARADEC €€

6, rue des Perdrix - **LÉZARDRIEUX**
✆ 02 96 20 10 25
www.lan-caradec.com
Double 90 à 100 €, quadruple 130 à 150 € (petit déjeuner inclus). Gîte 310 à 550 € la semaine (petit déjeuner 12,50 €).

Perchée sur les hauteurs de Lézardrieux, offrant une vue époustouflante sur le Trieux, cette belle propriété des XVIIIe et XIXe siècles, tenue par un couple franco-néerlandais, renferme 5 chambres d'hôtes et un gîte pour deux. Les chambres jouissent toutes d'un balcon plein sud avec vue sur le fleuve. Claires et spacieuses, elles se modulent en fonction du nombre d'hôtes. La demeure, au charme d'antan, est ceinte d'un beau jardin toujours fleuri, peuplé de chèvres, cochons d'Inde et poules. Un petit chemin forestier mène directement au sentier côtier.

LA CLARTÉ HOUSE €€

Rue Gabriel Vicaire
PERROS-GUIREC
www.laclarte-house.com
4 chambres (capacité totale de la maison : 8 personnes). 850 à 1400 € la semaine. Service de ménage obligatoire : 100 €.

A quelques encablures de Ploumanac'h, habillée de granit rose et dotée d'un charme fou, la Clarté House possède 4 chambres, dans une longère complètement rénovée. A moins d'un kilomètre de la plage, le lieu est parfait pour profiter des joyaux que possède ce petit bout de France : visite des Sept-îles, randonnées sur le GR34, paddle, surf, pêche en mer… Sur place, vos hôtes ont tout agencé pour que vous ne manquiez de rien : belle terrasse lounge, cabane de jardin, barbecue, cuisine équipée, parking privatif… Idéal pour passer une semaine de farniente !

LES POIS SONT ROZ €€

119, boulevard de la Corniche - **PERROS-GUIREC**
✆ 06 60 06 14 22
www.lespoissontroz.com
Selon la saison, 450 à 1100 € la semaine. Linge de lit compris.

Un joli gîte aménagé dans une maison de granit rose, à seulement un kilomètre de la mer, dans le quartier de La Clarté. Il comprend deux chambres pouvant accueillir jusqu'à 6 personnes, un salon et une cuisine entièrement équipée. La propriétaire, qui possède aussi la boutique de déco voisine, a aménagé les lieux avec beaucoup de douceur et d'élégance, avec des tons clairs et une ambiance bord de mer. Si les vieilles pierres apportent beaucoup de cachet à la maison, c'est de son joli jardin, clos de murs, que l'on tombe immédiatement amoureux.

LE C BRETAGNE €€

8, Lieu dit le Val - **PLOUËR-SUR-RANCE**
✆ 07 87 69 87 27
www.le-c-bretagne.com
Ouvert toute l'année. De 420 € à 1 250 € la semaine selon saison.

Charlotte et Aurélien nous accueillent dans deux gîtes cosy et *charmy* pour un séjour placé sous le signe de la détente, de la convivialité et du repos. Avec son hectare de parc boisé, l'endroit est écoresponsable et ne manque pas de charme puisqu'il se fond parfaitement avec le décor naturel. On aime la décoration chaleureuse : un mélange subtil entre trouvailles de brocantes et matériaux industriels. Très chic et moderne à la fois !

Un vrai coup de jeune dans le monde du gîte qui séduira à coup sûr les trentenaires et les quadragénaires.

LA MAISON DES LAMOUR €€

PLÉLO ✆ 06 88 33 51 36
www.lamaisondeslamour.com
Chambre double à partir de 119 € la nuit (petit déjeuner inclus), gîte de 595 à 749 € la semaine pour 2.

Dans la vallée du Char à bancs, ce grand corps de ferme entièrement rénové accueille trois cottages et trois chambres d'hôtes, équipées d'un coin cuisine. Les lieux sont aménagés avec beaucoup de charme, dans un style brocante chic. Les prestations sur mesure sont de belle qualité (pique-nique, dîner romantique, etc.) et les hôtes bénéficient du cadre exceptionnel de la vallée : son grand jardin, son parc de filets tendus entre les arbres, ses jeux pour enfants... L'été et le week-end, ils peuvent accéder gratuitement aux poneys shetland et aux bateaux à pédales.

LA RENARDAIS €€

2, Le Repos - **PLOUËR-SUR-RANCE**
✆ 06 28 53 60 43 - www.larenardais.com
Ouvert entre Pâques et mi-novembre. Chambre double de 99 € à 119 €. Spa (5 €/pers). Table d'Hôtes : 28 €/pers.

La Renardais, à Plouër-sur-Rance, est une élégante maison de campagne, où vous vous sentirez chez vous dès votre arrivée ! Construite il y a 150 ans, elle a été restaurée en 2019 et aménagée avec goût dans un confort moderne respectueux du cadre traditionnel. Chambres d'hôtes depuis 1993, la maison se trouve à 400 mètres de la Rance, à 10 minutes de Dinan, à 15 minutes de la côte et de ses plages (Dinard, Lancieux, Saint-Malo...). Un plateau de courtoisie avec boisson chaude (café, thé, tisane) vous attend dans votre chambre. Spa et table d'hôtes sur réservation.

LE JARDIN DU CAPITAINE €€

Rue de la Ville Tréhen - **PLÉRIN**
✆ 06 64 28 25 38
Chambre d'hôtes : 85 € la nuit pour deux, petit déjeuner inclus. Gîte 4 personnes : de 350 à 790 € la semaine.

Dans un hameau entre Martin-Plage et les Rosaires, Hervé et Marie-Claudine vous accueillent dans leur petit coin de paradis. Leur vaste jardin est composé de différentes terrasses, comme autant de petits mondes botaniques, qui s'étalent en pente douce vers la vallée. Le gîte, une jolie maisonnette pour 4, dispose d'un salon lumineux et de terrasses privatives. La chambre d'hôtes est, elle, complétée par un grand salon-bibliothèque. Tous les deux clairs et contemporains, ils sont peuplés des meubles et objets chinés par Marie-Claudine, retapés ou détournés.

LA GUYONNAIS €€

QUÉVERT
✆ 02 96 39 73 10
www.chambresdhotesdinan.com
Gîtes de France (4 épis). Fermé du 15 octobre au 30 avril. 4 chambres. Chambre double de 85 € à 99 €

C'est avec beaucoup de gentillesse qu'Hélène et Michel Drauzin vous accueillent depuis 2008 dans leur belle demeure, ancienne métairie du XVIIe siècle, au cœur de la nature sur 1,5 hectares de terrain, idéalement située à 3 km de Dinan et à 17 km de la mer. Il s'agirait d'ailleurs de la plus ancienne maison de Quévert. Vous y découvrirez l'une des quatre chambres tout confort et très joliment décorées, Une belle adresse pour un séjour réussi à coup sûr. Leur devise ? «Convier quelqu'un et se charger de son bonheur le temps qu'il est sous votre toit.»

ECLUSE 150 €

ROSTRENEN ✆ 07 66 38 31 00
www.ecluse150.fr
Du 1er juin au 20 septembre. Chambre double 50 €, petit-déjeuner 5 €. Snack-buvette de 8h à 20h30. Location de paddles.

Cette ancienne maison éclusière offre une halte bucolique, au bord du canal de Nantes à Brest. Marie-Laure a entièrement retapé la bâtisse, dans un esprit brocante coloré. Les trois chambres, deux doubles et une familiale, sont plutôt petites, mais très agréables. Une cuisine et un salon sont également à la disposition des hôtes. La buvette sert crêpes, galettes et gaufres, mais aussi une batterie de produits locaux : fromages, charcuteries, bières, bocaux gastronomiques... Le lieu dispose aussi d'un coin épicerie, avec du matériel de dépannage pour les cyclistes.

FERME DE MALIDO €€

SAINT-ALBAN ✆ 02 96 32 94 74
www.malido.fr
Gite de 490 € à 1 004 € la semaine. Chambres d'hôtes à partir de 56 € pour 2 personnes, petit-déj. inclus. Animations

Sur la Ferme de Malido, Sébastien propose 5 chambres d'hôtes et un gîte aménagé dans un corps de ferme rénové dans un style contemporain qui épouse le cachet de l'ancien avec ses baies vitrées et ses pierres apparentes. Les cinq chambres d'hôtes bénéficient des lieux communs : coin salon avec cheminée, salle à manger et cuisine (en extérieur, le barbecue et salon de jardin). La propriété fait aussi la joie des enfants avec son labyrinthe végétal (dédale de maïs de 4 ha). Chaque année, un nouveau parcours thématique est proposé, avec des énigmes à résoudre.

LE BOIS BRAS €€

SAINT-CAST-LE-GUILDO
✆ 02 96 41 87 04
www.chambres-dhotes-boisbras.fr
Ouvert d'avril à fin août. Chambre double de 75 € à 80 €. Petit déjeuner inclus. Equipement bébé. Accueil chevaux.

Christine et Patrick accueillent les visiteurs dans une magnifique longère en pierres typiquement bretonne. Le cadre est à la fois authentique et moderne. Le jardin s'étend sur un hectare et est très bien aménagé avec terrasse et chaises longues au programme. Quatre chambres aux thèmes différents sont proposées : romantique, orientale, marine et authentique. Abris auto et moto sont à votre disposition et les cavaliers sont les bienvenus avec leurs fidèles destriers. Intimité et douceur de vivre pour un séjour au calme, déconnecté.

MANOIR DES PETITES BRETONNES €€€

Keregat - **SAINT-QUAY-PERROS**
✆ 06 84 68 22 11
www.manoirdespetitesbretonnes.com
Location à la semaine de 430 à 1380 €, possibilité de courts séjours (240 à 360 € les 2 nuits). Petit-déjeuner 14 €.

On se laisse d'emblée charmer par cette propriété du XVIIe siècle, rénovée avec un goût prononcé pour les jolies choses. Les 8 gîtes (4 maisons et 4 duplex) répondent aux doux prénoms féminins de Léonie, Madeleine... Situé dans un vaste domaine, ce manoir de belles pierres offre un cadre bucolique, avec ses prairies arborées et ses poules, chèvres, lapins... Chaque maison a son petit jardin, avec coin repas, chaises longues et barbecue. Idéal pour une parenthèse hors du temps.

DOMAINE DU GRENIER €€

Route de la Croix Bertrand - **YFFINIAC**
✆ 02 96 72 64 55
www.domainedugrenier.fr
Double 85 € à 159 € (petit-déjeuner inclus), gîtes 2/4 personnes 220 € à 620 € la semaine, 4/6 personnes 320 € à 1150 €.

© DOMAINE DU GRENIER

Niché dans un écrin de verdure de 8 000 m², le domaine du Grenier offre à ses hôtes un cadre chic et authentique, à 4 km de la mer. Le vaste parc, la superbe piscine couverte et le sauna en font un lieu très agréable. Un barbecue, un terrain de boules et des bains de soleil sont à disposition. Les chambres d'hôtes ont beaucoup de cachet. Des petits plats en partenariat avec les bons restaurants du coin sont proposés. Le domaine compte aussi 10 gîtes aménagés avec charme et bon goût. L'accueil de David et Camille est fort sympathique !

AU GRÉ DES VENTS €€

57, boulevard du Maréchal Foch
SAINT-QUAY-PORTRIEUX
✆ 07 85 92 33 51
Fermé en janvier. Chambre double de 60 à 110 €, petit-déjeuner inclus. Gîte (8 personnes) à partir de 210 €.

A l'arrière d'une jolie boutique de créateurs locaux, juste en face de la mairie, cette maison d'hôtes contemporaine comporte deux belles chambres doubles, ainsi qu'un gîte pour huit personnes. La déco mêle les styles, avec des tons grisés rehaussés de touches de couleurs, des meubles de brocante relookés, des tapisseries baroques modernisées... Les hôtes jouissent également, à l'arrière, d'un joli petit jardin avec petites terrasses privatives et bain bouillonnant commun. Les petits déjeuners sont servis à l'arrière de la boutique, parmi les œuvres !

LA GRÈVE DU PORTRIEUX €€

42, quai de la République
SAINT-QUAY-PORTRIEUX
✆ 06 11 71 15 15
Fermé de début novembre à mars. Chambre double à partir de 125 € (petit déjeuner inclus), lit enfant 50 €.

C'est l'une des plus vieilles maisons d'armateur de Saint-Quay. Construite en 1756, restée dans la même famille depuis, cette robuste bâtisse blanche a été rénovée de fond en comble par Séverine et Pierre, qui ont veillé à en conserver le cachet. Les boiseries anciennes, les meubles bretons s'insèrent avec beaucoup de charme dans une déco moderne aux touches marines. Les fenêtres offrent une superbe vue sur le vieux port, dans les deux chambres et depuis la salle du petit déjeuner, qui comporte une kitchenette. L'accueil est chaleureux et l'intimité préservée.

LA MEFFRAIS 1741 €€

2, La Meffrais - **SAINT-SAMSON-SUR-RANCE**
✆ 02 96 89 41 53
www.lameffrais1741.com
Ouvert toute l'année. Petit déjeuner inclus. Table d'hôtes.

Le manoir de la Meffrais, inspiré par le style des malouinières, date du milieu du XVIIIe siècle. Il a été rénové par les nouveaux propriétaires en 2019 pour en faire un véritable havre de paix. La grande pièce à vivre, propice à la détente et aux conversations, impressionne avec sa cheminée monumentale. L'escalier en bois sculpté d'origine permet d'accéder aux chambres à la décoration soignée, dans un style maritime et naturaliste à la fois. On aime l'authenticité des lieux et la modernité apportée. Les jardins sont splendides. Un très beau séjour vous attend.

LA VALLÉE DU LAUNAY €€

5, Launay - **TADEN**
✆ 06 85 41 31 61
www.lavalleedulaunay.fr
Ouvert toute l'année. Chambre d'hôtes à partir de 90 € la nuit, petit-déjeuner compris.

Cet ancien corps de ferme a été entièrement rénové pour accueillir des gîtes et chambres d'hôtes d'exception. Les 2 gîtes ont une capacité d'accueil de 4 à 5 personnes et de 2 personnes. Une chambre d'hôtes complète l'offre et permet de prendre son petit déjeuner dans une salle du XVIIe avec une belle cheminée. Le domaine est bien situé pour rayonner sur toute la côte d'Emeraude du cap Fréhel au Mont-Saint-Michel en passant par Dinan, Dinard, Saint-Malo et Cancale. Les services annexes sont très appréciables : navettes de la gare ou de l'aéroport, massages...

DOMAINE BUHEZ NEVEZ €€

17, rue de Port-l'Epine - **TRÉLÉVERN**
✆ 02 96 15 18 97
www.buhez-nevez.com
4 chambres. 100 €. Petit déjeuner inclus. Lit supplémentaire : 25 €. Table d'hôte : de 10€ (planche) à 30€ (repas chaud)

Sur la côte de Granit Rose, face à l'archipel des Sept îles et à l'est de la baie de Perros-Guirec, les chambres et tables d'hôtes du Domaine de Buhez Nevez vous accueille pour un moment de détente privilégié. Le lieu propose quatre chambres d'hôtes de charme, vastes et chaleureuses, et une table d'hôtes raffinée face à l'île aux Oiseaux. Surplombant la mer, tout près d'un joli bois de pins, le Domaine jouit d'une situation tout à fait unique, avec une plage de sable à sa droite, une grève et un petit port de pêche à sa gauche.

CLOS SAINT ANGE €€

19, rue des Templiers - **VILDE-GUINGALAN**
✆ 02 96 27 69 95
www.clossaintange.fr
Ouvert toute l'année. 4 chambres (+ 2 gîtes). Chambre double 75 € avec petit déj., gîte à partir de 300 € la semaine.

Cette longère de 1876 est un véritable enchantement. Lovée au cœur d'un parc arboré et parfaitement entretenu, cette maison d'hôtes ravit les voyageurs les plus exigeants. Avec un réel plaisir de recevoir, Christelle et Grégory vous accueillent dans un ancien corps de ferme rénové. En ces lieux, on a le sens du détail qui se traduit par une attention particulière pour les hôtes. La cuisine est traditionnelle et de qualité. Bon à savoir : des ateliers de cuisine (de 2 à 4 personnes et sur réservation) sont organisés hors saison.

FINISTÈRE

CHÂTEAU DE KERLAREC €€€

Route d'Arzano - **ARZANO**
✆ 33 2 98 71 75 06
www.chateau-de-kerlarec.com

Chambre double 130 €. Petit-déjeuner inclus. Restauration (dîner aux chandelles de 30 € à 50 €).

Le décor est exquis et l'accueil ne l'est pas moins au château de Kerlarec. Françoise Avelange vous recevra dans sa maison d'hôte de charme, une haute et élégante bâtisse du XIXe siècle, aux murs crème et aux toits fiers, dressée au milieu d'un grand parc avec bassin. Près de la pittoresque cité de Quimperlé, le château propose cinq suites style second Empire, chacune avec salon séparé, belle salle de bains et vue sur le parc. Un plateau de courtoisie est mis à disposition pour se délecter d'un thé ou d'un café. Calme, confort et repos. Piscine et tennis.

CHEZ TANTE PHINE €€

2, place de l'Eglise - **AUDIERNE**
✆ 02 98 70 13 88
www.chez-tante-phine.com

5 chambres (1 gîte de 5 à 7 personnes de 70 à 90€). Chambre double de 69 € à 104 €. Petit-déjeuner inclus.

Située à seulement 5 minutes des plages et des sentiers de randonnée et à quelques pas du port d'Audierne, cette maison d'hôtes vous accueille dans l'une de ses 5 chambres de charme, toutes décorées avec goût mêlant le bois et la pierre. Certaines d'entre elles ont une terrasse privative et toutes ont vue sur le jardin. Cette maison qui date de 1866 nous dévoile là tout son charme... Le petit-déjeuner, composé de crêpes, de far breton ou encore de confitures maison, est bien copieux, idéal pour commencer sa journée. Un endroit de quiétude qui vous séduira.

NICOLE & JEAN-RENÉ CHRISTIEN €€

Sainte-Anne
BANNALEC
✆ 02 98 39 53 44

Gîte de France. Chambre double 48 € ; triple 62 €. Petit-déjeuner inclus. Lit supplémentaire : 15 €.

De belles chambres d'hôtes sont aménagées dans cette longère typique en belles pierres. Situées dans une maison indépendante, agrémentées d'une terrasse fleurie et d'un salon de jardin, les pièces sont lumineuses et colorées, avec cuisine et séjour communs à disposition. Pas de table d'hôte sur place, mais un petit déjeuner du cru avec lait de la ferme, crêpes et confitures maison. Vos hôtes Nicole et Jean-René pourront vous conseiller pour trouver une adresse gourmande dans le coin.

LES ROULOTTES DES KORRIGANS €€

Goarem Edern - **BRASPARTS**
✆ 02 98 81 41 62
www.roulottes-des-korrigans.com

Ouvert toute l'année. Roulotte famille (1 à 5 places) Tarif pour 2 adultes dès 69 €. Randonnées contées. Panier repas.

Au sein d'un environnement naturel exceptionnel, entre talus et chemins creux. Sur un terrain de 2 ha aux douces déclivités, Katell et Eddy ont aménagé un terrain vallonné alternant prairie fleurie, plantation d'arbres et bosquets pour isoler les unes des autres leurs 12 roulottes gîtes. Sous son toit végétalisé, ceinturé d'une grande terrasse en bois, le bâtiment d'accueil abrite une petite boutique du terroir, un espace bien-être, une crêperie. Far maison au petit déjeuner !

TROGLOGÎTES DES MONTS D'ARRÉE €€

Roc'h Gwell Yann - **BRASPARTS**
✆ 02 98 81 40 19 - www.troglogites.com

Gîtes de France. 5 troglogîtes. De 2 à 6 personnes, de 85€ à 174€. Accueil chevaux. Animations. Excursions.

Pour une expérience insolite d'hébergement écologique, c'est par ici ! Ces hébergements tout confort sont construits à flanc de colline avec des matériaux naturels et un toit végétalisé. Le plus grand gîte est parfait pour un petit groupe de 6 personnes, mais s'adapte également pour de grands groupes (capacité d'accueil de jour de 25 personnes). Parfait pour se ressourcer au vert le temps d'un week-end, déconnecté du monde moderne, en profitant pleinement de la magie des monts d'Arrée.

AU BOUT DU PONTON €€

3, rue Marceau - **BREST** ✆ 06 62 54 05 77
http://auboutduponton.wixsite.com/location-sur-brest

De 990 € à 1 390 € la semaine selon saison. Un parking gratuit privatif est à disposition.

Au Bout du Ponton, c'est une grande et charmante maison de location meublée, située en plein centre ville. Vous y retrouvez tout le confort nécessaire pour passer un agréable séjour. Ici, tout a été pensé afin de faciliter vos vacances. La maison est moderne, propre, conviviale. Futé : vous pouvez louer ce gîte pour seulement une nuit, lors de vos déplacements professionnels. Vous avez également la possibilité de séjourner pointe Saint-Mathieu, dans la maison des Gardiens de l'Océan, pour des vacances en bord de mer avec une vue exceptionnelle sur la mer d'Iroise.

TIEZ AN EOL €€

Lannuet - **CLÉDEN-CAP-SIZUN**
✆ 02 98 70 30 62
www.gites-lenaour.com

4 chambres. Chambre simple à partir de 45 € ; double de 49 € à 57 €. Table d'hôte : 23 euros. Petit-déjeuner inclus.

Au coeur de la pointe sud du Finistère, situés dans des anciens corps de ferme rénovés, les 2 gîtes et les 4 chambres d'hôtes vous apportent tout le calme et le repos nécessaire. Surtout que le lieu dispose d'un spa extérieur, idéal pour la détente après une bonne journée de promenade. Marcel et Odile Le Naour vous invitent aussi à leur table d'hôtes. Les enfants en bas âge sont aussi les bienvenus avec du matériel adapté à leur bien-être. Une attention que les parents apprécient ! L'accueil est charmant et l'adresse n'en devient qu'encore plus recommandable.

GÎTES KERDOEL €€

Cleyerigou - **CLÉDER**
✆ 06 21 10 07 17
www.gites.kerdoel.fr

Ouvert toute l'année. Accueil 24h/24. Wifi gratuit. Comptez entre 60 et 90€/nuit. Location de draps.

A la recherche d'un lieu atypique où se ressourcer ? Laissez-vous entraîner dans « un autre monde » ! Ici, un jardin poétique inspiré d'Alice au pays des Merveilles ravira petits et grands ! C'est dans ce cadre unique que se cachent les gîtes Kerdoel, rénovés de façon écologique. La spacieuse Ecurie Kerdoel est une ancienne ferme, qui accueille aujourd'hui jusqu'à 8 personnes dans une ambiance insolite et artistique. La Grange aux Lièvres quant à elle, est un confortable cocon douillet pouvant accueillir 2 personnes. Un petit coin de paradis...

LA FERME DE KERSCUNTEC €€

Route de Kermor - **COMBRIT**
✆ 02 98 51 90 90
www.lafermedekerscuntec.fr

Ouvert toute l'année. 6 chambres. Chambre double de 85 € à 150 €. Lit supplémentaire : 15 €.

Cette charmante cidrerie du XVIIe siècle, reconvertie en maison d'hôtes, vous accueille au cœur d'un magnifique site naturel protégé, où un luxuriant jardin à l'anglaise abonde d'hortensias et de glycines. A peine arrivé, on plonge dans une expérience du temps suspendu et ressourçant. Durant votre séjour, vous aurez droit à de délicates attentions, comme des confitures maison sur votre table de petit-déjeuner, ou un bocal de caramels au beurre salé sur votre table de chevet. Une occasion idéale se balader sur les chemins de randonnée ou sur la plage de Kermor.

CHAMBRES D'HÔTES DE BREZEHAN €€

Brézéhant - **COMMANA** ✆ 02 98 15 64 06
www.chambres-hotes-brezehant.fr

Chambre double 73 € ; triple 105 €. Maison indépendante à 150 € la nuit pour 4 personnes. Petit déjeuner inclus.

Ce domaine des monts d'Arrée vous invite à passer un séjour dépaysant, entre le Parc naturel régional d'Armorique et le lac du Drennec. Les chambres proposées sont charmantes : la décoration, avec pierres et poutres apparentes enduites de chaux et de sable, beaux parquets et une décoration entre rustique breton et modernité chaleureuse, en font des pièces très agréables. Deux d'entre elles comptent des mezzanines pour une personne supplémentaire. Une très belle adresse.

VILLA KERMARIA €€

1, boulevard de la Plage - **CROZON**
✆ 02 98 26 20 02
www.kermaria.com

Ouvert de début avril à fin septembre. 5 chambres. De 90 € à 125 €. Petit-déjeuner inclus.

Superbe demeure de prestige datant de 1908, la Villa de Kermaria surplombe la baie de Douarnenez et toutes ses chambres offrent également une vue magnifique sur la baie. Idéal pour contempler le paysage et profiter du calme… Sans oublier l'accès direct à la plage, rien que ça. Située en plein cœur de Morgat, on apprécie également de pouvoir se rendre à pieds dans les restaurants mais aussi à la piscine municipale, ou vers les sentiers côtiers et les différentes activités nautiques proposées (kayaks, planches à voile, dériveurs…).

LES PLOMARC'H €

DOUARNENEZ
✆ 02 98 92 75 41
www.mairie-douarnenez.fr

Ouvert toute l'année, sauf aux vacances de Noël. Avant votre arrivée, téléphonez au 02 98 92 75 41. Location de draps.

Voici le bon plan pour les petits budgets. Des gîtes municipaux dans un écrin naturel dominant la mer, au cœur d'un site naturel sur le parcours du GR34, vue panoramique assurée ! Vous pourrez rejoindre à pied les petites plages, ou vous adonner aux joies du vélo, du kayak de mer… Dans une maison de caractère, ces 5 gîtes d'une capacité totale de 32 places disposent du confort basique nécessaire avec une cuisine équipée, le chauffage électrique et les sanitaires modernes. L'un des gîtes dispose de 2 places pour les PMR. A noter : local à vélos disponible.

LE LOGIS DE MOUSTERLIN €€

175, route de la Pointe-de-Mousterlin
FOUESNANT ✆ 02 98 51 14 04
www.logis-de-mousterlin.com

Chambre double 59 € la nuit. De 340 € à 860 € la semaine selon saison. Chambre dans un gîte de 69 € à 79 €.

Laissez l'air iodé du large et le chant des mouettes vous guider. C'est dans un cadre naturel exceptionnel qu Nicole et Pierre vous recevront en gîte ou chambre d'hôtes en bord de mer. Cet ancien corps de ferme rénové, ouvre ses porte sur la mer en face des îles Glénan. Placé entre Concarneau et Bénodet, sur la pointe de Mousterlin, profitez des plages pour vous promenez ou vous baignez. Le sentier côtier GR 34 passe devant la maison : randonneurs, à vous la liberté ! Il vous promet de belles heures de marche et de contemplation…

CÔTÉ MER €€

385, rue de Menez-Meur - **GUIPAVAS**
✆ 02 98 28 02 27

Maison d'hôtes Clé vacances (3 clés). Ouvert toute l'année. Réservation 2 nuits minimum. Petit-déjeuner inclus.

La maison d'hôtes de Pierrette et Christian Petitfrère est située sur l'itinéraire touristique reliant Brest à Landerneau, le long de la rivière qui se jette dans la rade de Brest. Une chambre double est mise à votre disposition, avec toutes les commodités pour rendre votre séjour agréable : toilettes et salle de bains privatives, TV, journaux, boissons, petit-déjeuner copieux à déguster sur la terrasse si le temps le permet. Le plus : vous êtes à seulement 800 m de la jolie plage de Penn an Traon. Voilà un endroit à découvrir pour se reposer !

AR FORN €

29, rue de Saint-Guénolé - **ILE-DE-SEIN**
✆ 02 98 70 90 24
www.arforn.fr

2 chambres. Chambre double de 50 € à 55 € ; triple de 65 € à 70 €. Petit-déjeuner : 6 €. Sauna.

Située à seulement 50 mètres de la mer et du quai des Paimpolais, la maison de Véronique dispose de deux chambres d'hôtes. Pour une, deux ou trois personnes, les chambres sont équipées d'une douche et d'un lavabo tandis que les toilettes se trouvent sur le palier. Ici, vous pourrez évacuer le stress de la vie quotidienne et profiter pleinement des balades sur l'île de Sein. Un cadre idéal pour vous ressourcer. Vous aurez également la possibilité de louer pour 1h ou 2h le bain bouillonnant et le sauna, de quoi se détendre encore davantage après les balades.

CHEZ MINETTE €€

20, quai des Français-Libres - **ILE-DE-SEIN**
✆ 06 79 79 08 63
www.chezminette.com

5 chambres. Chambre double de 55 € à 75 €.

Pour votre info, c'est dans la chambre Ar Zenith, du nom du bateau qui a emporté les Sénans en Angleterre, que Marie Menou a fait écouter aux Sénans le fameux appel du 18 juin 1940. La maison étant située sur le port, toutes les chambres, doubles, possèdent une superbe vue sur la mer. Simples mais confortables, elles sont toutes équipées de petits lavabos et sachez que les draps et serviettes sont fournis pour un séjour inférieur à une semaine. Deux chambres sont même équipées d'une petite cuisine, l'idéal pour gagner en autonomie lors de votre visite de l'île.

REFUGES DE MER €

ILE-MOLÈNE

✆ 06 89 65 09 86

www.laroutedespingouins.fr/les-refuges-de-mer

Ouvert toute l'année. Réservation limitée à deux nuits. Jusqu'à 16 personnes. En été, location de kayaks et gilets.

Sur un îlot proche de Molène, accessible à pied selon les marées, vous pourrez loger dans deux gîtes de mer en bois. Ces anciennes habitations de goémoniers ont été réhabilitées dans un souci de conservation du patrimoine et afin d'offrir l'expérience d'une île déserte aux visiteurs. Les gîtes offrent quatre chambres de 4 lits, superposés et simples. Ils disposent d'un coin cuisine. Pas d'eau courante sur l'île : l'eau de pluie, récupérée dans un impluvium, est filtrée, à l'ancienne, avec roches et galets. Toilettes sèches et électricité solaire.

SARL FERME DE L'ÎLE DE QUÉMÉNÈS €€€

Île de Quéménès - **ILE-MOLÈNE**

✆ 06 30 61 27 48

www.quemenes.bzh

Pour deux adultes : de 440 € à 580 €. Pour deux adultes + 2 enfants : de 685 € à 745 €.

Amélie et Etienne vous accueillent dans le cadre époustouflant de l'île de Quéménès. En prenant soin de ce territoire exceptionnel, en développant une agriculture biologique respectueuse de leur environnement, ainsi que l'élevage d'un troupeau de moutons noirs, typiques du coin, ce couple transmet l'amour de ce territoire atypique. Durant votre séjour dans l'une des trois chambres d'hôtes, laissez-vous emporter par l'environnement sauvage et salé de la mer et du vent.

GÎTES ET CHAMBRES D'HÔTES DE CHARME DE LANÉVRY €€

Lanévry - **KERLAZ** ✆ 02 98 92 14 87

www.lanevry.bzh

Gîtes de France. Chambre double de 69 € à 139 €. Petit-déjeuner inclus. Location de gîtes de 250 € à 630 € la semaine.

Ce sont cinq chambres d'hôtes pleines de charme que l'on découvre ici. Chacune d'elles possède sa personnalité propre, l'esprit du temps passé se mariant à merveille à celui d'aujourd'hui avec des ambiances élégantes et très cosy. Lanévry propose également la location de quatre gîtes. Les gîtes et chambres de Lanévry disposent d'un jardin privatif, d'un terrain de jeux pour les enfants, d'un espace détente avec bain bouillonnant, hammam, etc., billard et bibliothèque.

MAISON D'HÔTES TI BRAZ €€

9 - 11, Lieu dit Kerveguen - **LANDRÉVARZEC**

✆ 02 29 40 13 93

www.tibraz.com

Chambre double 64 € ; triple 90 € ; quadruple 108 €. Restauration 25 €.

Dans une grande maison néobretonne, aux portes de Quimper et au calme de la campagne, vous sont proposées 3 chambres d'hôtes décorées sur des thèmes évoquant la région. L'équipement est complet et de bonne qualité. Les lieux offrent une base de départ idéale pour visiter Quimper, Locronan et Douarnenez qui se situent à 15-20 minutes de route. Vos hôtes aiment bien manger c'est pourquoi ils mettent à votre disposition du pain frais, des confitures et des pâtisseries maison pour bien commencer la journée ainsi que leur table d'hôte pour le dîner (sur réservation).

GÎTE DE LANDUDAL €

Le Bourg - **LANDUDAL**

✆ 02 98 57 70 91

www.rando-accueil.com

Ouvert toute l'année. Pour 13 personnes (5 chambres). 18 € la nuitée. Label Tourisme & Handicap.

Membre du réseau Rando Accueil, ce gîte accueille les randonneurs et personnes de passage dans le pays Glazik. Aménagé dans un ancien presbytère, c'est un point de départ idéal pour les randonnées à pied ou à bicyclette ou tout simplement pour se reposer à la campagne. Le gîte se compose de 5 chambres. Pour préparer les repas et les partager dans la convivialité, une cuisine équipée ainsi qu'une salle à manger sont mises à disposition et pour ceux qui n'ont pas envie de cuisiner, un restaurant ouvrier est ouvert le midi en semaine.

CHÂTEAU DE GUILGUIFFIN €€

LANDUDEC

✆ 02 98 91 52 11

www.chateau-guilguiffin.com

4 chambres de 2 personnes, 2 suites de 3 personnes et 2 cottages en location. De 600 € à 770 € la semaine selon saison.

Magnifique ! Et encore le mot est faible pour décrire ce somptueux château du XVIIIe siècle, entouré d'un immense domaine préservé et sauvage. Ici, on convie même les hôtes à venir avec leur cheval ! Le lieu peut accueillir jusqu'à 300 personnes pour de grands événements, qui pourront s'émerveiller à la vue, le soir, du château illuminé. Les activités proposées : cours de cuisine, yoga, équitation, sculpture... autant d'invitation à éveiller ses sens dans un lieu d'exception où la gentillesse d'accueil de ses hôtes est à la hauteur du domaine.

LE POISSON D'AVRIL €€

19-21, rue de Men Meur - **LE GUILVINEC**
✆ 02 98 58 23 83
www.lepoissondavril.fr

4 chambres (et terrasses privatives). Suite de 89 € à 105 €. Petit-déjeuner : 8,50 €. Restauration.

Situé face à l'entrée du port du Guilvinec, tous les amoureux de la mer prendront un véritable plaisir à se réveiller devant la danse des bateaux débarquant la pêche du jour. Cet hôtel-restaurant propose 4 chambres, dont une suite familiale composée de deux chambres, toutes dotées d'une grande terrasse vue sur l'océan. L'établissement propose une très bonne table avec poissons et fruits de mer directement débarqués des bateaux de pêche. Privilégiez le menu du midi, qui change quotidiennement. La vue de la terrasse du restaurant est splendide !

CHAMBRES D'HOTES EVEL ER GER €€

1a rue du Varcq - **LOCQUIREC**
✆ 02 98 79 35 79
www.lescale.bzh

Les tarifs vont de 110 € à 190 € pour 1 nuit/2 personnes, petits-déjeuners compris, suivant la chambre et la période.

Jean-François Fleuriot vous accueille dans sa maison d'hôtes tout confort en Bretagne. Après avoir profité de la plage à 100 m, vous prolongerez votre détente avec la piscine intérieure, l'espace spa, la salle de sport et la salle de massages. Les cinq chambres spacieuses sont toutes équipées d'une salle de bains privative, deux d'entre elles disposent d'une terrasse avec vue sur le port de Locquirec. Le dîner vous sera servi dans le restaurant L'Escale Gourmande sur place.

CHEZ MELO €€

73, rue Sébastien Guiziou - **LOCTUDY**
✆ 02 29 40 58 28
www.chezmelo.com

4 chambres. Chambre double de 63 € à 70 €. Petit-déjeuner inclus. Wifi gratuit.

Les 4 chambres de Chez Melo vous offrent une pause détente pendant votre séjour dans le département. Les 4 chambres disposent de salle de bains privative avec douche ou baignoire et w.c.. De plus, vous aurez accès au wi-fi. Le plus : le petit déjeuner que Mélody vous prépare avec son plus beau sourire. Sur la table, vous trouverez des crêpes, du riz au lait, des confitures, de la brioche, du pain, du far... Le tout fait maison ! Et pour parfaire le tout, sachez que Mélody tient aussi une très belle cave avec vins, whiskies, bières locales...

GÎTE DE L'AVEN €€

MELGVEN
✆ 02 98 50 93 81
www.gitedelaven.sitew.com/

Gîtes de France. Pour 7 personnes (120 m², 3 chambres). De 500 € à 1 000 € la semaine selon saison.

Le site a été rénové récemment avec des matériaux écologiques. Ses grandes baies le rendent lumineux et assurent une belle vue sur le jardin. Les lits sont faits à l'arrivée et le linge de toilette est fourni. Le chauffage est compris et du bois est fourni pour le feu. Le bois est très présent dans le gîte, ce qui lui donne un côté chaleureux très apprécié. Il est installé dans un hameau, au croisement de plusieurs sentiers de randonnée. Le lieu idéal pour profiter de la nature à 10 km de la mer et pour parcourir les chemins avec votre chien.

L'AUBERGE DU FUMOIR D'AR-MEN €€

16, Kerhuret - **PLOGOFF** ✆ 02 98 70 34 85
https://aubergedufumoirdarmen.fr

Haute saison : chambre double 60 €. Petit déjeuner inclus. Animaux acceptés (7 € la nuit). Wifi. Lave-vaisselle.

L'Auberge du Fumoir emprunte son titre au fumage de poisson artisanal. On en profite pour déguster les poissons locaux et les saumons bios fumés par Clément. Côté hébergement, on garde le côté traditionnel, avec des chambres d'hôtes et un gite, installés dans de belles bâtisses en pierres où le bois a la part belle. Les petits déjeuners sont inclus dans le tarif et composés de produits faits maison, avec des crêpes préparées à la demande. L'auberge fait également table d'hôtes.

CHAMBRES D'HÔTES DE TRÉZERVAN €€

Trézervan - **PLOGONNEC** ✆ 02 98 64 48 98
www.trezervan.com

3 chambres. Chambre double de 59 € à 80 € ; triple de 89 € à 110 € ; suite de 109 € à 130 €. Petit-déjeuner inclus.

Tel un trésor, Trézervan se cache, enfoui, dans la campagne de Plogonnec. Mais cet ancien corps de ferme du XVIIIe siècle mérite bien qu'on le cherche un peu, car le bonheur et l'émerveillement sont au rendez-vous ! Les 3 chambres d'hôtes sont très spacieuses. Avant l'accès aux chambres, le charme opère déjà avec la grande cheminée du salon commun, aux murs blancs éclatants. L'ensemble est clair, baigné de lumière, avec ses boiseries et planchers peints, ses pierres apparentes.

COLONIE DE TRÉZIEN €€€

Route du Cross-Corsen - **PLOUARZEL**
✆ 06 30 83 77 25
www.lacoloniedetrezien.com

Ouvert toute l'année. Location des chambres, à partir de 105€, drap housse compris. Séminaires. Réceptions et mariages.

Nous sommes tombés sous le charme de cet endroit exceptionnel. Un lieu idéal pour les mariages, qui constituent d'ailleurs les temps forts de la vie de la colonie. Sur place, deux salles sont disponibles, pour accueillir jusqu'à 250 personnes. Le lieu s'ouvre sur un paysage maritime ressourçant et idyllique, prolongeant le sentiment d'évasion que procure cet endroit. Et si vous avez la moindre question, leur site internet contient une foire aux questions. Futé : le Colonie de Trézien accompagne également vos événements professionnels. Un must !

LA CAMELINE €€

5, promenade de la Méloine - **PLOUGASNOU**
✆ 02 98 72 38 81
www.la-cameline.com

4 chambres. Chambre double de 110 € à 135 €. Restauration (menu détente à 28 €, Menu tradition à 36 €).

La Cameline est un lieu chaleureux, au charme suranné. Les quatre chambres d'hôtes sont des nids douillets et possèdent chacune une décoration différente et dans laquelle vous vous sentirez serein. Elles ont l'avantage d'offrir une très belle vue sur la mer et sont chacune équipées d'une douche, d'une baignoire et de toilettes privées. L'accueil est souriant. N'hésitez pas à tester également le restaurant de l'établissement : sa véranda vous permet de profiter d'une incroyable vue sur panoramique sur la plage, quel que soit le temps !

L'ÉCOLE ENCHANTÉE €€

225, route de Saint-Adrien
PLOUGASTEL-DAOULAS ✆ 02 98 40 38 58
www.ecole-enchantee.fr

4 chambres. Chambre simple de 55 € à 70 € ; double de 67 € à 87 € ; triple de 87 € à 107 €. Petit-déjeuner inclus.

Dans la presqu'île de Plougastel-Daoulas, à proximité du port de L'Auberlac'h, l'ancienne école Saint-Adrien s'est reconvertie avec succès dans les chambres d'hôtes. Dans un cadre enchanteur au bord de la mer, Christine et Jacques Benoist, ont rénové l'endroit avec soin, lui donnant un cachet moderne. L'endroit conviendra à tous les types de voyageurs : ceux qui recherchent le calme seront ravis par la nature paisible et silencieuse, tandis que les plus sportifs auront toutes sortes d'activités à portée de main (randonnées pédestres ou à vélo, sports nautiques).

LA GLYCINIÈRE €€

16, place de la République - **PONT-CROIX**
✆ 02 98 70 58 50
www.la-glyciniere.com

5 chambres. Chambre double 85 €. 1 gîte : 5 places location à la semaine. Table d'hôtes entre 15 et 25€.

Située dans le Finistère sud, en plein cœur du charmant village médiéval de Pont-Croix, labellisé petite cité de caractère, cette adresse est un excellent point de départ vers de multiples escapades dont la majestueuse Pointe du Raz. La Glycinière est une maison bourgeoise du XIXe siècle où les chambres d'hôtes sont confortables et décorées avec soin. Du mobilier aux couleurs, tout y est harmonieux. Le gîte est une très belle maison en pierre parfaitement équipée. Il bénéficie en outre d'une piscine d'été dans laquelle vous prendrez plaisir à vous prélasser.

MARIE-PIERRE CHEDALEUX €

15, route de Loctudy
PONT-L'ABBÉ
✆ 06 62 56 77 78

Chambre à partir de 55 €. Lit supplémentaire : 15 €. Wifi.

Située à seulement un kilomètre des commerces et à 4 km de la plage, la maison contemporaine de Mme Chedaleux vous offre trois chambres à l'étage, d'environ 15 m² chacune, pour une capacité totale de 9 personnes. Vous y trouverez un accueil charmant et tout l'équipement nécessaire pour un séjour parfait. Les chambres sont confortables et décorées avec soin. A vous maintenant de programmer les meilleures activités possibles : le secteur ne manque pas d'attraits pour un séjour réussi ! En rentrant, vous prendrez plaisir à vous installer dans le jardin.

DOMAINE DE KERVAIL €

10, rue de Kervail - **QUIMPERLÉ** ✆ 02 98 35 06 47
www.domaine-de-kervail.com

4 chambres (et 4 chambres dans la maison partagée). Chambre double 65 € ; triple 80 €. Petit-déjeuner inclus.

Ancien relais de poste, cette superbe longère de caractère rénovée abrite quatre chambres d'hôtes déclinées en quatre ambiances différentes et décorées avec goût. Trois d'entre elles disposent d'une entrée indépendante. Le petit-déjeuner est gourmand : oranges pressées, boisson chaude, crêpes, madeleines, gâteau du jour, céréales... L'accueil est sympathique et Françoise vous donne avec plaisir toutes les informations et les conseils pour visiter la région. Le Domaine de Kervail vous propose aussi la location de sa maison partagée, avec quatre autres chambres.

ILLE-ET-VILAINE

GÎTE LA BELLE JEANNETTE €€

28, La Coudrais - **BAINS-SUR-OUST**
✆ 06 77 06 40 7
www.gite-la-belle-jeannette.fr
Pour 4 personnes (2 chambres). De 345 € à 415 € la semaine selon saison. Petits déjeuners de 6,5€ à 10€.

Grâce à l'accueil très sympathique de Renée et Stéphane, aux chambres confortables et au prix attractif, vous passerez un très agréable moment. Le poêle à bois, la salle de bain moderne, la décoration cosy, le parquet dans les chambres, le grand jardin, les animaux (poules, chèvres, lapins...) et le panier gourmand : chaque détail fait de ce lieu un moment de plaisir. Les balades à poney en main raviront les enfants, et vous pourrez goûter aux produits de la maison lors du petit-déjeuner ou du repas. Pour encore plus de détente, un hammam sera bientôt installé.

LOGIS DE LA FILANDERIE €€

3, rue de la Filanderie - **BÉCHEREL**
✆ 06 60 81 36 41
www.logisdelafilanderie.fr
Chambre double de 65 € à 125 €. Petit déjeuner inclus. Restauration (table d'hôtes : 25 € / pers).

Ici le temps s'est arrêté en 1950. Stéphane et Patrick vous accueillent dans une maison du XVIIe siècle au cœur de la Petite Cité de Caractère® et première cité du livre en France. Les 6 chambres sont un voyage temporel dans la première moitié du XXe siècle. Le charme de la Belle Epoque vous embaume le temps d'un week-end en couple ou en famille. La plupart des chambres possèdent leur salle de bain et toilettes indépendantes. Hôtes très accueillants (ils possèdent aussi un salon de thé brocante) et petit déjeuner composé de produits frais et faits maison.

LA MAISON D'HÔTES DE LA PORTE SAINT-MICHEL €€

1, portes Saint-Michel
BÉCHEREL
✆ 09 52 65 64 02
www.la-maison-de-la-porte-saint-michel.fr
Chambre double à 58€ petit déjeuner compris.

Au cœur de la Cité du Livre, la maison d'hôtes de la Porte Saint-Michel se situe dans une bâtisse du début du XVIIIe siècle. Mansardée, la chambre « Rêve et Voyages » aux teintes colorées offre charme et sérénité. Le coin salon attenant regorge d'objets chinés qui renforcent le dépaysement. En bas, vous trouverez des livres et le salon du petit déjeuner. Rappelons que l'endroit a été de 1992 à 2012, une librairie-salon de thé. On y trouve encore d'excellentes pâtisseries maison.

LES CHAMBRES BREIZH CAFÉ €€

7, quai Thomas - **CANCALE** ✆ 02 99 89 61 76
https://breizhcafe.com/fr
Accueil jusqu'à 23h45. 5 chambres. Chambre double de 118 € à 138 €. Wifi.

Sobres et élégantes, les 4 chambres et la suite de l'hôtel Breizh Café vous accueillent pour un séjour au calme et en toute intimité au cœur de Cancale. Toutes équipées de grands lits, d'une salle de bains avec baignoire et bénéficiant d'une décoration élégante, les chambres doubles et la suite vous offriront une superbe vue sur le port de la Houle. Vous prendrez un délicieux petit déjeuner dans l'appartement Breizh Café. Avec un service attentionné, prenez le temps de savourer la vie à Cancale et d'explorer les beautés de ce port de pêche.

LE CHÂTEAU DE LA BALLUE ET SES JARDINS €€€

La Ballue - **BAZOUGES-LA-PÉROUSE**
✆ 02 99 97 47 86
www.la-ballue.com

Qualité Tourisme. Les jardins et chambres d'hôtes sont ouverts de mi-mars à novembre. 5 chambres (dont une suite).

Le Château de La Ballue, date du XVIIe siècle et est classé monument historique. Il propose quatre chambres et une suite de 3 pièces, aménagées avec le plus grand soin, pour le plaisir esthétique comme pour le confort des hôtes. Diane, Florence, Perse et France : toutes les chambres, spacieuses et lumineuses, avec une belle hauteur sous plafond, sont décorées de boiseries d'époque et dotées de cheminées. Le château de La Ballue est aussi connu pour ses jardins remarquables.

© SIMON BOURCIER / CHATEAU DE LA BALLUE

© CHATEAU DE LA BALLUE

ESPRIT D'EMBRUNS €€€

29 et 34, rue du Cormorandier - **CANCALE**
✆ 02 99 19 80 99
www.espritdembruns.com

3 gîtes pour 6 à 8 personnes. De 530 € à 810 € la semaine selon saison. Entre 105 et 140 € la nuit (2 nuitées minimum).

Au sein d'un environnement naturel et maritime, ces deux gîtes en pierre, rénovés, accueillent les voyageurs à la nuitée ou à la semaine avec tout le confort nécessaire. « Grande île » dispose d'un salon avec une cheminée, d'une grande cuisine équipée, de 3 chambres et une salle de bains spacieuse. « Petite île » dispose d'un séjour avec un poêle à bois scandinave, une mezzanine, une cuisine et de deux chambres mansardées avec une belle terrasse. D'ici, rejoignez le sentier littoral à pied ainsi que le centre de ville de Cancale (marché le dimanche matin).

MAISON DE LA MARINE €€€

23, rue de la Marine - **CANCALE** ✆ 02 99 89 88 53
http://lamaisondelamarine.com

5 chambres. Chambre double de 150 € à 170 €. Petit déjeuner inclus. Restauration (menus à partir de 28 €).

La Maison de la Marine est un lieu de charme et de caractère, raffiné et décontracté, où l'on passe un séjour enchanteur. Elle se compose de cinq magnifiques chambres, confortables, élégantes et cossues, aux ambiances différentes (Mer et Voyage, Musique, Romantique, Peintre anglais ou encore Ecrivain anglais) qui bénéficient pour certaines d'une belle vue sur la mer. Le restaurant dispense une cuisine de grande qualité. Une parenthèse gastronomique et romantique entre et terre et mer. Accueil charmant de M. et Mme Deniau les gérants. A ne pas manquer.

LA MÉTAIRIE DU VAUHARIOT €€

66, rue des Français-Libres - **CANCALE**
✆ 02 23 15 19 67
www.metairie-du-vauhariot.com

Ouvert toute l'année. 4 chambres (et 5 gîtes). Petit déjeuner inclus. Parking fermé. 4 gîtes tout confort.

Splendeur du XVIIe siècle, à 5 minutes à pied du port de Cancale, cette majestueuse métairie offre une vue exceptionnelle sur la mer et la baie du Mont Saint-Michel. Les quatre chambres ainsi que la suite dans l'ancien pigeonnier sont spacieuses, chaleureuses et romantiques à souhait. Sur le même site, quatre beaux gîtes d'un grand confort sont décorés avec goût et se composent d'une cuisine aménagée, salon, deux chambres, salle de bains, terrasse privée avec jardin… Enfin, pour vous détendre, rien de mieux que la piscine chauffée.

BELLE NOÉ €€€

DOL-DE-BRETAGNE
✆ 06 25 57 14 68
www.bellenoe.fr
Chambre double de 80 € à 115 € ; chambre triple à partir de 125 €. Petit déjeuner inclus.

Ce magnifique manoir, ancienne propriété du corsaire malouin Robert Surcouf, possède des chambres d'hôtes exceptionnelles, restaurées dans leurs décors d'origine. *La Confiance* est une grande et lumineuse suite, *La Clarisse*, une chambre typique du XVIIIe siècle avec un lit en alcôve, *La Caroline*, offre un lit baldaquin romantique sous une charpente Louis XIV alors que *L'Entrepont*, le dortoir des officiers se compose de 8 lits suspendus. Pour vos week-ends en amoureux, l'établissement sort le grand jeu : champagne, fleurs et dîner aux chandelles. Un lieu unique !

CHÂTEAU DE MONBRAULT €€€

FLEURIGNÉ
✆ 06 07 88 61 56
www.chateau-de-montbrault.com
5 chambres doubles de 140€ à 195€ (selon la saison) avec petit-déjeuner.

Le château de Monbrault, c'est 10 hectares de verdure et un château dont la construction remonte au début du XXe siècle. Restauré en 2012 avec des matériaux anciens par les propriétaires, le bel édifice a conservé son âme d'antan. Les cinq chambres spacieuses ne manquent pas de romantisme et traversent les époques sans négliger le confort contemporain. Les tableaux anciens, la chaleur du bois et la fraîcheur du marbre vous conduisent dans les bras de Morphée. Il est bon de profiter d'une balade dans le parc ou d'un bain dans la piscine extérieure chauffée.

MANOIR LE COURTILLON €€€

Le Courtillon - **GUICHEN**
✆ 02 99 57 11 08
http://lecourtillon.com
Gîtes de France (4 épis). Ouvert toute l'année. Chambre double 110 €.

Ce superbe manoir du XVIIe siècle, tout en pierre, restauré à proximité de Rennes aux portes de la Bretagne, est entouré de deux hectares de bois, prairie et jardins. Un cadre idéal pour passer une nuit ou plus dans l'une des trois chambres d'hôtes : Chantilly, Chocolat ou Tourterelles. On apprécie la modernité des pièces et leur décoration harmonieuse. Pour une expérience plus romanesque, optez pour la chambre qui se trouve dans la tour du manoir. L'espace bien-être est appréciable. A 15 km de Rennes et à 20 km de la forêt de Brocéliande.

LE VAL ORY €

Le Val Ory - **IFFENDIC**
✆ 02 99 09 98 27
www.levalory.com
4 chambres de 79 à 89 € (2 personnes). Petit-déjeuner inclus. Menu table d'hôte ou plateau repas le soir. Wifi gratuit.

Au sein d'un parc de 3 hectares, cette longère entièrement rénovée vous propose trois chambres alliant modernité et authenticité, ainsi qu'un loft contemporain parfaitement équipé. Édouard et Daniela vous serviront chaque matin un copieux petit déjeuner, et vous pourrez découvrir la cuisine locale grâce à leur table d'hôte servie dans le salon du XVIIe siècle. Aux beaux jours, la terrasse et le jardin sont des plus appréciables. A proximité, le lac de Trémelin offre des activités pour toute la famille. En bref, l'endroit idéal pour se ressourcer !

CHAMBRES D'HÔTES LA MÉTAIRIE €€

12, rue du Petit-Bois - **DOMLOUP**
✆ 02 99 37 53 37 -
www.lametairiededomloup.com
Gîtes de France (4 épis). Chambre double à partir de 75 €. Petit déjeuner inclus. Table d'hôtes (23 €).

© LA MÉTAIRIE DE DOMLOUP

Ancienne métairie construite en 1860 par l'imprimeur Oberthur, la propriété est depuis 5 générations celle de la famille Loisel qui en a dédié une partie à la création de chambres d'hôtes. Autrefois écurie, étable, cellier, grange, les dépendances servent désormais de lieu de villégiature. Les chambres ne manquent pas de cachet : poutres apparentes, jonc de mer au sol, mobilier de charme... Les deux suites familiales, dont l'une dans l'ancienne laiterie, sont de vrais coups de cœur.

FERME NORDIQUE DE BROCÉLIANDE €€

35, rue du Chevalier Lancelot du Lac
PAIMPONT
✆ 07 68 68 57 25
https://ferme-nordique-broceliande.fr
Chambre double : 63 €. Hébergement en kotas 2 personnes : 90 €/nuit, 4 personnes : 120 €/nuit (petits-déjeuners inclus)

Si on est bien à Brocéliande, l'esprit de la Finlande ne flotte pas très loin. La Ferme Nordique est l'histoire d'une passion pour le Grand Nord, celle de Pascal, Thomas et Maritta (qui est Finlandaise). Dans ce coin de Bretagne, la magie opère. On y vient passer une nuit ou plus dans l'une des chambres d'hôtes ou l'un des kotas finlandais. A table repas breton ou finlandais au choix. On en profite encore pour réaliser une balade en attelage avec les huskies ou découvrir les rennes.

© LA FERME NORDIQUE DE BROCÉLIANDE

© LA FERME NORDIQUE DE BROCÉLIANDE

CHAMBRE D'HÔTES DU CHAMP-BLANC €

Le Champ-Blanc - **LANDÉAN**
✆ 02 99 97 30 64
www.chambre-fougeres-mont-saint-michel.com
Chambre double 52 € ; chambre triple 67 €. Petit-déjeuner inclus. Lit supplémentaire : 15 €.

Odette et François vous accueillent dans leur maison contemporaine entourée de verdure. Deux chambres sont réservées aux hôtes : elles sont confortables, propres et possèdent une décoration simple et colorée. Elles possèdent une entrée indépendante et donnent sur la forêt de Fougères. Salles d'eau et toilettes privatives et possibilité de coucher jusqu'à trois ou quatre personnes par chambre. Dans les environs : château de Fougères (8 km) et base de loisirs de Chenedet (5 km).

LES JARDINS DE LA PEROUSE DU MITAN €

La Pérouse du Mitan - **LANDÉAN**
✆ 02 99 97 30 30
www.gites-fougeres.com
Chambre double à partir de 62 €. Petit déjeuner inclus.

Non loin du Mont-Saint-Michel, près de Fougères, en pleine campagne, dans un îlot de verdure, cette maison bretonne en granit comprend deux chambres d'hôtes, dont une suite qui peut accueillir jusqu'à 4 personnes. Le charme de la propriété c'est son grand parc privé de 8 000 m² qui abrite une collection de plantes rares où volettent des centaines de variétés de papillons. Excellent petit déjeuner avec entre autres les bonnes confitures d'Angèle. Activités variées autour de la forêt.

LE JARDIN DES SIMPLES €€€

2-4, ruelle du Chanoine-Descottes
MONT-DOL ✆ 02 99 80 74 24
www.jardin-des-simples.com
5 chambres. Chambre double de 115 € à 130 €. Lit supplémentaire : 25 €. Table d'hôtes : 44€ par pers. tout compris.

Le Jardin des Simples est un petit paradis situé en baie du Mont-Saint-Michel qui tient son nom des plantes médicinales qui ornaient jadis les jardins de curé. L'ancien presbytère du XVIIIe siècle, habité par Jacqueline et Yannick, a conservé son authenticité : poutres en châtaignier, escalier d'origine, parquets anciens, cheminées, four à pain. A l'extérieur, on flâne dans le beau jardin de curé où se mélangent légumes, fleurs et plantes aromatiques. Les 5 chambres de charme offrent toutes une vue sur le jardin ou sur le Mont-Dol. Une adresse exceptionnelle.

LE QUARTIER €€

NOYAL-SOUS-BAZOUGES
✆ 06 24 65 05 19
https://chambre-dhote-mont-saint-michel.fr
Chambre double de 95 € à 135 €. Petit déjeuner inclus. Table d'hôtes : 25 €. Piscine chauffée du 15 mai au 15 octobre.

Ce beau manoir, construit en pierre de taille, est agrémenté d'une tourelle qui lui donne un charme romanesque. Au cœur d'un parc de 13 hectares avec étang et piscine, les chambres d'hôtes se trouvent dans une dépendance du corps de logis. Pour se réunir en famille ou entre amis, le gîte de 5 personnes avec cuisine équipée et parking privatif est idéal. Le cadre verdoyant et le bain bouillonnant sont propices à la détente. A 11 km du château de Combourg, à 8 km de la forêt de Villecartier (accrobranches, port miniature), à 10 km de l'étang de Feins.

LES DEMEURES DE MARIE €€

Le Haut Méhault - **PACÉ**
✆ 07 86 42 99 38
www.lesdemeuresdemarie.com
1 chambre (+ 4 suites). Chambre double à partir de 129 € ; suite à partir de 149 €. Hammam, bain bouillonnant.

Les Demeures de Marie offrent un moment magique dans un ancien manoir aux portes de Rennes. Le joli parc arboré de 4 000 m² possède un magnifique spa au fond du jardin. Véritable cocon romantique, l'espace se pare d'éclairages tamisés et d'une douce ambiance musicale à la nuit tombée. Ses suites haut de gamme sont divinement aménagées : lit *king size*, cheminée bioéthanol, mini bar... La maison devient la vôtre le temps de votre séjour. Profitez encore du hammam et du piano. Divin petit déjeuner servi par Marie, la propriétaire, d'une gentillesse remarquable.

AR LITORIENN €€

Folle Pensée - **PAIMPONT**
✆ 02 97 75 70 28
www.arlitorienn.fr
Chambre double de 60 € à 80 € ; triple de 80 € à 90 €. Petit-déjeuner inclus. Animaux acceptés (4 €).

A deux pas de la fontaine de Barenton, se trouve Ar Litorienn (« La Fable » en breton) : trois chambres d'hôtes au style chamarré. Des tonalités printanières dans la chambre des Elfes, des reflets aquatiques dans la chambre de Viviane et des tons chauds dans celle d'Arthur et de Guenièvre. La féerie plane en ce lieu notamment dans le charmant salon. Dame Catherine vous y accueille en présence de ses animaux de compagnie et de personnages légendaires. Les petits-déjeuners sont dressés avec soin et richement garnis. *English breakfast* sur demande.

MANOIR DU VAUGARNY €€

Vaugarny - **MAEN ROCH**
✆ 06 62 45 66 09
www.manoir-du-vaugarny.com
Ouvert du 1er avril au 30 septembre (4 nuits min.) 3 gîtes (2 à 16 personnes). De 630 € à 805 € la semaine selon saison.

© MANOIR DU VAUGARNY

Les 3 gîtes de charme du manoir du Vaugarny reposent dans un environnement préservé de 5 ha. Chacun possède sa terrasse et son jardin privatif, c'est un bonheur ! Les jardins du domaine sont sculptés selon l'art topiaire. Les balades s'improvisent entre ruisseau, bois et potager médiéval. Il n'est pas rare de croiser quelques lapins et écureuils. Les gîtes, dont les premières pierres ont été posées au XIVe siècle, ont bénéficié d'une restauration selon la tradition architecturale bretonne. A ne pas manquer autour : les châteaux du Rocher Portail et de Fougères !

CASTEL JOLLY €€

15, rue de Brizeux - **RENNES**
✆ 06 84 60 10 94
casteljolly.com
Chambre double à partir de 119€ petit-déjeuner inclus. Prêt de vélo et parking gratuit.

Certainement l'une des plus belles chambres d'hôtes de Rennes située à proximité du parc du Thabor. Siégeant au sein d'un magnifique hôtel particulier datant de 1885 construit par l'architecte Duval, elle dispose de 3 chambres grand confort : la Dufy, la Salvador et la Matisse. Un grand jardin entouré d'arbres centenaires sera votre écrin de verdure pour vous détendre après votre journée. Tout est très coquet, agencé avec beaucoup de goût. Le petit déjeuner agrémenté de gâteaux et de confitures maison est délicieux, surtout l'été dans le jardin sous la glycine !

MARNIE & MISTER H €€€

3, rue du Chapitre - **RENNES**
✆ 02 30 02 84 08
www.marnieetmisterh.fr
5 chambres. Chambre double à partir de 109€ ; appartement à partir de 229 € ; suite à partir de 159 €. Pdj inclus. Patio

© MARNIE & MISTER H

Le calme au milieu de la ville, vous l'avez rêvé ? Marnie & Mister H l'ont fait ! Pour vivre un week-end rennais comme si vous y habitiez, ces chambres d'hôtes sont une pépite au cœur du vieux Rennes. La déco *so british* confère au lieu un charme fou, et Marion vous mettra très vite à l'aise. Dans cette maison de caractère du XVIe siècle, on monte un auguste escalier pour accéder aux chambres. Chacune a son petit nom : Oscar, Marnie, George, Alice et Iris. Notez que vous avez de quoi réchauffer vos plats ou les garder au frais. Cerise sur le gâteau : le patio !

GÎTES DE FRANCE EN BRETAGNE €€

103A, avenue Henri Fréville - **RENNES**
✆ 02 57 18 00 00
www.mygitesbreizh.com
Toute l'année. Réservation par téléphone du lundi au vendredi de 8h à 18h et le samedi de 9h à 17h.

Partage, authenticité, responsabilité, engagement sont les valeurs des Gîtes de France depuis plus de 60 ans. Du séjour en gîte en passant par les chambres d'hôtes, profitez d'endroits insolites : manoirs, maisons bourgeoises ou anciennes... C'est aussi l'occasion de découvrir la table d'hôtes. A l'instar des chambres d'hôtes, les locations et gîtes sont classés en épis - jusqu'à 5 pour les prestations haut de gamme. Astuce futée : téléchargez l'application bretonne « mygitesbreizh » !

KASTELLREN €€

4, chemin du Bois Harel - **RENNES**
✆ 07 49 46 05 71
www.kastellren.com/
5 chambres. Chambre à partir de 69 €. Petit-déjeuner inclus. Parking. Restauration (paniers repas). Salles de réunion.

Kastellren fait partie des belles nouveautés 2020. Niché dans un terrain arboré, le manoir bien rénové abrite 5 chambres d'hôtes. Les artisans locaux ont mis en œuvre leur savoir-faire pour créer des pièces ergonomiques. Chaque chambre, décorée avec des matériaux haut de gamme possède son identité. Une kitchenette permet de réchauffer les paniers-repas proposés. Au petit-déj', Morgane prépare tout maison : brioche, pain, mousse de fruits... Kastellrenn dispose aussi de salles de réunion. Aussi pratique pour les *city breaks* en amoureux que pour les professionnels.

AU FIEF DES AMIS DU MONT €€

1, Les Parcs - **ROZ-SUR-COUESNON**
✆ 06 76 70 67 78
Chambre double à partir de 61 € ; chambre triple à partir de 92 €. Petit-déjeuner compris. Animaux acceptés.

Vous pourrez loger tout au long de l'année au cœur de cette ancienne demeure construite en 1900, avec vue sur le Mont Saint-Michel. Dans ces trois chambres de charme, vous disposerez de tout le confort nécessaire à vos besoins. Un petit déjeuner copieux avec des produits frais sera préparé chaque matin, de quoi bien démarrer votre journée. En outre vous pourrez effectuer une initiation à la géobiologie, une randonnée pédestre, un pique-nique sur la pelouse ou si te temps est plus frais, une lecture au coin de feu. L'établissement dispose d'un parking privé.

CHAMBRES D'HÔTES DU VIEUX LOGIS €€

19, rue de Pleurtuit - **SAINT-BRIAC-SUR-MER**
✆ 02 99 88 34 78
www.chambre-hotes-saint-briac.com
Gîtes de France. Ouvert toute l'année. Chambre double de 78 € à 92 €. Petit déjeuner inclus. Parking

Cette demeure du XVIIe siècle se situe près du sentier des Douaniers et à 800 mètres des plages de Saint-Briac. Deux circuits de balades à vélo passent également à proximité. Très belle avec ses vieilles pierres, la maison abrite trois chambres confortables et décorées avec soin, toutes équipées d'une salle-de-bain privée. Un havre de paix idéal pour se la couler douce à Saint-Briac ! Vous apprécierez le jardin au retour de vos balades sur la côte.

LE SAISON €€€

1, impasse du Vieux-Bourg - **SAINT-GRÉGOIRE**
✆ 02 99 68 79 35 - le-saison.com
5 chambres. Chambre double à partir de 150 € avec patio privatif, couloir de nage. Petit-déjeuner : 18 € (room service).

A l'image de la cuisine du nouveau chef Ronan Kervarrec, Le Saison propose à deux pas de Rennes 5 chambres d'hôtes de standing supérieur au décor épuré, raffiné et coloré. Des coloris pastel aux tons plus soutenus, chacune possède son propre style et dévoile un patio privatif pour une quiétude assurée. L'harmonie coule de source et on ressent ici un petit côté « feng shui » avec cette rivière de nage extérieure chauffée, ses espaces ouverts où la brise circule, la belle lumière du soleil qui rayonne dans les pièces... Petit déjeuner local entièrement fait maison.

ECOLODGE LA BELLE VERTE €€

La Pihourdière - **SAINT-M'HERVÉ**
✆ 06 11 30 91 85
www.ecolodge-labelleverte.fr
Ecolodge 2 pers. à partir de 125 €. Tente glamping à partir de 65 €. Petit-déjeuner inclus. Bain nordique : 45 €.

Vous ressourcer au rythme de la nature, vous en rêvez ? Vous êtes au bon endroit ! Les 2 écolodges construits par Hélène et son mari avec des matériaux naturels (bois, paille, terre) sont chauffés par l'énergie du soleil. A l'intérieur, on goûte au bien-être (massage, réflexologie, bain au lait d'ânesse, petit déjeuner bio...). Et quel plaisir de se baigner dans le bain nordique chauffé à 39 °C sous les étoiles ! Un gîte 6-8 personnes ainsi qu'une tente glamping complètent les lieux. Découvrez aussi la mini-ferme et le carré potager. Séjour hors du temps garanti !

L'AUBERGE DE LA PORTE €€

La Porte
SAINT-MALO
✆ 02 99 81 10 76
www.aubergedelaporte.fr
32 couchages. Chambre double de 70 € à 80 €

En plein coeur de la campagne jouannaise, l'Auberge de la Porte propose 5 chambres d'hôtes pouvant accueillir de 2 à 5 personnes, ainsi que 3 gîtes d'une capacité de 2 à 6 personnes. Dans un décor authentique et plaisant, cette auberge offre un hébergement de choix, avec confort et propreté irréprochable. Toutes les chambres sont équipées d'une salle de bain, de WC, et d'une télévision : un salon est à la disposition des hôtes. Côté restaurant, c'est le même plaisir, avec une cuisine du terroir et de tradition qui se veut généreuse.

LA PETITE VILLE MALLET €€

La ville Mallet - **SAINT-MALO**
✆ 02 99 81 75 62
www.lapetitevillemallet.com
Gîtes de France. 2 chambre. Chambre simple 85 € ; double 110 € ; suite de 170 € à 190 €. Petit-déjeuner inclus.

Cette belle maison bretonne en granit est lovée dans son écrin de verdure. C'est un véritable havre de paix, situé à 3 km des plages et des sentiers pédestres et à 5 minutes du centre historique. Vous serez reçu ici comme chez des amis car l'accueil est le maître mot des propriétaires. Ils prendront un immense plaisir à vous raconter l'histoire de Saint-Malo. Les chambres habillées de meubles anciens, décorées avec soin, sont toujours très bien tenues. Enfin, le copieux petit-déjeuner servi sur la terrasse aux beaux jours, est on ne peut plus plaisant.

CHÂTEAU DE BÉZYL €€

Domaine les Bézyl les Bois
SIXT-SUR-AFF ✆ 02 99 70 10 31
www.chateaudebezyl35.com
5 chambres. Chambre double 75 €-150 €. Petit-déj. inclus. Piscine chauffée entre 23 et 27°C de mi-mai à mi-sept.

© CHÂTEAU DE BÉZYL

Situé à côté de La Gacilly et Redon, le château de Bézyl est une merveille au cœur de la campagne bretonne. Le domaine de 96 hectares permet d'improviser une balade le long du sentier de 12 km entre bois et étang au sein même de la propriété, de se détendre dans la piscine ou de s'assoupir dans la bibliothèque au son du piano. La décoration du château et des chambres (3 Prestige et 2 Standard) est une belle illustration de l'Art déco nouveau. Aly, la propriétaire néerlandaise, très accueillante, prépare des petits-déjeuners gourmands à base de produits locaux.

MANOIR DE LA BOUROUSAIS €€

6, La Bourousais
VAL D'ANAST
✆ 02 99 92 05 96
www.manoir-labourousais.com
Chambre d'hôtes : 80-95 € la nuit pour 2. Cabane : 130 €. Gîte 490-520 € la semaine. Espace bien-être : 15€/pers/heure.

Le Manoir de la Bourousais est un lieu idéal pour une escapade en amoureux. Philippe a créé deux chambres d'hôtes, deux cabanes perchées haut de gamme et un gîte. Chaque année, il apporte des améliorations pour être aux petits soins avec ses hôtes. L'espace bien-être avec spa et sauna, les paniers gourmands fermiers, les petits-déjeuners maison (confitures, caramel, brioche crêpée) sont autant de services et d'attentions qui rendent le séjour merveilleux. Dans les cabanes, on prend son bain face à la nature tout en contemplant le coucher de soleil. Ressourçant !

© MANOIR LA BOUROUSAIS

© LAETITIA STEIMETZ

VILLA ESPRIT DE FAMILLE €€

19, place du Canada - **SAINT-MALO**
✆ 02 99 20 12 30
www.villaespritdefamille.com
5 chambres (et 2 appartements). Petit déjeuner inclus. Garage (parking privé). Vente objets déco. Massages.

Myriana et Jean-François vous accueillent avec convivialité au sein de leur villa malouine, bâtisse de caractère du XIXe siècle. Située à Rothéneuf, à 200m des plages, et à 6 km de Saint-Malo intra-muros, c'est une belle étape entre Saint-Malo et Cancale. La villa possède 5 chambres d'hôtes de charme (trois doubles et deux de 4 personnes) à la décoration tendance et ultra-confortables. Deux appartements de 4 personnes complètent l'offre. La propriétaire tient aussi une boutique de déco d'intérieur et un salon de thé avec terrasse arborée (brunch le dimanche).

VILLA SAINT RAPHAËL €€

19, rue des Fours-à-Chaux - **SAINT-MALO**
✆ 09 53 03 45 09
www.villa-st-raphael-saint-malo.com
5 chambres (dont une suite). Chambre double à partir de 110 €. Petit déjeuner inclus.

Avec son jardin clos et arboré situé dans le quartier tranquille des Fours à Chaux à Saint-Servan, ses chambres d'hôtes de charme aux teintes naturelles et aux matériaux nobles, cette magnifique villa du XIXe siècle entièrement rénovée offre la plage à 100 mètres. De grand confort, parfaitement équipées et décorées avec beaucoup de goût, les chambres portent les noms de plus beaux arbres du jardin. Petit-déjeuner convivial, avec gâteaux et confitures maison. Proche du centre de la cité corsaire, le lieu est idéal pour une escapade malouine, le temps d'un week-end.

DOMAINE LE 1900 €€€

15, rue René le Hérissé - **VAL COUESNON**
✆ 02 99 18 20 96
www.le1900.com
4 chambres et 2 gîtes. Chambre de 85 à 150 €. Gîtes de 4 et 5 pers : de 120 à 140 € la nuitée, de 770 à 840 € la semaine

Aux portes de la Bretagne, le Domaine Le 1900 bénéficie d'une situation privilégiée pour visiter le Mont-Saint-Michel, la côte d'Emeraude, Fougères et Vitré. Si le patrimoine bâti a beaucoup de cachet, sa restauration et ses aménagements en font surtout une escale idéale pour se reposer dans un cadre superbe. Parquet ancien, meubles patinés, belle hauteur sous plafond, couleurs sobres, confort moderne (TV, liseuse, salle de bains contemporaine) créent une belle harmonie dans les chambres comme dans les gîtes. Piscine, bain bouillonnant et sauna pour le farniente.

BRETAGNE

MORBIHAN

DOMAINE DE KERIZEL €€

Kerizel - **AMBON**
✆ 02 97 45 62 75
www.chambres-hotes-gites-ambon.fr
Ouvert toute l'année. 3 chambres. Chambre double 95 €. Petit déjeuner inclus. Sauna et bain finlandais. Relaxation.

Découvrez cette belle maison de caractère, longère de 1850 rénovée avec soin, blottie dans un écrin de verdure, véritable havre de paix. Trois confortables chambres d'hôtes, spacieuses et décorées avec goût, sont aménagées, ainsi qu'un gîte familial et, nouveauté 2020, un *kota* (cabane en bois d'inspiration nordique). Dégustez un (ou des) repas en table d'hôtes : menu galettes, kig ha farz, ayurvédique ou végétarien. Tentez un cours de cuisine ou détendez-vous dans le sauna, le bain finlandais, ou bien initiez-vous au yoga, au qi gong ou à la marche afghane.

GÎTES DE FRANCE MORBIHAN €€

42, avenue Wilson - **AURAY** ✆ 02 97 56 48 12
www.gites-de-france-morbihan.com
Ouvert du lundi au samedi de 09h à 12h30 et 13h30 à 17h00. Réservations en ligne.

Les Gîtes de France du Morbihan proposent plus de 1 200 locations de vacances, que vous souhaitiez partir en famille ou entre amis, pour une ou plusieurs semaines. Ils mettent à votre disposition plus de 1 100 gîtes, 3 gîtes de groupe, 2 campings labellisés Gîtes de France et pas moins de 115 maisons d'hôtes. Accueillir, bien recevoir, informer et guider sont les maîtres mots des Gîtes de France du Morbihan dont les sélections, classifications et catalogues sont réactualisés chaque année. Alors n'hésitez plus un instant si vous souhaitez avoir le choix.

LES HAUTS DE TOULVERN €€

11, route de Toulvern - **BADEN**
✆ 02 97 57 12 27
www.leshautsdetoulvern.com
9 chambres. Studio / appartement : à partir de 60 € la nuit. Pod : à partir de 32 €. Tiny house : à partir de 50 €.

Labellisés Écolabel européen, les Hauts de Toulvern vous propose des logements éco-tendances dans un environnement biotope naturel. Sur un grand parc, vous découvrez la flore et la faune du golfe du Morbihan. Près des prairies de blé noir, de lin, de fleurs, vous pourrez humer les senteurs du jardin aromatique. Les 3 maisons comportent 9 appartements, équipés d'une cuisine moderne. Le plus Petit Futé : louez à l'automne, et profitez de la chaleur douce du poêle à bois ! Des hébergements insolites type Tiny houses et pods viennent compléter l'offre d'hébergement.

LE VAL DE BRANGON €€€

12, Route de Brangon - **BADEN**
✆ 02 97 57 06 05
www.levaldebrangon.com
5 chambres. Chambre double dès 170 € ; suite dès 200 €. Petit déjeuner inclus. Piscine. Restauration.

Comment ne pas succomber au charme de cette longère de 1824 ? Entièrement rénovée et décorée avec goût, elle s'orne de trésors de brocante. Nathalie et Patrick vous accueillent dans leurs 5 chambres d'exception qui répondent au nom d'anciennes seigneuries de Baden. Chacune bénéficie d'une ambiance différente, romantique à souhait, et d'un grand confort (lit large de 160 cm, salle de bains privative, w.c., écran plat, wifi). On se délasse dans le beau salon avec son immense cheminée, on flâne dans le jardin ou on se détend dans la piscine ou le hammam.

LES FERMES DE KERCADORET €€

52, route de Ninezur - **BELZ** ✆ 02 97 55 44 01
https://fermesdekercadoret.wixsite.com/monsite
Chambre double 70€. 250€ à 560€/semaine selon saison. Gîtes de 2 à 4 pers. à partir de 240€ à 740€. Salon de jardin.

Voici un magnifique corps de ferme situé en pleine nature, à deux pas de l'océan, un endroit parfait où passer un séjour agréable et reposant. Avec un accueil sympathique et chaleureux, le site propose plusieurs possibilités d'hébergements : chambres d'hôtes, gîtes, studio, etc. Sympathiques promenades à faire dans les environs, l'accès en bas de la propriété dessert le chemin côtier et des accès desservent les chemins du parc de la propriété. Ne pas hésiter à demander conseil aux propriétaires. Très bon rapport qualité-prix.

GÎTE DE GROUPE LE CHÂTEAU €

Domaine de Prières - **BILLIERS**
✆ 02 97 48 61 61
www.sejournerabilliers.fr
Ouvert toute l'année. Nuitée dès 20 € par personne, chambre étape : 15,45 €/nuit/pers (tarif 2020). Restauration.

Ce gîte de groupe dans le Domaine de Prières, ancienne abbaye cistercienne du XIIIe siècle, situé non loin des plages et des sentiers littoraux, offre un cadre pour le moins authentique et historique aux baroudeurs. Les 19 couchages sont organisés en 8 chambres, toutes avec lavabo. Certaines sont équipées de douche. Au rez-de-chaussée, la vie en commun est pensée pour être pratique : cuisine et laverie équipées, salle à manger, salon de détente, bibliothèque.

LA PARENTHÈSE DE L'ÎLE €€

5, rue du Général de Gaulle - **GROIX**
✆ 02 97 05 11 80
chambres-hotes-ile-groix.fr
Chambre double de 80 € à 130 €. 1 Gîte de 690 à 820 € la semaine ; de 130 à 140 € la nuit (dès 2 nuits).

Cette bâtisse a eu bien des fonctions avant d'être transformée en chambre d'hôtes. Maison d'armateur puis pharmacie, elle vous accueille aujourd'hui pour un séjour plein de charme, que vous optiez pour le gîte indépendant composé de 2 chambres (pour 4 personnes) ou parmi l'une des 5 chambres d'hôtes pour 2 personnes, tout est décoré avec beaucoup de goût ! Cette maison au charme incroyable bénéficie d'une situation idéale, proche des commerces. D'autres atouts de taille : son jardin et la vue mer depuis certaines chambres...

BREIZH YOURTE €€

LD Coatroual - **GUIDEL**
✆ 06 07 36 24 48
www.breizh-yourte.fr
Ouvert toute l'année. 3 Yourtes. Petit déjeuner inclus. A partir de 95 € la nuit pour 2 personnes.

Découvrez la yourte traditionnelle mongole pour un séjour insolite en Bretagne ! Installées sur une grande prairie entre champs et forêt, les 3 yourtes ont une superficie de 30 m^2. Chacune est équipée pour 4 personnes (un grand lit et 2 lits simples) et est chauffée au bois l'hiver. La salle d'eau et le WC sont accessibles dans la maison de vos hôtes par une entrée indépendante. Au même endroit, une pièce de détente et une cuisine équipée (gratuit à partir d'un séjour de 2 nuits). Chaque yourte dispose d'un salon de jardin et d'un barbecue.

LE CHEMIN DES ÎLES €€

Rue des Escaliers - **ILE-AUX-MOINES**
✆ 02 97 42 63 45
www.lechemindesiles.com
Chambre double à partir de 125 € ; studio / appartement à partir de 265 € (tarifs 2020). Table d'hôtes.

Au cœur du bourg de l'Ile-aux-Moines, au calme d'un grand jardin fleuri et arboré de 1 300 m^2, la maison d'hôtes le Chemin des Îles, maison de charme et de caractère, vous accueille dans l'une de ses chambres aux noms d'îles, dont une suite familiale. Sa table d'hôtes, sur réservation, varie selon le marché aux saveurs des îles. Votre hôtesse, Françoise, vous proposera une prestation en soins de bien-être, esthétiques ou énergétiques. Modelage, réflexologie plantaire ou détente dans le bain bouillonnant : tout est mis en œuvre pour que vous vous ressourciez.

KERISA €€

Rue du Presbystère - **ILE-AUX-MOINES**
✆ 02 97 26 32 52
www.kerisa.fr
Ouvert toute l'année. 5 chambres. A partir de 105 €. Petit déjeuner inclus. Wifi. Restaurant & salon de thé «Asphodèle»

Le site est avenant grâce à une superbe rénovation du corps de ferme (longère bretonne). Cette chambre d'hôtes saura ravir les amoureux de la nature et du vrai. Vous y accéderez aisément, située comme elle est, à quelques lieux de la grande plage et de l'embarcadère. Les 5 chambres sont « authentiques » avec leurs décors d'objets chinés çà et là. Par temps maussade (c'est un coup à apprécier la pluie !), le petit déjeuner vous sera servi devant la cheminée. Aux beaux jours vous profiterez du patio et du salon de thé pour vos repas (à réserver).

L'ÉCUME DE HOUAT €€

ILE-D'HOUAT
✆ 06 42 22 69 74
www.lecumedehouat.bzh
4 chambres (dans grande maison neuve, avec salles de bain privatives). Chambre double à partir de 92 €.

Les chambres d'hôtes de Madeleine sont situées à seulement 5 minutes du port et des commerces de l'île. Il s'agit en fait d'une maison neuve et contemporaine qui dispose de quatre chambres, dont deux sont au rez-de-chaussée et deux sont à l'étage, toutes dotées d'une salle de bains privative. Les locations sont prévues pour deux personnes avec un grand lit de 160 x 200. L'une des chambres dispose de deux lits simples, idéale pour les voyageurs qui ne sont pas en couple. Pour vos excursions, n'hésitez pas à demander l'un des trois vélos mis à disposition...

LES PIANOS DU BONHOMME €€

10 bis, route du Pont - **KERVIGNAC**
✆ 02 56 54 30 43
www.lespianosdubonhomme.com
3 chambres. Chambre double à partir de 81 €. Petit-déjeuner inclus. 2 gîtes de 330 € à 620 € la semaine. Restauration.

C'est dans une grande maison en bois située sur les bords du Blavet, au calme, que Pierre et Carole vous accueillent dans l'une de leurs 3 chambres d'hôtes. L'une des chambres se trouve au rez-de-chaussée afin de pouvoir accueillir les personnes à mobilité réduite. Le lieu est idéal pour venir y séjourner tout au long de l'année et profiter, en été, de la piscine extérieure chauffée. Pour ceux qui souhaitent plus d'indépendance, *les Pianos du Bonhomme* dispose de 2 gîtes en duplex avec terrasse et salon de jardin. Tout est fait ici dans le respect environnemental.

LE CLOS DU TAY - GÎTE BLÉ NOIR €

Le Tay - **LA GACILLY**
✆ 06 65 55 36 58
www.closdutay.com
Pour 5 personnes (3 chambres). De 260 € à 470 € la semaine selon saison. Chambres d'hôtes 2 personnes dès 62 € la nuit.

Posez vos bagages dans l'un des trois gîtes – « Blé Noir », la métairie de schiste rouge, « Palis », la maison à ossature bois et « Ardoisine », le logement labellisé Tourisme et Handicap – et reposez-vous... Ou bien partez à la rencontre de vos hôtes, très accueillants, et de leurs compagnons : des animaux de la ferme ou de compagnie qui seront ravis de vos caresses. Côté table d'hôtes, savourez des produits du terroir et bio, agrémentés de touches florales.

TI WAR AN DOUR €€

Base de loisirs du Rouvray
GUÉGON
✆ 07 64 09 12 06
www.tiwarandour.bzh
Ouvert à l'année. Jeux enfants. Wifi. Location vélos électriques, de bateaux et sports nautiques (en saison)

Ti War an Dour (« maison sur l'eau », en breton) est un projet né d'un rêve de vie sur l'eau, réalisé par Eddy, un entrepreneur très accueillant ! Ici, tout est intimiste (25 m²). Les gîtes disposent d'une chambre parentale avec un grand lit, d'une chambre mitoyenne équipée de deux lits superposés, d'une salle de douche et de toilettes séparées. Les cuisines sont tout équipées (lave-vaisselle, plaques vitro...). La vue depuis la terrasse (avec salon de jardin) sur l'environnement fluvial est imprenable ! L'établissement est référencé Clef Verte.

© HD DRONE

© HD DRONE

BRETAGNE

LE DOMAINE DE BOBÉHEC €

Bobéhec - **LA VRAIE-CROIX**
✆ 02 97 63 73 18
www.domainedebobehec.com
Gîtes de France. 7 chambres (possibilité de bivouac dès 8€/nuit). Chambre double 31 €. Petit-déjeuner inclus.

Le choix est grand au Domaine de Bobéhec pour satisfaire tout un chacun avec 4 chambres d'hôtes, 3 chambres « gîte d'étape », un espace bivouac et un gîte avec ses équipements contemporains : TV, wifi, entrée indépendante, belle pièce de vie pour les repas, petits déjeuners. Le gîte d'une capacité de 8 à 10 personnes est en gestion libre avec une grande pièce de vie et une cuisine équipée donnant directement sur le jardin. Le grand parc de loisirs avec barbecue est très agréable. Le Domaine fait aussi camping avec ses aménagements tentes, ou caravanes.

GITES DU MANOIR DE TRÉGU €€

Trégu - **LA VRAIE-CROIX**
✆ 02 97 67 22 13
tregu.free.fr
Clévacances. Pour 5 personnes (2 chambres). De 250 € à 520 € la semaine selon saison.

Au bout d'une impasse, vous trouverez les bâtiments du XVe siècle qui vous offrent un choix différent selon le nombre de personnes : séjour, chambres, cheminée, jardin privé avec tables, ainsi que cuisine fonctionnelle. On bénéficie ici du charme sur un vaste environnement de près de 3 hectares de bois et de champs. Le bois pour les cheminées peut vous être fourni (participation financière). Le site est exceptionnel ! Profitez de ce lieu de vacances idéales pour découvrir La Vraie-Croix, Rochefort-en-Terre et le golfe du Morbihan.

TALVERN - LA PARENTHÈSE DE CAKO €€

Prolongeant la rue du Château - **LANDÉVANT**
✆ 06 60 68 23 21
www.laparenthesedecako.fr
Gîtes de France. Ouvert toute l'année. 5 chambres, dont 2 suites. Chambre double dès 72€. Suite dès 125€.

Carole a repris les rênes de cette superbe longère datant du XIXe siècle composée de 5 chambres d'hôtes et suites familiales tout à fait charmantes aux doux noms d'épices, évocateurs de voyages et d'un gîte attenant. La bâtisse de cette métairie du château de Lannouan a été entièrement restaurée. Les pièces lumineuses donnent sur la campagne ou sur le jardin, une jolie salle avec une cheminée vous accueille au petit-déjeuner. Une très belle adresse à 20 minutes de l'océan.

GITE DE LA FERME DE BRESPAN €€

LIMERZEL
✆ 02 97 66 17 51
www.lafermedebrespan.fr
Gîte pour 12 avec piscine intérieure, sauna. Location du gîte : 1020 € la semaine ou 580 € pour 2 nuits hors saison.

Aménagé dans une longère rénovée en 2009, ce gîte propose une habitation tout confort avec 12 couchages répartis dans 5 chambres avec sanitaires privatifs chacune. Vous pourrez profiter des parties communes, de la cuisine tout équipée, et été comme hiver de la piscine intérieure chauffée, avec son eau à 28 °C, et son sauna. Le plus *Petit Futé* ? Une vraie démarche en faveur des personnes en situation de handicap, avec un espace parfaitement adapté à leur accueil.

L'ARBRE VOYAGEUR €€

Lieu-dit Ti Er Chir - **LOCOAL-MENDON**
✆ 02 97 55 32 71
www.larbrevoyageur.com
5 chambres. De 90€ à 125€. Petit déjeuner gratuit. Dîner table d'hôtes sur réservation : 29€/pers. Parking gratuit.

Entre terre et mer, au calme au milieu d'un parc arboré et paysager, l'Arbre Voyageur est une belle longère néo-bretonne où Corinne et Hugues vous reçoivent dans un univers chaleureux. Les 5 chambres d'hôtes à la décoration élégante allient confort et intimité. Vous pourrez flâner au bord de la piscine couverte et chauffée ou à l'ombre d'un chêne ou encore profiter de l'espace salon-bibliothèque ouvrant sur le parc. Pour votre bien-être, plusieurs soins sont proposés : massage aquatique ou aux huiles essentielles, shiatsu, réflexologie plantaire, modelage...

LA ROULOTTE DU VIEUX CHÊNE €

Keropert - **MELRAND**
✆ 02 97 51 77 82
roulotte-du-chene.monsite-orange.fr
Ouvert d'avril à octobre. 1 chambre. Chambre double 60 €. Petit déjeuner inclus. Tarif dégressif dès la seconde nuit.

Vous rêvez de passer une nuit dans un hébergement insolite ? C'est possible à Melrand car ici, vous aurez la possibilité de vivre à l'ancienne dans une véritable roulotte transformée en chambre d'hôtes ! À l'intérieur : deux lits de 70x190. Il y a bien un cabinet de toilette, mais pas d'eau courante ni de douche (l'eau, froide et chaude, est apportée sur demande). Et pour les WC, il faudra sortir de la roulotte et se diriger vers des toilettes sèches.

MANOIR DE BODREVAN €€

Bodrevan - **NOYAL-MUZILLAC**
✆ 02 97 45 62 26
www.manoir-bodrevan.com
5 chambres. Chambre double de 96 € à 159 €. Pension complète / Demi-Pension. Petit-déjeuner : 13 €.

Ce lieu recèle tout le charme de la campagne du Morbihan, toute la verdure et la beauté d'un site préservé à quelques kilomètres de la presqu'île de Rhuys et du golfe. C'est un enchantement que de découvrir cette demeure installée dans un écrin de nature d'un hectare clos et boisé. Le Manoir de Bodrevan met à votre disposition dans une longère attenante, trois chambres, et appartements aux doux noms. La Brocéliande est un appartement en duplex avec tête de lit à baldaquin et cheminée allumée à la demande. Un petit pavillon dans le parc permet un déjeuner intime.

SEMAPHORE D'ETEL €€

Rue du Mat Fenoux - **PLOUHINEC**
✆ 02 97 55 35 59
2 gîtes à louer : un studio pour 3 personnes et un duplex pour 4 personnes. De 110 € à 1000 € la nuit. Animaux non admis

Pour un séjour insolite dans le seul sémaphore civil de France, c'est dans le Morbihan qu'il faut se rendre ! Le sémaphore d'Etel, géré par la compagnie des ports du Morbihan, vous accueille dans ses 2 gîtes tout équipés, communicants mais indépendants : un duplex pour 4 et un studio pour 3 personnes. Niché au cœur des dunes sauvages, au pied des plages, face à la barre d'Etel, vous vous ressourcerez dans un environnement sublime. Belle terrasse équipée avec salon de jardin et vélos à disposition. Le sémaphoriste se fera un plaisir de partager son métier.

DIHAN €€

Kerganiet - **PLOEMEL** ✆ 02 97 56 88 27
www.dihan-evasion.org
Ecolabel européen. Chambre double de 95 € à 255 €. Petit-déjeuner inclus. Panier repas sur réservation. Hammam, sauna.

Non loin de Carnac, Myriam et Arno vous accueillent sur le site de leur ancienne ferme familiale qu'ils ont repensé en hébergements insolites. Entre Océan atlantique et nature authentique, vous découvrirez un environnement préservé. Choisissez parmi les bulles, cabanes dans les arbres, roulottes, chambre d'hôtes, yourte... Location de vélos, de paddles, stage de kitesurf, randonnées paddle, jeux pour enfants.. Vous pourrez profiter du spa et des massages proposés. Un endroit plein de charme et d'authenticité doté d'un accueil chaleureux, que demander de plus ?

AU DOMAINE DES CAMÉLIAS €€

Béven - **PLUMELIAU** ✆ 02 97 51 86 66
www.audomainedescamelias.com
Ouvert toute l'année. 3 chambres (dont une familiale). Chambre double dès 60 €. Petit déjeuner inclus.

Béatrice et Arnaud Raimbaud vous accueillent dans cette ancienne maison de pays rénovée avec soin, cachée comme un secret au cœur de son écrin de verdure d'un hectare. Les chambres d'hôtes, douillettes et raffinées, sont situées dans l'ancienne étable et bénéficient d'un accès indépendant. Les chambres communiquent avec le salon d'été où sont servis les petits-déjeuners maison. Chaleureux et spacieux, le gîte peut accueillir jusqu'à 6 personnes. Le Domaine des Camélias possède une piscine sous verrière entièrement découvrable et propose des forfaits bien-être.

BACK TO BREIZH €€

19, rue Général de Gaulle - **PLOUHINEC**
✆ 02 97 82 49 56
www.backtobreizh.com
4 chambres. Chambre double de 63 € à 65 €. Petit déjeuner inclus. CB non acceptée.

Cette maison d'hôtes dispose de quatre chambres joliment décorées, toutes équipées d'une salle d'eau privative avec lavabo, douche et WC. Situé dans le centre de la petite ville de Plouhinec, Back To Breizh vous propose, dans sa salle commune située au rez-de-chaussée de la maison, un frigo à disposition ainsi que la TV. Le plus : possibilité de louer toute la maison à la semaine en haute saison et pendant les vacances scolaires (8 à 9 personnes maximum réparties dans les 4 chambres). Un hébergement sympathique à tarif attractif.

MANOIR DES EPERVIERS €€

1 rue Pierre Mendes France
QUÉVEN
✆ 06 77 45 63 44
http://manoir-des-eperviers.com
3 chambres (et 2 suites). De 135 € à 160 €.

Le Manoir des Eperviers est une maison d'hôtes installée dans un manoir rénové, une bâtisse typiquement bretonne, construit sous la Compagnie des Indes en 1767. Vous ne pourrez que succomber au charme bucolique du lieu. Réparties dans plusieurs bâtiments dans un environnement calme et verdoyant, les chambres sont équipées avec un grand lit de 180 cm modulable en 2 lits simples. Au centre de la maison, un espace bien-être avec piscine chauffée à 29 °C, sauna et hammam vous accueille toute l'année. Des cures de jeûne encadrées par des professionnels sont proposées.

LE PHARE DE KERBEL €€€

71, route de Port-Louis - **RIANTEC**
✆ 06 62 64 11 14
www.pharedekerbel.com
Toute l'année. Location de l'ensemble de la propriété (8 pers) 4 000 €/sem. Location du phare seul (2 pers) 650 €/nuit.

Idéalement situé, avec la plage à ses pieds bien entendu, le phare de Kerbel nous laisse découvrir tous ses charmes. Au gré de vos envies, vous pourrez profiter de la piscine, du sauna, de la plage et de la pêche à pied à marée basse. La maison du gardien peut accueillir jusqu'à 6 personnes. Quant au phare, le must de la prestation, il vous permet, du haut de ses 25 mètres, de découvrir une vue panoramique sur la côte bretonne et sur l'île de Groix. A l'intérieur de ce dernier, une pièce principale avec banquette clic-clac, coin cuisine, salle d'eau et WC.

GÎTES DES SABLES €€

48, route de Kerleguen - **SÉNÉ**
✆ 06 38 95 55 29
www.lessables-sene.bzh
Ouvert toute l'année. De 350 € à 650 € la semaine selon saison. Chambre d'hôtes : de 40 à 60 € la nuit. Wifi.

Vanessa et son mari Yoann (avec leurs 3 enfants) ont créé 2 gîtes et une chambre d'hôtes à Séné, option « tout confort ». Tout est pensé pour que les visiteurs soient au mieux : des lits faits à l'arrivée, une cuisine tout équipée, des espaces avec jeux et livres, un jardin clos, un espace détente avec spa/Jacuzzi. Pour vos excursions sur le GR®34 et dans le golfe, ils vous prêtent les vélos, le kayak, le matériel pour la pêche à pied... Les hôtes étant passionnés par le Morbihan, ils adorent recommander sites et adresses, pour se régaler et s'émerveiller.

COLOMBIER DE KERGUEZEC €€

Kerguizec - **SURZUR**
✆ 02 97 42 09 33
www.kerguezec.com
Gîtes de France. 5 chambres. Chambre double à partir de 90 €. Petit-déjeuner inclus. Jeux pour enfants.

Les chambres d'hôtes du Colombier de Kerguezec ont tout pour se faire agréablement remarquer : ancien manoir du XIVe siècle et colombier du XVIIIe siècle rénovés, grand salon avec bibliothèque, jeux de société et billard mis à disposition des hôtes pour leur divertissement, jardin avec transats pour profiter des rayons du soleil, jolies chambres avec murs de pierres apparentes, bien aménagées et sobrement décorées pour inviter à la rêverie et à la détente. Avec ses chambres familiales, le lieu est parfait pour un séjour au vert entre parents et enfants.

L'HERMINE DU LAC €€

33, La Châtaigneraie - **TAUPONT**
✆ 06 74 49 78 49
www.herminedulac.com
Ouvert toute l'année. Accueil jusqu'à 22h30. 3 chambres. Chambre double 70 €. Petit déjeuner inclus. Parking.

Corinne et Sébastien, vos hôtes, sont de grands amoureux du territoire. Leur projet de chambre d'hôtes, ils l'ont construit avec passion et conviction. Rénové de manière écoresponsable, avec le concours d'artisans locaux, le lieu allie confort moderne, authenticité et nature. Le petit déjeuner continental illustre parfaitement l'état d'esprit des hôtes : il est généreux, gourmand, local et bio ! La maison est située au bord du Lac au Duc et à 15 minutes de la forêt de Brocéliande. Les chambres bénéficient toutes d'une vue sur l'eau et sur les arbres centenaires.

MANOIR DESNACHEZ €€

7, rue du Domaine - **TAUPONT**
✆ 02 97 74 65 03
www.manoir-desnachez.com
Ouvert toute l'année. 5 chambres. Chambre double dès 67 € (petit-déjeuner inclus). Demi-pension : 34 €/personne.

Nichée au cœur de la Bretagne, entre la forêt de Brocéliande et la cité médiévale de Josselin, cette demeure de charme du XVe siècle vous accueille pour une halte bien-être et nature. Elle sera le point de départ parfait pour des balades à pied ou à vélo dans les paysages vallonnés de l'Oust à Brocéliande, le long de la voie verte ou du canal de Nantes à Brest. Vous apprécierez le parc du manoir – un écrin de verdure de 5 000 m² – ainsi que l'espace spa – avec bain bouillonnant et sauna – ou encore le copieux dîner servi sur réservation.

CHAMBRES D' HÔTES DE QUELENNEC €

Quelennec
THEIX-NOYALO
✆ 02 97 43 03 15
Gîtes de France. Animaux acceptés.

Au fin fond de Quellenec, vous aurez le plaisir de vivre d'authentiques vacances dans un environnement rural. Pensez, la ferme familiale est à proximité et vous aurez tout le loisir de profiter des travaux des champs l'été. Tout cela fleure bon le foin, l'étable et le bonheur de vivre ! Vaste parc, et les champs à perte de vue près de l'étang où moyennant un grand sourire, vous irez taquiner les gougeons, carpes et autres sandres. Un lieu parfait pour se rapprocher de la nature.

CENTRE-VAL DE LOIRE

CHER

LA MAISON D'APREMONT €€

Le Bourg
APREMONT-SUR-ALLIER
✆ 02 48 77 55 00
https://lamaisondapremont.com
Pour 8 personnes. 95 € et 135 € la nuit.

Située au cœur d'Apremont-sur-Allier, l'un des plus beaux villages de France, cette jolie bâtisse de style médiéval a bénéficié d'une très belle restauration pour lui redonner tout son charme d'antan. Avec l'Allier qui s'écoule au pied de la maison, vous serez ici dans un calme absolu pour profiter de votre séjour en toute quiétude. Pouvant accueillir jusqu'à 8 personnes, la Maison d'Apremont vous séduira par l'authenticité de son intérieur. Du sol en passant par les murs et le choix du mobilier et la déco, tout est superbe !

VILLA STUART €€

12, avenue de Paris - **AUBIGNY-SUR-NÈRE**
✆ 02 48 58 93 30
www.villastuart.com
5 chambres. Chambre simple 79 € ; double 92 €. Table d'hôtes (exclusivement sur réservation) : 32 €.

Cette charmante demeure bourgeoise abrite cinq chambres décorées avec un goût exquis, un salon de lecture confortable et un jardin de 3 000 m² avec une piscine. Chaque chambre a son âme, sa tonalité, son thème. Maria et Etienne vous proposent également une table d'hôtes où vous pourrez découvrir les saveurs des produits régionaux revisités au goût du jour. Le petit-déjeuner est copieux. Les chefs cuisiniers dans l'âme pourront également s'initier à la cuisine grâce aux cours qui sont offerts. Une excellent adresse sympathique et pleine de charme !

L'OUSTAL €€

7, rue Félix-Chédin - **BOURGES**
✆ 02 48 70 26 64
www.oustalenberry.fr
Chambre simple à partir de 75 € ; double à partir de 84 €. Petit-déjeuner inclus.

C'est dans une grande maison bourgeoise entourée d'un parc que s'est installé L'Oustal, où l'accueil de Sophie et Gilles est à la fois professionnel et empreint de gentillesse. Au rez-de-chaussée, le salon et la salle à manger donnent sur le jardin fleuri. Aux beaux jours, on peut prendre le petit-déjeuner sur la terrasse. On accède aux quatre chambres par un bel escalier de pierre. Chacune est dédiée à une femme célèbre : Coco Chanel ou bien Colette. Un établissement raffiné et cosy, propice à une escale reposante dans la cité berruyère.

LE SAMSON €

28, rue Samson - **BOURGES**
✆ 02 48 24 32 14
www.centrefrancevacances.com
2 chambres. Chambre double 55 € ; suite 70 €. Petit-déjeuner inclus (bio).

Le Samson est idéalement placé dans le centre historique de Bourges. Martine et John, un couple franco-britannique, vous accueillent dans leur maison datant du XVe siècle, entièrement rénovée et décorée avec goût. Les pierres apparentes apportent chaleur et confort. Martine vous sert le petit-déjeuner bio. D'ailleurs, les matériaux utilisés pour la rénovation de la maison ont tous été choisis « non toxiques ». Martine est une vraie passionnée d'art et d'histoire et ne manquera pas de vous conter l'histoire de cette ville dont elle est originaire !

CHAMBRES D'HOTES LES CHÂTELAINS €€€

ENNORDRES

✆ 02 48 58 40 37

www.leschatelains.com

5 chambres. Chambre double 90 €. Petit-déjeuner inclus.

Daniel et Marylène vous accueillent dans leur domaine berrichon entre la Sologne et le Sancerrois. Cette ancienne ferme est le point de départ idéal pour visiter les vignobles de la région. Le lieu propose cinq chambres confortables, avec chacune un thème particulier. Lumineuses, les pièces ont été décorées d'enduit à la chaux. On se croirait presque dans un décor de cinéma. Le parc vous procurera une détente assurée avec son calme et sa piscine chauffée.

LA VERRERIE D'IVOY €€€

IVOY-LE-PRÉ

✆ 02 48 58 90 86

www.laverreriedivoy.com

Suite avec salon privé : 95 €-163 €. Chambre standard (1-2 pers.) : 79 €-85 €. Suite (1-4 pers.) : 95 €-163 €.

En lisière de la forêt d'Ivoy-le-Pré, Marie et Etienne de Saporta accueillent des hôtes de passage, dans l'ambiance authentique d'une ancienne maison de maître et d'un ancien rendez-vous de chasse. Deux chambres et une suite sont ouvertes aux visiteurs. Tous les vacanciers amoureux de belles pierres, de meubles d'époque et de nature seront comblés par cet endroit au charme d'antan. Une agréable pause nature, qui permet de pratiquer les randonnées, le golf ou l'équitation, et un endroit idéal pour profiter des richesses du Berry.

LA PATTE D'OURS €€€

Les Mollets - **JARS** ✆ 02 48 58 77 60

www.lapattedours.com

3 chambres. Chambre double à partir de 115 €. Petit-déjeuner inclus. Restauration 40 € vin compris. Sauna. Piscine.

Niché entre le Sancerrois et la Sologne et à seulement deux heures de Paris, La Patte d'Ours offre un service de chambre et table d'hôtes très convivial. Jean-Jacques et Jean-François ont fait de leur propriété un lieu idéal pour passer un week-end sous le signe du bien-être, de la bonne humeur et de la gourmandise. Au programme : baignade dans la piscine chauffée couverte d'un dôme en verre, sauna et bain bouillonnant. Les chambres ont été décorées avec goût, vous retrouverez la patte de Jean-Jacques, artiste-peintre de talent, sur les tableaux de la maisonnette.

CHÂTEAU VERT €

Châteauvert - **MARSEILLES-LÈS-AUBIGNY**

✆ 02 48 76 04 91

www.chambredhote-chateauvert.com

6 chambres. 2 Personnes : de 60 € à 70 €. Réduction de 10% à partir de la 3e nuit.

A proximité de la Loire et de son canal latéral, le gîte de Château Vert – labellisé – vous convie à déguster la vie autrement. Les chambres sont spacieuses et lumineuses, le parc est enchanteur et la proximité du bois et de l'élevage de chevaux offrent au séjour un caractère autre. Devenez en quelque sorte châtelain le temps d'un séjour tout en découvrant la ville de Marseilles-lès-Aubigny ! Sans oublier le canoé sur la Loire, la pêche dans les rivières, la plongée à Beffes, le golf alentour, l'abbaye de Fontmorigny et ses concerts... Tout un programme !

AU CLAIR DE LUNE €€

1, impasse de la Croix Blanche

MEHUN-SUR-YÈVRE

✆ 06 85 67 83 98

5 chambres. Chambre double à partir de 58 €. Petit-déjeuner inclus.

Cette jolie maison avec terrasse est située au cœur de Mehun dans une impasse très calme qui donne sur les jardins du parc du Duc de Berry. Chambres Pierrot, Colombine, Eclipse, Clair de Lune ou Crépuscule : elles sont toutes meublées et décorées avec goût, chacune avec son caractère spécifique. Un petit coin salon permet de se détendre. Cet endroit est équipé de lits gigognes, ce qui permet d'accroître la capacité d'accueil de deux personnes supplémentaires. Deux chambres permettent d'accueillir quatre personnes et deux autres sont conçues pour deux personnes.

LA MAISON €€

78, rue Jeanne d'Arc

MEHUN-SUR-YÈVRE

✆ 02 48 57 21 87

www.mehun-la-maison.com

2 chambres. Chambre double à partir de 55 €. Petit-déjeuner inclus.

Roméo ou Juliette ? Il ne s'agit pas là de la célèbre pièce de William Shakespeare mais des noms des deux chambres que propose cette maison d'hôtes. La Maison est située rue Jeanne d'Arc, au cœur de la ville. Les petits-déjeuners faits maison peuvent être servis à l'intérieur ou dans le jardin. La chambre Juliette est équipée d'un lit double et la chambre Roméo de deux lits simples. Un endroit charmant et sympathique. Les hôtes savent recevoir, ils se feront un plaisir de venir vous chercher à la gare de Mehun si vous n'êtes pas véhiculé.

LE MOULIN DE VRIN €€

Lieu-dit Vrin
SANCERGUES
✆ 02 48 72 88 87
www.moulindevrin.com
Gîtes de France. 3 chambres. Chambre double 90 €. Petit-déjeuner inclus.

Situé dans un parc de trois hectares, traversé par une rivière, le Moulin de Vrin vous accueille dans l'une de ces trois grandes chambres calmes et lumineuses décorées dans un style contemporain et cosy. Vous pourrez profiter également de la table d'hôtes servie dans la prairie ou à l'intérieur selon les conditions météo mais aussi déguster une bonne assiette de charcuterie et fromages servie sur la terrasse entre 12h et 21h. Également bien situé pour faire de l'oenotourisme, de Sancerre à Reuilly en passant par Menetou-Salon...

JADIS… SOUS LA GLORIETTE €

8, place du Champ de Foire
SANCOINS
✆ 07 81 93 44 69
www.jadissouslagloriette.fr
Chambres et suites. Nuit pour une personne 67 €, pour 2 personnes 75 €, un couple et 2 enfants 110 €, 2 couples 120 €.

La capacité d'accueil réduite permet de profiter d'un séjour en toute sérénité, dans un cadre sécurisant. L'offre d'hébergement est constituée uniquement de deux agréables suites, avec petits-déjeuners servis en décalé. Les dîners d'hôtes sont servis soit à l'extérieur sur la terrasse par beau temps, soit à l'intérieur avec apéritif et amuse-bouches, entrée, plat et légumes du jardin ou du marché, fromage, dessert et vin. Le tout est fait maison. Vous serez reçus comme des amis.

LA BELLE ÉPOQUE €

31, rue Saint André
SANCERRE
✆ 02 48 78 00 04
Gîtes de France. 1 chambre (2 personnes) 68 €. Petit-déjeuner inclus.

La Belle époque est une chambre d'hôtes installée dans une belle maison de caractère datant du XVIe siècle qui a été restaurée. La propriété possède de jolis jardins fleuris où vous prendrez plaisir à flâner. Ici, on peut s'installer au calme et profiter des bons conseils de l'hôtesse Myriam pour obtenir des renseignements sur les promenades à faire aux alentours et les incontournables à visiter. Poutres de bois, lits à moustiquaire : le charme est bien présent. Un salon de jardin permet de prendre l'air et de profiter des petits-déjeuners à l'extérieur.

LOGIS DE CHEZELLES €

SIDIAILLES
✆ 06 71 78 55 37
www.logisdechezelles.com
Chambre simple 55 € ; chambre double 65 € ; chambre triple 75 €. Petit déjeuner inclus. 2 gîtes semaine de 420 à 750 €.

Au lieu-dit Chezelles, Laure et Anthony vous accueillent dans d'anciennes écuries transformées en chambres d'hôtes. Modernes et confortables, elles sont toutes au calme et le jardin est vraiment agréable. Possibilité de suite familiale à l'étage. Vous pourrez vous détendre dans un grand salon avec bibliothèque, coin télévision et billard. Deux gîtes parfaitement équipés et situés à chaque pignon de leur demeure sont également proposés à la location. Lac de Sidailles à proximité, balade en pleine nature. Table d'hôtes sur réservation.

LE CEP EN SANCERROIS €€

2, rue du Maréchal-Mac-Donald
SANCERRE
✆ 02 48 54 38 33
www.lecepensancerrois.com
Suites à 95 € pour 2 personnes, loft 110 €, petit-déjeuner maison inclus. Table d'hôtes 35 €.

Cet ancien presbytère restauré au cœur de la vieille ville dispose de 3 chambres d'hôtes et d'un loft donnant sur un jardin arboré. Harmonieusement décorées, les suites apportent tout le confort et le calme nécessaires. Le loft, avec ses poutres apparentes et sa décoration simple en beige et bois, est un véritable cocon. Sur réservation, une table d'hôtes sera disponible pour vos repas, à partir de produits régionaux. Le tout accompagné de vins de Sancerre. Pour votre détente et votre bien-être, vous pourrez également profiter d'un sauna et d'un hammam.

LA MAISON DES ÉTANGS €€

3, rue des Étangs - **VINON** ✆ 02 48 79 22 24
www.chambre-hote-sancerre.com
Pour 8 personnes (3 chambres). 1 personne : 75 € - 2 personnes : 85 € par nuitée. Petit-déjeuner compris.

C'est dans une maison en bois construite selon la méthode ancienne du nombre d'or que vous serez accueilli par Laurence et Thierry. Deux chambres à l'étage, l'une *Nature* avec un espace salon-bibliothèque, l'autre Le Nid (une suite familiale) conviendront parfaitement aux amoureux de la pêche et de la farniente. Au rez-de-chaussée se trouve la chambre *La Quiétude*, tout aussi fleurie et agréable que les deux autres. Le grand plus de cette belle maison est la présidence d'une grande piscine pour l'été. Elle est entourée d'une spacieuse et agréable terrasse en bois.

EURE-ET-LOIR

CLOS CHEDEVILLE €€

18 bis, rue Victor-Gilbert
CHARTRES
www.closchedeville.fr
1 chambre. Chambre simple 80 € ; double 85 €. Petit-déjeuner inclus

Voici une chambre d'hôtes de charme, blottie à quelques centaines de mètres de la cathédrale, dans un ancien bâtiment industriel très habilement rénové, tout en boiseries mordorées. Aux lignes épurées de l'architecture répondent les courbes d'une végétation luxurieuse et le calme de l'eau dans le bassin. Assurément, le lieu est aussi bucolique qu'idyllique. De plus, l'accueil est fort sympathique. La chambre dispose d'une entrée indépendante. A l'intérieur comme à l'extérieur, le confort, l'esthétique et le bien-être règnent sur les lieux.

DANIELLE CLAIR €€

20, rue Chantault
CHARTRES
✆ +33 6 86 85 06 38
dormirachartres.com/
09h-23h tous les jours. 80 € la nuit tout compris.

Cette chambre d'hôte se trouve à 3 minutes à pieds de la cathédrale de Chartres. Une situation idéale pour profiter de la splendeur de l'un des plus beaux monuments de France. Décorée dans un style contemporain, la chambre sur jardin offre même une vue sur l'édifice, de quoi vous réveiller des étoiles plein les yeux. Elle dispose d'une salle de bain privative attenante, d'une télévision et du Wi-Fi gratuit pour votre confort au quotidien. Le petit-déjeuner continental est servi dans une salle à manger lumineuse. Le parking privé est payant.

LE PARVIS €€

13, place de la Cathédrale - **CHARTRES**
✆ 02 37 21 12 12
www.le-parvis-chartres.fr
Chambre double à partir de 97 €. Petit-déjeuner inclus. Restauration.

Au pied du clocher nord de la cathédrale, se trouve le Parvis, à la fois restaurant, bar lounge, salon de thé... Mais surtout, le Parvis dispose de cinq chambres d'hôtes, dont certaines offrent une superbe vue sur la cathédrale. Toutes sont extrêmement belles, lumineuses, et luxueuses. La décoration est distinguée, soignée, et authentique. Le design s'y invite, tout en respectant l'atmosphère des siècles passés. Un doux parfum de cire flotte dans l'air. C'est un élégant petit nid pour les amoureux de passage dans la belle ville de Chartres...

SUBWAY €

2-4-6, place des Epars - **CHARTRES**
✆ 0237229820
www.subwayfrance.fr
1 chambre (dans la maison des propriétaires). Chambre simple 47 € ; double 58 €. Restauration (menus de 5€ à 8,95€).

Depuis plus de vingt ans maintenant, Jean-Loup et Nathalie Cuisiniez hébergent pèlerins et touristes avec le même enthousiasme dans leur jolie maison, située dans une rue pentue aux alentours de la cathédrale. La chambre est équipée de lits jumeaux et d'un petit bureau, et elle n'est pas sans charme, bien au contraire : en haut d'un escalier en colimaçon, elle vous accueillera sous les toits, entre ses murs de briques rouge... Profitez-en aussi pour découvrir l'atelier JLN, où mère et fille rivalisent de créativité picturale.

FLORENCE ET YVES HURBAULT €

2, Moronville
COURBEHAYE
Gîtes de France. 4 chambres. Chambre simple 40 € ; chambre double 55 € ; suite 95 €. Petit-déjeuner inclus.

A proximité de la vallée de la Conie, dans une ferme fortifiée typique de la Beauce, sont aménagées d'agréables chambres d'hôtes, avec une cuisine à disposition, ainsi qu'un gîte pour ceux qui préfèrent davantage d'indépendance et retrouver le vrai confort d'une maison. Autour, les paysages sont insolites : rivière et marais, résurgence de la nappe phréatique de Beauce, ne manqueront pas de vous donner envie de faire de belles balades et de vous émerveiller de la nature.

COUETTE ET CAFÉ CRÈME €€

3, rue des Gages - **LE COUDRAY**
✆ 0637072879
www.couetteetcafecreme.com
Clévacances. 2 chambres. Chambre simple 60 € ; double 75 € ; triple 90 €. Petit-déjeuner inclus.

Situé près de Chartres, Couette et Café Crème reçoit ses hôtes dans sa maison de briques et de bois. Vous séjournerez dans l'une des 3 chambres au charme coquet. Le matin, le petit-déjeuner vous sera servi, notamment sur la terrasse lors des beaux jours, avant que vous partiez visiter les environs à pied ou en voiture selon votre préférence. Un lieu parfait pour commencer la journée de bonne humeur, et partir visiter Chartres, à cinq minutes en voiture, ou bien une bonne demi-heure à pied, en passant par les bords de l'Eure.

LES LOGIS DU BREUIL €€

5, rue du Loir - **MARCHÉVILLE**
✆ 02 37 24 58 52
www.leslogisdubreuil.sitew.com
Gîtes de France. 3 chambres d'hôtes à partir de 55 € la nuit. Capacité 7 personnes.

Nathalie et Dominique vous proposent 3 agréables chambres. Jadis écuries, elles ont été entièrement restaurées offrant beaucoup de cachet avec leurs poutres apparentes, les tomettes au sol, les anciennes mangeoires et la belle façade à colombage. Leur accès est indépendant et de plain-pied. Le gîte La Grange de 60 m² dispose de tout le confort pour que vous preniez très vite vos marques. Même s'il n'est pas labellisé, le gîte est adapté aux visiteurs à mobilité réduite. Tout le monde peut donc prendre plaisir à se reposer dans cette belle maison avec jardin.

LA MAISON GAUTHIER €€

SAINT-AUBIN-DES-BOIS
www.tourisme28.com
Gîtes de France. 90 m², 2 chambres. Capacité 4 personnes. A partir de 185 € pour 2 nuits.

La Maison Gauthier est une belle demeure restaurée de plain-pied (90 m²) et de caractère où les vieilles pierres et les briques côtoient la terre cuite et les poutres apparentes. De-ci de-là, des nuances modernes ponctuent l'ensemble pour votre plus grand confort. Le gîte accessible aux personnes à mobilité réduite offre de beaux espaces lumineux avec une cuisine américaine ouvrant sur un grand espace. Vous y trouvez 1 chambre avec 1 lit de 140 et 1 chambre avec 2 lits de 90. L'endroit est idéal pour profiter d'un cadre authentique non loin de Chartres.

MOULIN DE SÉGLAND €€

54, rue de Ségland - **SAINT-DENIS-LES-PONTS**
✆ 02 37 45 22 02
http://segland-chambresdhotes.wifeo.com
3 chambres. Chambre simple 40 € ; double 55 €. Petit-déjeuner inclus.

Les chambres sont aménagées dans un ancien moulin à eau et une exploitation agricole, au bord du Loir, dans les environs de Châteaudun. La décoration est simple, mais confortable et une petite cuisine est ouverte aux vacanciers afin qu'ils puissent bénéficier d'une totale autonomie. A disposition également, une barque pour une balade sur le Loir. Le charme de la bâtisse et la possibilité de balades fluviales en font une escale parfaite pour les amoureux de nature. Sans oublier plusieurs bonnes adresses pour se restaurer dans les environs.

LA COLLINIÈRE €€

5, rue Christian-Valensi
SAINTE-GEMME-MORONVAL
✆ 02 37 42 65 56
www.lacolliniere.fr
Chambre simple 70 € ; double 80 € ; suite 120 €. Petit-déjeuner inclus. Repas : 29 €.

Dans le cadre champêtre et verdoyant de la vallée de l'Eure, à proximité de Dreux, le gîte et deux chambres d'hôtes sont entourés d'un grand jardin offrant un cadre idéal pour vous détendre en plein air. Tout près, il est possible de pratiquer le tennis, la voile et le kayak et les amateurs trouveront un golf dans les environs. Le cadre se prête également à de belles balades à vélo. Sportifs dans l'âme, voici l'endroit fait pour vous. Et après l'effort, vous pourrez vous relaxer dans la salle de bains balnéo : pur moment de détente en perspective.

INDRE

CHÂTEAU DE BOISRENAULT €€€

Route de Levroux - **BUZANÇAIS** ✆ 02 54 84 03 01 - www.boisrenault.fr/

5 chambres. Chambre double de 90 € à 116 €. Petit-déjeuner inclus. Gîte 4 pers : 258 €/semaine, gîte 5 pers : 556 €.

Tout à fait dans l'esprit des châteaux de la Loire, une nuit au château de Boisrenault s'impose. De style néogothique, il dispose de nombreux lieux de détente et de jeux pour votre plus grand plaisir. Piano ou échecs dans la bibliothèque, apéro ou dîner sur la terrasse, salon, salle de jeux équipée d'un babyfoot et d'une table de ping-pong, le choix est large. Le parc de 4 ha permet également de belles promenades et de moments de détente près de la piscine. Tout près, la réserve ornithologique de la Brenne vaut vraiment le détour.

DOMAINE DE LA POIGNARDIERE €€€

La Poignardière - **CHÂTILLON-SUR-INDRE**
✆ 02 54 38 78 14
www.lapoignardiere.fr

7 chambres. Chambre double de 100 € à 118 €. Gîte 8/10 personnes et chalet 8 personnes. Hammam.

Le Domaine de la Poignardière est un hébergement de charme. Le parc possède de grands arbres, et les activités à faire sur le domaine ne manquent pas : balades en barque, tennis, piscine, etc. Maryse Lheureux vous accueille dans sa propriété qui dispose de 7 chambres d'hôtes, avec aussi un gîte et un chalet en bord d'étang. Les chambres offrent un confort parfait. Un lieu magnifique pour partir à la découverte du parc naturel de la Brenne au sud ou des châteaux de la Loire au nord.

DOMAINE DU RIS DE FEU €€€

n°1, Le Ris de Feu - **CHALAIS** ✆ 06 87 21 65 69
www.lerisdefeu.fr

Ecogîtes. 5 chambres. Chambre double 125 €. Petit-déjeuner inclus. Gîtes : de 400 € à 500 € la semaine. Restauration.

© DR

Au cœur du parc régional de la Brenne, le domaine accueille ses hôtes dans 5 chambres et 2 gîtes de charme aménagés dans des bâtiments du XVe siècle. La rénovation associe respect du bâtiment traditionnel, écologie et grand confort. Les chambres ont de beaux volumes et il se dégage une atmosphère de sérénité. En journée, vous pourrez découvrir la faune et la flore du domaine. Vos hôtes sauront vous conseiller pour la découverte des environs. Un dîner aux produits du terroir est proposé et un espace sauna-bain bouillonnant et piscine permet de se relaxer.

LA MAISON DU LAC €€

29, route du Barrage - **EGUZON-CHANTÔME**
✆ 06 76 46 33 26
www.maison-du-lac.fr

4 chambres. Chambre double de 95 € à 110 € ; suite de 115 € à 150 €. Petit-déjeuner gourmand : 15 €. Restauration.

Nichée au cœur de la vallée de la Creuse, la maison du Lac est un havre de paix où riment convivialité nature et détente. Quatre chambres d'hôtes magnifiquement décorés vous attendent pour un séjour réussi. Plusieurs week-ends pour les amoureux sont également proposés, comprenant un repas personnalisé, une bouteille de champagne ou un bouquet de fleurs. Le romantisme est de rigueur. Enfin, pour les amateurs de sensation forte, il est possible de réserver un saut à l'élastique (50 € par personne) qui s'effectue au viaduc de L'Isle-Jourdain.

CHATEAU D'INGRANDES €€

2, route Nationale - **INGRANDES**
✆ 02 54 37 46 01
www.chateauingrandes.com

Gîtes de France. 5 chambres. Chambre double à partir de 120 €. Parking inclus.

Jacqueline Drouart a aménagé cinq chambres splendides dans son château féodal, dont une chambre familiale pour 5 personnes. Parfait pour une escapade en famille ou entre amis. Idéal pour se plonger dans le Moyen Age en profitant de tout le confort moderne ! Un salon bibliothèque est mis à la disposition des hôtes, ainsi que le parc du château et la piscine. La rivière qui coule au pied de la forteresse permet la pêche et de nombreuses randonnées sont possibles (vélos disponibles). Ne manquez pas de visiter le musée Henri de Montfreid dans le village.

MARIE ROUET-GRANDCLEMENT €€€

INGRANDES ✆ 06 03 81 51 37
www.saintvictorlagrandmaison.fr

Gîtes de France. 2 chambres d'hôtes, 2 studios et 4 gîtes. Chambre double 140 € ; suite 150 €. Petit-déjeuner inclus.

Les chambres d'hôtes se trouvent dans un très beau manoir, doté d'un salon de musique-bibliothèque pour vos moments paisibles et de détente. Dans les dépendances situées autour de la maison et dominant la petite rivière de l'Anglin, deux studios et quatre gîtes sont également proposés. Quelques loisirs à apprécier sur place : les promenades dans le domaine, des cours de cuisine, la dégustation de vins, les excursions en canoë-kayak, la pêche, le vélo ou bien encore des instants de baignade dans la piscine. Le parfait cocktail pour se ressourcer.

CHAMBRES D'HÔTES «LES DIVERS» €€

26, Allée Paul-Rue
LE POINÇONNET
✆ 02 54 35 40 23

Gîtes de France. 2 chambres. Randonnée à proximité. Lac de Belle-Ile à 8 km (baignade, pêche, canoë).

Dans un parc de 15 hectares, avec possibilité de loger ses chevaux et de participer à une chasse à courre, Arlette Drouin propose à l'étage d'un maison de maître du XVIIIe siècle deux chambres organisées en suite familiale avec salle d'eau privée. Quatre personnes peuvent y dormir et profiter du salon. Les chambres sont décorées avec goût (meubles anciens) et le parc permet de longues promenades. La proximité de la forêt est gage de belles randonnées.

LA RIFFAUDERIE €€

3, La Riffauderie - **LOUROUER-SAINT-LAURENT**
✆ 0682201779
www.gite36lariff.pagespro-orange.fr

Gîtes de France. Pour 10 personnes (160 m², 4 chambres). Label Tourisme & Handicap. Sèche-linge, lave-vaisselle.

Au cœur du Bas-Berry, à une lieue et demie de La Châtre, à une lieue de Nohant et du passé de George Sand, La Riffauderie vous propose dans une ferme du XVIIIe siècle un gîte rural avec jardin et terrasse pour les beaux jours, mitoyen à un gîte de séjour. Au rez-de-chaussée, vous trouverez un séjour avec coin cuisine aménagé (45 m²), 1 chambre avec un grand lit, salle d'eau et WC. À l'étage : la chambre Rose (1 lit 160, lit bébé), la chambre Mauve (1 lit 2 personnes, 2 lits 120), la chambre Orange (1 lit 160, lit bébé), une salle de bains et WC.

GÎTE DE LA PRESLE €€

13 - 15, route de Châteauroux
MÉZIÈRES-EN-BRENNE
✆ 02 54 38 12 36

Gîtes de France. 1 chambre. Chambre double 180 € le week-end. Petit-déjeuner inclus. Suite familiale 4 personnes : 115 €

Une belle adresse dans un cadre très agréable et propice à la détente ! Cette ancienne ferme date du XIXe siècle. La restauration a été faite avec goût. Elle a conservé beaucoup de charme et on peut dire sans hésiter que son caractère est affirmé. Sept hectares encadrent le domaine, à l'intérieur du parc naturel de la Brenne. C'est le point de départ de nombreux sentiers de randonnées pour profiter et s'émerveiller de la nature. Un lieu confortable d'où partir à la découverte du « pays des mille étangs », de ses oiseaux et de son gros gibier.

L'ÉTOILE DE LA FONTCHEVRIÈRE €€

4, ruelle de la Fontchevrière
NEUVY-SAINT-SÉPULCHRE ✆ 09 52 97 18 16
www.etoiledelafontchevriere.fr
Gîtes de France. 7 chambres. Chambre double à partir de 60 €. Petit-déjeuner inclus.

Le propriétaire des lieux est motard et se montre ravi d'accueillir ses amis motards, mais il est tout aussi ravi de recevoir tous les curieux et autres pèlerins désireux de découvrir le Berry. Sept chambres spacieuses et bien équipées permettent aux couples et aux familles de s'installer à leur aise. Une suite familiale se compose de 3 chambres. Une cuisine commune permet également de préparer les repas en toute convivialité. Les couleurs sont chaleureuses et les équipements modernes.

LA GRANGE €€

Le bourg - **NOHANT-VIC**
✆ 02 54 31 18 09
www.chambres-hotes-nohant.com
Gîtes de France. 5 chambres (capacité : 13 personnes). Petit-déjeuner inclus.

Située à 3 minutes en voiture de la Maison de George Sand, cette grange propose 5 chambres d'hôtes dans une ancienne grange rénovée. Chacune des chambres est décoré selon un thème floral. Une mezzanine aménagée en coin lecture et une salle de séjour sont à la disposition. A l'extérieur, un jardin avec terrain de boules permet de se mettre au vert. Deux vélos sont à disposition pour faire quelques balades sur les routes empruntées jadis par George Sand. L'hébergement se trouve face à l'église de Vic avec ses fresques du XIIe siècle. Un lieu calme et reposant.

LE GÎTE DU CHÂTEAU DE SARZAY €€

SARZAY ✆ 02 54 31 32 25
www.sarzay.net
4 chambres (un gîte à 275€ le week end et de 350€ à 450€ la semaine ;). Chambre double 70 €. Petit-déjeuner inclus.

Richard et Françoise Hurbain proposent en location le gîte du château de Sarzay. Ce gîte se trouve dans la basse-cour du château et les fenêtres s'ouvrent sur la vue du donjon. Féérique ! Il comporte 3 chambres – deux au rez-de-chaussée, une autre à l'étage –, une salle de bain, une salle de douche et 2 W.-C. Deux autres couchages sont possibles sur la mezzanine au 2e étage. Idéal pour visiter le pays de George Sand. Le gîte dispose également de 4 chambres dont une pour 3 personnes.

DOMAINE DE POULAINES - JARDINS ET GÎTES

11, rue du Château
POULAINES
✆ 06 73 01 15 23
www.domaine-poulaines.com
Jardin remarquable. 2 gîtes : à partir de 210 € les 2 nuits. Petit-déjeuner : 12 €.

© THIERRY VINCENT

Dans un superbe domaine, vous découvrirez une bâtisse d'exception et des jardins absolument remarquables. Le contact avec la nature est direct et le dépaysement garanti. Deux maisons sont disponibles pour profiter de ce havre de paix : la maison Nishiki, de 110 m² et la Rheum, de 45 m². Possibilité d'accueillir jusqu'à 6 personnes dans la première. Les maisons sont sublimes, très bien décorées, avec tout le confort moderne et des terrasses. Superbe !

LA MAISON DU CERF €€

Le Poiray - **URCIERS**
✆ 02 54 31 40 93
www.lamaisonducerf.com
5 chambres. Chambre double 85 €. Petit-déjeuner inclus. Repas : 23 €.

Comme dans la comptine enfantine, on aurait bien envie de faire comme le Grand Cerf et de regarder par la fenêtre de cette superbe maison berrichonne vieille de plus de 250 ans. Une maison parfaitement rénovée pour recevoir tous les amoureux de nature et d'histoire. On adore le sourire et l'accueil chaleureux de Lucia Schouten. Du repas, de la quiétude, de bons moments à prolonger autour de la table d'hôte. On aime beaucoup les chambres indépendantes, spacieuses, mais surtout décorées dans un style raffiné et totalement unique. Un coup de cœur à découvrir.

INDRE-ET-LOIRE

LE CLOS LÉONARD €€

10, rue du Puits - **AMBOISE**
© 07 89 66 45 27
www.leclos-leonard.com

De février à décembre. Chambres de 99€ à 230€. Table d'hôtes 25€. Location de 2CV. Atelier cuisine. Sauna, jacuzzi.

A mi-chemin entre Amboise et Chenonceau, cette maison d'hôtes tenue par Sylvie et Luc vous accueille dans un cadre paisible et verdoyant. Les chambres, confortables, l'espion britannique 007, original ! Elles possèdent un grand lit, un coin salon, une salle de bain et des toilettes privatives ainsi que la connexion à Internet. On apprécie les espaces détente, les endroits cosy et le spa. Plusieurs activités possibles : atelier cuisine, vélo, randonnées et la maison vous permet même de louer une mythique 2CV pour partir à la conquête de la vallée de la Loire.

LE MANOIR DU PARC €€€

8, avenue Léonard-de-Vinci - **AMBOISE**
© 02 47 30 13 96
www.manoirparc.com

Réservé aux adultes. Chambre 149€ à 235€. Appartement dès 129€. Gîte dès 269€. Cabane dès 279€. Parking. Sauna. Jacuzzi

Gaëlle et Bruno vous accueillent dans ce charmant manoir situé entre le château royal et le Clos Lucé. Au programme, un séjour placé sous le signe de la détente. Entre baignades dans la piscine et promenades dans le parc de 7 000 m². Côté hébergement, vous pourrez choisir une chambre d'hôtes avec vue sur le parc ou le château, ou bien vous opterez pour un gîte équipé de bain bouillonnant, hammam, spa ou encore sauna... Si vous recherchez un dépaysement total, nous vous conseillons les « cabanes » tout confort - elles aussi avec bain bouillonnant !

DOMAINE LE PLESSIS GALLU €€€

1, chemin du Plessis - **AZAY-LE-RIDEAU**
© 06 65 17 36 97 - www.domaineplessis.net

Accueil jusqu'à 17h. Caution 1500€. 5 cottages à la semaine (Haute saison) ou 3 jours mini. A partir de 1365€. Tennis.

Le domaine Le Plessis Gallu propose 5 luxueux cottages (de deux à quatre personnes) entourés par un parc de 2 hectares peuplés d'arbres centenaires et parfois rares. A l'intérieur c'est le grand confort ! Le cottage du Parc et le cottage du Jardin possèdent même une vue sur la vallée du Lys et le château. Dans le jardin, vous pouvez profiter de la terrasse avec belvédère pour admirer la vue ou faire quelques longueurs dans la piscine bordée de roses et d'hortensias. Nouveauté cette année : un court de tennis en terre battue et la pêche au bord de l'Indre !

TROGLODÉLICE €€

3, route de la Vallée-du-Lys - **AZAY-LE-RIDEAU**
© 02 47 45 47 80
www.troglodelice.com

Gîtes de France. 3 chambre. Dès 89€. Petit-déjeuner inclus. Restauration. Massage, réflexologie, Auriculothérapie.

Trois chambres d'hôtes troglodytiques creusées dans la roche au Moyen Age situées à proximité du château d'Azay-le-Rideau, à 18 km du château d'Ussé et à 12 km du château de Villandry. Le site est original, les chambres équipées de tout le confort présentent une décoration rustique pour l'une, une ambiance contemporaine pour la deuxième et un grand lit à baldaquin pour la troisième. Elles se trouvent dans un cadre enchanteur, fleuri et parfaitement aménagé pour se laisser aller. Si vous aimez les expériences insolites, vous vous sentirez ici à votre aise.

TROGLODODO €

9, chemin des Caves - **AZAY-LE-RIDEAU**
✆ 02 47 45 31 25
www.troglododo.fr
Toute l'année. Accueil jusqu'à 20h. Chambre dès 84€. Petit déjeuner en sus. Plateau repas possible. Location vélos.

Cathy et Alain Sarrazin vous accueillent dans leur ancienne ferme troglodytique réhabilitée en hôtel de charme. Niché au flanc d'un coteau qui domine la Vallée de l'Indre ou célèbre « Vallée du Lys » chez Balzac, Troglododo ravira les vacanciers en quête d'originalité et de quiétude. Ecolo, chic et confortable, cette adresse est un petit trésor. Les chambres, creusées dans la roche, sont aménagées avec goût. Le cadre verdoyant est charmant. Un vrai coin de paradis pour ceux en quête de dépaysement, qui aiment le calme, la nature et l'originalité.

CHÂTEAU DE FONTENAY €€€

5, Fontenay - **BLÉRÉ**
✆ 02 47 57 12 74
www.lechateaudefontenay.fr
Toute l'année. Chambre dès 142€ (haute saison). Petit déjeuner inclus. 3 gîtes dès 823€/semaine. Restauration. Piscine.

Surplombant le Cher et entouré de vignes, de prés et bois, le château de Fontenay abrite de belles chambres. Le domaine s'étend sur 17 hectares et on peut y voir les vestiges d'un aqueduc gallo-romain. De nombreuses activités possibles : ping-pong, babyfoot, vélos, billard, fléchettes... Des vins de Touraine produits dans le domaine sont à déguster. Dans l'enceinte du château, également 3 gîtes (4-étoiles) de 4 à 7 personnes vous accueillent pour un week-end ou à la semaine. C'est un cadre idyllique où la végétation et la détente sont au rendez-vous !

MOULIN DU FIEF GENTIL €€

3, rue de Culoison - **BLÉRÉ**
✆ 02 47 30 32 51
www.fiefgentil.com
Pour les +10 ans. Chambre 90€ à 105€. Suite dès 140€. Petit déjeuner inclus. Table d'hôte 34€. Wifi. Excursions.

Situé dans un magnifique parc de 2 ha, cet ancien moulin monastique du XVIe siècle offre 4 grandes chambres et une suite à la décoration soignée. Au XIIIe siècle, l'étang de la propriété, appelé Culoison, faisait partie du domaine du Fief Gentil. Aujourd'hui, Florence et François-Xavier vous proposent de copieux petits déjeuners maison et une table d'hôtes (sur réservation). Les repas sont servis dans la salle à manger avec vue sur la chute d'eau du moulin. Intarissables sur la région du Val de Loire, les hôtes vous conseilleront pour vos visites et randonnées.

LA POMELIE €€

8, Vallée de Fontenay - **BLÉRÉ**
✆ 06 80 25 21 05
www.lapomelie.com/
Dès 17h. Chambre 75€ à 85€. Petit déjeuner inclus. Bruch 10€. Table d'hôtes 19 à 28€ et 12€ (-10ans). Ateliers cuisine.

Dans cette authentique maison de vigneron, bâtie en pierre de tuffeau, deux dépendances ont été aménagées pour vous accueillir en chambres (trois) et tables d'hôtes. Les chambres sont spacieuses et décorées avec goût. Dans un environnement bucolique et calme, vous serez reçu de manière très agréable par Valérie. Sur réservation, vous pourrez avoir une table d'hôtes à prix raisonnable. Le petit plus : des ateliers culinaires. En effet, Valérie est une très bonne chef cuisinière. Une très belle adresse avec une situation idéale pour trouver le repos.

AU CLOS DE BEAULIEU €€

Lieu-dit Beaulieu - **BOSSÉE**
✆ 02 47 92 29 47
www.auclosdebeaulieu.com
Chambre double de 64 € à 84 € ; suite de 84 € à 132 €. Petit-déjeuner inclus. Cottages et mobil-homes : de 245 € à 952 €.

Cinq chambres d'hôtes magnifiques, dont une suite familiale et un gîte dans cette ferme rénovée avec goût. Vous profiterez du calme et du confort, de la salle de fitness, de la piscine et de l'étang de pêche et d'une kyrielle de jeux et activités pour adultes et enfants. Vous pouvez également demander un massage effectué par une masseuse professionnelle. Il est aussi possible de louer deux cottages Taos de 4 et 5 personnes, qui disposent d'une terrasse privative. Delphine et Thaddée ont quitté le Nord mais en ont gardé la convivialité et la chaleur humaine.

CHÂTEAU DE MOH €€€

11, rue Tronchet - **CANDES-SAINT-MARTIN**
✆ 06 86 37 06 33
www.chateaudecandes.net/fr/histoire-du-chateau
Ouvert de début avril à début novembre. De 900 € à 3 000 € la semaine selon saison.

Sur les hauteurs du village de Candes-Saint-Martin se dresse le château de Môh, anciennement château de Candes. On y accède par le grand porche. La vue sur la confluence de la Loire et de la Vienne y est imprenable. Rénové pendant 7 ans par Monique et Didier Pignet, il peut aujourd'hui accueillir 65 hôtes. Coups de cœur pour le petit déjeuner estival dans la sublime salle de la Nef et le potager clos de vieux murs. Mais le plus remarquable reste les œuvres d'art du parc, une collection qui résulte d'une animation annuelle de Street Art Parc.

LA MAISON DE FAMILLE €€

49, rue Bretonneau - **CHENONCEAUX**
✆ 02 47 23 53 71
www.alamaisondefamille.com/
Ouvert toute l'année. 3 chambres. Chambre double 65 € la nuit. Petit-déjeuner inclus.

Les propriétaires de cette jolie demeure datant de 1870 vous proposent 3 chambres où vous attend un plateau de courtoisie. La maison est entourée d'un grand jardin de charme de 4 500m². Les clients garent leur voiture sur la propriété et vont à pied visiter le Château de Chenonceau, dont l'entrée est à 300 m. L'accueil et le bien-être des hôtes est primordial dans la charte de la maison ! Une documentation sur la région est à votre disposition pour vos sorties et excursions au cœur de la Touraine. Châteaux et nombreuses activités ludiques sont à portée de main.

AU RELAIS SAINT MAURICE €€

79, rue Haute-Saint-Maurice - **CHINON**
✆ 02 47 95 83 35
http://hotelchinon.com
5 chambres. Chambre simple de 65 € à 85 € ; double de 85 € à 115 € ; triple de 95 € à 120 €. Petit-déjeuner inclus.

Un petit coin de paradis en plein cœur de la belle cité de Chinon. Cet endroit ne manque pas de charme par ses matériaux anciens et sa vue imprenable sur la forteresse. Cette belle bâtisse avec pierres apparentes et poutres fait tout son effet pour les amoureux de l'ancien. On se sent comme dans un cocon dans les cinq chambres proposées. Tout est propre, assez grand pour s'y sentir bien, et la décoration est raffinée. Un accueil parfait vous attend ici avec Maurice qui se chargera avec plaisir de vous faire connaître la région et les secrets de la ville...

AUBERGE DE CRISSAY €€

1, rue de Chinon - **CRISSAY-SUR-MANSE**
✆ 02 47 58 58 11
www.aubergedecrissay.fr
Chambre double à partir de 69 € ; triple à partir de 79 € ; suite à partir de 119 €. Petit-déjeuner : 7,90 €.

Mark et Séverin vous accueillent dans leurs jolies chambres d'hôtes : de beaux fauteuils, murs en pierres, tête de lit, voire un canapé dans certaines. Confortables, elles offrent un beau panorama sur la vallée de Crissay, élu plus beau village de France. De la terrasse, on admire encore une fois la vue. La piscine extérieure offre une vue imprenable sur le château. Le restaurant propose une cuisine simple et savoureuse : salades diverses, andouillette, joue de bœuf... Le tout arrosé de vins du Val de Loire. Des soirées concert sont organisés deux fois par mois.

L'ANGE EST RÊVEUR €€

5, place Pierre-de-Brosse - **LANGEAIS**
✆ 02 47 96 55 97
www.langeaisreveur.fr
Accueil vélo. Gîtes de France. 5 chambres. Chambre double 80 € ; suite 130 €. Petit-déjeuner inclus.

Les cinq chambres que nous proposent Stéphane et Fabrice sont magnifiques et idéales pour des virées amoureuses... ou pas ! Face au château de Langeais, les beaux rêves sont assurés, et Stéphane et Fabrice ne sont même pas obligés de venir nous raconter une histoire ! Le lendemain matin, tout est à portée de main et de chaussures, surtout : promenades, excursions, vélo, baignade, tout l'arsenal du bonheur ligérien. Le magasin de décoration dans l'auberge est un vrai plus, et aide à comprendre pourquoi les chambres sont si bien décorées.

LES CHAMBRES DU ROSSIGNOLET €€

21, rue du Rossignolet - **LOCHES**
✆ 06 36 57 66 14
lachambredurossignolet.com
Chambre simple à partir de 110 € ; double à partir de 115 € ; triple à partir de 120 €. Petit-déjeuner inclus.

Un endroit magique ! La beauté, la nature, la quiétude font de ce lieu insolite une adresse futée incontournable. Juste à côté de la ville de Loches, à seulement 1 kilomètre de la petite église de Saint-Ours, les chambres du Rossignolet datent du XIIe siècle et ont été restaurées avec le plus grand soin. Deux chambres troglodytes à votre disposition, rares, qui vous surprendront ! Superbe lieu, avec une atmosphère que l'on trouve nulle part ailleurs.

LA MAISON DE L'ARGENTIER DU ROY €€

21, rue Saint-Ours - **LOCHES**
✆ 02 47 91 62 86
www.argentier-du-roy.eu
4 chambres. Chambre simple/double à partir de 112 € ; chambre-suite, triple à partir de 145 €. Petit-déjeuner inclus.

Posée sur les remparts du cœur médiéval de la Cité royale de Loches en sud Touraine, cette maison historique exceptionnelle du XVe siècle a été patiemment et passionnément rénovée par ses propriétaires depuis 20 ans, et offre la possibilité d'une véritable immersion dans l'histoire. Les chambres offrent une vue sur son jardin à la française et la vallée de l'Indre... Le choix du meilleur rapport qualité-prix pour cet établissement au charme incontestable.

CHÂTEAU-MONASTÈRE DE LA CORROIRIE €€

Route de Loches
MONTRÉSOR
✆ 06 80 43 38 75
www.corroirie.com
Tarifs avec petits-déjeuners inclus.

Quoi de plus approprié pour partir à l'assaut des châteaux de la Loire que de séjourner dans l'un d'entre eux ? Le château-monastère de la Corroirie vous ouvre une des portes de l'histoire de la Touraine. Venez vivre au rythme des bâtiments historiques : église de 1208 au style Plantagenêt, prison, fortifications, pont-levis… qui prennent place sur une large propriété. Promenez-vous dans le parc dédié aux roses anciennes, à la biodiversité et aux légumes oubliés, ponctué de land-art.

VILLA VINO €€

65, rue Nationale - **MOSNES**
✆ 02 47 23 62 37
www.villavino.net
De 16h30 à 20h. Chambre 69€ à 79€. Gîte 138€ pour 2 nuits et 2 personnes. Petit déjeuner inclus. Parking. Wifi. Sauna.

Résolument charmante, cette adresse est immanquable si vous recherchez le calme et la perfection ! Située à quelques pas d'Amboise, cette ancienne grange transformée en gîte vous enchantera aussi pour ses prestations : 35 m^2, mezzanine avec 1 lit double, espace salon donnant sur la kitchenette, salle d'eau avec douche et wc, TV et lecteur de DVD côté chambre, enceinte Bluetooth pour la musique... Sans oublier l'accès à la piscine et au spa qui se trouve à 300 m du gîte. L'endroit est très propre, et les prestations nombreuses et de grande qualité.

CHÂTEAU DE NAZELLES €€

16, rue Tue-La-Soif - **NAZELLES-NÉGRON**
✆ 02 47 30 53 79
www.chateau-nazelles.com
Toute l'année. Chambre 110€ à 160€. Suite 110€ à 300€. Pavillon 100€ à 310€. Petit déj inclus. Wifi. Piscine extérieure

En face du château d'Amboise, Véronique et Olivier Fructus vous ouvrent les portes de cette ancienne seigneurie en pierre de tuffeau du XVIe siècle, classée monument historique. Les chambres sont sobres et agréablement décorées. La suite et la chambre troglodytes vous feront passer une nuit inédite. Le cadre : piscine creusée dans la roche, parc de 5 hectares, jardins et terrasses. Les propriétaires proposent des produits locaux et majoritairement bio. Nouveauté : l'hébergement insolite Terra Alta entièrement rénové avec sauna et bain nordique.

CHÂTEAU DE CHARGE €€€

Chargé - **RAZINES**
✆ 02 47 95 67 97
www.chateaudecharge.com
5 chambres. Chambre double de 205 € à 245 €. Petit-déjeuner inclus. Espace dédié aux enfants. Restauration.

A 8 km de la ville de Chinon, des vignobles, cette magnifique propriété est un petit château méconnu du XVe siècle. Restaurée avec goût, cette propriété familiale est devenue une maison d'hôtes. C'est un cadre très agréable avec des arbres centenaires et des espaces dédiés à la détente. Cinq chambres sont proposées. Equipements à disposition en commun : petite salle de remise en forme, accès Internet, salon, jardin, boutique. Un cadre idéal pour passer un week-end en amoureux. L'endroit est parfait pour organiser des réceptions ou séminaires.

VILLA ALECYA €€€

33, rue Boucicault - **SAINTE-CATHERINE-DE-FIERBOIS** ✆ 02 47 22 78 40
www.villa-alecya.fr
5 chambres (1 suite). De 118 € à 298 € la nuit. Petit-déjeuner inclus. Wifi. Table d'hôtes. Bain bouillonnant. Massages

© VILLA ALECYA

Joyau Belle Epoque, la Villa Alecya était en premier lieu destinée à être une villa de bord de mer, mais elle a finalement pris place au cœur de la Touraine ! Cette demeure rénovée est aujourd'hui une magnifique maison d'hôtes, dont les 5 chambres vous transportent dans l'univers des artistes du début du XXe siècle : *L'Après-midi d'un Faune, Madame Butterly, Du côté de chez Swann*… des noms qui conduisent dans des décorations classiques, baroques ou japonisantes. Le parc et ses jardins, les potagers et les vergers invitent à un instant de communion avec la nature.

LA DIXMERESSE €€

12, La Grand Rue - **RESTIGNÉ**
✆ +33 (0) 2 47 93 90 34
www.la-dixmeresse-en-touraine.fr
5 chambres de grand confort (dont une suite familiale). De 90 € à 135 €, base 2 personnes. Petit-déjeuner gourmand.

Valérie et Bruno vous accueillent dans ce joli domaine, dans une belle maison de 1830. Vous prendrez place dans l'une des cinq chambres, toutes avec salle de bains privatives complètes, pour une capacité d'accueil jusqu'à 15 personnes maximum. Pratique pour les réunions de famille ou les familles nombreuses ! Petits-déjeuners, table d'hôtes, cuisine, vélos et une multitude d'activités sont là, pour vous et votre plaisir ! Les cinq chambres et suites sont toutes spacieuses et lumineuses, et l'environnement prête à la quiétude et à la sérénité.

LA GRANGE DIMIERE €€

1, rue Auberdière - **SAINT-GENOUPH**
✆ 06 61 56 61 05
www.lagrangedimiere.fr
Chambre simple de 65 € à 100 € ; double de 75 € à 110 €. Petit-déjeuner inclus. Restauration.

La Grange Dîmière vous propose deux chambres de charme, au cœur d'une maison du XVIIe siècle restaurée dans le respect de la pierre par les Compagnons de Touraine. Sophie et Antoine vous accueillent et vous guident dans vos visites. Ils proposent tous les services de confort : lit bébé, réfrigérateur, wifi... Le jardin affiche des rosiers anciens qui parfument la terrasse, et vous apprécierez les fruits des arbres en confiture au petit-déjeuner. Une option «bien-être» est proposée (massage ou shiatsu, sur réservation). Location de vélos dans la rue. Parking privé.

LES BERTHIERS €€

Les Berthiers - **SEPMES**
✆ 09 72 52 08 17
lafermedesberthierscom.wordpress.com
5 chambres (dont une suite). Chambre simple 56 € ; double 72 € ; triple 90 € ; suite 108 €. Petit-déjeuner inclus.

Bienvenue dans cette charmante ferme avec une grande cour intérieure, un jardin et une terrasse. Les chambres sont confortables, joliment décorées, avec salle de bains et coin salon. Les sols sont en terre cuite ancienne. Une petite cuisine et une bibliothèque communes sont à disposition. Le petit-déjeuner, bien copieux, est composé de produits locaux : jus de pomme du village, croissants, baguette, confitures maison, fromage sainte-maure-de-touraine, cafés, thés ou chocolat. Un lieu propice au calme de la campagne, pour visiter les châteaux de la Loire.

LA MAISON JULES €€€

45, rue Jules-Simon - **TOURS**
✆ 06 83 84 71 22
www.lamaisonjules.fr
Ouvert toute l'année. À partir de 110€. Petit-déjeuner inclus. Garde d'enfants. Wifi gratuit. Jardin. Terrasse.

La Maison Jules, ce sont cinq chambres d'hôtes de luxe dans un hôtel particulier du XIXe siècle. En plein cœur du centre de Tours, le lieu est à l'abri des regards indiscrets. Chaque chambre honore la mémoire d'une célébrité ayant marqué la Touraine : Honoré, Gatien, Grégoire, Léonard et Martin. Alliant élégance classique et confort contemporain, elles sont très agréables. Et que dire du jardin arboré ? On apprécie le salon avec cheminée et la salle à manger commune, où l'on peut prendre le petit-déjeuner, à moins que l'on préfère la terrasse ou le jardin.

LES PORTES DE L'ORIENT €€

7, rue Jacques Cartier - **TOURS**
✆ 02 34 37 64 50
www.riadtours.com
4 chambres. 80 à 105 € par nuit (dégressif). Réservation du riad entier pour événements. Hammam et soins beauté.

Un immeuble ordinaire abrite dans un quartier résidentiel le premier riad de Tours. Une fois la porte passée, nous voilà transporté au Maghreb ! Carrelages et tapis complètent une décoration soignée, entre tradition et touches contemporaines. Les salons du rez-de-chaussée et la cour intérieure invitent à la détente. Les quatre suites avec salles de bains privatives jouissent d'une belle luminosité et d'une décoration soignée. L'espace hammam, le bain bouillonnant et les soins du corps (sur réservation) transforment le séjour en parenthèse relaxante.

BAGATELLE €€

77, rue du Petit-Coteau - **VOUVRAY**
✆ 02 47 27 04 43
www.bagatelle-chambresdhotes.fr
5 chambres. Chambre double de 90 € à 125 €. Petit-déjeuner inclus. Excursions.

Qu'il avait raison de l'aimer sa Touraine, Balzac ! Bagatelle est une maison magnifique, construite en 1755 par un collecteur d'impôt du roi Louis XV. Elle dispose d'une très belle piscine et vous pourrez même vous y faire masser. Les chambres et suites sont tout simplement splendides, lumineuses, avec le charme de l'ancien et tout le confort moderne. Quel plaisir de s'y retrouver le soir pour savourer le repos. Dressée sur son coteau, la maison regarde tendrement la Loire. À noter, les deux chambres troglodytes et le merveilleux jardin.

LOIR-ET-CHER

LE CLOS PASQUIER €€€

10-12, impasse de l'Orée-du-Bois - **BLOIS**
✆ 02 54 58 84 08
www.leclospasquier.fr

Chambre double de 120 € à 160 € ; suite de 140 € à 190 €. Petit-déjeuner inclus. Massage. Hammam.

Claire et Laurent Nicot lui ont préféré l'appellation de « maison d'amis ». Et c'est dans un élégant manoir du XVIe siècle qu'ils vous y accueillent. Tout confère à ces lieux une atmosphère calme et sereine qui invite à la détente : les doux clapotis de la fontaine, les senteurs envoûtantes de la glycine séculaire ou le feu qui crépite dans la cheminée. Deux chambres dans la maison invitent au cocooning, leur décoration est chic et sobre. A l'extérieur, la suite du jardin et celle du four à pain disposent chacune d'un accès indépendant pour plus de liberté.

CHÂTEAU DE CHEMERY €€

Rue du Château - **CHÉMERY**
✆ 02 54 71 82 77
www.chateaudechemery.fr

Adulte : 8,50 €, enfant : 6 €, groupe : 7 €. Chambres d'hôtes 98 € et d'un gîte à partir de 115 €.

Le château de Chémery offre un joli mélange entre Moyen Âge et Renaissance. Depuis 1981, la restauration du site a permis de remettre en valeur et de faire vivre ce lieu chargé d'histoire. Les travaux ont permis d'ouvrir au public l'orangerie, le restaurant, le théâtre de verdure et la grange aux dîmes. Des chambres ont été aménagées et permettent de se transformer en seigneur médiéval. Une donation familiale a doté le château d'une remarquable collection de gravures en couleur de Raphaël Jacquemin retraçant l'histoire du costume.

LES HAUTS DE CHAUMONT €€

2, rue des Argillons - **CHAUMONT-SUR-LOIRE**
✆ 02 54 33 91 45
www.leshautsdechaumont.fr

Chambre à partir de 84€ / nuit. Gîte à partir de 1 380€ / 7 nuits. Table d'hôte 20€/ personne. Piscine extérieure

© LES HAUTS DE CHAUMONT

Idéalement située à proximité de Cheverny, Chambord, Chenonceau et Chaumont-sur Loire le domaine Les Hauts de Chaumont est une ancienne demeure vigneronne au milieu d'un immense jardin de 3 000 m², rénovée avec gout et modernité. La piscine y est entièrement sécurisée et chauffée et des jeux pour enfants sont installés à proximité. Le lieu est donc idéal pour se reposer dans le calme et un confort exceptionnel mais aussi pour profiter des patrimoines culturels, historiques et culinaires de la région du Val de Loire tout proches.

LA LEVRAUDIÈRE €€

1, chemin de la Levraudière - **CHEVERNY**
✆ 02 54 79 81 99
www.lalevraudiere.fr

Gîtes de Franc. Chambre simple 75 € ; double 85 € ; triple 110 € ; suite 150 €. Petit-déjeuner inclus. Table d'hôtes.

La Levraudière est située à Cheverny, à proximité du célèbre château, du golf 18-trous et sur la piste cyclable «Entre vignes & châteaux» qui comblera toutes vos envies de nature ou de flâneries dans des lieux de prestige à l'image de Chambord, Blois et Chaumont-sur-Loire. Ressourcez-vous dans la chambre d'hôtes de votre choix installée dans un authentique corps de ferme du XIXe siècle restauré dans les règles de l'art. A votre disposition, une salle à manger avec cheminée, salon, piano, et 3 hectares de prairie arborée avec piscine chauffée.

DOMAINE DE LA RABOUILLÈRE €€

Chemin de Marçon - **CONTRES**
✆ 02 54 79 05 14
www.larabouillere.com

Chambre simple à partir de 80 € ; double à partir de 90 € ; suite à partir de 110 €. Petit-déjeuner inclus.

A 6 km de Cheverny, découvrez le charme d'une vraie demeure solognote au cœur de la vallée de la Loire. Cette maison à colombage propose des chambres très confortables, décorées dans un style anglais, donnant sur un parc avec un étang et à proximité immédiate de la forêt de Cheverny. Un cadre idéal pour vous ressourcer. L'accueil est prévenant et la maîtresse de maison vous servira un petit-déjeuner français élaboré à partir de produits de qualité.

LA VARENNE €€

1, route de Blois - **MONTHOU-SUR-CHER**
✆ 02 54 71 11 64
www.lavarenne-gite.fr

5 chambres. Chambre simple 69 € ; double 73 € ; triple 95 € ; suite 136 €. Petit-déjeuner inclus. Gîte de 334 € à 508 €.

Idéalement situé pour découvrir cette douce et belle région, les châteaux des vallées de la Loire et du Cher, Blois, Amboise, Chenonceau, Chaumont sur Loire, Cheverny… le zoo de Beauval, balades en bateaux traditionnels, pédestres, équestres, bicyclettes, ces vins, ces fromages… Le Val de Loire, sur l'eau, sur terre ou dans les airs, il y a mille manières de découvrir ce territoire. Après une journée bien remplie, vous pourrez vous détendre à l'espace bien-être aquatique. Les chambres sont simples mais bien fleuries et mettent des couleurs dans les yeux.

LES SALAMANDRES €

1, rue de Saint-Dyé - **MONTLIVAULT**
✆ 6 52 14 76 06
www.chambre-hotes-chambord.fr

5 chambres et un gîte 4 personnes. Chambre double de 67€ à 87€. Suite de 75€ à 135€. Table d'hôtes 20 €.

Cette charmante ferme du XIXe siècle prend place au milieu d'une grande cour remplie d'oiseaux, de fleurs, de sourires et de gaieté. Maurice et Marcela vous proposent 5 chambres de charme et confortables. Les grands châteaux, Chambord, Blois, Cheverny, sont à proximité. À peine plus loin, Chaumont et ses jardins, Amboise et le Clos Lucé, Chenonceau, et le magnifique Zoo de Beauval, sans oublier la Loire pour les touristes à vélo. Au village, deux restaurants de qualité, une boulangerie, une épicerie et un boucher-traiteur vous proposent d'excellentes préparations.

CHÂTEAU DES COLLIERS €€€

Rd 951 - **MUIDES-SUR-LOIRE**
✆ 02 54 87 50 75
www.chateaudecolliers.com

Chambre double de 141 € à 156 € ; suite de 161 € à 251 €. Petit déjeuner inclus. Lit supplémentaire : 36 €

Dominant la rive gauche de la Loire, cet élégant château a été construit au XVIIIe siècle par Jacques Gabriel, architecte royal pour un espion du roi Louis XV, le chevalier de Béla. Une longue allée de tilleuls bicentenaires conduit au château qui a conservé toute son authenticité. Les chambres sont confortables, meublées avec style et ont vue sur la rivière (sauf une qui donne sur la cour d'entrée). Le Château des Colliers appartient définitivement à la catégorie charme et qualité. Parc privé. Un lieu prestigieux pour découvrir les châteaux de la région.

LE CLOS CHASSEPLINE €€

26, rue Paul Boncour - **NOYERS-SUR-CHER**
✆ 09 87 11 58 56
www.lecloschasspline.com

Chambre double de 120 € à 130 € ; suite à partir de 180 €. Petit déjeuner : 10 €. 2 gîtes des 120€ à 170€.

Un cadre exceptionnel au bord du Cher avec vue sur Saint-Aignan, son château et sa collégiale. Un havre de paix où vous êtes traités comme des princes. Les deux chambres d'hôtes et la suite se situent dans la maison de maître au premier étage alors que les parties communes occupent le rez-de-chaussée. Deux confortables gîtes pour 6 personnes chacun complètent l'offre. Il ne faut pas oublier les animaux qui apportent un peu plus de charme encore à cette noble demeure. Un lieu proche de nombreux châteaux, du zoo de Beauval, et idéal pour se ressourcer.

SANDAYA LES ALICOURTS €€

PIERREFITTE-SUR-SAULDRE
✆ 02 54 88 63 34
www.lesalicourts.com
Ouvert du 7 mai au 26 septembre 2021. Chalets, cottages, villa, cabanes. Golf, pêche, téléski nautique.

Au cœur de la Sologne, ce domaine arboré de 30 hectares est le lieu idéal pour des vacances réussies. Vous pourrez passer vos vacances dans une cabane dans les arbres. Détente absolue dans l'une des 4 piscines (dont une à vagues) de l'espace aquatique et ses toboggans géants ou sur le terrain de golf. Vous vivrez un moment magique au Senso Balnéo ou au Senso Spa (luxueuses cabines insonorisées). Le lac de 4 hectares et sa plage de sable fin permettent d'associer mer et campagne. Et parole de *Futé*, une fois le séjour terminé vous ne penserez qu'à revenir vite !

LOGIS DE BOIS RENARD €€

Route de Crouy - **SAINT-LAURENT-NOUAN**
✆ 09 51 05 55 77
https://lelogisdeboisrenard.jimdo.com
Chambre simple 80 € ; chambre double 85 €. Lit supplémentaire : 25 € (15 € pour un enfant). Table d'hôtes : 32 €

Un site exceptionnel à proximité immédiate du château de Chambord. Les chambres ont été aménagées dans les anciennes écuries du château de Bois Renard. Les quatre chambres, toutes situées de plain-pied, ouvrent sur un parc planté d'arbres centenaires. Elles sont décorées avec goût par votre hôtesse qui a su tirer le meilleur parti de ce bâtiment majestueux. Une piscine pour les beaux jours, un salon avec sa cheminée pour se détendre quand le temps est moins favorable. La table d'hôtes, généreuse, vous donne envie de prolonger votre séjour.

LA FERME D'HERCEUX €€

Herceux - **SANTENAY**
✆ 02 54 46 12 10
http://lafermedherceux.monsite-orange.fr
2 chambres. Chambre double 59 € ; suite 79 €. Roulotte : 55 €. Petit-déjeuner inclus.

Une ancienne ferme longère restaurée, une grande piscine, un terrain arboré de trois hectares entouré de bois. Les ingrédients sont réunis pour réussir votre séjour. Surtout que les possibilités de couchage ne manquent pas : deux grandes chambres, une suite de 50 m² équipée de plusieurs lits, une immense chambre familiale multicouchages, un gite de six personnes indépendant et, cerise sur le gâteau, une roulotte, idéale pour une nuit originale en couple. La décoration est soignée, le confort garanti, c'est une bonne adresse.

LE MOULIN DES CHOISEAUX €€

8, rue des Choiseaux - **SUÈVRES**
✆ 02 54 87 85 01
www.choiseaux.com
4 chambres. Prix de 85 à 100 euros. Suite 120 pour 3 et 140 pour 4 personnes. Petit-déjeuner inclus.

L'établissement est, comme son nom l'indique, un ancien moulin à eau du XVIIIe siècle restauré avec beaucoup de soin par Marie-Françoise et André Seguin. Un grand jardin joliment fleuri et boisé sert d'écrin idéal pour la piscine. Les chambres, avec salle de bains privative, sont vastes et chaleureusement décorées. Les hôtes disposent d'une salle à manger avec kitchenette et mobilier de jardin à disposition. Un lieu plein de charme et de tranquillité, proche des principaux châteaux comme Chambord ou Blois. Une halte idéale pour découvrir la région

CHÂTEAU DE LA FRÉGEOLIÈRE €€

Rue de l' Ecu - **THEILLAY**
✆ 06 62 79 93 07
www.lafregeoliere.fr
Ouvert toute l'année. Chambres de 65€ suite 115 €. Petit déjeuner inclus.Table d'hôtes 25€. Animaux sur demande. Wifi.

Cet ancien manoir restauré avec goût, situé entre les châteaux de la Loire et la route Jacques Cœur, permet de profiter de ces deux régions et des forêts ou des étangs alentour. Vos hôtes, Caroline et Benjamin, fins gourmets qui aiment partager, vous guideront dans vos visites de cette magnifique région chargée d'histoire et vous feront découvrir des lieux insolites loin des sentiers battus. La cour avec son tilleul, sa fontaine et sa vue sur l' étang vous invitent à la détente.

COTE SUD €€

7, rue Haute - **TROO**
✆ 02 54 72 61 38
www.cotesud-troo.fr
La suite semi-troglodytique n'ouvre qu'en mars. Chambre double 80 € ; suite 90 €. Petit-déjeuner inclus. Prêt de vélos.

C'est dans leur maison, datant du XVIIe siècle, au charme méditerranéen, que vous accueillent Dominique et Eric Calegari-Jehl. La maison s'articule autour d'un patio aux allures de jardin de curé à la végétation luxuriante et fleurie. Dans chaque chambre, on a opté pour une décoration thématique : voilages rouges et or pour l'Indienne, bleus et blancs pour la Grecque, toiles de Jouy et baldaquin pour la Tourangelle et, enfin, une suite familiale dans un décor semi-troglodytique. Le matin, la table est dressée dans le séjour familial baigné de lumière.

LOIRET

CHAMBRES D'HÔTES DE LA COLINIÈRE €€

La Colinière - **BATILLY-EN-PUISAYE**
✆ 02 34 04 22 56
www.lacoliniere.com

Gîtes de France. 3 chambres (pour 6 personnes max). De 55 € pour 1 pers. à 70 € pour 2.

Impressionnant. Tant par le décor environnant que par l'architecture, certes, simple, il n'empêche elle questionne et ce n'est pas demain que l'on reverra la reprise d'un tel style de construction en dur. Installée sur un vaste domaine, cette maison d'hôtes oscille entre gentilhommière et rendez-vous de chasse. Quant aux chambres, leur décoration est aussi sobre qu'agréable. La salle à manger est dotée d'une cheminée où l'on prend plaisir à dîner ou à déjeuner devant le feu.

FAMILY ECOLODGE €€€

10 chemin de La Borde - **BATILLY-EN-PUISAYE**
✆ 02 38 31 83 20
www.family-ecolodge.com

Gîtes de France. 2 chambres à partir de 92 € la nuit. Petit-déjeuner inclus. Sauna gratuit. Repas : 10 €.

Pour ceux qui seraient effrayés à l'idée de dormir dans des cabanes perchées, Family Ecolodge a aussi pensé à un hébergement plus traditionnel, avec une chambre d'hôtes familiale. La décoration est fort soignée et privilégie la thématique du retour au naturel (bois, vieilles pierres, etc.), avec ces petits plus qui font la marque des lieux : petits déjeuners bio compris, soirée au feu de bois, jeux d'antan en bois et jeux grandeur nature. Le lieu est idéal pour décompresser, vivre au rythme de la nature et profiter de vacances sous le signe de l'écologie.

L'EGLANTIER €€

12, route des Marois - **BONNÉE**
✆ 02 38 35 59 53
www.fermedechampliveau.fr

Gîtes de France. Chambre simple 49 € ; double 65 €. Petit-déjeuner inclus. Table d'hôtes sur réservation.

Dans un ancien corps de ferme, les chambres l'Eglantier et la Volière ainsi que la roulotte Esméralda vous attendent au calme, à la campagne. Une ambiance «nature», et de nombreux loisirs et activités vous sont proposés (prêt de vélo, rando, pêche, voile à 20 km, ULM, karting, circuits «Loire à vélo»...). Les solides meubles en bois forment un mariage heureux avec de petits meubles contemporains. On apprécie le petit-déjeuner servi à côté d'un vieux four à pain, qui confirme la belle authenticité de cette adresse campagnarde.

CHAMBRE D'HÔTES LE BUISSON €€

Lieu-dit Le Buisson - route d'Ousson - **BRIARE**
✆ 02 38 31 66 82
www.lebuisson-briare.fr

2 chambres. Chambre simple 55 € ; chambre double 62 €. Petit-déjeuner inclus. Buffet le soir, panier pique-nique le midi

L'ancienne « ferme du Buisson » vous accueille dans un écrin de verdure aux portes de la Sologne, du Berry et de la Puisaye. Située le long de la «La Loire à vélo», elle propose dans la longère principale deux chambres d'hôtes et trois meublés touristiques à la décoration apaisante. Construite le long de l'ancien canal latéral à la Loire, vous bénéficiez d'un accès direct aux itinéraires cyclables, et admirerez le fleuve et le pont-canal de Briare. Visite de nombreux musées et châteaux.

LE CARRON DE LA CHAPELLE €€

44, route d'Egreville - **ERVAUVILLE** ✆ 02 38 87 21 10 - www.chambresdhotes-loiret.com

4 chambres. Chambre double de 70 € à 85 € ; suite de 150 € à 180 €. Petit-déjeuner inclus. Table d'hôtes 32 €.

Dans une longère du Gâtinais, au cœur de la campagne loirétaine, vous serez accueilli avec le sourire. Les quatre chambres proposées sont joliment décorées et donnent à l'ensemble une fraîcheur fort appréciée pendant les mois d'été. Elles bénéficient chacune d'une jolie surface. Deux d'entre elles peuvent être communicantes et deviennent alors une suite familiale pour quatre à cinq personnes. La piscine extérieure ravira petits et grands. Le soir, vous pourrez déguster des spécialités et fromages de la région, à condition d'avoir réservé à l'avance.

LE PETIT MOULIN €€

17, route de Cosne - **FAVERELLES**
✆ 09 54 79 64 11
www.au-bord-de-l-eau.fr

Chambre double de 100 € à 120 €. Petit-déjeuner inclus. Cuisine d'été à disposition avec BBQ et plancha.

Valérie et Antoine vous accueillent dans un moulin qu'ils ont rénové avec beaucoup de goût pour proposer cinq chambres d'hôtes modernes, élégantes et spacieuses aux noms de films cultes du cinéma. L'une d'elle dispose de sa petite terrasse privative. Ami de la nature et des animaux, le couple veille sur son domaine, fait la chasse aux écrevisses américaines qui envahissent leur cours d'eau. Ne soyez pas surpris si vous voyez des myocastors s'approcher, c'est que Valérie et Antoine les ont apprivoisés. Avec un peu de chance, vous pourrez même les caresser.

LA GRANGE AUX BOUCS €€

15, rue de Bel-Air - **FERRIÈRES-EN-GATINAIS**
✆ 06 62 19 51 91
www.gite-grange-aux-boucs.fr

2 chambres. Semaine : 370 €. Studio de 2 à 5 pers : 80 €/nuit pour 2. Chambre double : 70 € la nuit, 220 € la semaine.

Dans un cadre champêtre, à l'orée de la forêt de Montargis, cette fermette rénovée propose plusieurs possibilités d'hébergement, du gîte à la chambre d'hôte. Le mobilier, ancien, est propre et bien entretenu. Proche de sentiers de randonnée et du bourg médiéval, ce gîte stratégiquement bien placé permet une pause campagnarde bien salvatrice. Vous pourrez d'ailleurs profiter de la cour privée, un bel espace paysager aménagé avec soin. Un bon rapport qualité-prix que l'on vienne à deux pour profiter d'une chambre ou en famille dans le petit gîte ou le studio.

L'ÉTAPE GERGOLIENNE €€

5, rue du Cimetière
JARGEAU
✆ 06 81 25 10 99

Accueil vélo. Chambre avec entrée indépendante et terrasse : 50 €. Bain bouillonnant. Petit-déjeuner inclus.

Jargeau, les bords de Loire, la forêt d'Orléans et la cité de Jeanne d'Arc à 20 min en voiture. Que ce soit pour un week-end de détente ou un circuit touristique, l'Etape Gergolienne est l'alliée de votre séjour. La chambre d'hôtes Le Lagon (tout confort), conçue par Valérie et Jean-Michel, est située au premier étage d'une maison d'architecte en bois : un bijou d'écologie aux couleurs vives (bleu mer pour la chambre et vert palmier pour la salle de bains : de quoi se sentir ailleurs !), avec terrasse privée de 18 m^2, jardinière, coin détente, piscine et spa.

LES DEUX SAINT JEAN €€

MELLEROY
✆ 02 38 95 39 43
www.chambresdhoteslesdeuxsaintsjean.com

3 chambres. Chambre double à partir de 75 €. Petit-déjeuner inclus. Table d'hôtes : 22 €.

Pour une maison de rêve, cela en est une. Il est vrai qu'elle est magnifiquement habitée et tenue par Katia et Alain qui ont l'âme artiste. Leur maison est à leur image, autre, soit authentique. Vous pourrez discuter théâtre, peinture et notamment icônes byzantines, un art qu'Alain pratique et enseigne depuis des années dans l'atelier installé dans la maison. Profitez également de la table d'hôtes, pour un déjeuner ou un dîner de fêtes aux chandelles. En été, la terrasse oblige... et puis les prix sont sérieusement corrects.

LE MOULIN SAINT-JULIEN €€

1303, rue de la Reine Blanche
OLIVET
✆ 06 18 09 35 70
www.moulinstjulien.com

Basse saison : chambre double de 110 € à 150 €. Haute saison : chambre double de 120 € à 160 €.

Ce sont les propriétaires qui le disent eux-mêmes : ils n'ont pas trouvé la maison. C'est la maison qui les a trouvés. Sur les bords du Loiret à Olivet, le Moulin Saint-Julien, un ancien moulin à eau datant du XVe siècle, offre un véritable havre de paix à ceux qui souhaitent découvrir la région, à quatre kilomètres du centre historique d'Orléans. En été, vous pourrez vous relaxer autour de la piscine et observer la nature environnante. Le Moulin Saint-Julien, avec ses chambres de charme, mêle moderne et ancien dans un décor intimiste.

LES GÎTES DU QUAI DU CHÂTELET €€

56, quai du Châtelet - **ORLÉANS** ✆ 06 08 51 09 32
www.gitequaiduchatelet.com
Pour 4 personnes (70 m², 2 chambres). Week-end : 300 € environ. Demi-semaine : 350 € environ.

Les deux appartements la Gabare et les Oiseaux qui composent les Gîtes du Quai du Châtelet sont sans commune mesure avec ce que l'on définit généralement par le terme de gîte. Il s'agit bien d'appartements soignés et où l'attention sur chaque détail est portée afin que les voyageurs apprécient avec satisfaction leur séjour. La vue imprenable sur la Loire et le pont Royal augure le bel Orléans à connaître. Idéal pour celles et ceux qui veulent découvrir une ville et ses secrets !

GÎTES DU CHÂTEAU DE PONT-CHEVRON €€€

Les Hâtes - **OUZOUER-SUR-TRÉZÉE**
✆ 06 66 81 56 47
www.pontchevron.com
Gîte de 5 chambres : 590 € le week-end. Gîte de 8 chambres : 1140 € le week-end. Dans les deux gîtes : 69 € par nuit.

Le château de Pont-Chevron dispose de deux gîtes aménagés. Il accueille mariages, événements et séminaires. Le plus grand gîte a été installé dans ce que l'on appelait les « communs », le second est lui joliment meublé dans une ambiance « vieille France ». Tous deux offrent un agréable confort et un cadre autre qui donne l'impression d'être en passe de devenir châtelain. Le parc attenant propose un bel espace pelousé agrémenté d'arbres majestueux.

LES LOGIS DU PLAT D'ÉTAIN €€

8-10, rue du Plat-d'Etain - **OUZOUER-SUR-TRÉZÉE**
✆ 02 38 31 94 27 - www.logisplatdetain.fr
3 chambres. Chambre double de 70 € à 80 € ; triple de 105 € à 130 € ; quadruple 140 €. Petit-déjeuner inclus.

Un séjour à cette adresse vous offrira une parenthèse hors du temps. Ces chambres d'hôtes, toutes en rez-de-chaussée et possédant un accès indépendant sur l'extérieur, sont installées dans une demeure qui a conservé son caractère du XVIIIe siècle. La cheminée du salon et les poutres datent de cette époque. La belle surprise : un vaste jardin clos aménagé de rosiers, d'arbres fruitiers et d'un potager. Cyclistes et randonneurs, de généreuses collations sont également proposées.

LE GÎTE DU VERGER €€

84, rue des Plains - **SAINT-MARTIN-D'ABBAT**
✆ 02 38 58 27 28
www.gite-du-verger.com
Pour 33 personnes. Weekend standard : 1 800 €. Grand weekend : 2 020 €. Weekend étendu : 2 225 €. Soirée étape 39 €.

En pleine campagne, au milieu des champs et des vergers, ce vaste gîte, doté d'une grande terrasse, est idéal si vous avez besoin de loger beaucoup de monde (réunions de famille, d'amis, mariage, séminaires de travail, etc.). Une grande salle et une cuisine professionnelle est mise à disposition : vous avez la possibilité de faire venir un traiteur, mais les propriétaires de ce gîte peuvent aussi assurer la restauration (tarifs à voir sur place). Chaque chambre est équipée d'une salle d'eau et de toilettes. Un lieu parfait pour se retrouver à plusieurs.

GÎTE RURAL DE TIRELOUP €€

Route de Ménestreau - **SENNELY**
✆ 02 38 76 94 96
www.tireloup.fr
Gîtes de France. Pour 8 personnes : de 290 € à 460 € la semaine selon saison.

Entre La Ferté-Saint-Aubin, Lamotte-Beuvron et Sully-sur-Loire, ce gîte dispose d'un décor authentique de briques et de solives, et sa cheminée et ses meubles rustiques vous plongent au cœur de la Sologne. Avec ses 130 m², il peut accueillir jusqu'à huit personnes réparties dans trois chambres. Autour, l'espace est non clos. Le gîte est indépendant et les propriétaires, qui habitent à proximité, vous laissent les deux hectares de leur propriété pour vous promener. Les amateurs de pêche et les débutants pourront profiter du plan d'eau tout proche.

CLOS DE PONTPIERRE €€

115, rue des Eaux Bleues - **TAVERS**
✆ 02 38 44 56 85
www.clos-de-pontpierre.com
Gîtes de France. 4 chambres (9 personnes max). Chambre double 80 €. Petit-déjeuner inclus. Soins sur réservation.

Cette longère du XVIIIe siècle qui se trouve à 2 km de la cité médicale de Beaugency a tout pour plaire : le charme des vieilles pierres, un parc arboré, une piscine et un décor authentique où bois et briques règnent en maître. Les propriétaires des lieux sauront habilement vous conseiller des activités à faire dans le secteur en fonction de vos goûts et de vos centres d'intérêt. Située en Val de Loire, vous êtes aux portes de la Sologne et au cœur du pays des châteaux royaux et chargés d'histoire. Vous profitez aussi du parcours « La Loire à vélo ».

CORSE

CORSE-DU-SUD

U SAN LARENZU €€

Casciaco - **AULLÈNE**

✆ 07 60 06 24 83

www.sanlarenzu.com

Gîtes de France (2 épis). Ouvert de début mars à octobre. Chambre à partir de 85 €. Bain bouillonnant, sauna.

Antoinette et Laurent Henry proposent aux amateurs de tranquillité des chambres de grand confort, un bain bouillonnant, le sauna et ses bains de soleil. Belle production charcutière maison que l'on pourra même emporter. Literie neuve, nouvelle déco, salle panoramique et toujours l'accueil au top. Au beau milieu des montagnes de l'Alta Rocca et de la vallée du Taravo de belles balades et randonnées tout autour en forêts ou au plateau du Cuscione à la découverte du pastoralisme insulaire authentique traditionnel. Vous aurez le meilleur des conseillers avec Laurent.

LECCI E MURTA €€

Portigliolo - **BELVÉDÈRE-CAMPOMORO**

✆ 04 95 76 02 67

www.villagelecciemurta.com

Ouvert d'avril à octobre.Piscine extérieure. Location court séjour à partir de 75 € la nuit en chalet.

Un village enchanteur sur 5 ha, à deux pas de la plage de Portigliolo, doté d'un espace aquatique avec une superbe piscine paradisiaque et ses grandes plages en teck. Sur place : des jeux d'enfant, un magasin d'alimentation et un bon restaurant pizzeria-grill de qualité, le Marinasca, dont la réputation dépasse les limites du village. Tout l'ensemble est très harmonieux avec de grands espaces entre chaque chalet, une végétation luxuriante, un calme garanti et un confort irréprochable dans tous les hébergements, décorés et aménagés à la perfection.

BRISE MARINE €€

Route de Cala-Longa - **BONIFACIO**

✆ 04 95 73 59 72

www.brisemarine.eu

Chambre double de 140 € à 205 € ; studio / appartement de 280 € à 320 € ; suite de 170 € à 240 €. Petit-déjeuner inclus.

Vue panoramique sur les bouches de Bonifacio, sur les Îles Lavezzi, Cavallo et la Sardaigne. Brise marine ne vole pas son nom car d'ici on respire le bon air marin tout en écoutant chanter les cigales. De chaque chambre vous aurez la vue, une terrasse privée, la climatisation et une connexion wifi. L'endroit idéal pour goûter au repos tout en vous ressourçant au panorama du maquis et de la mer. Bonifacio et ses falaises sont à dix minutes en voiture, les montagnes de l'Alta Rocca à une heure et Marie Ange se fera un plaisir de vous conseiller pour votre séjour.

CASA MARTINI €€

Cavallo Morto - **BONIFACIO**

✆ 04 95 10 80 45

www.bonifacio-location.fr

Ouvert d'avril à fin octobre. Chambre double à partir de 85 € petit déjeuner inclus (en chambre d'hôtes).

Marie-Antoinette et Marius Martini proposent leurs chambres d'hôtes et gîtes de charme dans leur grande propriété juste à la sortie de Bonifacio. Un beau parc arboré et fleuri des essences méditerranéennes, une grande bâtisse élégante et moderne avec tout le confort nécessaire, un bassin de nage chauffé et un accueil sans reproche. A deux kilomètres du port, on sera au calme, en plein maquis, entouré de jolis petits murets de pierres sèches, à n'écouter que le bruit des oiseaux et même descendre à pied sur le port ou à la Citadelle.

A MANICHETTA €

Manichetta - **BONIFACIO**
✆ 06 66 79 31 94
www.amanichetta.fr
Ouvert du 10 avril au 10 octobre. Petit déjeuner inclus. Parking fermé auto et moto. A partir de 90 €.

Initiative originale pour ce jeune couple, perché sur les falaises bonifaciennes ! On y découvre de charmantes chambres d'hôtes confortables, bien équipées face à un paysage imprenable. Evelyne et Stéphane vous accueillent dans un cadre pittoresque et authentique au milieu des oliviers centenaires et de la campagne bonifacienne et reçoivent leurs hôtes comme des amis. De belles prestations à prix doux, des petits déjeuners servis face aux côtes sardes toutes proches. On y arrive pour une nuit et l'on rêve d'y passer sa vie !

CALA VERGHIA €€

Allée des Platanes - **COTI-CHIAVARI**
✆ 04 95 25 50 68
www.calaverghia.com
4 chambres. Chambre double de 143 € à 363 €. Petit-déjeuner inclus. Restauration.

La Cala Verghia, à la fois idyllique et intimiste, ravit tout le monde. Bien cachées au-dessus d'une petite crique, les grandes chambres d'hôtes de Jean-Marc Gaggioli sont superbes. Belle décoration, matériaux de qualité, calme olympien pour apprécier le panorama sur le golfe d'Ajaccio. En prime, la Cala Verghia ouvre sa table de qualité pour profiter de la quiétude des lieux en toute béatitude. Un joli bar sur la terrasse pour déguster les cocktails originaux à base de fruits frais toute la soirée et le vivier à langouste approvisionné par le pêcheur en direct !

BELLA VISTA €

D69 - **COZZANO**
✆ 04 95 24 41 59
www.gitecozzanohebergementcorse.com
Ouvert d'avril à fin octobre. Accueil 24h/24. 3 chambres. Chambre double 50 €. Petit déjeuner : 6 €.

Le premier gîte d'étape du haut Taravo, créé en 1978 par la famille Pantalacci. On est idéalement placé sur le Mare a Mare Centre, à 3 heures du fameux GR20 et sur de nombreux sentiers de pays. Côté hébergement, on aura le choix entre dortoirs, chambres matrimoniales et même une aire naturelle de camping. Pour prendre des forces, une copieuse cuisine familiale avec les légumes du jardin et la charcuterie maison. Accueil et bonne disponibilité de Baptiste, qui vous donnera des trésors d'informations sur les montagnes environnantes.

MAISON MADAMICELLA €€€

Le village - **FOZZANO**
✆ 06 03 83 34 13
www.maisonmadamicella.com
Ouvert du 1er avril au 30 octobre.Suite de 120 € à 240 €. Petit déjeuner inclus. Wifi gratuit.

La nouvelle folie de Fanny et Thomas Duval qui se sont jetés corps et âme dans l'aventure Fozzanaise ! On montera en courant dans ce magnifique village historique au large panorama pour retrouver cette délicieuse Mademoiselle transformée en maison d'hôtes de charme et de caractère. Le résultat dépasse les espérances du Petit Futé ! Bâtiment historique du XVIe siècle, matériaux nobles, décoration raffinée et prestations hôtelières dignes d'un 5-étoiles. Sans aucun doute, cette étape deviendra l'une des références du Sartenais-Valinco.

U FRACINTU €

Hameau de Burgo - **FOZZANO**
✆ 04 95 76 15 05
www.gite-hotel-valinco.fr
Ouvert d'avril à fin octobre. 18 chambres (et 5 dortoirs de 4 places). Chambre double 67 € ; chambre triple 92 €.

Damien et Angela vous accueillent sous l'égide de l'oncle Patrick Gallicchio dans ce joli nid haut perché sur les hauteurs du golfe du Valinco, que vous contemplerez confortablement assis sur la grande terrasse dominant un vert paysage entre mer et montagnes. Situé à la croisée des sentiers de randonnées du Mare a Mare et du Mare e Monti, vous choisirez au retour de votre périple entre une formule hôtelière de petites chambres rénovées ou le gîte d'étape. Accueil sympathique et des petits plats concoctés par Vania pour vous permettre de recouvrer vos forces.

CHEZ PAUL-ANTOINE €

Guitera-Village - **GUITERA-LES-BAINS**
✆ 04 95 24 44 40
www.chez-paul-antoine.com
18 couchages en dortoirs et chambres de 4 à 20 € la nuitée, demi-pension 48 €. Restauration.

Situé sur le sentier de randonnée Mare a Mare Centre, c'est une bonne adresse gourmande dans le pur esprit ferme-auberge pour les amateurs de vrais produits du terroir et un gîte d'étape qui offre aux randonneurs et touristes de passage toutes les saveurs de la gastronomie locale. De belles balades familiales en boucle au départ de Guitera de 2 à 5 heures dont celles des Bains pour la baignade, celle du château de Bozzi pour le panorama, et celle des crêtes, pour les plus sportifs. Gîte d'étape où la demi-pension est chaleureusement recommandée.

MAISON D'HÔTES ZELLA €€

Zella
GUITERA-LES-BAINS
✆ 06 80 92 84 46
www.zella-guitera.com

Fermé de février à mars. Chambre simple à partir de 78 € ; chambre double à partir de 89 €.

Émilie et Jean-Marie Casamarata ont ouvert leurs belles chambres d'hôtes cachées dans la forêt, à l'entrée du village en plein cœur de l'exploitation agricole de la famille et vous attendent le calme, l'authenticité et la quiétude du lieu. On y accède par un petit chemin qui conduit au paradis. Magnifique vue sur la haute vallée, belle bâtisse et ses chambres de très bon standing, accueil parfait pour un dépaysement garanti. En prime : la bonne table d'hôtes pour apprécier les meilleurs produits locaux et une belle terrasse bien exposée !

BELLE TERRE €€

Lieu-dit La Croix - **LECCI**
✆ 04 95 27 02 07
www.belleterre-corse.fr

Ouvert toute l'année. Chambre double de 60 € à 110 €. Petit déjeuner inclus. Parking ouvert inclus (auto et moto).

Cette Belle Terre ne faiblit nullement en s'étoffant de ses 4 jolies chambres d'hôtes, collées à cette auberge de belle tenue. Du côté de la cuisine, la pérennité est atteinte, avec une clientèle locale fidèle au poste tout au long l'année. Un vrai savoir-faire, du goût et de l'imagination pour sortir du rang des pizzerias et autre tables corse locales. Côté ambiance, on se tournera bien vite vers le petit jardin caché derrière la maison pour se retrouver au calme. Vous la trouverez à Lecci au rond-point du centre du village.

FERME-AUBERGE DU COL DE LA VACCIA €€

Col de la Vaccia
OLIVÈSE
✆ 06 84 75 70 27

Bienvenue à la Ferme. 4 chambres. Chambre double 85 € ; triple 110 €. Demi-pension : 30 €. Petit-déjeuner inclus.

Claudia et Antoine-Dominique Buresi, agriculteurs du village, tiennent à bout de bras cette charmante auberge perdue au bout du monde à 1150 mètres dans un panorama grandiose. On y arrive par hasard, soit par Olivese et sa route interminable, soit par Aullene, soit par Zicavo et l'on pourra y manger ou dormir en toute quiétude et profiter d'un environnement exceptionnel. Une seule condition, il vous faudra impérativement réserver. A découvrir d'urgence !

CHEZ MARIE LE BAR DES CHASSEURS €

Quartier Casanova - **OTA**
✆ 04 95 26 11 37
www.gite-chez-marie.com

Nuitée 22 €, demi-pension 45 €. 3 dortoirs de 12, 8 et 6 places. Restauration (menu 26 €, carte 28 €, menu enfant 10 €).

Huitième étape incontournable sur le circuit du Mare e Monti sud, de Calenzana à Cargese, le gîte de la famille Franchi est une bonne adresse avec ses dortoirs confortables et bien tenus. La demi-pension est recommandable grâce à la bonne cuisine de Victorine qui régalent touristes de passage et randonneurs affamés. Belle terrasse panoramique, salle chaleureuse avec sa cheminée pour griller le *figatellu* en hiver et les soirées chants et guitares en prime.

CHEZ FÉLIX €

Capo Sottano - **OTA**
✆ 06 22 47 98 87
www.gitechezfelixota.com

Fermé de novembre à mars. Tarifs : nuit en dortoir : 20€ par personne. 5 chambres de 46 € à 61€, pour 2 personnes.

Cette belle adresse montagnarde, créée par la famille Ceccaldi il y a 30 ans, est désormais dirigée par Eva, la petite fille. Tout est parfait, les gîtes propres et calmes, l'air pur, la belle vue sur le Capu d'Ota et cette ambiance si particulière que l'on ne retrouve que dans les villages de l'intérieur. Quelques chambres d'hôtes pour plus d'intimité, si besoin. Pas de coin cuisine pour le gîte mais la demi-pension est fournie par le frère Jean-Do à l'auberge juste en dessous, avec en prime un panorama magnifique sur la vallée.

RELAIS SAN-PETRU DI VERDI €

Col de Verde - **PALNECA**
✆ 04 95 24 46 82
www.boccadiverdi.com

Ouvert du 1er mai au 30 septembre. 20 places en dortoirs 15 €, 35 places en chalets privés. Demi-pension : 40 €.

C'est le repaire de Jean-Marc Lubrano-Bartoli, passage obligé sur le mythique GR20, on y retrouve l'ambiance des lieux perdus du bout de monde. On y profitera même trois chalets familiaux pour plus d'intimité. Côté cuisine, on y trouvera la charcuterie locale, les grillades au feu de bois et le fromage de brebis. Belle ambiance chaque soir autour du feu de cheminée ou en terrasse. Le petit plus : une aire naturelle de camping sous les hêtres, pins et sapins de cette belle forêt.

CHEZ BRIGITTE ET BERNARD LABBE €

PIANOTTOLI-CALDARELLO

✆ 04 95 71 86 18

Bienvenue à la Ferme. Gîtes de France (2 épis). Ouvert toute l'année.

Nous sommes ici au bout du monde, entre Sartène et Bonifacio chez des agriculteurs bio, amoureux de l'authenticité.On viendra ici pour savourer un vrai accueil paysan. On s'endormira au chant du petit duc et l'on s'éveillera avec merles et geais. Côté table, la famille Labbé au grand complet cuisine la production locale du potager et des arbres fruitiers de l'exploitation. Belles prestations hôtelières dans les 5 chambres coquettes, toutes remises à neuf.

A L'HÔTE ANTIQUE €€

Pietralonga Salvini - **PORTO-VECCHIO**

✆ 04 95 71 20 17

www.hote-antique.fr

5 chambres. Chambre double 85 € ; triple €. Petit-déjeuner inclus.

L'hôte Antique est une maison d'hôtes de caractère qui vous accueille chaleureusement dans son espace calme et exceptionnel vous invitant à la découverte de la Corse-du-Sud ainsi que de ses belles plages. Dans une aile de la demeure, spécialement aménagée à cet effet, se trouvent les chambres de 30 m², dont certaines avec vue sur la mer, toutes indépendantes, toutes différentes, équipées avec salle d'eau et toilettes privatives, climatisation, accès Internet et coffre-fort. Accueil sympa de Jean-Luc, adepte de la Honda Pan European.

CHEZ MARTA €€

Palombaggia - **PORTO-VECCHIO**

✆ 04 95 70 03 05

www.casa-marta.com

5 chambres doubles de 100 € à 185 € suivant période, petit-déjeuner inclus, parking et wifi.

Dans le cadre d'une résidence boisée dominant le centre des plus belles plages de Corse (Palombaggia), au sable blanc et mer turquoise, quatre belles chambres à la décoration soignée, très belle vue sur la mer. Au centre de la vue, l'îlot de Folaca. Au large, les côtes sardes. Vous l'aurez compris, le cadre est ici enchanteur. Le chalet à disposition est lui aussi soigneusement décoré et possède une large cuisine équipée. Les petits-déjeuners sont copieux avec café, thé, viennoiseries, fruits de saison et produits artisanaux.

USPITAGHJU €€

L'Ospedale - **PORTO-VECCHIO**

✆ 04 95 26 77 53

Gîtes de France (3 épis). Ouvert à l'année. Sur réservation l'hiver. Chambre double 85 € à 95 €. Petit déjeuner inclus.

Une belle et fière bâtisse de granit, transformée en chambres d'hôtes de charme et de caractère par Nadine et Dominique. Panorama à couper le souffle sur le golfe de Porto-Vecchio, les chambres sont coquettes et décorées avec bon goût, dans l'esprit des années cinquante. Copieux petit déjeuner à prendre de préférence dans le petit jardin en espalier pour profiter des odeurs et du cadre. En prime : TV grand écran dans la salle commune, réfrigérateur, congélateur, jeux de société et Internet (wifi et ordinateur à l'accueil) à disposition. Terrasse panoramique.

CHEZ PIERROT €

Hameau de Jallicu - **QUENZA**

✆ 04 95 78 63 21

Ouvert toute l'année. Demi-pension en gîte : 43 €, en chambre d'hôtes en demi-pension pour 2 personnes : 115 €.

L'emblématique Pierrot tient toujours les rênes de cet endroit hors du temps à 1260 mètres d'altitude. Niché au sein de paysages magnifiques et préservés, dans un cadre de montagnes, le gîte de Pierrot vous offre un accueil chaleureux et très professionnel. L'idéal pour passer deux ou trois jours bien agréables, dans les chambres d'hôte, ou en gîte d'étape rustique. Programme à la carte, pension complète, randonnée équestre, ou demi-pension. Bien sûr, il faut réserver. Un endroit typique à deux pas du plateau de Coscionu, qui vous tend les bras.

CORSE ODYSSÉE €€

Pentaniella - **QUENZA**

✆ 04 95 78 64 05

www.gite-corse-odyssee.com

Ouvert toute l'année. Sur reservation. Chambre double ; chambre triple. Demi-pension : 70 € (par personne).

Lieu de séjour de charme à la décoration originale et recherchée chez Nathalie et Pierre-Paul où l'on voyagera dans tous les pays de la diaspora corse. On choisira à loisir la chambre vietnamienne, l'orientale ou la sud-américaine. L'accueil est toujours aussi adorable et la table irréprochable de l'entrée au dessert grâce aux talents du chef qui conjugue les talents aux fourneaux et une grande connaissance de la montagne. Une étape à découvrir pour son ambiance inénarrable ! Réservation conseillée et la table est ouverte aux gourmands de passage.

FUNTANA BIANCA €€

Jallicu - **QUENZA**

✆ 04 95 25 44 40

www.funtana-bianca.com

Ouvert d'avril à septembre. Accueil jusqu'à 19h. Chambre simple à partir de 60 €. Petit déjeuner : 8 €.

De petites bergeries transformées en maisonnettes en montagne avec lit de 160 cm. Sur les hauteurs de Quenza, après quelques kilomètres du village (direction du Coscionu) et 500 m après le centre équestre un lieu magnifique au panorama grandiose sur les montagnes et au milieu des fleurs. Marie France vous y reçoit avec gentillesse. Un site authentique de pierre et de bois, une superbe terrasse en prime et une bonne cuisine de montagne pour se revigorer après les randonnées. De quoi se lever du bon pied et se poser dans un endroit magique !

U FRAGNONU €€

Route de Zoza - **SAINTE-LUCIE-DE-TALLANO**

✆ 04 95 78 82 56

www.tallano.fr

Ouvert d'avril à fin octobre. 45 € la 1/2 pension. Couchage et petit déjeuner 35 €.

Au cœur d'une nature généreuse, dans le village de Sainte-Lucie-de-Tallano où l'on produit d'ailleurs une huile d'olive traditionnelle se trouve U Fragnonu au bout du village en direction de Zoza. Dans une vieille maison typique de l'Alta-Rocca reprise par la mairie, on y propose 32 lits en chambres ou dortoirs avec une jolie vue au début de la route de Zoza. La table, tout comme l'accueil est soignée c'est pourquoi on ne regrettera pas la demi-pension obligatoire. Une formule bien pratique pour les couples ou les familles qui sont les bienvenus ici.

FANALE DI SENETOSA REFUGE LITTORAL €

Senetosa - **SARTÈNE**

✆ 06 27 77 48 89

campomoro-senetosa.corsica

Fermé d'octobre à mars. Le reste de l'année sur réservation pour les groupes. 8 couchages en chambres à 20 €.

Le Phare de Senetosa a été réhabilité récemment par le Conservatoire du Littoral. Il est situé à mi-parcours sur le sentier littoral reliant les villages de Tizzano et Campomoro. En plus de sa fonction de sécurité maritime le phare a maintenant une nouvelle destination. Il accueille les randonneurs pédestres ou équestres parcourant le sentier littoral entre les deux villages ou bien les boucles de randonnées ouverts sur le site. Il accueille également les kayakistes.

PERO LONGO €€

Pero Longo - **SARTÈNE**

✆ 04 95 77 07 11

www.perolongo.com

Bienvenue à la Ferme. Ouvert toute l'année. Restaurant ouvert de juin à septembre. Piscine extérieure.

Le grand domaine viticole dirigé par la famille Richarme propose de dormir sous la tente, dans une aire naturelle de 2 ha, au milieu des oliviers et chênes verts, en chambres d'hôtes de charme et même en gîtes ruraux de quatre à sept personnes, dans une ambiance on ne peut plus bucolique. Accueil parfait de toute la famille. Et depuis 2018, la maison des vignes, élégante bâtisse en granite et bois, d'une belle capacité de 15 personnes avec piscine privée, au beau milieu d'un paysage de vignes que vous pouvez louer toute l'année.

LE SCOPOS €

D420 - **SERRA-DI-SCOPAMÈNE**

✆ 04 95 78 64 90

www.gite-corse-scopos.com

Ouvert du 15 mars au mi-novembre. Accueil jusqu'à 21h. 46 € la nuitée avec repas et petit-déjeuner en chambres de 4 à 6.

Un gîte d'étape recommandable où l'on trouvera l'hébergement et la restauration dans les meilleures conditions. Annie Filippi apporte sa touche féminine dans l'ambiance et la décoration avec une belle terrasse en panorama sur l'Alta Rocca, et sa cuisine traditionnelle qui régalera les plus exigeants. Les marcheurs et les gourmets trouveront l'omelette au bruccio, le porc à la châtaigne, le veau aux olives et toutes les spécialités du terroir. L'étape est obligatoire par les randonneurs du Mare e Mare Sud, et mérite sans aucun doute d'y séjourner plus longtemps.

L'ALIVI €

Le village - **SERRIERA**

✆ 04 95 10 49 33

www.alivi.fr

Ouvert d'avril à fin octobre. Accueil jusqu'à 0h. 18 € la nuitée en dortoir par personne et 55 € la chambre double.

Régine Luccioni, native du village, s'affaire avec énergie, dans cet ancien moulin à huile toujours en état, pour offrir au randonneur un lieu d'étape de charme d'un très bon confort. L'ensemble est harmonieux et la personnalité de la maîtresse des lieux y est pour beaucoup. Nullement réservée aux marcheurs, l'adresse accueille également le voyageur et le gourmet en goguette qui apprécieront la bonne table basée exclusivement sur les produits locaux. En prime, le petit jardin avec transats pour les siestes méritées et la terrasse juste en face.

SOLE DI SARI €€

Pianuccie - **SOLENZARA**
✆ 04 95 57 07 70
www.soledisari.com

Ouvert d'avril au 15 octobre. 103 mobil-homes, 44 chalets,16 écolodges. Bungalow de 196 € à 1 645 € la semaine.

Un beau petit village de vacances au début de la route de Bavella agréablement aménagé en bordure de la rivière la Solenzara. De belles structures d'hébergements du chalet au mobil-home en passant par la tente lodge, un parc bien entretenu, un terrain multi-sport et tous les services nécessaires pour se simplifier le séjour. Bel espace restauration, piscine et même le label « Haute Qualité Environnementale » ! Profitez de l'emplacement pour pratiquer de nombreuses activités sportives de plein air : randonnée, équitation, canyoning, escalade...

L'OGLIASTRU €

Pont d'Ucciani - **UCCIANI**
✆ 06 20 97 70 44
www.ogliastru.com

Ouvert d'avril à fin octobre. Accueil jusqu'à 20h. 5 chambres. Chambre simple 68 € ; chambre double 78 €.

Un bel établissement récent, bien aménagé à deux pas du fleuve A Gravona qui dispose de cinq chambres d'hôtes en pleine nature et en toute tranquillité à 30 minutes d'Ajaccio. On pourra de plus profiter de la cuisine recommandable de Christelle et des compétences charcutières de Gérard à consommer sur place ou à ramener en souvenirs gustatifs. Accueil chaleureux et grande disponibilité en prime. Très bel espace extérieur avec un beau jardin paysagé. Élevage de porc sur place. Vous serez séduit par le rythme tranquille de la vie locale et l'accueil chaleureux.

A CASELLA €€

D757A - **ZICAVO**
✆ 04 95 24 44 03
www.acasella.e-monsite.com

Fermé de novembre à avril. Fermé de novembre à avril. 1 chambre. Chambre simple 75 € ; chambre double 80 €.

Juste en bas du village, Gigi et Jacques Giorgi proposent une petite chambre d'hôte exclusive, dans leur petite maison, ceinturée d'un adorable jardin potager. Petit déjeuner copieux et original servi à la fraîche, uniquement perturbé par le chant des oiseaux. Situation idéale pour profiter des nombreux sentiers des environs. Vous aurez notamment la possibilité de pratiquer de nombreuses activités telles que le ski, le vélo et la pêche. Accueil charmant et disponibilité sans faille. Pas de table d'hôte, mais un petit encas le soir de l'arrivée est possible.

AUBERGE DU COL DE BAVELLA €€

D268 - **ZONZA**
✆ 04 95 72 09 87
www.auberge-bavella.com

Ouvert d'avril à novembre. Accueil jusqu'à 22h. Gîte d'étape de 2,4 et 6 lits. Pension et demi-pension.

Cette auberge créée en 1936 par la famille Grimaldi vous accueille toujours avec le sourire et propose son gite en chambres de 4 à 8 lits refait à neuf pour faire la pause sur le sentier du GR20. Excellente cuisine corse traditionnelle, service non-stop en saison : charcuterie maison, salade de l'auberge, cabri rôti, Soissons à la panzetta, et tarte à la châtaigne, délicieuse ! En bonus, quelques soirées chants et guitares en été. Une bonne adresse d'altitude (1 240 m) à retenir.

AUX BORDS DU TEMPS €€

Rue Principale - **ZONZA**
✆ 06 22 23 44 73
www.location-chambredhote-zonza.com

Ouvert à l'année. Chambre double à partir de 95€ petit déjeuner inclus. Piscine chauffée accessible à 150 mètres.

En plein cœur du village, cette jolie petite maison bicentenaire accueille le voyageur à la recherche d'un hébergement original. Une réhabilitation dans le respect des matériaux nobles : châtaigner massif, granit, carrelage en travertin, des chambres claires et spacieuses dotées de tout le confort. Chaque espace est personnalisé, du plus classique au plus original sans aucune faute de goût. Une adorable petite terrasse dès l'entrée, une belle vue sur la vallée, une insonorisation parfaite et, en bonus, de copieux petits déjeuners !

LES HAUTS DE CAVANELLO €

Hameau de Cavanello - **ZONZA**
✆ 04 95 78 66 82
www.locationzonza.com

Ouvert du 1er mai au 31 octobre. Chambre double à partir de 74 €. Wi-Fi gratuit. Petit déjeuner inclus.

Amateurs de tranquillité, vous trouverez chez Jean-Baptiste de charmantes chambres d'hôtes de charme, entièrement rénovées et de grand confort, idéalement situées sous le regard des aiguilles de Bavella. Les sportifs pourront courir la montagne toute proche et profiter du village de Zonza. On apprécie le copieux et délicieux petit déjeuner à déguster en pleine nature, la jolie petite piscine et ses plages en teck et les 3 chambres familiales jusqu'à 6 personnes. Pour les amateurs de sports et nature c'est l'endroit idéal pour les activités alentour !

HAUTE-CORSE

MAISON BATTISTI €€

Hameau de Conchiglio - **BARRETTALI**

✆ 04 95 35 10 40

www.maisonbattisti.com

Ouvert toute l'année. Chambre double 95 € ; studio / appartement 325 € la semaine ; suite 130 €.

Une belle découverte que cette fière bâtisse, propriété de la famille Battisti, construite au XVIIIe. Régulièrement agrandie au gré des années et de la fortune tirée du Cédrat et des échanges avec l'Italie, la demeure imposante mérite le détour et le séjour bien sûr. Du charme, du caractère, et Marie-Pierre et Michel, hôtes adorables qui vous feront partager leur passion pour cette île. On pourra s'approvisionner dans l'épicerie fine mais aussi dîner à la table d'hôtes et apprécier les talents de cuisinier de monsieur Motroni, sur réservation exclusivement.

CLEVACANCES CORSE €€

BASTIA

✆ 06 64 98 19 15

www.clevacances-corsica.com/contact

Ouvert toute l'année.

Premier label de qualité généraliste pour la location saisonnière en France, Clévacances propose sur son site une multitude d'hébergements touristiques (maison, appartement, résidence de tourisme, ferme ou chalet...) dont la qualité des services a été vérifiée. Adaptés à tous les budgets et situés sur l'entièreté du territoire, les hébergements sont confortables et fonctionnels. Proche de la mer ou au cœur de nos montagnes, vous pourrez y poser vos valises pour un séjour inoubliable en toute tranquillité et garanti sans mauvaise surprise.

LE COUVENT DE POZZO €€€

Couvent de Pozzo - **BRANDO**

✆ 04 95 60 39 11

www.couventdepozzo.com

Basse saison : chambre double à partir de 140 € la nuit. Haute saison : chambre double à partir de 160 € la nuit.

Le Couvent de Pozzo est une authentique bâtisse du XVe siècle, perchée au cœur du maquis et de la montagne. Ancien couvent de moines capucins, il est acquis en 1796 par un notable bastiais et reste propriété de sa famille qui œuvre depuis pour en préserver tout son charme authentique. Une grande piscine d'un bleu profond en surplomb offre une vue somptueuse sur la mer Tyrrhénienne et ses îles. C'est un lieu idéal pour se réunir en famille, entre amis. Le ravitaillement en panier-déjeuner ou à la table d'hôte autour de spécialités corses est un régal.

À L'OMBRE DU CLOCHER €€

Chiosello - **CALENZANA**

✆ 04 95 31 17 12

www.ombre-du-clocher.com

Ouvert toute l'année. Accueil jusqu'à 21h. 3 chambres (et 1 gîte). Chambre simple 65 € ; chambre double 80 €.

Gilles et Bérangère Strazzabosco ont aménagé leur maison comme une maison familiale. Les chambres sont agréables et joliment décorées, l'accueil tout en simplicité et générosité et on vous y servira de succulents petits déjeuners avec des confitures maison à tomber par terre. Pour les séjours, un petit gîte rural de 35 m² pour 2 à 4 personnes, à l'écart de la maison principale, est à petit prix même en haute saison. Une cuisine commune bien pratique pour les familles et le barbecue pour les grilles communautaires sont installés près de la piscine.

AU PIED DES OLIVIERS €€

7, route de Moncale - **CALENZANA**
✆ 06 50 23 78 61
www.aupieddesoliviers.com
2 chambres (avec terrasses). Chambre double à partir de 135 € ; suite à partir de 150 €. Petit-déjeuner inclus.

Au cœur de la Balagne à 15 minutes de Calvi, dans le village de Calenzana, connu pour être le départ du GR20, découvrez ce petit havre de paix. Deux chambres d'hôtes et une suite, aménagée dans une dépendance sur la propriété à l'écart des autres chambres, ont un look contemporain coloré et sont décorées avec goût. Terrasse privative pour chacune des chambres et cerise sur le gâteau : accès direct à la piscine. Niché sur les montagnes de la Balagne, l'établissement de Sylvie et Alexandre dispose d'une vue mer, vue montagne, vue village, vue oliveraie !

THE MANOR €€€

Chemin Saint-Antoine - **CALVI**
✆ 06 81 10 17 63
www.manor-corsica.com
Ouvert à l'année et Ecoresponsable (Safecorsica et U Respectu). De 110 € à 460 €. Navettes port et aéroport sur demande.

Cette superbe maison d'hôtes pleine de charme, au milieu d'un parc de 6 ha composés d'oliviers centenaires de fruitiers et d'un potager bio mise sur les énergies renouvelables et le respect de l'environnement. Un grand patio panoramique avec la vue sur la citadelle et la baie de Calvi. Elle enchantera votre séjour par son calme et sa sérénité, loin de l'agitation, du bruit et des rumeurs. Au programme : des séjours « détente » et « chandelles » comprenant chambre, modelage corporel et dîner en terrasse ou devant la cheminée.

CASA MAGDALA €

Route de la Scala - **CASTIRLA**
✆ 04 95 38 18 59
www.casamagdala.com
Ouvert toute l'année. 4 chambres. Chambre double de 60 € à 75 € ; chambre triple de 80 € à 90 €. Petit déjeuner inclus.

Cette ancienne auberge du XIXe siècle a su conserver son cachet d'antan. Les chambres et suites, spacieuses, peuvent accueillir deux à quatre personnes. Elles sont toutes équipées d'une salle d'eau et de toilettes privatives. Vous apprécierez certainement en saison de prendre le copieux petit déjeuner dans le jardin. Accueil charmant de Martine et Philippe qui vous feront regretter de partir. Cuisine d'été et barbecue en libre accès, idéal pour qui voudra se préparer ses repas et pique-nique avant la découverte des piscines naturelles avoisinantes.

A PIANELLA €€

Lieu-dit A Pianella - **CASTIRLA** ✆ 04 95 35 23 85
www.apianella.fr
Ouvert toute l'année. 4 chambres. Chambre double de 70 € à 90 € ; chambre triple de 95 € à 105 €.

A Pianella, la petite plaine, est un petit coin de paradis posé dans la montagne. Sylvie et Paul vous accueillent en chambre d'hôtes dans leur charmante maison au milieu d'un domaine de 1,5 ha. Les chambres sont confortables, la décoration simple, l'ambiance paisible et chaleureuse façon maison de famille. Les sentiers de randonnée vous invitent à parcourir la montagne. Baignades en rivières, excursions vers les plages agrémenteront votre séjour. Vous pouvez profiter, sur réservation, de la table d'hôtes où l'on vous sert des produits bio du potager et du terroir.

BOCCA BÈ €

Bocca Be - **CHISA**
✆ 04 95 56 36 61
www.giteboccabe.com
Fermé de septembre à octobre. Accueil jusqu'à 20h. Pour 18 personnes (5 chambres).

A 15 km de la mer et 400 m de la rivière U Travu, un bon petit gite d'étape communal avec son restaurant, ses plats à emporter, ses panier repas. Aux fourneaux, Martine cuisine avec des produits locaux principalement issus de son potager et met en avant la charcuterie de Xavier Donati. Pour le confort : un salon avec télévision, des salles de bains privées dans chaque chambre et les draps et linge de toilette fournis. Repas en salle ou sur la terrasse avec vue sur les montagnes, propreté irréprochable pour s'y sentir comme chez soi.

CASA A VIGNA €€

FELICETO
✆ 04 95 61 80 01
www.chambresapart.fr/casa-a-vigna.html
Fermé du 15 octobre au 1er avril. Accueil jusqu'à 19 h. Chambre double à partir de 70 €. Petit déjeuner : 5 €.

Chambres d'hôtes personnalisées au confort douillet avec salle de douche et wc privatifs pour des prestations de qualité. L'entrée des chambres est indépendante de la maison et toutes deux bénéficient d'un jardin privatif avec vue panoramique sur la plaine. À l'étage supérieur, un jardin verdoyant, idéal pour vous prélasser et prendre vos petits déjeuners faits maison : pain, viennoiseries, confitures... à l'ombre d'une pergola. Convivialité, simplicité et accueil chaleureux. De nombreux restaurants à proximité dans ce village typique corse de Balagne.

U FILIPAGHJU €€

Route du village - **GALÉRIA**

✆ 04 95 62 04 30

www.u-filipaghju.galeria.hotels-corsica.net

Fermé de novembre à février. Accueil jusqu'à 20h. 4 chambres. Chambre double à partir de 55 €.

Situé à seulement 150 mètres de la plage de Galeria, l'U Filipaghju dispose d'un jardin paysager, d'une connexion Wi-Fi gratuite dans l'ensemble de ses locaux et de chambres avec terrasse privée. Cette petite maison récente près du centre du village, tenue par Nadège et Luciano, le patron-pêcheur, dispose de chambres spacieuses et confortables au rez-de-chaussée ou à l'étage. Le petit déjeuner est proposé devant le jardin fleuri et son petit potager. Accueil agréable de Nadège qui mettra tout en œuvre pour que vous passiez un agréable séjour.

MARE MONTI €

Casone pieraggi - **GHISONACCIA**

✆ 04 95 56 64 41 - www.casapieraggi.fr

Ouvert toute l'année. 3 chambres (dont une familiale). Chambre double de 60 € à 70 €. Petit déjeuner inclus.

Une belle ambiance de vacances dans cette petite maison avec ses chambres lumineuses avec salle de bain privée. On y profite d'une agréable terrasse et de son jardin, loin de l'agitation balnéaire et de ses touristes mais assez proche pour pouvoir y aller quand bon vous semble. L'établissement est situé à 20 min des plages, 30 min des baignades en rivière et à 1 heure de route de plusieurs départs de randonnées. L'accueil de Sabine et Célestin y est parfait et ces derniers vous mitonneront petit-déjeuner et dîner de qualité. Calme garanti en pleine nature.

U CASONE €

Chemin de Caprone - **GHISONACCIA**

✆ 04 95 56 02 41

www.ucasone.net

Ouvert de mai à octobre. 4 appartements, 3 mini villas et 4 chalets de 4 à 6 places de 294 € à 1029 € la semaine.

Un ancien domaine viticole créé par le papa Roger Simoni, désormais dirigé par Pascale, sa fille qui a transformé le lieu en un espace de vie original, atypique et convivial. On y choisira à loisir l'une des nombreuses formules d'hébergements : camping, chalet, mini villa, éco-lodge, grandes tentes équipées ou mobil-home... Vous profiterez d'un parc bien arboré à quelques encablures de la plage pour des balades agréables. De grands espaces pour chacun et des bons échanges en perspective pour savourer le séjour en toute sérénité.

CAP FLEURI €€

Murteda - **MERIA**

✆ 04 95 35 87 10

www.villa-capfleuri.com

4 chambres. Chambre double de 65 € à 130 €. Parking fermé inclus. Restauration.

Une étape bien agréable, en pleine nature, au milieu de 7 000 m^2 de jardins et verdure, qui dispose d'équipements de qualité : une piscine, un spa, centre de bien-être... Installez vous dans des chambres sobres avec terrasse dans cette maison d'hôte chaleureuse au milieu de vastes jardins. Vous aurez également droit à un joli panorama et une vue mer en prime. De plus, l'accueil de Lydie et Christophe y est adorable, attentionné et toujours aux petits soins. On apprécie également le petit déjeuner copieux, qui vous fera démarrer la journée d'un bon pied.

AUTOUR DU HAMAC €€

Route d'Asco - **MOLTIFAO**

✆ 06 72 78 95 73

autourduhamac.fr

Ouvert d'avril à novembre. Chambre double à partir de 70 €. Petit déjeuner inclus

Virginie et Harold qui ont déjà visité 40 pays malgré leur jeune age, ont aussi eu la bonne idée d'ouvrir leur maison aux hôtes de passage. Bien placée au début des gorges de l'Asco, on y profitera du calme et de l'accueil parfait de ces amoureux de la nature. La table d'hôtes de Virginie permettra la découverte de la gastronomie locale. L'hébergement est de qualité, parking sécurisé en prime, et grand jardin pour buller tranquille. Une belle piscine chauffée et les services en prime : atelier de réparation pour moto et possibilité de sécher les vêtements !

I TRE CASTELLI €€

Route du Reginu

MONTICELLO

✆ 06 17 96 16 66

Fermé du 15 octobre au 15 avril. Accueil jusqu'à 20h. 5 chambres. Chambre double à partir de 76 €.

Bien caché sur les hauteurs de Monticello, ce petit coin de paradis ne manque pas d'atouts : une grande propriété d'un hectare avec une vue époustouflante sur la baie d'Ile-Rousse, les petits bâtiments tous indépendants dotés d'un confort digne d'un trois épis, le tout dans un calme olympien. Les chambres ont vue sur mer ou sur jardin. On sera idéalement placé pour parcourir le balcon de la Balagne ou les plages de la côte, toutes situées à proximité. Petit déjeuner copieux servi en terrasse ou dans la salle à manger, au choix.

LE RELAIS DU CAP €

Marine de Negru - **OLMETA-DI-CAPOCORSO**
✆ 04 95 37 86 52
www.relaisducap.com
Ouvert de mi mai à fin septembre. Accueil jusqu'à 22h. 4 chambres. De 65 € à 100 €. Petit déjeuner : 7,50 €.

Un petit endroit bien caché sur la plage de la marine de Negru que vous aurez plaisir à découvrir à deux. Intime et lové entre roches et plage de galet, Le Relais du Cap est un doux lieu pour une pause, la mer est devant vous, la plage peu fréquentée et vos hôtes charmants. Gaëlle et Rob mettent à votre disposition de quoi profiter pleinement de la situation : paddle, palmes, douche et cuisine extérieures, terrasse avec transats, de quoi admirer le coucher du soleil les pieds en éventail ! Le petit déjeuner face à la mer vous laissera un souvenir impérissable.

MAISON FORESTIÈRE DE TARTAGINE €

D963 - **OLMI-CAPPELLA** ✆ 07 86 04 82 58
https://balagne-corsica.com/hebergement-collec/maison-forestiere-de-tartagine/
Ouvert toute l'année. Sur réservation l'hiver (8 personnes minimum). Accueil jusqu'à 22h. 12 chambres.

Une heureuse initiative de la municipalité d'Olmi-Cappella qui a remis en état cette maison forestière au bord de la rivière Tartagine pour offrir aux touristes de passage un gîte d'étape de charme. On y accède en trente minutes depuis Olmi-Cappella par une belle route sauvage et rustique pour atteindre ce petit paradis. L'accueil des visiteurs est irréprochable, dans cette belle bâtisse du XIXe siècle. Service de restauration à prix doux sous la pergola avec vue sur la rivière.

U CASONE €€

Le village - **PENTA-DI-CASINCA**
✆ 06 80 27 18 08
www.u-casone.com
Accueil jusqu'à 19h. 5 chambres (dont 1 suite et 1 chambre familiale). Haute saison : chambre double de 120 € à 150 €.

Une magnifique maison de maître bâtie en 1460 en plein cœur de ce beau village ! Entièrement réaménagée en 2013 par Jean-Marc Franceschi, on y appréciera le confort haut de gamme de ses chambres et suite et du reste de la bâtisse : salon d'hiver, salon voûté, cuisine à l'ancienne, etc. Petits déjeuners romantiques et gourmands dans le jardin et vue époustouflante sur la vallée en contrebas. Lieu parfait pour se prélasser au soleil sans aucun voisin aux alentours si ce n'est les montagnes de la Casinca. Accueil parfait des hôtes, vrais amoureux de leur île.

LES CHAMBRES DE LA DISTILLERIE €€

Lieu dit Murticcia - **PIETRACORBARA**
✆ 04 95 55 66 98
www.distillerie-de-pietracorbara.com
Ouvert d'avril à octobre. 5 chambres. Chambre double de 70 € à 85 € ; chambre triple de 80 € à 95 €.

Amateurs d'ambiance bucolique et paysanne, vous trouverez au domaine de la famille Barone ses hébergements de qualité digne d'un trois étoiles juste au-dessus de la distillerie au milieu des 5 hectares de la propriété. De plus, vous pourrez découvrir des saveurs locales en dégustant les produits ainsi que ceux d'autres artisans producteurs de la région au magasin annexe. Une étape bien placée au milieu du Cap Corse, au départ des nombreux sentiers de randonnées.

CASA GHJUNCA €€

Lieu-dit Ghjunca - **RAPALE**
✆ 06 43 15 76 95
www.casaghjunca.canalblog.com
5 chambres (dont 1 suite). Basse saison : chambre double à partir de 85 €. Haute saison : suite jusqu'à 140 €.

Au fin fond de la région du Nebbio, la charmante maison d'hôte de Jannick se situe dans le cœur du village de Rapale, surplombant toute la vallée de la Conca d'Oro. Cette bâtisse en pierres datant du XVIIe est magnifiquement restaurée. Chaque pièce, décorée avec soin, apporte une ambiance différente, entre confort moderne et authenticité. La chambre avec balnéothérapie est exceptionnelle. L'accueil est des plus charmant et les petits déjeuners servis en terrasse sont copieux et gourmands. Un endroit rare et une adresse secrète à préserver.

VILLA BARAKA €€

Route de Patrimonio - **SAINT-FLORENT**
✆ 06 20 33 10 72
www.lavillabaraka.com
Ouvert toute l'année. Accueil jusqu'à 22h. 4 chambres. Chambre double de 60 € à 90 €. Parking fermé inclus.

Juste à la sortie du village direction Patrimonio, Babet et Stephan proposent dans leur villa d'adorables chambres d'hôtes au calme et dans un bel environnement. Une étape craquante où il faudra vite réserver pour pouvoir en profiter. On peut même y trouver une petite maisonnette en location à la semaine. On y découvrira le petit chemin tout proche qui vous conduira tout droit à la plage tranquille, même au mois d'août ! Le plus : une piscine avec matelas et parasols au cas où la mer vous lasserait et le plateau de courtoisie à disposition pour le petit déjeuner.

U SALTU €

Le village - **SOLARO**
✆ 04 26 78 15 24
www.giteusaltu.com
Fermé du 1er au 15 avril et en octobre. 16 couchages en chambres de 2 à 4 personnes à 22,50 €, la nuitée.

Un beau gîte d'étape, créé par la mairie en 2006, qui offre une vue imprenable sur la Côte des Nacres. Côté hébergement, les chambres sont dignes d'un hôtel deux étoiles, et la vue panoramique à 500 m d'altitude satisfera les voyageurs les plus blasés. Côté gastronomie, on salivera sur les recettes de l'hôte des lieux qui mitonne chaque jour de bons petits plats qui sentent bon le terroir, et même les pizzas et grillades au feu de bois. À déguster sur la terrasse à l'ombre des platanes en surveillant du coin de l'œil l'étang de Palu, juste en dessous.

DOMAINE DE VALLE €€

Querciolo - **SORBO-OCAGNANO**
✆ 04 95 38 93 03
www.domainedevalle.fr
Fermé de décembre à janvier. Accueil jusqu'à 19h. Chambre double de 70 € à 75 € ; chambre triple de 75 € à 80 €.

Le Domaine de Valle est une très ancienne propriété de la famille Tomasi de 30 hectares, datant du XVIIIe siècle et entourée de vergers de clémentiniers et d'oliviers. La maison est un ancien relais de diligence de plus de 250 ans et la partie de la demeure dans laquelle se trouvent aujourd'hui les chambres d'hôtes était l'ancienne écurie. Le Domaine de Valle vous propose quatre chambres confortables et climatisées avec petit déjeuner inclus. De nombreux restaurants sont à proximité. Une adresse bien pratique à 4 km de la plage de Pinarello.

LA MAISON DE LA VIGNE €€

Girata Santini - **VENZOLASCA**
✆ 04 95 34 36 68
www.maisondelavigne.com
Ouvert toute l'année. 3 chambres (dont 1 chambre 4 personnes 110 €). Chambre simple 65 € ; chambre triple 110 €.

La maison de la Vigne se compose de trois petites maisons rassemblées sous une forêt de chênes lièges et d'arbousiers. Cette maison d'hôtes propose quatre chambres spacieuses parmi lesquelles un cabanon écologique. Elle a entièrement été refaite avec des matériaux éco responsables : liège de bois pour le plancher, les murs et le plafond permettant d'éviter l'utilisation d'une climatisation en été, utilisation raisonnée de l'électricité, récupération des eaux grises pour l'arrosage du jardin et bien sûr : toilettes sèches. Un beau pari des propriétaires !

CASA ALTA €€

Hameau de Vizzavona - **VIVARIO**
✆ 04 95 47 21 09
www.casa-alta.fr
5 chambres. Basse saison : chambre double 70 €. Petit-déjeuner buffet inclus. Restauration (panier pique-nique 12 €).

Une maison forestière à 500 mètres de la gare, cachée dans la grandiose forêt de pins laricio. L'endroit idéal pour ceux qui souhaitent se rapprocher de la nature. La bâtisse a été entièrement rénovée et réaménagée, dans une ambiance calme pour un repos assuré. Le confort est irréprochable au milieu d'un cadre époustouflant. Les petits-déjeuners sont copieux et servis dans la grande salle ou dans le jardin et des formules panier pique-nique pour randonner sans souci. Au retour de votre promenade, le salon TV et la bibliothèque.

LA HALTE DU PRINCE €

Col de Vizzavona - **VIVARIO**
✆ 04 95 46 31 02
www.lahalteduprince.com
Fermé de novembre à avril. Accueil jusqu'à 22h. Chambre double de 67 € à 87 € ; bungalow de 62 € à 114 €.

Au milieu du fameux GR 20, une petite structure incontournable sur ce mythique sentier, qui propose au randonneur ou voyageur un hébergement tout neuf avec ses 3 chalets en bois qui servent de gîte d'étape. D'autres options s'offrent aux randonneurs : une aire de bivouac avec un bloc sanitaire, un refuge ou une chambre d'hôtes de 2 à 4 places, idéale pour les voyageurs en goguette. Plusieurs options selon la place qu'il reste et le budget alloué. Et pour la demi-pension, direction la table d'A Montagnera, juste à côté qui ne souffre d'aucun reproche.

LE VIZZAVONA €

Hameau de Vizzavona Gare - **VIVARIO**
✆ 04 95 47 21 12
www.hotel-vizzavona.com
Ouvert de fin mai à fin septembre. Accueil jusqu'à 21h. 10 chambres (16 places dans le refuge (dortoir)).

Renouveau bienvenu au hameau de Vizzavona avec la renaissance de cet établissement qui a fait sa mue du sol au plafond pour offrir aux voyageurs une étape de qualité. Le résultat est à la hauteur des espérances d'un établissement au confort désormais digne de ses nouvelles 3-étoiles. Idéalement placé sur le mythique tracé du GR20, on profitera de son restaurant en formule demi-pension à tarif doux. En prime, le gîte d'étape pour les marcheurs et un joli parc fleuri et ombragé pour s'y prélasser en toute quiétude. Entièrement refait depuis 2016.

GRAND EST

ARDENNES

LES KOTAS ESPRIT NORDIQUE €€

BALAIVES-ET-BUTZ
✆ 03 24 54 56 62
www.kotas-espritnordique.fr
La nuit en kota : 155 € pour deux. La semaine à partir de 780 € la semaine pour 2 adultes et 2 enfants.

Profitez de l'esprit nordique des kotas, abris de chasse des Samis finlandais. Au cœur des crêtes préardennaises, près de leur ferme, Laurence et Jean-Michel ont installé 4 de ces charmants petits chalets hexagonaux de bois au bord d'un étang. Chaque kota dispose d'un lit XXL et d'un vaste ponton pour prendre le petit déjeuner en profitant des charmes de la nature. S'ajoute l'accès au barbecue du kota-grill et au chalet en bois dédié à la détente (bain bouillonnant, sauna).

LE RELAIS DU CHÂTEAU €€

Château de Chatel - **CHÂTEL-CHÉHERY**
✆ 03 24 30 78 54
Gîtes de France. Chambre d'hôtes. 280 m², 4 chambres. De 1 800 € à 2 100 € la semaine selon saison. Terrasse, parc.

Cette maison indépendante dressée dans un joli parc se compose au rez-de-chaussée d'un séjour, d'une cuisine équipée, d'un salon de détente en mezzanine, de deux WC et de trois chambres dont une accessible aux personnes à mobilité réduite, avec chacune toutes les commodités nécessaires. À l'étage se trouvent encore trois autres chambres. Lors de votre séjour, vous pourrez profiter de différents équipements : salle de jeux, terrain de foot, piscine couverte chauffée, pêche en étang privé, boulodrome, location de vélos pour de belles balades dans le coin.

LA FOSSE AUX CHEVAUX €€

8, La Fosse aux Chevaux - **ETEIGNIÈRES**
✆ 03 24 53 27 76
www.lafosseauxchevaux.com
De 90 € à 110 € ; de 155 € à 195 € le week-end ; de 260 € à 340 € le mid-week ; de 405 € à 540 € la semaine.

Laissez-vous séduire par le confort et le charme exceptionnels de cette roulotte-gîte, qui vous propose un hébergement original et insolite dans un cadre bucolique et qui s'apprête définitivement au repos... à partager en amoureux ou en famille. En effet, la roulotte se situe derrière des merisiers, dans le parc où se trouvent les neuf chevaux, l'âne et les trois vaches Highland, de la Fosse aux Chevaux. Vous pourrez ainsi admirer et caresser ces animaux depuis le jardin entièrement clos de la roulotte. Idéal pour une escapade 100 % nature.

LE PARADOU €

28b, route de Philippeville - **GIVET**
✆ 06 48 99 15 46
www.auparadou.eu
4 chambres. Chambre simple de 40 € à 50 € ; double de 50 € à 60 € ; suite de 90 € à 95 €. Petit-déjeuner inclus.

Situé à cheval entre la Belgique et la France, le Paradou est aussi nommé le petit château des canards, du lieu dit éponyme. Le gite, construit au milieu du XIXᵉ siècle offre, dans un style rustique, 4 chambres dont suite familiale pouvant accueillir une dizaine de vacanciers. Autour, le parc arboré s'étend sur plus d'un hectare. Un étang héberge probablement les canards du cru et des enclos animaliers invitent les enfants à se réjouir de la vision des ânes, poneys, chèvres et autres oies. Une grande terrasse permet à tous de s'étendre au soleil les beaux jours.

CABANE ET VALLÉE €€

Chemin du Cul d'Aillon - **HAULMÉ**
✆ 06 77 64 37 02
cabane-et-vallee.fr
A partir de 98 € la nuit. Possibilité de panier repas du terroir.

Découvrez la forêt d'Ardenne dans un cadre totalement insolite ! Perchées dans les arbres, les cabanes La Légende et A l'Orée surplombent de 12 m les méandres de la Semoy et offrent une vue imprenable sur sa vallée depuis votre terrasse suspendue. Ces gîtes atypiques disposent de tout le confort pour passer un agréable moment, des toilettes sèches et un poêle pour les soirées un peu fraîches. La Légende comprend un lit queen-size et un lit double en mezzanine et la cabane A l'Orée d'un lit queen-size et trois lits simples : de quoi accueillir toute la famille !

L'ERMITAGE DU MOULIN LABOTTE €€

52, rue Edmond-Dromart - **HAYBES**
✆ 03 24 41 13 44
www.moulin-labotte.wixsite.com/moulinlabotte
10 chambres. Chambre simple de 60 € à 65 € ; double à partir de 75 €. Pension complète : 87 €. Petit-déjeuner : 10 €.

L'Ermitage du Moulin Labotte est un moulin du XVIIIe siècle situé au bord d'une forêt millénaire et au départ du sentier de la vallée du Mohron. Il propose à ses hôtes 10 chambres avec vue sur la forêt d'Ardenne, toutes équipées. Dans la somptueuse salle de la Roue aux 40 couverts ou dans la véranda aux 100 couverts, les mets gastronomiques mettent à l'honneur des produits locaux. La carte est renouvelée tous les mois et on y retrouve des spécialités de la région revisitées.

LA BESACE €€

1, lieu-dit la Besace - **LALOBBE**
✆ 03 24 52 81 94
www.labesace.com
Gîtes de France. Chambre simple 48 € ; chambre double 62 € ; chambre triple 72 €. Petit déjeuner inclus.

Voici un lieu bien agréable pour se ressourcer loin du tumulte de la ville, dans un cadre généreusement fleuri et arboré, au cœur de la forêt. Les chambres sont décorées avec goût. Chacune propose un thème différent : Cottage, Égypte, Marrakech, Ardennaise. L'accueil est plus que charmant. Le rez-de-chaussée, avec véranda, salon et cheminée, est réservé à l'accueil des hôtes. C'est donc dans une maison typique de la Thiérache ardennaise que vous prendre plaisir à poser vos valises pour profiter entre autres de la beauté du Parc naturel régional des Ardennes.

LA MARMOTTINE €

Rue Saint-Michel - **RAILLICOURT**
✆ 03 24 35 47 56
www.lamarmottine.fr
4 chambres. Petit-déjeuner inclus. Chmabre double : 58 € ; triple : 76 €. Appartement : 80 €-128 €. Repas : 19 €.

Au centre du département, dans une maison de pierres et colombages, les chambres respirent le calme de la campagne. Une documentation est à votre disposition pour découvrir la région sous tous ses aspects : sports, culture, histoire, artisanat, économie... Les chiens sont acceptés moyennant un supplément. Les chats ne sont pas admis. Un dogsitter se trouve à moins de 5 km si vous pratiquez une activité à laquelle votre chien ne peut pas participer. Un grand espace libre permet aux chiens de se dégourdir les pattes. Etablissement adhérent du label Mon Fidèle Ami.

LE CHÊNE PERCHÉ €€

SIGNY-L'ABBAYE
✆ 03 24 53 35 62
www.lecheneperche.com
De 89 € à 155€ selon la cabane, les dates et le nombre de personne.

Au cœur des Crêtes préardennaises, prenez un peu de hauteur dans les cabanes du Chêne perché. Il ne faut pas avoir le vertige pour séjourner dans ce lieu atypique : la Canopée, la cabane plus haute de France, s'élève à 16 m du sol ! Un petit creux ? Demandez le panier barbecue avec ses viandes bio, ses brochettes de légumes marinés et son camembert braisé.Le Chêne perché organise également des randonnées, des animations pour les groupes, et dispose d'un sentier d'interprétation en visite libre. Les cabanes voisinent avec un parc d'accrobranche.

CHÂTEAU LE RISDOUX €€€

Lieu Dit Le Ridoux - **VIREUX-WALLERAND**
✆ 03 24 40 80 82
www.chateaulerisdoux.fr
Clévacances. Gîte 6 pers : de 300 à 600 €. Gîte 4 pers : de 300 à 450 €. Gîte 2 pers : de 200 à 300 €.

Le domaine Château le Risdoux est un endroit remarquable. Les cinq gîtes sont installés dans un bâtiment situé dans le domaine d'un château du XVIIe siècle transformé au XVIIIe siècle et joliment rénové. Le plus vieux bâtiment a été construit dans la roche. Dans une vallée de 7 ha, entouré de 2 000 ha de forêt, de nombreuses activités sont possibles : tennis, VTT, pêche, promenades, nage dans la Meuse, canoë, quad... Également à proximité, plusieurs point d'intérêt : grottes de Neptune, Nichet, Han, Dinant, Givet, Charleville-Mézières, les Fêtes de la Meuse.

AUBE

LA VILLA PRIMEROSE €€€

94, rue Saint-Rémy - **ARCIS-SUR-AUBE**
✆ 03 25 37 34 40
www.villaprimerose.com
5 chambres. À partir de 67 € la nuit pour une chambre simple, petit-déjeuner et parking compris.

Ici, on vous propose un hébergement de qualité dans un ancien hôtel particulier, avec ses boiseries, ses vitraux et son escalier monumental. Cinq chambres d'hôtes luxueuses et décorées avec raffinement ainsi qu'un gîte de trois chambres. On apprécie également le cadre intime qu'offre cette magnifique demeure, notamment ce parc qui isole à merveille des bruits désagréables de la ville. Le confort imbattable, le magnifique décoration, le parking privé... La villa Primerose est véritablement un lieu enchanteur et propice à la détente.

LES COMBELLES €

Rue de la Côte-Sandrey
BAROVILLE
✆ 03 25 27 00 36
Chambre double à partir de 55 € ; bungalow à partir de 86 €. Petit-déjeuner inclus.

Une jolie chambre d'hôtes aménagée à l'étage de l'imposante demeure en pierre de taille à la devanture flatteuse. Ici, on a une très jolie vue sur le vignoble et le paysage de la côte des Bars. Dans ce petit domaine tout fleuri orné d'une tourelle, au charme indéniable, la chambre est équipée d'une salle de bains et de WC privatifs pour plus d'intimité. A l'arrière, une véranda offre une jolie vue pour rêvasser au calme. On aime l'accueil chaleureux de ces personnes simples et disponibles et leurs conseils sur les activités à réaliser dans la région !

LES CABANES AU BOIS D'ORIENT €€

27, route de Villy-en-Trodes
BRIEL-SUR-BARSE
✆ 07 82 49 70 70
www.cabane-bois-orient.fr
Selon la cabane, de 120 € à 170 € la nuit pour deux adultes avec petit déjeuner.

Pour des nuits en pleine nature à 7 m du sol, les cabanes en bois du bois d'Orient sont parfaites. Elles sont 4 dans les arbres, vue sur la rivière. Toutes différentes, toutes charmantes, confortables et dotées d'une terrasse. Possibilité de panier du terroir et de panier apéritif. Toilettes sèches privées. Douche à 500/800 m (vous pouvez prendre votre voiture). Une adresse qui vous assure dépaysement, calme, cocooning pour une expérience vraiment différente.

LA POINTE €€

7, rue du Moulin - **CHENNEGY**
✆ 06 78 32 46 13
www.gitelapointe.fr
Pour 12 personnes. De 750 € à 1 200 € la semaine selon saison. Week-end à partir de 470 € en basse saison.

Ce gîte est la sortie de Chennegy en allant sur la route de Bercenay-en-Othe, à 25 minutes de Troyes. Atout indéniable, il est en marge des habitations, tant et si bien qu'on ne redoutera aucunement le bruit. Les espaces sont bien répartis, avec un salon qui ne demande qu'à vous accueillir. Les enfants y trouveront aussi leur place, avec une mezzanine qui leur permet d'être indépendants. Le cachet de la région est préservé : colombages, murs en craie, briques... La cuisine est un peu petite mais dispose de tout le nécessaire pour une grande tablée !

LA CLER'HIER €€

2, rue du Tertre-de-la-Bonde - **CLÉREY**
✆ 03 25 76 00 91
www.laclerhier.fr

5 chambres. Chambre double 75 €. Petit-déjeuner inclus. Table d'hôtes : 27 €.

Proche de Troyes, cette longère fort esthétique, aux colombages colorés, met à votre disposition cinq chambres, et vous accueille pour un prix très honnête, petit déjeuner inclus. Chaque chambre, sobre mais peut-être un peu dénuée d'âme, dispose d'une salle de bains privative et certaines ont un accès direct sur le jardin. Les propriétaires font tout pour que votre séjour soit un bon moment. La belle salle de séjour, la table d'hôtes soignée et la proximité tant des lacs que des magasins d'usine et du centre-ville en font un bon point de chute.

LE GOLURET €€

19, rue Gaston-Cheq - **COUVIGNON**
✆ 03 25 27 90 25
www.legoluret.com

5 chambres. Chambre simple à partir de 60 € ; double à partir de 70 €. Petit-déjeuner inclus. Table d'hôtes 30 €.

En plein cœur du vignoble champenois, le Goluret vous accueille dans un cadre privilégié. Cette ancienne demeure de maître de 1892, une longère entièrement rénovée et entourée d'un parc de 2 800 m², dispose de 5 chambres grand confort. Vous pourrez vous détendre dans le salon et vous restaurer à la table d'hôtes, sur réservation. L'établissement organise la visite de caves voisines, mais si vous ne souhaitez pas vous déplacer, vous aurez la possibilité de déguster et d'acheter du champagne sur place. Vous êtes à 12 km de Bar-sur-Aube.

LA FERME DES HAUTS FRÊNES €

6, rue de la voie de Puiseaux - **EAUX-PUISEAUX**
✆ 03 25 42 15 04
www.les-hauts-frenes.com

Chambre simple 45 € ; double à partir de 53 €. Petit-déjeuner inclus.

La Ferme des Hauts Frênes, qui fait aussi camping, propose des chambres d'hôtes, dans un grand parc à Eaux-Puiseaux. Le site est fort agréable. Trois chambres d'hôtes, calmes et charmantes, vous réservent un accueil chaleureux en toute saison. Les chambres, confortables, dont certaines à colombages, sont dans le bâtiment attenant à la maison principale. Le camping 3 étoiles est sur le même domaine, mais à l'écart. Aucune nuisance par conséquent. Il dispose de 30 emplacements.

CHAMBRE D'HÔTES LE PRIEURÉ ET GÎTE LE PIGEONNIER €€

1, place de l'Église - **FOUCHÈRES**
✆ 03 25 40 98 09
www.routedechampagne.com

Un contact téléphonique est souhaité. 5 chambres. Tarif de base des 5 chambres 55 €, petit-déjeuner inclus.

Dans cette ferme encore en activité, Sylvie vous hébergera dans une de ses cinq chambres au charme chaque fois différent. Un pigeonnier rond typique est également à disposition pour les amoureux d'originalité. Vous apprécierez très largement le fait de résider dans une demeure de caractère et dans une chambre qui, bien que très rustique, dispose de tout le confort nécessaire. Le village est traversée par la Seine et très calme. À recommander pour fuir l'agitation urbaine.

OME SWEET HOME €€€

13, rue du Paty - **LAUBRESSEL**
✆ 06 81 42 90 50
www.omesweethome.com

4 chambres dont une suite familiale. De 100 € à 200 €. Table d'hôtes 35 €. Bain bouillonnant, sauna.

Labellisé Accueil Motard, le lieu séduit les groupes d'amis et les familles. Le jardin aménagé dispose d'une piscine, et l'intérieur offre une pièce de vie où chacun peut bouger, se voir et se parler, autour d'une grande table pour 10 personnes. Les chambres sont superbement aménagées. Les propriétaires se sont investis, et ont investi. Le bain à remous, de taille plus que raisonnable, au pied d'une douche italienne, complète ce divin tableau. Cette maison en bois, aux allures scandinaves, fait aussi table d'hôtes et vous propose un service de massage.

DOMAINE DES LACS €€

3, voie de Ramerupt - **LESMONT**
✆ 03 25 92 00 70
www.domainedeslacs.com

5 chambres. De 55 € à 135 €. Petit-déjeuner inclus. Gîte rural : la semaine de 390 € à 650 € selon saison.

Ce domaine vous propose 5 chambres d'hôtes ainsi qu'un gîte de plain-pied, qui peut accueillir jusqu'à 6 personnes. Tous les logements, bien équipés, permettent d'accéder à la salle de repas, au salon avec cheminée, à la salle de détente, à la piscine, au terrain de tennis, au jardin et à son potager. Les intérieurs sont parfois un peu chargés, trahissant ce goût pour les équidés. C'est toutefois une étape humaine, loin de l'impersonnalité de certains lieux. Si vous êtes cavalier, l'un des 6 boxs est disponible pour votre monture.

LA FLORESTINE €€

29, rue Clemenceau
LUSIGNY-SUR-BARSE
✆ 03 25 41 22 78
www.laflorestine.fr

Gîte de France. 3 chambres. Chambre simple à partir de 85 € ; double à partir de 90 €.

Au cœur du parc naturel régional de la Forêt d'Orient, dans une longère du XIXe siècle sont aménagées 3 chambres d'hôtes, Orient, Temple et Amance, avec chacune sa personnalité et un charme indéniable. Dotée de literie et linge de haute gamme, chaque chambre dispose de sa propre salle de bains (ou douche spacieuse) avec wc et, pour agrémenter le bien-être, des entrées indépendantes. Tout est pensé pour le confort et l'autonomie. Pour un séjour de 3 nuits Flo et Pascal mettent à disposition gratuite des vélos pour la durée du séjour.

LA FERME SAINT-LAURENT €€

15, avenue Gallieni - **NOGENT-SUR-SEINE**
✆ 03 25 39 82 07 - www.ferme-saint-laurent.com

4 chambres. Chambre simple 60 € ; chambre double 70 € ; suite 100 €. Petit déjeuner inclus. Lit supplémentaire : 15 €.

La ferme Saint-Laurent se trouve non loin du centre-ville de Nogent-sur-Seine. Elle est entourée d'un grand jardin, d'une cour servant de parking et peut accueillir dans les 5 chambres d'hôtes jusqu'à 15 personnes adultes ou enfants. Le lieu est calme et accueille des touristes et des employés des entreprises nogentaises. Les chambres sont confortables avec salle de douche ou bain, wc indépendant, TV, connexion Internet. À proximité : le musée Camille Claudel, promenades le long de la Seine, château de La Motte-Tilly, abbaye du Paraclet, Provins et Pont-sur-Seine.

DOMAINE DE LA CREUSE €€

Ferme de la Creuse
MOUSSEY
✆ 03 25 41 74 01
www.domainedelacreuse.com

5 chambres. Chambre double 110 €. Petit-déjeuner inclus. Vente diverse sur place.

Pivoine, Seringat, Muscari... Cette ferme s'est octroyé le terme de « domaine » et le mérite amplement. En effet, chaque chambre a reçu le nom d'une fleur ou de sa fonction d'origine. Elles sont aménagées dans des dépendances restaurées et sont d'un décor à faire pâlir les magazines de déco. Spacieuses, dotées de salles de bains confortables, chaque détail a été soigneusement pensé. De plain-pied, elles s'ouvrent sur un beau jardin fermé. Ici, on conjugue le bien-être et l'authenticité. Vous pourrez aussi en profiter pour emporter un petit souvenir.

CHÂTEAU DE BRANTIGNY €€€

20, route de Villehardouin - **PINEY**
✆ 06 82 40 85 14
www.chateaudebrantigny.com

D'avril à novembre. Mi-septembre, pour les journées du Patrimoine, «Brantigny en fête». 3 chambres (a partir de 130 €).

Cette propriété ouverte aux clients est assez exceptionnelle dans la région. Les propriétaires, en famille et amoureux de l'ancien, artisans en outre, ont aménagé trois chambres avec raffinement. Avouons qu'on se prend facilement au jeu des salons, des meubles marquetés, les cheminées massives, les plafonds qui vous toisent de toute leur hauteur... Suite parentale, meubles Empire, boiserie... Le regard se pose sur les pavillons, sur le parc, sur le fronton ou la façade en calcaire : chacun aura son moment de gloire, et c'est peut-être ici qu'on s'y prend à rêver.

CHÂTEAU DES TERTRES €€

Rue Gambetta - **MUSSY-SUR-SEINE**
✆ 03 25 38 60 02
www.chateaudestertres.co.uk

Location de 6 à 18 personnes, 8 chambres. Une grande cuisine équipée, grand salon, salle à manger, bibliothèque.

La région champenoise voit avec ravissement ses châteaux ouvrir leurs portes. Ici, dans un domaine de verdure exceptionnel de 10 hectares, ce château du XIXe siècle de plus de 1 200 mètres carrés habitables offre un hébergement pour 6 à 18 personnes. La location se fait à la semaine et au week-end, l'occasion de se poser dans de grandes chambres parquetées de chêne en angle ou face au jardin, dans des salons, un livre à la main, se prendre à rêver devant le piano à queue ou à courir dans les nombreux et vastes escaliers. Un lieu romantique à souhait.

COTTAGE CHAMPAGNE €€

50, rue du Révérend-Père-Laffra
TROYES
✆ 03 25 46 15 27

Tarifs : nuitée 135 €, week-end 230 €, semaine 500 €. Wifi gratuit.

Si vous voulez avoir un aperçu d'une petite maison champenoise, typique et agréable, c'est ici qu'il faut venir et poser vos valises pour quelques jours. Vous disposez d'un jardin en ville, avant de franchir la façade de colombages. L'ensemble ensuite est cosy. Salon douillet, chambres aménagées avec goût, sans surplus mais avec une touche chaleureuse, tout comme les propriétaires. Vous n'avez qu'à traverser les quais pour parvenir à la place du marché et au centre-ville. Point bonus, un parking est à votre disposition. Une adresse futée !

BAS-RHIN

LE TEMPS DES CHOSES €€

6, rue du Maréchal Joffre - **ANDLAU**
✆ 06 49 08 45 17
www.letempsdeschoses-maisondhotesenalsace.com
3 chambres. Chambre double à partir de 95 €. Petit déjeuner inclus. À partir de 3 nuitées : 90 €/2 personnes. Jardin.

La famille Risser a aménagé 3 charmantes chambres d'hôtes au sein de son adorable maison à colombage du XVIe siècle. Celle-ci est nichée dans un jardin luxuriant où, à la belle saison, il fait bon prendre un petit déjeuner gourmand : confitures, brioches et cakes faits maison, charcuteries et fromages de la région. Du salon aux chambres en passant par la cuisine où trône un superbe karelofa, la décoration fait la part belle à moult objets alsaciens chinés avec passion par les propriétaires des lieux. Belle vue sur le château du Spesbourg et les Vosges en bonus !

AMBIANCE-JARDIN €€

12, rue de l'Abbé-Wendling - **DIEBOLSHEIM**
✆ 03 88 74 84 85
www.ambiance-jardin.com
Chambre double de 88 € à 98 €. Petit déjeuner inclus. Lit supplémentaire : 20 €. Parking fermé. Taxe de séjour incluse.

Nichées dans la vieille grange d'un grand corps de ferme typique de la région, vous profiterez ici de l'une des 4 charmantes chambres d'hôtes champêtres. Le mobilier ancien et les éléments de décoration ont été chinés au gré des coups de cœur. Les volets bleus de ces anciennes dépendances s'ouvrent sur un grand jardin plein de poésie et de fantaisie : un havre de feuilles, fleurs, de délicieuses fragrances, sculptures surprenantes de Jean-Luc et d'objets chinés. Mais bien sûr, tout le confort moderne est bel et bien présent pour d'agréables moments.

MAISON D'HÔTES LES CHALINETTES €€

2, rue Amiral Courbet
FEGERSHEIM
✆ 03 88 64 36 66
www.les-chalinettes.com
Tarif 60 à 75 € petit déjeuner inclus.

Cette maison d'hôtes contemporaine dispose de quatre chambres très confortables aux couleurs chatoyantes. Si vous souhaitez un moment de repos, profitez du salon- coin détente de 35 m². Le petit déjeuner est gourmand, avec des confitures maison et des viennoiseries. Marie-Paule et Gérard Schaal vous accueillent chaleureusement et vous donneront des idées de visites. L'établissement est idéalement situé à proximité de Strasbourg, de la route des vins et la Forêt noire.

AUX TEMPS D'AVANT €€

24, Grand-Rue - **GUNDERSHOFFEN**
✆ 03 88 72 88 60
www.aux-temps-d-avant.fr
3 chambres. Chambre double à partir de 90 € ; chambre triple à partir de 120 €. Petit déjeuner inclus.

Cette magnifique ferme bleue du XVIIIe siècle est la demeure de Christian et Carine Cura qui vous accueilleront dans leurs chambres d'hôtes très confortables. Combinant le charme de l'ancien à de subtiles touches modernes, la décoration est soignée et très agréable. Le petit déjeuner est servi à partir de 9h dans l'ancienne étable encore pourvue de sa mangeoire ou sur la terrasse donnant sur le jardin en été. C'est idéalement placé pour visiter les villages aux maisons traditionnelles, les cités potières, verrières ou thermales ainsi que les vestiges militaires.

L'ÉTÉ EN NOVEMBRE €€

46, rue Principale - **KIRRWILLER**
✆ 06 10 96 35 63
www.ete-en-novembre.fr
Chambre double de 70 € à 80 €. Petit déjeuner inclus.

Sandrine a décoré ses chambres très bien situées pour découvrir la région d'un subtil mélange créatif chiné : matériaux bruts, récupération industrielle détournée et meubles dépareillés côtoient avec audace les équipements confortables et les touches de couleur apportées par d'atypiques objets mystérieux. La literie est grande et de haut standing et la salle de bains spacieuse est équipée de linge de toilette et d'un sèche-cheveux. Laissez-vous imprégner de ce lieu riche d'un supplément d'âme, où chacun se sent chez soi dès les premiers instants.

MAISON D'HÔTES LA VALLÉE €€

21, rue de la Vallée - **KUTTOLSHEIM**
✆ 03 88 33 17 05 - www.21-lavallee.com
2 chambres. Duplex de 1 à 4 personnes : de 95 à 150 €, selon le nombre de personne. PDJ inclus. Jardin.

Près de la maison, un ruisseau murmure et, passé le portail, un chemin s'ouvre vers le bois d'acacias. Les chambres d'hôtes installées dans des maisonnettes, bénéficient d'une entrée et d'une terrasse indépendantes. Lili et Jean Lou les ont aménagées avec élégance et simplicité. Le jardin bucolique a été distingué en 2015. Il est agrémenté par des sculptures, ce sont les œuvres de Lili. Vous prendrez vos petits déjeuners avec vos hôtes, qui vous régaleront de crumbles, crèmes brûlées, salades de fruits frais, viennoiseries, confitures maison et miels de la région.

AUBERGE FRANKENBOURG €€€

13, rue du Général-de-Gaulle - **LA VANCELLE**
✆ 03 88 57 93 90
www.frankenbourg.com
Nuitée 2 personnes 120 €. Lit Supplémentaire 10 €/ nuit. A partir de 3 nuitées 100 €. La semaine (7 nuits) 90 € / nuit.

L'Auberge Franckenbourg propose trois gîtes pour deux personnes. Ces appartements sont équipés d'une petite cuisine d'appoint, télévision led 102 cm, douche à l'italienne, lit king size, et de tous autres équipements nécessaires au confort actuel. Deux d'entre eux proposent un troisième couchage. À partir d'une semaine, les tarifs à la nuit sont dégressifs ce qui vous permettra de profiter sans vous ruiner de cet endroit magique. Attention, le «coucou» en duplex avec escalier à pas japonais est déconseillé pour les personnes avec des difficultés à se déplacer.

CHAMBRES D'HÔTES WINLING €

MARIENTHAL ✆ 03 88 93 02 77
5 chambres et un appartement pour 5 personnes. De 50 à 130 €. Jardin, climatisation, réfrigérateur, four, télévision.

Astride Winling vous accueille pour faire une pause conviviale loin du stress ! Le temps d'un week-end ou d'un court séjour, cet hébergement est une solution idéale pour les couples, les familles ou les professionnels en déplacement. Vous vous sentirez chez vous dès votre arrivée : les chambres d'hôtes se situent au sein d'un espace privatif tout équipé bénéficiant d'une entrée indépendante. Le copieux petit déjeuner vous sera servi sur la terrasse. Vous pourrez vous détendre dans le salon ou encore vous relaxer avec un agréable bain moussant....

L'ALTENBERG €€

4, rue de l'Altenberg - **NEUBOIS** ✆ 03 88 85 60 56
www.chambres-de-l-altenberg.net
5 chambres (tarif dégressif à partir de 3 nuitées). Chambre simple 54 € ; chambre double 64 € ; chambre triple 79 €.

Dans une demeure de style contemporain vous profiterez de cinq chambres d'hôtes, bénéficiant de tout le confort et de l'espace nécessaires à un bon moment, et auxquelles le mobilier en bois donne une touche de rustique. Chacune, classée 3 épis aux Gîtes de France, est dotée d'une salle de bains avec WC privatifs, d'une télévision et d'une connexion Wifi gratuite. Dehors, meubles de jardin et barbecues vous permettront de profiter de l'air pur en admirant la vallée, et le coin lecture ou les jeux prêtés par les hôtes dans la véranda raviront petits et grands.

LES LETTRES DE MON MOULIN €€

2, impasse du Moulin
OBERMODERN-ZUTZENDORF ✆ 06 88 17 17 28
www.leslettresdemonmoulin.fr
A partir de 89 € la nuit pour deux personnes petit déjeuner inclus.

Dans un ancien moulin qui borde une petite rivière, on passe un agréable moment dans cinq chambres d'hôtes charmantes, à la décoration voulue comme un cabinet de curiosités : vieux papiers, meubles chinés, objets et livres anciens. Chaque chambre rend hommage à un écrivain, en reconstituant son univers et son époque. Pas étonnant, car ici on aime l'écriture et on propose même des ateliers dédiés, ainsi que des espaces de vie communs lieux de rencontres et de créations.

AU BERCEAU DU LOUP AGILE €€

22, route de Gambsheim - **OFFENDORF**
✆ 09 53 15 55 16 - www.auberceauduloupagile.fr
75 à 140 €, selon la taille de la chambre, PDJ inclus. Tarifs dégressifs à partir de 3 nuitées. Table d'hôtes.

La convivialité, voilà le mot d'ordre de Brigide, la propriétaire. Le cadre est chaleureux, l'accueil aussi ! Brigide, originaire d'Alsace, a décidé de créer deux chambres : une suite avec deux chambres communicantes, et une chambre africaine double. La salle de bains est commune et rend hommage à Marilyn Monroe. Bref, vous l'aurez compris, ces chambres d'hôtes sont uniques en leur genre, à chaque pièce son univers. Et pour couronner le tout, le lieu dispose d'un bain à remous. Brigide propose aussi un service de soin pour les ongles.

AU MERLENCHANTEUR €€

10, rue Principale - **SCHILTIGHEIM**
✆ 06 20 74 28 31 - www.chambres-hotes.fr/chambres-hotes_chambres-d-hotes-au-merlen-chanteur-strasbourg_schiltigh
2 chambres et 2 suites de 23 à 46 m². Petit déjeuner inclus. 75 à 125 €. Jardin et terrasse.

Les logements sont composés de deux pièces avec kitchenette. Confortables et agréablement décorées : lit à baldaquin, objets chinés aux quatre coins du monde... Les salles de bains sont bien agencées, avec baignoire ou douche à l'italienne. Les petits déjeuners sont servis dans la stub, la pièce centrale de la cette belle maison du XVIIe siècle, très typique. Dans la bibliothèque des alsatiques et des brochures régionales sont à votre disposition pour préparer vos visites. Et vous avez la possibilité de louer des vélos pour faire de belles balades.

DOMAINE DES REMPARTS €€

9, boulevard Vauban - **SÉLESTAT**
✆ 07 71 11 78 00
www.gite-alsace-selestat.fr
5 chambres (2-4 pers) + 1 studio (2 pers) : à partir de 82 €/nuit. Wifi gratuit. Salon avec TV. Table d'hôtes. Terrasse.

Marie et Jacky ont rénové une antique bâtisse alsacienne pour en faire un cocon douillet à l'intérieur comme à l'extérieur, où un adorable jardin permet de se détendre au soleil et il y a même un bar ! Les chambres et le studio sont aménagés avec un goût très sûr et de beaux matériaux. Côté petit déjeuner, place à un buffet riche en produits locaux et pâtisseries maison. Ajoutez à cela une table d'hôte (sur réservation) digne d'un bon restaurant. À tout point de vue, voici une excellente adresse pour partir à la découverte du Grand Ried et de la Route des Vins !

GÎTE FRANÇOISE ET FRANCIS €€

16, Grand-Rue - Secteur Piéton
STRASBOURG ✆ 03 88 32 06 38
www.location-strasbourg.haar-rent.com
Chambre double 65 € la nuit, 195 € le week-end. Une semaine : 395 €, deux semaines : 595 €, trois semaines : 695 €.

Ce studio équipé est proche des restaurants, commerces et transports. Il se trouve dans un immeuble du XVIIIe siècle, se composant de deux appartements dont celui du propriétaire. Le studio comprend un lit double, un coin cuisine avec plan de travail en granit shiwakasi, un réfrigérateur, un micro-ondes, des ustensiles de cuisine, de la vaisselle et des couverts, un téléviseur avec 32 chaînes TNT et une connexion à Internet port RJ45. Les draps et le linge de maison sont fournis.

CHEZ NADINE HAMM €€

45, rue Principale - **WEITERSWILLER**
✆ 03 88 89 23 20
www.giteamsteingawel.free.fr
Ouvert toute l'année. 2 chambres (chambre familiale (2 lits doubles)). Chambre double à partir de 54 €.

Une magnifique maison de maître à colombages du XVIIIe siècle, typiquement alsacienne, vous accueille au cœur du Parc naturel des Vosges du Nord. Deux suites, Ève et Mélanie, l'une au premier étage et l'autre au second, mêlent bois et vieille pierre et procurent aux hôtes tout le confort nécessaire à un séjour reposant. Petit déjeuner servi dans la salle commune. Côté excursions et visites, Weiterswiller vaut vraiment le coup d'œil, tout comme le château du Ochsenstein. Saverne ne se trouve qu'à 20 kilomètres et Colmar à une heure de route.

HANSEL ET GRETEL €€

1, rue de la Forge
WINGERSHEIM LES QUATRE BANS
✆ 06 17 09 24 12 - www.gitelanoix.com
2 chambres et 1 gîte. De 60 à 90 €. Tarif dégressif p/plusieurs nuits. Draps et linge de toilette fournis. Ménage 40 €.

Dans un ancien corps de ferme datant de 1802, Liliane Lanoix a aménagé une maison d'hôtes décorée avec goût : colombages, poutres et boiseries de la stub... Chaque chambre dispose d'une salle de bains privative. Le gîte pour 4 personnes est très bien équipé. Liliane est passionnée par l'art des jardins dans lequel vous pourrez déambuler : carrés d'herbes aromatiques ou de fleurs à couper, massifs savamment taillés, petit jardin d'inspiration japonaise, tonnelle romantique... Dans la stub ou sur les terrasses arborées, Liliane vous sert les petits déjeuners.

HAUT-RHIN

LE FELSENECK €

42, rue du Château - **FERRETTE**
✆ 03 89 08 21 28
www.felseneck.fr
Ouvert toute l'année. 5 chambres.

Rodolphe et Caroline ont décidé de reconvertir l'hôtel du Felseneck en chambre d'hôtes. Ce qui leur correspond parfaitement car au-delà du concept, les amoureux de ce mode d'hébergement, apprécient avant toute chose, la communication. Ils seront donc ravis de faire la connaissance de ces amoureux de la vie et des belles choses. De la plus petite avec vue sur le Château de Ferrette à la V, les chambres sont décorées avec soin, possèdent une literie confortable. L'impression qui s'en dégage, est... douillette et coquette. Une belle adresse pour séjourner à Ferrette.

GÎTE DE L'ABEILLE BLEUE €€

La Taupré - **FRÉLAND**
✆ 03 89 47 20 28
https://gitedelabeillebleue.fr
Gîtes de France (3 épis). Label WWF Panda. Gîte 5/7 pers. À partir de 300 €/semaine et de 150 €/week-end. Vente de miel.

Cet agréable gîte a tout bon : superbe cadre verdoyant et franche convivialité. Aménagé dans les combles d'une vénérable ferme vosgienne, c'est un endroit parfait pour découvrir la faune vosgienne. Marie et Dominique vous fournissent des jumelles pour observer diverses espèces d'oiseaux, chevreuils, biches, renards, blaireaux… Vos enfants vont adorer partir sur la piste du faux-bourdon Zébulon en suivant un parcours balisé depuis le gîte. Apiculteur chevronné, Dominique vous régale de pain d'épice, gelée royale, hydromel et autres délicieuses préparations !

LA PIERRE D'EAU €€€

11, lieu-dit de la Chaude Côte - **FRÉLAND**
✆ 03 89 49 80 77
www.lapierredeau.com
4 chambres d'hôtes (2 pers). Dès 150 €/nuit. Table d'hôtes. Atelier de cuisine. Prise de recharge voiture électrique.

La Pierre d'Eau est une ancienne ferme de 1835 posée sur un coteau à 560 m d'altitude. Elle dispose de 4 chambres d'hôtes qui peuvent être réservées conjointement pour héberger au total 8 personnes. Les prestations sont superbes : décoration toute en boiseries, chambres confortables, salles de bain aux dimensions généreuses, salle à manger avec cheminée, salon de plain-pied avec le jardin arboré… Table d'hôtes et cours de cuisine sur réservation. Petit détail écolo : La Pierre d'Eau tient à disposition une prise de recharge pour véhicule électrique.

LES CÈDRES - M ET MME PICAVET DANIEL €€

104, route de Lapoutroie - **KAYSERSBERG**
✆ 03 89 47 15 14
www.les-cedres.org
5 chambres d'hôtes (2-4 personnes). À partir de 60 €/nuitée/2pers. PDJ inclus. Entrée indépendante. Parking. Jardin.

Ces 5 chambres d'hôtes sont sises dans une superbe maison de maître, au sein d'un grand parc boisé. La propriété dispose d'un parking privé et d'un garage couvert pour motos, quads et vélos. Ces jolies chambres, à la literie particulièrement confortable, sont équipées de salles de bains et de toilettes. Certaines disposent d'une petit salon et toutes bénéficient d'une entrée indépendante. Un bon plan pour partir à la découverte des merveilles de la Route du Vin en toute sérénité.

LE PETIT COSI €€

49, rue du Maréchal-Foch - **KEMBS**

✆ 03 89 48 17 94

www.lepetitkembs.fr

2 chambres. Chambre double 84 €. Petit déjeuner inclus.

Si on connaît Le Petit Kembs pour sa table de gourmets, on connait moins les chambres d'hôtes aménagées par Céline et Cyril Girard qui reçoivent les clients avec beaucoup d'attentions. Deux chambres d'hôtes qui bénéficient de tout le confort moderne et de belles prestations : le confort, l'authenticité, de bons petit déjeuners maison, des hôtes charmants connaissant bien leur région et de surcroît une bonne table ! En effet Céline et Cyril sont restaurateurs et amoureux de bons petits plats fins et subtils qui ravissent les papilles.

CHALET ANDASKA €€€

Lieu-dit Altmatt - **MUHLBACH-SUR-MUNSTER**

✆ 06 81 21 59 84 - www.chalet-andaska.fr

Gîtes de France (4 épis). 12 personnes (235 m², 5 chambres). Tarifs sur demande. Terrasse. Sauna, bain bouillonnant.

Le Chalet Andaska incarne à merveille la tendance rustique chic en matière d'hébergement haut de gamme. Niché sur les hauteurs de Muhlbach (panorama de dingue à 360 degrés), ce gîte 5 étoiles conçu pour héberger jusqu'à 12 personnes s'avère à tout point incomparable. Larges baies vitrées, décoration sobre et chaleureuse, superbe foyer à bois scandinave, grands canapés design, équipement home cinéma, chambres et salles de bains incommensurablement douillettes, espace wellness avec sauna, bain bouillonnant et massages, service traiteur et même... chef à domicile !

AGRUME, LES GÎTES SANS PÉPINS €

11, rue Laederich

MULHOUSE

www.gites-mulhouse.com

Ouvert toute l'année. De 35 à 140 € la nuit selon le standing du gîte.

L'Association des gîtes ruraux et urbains de Mulhouse et sa région naît en septembre 2015. À ce jour, ce sont 25 gîtes ayant signé une charte de qualité. Le gîte de Claire, Casa Naoki, les Écuries, l'Étage, le Studio Klauser, le Loft des musiciens, Beaulieu ou le Chalet Clarimaud... Autant d'ambiances que de gîteurs. En ville, à la campagne, grand, petit, pour quelques jours ou plusieurs semaines, pour tourisme ou affaires. Agrume pour une location sans pépins !

GUESTHOUSE LE VAUBAN €

17, rue de Bâle - **NEUF-BRISACH**

✆ 03 89 72 56 06

http://etoiledelacitadelle.book.direct

Appartements indépendants avec connexion Wi-Fi gratuite.

Cette gesthouse est située à quelques mètres de la place d'Armes avec 5 suites aménagées avec une dominance de matériaux naturels, de meubles chinés et rénovés. Chaque suite comprend une chambre équipée d'une literie haut de gamme, une salle de bains cosy et une cuisinette tout équipée ouverte sur le séjour. Gros coup de cœur pour la suite Saint-Martin-de-Ré avec sa terrasse en bois privative ! Le linge de lit et de toilette ainsi que le ménage sont compris dans le prix de la location. Les 5 suites étant convoitées, mieux vaut réserver à l'avance.

LES Ô WELCHES CÔTÉ LAC €€

336, Blancrupt - **ORBEY**

✆ 07 89 63 32 85

5 chambres d'hôtes (2-6 personnes) et 1 gîte (8 personnes). Demi-pension. Tarifs sur demande. Jardin. Terrasse. Parking.

La famille Schuster vous accueille dans un petit paradis de verdure niché en contrebas du Blancrupt. Entre forêt et pâturages, le lieu est enchanteur et la vue sur les Vosges environnantes est incroyable. Les Schuster ont transformé une ancienne colonie en une adorable maison de vacances. L'hébergement comprend 5 chambres d'hôtes dont deux familiales (6 personnes) avec salle de bains privative et un grand gîte pouvant accueillir jusqu'à 8 personnes. Il y a aussi un sympathique restaurant. Parfait pour une escapade dans les Vosges en famille ou avec des amis.

HOSTELLERIE DES SEIGNEURS DE RIBEAUPIERRE €€€

11, rue du Château - **RIBEAUVILLÉ**

✆ 03 89 73 70 31 - www.ribeaupierre.com

Gîtes de France (3 épis). Ouvert du 1er mars au 31 décembre. Chambre double 165 € ; suite 175 €. Petit déjeuner inclus.

Cette demeure du XVIIIe siècle séduit par son atmosphère bourgeoise : beaux parquets et boiseries, chambres et suites habillées de tissus Pierre Frey, mobilier de caractère, salon avec cheminée et, détail insolite, un ancien puits du XIVe siècle ! Composé de produits du terroir, le petit déjeuner est servi dans l'ancien caveau de l'Hostellerie. Cette très belle adresse est animée avec bonne humeur et dynamisme par ses charmantes propriétaires, Marie-Cécile et Marie-Madeleine Barth !

LES BARYTINES €€

10, rue des Beaux Champs - **ROMBACH-LE-FRANC**
✆ 03 89 58 93 34
www.lesbarytines.com
Gîte (3 pers) : à partir de 360 €. Chambre d'hôtes (2 pers) : 60 €/nuitée. Table d'hôtes. Piscine extérieure chauffée.

Josette et Jacky vous accueillent dans leur belle villa qui comprend un appartement (3 pers.) et une chambre d'hôtes (2 pers.) dont la location peut être être combinée pour héberger 5 personnes en tout. À la belle saison, une piscine chauffée par capteurs solaires vous attend dans le jardin joliment fleuri. Verre de bienvenue, petit-déjeuner gourmand, soirée Flammekueche et table d'hôte (sur réservation) : Josette et Jacky ont vraiment le sens de la convivialité en toute circonstance... Avis aux amateurs de minéraux : la collection de Jacky est incroyable !

DOMAINE SYLVIE FAHRER ET FILS €€

24, route du Vin
SAINT-HIPPOLYTE
✆ 03 89 73 00 40
www.fahrer-sylvie.com
Chambre double 55 €. Ouverture du caveau pour les dégustations de vins.

Les vins d'Alsace du domaine Sylvie Fahrer et Fils sont issus d'un savoir faire de 4 générations de vignerons, mettant en avant le travail de la vigne dans le plus grand respect des terroirs et des traditions. Afin de profiter au mieux votre séjour en Alsace, vous êtes invité à séjourner dans des chambres d'hôtes entièrement rénovées et parfaitement équipées, où vous bénéficiez de tout le confort moderne et serez plongé en plein cœur de la vie viticole alsacienne.

CHALET PIERRE €€

10, La Côte d'Echery - **SAINTE-MARIE-AUX-MINES**
✆ 03 89 58 55 26
www.chalet-pierre.com
5 chambres. Nuitée à partir de 44 €/nuit/PDJ inclus, semaine à partir de 297,50 €. Enfant - 12 ans : réduction de 50 %.

La Ferme Auberge Chalet Pierre propose 5 chambres avec douche et wc individuels. Possibilité de réserver l'ensemble pour un séjour de 15 personnes. Pour déjeuner ou dîner, vous avez le choix entre une salle à manger rustique et une belle terrasse couverte avec vue sur la campagne environnante. Dans l'assiette, vous ne dégusterez que des produits 100 % artisanaux issus de la ferme : spécialités à base de porc, de bœuf, de volaille et de lapin et pain maison croustillant à souhait. Sur demande préalable, on vous fournit volontiers un panier pique-nique bien garni !

FERME DE LA FONDERIE €€

17, rue Untergrombach - **SAINTE-MARIE-AUX-MINES**
✆ 03 89 58 59 51
http://ferme.fonderie.pagesperso-orange.fr
5 chambres d'hôtes (3 épis) pour 2 à 5 personnes : nuitée à partir de 45 €/2 pers. Terrasse. Barbecue. Table d'hôtes.

La famille Demoulin vous accueille en tout confort dans ses charmantes chambres d'hôtes (2-5 pers.). Une table d'hôte gourmande vous est ouverte le soir sur réservation. Notez aussi que la ferme de la Fonderie est spécialisée dans l'élevage de bovins et de caprins en agriculture biologique. La famille Demoulin propose ainsi en vente directe des fromages de chèvre et de la viande de génisse. Enfin, si vous appréciez les eaux-de-vie, vous pourrez vous installer dans le caveau familial pour déguster d'excellents alcools élaborés avec amour par Gabriel Demoulin !

CHEZ DANIÈLE ET HERVÉ €

4a, rue de l'Église - **SOULTZBACH-LES-BAINS**
✆ 03 89 71 21 61
https://chambresdhotesdanieleherve.com
3 chambres d'hôtes (2 personnes chacune). À partir de 49 €/nuit/2 personnes/PDJ compris. Véranda climatisée. Jardin.

Scintillante de givre et saupoudrée de neige en hiver, festonnée de géraniums aux beaux jours, la maison de Danièle et Hervé vous accueille toute l'année dans trois charmantes chambres d'hôtes avec salle de bains individuelle. Myrtille, Abricotine et Tilleul s'avèrent éclatantes de propreté. Le mobilier est classique mais confortable. Un vrai petit nid douillet avec vue sur la forêt du Schrankenfeld ou sur le vignoble. À l'extérieur, des chaises longues vous invitent à savourer un instant de détente à l'ombre des arbres du jardin : tilleul, cerisier, abricotier...

AUBERGE DU SCHANTZWASEN €

Lieu-dit Schantzwasen - **STOSSWIHR**
✆ 03 89 77 30 11
www.auberge-schantzwasen.com
13 chambres (2-6 personnes). Nuitée : 48 €/adulte, 34 € /enfant (3-12 ans).

Lovée dans un écrin de sapins et de hautes chaumes, cette adorable auberge bénéficie d'un panorama de dingue sur la vallée de Munster et la Forêt Noire. Elle dispose de 13 chambres de style montagnard fort chaleureuses. Un restaurant réchauffé par une grande cheminée sert, midi et soir, une savoureuse cuisine 100 % faite maison : marbré d'élan et foie gras de canard, assiette marcaire, bœuf gros sel, civet de biche... Petit conseil pour accéder à l'Auberge du Schantzwasen : laissez tomber votre GPS et fiez-vous plutôt l'itinéraire fourni sur le site web !

HAUTE-MARNE

LES CHAMBRES D'HÔTES DE M. PETIT €€

24, rue de l'Instituteur-André - **ARC-EN-BARROIS**
✆ 03 25 87 55 55
www.gite-arcenbarrois.fr
Chambre double à partir de 60 € ; triple à partir de 125 € ; studio à partir de 110 €. Petit-déjeuner inclus.

M. Petit a rénové une belle demeure bourgeoise du XVIIIe pour en faire des hébergements. Cinq chambres d'hôtes vous y attendent. À l'arrière, un vaste studio est disponible pour une totale intimité. Dans le joli bourg, vous avez à proximité le parc, le golf et les 15 210 hectares de forêt qui entourent Arc-en-Barrois. Des chambres assez sobrement ornées, il est vrai, mais, offrant tout le confort nécessaire. Nous apprécions tout particulièrement le studio, vaste et épuré.

LE CLOS FLEURI €€

1, rue de la Scierie
ARC-EN-BARROIS
✆ 03 25 02 50 77
1 chambre. Chambre double 60 €. Petit-déjeuner inclus. Possibilité de louer la suite avec une chambre d'enfant.

Le Clos Fleuri est une superbe maison de maître et ancienne scierie qui fut la propriété de Louis-Philippe Ier. Marcelle Renaudin y accueille les visiteurs avec le sourire. Un vaste jardin de roses anciennes, vivaces et arbres centenaires qui ceinturent la maison. La chambre d'hôte, confortable et douillette, communique avec une salle de bains et une chambre d'enfants. Cet éden paisible ravira particulièrement ceux qui recherchent un cadre naturel paisible et enchanteur, sans Internet, avec une véranda pour se prélasser dans un bain de verdure.

LE CŒUR FLEURI €€

36, rue des Capucins - **BOURBONNE-LES-BAINS**
✆ 03 25 90 94 30
www.lecoeurfleuri.com
Chambre simple 55 € à 75 € ; double 75 € à 95 € ; triple 90 € à 115 € ; appartement à partir de 300 € la semaine.

Dans cette maison de caractère construit en 1920, Marie-Thérèse Vehent a su aménager un lieu très agréable. L'endroit dispose de deux chambres qui possèdent leur propre salle de bain, 3 suites de 30 m^2 dans lesquelles il est possible d'ajouter 2 ou 3 lits, et enfin un appartement de 100 m^2, loué uniquement à la semaine, et idéal pour une famille avec enfants qui souhaitent vivre ensemble pendant leur séjour en Haute-Marne. Le soir, sur demande, la propriétaire belge vous préparera un très bon dîner composé de produits locaux ou du jardin.

LES OMBELLES €

40, rue des Quinze-Ecus - **CLINCHAMP**
✆ 03 25 01 26 04
http://relais-des-ombelles.monsite.orange.fr
Gîte de France. 2 chambres. Chambre simple 52 € ; double 58 € ; triple 66 €. Petit-déjeuner inclus.

À l'orée du massif forestier d'Écot-la-Combe, loin des axes de circulation, cette ancienne maison rénovée est entourée par un grand jardin arboré et apaisant. Elle dispose de deux chambres confortables, Vanille ou Framboise. Servis à l'intérieur ou sur la terrasse, c'est Anne qui confectionne les repas à partir des produits de son potager. Peut-être qu'Yves décidera également d'allumer le four à pain, mais la qualité de la restauration est acquise d'avance. Aux alentours, la Meuse offre de belles possibilités de promenade, à pied ou à vélo.

FERME ADRIEN €

COIFFY-LE-HAUT
✆ 03 25 90 06 76
www.fermeadrien.wifeo.com
Gîtes de France. 3 chambres. Chambre double 58 € ; triple 75 € ; suite 95 €. Petit-déjeuner inclus.

Françoise reçoit ses hôtes dans une ferme du XIXe siècle en pierres du pays, située au cœur des prairies entourées de belles forêts, au pied des vignes des coteaux de Coiffy. Une campagne propice à de belles promenades ludiques, sportives ou poétiques. Les trois chambres sont bien entretenues certes, mais les meubles traditionnels rendent le tout un peu vieillot... Le prix, quoi qu'il en soit, est très raisonnable. Le repas proposé est préparé avec les légumes du jardin, les viandes de la ferme, les fromages de la région et du vin produit par la famille.

CHAMBRES D'HÔTES DU GROS CHÊNE €€

1, rue du Chêne - **FRAMPAS** ✆ 06 32 66 30 87
www.chambresdhotes-frampas.fr
Gîtes de France. 5 chambres. Chambre simple 58 € ; chambre double 68 € ; suite de 118 € à 125 €. Petit-déjeuner inclus.

Le Gros Chêne est grande maison familiale de caractère sur une exploitation céréalière qui propose aussi un restaurant. Elle abrite 5 chambres où pierre et chanvre se mêlent harmonieusement et qui invitent au repos avec un vaste salon. Blanches et épurées ou colorées avec lit à baldaquin et voilages, vous avez le choix entre différentes atmosphères. Un grand jardin, le calme de la campagne et pour d'autres moments, on apprécie la spécialité de la maison : les escargots à déguster !

LA FERME DE SOSSA €€

Ferme de Sossa - **JOINVILLE**
✆ 03 25 94 32 18
www.chambre-hote-sossa.com
Gîtes de France. 5 chambres. Chambre simple 59 € ; double de 65 € à 70 € ; triple 80 €. Petit-déjeuner inclus. Repas.

La ferme de Sossa est un endroit remarquable. D'abord pour son cadre, puisque la ferme de caractère se situe au milieu des champs et des bois. Chaque chambre prend place dans une maisonnette, ce qui rend le visiteur indépendant. L'élégante décoration de Maria est une réussite : les 5 chambres ont du charme et du caractère. Une salle de sport est à votre disposition, ainsi qu'un sauna pour vous détendre. Les petits déjeuners sont agrémentés de produits de la ferme, servis à votre guise, et les brunchs vous laisseront un souvenir impérissable !

LE VAL DU ROY €€

22, rue du Valleroy - **JOINVILLE**
✆ 09 51 89 01 62
https://levalduroy.wixsite.com/joinville52
4 chambres. Chambre simple 60 € ; double 80 € ; triple 100 € ; quadruple : 120 €. Petit-déjeuner inclus.

Valérie Weber vous accueille dans sa belle maison en pierre du XVIIe siècle. Elle propose quatre chambres de charme avec un coin-cuisine et un coin-salon communs (coin-cuisine privatif dans la plus grande chambre). L'intérieur est joliment décoré et les chambres sont bien agencées dans un esprit brocante. Vous pourrez profiter du jardin et des chaises longues pour vous détendre et vous sentir chez vous grâce à l'entrée indépendante. La chaleur et la beauté de ce lieu sont insoupçonnables de l'extérieur, mais poussez la porte, vous ne le regretterez pas !

LA MAISON DES OFFICIERS DE MONTIER-EN-DER €€

2, place Auguste-Lebon - **LA PORTE DU DER**
✆ 03 25 06 57 70
www.maison-des-officiers.com
Chambre simple 55 € ; double 75 € ; triple 95 €. Petit-déjeuner : 8 €. Location du gîte : 600 € la nuit 20 personnes.

Elle a fière allure cette demeure des officiers du Haras national de Montier-en-Der, établissement qui s'impose mais demeure raffiné avec ses huit chambres de standing, sa vue sur l'abbatiale ou la cour d'honneur. Il peut accueillir jusqu'à 22 personnes, un lieu de choix pour des événements de prestige. La décoration y est élégante et valorisée par des tons colorés, des meubles de goût, et des tableaux réalisés par des artistes locaux autour des chevaux.

LE NID DES REMPARTS €

17, rue Tassel - **LANGRES**
✆ 03 25 30 39 08
www.nid-des-remparts.com
Pour 4 personnes (2 chambres). De 250 € à 340 € la semaine selon saison. Lave-linge, sèche-linge.

Si l'on trouve ce gîte bien malin, c'est qu'il conjugue trois dimensions. Tout d'abord, la façade de pierre vous immerge dans le patrimoine architectural de la ville et de ses ruelles. Ensuite, il s'étend sur trois niveaux. Handicap potentiel si vous avez des difficultés à monter les marches, mais dimension de maisonnette très plaisante. Enfin, ici, on loue une maison comme si on laissait un chez-soi. On privilégie le bien-être à une décoration plus contemporaine, mais en vous laissant tout ce qu'il faut. La courette contribue au charme.

LA COULANGE ENSOLEILLÉE €€

3, rue des Charrières - **RIVIÈRE-LES-FOSSES**
✆ 03 25 84 62 66
Gîtes de France. 3 chambres. Chambre double 80 € ; suite 160 €. Petit-déjeuner inclus. Maison entière : 220 € par nuit.

La Coulange Ensoleillée possède un charme fou. Cette maison de caractère est située en lisière du futur parc national des forêts de Champagne et de Bourgogne. Françoise met à votre disposition une cuisine parfaitement équipée et moderne, un salon *cosy* et des chambres spacieuses munies de lits qui donnent envie de paresser le matin ! 5 formes d'hébergement sont proposées dans cette maison, de la chambre simple à la maison entière. Pour les aménagements et activités extérieurs : salon de jardin, barbecue, badminton et baby-foot vous attendent.

L'ORCHIDÉE HOME €€

Route de Busson D134 - **ROCHES-BETTAINCOURT**
✆ 03 25 32 33 93
www.lorchideehome-enforet.com
5 chambres. Chambre simple 40 € ; double 48 € ; triple à partir de 69 € ; quadruple : 78 €. Petit-déjeuner inclus.

Ce site est classé Natura, et s'étend sur 5 hectares. Il s'adresse à tous les publics : à la fois camping et chambres d'hôtes, vous choisissez votre mode d'hébergement. Les chambres sont mignonnes, chaleureuses, avec une décoration simple. Leurs noms donnent le ton : Nature nature, Le Bois joli, Pivoine ou Les Bleuets, chacune d'entre elles offre une vue sur la forêt et vous fournit ainsi le calme dont vous avez besoin. On salue les séjours à thème : initiations à l'art contemporain avec rencontre d'un artiste, et séances d'histoire de l'art. Adorablement bohème !

LE CHÂTEAU DU CLOS-MORTIER €€

Rue des Loyes - **SAINT-DIZIER** ✆ 03 25 05 00 63
www.chateauduclosmortier.com
5 chambres. Chambre simple de 88 € à 98 € ; double de 104 € à 108 €. Petit-déjeuner inclus. Restauration.

Le château du Clos-Mortier est un très bel édifice datant du XVIIIe siècle. Vous aurez la sensation de vivre la vie de château dans des chambres au charme certain. Différents petits déjeuners vous seront suggérés : salé à l'anglaise, sucré à la française ou la formule fruitée et vitaminée. Le site dispose d'une élégante piscine, chauffée, d'un terrain de tennis et d'un garage à vélo. La gamme de prix est élevée, mais le confort, le service et le cadre justifient pleinement les tarifs.

L'ESCALE D'ICI ET D'AILLEURS €

22, rue du Général-Maistre - **SAINT-DIZIER**
✆ 03 51 45 91 48
www.lescaledicietdailleurs.com
2 chambres. Chambre simple 43 € ; double 56 €. Petit-déjeuner inclus.

Céline et Guillaume Laurent ont aménagé de bien jolies chambres d'hôtes, mignonnes, fraîches et bien équipées, au centre de Saint-Dizier et non loin du parc du Jard et de ses animations. Dans un quartier calme, vous serez reçus chaleureusement. Deux chambres vous attendent à l'étage : la chambre bordelaise, qui a su mêler l'ancien et la modernité tandis que la chambre lyonnaise joue la carte du naturel. Pour un séjour court ou long, vous vous sentirez ici comme à la maison.

LE CARRÉ ROUGE €€

Route De Santenoge
VAILLANT
✆ 03 25 84 22 10
www.carre-rouge.org
50 € le week-end plus 30 € par jour supplémentaire, 300 € pour 6 nuits.

Surprise au bout du champ… en bordure d'un étang, ce grand Carré Rouge (60 m^{2}) accueille jusqu'à 6 personnes en *open space* à l'étage. En pleine nature, sans eau courante ni électricité, profitez d'un retour aux sources et d'un séjour un brin sauvage. Quel bonheur de petit-déjeuner face au paysage, derrière ou devant la grande baie vitrée selon la saison. À votre arrivée au refuge, les 3 lits-futons doubles sont faits. À disposition : de la vaisselle, du bois pour la cuisine et le chauffage ainsi que des lampes à gaz ou encore un barbecue mobile…

LES BLUETTES €€

27, place de l'Hôtel-de-Ville
VAL-DE-MEUSE
✆ 06 68 93 18 53
http://perso.orange.fr/lesbluettes
Gîtes de France. 2 chambres. Chambre double de 80 € à 95 € ; suite à partir de 120 €. Sauna.

Située entre deux régions viticoles, la Champagne et la Bourgogne, cette élégante demeure datant du XIXe siècle, offre un cadre pittoresque. Aux Bluettes, un rafraîchissement vous sera offert à votre arrivée. Ils disposent d'une chambre double et d'une suite pouvant héberger jusqu'à cinq personnes. Ambiance coquette et feutrée, décoration bourgeoise et romantique. Vous y trouverez une exposition de photos de la Haute-Marne. Si le temps n'est pas de la partie, l'offre de divertissement n'est pas anodine : coin salon avec télé, table de billard, piscine intérieure !

MARNE

CHAMBRES D'HÔTES CHAMPAGNE GUY CHARBAUT €€

12, rue du Pont - **AŸ-CHAMPAGNE**
✆ 03 26 52 60 59 -
www.champagne-guy-charbaut.com
Chambre simple : 78 € ; chambre double : 88 €. Dîner au champagne : 58€/personne sur réservation uniquement.

© CHAMBRES D'HOTES GUY CHARBAUT

Logez directement chez le vigneron dans une belle demeure de 1837. La maison de Champagne Guy Charbaut vous propose 5 chambres d'hôtes de caractère, 4 chambres double et une quadruple, idéale pour un séjour en famille. Du décor champêtre et fleuri de certaines au décor romantique des autres, chacune a son cachet et dispose de salle de bains et de toilettes privées. Repas au champagne sur réservation à déguster attablé dans un authentique cellier champenois.

LE CLOS CORBIER €€€

14, rue Corbier
AŸ-CHAMPAGNE
✆ 03 26 55 66 62
www.lecloscorbier.fr
4 chambres (dont une avec kitchenette). De 120 € à 150 €. Petit-déjeuner inclus.

C'est dans un cadre enchanteur que le Clos Corbier, « grande maison dans la prairie » vous invite à séjourner. À la lisière du village de Mareuil-sur-Aÿ, face au vignoble du mont Notre-Dame-du-Gruguet, cette magnifique maison du XIXe siècle dispose de quelques dépendances où sont logées 4 chambres de haut standing. L'une d'entre elles est équipée d'un coin cuisine. C'est un endroit idéal pour se poser au calme, pour une nuit ou un court séjour. Le petit-déjeuner alliant tradition française et *breakfast so british*. Cerise sur le gâteau : la piscine dans le jardin.

LA ROULOTTE DE MARIE €€

BOURSAULT
✆ 03 26 64 95 05
1 chambre (18 m²). Nuit à partir de 120 €.

Vous cherchez un hébergement insolite ? Alors vous êtes au bon endroit. La roulotte de Marie, à 12 kilomètres d'Epernay, est une charmante petite caravane en bois, à l'ancienne, installée dans un cadre verdoyant. À l'intérieur, vous bénéficiez de tout le confort moderne : salle de bains, télévision, micro-ondes, téléphone, climatisation. Décorée dans un style shabby avec des imprimés fleuris, elle est parfaite pour les amoureux à la recherche d'un nid douillet. Marie et Dominique vous accueillent en face de leur ferme où chevaux et moutons paissent tranquillement.

COTTAGES ANTOINETTE €€

6, allée Frédéric Chopin - **CHIGNY-LES-ROSES**
✆ 07 50 58 15 17
cottagesantoinette.com
Gîte pour 2 à 4 personnes, à partir de 200 € la nuit pour deux personnes.

Voici de charmants cottages écologiques avec une vue panoramique sur le vignoble champenois. A flanc de coteaux, les trois duplex en bois de 40 m² construits sur pilotis offrent chacun un cadre unique. Au choix : le très chic So Bo, l'atmosphère cooconing du Zen Hit ou le cottage à la déco industrielle dit Fizzy Pop. On profite de la belle terrasse pour déguster le petit déjeuner à la française ou façon brunch, les paniers repas gastronomiques et les bons petits plats d'Antoinette arrosé de champagne de la Montagne de Reims et de la Côte des Blancs. So chic !

CHEZ ÉRIC ET SYLVIE €€

189, rue Ferdinand-Moret - **CRAMANT**
✆ 03 26 57 95 34
www.ericsylvie.com
2 chambres. Chambres doubles 70 € et 85 € ; familiale 115 €. Petits-déjeuners inclus. Gîte : Semaine : 350 €.

En plein cœur de la côte des Blancs, venez vous ressourcer chez Éric et Sylvie. Gîte agréable et fonctionnel, déco familiale qui nous invite à pénétrer dans l'intimité de ce couple charmant. Les chambres sont à l'image des propriétaires : simples et accueillantes. Dans un écrin de verdure, profitez du jardin qui dévoile fleurs et arbres fruitiers sans oublier de vous mettre à table au moment du petit déjeuner pour déguster... de délicieuses confitures maison ! La famille vous propose un accueil en chambre et en gîte également à Avize et Gérardmer.

GRAPPES D'OR & GÎTE SAINT VINCENT €

350, rue des Grappes-d'Or - **CRAMANT**
✆ 03 26 57 54 96
www.champagne-eric-isselee.com
Gîtes de France. 3 chambres. Pour 2 personnes 55 € ; 3 personnes 70 €. Petit-déjeuner inclus.

En Champagne, les grappes se déclinent sous toutes leurs formes. Si vous choisissez de passer la nuit au Domaine Éric Isselée, deux choix s'offrent à vous : le gîte Saint-Vincent ou les chambres d'hôtes Les Grappes d'Or. Chaque chambre propose une vue panoramique sur la Côte des Blancs. Deux chambres doubles, une chambre triple, calmes et décorées avec goût. Le gîte peut, quant à lui, accueillir jusqu'à dix personnes dans une maison de caractère astucieusement rénovée.

LA DEMEURE DES SACRES €€€

29, rue Libergier - **REIMS** ✆ 06 79 06 80 68
www.la-demeure-des-sacres.com
Chambre double à partir de 180 € la nuit ; suite à partir de 255 € la nuit.

© LA DEMEURE DES SACRES

À deux pas de la belle cathédrale, la Demeure des Sacres vous accueille dans ses quatre chambres d'hôtes de caractères disposées sur deux étages. Hauts plafonds, salon Art déco et un magnifique jardin arboré de 450 m² au cœur de la ville, cet hôtel particulier du XIXe entièrement rénové est une véritable pépite, avec en prime un espace bien-être spa et sauna. Céline sélectionne des produits locaux pour la composition d'un succulent petit déjeuner. Afin de contribuer à la préservation de l'environnement, le plastique a été remplacé par des matériaux réutilisables.

LA MAISON D'HÉLÉNA €€

37, avenue de Champagne
EPERNAY
✆ 03 26 54 39 29
www.gonet.fr
5 chambres (250 € la nuit). €. Petit déjeuner inclus. Parking. Animaux interdits.

Michel Gonet vous ouvre les portes de l'une des 5 chambres avec vue sur l'avenue de Champagne ou les vignes historiques qui entoure l'hôtel particulier. Le séjour comprend petit déjeuner, dégustation et vol en ballon captif avec vue sur Épernay et ses alentours. Les chambres sont à l'image de Sophie, la vigneronne en charge de l'exploitation, un mélange de charme et de maison de famille. Un espace détente vous permet d'apprécier thé, café, boissons fraîches et même champagne ! Vous y trouvez aussi une bibliothèque fournie de livres en tout genre.

GRAND EST

LA LOGE DE JO' €

52, rue de Bacchus - **HAUTVILLERS**
✆ 06 42 28 69 01
http://lalogedejo.wixsite.com/hautvillers
Chambre double de 60 € à 70 € la nuit. Gîte (2 personnes) : 90 € la nuit.

Sabine et Matthias vous accueillent dans leur gîte et leurs chambres d'hôtes tout confort. L'endroit se trouve au centre du village, un lieu envoûtant et appelant au calme. Bien sûr, l'endroit, bien qu'isolé, bénéficie de prestations et d'un confort de qualité : draps frais, Wi-Fi, climatisation dans le gîte, réfrigérateur dans chaque chambre. Les chambres, plutôt sobres, sont décorées avec goût et relativement bien isolées. L'exploitation viticole attenante peut être visitée et de nombreuses activités environnantes peuvent vous être conseillées.

CHAMBRE D'HOTES LE DOMAINE DES GRATTIERES €€

Route de Fismes - **HERMONVILLE**
✆ 03 26 02 10 60
www.domainedesgrattieres.com
Gîtes de France. Ouvert toute l'année. Chambre double de 90 € à 110 €.

Le domaine se situe dans un cadre champêtre et arboré, sur la Route Touristique du Champagne. Il bénéficie d'un panorama exceptionnel sur la commune d'Hermonville, la campagne marnaise et les premières vignes du Massif de Saint-Thierry. Le bâtiment se compose de trois chambres d'hôtes confortables, dont une chambre/suite au rez-de-chaussée et deux chambres mansardées (avec poutres apparentes) à l'étage. Elles respectent toutes trois les aspects architecturaux et historiques du lieu.

LE PARC DU CHÂTEAU €€

7 ter, rue Visin - **HERMONVILLE** ✆ 06 89 94 01 07
www.le-parc-du-chateau.com
Gîtes de France. 5 chambres. Chambre simple de 95 € à 105 € ; double de 105 € à 125 €. Petit-déjeuner inclus.

Le Parc du Château à Hermonville c'est « ze » gîte. Entouré d'un parc, ici le credo c'est calme et volupté : linge pur coton, savons végétaux sont à disposition dans des chambres flambant neuves au design on ne peut plus contemporain. Toutes ont des terrasses privatives. Le petit déjeuner est honorifique, servi en terrasse ou dans le prolongement du salon réservé aux hôtes ou vous pourrez vous lover dans de vastes sofas. Croissants et pains aux chocolat chauds, compotes, yaourts, confitures home made, Thé Dammann Frères et les œufs à la demande préparés minute !

DEMEURE LARMANDIER €€€

9, rue de Reims - **LES MESNEUX**
✆ 06 10 15 38 14
www.demeurelarmandier.fr
Chambre double à partir de 265 € la nuit. Table d'hôtes sur réservation.

Christine Larmandier vous accueille dans ce lieu d'exception, décoré avec le plus grand soin dans un style contemporain et épuré. La maison est composée de 5 chambres pour deux personnes, une piscine, un jardin, un salon et une table d'hôtes avec au menu des mets de choix mijotés à l'ancienne sur une authentique cuisinière AGA. Pas d'escapade en Champagne sans dégustation ! Faites un tour d'horizon des petits producteurs de la région grâce à l'atelier œnologique et sa sélection des meilleurs champagnes biologiques et bio-dynamiques.

LE DOMAINE DU CELLIER €

29, rue d'Epernay
SÉZANNE
✆ 03 26 80 60 73
5 chambres (14 personnes). Chambre double de 30 € à 60 €. Excursions.

Dans une bâtisse de style champenois, le cadre a été entièrement rénové « à l'ancienne », avec des poutres apparentes. Les chambres spacieuses - au mobilier rustique et pourvues d'un lit double - possèdent salle de bains et WC privés. Certaines sont prévues pour accueillir 4 personnes. Les hôtes disposent, également, d'un grand séjour et d'une cuisine, au rez-de-chaussée. En prime, vous pouvez visiter les celliers du domaine ainsi que son petit musée de la Vigne avant de déguster l'une des deux cuvées Comte de Montgivroux ou Maurice Dugay.

LA LOGE DE VIGNE €€

21, rue des Vignes - **VILLERS-SOUS-CHÂTILLON**
✆ 33 6 83 05 78 10
www.loge-de-vigne.fr
2 chambres. Chambre double 98 € ; triple 150€. Petit déjeuner inclus. Restauration (panier gourmand : 13 €).

Chez Aliette Lemaire, on découvre une maison familiale en pierre de pays et la maison d'hôte qui est indépendante, aménagée dans un ancien pressoir. Les chambres sont situées au 1er étage et une petite nouvelle au rez-de-chaussée, La Parisienne. Chacune est équipée d'une salle de bains. Très pratique, la maison est aménagée d'un espace commun, le mini-bar avec réfrigérateur, bouilloire électrique, assortiment de thés, cafés et infusions. On peut y prendre une collation, y consulter des livres et de la documentation sur la région. Une véritable loge d'artiste...

GRAND EST

© AU CLOS DU LAC

© AU CLOS DU LAC

© AU CLOS DU LAC

AU CLOS DU LAC €€€

18, rue du Lac - **GUEUX** ✆ 06 66 36 80 27
www.auclosdulac.fr

Suite pour 2 à 3 personnes, à partir de 250 €.
Wifi, piscine, sauna, massage, parking, salle de sport, restauration.

À deux pas du circuit automobile de Gueux et de Reims, découvrez la Champagne qui pétille dans cette charmante maison d'hôtes. La déco indus vient souligner le charme authentique des vieilles pierres de cet ancien corps de ferme entièrement rénové. Brut Rosé, Blanc de Blancs, Brut Nature, Blanc de Noirs et Brut Prestige, les chambres ont la distinction et le raffinement des champagnes dont elles emprunte les noms. Le spa avec bassin intérieur chauffé et son sauna infrarouge viendra parfaire ce beau moment de détente et définitivement vous convaincre du lieu.

© AU CLOS DU LAC

© AU CLOS DU LAC

MEURTHE-ET-MOSELLE

LA MAISON D'INES €€€

47, rue Sainte Catherine - **BACCARAT**
✆ 06 17 08 10 69
www.la-maison-d-ines.fr
4 chambres. Chambre double de 50 € à 130 €. Petit-déjeuner inclus.

Un écrin de luxe à Baccarat. Quelles sont belles les chambres d'Inès, 4 suites de charme qui ont chacune un joli prénom : Clémence, Charlotte, Antoinette et Violette. La décoration est parfaitement réfléchie et chaque hébergement a son propre univers, toujours cosy et artistique. Les 2 grandes suites sont spacieuses et lumineuses, une troisième chambre est un peu plus petite et enfin la quatrième est destinée aux enfants. À l'extérieur, un beau jardin, une terrasse et une piscine. La campagne à la ville avec tout le confort et la sérénité d'un parc arboré.

LES ROULOTTES DE LA MEURTHE €€

17, rue Donatien-Haxaire
BERTRICHAMPS
✆ 03 83 71 42 88
www.lesroulottesdelameurthe.fr
Ouvert du 1er avril à mi-novembre. Week-end : 120 €. Semaine : 260 €.

C'est en bordure de rivière, au cœur d'une zone classée Natura 2000 que Didier et Bertrand Breneur vous proposent une roulotte, pouvant accueillir deux personnes et un enfant en bas âge, disposant de tout le confort moderne. S'ajoutent en extérieur : terrasse orientée plein sud, salon de jardin et barbecue. Des vélos sont à disposition. Vous êtes à proximité de Baccarat et ses cristalleries, Raon-l'Étape, Fraispertuis, la Confiserie des Hautes-Vosges...

CAMPEMENT AMÉRINDIEN ISHTA CROC BLANC €€

Chemin du Stade - **CIREY-SUR-VEZOUZE**
✆ 06 71 23 34 03 - www.campindien.com
Ouvert toute l'année. 4 tipis (jusqu'à 8 personnes). Week-end : 200 € par tipi. 5 jours : 300 €. Petit déjeuner : 5 €.

Dépaysement total avec ce campement amérindien situé au pied du Donon, dans une clairière en surplomb de la rivière. Le chef indien ainsi que des membres de l'association seront présents en tenues traditionnelles amérindiennes vous accueillir et animer le campement. Chaque tipi est aménagé et décoré d'objets amérindiens. Espace repas, avec cuisine équipée, sanitaires et espace feu de camp collectifs. Animations sur demande : initiation au tir à l'arc, aux rites et coutumes amérindiens.

CHÂTEAU DE MARTIGNY €€€

1, rue Pierre de Chevigny - **COLMEY**
✆ 06 84 10 10 08
chateaudemartigny.fr
Chambre double à partir de 120 €. Petit-déjeuner inclus. Table d'hôte : 40 €

L'art de vivre au château aux portes de la Belgique et du Luxembourg dans un parc arboré et entouré de douves, le château de Martigny a été magnifiquement restauré et transformé en chambres d'hôtes. Les espaces sont immenses et pleins de charme : parquet ancien, tomette d'époque, boiseries, pierres brutes, radiateurs en fonte, immenses cheminées... Les chambres sont chics et haut de gamme. Et la table d'hôtes ravira vos papilles avec des menus frais, équilibrés et diversifiés. Cadre idéal pour ses prestations et son romantisme pour des événements de famille.

FERME ANDRÉ €€

4, rue du Breuil - **LANDECOURT**
✆ 03 83 72 45 56
gite-54-landecourt.monsite-orange.fr
Gîtes de France. Pour 12 personnes (5 chambres) : de 400 € à 580 € la semaine selon saison. Week-end (2 nuits) : 400 €.

Il s'agit d'une ancienne ferme rénovée pouvant accueillir jusqu'à 12 personnes. Loger dans ce gîte, qui a obtenu la médaille de bronze 2008 du tourisme vert, c'est profiter d'une expérience authentique de la campagne lorraine. Le lieu, placé sous le signe de la rusticité et du confort, comporte quatre chambres tout confort à l'étage. À l'extérieur, dès les premières éclaircies, les visiteurs pourront profiter du jardin et de ses cerisiers et framboisiers. La large terrasse couverte pourra également accueillir les grandes tablées adeptes de barbecues estivaux.

LA BAROUCHE €€

11, rue Jules-Barbé
LES BAROCHES
✆ 03 83 23 49 50
Gîtes de France. Pour 6 personnes (140 m², 4 chambres). De 280 € à 350 € la semaine selon saison. Jeux pour enfants.

Maison individuelle située dans un village lorrain, calme et entourée de verdure, pouvant accueillir six personnes. Au rez-de-chaussée : entrée avec poêle à bois, cuisine équipée, coin repas, salon avec tv. Une chambre, douche, wc. A l'étage : 3 chambres, salle de bains, wc, coin salon en mezzanine. Verger privatif où il fait bon se détendre. Hélène et Jean ont été élus « meilleur accueil de l'année 2000 », pour ce gîte classé. A voir : les jardins du ruisseau de l'étang de la Sangsue, le coin pêche, la brasserie artisanale, le circuit pédestre autour de Briey.

LA MAISON DE MYON €€

7, rue Mably - **NANCY**
✆ 03 83 46 56 56
www.maisondemyon.com
Chambre simple 115 € ; double 140 €. Petit-déjeuner inclus. Possibilité de réserver un loft, de 150 à 165 € la nuit.

© BENOIT BOST

Ce magnifique hôtel particulier du XVIIIe siècle abrite une élégante maison d'hôtes. Les caves et dépendances sont transformées en salles de réception, les écuries en studio insolite et les cours pavées en terrasses. Ici, tout n'est que luxe, calme et volupté. Les chambres et les lofts sont magnifiques et très confortables. Les caves vous accueillent pour une dégustation de vins et la maison propose des week-ends thématiques. Cette très belle maison, accueillant séminaires et réunions, offrant gîte et couvert, semble tout droit sortie d'un conte de fées !

LE DOMAINE DE STANISLAS €€

23, rue de la Tour-Blanche - **LUNÉVILLE**
✆ 03 83 77 47 20
www.ledomainedestanislas.com
5 chambres. Chambre double à partir de 105 € ; studio / appartement à partir de 139,50 €. Tables d'hôtes 24 €.

À 20 min de Nancy, ce domaine bâti en 1855 et situé près du château offre le confort d'une maison moderne ainsi que le charme typique des demeures du XIXe. Les noms des chambres sont inspirés de grands lieux de la Meurthe-et-Moselle ainsi que ses personnages marquants. La décoration y est moderne et raffinée. La maison possède deux salles à manger et deux salons. La cuisine se veut familiale et inspirée des saveurs locales. Les petits déjeuners sont un régal et pour vos escapades n'hésitez pas à demander à ce qu'on vous prépare un panier pique-nique.

L'OASIS - LE DUC D'OSSOLINSKI €€

9, avenue du Docteur-Paul-Kahn
LUNÉVILLE
✆ 03 83 75 86 24
Gîtes de France. 2 chambres double : de 60 € à 70 €. Petit-déjeuner inclus. Table d'hôtes : 20 € par personne

La propriété, située à l'abri des regards, jouxtant les bosquets du château, date du XVIIIe siècle et ses propriétaires ont souhaité mettre en valeur cet atout. Les chambres affichent une décoration d'antan, pour un voyage au pays du raffinement (lit à baldaquin, toiles de Jouy, décoration florale, etc.). À l'extérieur, les visiteurs pourront profiter d'une terrasse et d'une piscine, mais surtout des quelques animaux sauvages qui ont élu domicile dans une partie du parc.

GRAND EST

LE PATIO D'ALAIN ET VÉRONIQUE €€

62, rue de la République - **LUNÉVILLE**
✆ 03 83 73 37 60
www.chambres-hotes-luneville.com

2 chambres. Chambre simple à partir de 50 € ; double à partir de 70 € ; triple à partir de 80 €. Petit-déjeuner inclus.

Le Patio d'Alain et Véronique offre la possibilité d'être au cœur de l'histoire, à 150 m du Versailles lorrain. Entouré de rosiers, d'hortensias et de nature, on peut visiter la patrimoine lunévillois à pied tout en profitant de chambres d'hôtes indépendantes ou d'un gîte. La maison, de style XVIIe, dont la décoration boisée est d'époque, abrite deux chambres aux noms de fleurs pouvant accueillir 2 à 3 personnes. Quant aux 2 gîtes, ils sont idéalement situés proche du château.

LES SUITES DE CATHERINE €€

35, rue des Carmes - **NANCY** ✆ 06 62 06 86 40
les-suites-de-catherine.fr

2 chambres. Suite de 68 € à 134 €. Petit-déjeuner inclus. Wifi. Tv satellite.

Les Suites de Catherine, ce sont deux appartements d'hôtes idéalement situés au cœur de Nancy, entre la gare et la mythique place Stanislas. Avec un bureau et le wifi pour travailler ou confortablement installé dans un fauteuil après votre journée de travail, la Suite 35 répondra à toutes vos attentes. Une belle alternative à l'hôtel, les Suites de Catherine sont joliment agencées et décorées avec le souci du détail. Vous pourrez de plus dormir les fenêtres ouvertes si vous le souhaitez en été, vous verrez, la rue est calme. À découvrir.

LE CHÂTEAU DE PUXE €€

18, rue du Château - **PUXE**
✆ 03 82 22 76 21
www.chateau-puxe.com

Chambre simple 74 € ; double 84 € ; triple 120 €. Petit-déjeuner inclus. Restauration.

Au cœur de la campagne lorraine, au sein d'un petit village typique, trône le château de Puxe, un lieu chargé d'histoire. Le domaine comprend cinq chambres d'hôtes, situées dans l'aile sud du château. Chaque chambre est différente de par sa surface et sa décoration, mais toutes ont la touche d'une nuit passée dans un château ! Quant au gigantesque parc, il est arboré et abrite une quarantaine d'essences variées permettant ainsi de belles promenades ombragées. Les lieux sont propices au calme et des séances de sophrologie sont organisées sur demande.

LES BERGES DE L'Ô €€

10, ruelle du Moulin
SAINT-NICOLAS-DE-PORT
✆ 06 20 45 52 61

1 chambre (avec lit double+canapé-lit deux places dans le salon). Chambre double 79 €. Petit-déjeuner : 5 €. Sauna.

La suite entièrement neuve est composée d'un salon équipé de tout le matériel Hifi dernier cri et ouvert sur la cuisine. Mais le petit plus se situe dans la salle de bains attenante. Ici, face à la grande douche italienne, une petite porte vitrée laisse deviner l'entrée d'un sauna. Ceux qui préféreront profiter de l'air extérieur et même des étoiles en soirée profiteront aux beaux jours arrivés d'un spa gonflable installé sur la terrasse. Le propriétaire est un ancien professionnel de l'hôtellerie traditionnelle, gage de qualité pour l'ensemble des prestations.

FERME DE LA CENSE ROUGE €€

Lieu-dit La Cense-Rouge - **SAXON-SION**
✆ 03 83 26 24 52

Gîtes de France. 3 chambres à partir de 50 € la nuit. Petit-déjeuner inclus.

Cette grosse exploitation, située à un peu plus d'un km de Saxon-Sion, travaille à la fois dans la production de céréales et l'élevage de vaches et de chevaux. C'est un doux paysage de campagne lorraine qui sert d'écrin au lieu. Les amoureux du calme et de la nature seront aux anges. Sandrine et Bertrand Berne mettent à votre disposition trois chambres, chacune agrémentée des commodités nécessaires. L'une d'entre elles est plus spacieuse et convient aux familles plus étendues. Un beau mélange de nature, de culture et d'histoire, dans un cadre paisible.

LE CLOS JEANNON €€€

2, rue Saint-Fiacre - **VILLERS-LÈS-NANCY**
✆ 03 83 40 30 30
www.leclosjeannon.eu

Chambre simple de 119 € à 139 € ; chambre double de 129 € à 149 €.

Le Clos Jeannon est une belle maison du XVIIIe siècle, située au cœur de Villers-lès-Nancy. Chambres d'hôtes, restaurant et lieu de réception, la demeure se situe dans un joli parc arboré et fleuri. Elle propose un subtil et raffiné mélange de contemporain et de traditionnel. On y trouve cinq chambres, dont trois suites, confortables et spacieuses. Au rez-de-chaussée, place au restaurant. Sa cuisine gastronomique ravira les gourmands. Le Clos possède en outre quatre salons et espace séminaires. Un lieu privilégié et de charme pour un séjour à 10 minutes de Nancy.

MEUSE

RÊVE D'ARTISTE €€

2, place du Vieux-Pressoir
BEAULIEU-EN-ARGONNE
✆ 03 29 70 72 42
Gîtes de France (3 épis). 1 chambre. Chambre simple à partir de 57 € ; chambre double à partir de 62 €. Sauna.

Beaulieu est un charmant village fleuri aux maisons à pan de bois. À proximité d'un pressoir du XIIe siècle, Caroline vous reçoit dans sa bâtisse de caractère dépendance d'une ancienne abbaye. Telle une petite galerie d'art, la coquette chambre donne sur le jardin. Vous pourrez profiter de la vaste salle de séjour et du feu à l'âtre lors des soirées fraîches. Produits du terroir sont servis au petit déjeuner, massage (en supplément), vélos et VTT disponibles. Caroline, passionnée d'art et d'histoire vous renseigne sur les richesses locales.

LES CHARMILLES €€

12, rue de la Gare
CHARNY-SUR-MEUSE
✆ 03 29 86 93 49
www.les-charmilles.com
Gîtes de France. Chambre simple 50 € ; double 60 €. Petit-déjeuner inclus.

Dans une belle demeure du XXe siècle aménagée confortablement et avec goût, tout est fait pour le bien-être des hôtes. Trois chambres personnalisées aux tons clairs, avec leur propre salle de bains, toilettes, télévision et accès Internet. À l'extérieur, le jardin, la terrasse et les transats vous permettront de vous prélasser. À l'intérieur la bibliothèque, les jeux de société et le plateau de courtoisie vous offriront un moment de détente. Un copieux petit déjeuner composé de brioches, gâteaux et confitures maison est servi chaque matin.

LES 4 SAISONS €€

11, rue André Maginot
FRESNES-EN-WOËVRE
✆ 03 29 80 85 38
Gîtes de France. 1 personne : 55 €. 2 personnes : 65 €. 3 personnes : 100 €. 4 personnes : 110 €.

A proximité des vergers des Côtes de Meuse et du site historique de Verdun, cette agréable maison de ville propose deux chambres d'hôtes. Les lits doubles sont de grande taille (dont un est électrique). La salle de bain spacieuse est équipée d'une baignoire et d'une douche balnéo. Aux beaux jours, vous pourrez prendre un copieux petit déjeuner sur la jolie terrasse fleurie puis effectuer une agréable balade au coeur du jardin aménagé. Possibilité d'accueillir des pêcheurs (un local spécial avec réfrigérateur est disponible) ainsi que des motards (garage fermé).

LA STARAVA €€

2, rue du Général Roch
GUSSAINVILLE
✆ 03 29 87 24 29
Gîtes de France. 1 personne : 55 €. 2 personnes : 65 €. 3 personnes : 85 €.

À 25 km de Verdun et à 30 km du lac de la Madine, de Stenay et de Montmédy, trois vastes chambres arborant différentes décorations. Christiane et Francis vous accueilleront chaleureusement dans cette ancienne ferme qui date de 1838. La salle à manger et le salon communs possèdent leur propre cheminée et la table d'hôtes est très appréciée. De belles promenades à travers la paisible campagne sont à faire aux alentours. Pour les passionnés, le propriétaire se révélera un excellent guide touristique pour vous commenter avec passion les sites historiques.

LA FERME DE LA VAISE €

27, Grande Rue
MAXEY-SUR-VAISE
✆ 33 329 90 85 19
www.tourismerural.fr
1 personne : 45 €. 2 personnes : 55 €. 3 personnes : 65 €.

Au cœur de la région qui a vu naître Jeanne d'Arc, à proximité des Vosges, vous allez pouvoir profiter d'un cadre paisible pour vous détendre. À côté de la maison familiale de Danielle Noisette, dans cette grande demeure rurale de caractère, 2 chambres d'hôtes à la décoration rustique, avec salle de bains sont disponibles pouvant accueillir chacune 3 personnes. Une cuisine et une salle à manger sont communes aux deux chambres (les tarifs sont dégressifs si vous restez plusieurs nuits). En été, pour vous rafraîchir, une piscine privée est à disposition.

NOISETTE €€€

27, Grande Rue
MAXEY-SUR-VAISE
✆ 00 33 (0) 3 29 90 85 19
www.tourismerural.fr
Chambre simple 47 € ; double 57 € ; triple 67 €. Petit-déjeuner inclus.

Sur le côté de cette maison familiale du XVIIIe ont été aménagées deux chambres d'hôtes équipées de sanitaires particuliers. Elles possèdent aussi une entrée indépendante, une salle à manger et un coin cuisine communs aux deux chambres pour les repas. En terme d'activité, les environs se prêtent à la pêche et à la randonnée : le village est traversé par une rivière réputée pour ses truites, la Vaise. Vous pourrez également profiter de la piscine privée pour un moment de détente ou bien louer des vélos pour une escapade champêtre.

VILLA CLAUDETTE €€

81, rue de la Côte - **MONTIGNY-LÈS-VAUCOULEURS**
✆ 03 29 91 13 02
www.villaclaudette.fr
Chambre double à partir de 60 € ; triple à partir de 75 €. Petit-déjeuner inclus.

Dans une maison de caractère entourée d'un terrain clos, prolongée de 4 hectares de terre : 4 chambres de qualité et de style différent. Au même étage, vous trouverez une salle détente avec bibliothèque et Internet. Au rez-de-chaussée, une salle à manger avec mobilier rustique qui vous accueillera pour le petit déjeuner où vous seront servis des produits faits maison. De l'autre côté un salon est aussi à votre disposition avec jeux et documentations touristiques. Vous pourrez vous détendre sur une grande terrasse, entourée d'un jardin potager et d'un verger.

LES GRANDCHAMPS DE JADE €€

6, rue de la Fontaine - **MONTMÉDY**
✆ 03 29 80 01 59
www.chambres-d-hotes-grandchampsdejade.com
Chambre simple 65 € ; double 70 €. Wifi gratuit.

C'est dans une ancienne maison Lorraine bâtie en 1627 que trois chambres d'hôtes douillettes sont mises à disposition. Les amateurs de marche et de randonnée apprécieront les magnifiques forêts des alentours, comme le site insolite dit Trou des fées ou encore le Cron pour lequel il faudra traverser la frontière belge à proximité. Les autres pourront partir à la découverte de la citadelle fortifiée que l'on peut apercevoir depuis la maison d'hôtes, la basilique gothique d'Avioth ou parfaire leur culture du houblon en visitant le musée européen de la bière à Stenay.

LES NUITS INSOLITES DE MADINE €€

2, rue des Vergers - **NONSARD-LAMARCHE**
✆ 06 17 97 88 01 -
www.gites-madine-insolites-france.com
Environ, bulle pour 2 pers.) 130 €, grand voilier 140 €, voilier 100 €, tente berbère 190 €. Petit déjeuner inclus.

Vous avez le choix des hébergements insolites, à 5 minutes du lac de la Madine. Un petit bateau amarré au port de Nonsard pour vous laisser bercer par les clapotis de l'eau ou un grand voilier avec son équipage... Une bulle pour dormir au chaud à la belle étoile ou une tente berbère qui peut recevoir jusqu'à 6 personnes. Le cottage, lui, dispose de son bain bouillonnant privatif, tandis qu'un second est à la disposition des autres hôtes. Panier de bienvenue avec madeleines de Commercy.

LE TOMBOIS €€

1, route de Metz
PINTHEVILLE
✆ 06 80 74 26 84
Chambre 1 personne : 50 € ; 2 personnes : 58 €.

À l'orée du Parc naturel régional de Lorraine et de ses merveilles, vous serez accueilli dans une belle bâtisse. Véritable havre de paix, cette ancienne ferme lorraine est entourée d'un magnifique parc arboré et fleuri où 2 chambres d'hôtes tout confort vous attendent pour un séjour sous les meilleurs auspices. Celle du rez-de-chaussée peut recevoir 3 personnes et celle de l'étage possède un lit double, idéal pour les couples. Au matin, le petit déjeuner avec viennoiseries et confitures vous sera servi avec du jus de pommes maison.

LES VOLETS BLEUS €

7, rue de l'Eglise
RARÉCOURT
✆ 03 29 88 42 63
www.gite-lesvoletsbleus.com
Pour 4 personnes (2 chambres). De 250 € à 350 € la semaine selon saison. 140 € le week end.

Les Volets Bleus propose un gîte installé dans une ancienne demeure lorraine en pierre. C'est Jo et Daniel qui mettent ce nid douillet à votre disposition. Loin du bruit et de la pollution, vous serez plongé au cœur de la forêt d'Argonne où vous pourrez randonner et même vous baigner à la belle saison dans les lacs environnants. À l'arrivée des beaux jours, profitez d'un jardin clos équipé d'un barbecue. À découvrir dans la région, la forêt argonnaise et ses charmants petits villages. Verdun est située à 30 km, et la Champagne et ses vignes à 90 km du gîte.

LA BOTTÉE €€

1, place de Verdun - **VIGNEULLES-LÈS-HATTON-CHÂTEL** ✆ 03 29 89 98 12
www.labottee.com
Ouvert toute l'année. 3 chambres. De 68 € à 72 €. Petit-déjeuner inclus. Table d'hôtes : 25 € sur réservation.

Village-rue typiquement lorrain, vous êtes dans le Parc naturel régional de Lorraine. Il s'agit plus précisément d'un ensemble de maisons au caractère régional : une maison de vigneron datant du XVIIIe siècle et une maison de manouvrier datant des années 1920. Trois chambres ont été aménagées et, parce que la nature est omniprésente, vous pourrez choisir votre vue en fonction de votre sensibilité. Le vignoble et les vergers lorrains, la forêt et le jardin à flanc de coteau, sont autant de petits coins de nature où il fait bon se ressourcer.

DOMAINE DE HELLEBORE €€

28, rue Basse
SAINT-AUBIN-SUR-AIRE
✆ 03 29 77 06 61
Ouvert toute l'année. 1 personne : 58 €. 2 personnes : 70 €. 3 personnes : 85 €.

À 15 km de Commercy, dans une maison de campagne typique de la Meuse, Élisabeth Pothier met à votre disposition deux chambres d'hôtes à l'étage et une chambre familiale au rez-de-chaussée. Chaque chambre dispose d'une salle de bains avec wc privatifs ainsi que la TV et l'accès Internet. Vous pourrez vous détendre dans les salon, salle à manger et salle de billard communs. Le petit déjeuner est constitué de produits maison. Si vous voulez profiter de votre venue pour déguster de bons plats régionaux, vous trouverez également ici une table d'hôtes de qualité.

LA HAIE À CERF €€

12, route de Ronvaux - **WATRONVILLE**
✆ 03 29 80 04 09
doriacchantal.wifeo.com
Chambres Lucie ou Zoë : de 40 à 70 €. Chambre Laurette : de 50 à 70 €. Table d'hôtes : 18 € par personne.

C'est au cœur d'un univers enchanteur et dans une maison et pleine de charme que Chantal, la propriétaire vous accueille. À votre disposition, trois chambres d'hôtes aux doux noms féminins : Lucie, Zoë et Laurette. L'une est cosy, l'autre élégante et romantique et la dernière originale au cœur de la nature. Pour renforcer son aspect bucolique, le jardin attenant se révèle magique dès le printemps : un vrai trésor avec ses bordures de vivaces, son bassin d'agrément apaisant, ses multiples coins détente, sa pergola fleurie, son banc de pierre... Un petit paradis.

VILLA CHANTAL €€

9, avenue du Général-Boichut
VERDUN
✆ 06 78 10 34 40
www.villachantal.fr
Chambre double de 65 € à 135 €. Petit-déjeuner inclus.

Petra et Daniel Zilliox vous accueillent dans leur maison de Verdun. La Villa Chantal est idéalement située en entrée de ville de Verdun, bénéficiant ainsi du charme et de la tranquillité d'une maison à la campagne et d'un accès facile et rapide aux services de la ville. Deux chambres, un salon privé qui vous permettra de vous détendre en musique ou en bouquinant ou devant la télévision. Vous disposerez également selon votre envie de la cuisine des propriétaires ou de la cuisine d'été selon le moment de l'année, avec un accès direct sur la terrasse et le jardin.

LA MÉTAIRIE DES VERGERS €€

3, rue Principale - **WATRONVILLE**
✆ 03 29 87 32 21
www.lametairiedesvergers.com
3 chambres. De 55 € à 85 €. Pour les gîtes comptez 250 € le week-end et entre 380 € et 420 € pour la semaine.

Dans cette maison de caractère, ce sont 3 chambres d'hôtes et 2 gîtes qui s'offrent à vous. Côté chambre, il y a La Jardin où vous dormirez dans une ambiance fleurie, La Couture, au décor 1930 et La Musique, à l'atmosphère opéra. Chacune a sa salle de bains privative. Côté gîte, le Logis des Vergers, classé 3 épis Gîtes de France, situé dans le parc de la propriété, peut accueillir de 4 à 5 personnes et le Logis des Cotes, classé 3 épis Gîtes de France, situé à Ronvaux au cœur du Parc régional de Lorraine et aux pieds des Côtes de Meuse a une capacité de 6 personnes.

MOSELLE

DOMAINE LES BELIERS-DES HEBERGEMENTS INSOLITES €€

52, rue des Gorces - **ANCY-DORNOT**
✆ 06 23 40 24 34

Tarifs variables selon cabane et nombre de personnes. Petit déjeuner compris. Repas sur réservation. Fermé en janvier.

Ève Maurice, œnologue, vigneronne, ou Odile, sa maman, les femmes du domaine, vous accueilleront avec la joie de vous faire vivre un séjour où les racines sont nobles. Cinq habitations, trois cabanes dans les arbres, deux chambres d'hôtes aux pieds des vignes vous ouvrent les bras. Tout a été réfléchi avec l'éthique des circuits courts. Le savoir-faire lorrain imprègne ces lieux ; le fait-maison, du pain aux confitures, jusqu'au vin que vous pourrez déguster sur place !

LE CHAMPSONNET €€

31, rue de la Paix - **CATTENOM**
✆ 03 82 34 05 13
www.champsonnet.fr

4 chambres. Chambre double à partir de 70 €. Petit-déjeuner inclus. Table d'hôtes le weekend sur réservation.

Dans le petit hameau de Sentzich, à proximité de Cattenom, dans une ancienne ferme rénovée, Géraldine Sonnet accueille ses hôtes dans de charmantes chambres spacieuses et confortables. Le parquet et les poutres apparentes donnent du caractère au lieu. Le petit déjeuner copieux est notamment composé de gâteaux et confitures faits maison. L'originalité de cette maison reste l'organisation de stages de confection de mobilier en carton et de développement de la personne. Des activités insolites à tester, pourquoi pas lors d'un séjour en Lorraine.

LES HIRONDELLES €€

6, rue de Forbach - **FORBACH** ✆ 03 87 87 79 23
www.gite-les-hirondelles.fr

Gîtes de France. 5 chambres. Chambre simple à partir de 55 € ; double à partir de 65 €. Petit déjeuner inclus.

Dépaysement garanti dans cette ancienne étable du XVIIe siècle avec poutres apparentes et murs en pierre, entièrement rénovée, où un couple d'agriculteurs vous reçoit dans l'une de ses cinq chambres et vous fait partager l'histoire du lieu. Chacune possède son propre style. Dans la salle à manger, en déjeunant, vous pourrez découvrir sur un des murs des inscriptions écrites par des ouvriers de fermes, qui pour certaines datent du XVIIe siècle. Vous y trouverez aussi d'anciens ustensiles agricoles et culinaires dont vous parleront avec passion les propriétaires.

CITY BREAK LE CLOS DU SAINT-QUENTIN €€

3, rue du Maréchal-Foch
LE BAN-SAINT-MARTIN
✆ 03 54 62 92 68

2 chambres (doubles). à partir de 65 €. Petit-déjeuner : 7,50 €. Parking. 125 € les deux nuits.

Ce complexe situé au Ban-Saint-Martin offre plusieurs sortes de prestations. Il est possible de réserver une chambre double confortable. Il y en a deux de ce type et chacune a sa propre terrasse et sa climatisation. Elles se révèlent d'ailleurs très bien équipées. Il est aussi possible de réserver un gîte de deux chambres avec cuisine ouverte sur le salon. Ce gîte permet à ses occupants de partir pour de belles randonnées. À quelques minutes de Metz, sa situation est un bon compromis !

GÎTE DE L'ÉTANG L'ABBÉ €€

Port Sainte-Marie - **MAIZIÈRES-LÈS-VIC**
✆ 06 43 20 79 91
www.gite-etang-abbe-maiziereslesvic.fr
Label Accueil Vélo. Pour 6 personnes (140 m², 3 chambres). 360 € les deux nuitées, 980 € la semaine.

Au bord d'un étang, au cœur d'un grand domaine privatif et clôturé. Pas de doute, ce gîte situé au cœur du Saulnois apparaît comme l'écrin idéal à un séjour familial dépaysant. Ce grand logement de trois chambres, avec sa belle vue dégagée sur l'étang, peut accueillir jusqu'à six personnes et il possède tous les équipements nécessaire à une grosse semaine de quiétude. Le jardin est même équipé d'une table de tennis de table et de balançoires pour les enfants. De plus, le logement se trouve près du point de départ de nombreux sentiers de randonnée.

LES CHATAIGNIERS €€

49, rue Foch - **NOVÉANT-SUR-MOSELLE**
✆ 03 87 69 93 41
www.chataigniersnoveant.simplesite.com
2 chambres. Chambre simple 55 € ; double 65 € ; triple 75 € ; suite 85 €. Petit-déjeuner inclus.

Au coeur d'un grand parc clos planté d'arbres centenaires, cette ancienne maison de vigneron propose deux solutions d'hébergements à une quinzaine de kilomètres de Metz : une chambre d'hôte pour deux personnes, spacieuse et agréable, et une suite familiale qui peut acceuillir jusqu'à quatre personnes. Toutes deux comptent des salles d'eau et toilettes privatifs. Les alentours sont riches de curiosités et de sites à découvrir : Metz, Gorze et son abbatiale, l'aqueduc romain, la vallée du Rupt-de-Mad et ses églises fortifiées...

RANCH DES BISONS €€

3, ferme du Grand Niedeck - **PETIT-REDERCHING**
✆ 06 72 79 50 16
http://ranchdesbisons.com
A partir de 200 € le gîte (2 nuits pour 2 personnes). A partir de 300 € le lodge bien-être (2 nuits pour 2 personnes).

Au Ranch des Bisons de Petit-Réderching, il est possible de dormir paisiblement dans un gîte très bien équipé, le tout sur les terres des gros bovidés américains. Entre un safari et un tour à la boutique, il est complètement conseillé de s'offrir un petit séjour dans l'un des quatre chalets qui offrent une vue imprenable sur le ranch. Trois gîtes comportent deux chambres et le plus gros en possède trois. Pour les amoureux du bien-être, il existe également un nouveau lodge qui, avec son sauna et son bain à remous, permet des nuits plus romantiques que familiales.

GÎTE DU CHATEAU D'EAU €€€

PHALSBOURG
✆ 03 87 24 42 42
www.phalsbourg.fr
Ouvert toute l'année. Pour 2 personnes (30 m², 1 chambre). 120 € la nuit ; 200 € le week-end ; 480 € la semaine.

Cet ancien château d'eau datant de la première moitié du XXᵉ siècle a été rénové par la ville en 2015 pour en faire un gîte insolite à 10 m de haut. Un escalier en colimaçon de 53 marches vous fera atteindre la pièce de vie composée d'une cuisine et d'un petit salon, une vue à 360° sur les alentours, de quoi vous faire tourner la tête. La chambre en mezzanine est confortable et agréablement décorée. L'accès se fait par une échelle depuis la cuisine. Un gîte insolite pour un séjour magique. Le ciel s'offre à vous, n'attendez plus !

PÉNICHE ALCLAIR €€

Allée Saint-Symphorien - **METZ**
✆ 06 10 45 02 16 - chambrespenichemetz.com
5 chambres (dont 1 pour 3 personnes sur une pénichette). Chambre double de 85 € à 110 €. Petit déjeuner inclus. Parking inclus. Tarif dégressif en fonction du nombre de nuits. Wifi.

Dépaysant, insolite, la péniche Alclair vous offre le choix de 4 jolies chambres doubles, avec toutes les commodités. En famille, vous pourrez opter pour la pénichette, idéale pour 3 personnes, qui jouxte Alclair. Ces espaces chaleureux et raffinés vous berceront le temps de votre parenthèse messine. À deux pas du centre-ville, ce séjour est la promesse de magnifiques promenades et rêveries au fil de l'eau. Vous apprécierez aussi de savourer un petit déjeuner en terrasse, préparé avec soin par Rodolphe Alma, qui saura vous conseiller sur les richesses à voir.

DOMAINE LES BACHATS €€

Ferme Les Bachats - **RHODES** ✆ 03 87 03 92 03
www.domainelesbachats.com
Bienvenue à la Ferme. 4 chambres. Chambre double 75 €. Petit-déjeuner inclus. Gites : jusqu'à 700 euros la semaine.

Véronique et Jean-Bernard Corsyn vous accueillent dans leur charmante ferme entourée d'un grand parc verdoyant bordé par l'étang du Stock. Trois gîtes et quatre chambres d'hôtes composent le domaine. Du côté des chambres, quatre suites remarquablement aménagées et équipées tout confort vous attendent : chacune évoque un thème particulier. Les activités ne manquent pas ! Tennis privé, kayaks et vélos, sans oublier les balades à dos d'âne, l'étape du GR5 et l'Eurovéloroute. En été, relaxez-vous dans la piscine chauffée. Produits à la ferme en vente direct !

LA MAISON D'ANOUCK - GÎTE €

9, rue de Crimée - **SCY-CHAZELLES**
✆ 06 47 10 16 85
3 chambres. À partir de 70 € par nuit.

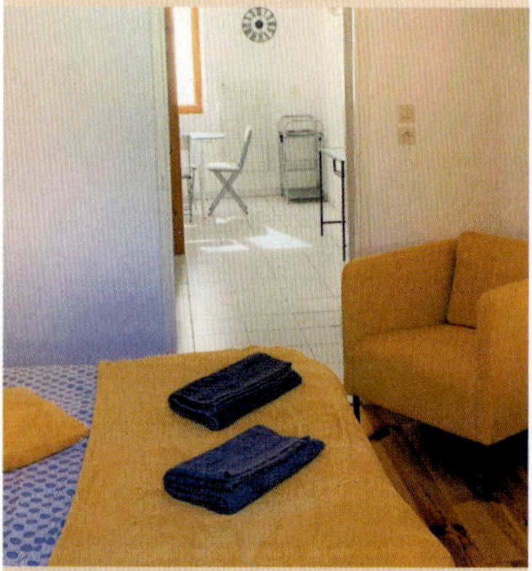
© ANOUCK CHICHE

Voici un nid tranquille où se poser au cœur des hauteurs de Scy-Chazelles, à quelques pas de la Maison de Robert Schuman. La propriété se trouve à 6 km de Metz. C'est un lieu idéalement placé pour découvrir les alentours, faire de jolies balades sur le mont Saint-Quentin ou aller visiter Metz. Votre hôtesse a le sens de l'accueil et sera riche de propositions pour répondre à vos envies de découvertes. Le souci du détail fait la différence et Anouck s'y attache particulièrement. Vous disposerez de tout le confort nécessaire pour être bien installés et autonomes.

LE PRANA €€

18, rue de l'École Centrale - **ROZERIEULLES**
✆ 07 88 26 37 02
www.leprana-metz.com
3 chambres. Chambre simple 75 € ; double 92 €. Petit-déjeuner inclus. Bain bouillonnant, sauna.

Situées dans un village de vignerons, les chambres d'hôtes sont à l'étage d'un centre de soins. Les chambres Air, Terre et Feu, joliment décorées, offrent tout le confort nécessaire. Vous bénéficierez d'une pause bien-être avec le sauna et le hamman, des massages ayurvédiques, des soins du corps, des cures Ojaskar, Karshan ou Royale. Et si vous souhaitez des repas équilibrés, profitez des repas ayurvédiques (végétarien et biologique) ou traditionnels à base de produits régionaux. Pour les randonneurs, de beaux chemins balisés dans les alentours.

ATELIER VERRE LUISANT - GITE DE LA VERRERIE €€€

91, rue de la Verrerie - **SAINT-QUIRIN**
✆ 03 87 08 67 88
www.auverreluisant.com
Pour 5 personnes (90 m², 2 chambres). + 1 petite chambre enfant et/ou bébé. A partir de 400 € la semaine. Terrasse.

L'atelier Verre Luisant a ouvert « le gîte de la Verrerie ». Dans un loft de style industriel à la fois moderne et vintage, le bien-être est là. Au premier étage, vous trouverez la cuisine et le séjour avec poêle à bois. La mezzanine est composée de deux chambres finement décorées, chacune équipée d'un lit deux places et d'une troisième petite chambre en enfilade, idéale pour un enfant. Le jardin est coquet et agréable et le vrai plus : un bain nordique, avec un premier bain offert.

CHAMBRES D'HÔTES SAINT- QUENTIN €€

11, rue Saint-Quentin - **SCY-CHAZELLES**
✆ 03 87 60 09 62 - www.cybevasion.fr
2 chambres. Chambre simple 60 € ; chambre doubl 65 €. Petit-déjeuner inclus. Ouvert toute l'année.

Au pied du mont Saint-Quentin, sur un site classé, à dix minutes du centre de Metz, vous serez accueilli dans un ancien chai dont le pressoir du XIXe siècle fonctionne toujours au moment des vendanges ! Un grand salon vous permettra de vous détendre ainsi que le jardin clos et sa terrasse pour les petits déjeuners printaniers. Les propriétaires vous renseigneront sur les promenades et sites à découvrir. Il est en outre charmant de s'aventurer à pied ou à vélo sur les chemins alentours.

LA GRANGE D'HÉLÈNE €€€

15, rue de Volmunster - **SIERSTHAL**
✆ 06 30 63 28 88
www.lagrange-dhelene.com
Suite à partir de 140 €. Bulle, chambre de verre ou le dôme : 150 €. Petit-déjeuner inclus. Bain bouillonnant.

Dans une bâtisse datant de la fin du XVIIIe siècle, la maison d'hôtes met à disposition une suite. La décoration est moderne et tendance. Direction le jardin pour passer une nuit dans la bulle entièrement transparente, elle est agrémentée d'un petit salon de jardin privatif. Vous pourrez ainsi admirer les étoiles. La piscine extérieure est chauffée pour les beaux jours. Vous pourrez également accéder à un espace bien-être situé dans une ancienne étable. Et pourquoi pas se balader en deux-roues ? Les propriétaires louent également des VTT électriques !

CHÂTEAU D'ALTEVILLE €€

Domaine d'Alteville
TARQUIMPOL
✆ 03 87 05 46 63
www.chateaudalteville.com
5 chambres. De 61 € à 93 €. Table d'hôtes, sans les boissons et sur réservation. 7 à 12 €.

Ce magnifique château du XVIIIe siècle, entouré d'un parc, propose des chambres qui mêlent le confort actuel au charme de leur mobilier ancien. Les pièces communes sont vastes et disposent d'un billard, d'une bibliothèque, d'un accès wi-fi ainsi que d'une salle à manger avec grandes tables d'hôtes qui s'harmonisent avec l'ambiance des lieux. La restauration, la terrasse et le parc, les belles et agréables pièces à vivre, l'étang, les circuits de randonnée, à vélo ou à cheval, les itinéraires de découverte... sont autant de possibilités pour une immersion réussie.

LA PARENTHÈSE €€

15, rue Principale - **SECOURT**
✆ 06 86 80 68 70 - www.la-parenthèse.fr
Chambre double à partir de 88 €. Petit-déjeuner inclus. Wifi gratuit. Piscine extérieure chauffée.Accueil jusqu'à 21h30.

© JULIE LECLERE

Votre hôte vous invite à ouvrir une parenthèse enchantée et vous propose de vous laisser bercer comme une plume vers l'éveil et la gourmandise, presque les 3 noms de ses chambres. C'est dire ! En week-end ou après une journée de travail, vous apprécierez d'autant plus les détails disséminés dans les parties communes comme dans le confort de votre chambre. Le petit déjeuner est un moment qu'elle veut gourmand avec les œufs de ses poules, des gâteaux préparés pour vous, des confitures maison, une parenthèse qui éveillera en vous l'envie de revenir !

LA DEAUVILLETTE €€

1, boulevard Charlemagne - **THIONVILLE**
✆ 06 08 92 31 76
www.ladeauvillette.fr
Chambre simple à partir de 75 € ; double à partir de 80 €. Petit-déjeuner inclus.

Une propriété qui porte divinement bien son nom. La Deauvillette ? C'est une villa qui rappelle les bords de mer de Normandie. Sauf que là, nous sommes à cinq minutes du centre-ville de Thionville. Il n'y a pas l'océan mais il y a les commerces et le charme du nord-mosellan. Concernant la chambre, elle se révèle très spacieuse et idéale pour deux personnes. Il est possible de louer des vélos et, c'est important, la fameuse Deauvillette permet de garer son véhicule dans un parking fermé. Durant les beaux jours, vous apprécierez de vous détendre dans le jardin.

CHÂTEAU MESNY €€

8, place Mesny
VIC-SUR-SEILLE
✆ 03 87 86 02 21
www.gites-de-france.com
4 chambres. Petit déjeuner inclus. Parking. De 120 € à 376 € la nuit.

Incarnation de l'art de vivre à la française au XIXe, bordé par un agréable parc d'un hectare, le château Mesny propose aux visiteurs une rencontre avec un autre temps. Les chambres Rouge Garance, Opaline, Gatsby et depuis peu Clair-Obscur présentent une décoration raffinée en respectant les codes de l'époque. Elles sont spacieuses, bien équipées et très confortables. Et si la cuisine du terroir attise votre curiosité, des tables d'hôtes sont disponibles sur réservation. Nul doute que vous apprécierez bien facilement la vie de château.

VOSGES

L'ESCALE €€

Rue Pasteur - **BAINS-LES-BAINS**
✆ 03 29 36 32 04
www.chainethermale.fr

De 49 € à 69 € la nuit selon la saison et le type de logement. Superficie des logement de 20 m2 à 64 m2.

Situés dans un écrin de verdure à seulement quelques pas des thermes, ces appartements vous offriront tout le confort nécessaire pour passer une cure de rêve. Vous y trouverez un accueil chaleureux et convivial dans une ancienne villa de 1930 au charme absolu. Les studios à la décoration champêtre vous donneront la sensation de séjourner dans un cocon propice au calme et à la détente. Vous pourrez profiter de tous les équipements sur place. Une très bonne adresse à recommander aux curistes et dont vous garderez un souvenir impérissable.

GÎTE DU MOULIN €€

8, Bourras - **BAN-DE-SAPT** ✆ 03 29 58 96 80
www.gites-moulin.com

Logements possibles du studio 2 personnes au studio pour 8 personnes. De 210 € à 600 € la semaine.

Ce moulin était encore à l'état de ruine en 1995. Aujourd'hui, il est parfaitement restauré. D'une capacité totale de 25 personnes, le gîte du Moulin propose ainsi six appartements aménagés avec tout le confort nécessaire. De multiples activités sont possibles : ping-pong, babyfoot, balançoire, piscine extérieure ainsi qu'un étang pour les pêcheurs. La piscine extérieure est quant à elle couverte et chauffée. Un barbecue commun sous abri est à votre disposition. Le moulin est situé à proximité de nombreux circuits pédestres pour découvrir des paysages enchanteurs.

PÉNICHE POPOV €

Port de plaisance
CHARMES
✆ 06 80 84 56 35
charmes.stationverte.com

Chambre simple 55 €. Petit-déjeuner inclus.

La péniche *Popov* vous propose de venir passer une nuit romantique à son bord. Cet ancien bateau de commerce de 1952 offre tout le confort nécessaire à un séjour inoubliable. 3 chambres à la décoration boisée offrent une ambiance chaleureuse. Vous aurez également la possibilité de prendre un petit déjeuner sur le pont extérieur quand le soleil pointe le bout de son nez ou dans le salon à l'ambiance décontractée. Vous serez bercé par les clapotis de l'eau dans ces chambres d'hôte de caractère. Sans aucun doute, un séjour de charme.

GÎTE APOLLON €

16, rue de Liffol
GRAND
✆ 06 70 96 87 65
www.apollon-gite-grand.fr

Gîtes de France. Pour 13 personnes. De 490 € à 700 € la semaine selon saison.

Joan vous accueille chaleureusement dans sa demeure à proximité du site gallo-romain de Grand. La maison, au charme fou, saura tenir toutes ses promesses hiver comme été. Ainsi, à la saison estivale, vous pourrez profiter du jardin pour vous poser au soleil. Aux abords de la maison, vous pourrez arpenter des chemins et visiter cette charmante petite ville. Les chambres disposent de tout le confort pour pouvoir passer un séjour inoubliable. A noter que le gîte possède le label Handicap. C'est une escapade culturelle qui sera adaptée pour tous.

LES FOUGÈRES €€

17, rue Charles de Gaulle - **GRANGES-AUMONTZEY**
✆ 06 87 05 83 90
lesfougeres.granges.free.fr
2 chambres. Chambre double 90 € ; suite 110 €. Petit-déjeuner inclus. Dîner sur réservation : 25 € par personne.

C'est dans une magnifique demeure que Danièle et Christian vous accueillent dans la bienveillance. La maison qui date de la fin du XXe siècle a été totalement réaménagée mettant en valeur les somptueux vitraux de Nancy dans la salle à manger. Vous apprécierez le linge de maison ancien en lin brodé comme la table dressée avec goût et dégusterez de savoureux plats locaux grâce à la table d'hôtes. L'été, le jardin vous laissera le loisir de prendre le petit déjeuner et même le dîner dehors au milieu du chant des oiseaux et des odeurs des fleurs.

LE CHÂTEAU DE FAILLOUX €€

3, Grande-Failloux
JEUXEY
✆ 03 29 34 17 13
www.chateaudefailloux.com
5 chambres (dont une suite). Chambre double à partir de 89 € ; suite 129 €. Petit-déjeuner : 10 €

Érigé en fief, le château de Failloux, bâti au XVIIIe siècle, est blotti au cœur des Vosges. Il vous apportera calme et sérénité. La grille Jean Lamour et ses deux pigeonniers ont fière allure et donnent à cette demeure son atmosphère bucolique. Campagne verdoyante, jardin à la française, il vous séduira par sa simplicité chaleureuse avec son bassin en grès. Vous aurez le sentiment de vivre à une autre époque, hors du temps et des tracas quotidiens. Les chambres sont d'un confort absolu et offrent tout le nécessaire pour une détente maximale.

LA FERME DU VIEUX SAPIN €€

45, route de Planois - **LA BRESSE**
✆ 03 29 25 65 56
www.fermeduvieuxsapin.com
4 chambres (pour les tarifs, contacter la ferme). Chambre simple ; double ; triple. Petit-déjeuner inclus.

Située sur la route menant au col de la Croix des Moinats, la Ferme du vieux sapin est spécialisée dans l'élevage ovin. Elle dispose de quatre chambres d'hôtes avec une vue imprenable sur la vallée. Les chambres, à la décoration personnalisée grâce au bois et au tissu, sont toutes différentes et restent chaleureuses. Pour découvrir les saveurs du terroir, une table d'hôtes est proposée sur réservation. En été, l'extérieur offre une bouffée d'air pur dans un véritable écrin de verdure donnant aux randonneurs l'opportunité d'aller découvrir les environs.

LES TANNES €€

6, chemin des Tannes - **LA BRESSE**
✆ 03 29 25 60 98
www.lestannes.fr
Gîtes de France. Chambre simple 47 € ; double 57 € ; triple 76 €. 2 gîtes : de 260€ à 360€ la semaine. Table d'hôtes.

Les Tannes vous reçoivent à 950 m d'altitude pour un séjour nature ! Les propriétaires mettent l'accent sur le respect de l'environnement. Vous apprécierez le petit déjeuner à base de pain bio ou de kugelhopf maison. En soirée, les produits du potager ou locaux seront privilégiés. Vous aurez à disposition du matériel de puériculture ainsi que des guides, cartes et livres sur la région. Un étang se trouve sur le terrain et les sentiers de randonnée sont nombreux. Les chambres ont une décoration qui allie l'authenticité de la ferme avec des touches contemporaines.

LA FERME DES GRANGES €€

23, route des Granges - **LE MÉNIL**
✆ 03 29 25 03 00
www.lafermedesgranges.fr
3 chambres. Chambre simple 35 € ; double 60 € ; triple 80 €. Petit-déjeuner inclus. Table d'hôtes 20 €.

Située près du Thillot, la Ferme des Granges dispose de quatre chambres d'hôtes spacieuses et confortables. Les enfants peuvent profiter d'une salle de jeux avec quelques jouets et livres pour passer de bons moments. Ce gîte fait par ailleurs table d'hôtes. Les produits sont issus de la ferme et de producteurs locaux. Vous pourrez vous détendre en faisant des randonnées pédestres, en pratiquant l'équitation, en pêchant... Pour les amateurs de sensations fortes, via ferrata, parapente ou karting peuvent être pratiqués à proximité.

LA CHOUETTE MAISON €€

3, avenue Julien Méline - **REMIREMONT**
✆ 03 29 22 14 29
www.lachouettemaison.com
2 chambres ; CB non acceptée. Wifi gratuit. Sauna. Cours de yoga et méditation tous les soirs (supplément).

Proche de toutes commodités, en plein cœur de la ville, La Chouette Maison dispose de deux chambres d'hôtes joliment décorées. Très confortables, elles sont spacieuses et ont une vue sur les extérieurs. Le jardin fleuri vous remplira d'une zénitude, vous vous sentirez voyager au pays du calme et de la sérénité. Le petit déjeuner est copieux et réalisé avec des produits de qualité. Pour un moment de pure détente, vous pouvez également opter pour des cours de yoga ou de méditation proposés tous les soirs. Une maison agréable tenue par des propriétaires sympathiques.

CHEZ PIERRE €€

271, avenue Division Leclerc
RÉMONCOURT
✆ 03 29 07 74 08

Chambres à partir de 53 € la nuit. Gîte à partir de 315 € la semaine.

Située à Remoncourt, à 9 km de Vittel, la chambre d'hôtes Chez Pierre offre un parc arboré et une connexion Wi-Fi gratuite. Cinq chambres de 18 à 85 m² sont proposées. Fraîchement rénové, le gîte 5 personnes est spacieux et confortable. Un lieu parfait pour vos escapades entre amis. Il a été aménagé dans la dépendance d'une maison de 1847. La maison principale abrite quatre chambres d'hôtes confortables. Le matin, vous pourrez déguster sur place un petit déjeuner continental avant de partir découvrir les principaux sites du coin.

AUX CHAMPS DES RACINES €€

51, chemin du Bois Basselin
SAINT-DIÉ-DES-VOSGES
✆ 03 29 56 79 47
www.auxchampsdesracines.fr

1 chambre. Chambre simple 80 € ; double 90 €. Petit-déjeuner inclus. Sauna.

Aux Champs Des Racines se situe au pied du massif de l'Ormont et met à disposition une belle chambre d'hôtes pouvant accueillir jusqu'à deux personnes. Située à quelques minutes du centre-ville, elle est aménagée comme un petit appartement et ouvre sur la terrasse et sur la piscine. Un petit-déjeuner gourmand vous attend après une nuit de repos dans un cadre calme. Les extérieurs verdoyants aspirent à la quiétude. Vous pouvez par ailleurs profiter de la salle de sport, de la piscine, du sauna, des vélos ou des raquettes en hiver et bien sûr du jardin.

CAPUCINE €

100, route de chatel - **SERCOEUR**
✆ 03 29 31 50 62
http://aux-coeurs-de-marie.gites-de-france-est.com

Gîtes de France. 1 chambre. Chambre simple 50 € ; double 60 €. Petit-déjeuner inclus.

A l'étage de la maison de Marie-Claude, il y a une jolie chambre d'hôtes nommée Capucine, d'une surface de 14 m². Elle dispose d'un lit deux places ainsi que d'une salle de bain attenante avec douche et WC privatifs. A l'arrivée, un plateau avec diverses tisanes vous est offert. Le matin, c'est un petit-déjeuner avec pain frais, confitures maison, gâteau maison, etc., qui vous attend. Passionnée d'artisanat, la propriétaire, qui possède aussi des gîtes et une roulotte, partage avec plaisir son savoir-faire et délivre même quelques astuces.

AUBERGE DE LA CHARRIOLE €€

225, chemin Haute Fosse - **TAINTRUX**
✆ 03 29 50 07 32 - www.charriole.fr

14 chambres. Chambre simple 63 € ; double 71 €. Demi-pension : 22 €. Petit-déjeuner : 9,50 €. Soirée étape 79 €.

Vous serez chaleureusement accueilli dans un cadre idyllique par des propriétaires bienveillants qui feront tout pour que votre séjour soit inoubliable. Des chambres à la décoration colorée vous attendent pour passer une douce nuit au cœur de la nature vosgienne. Les gourmets seront ravis de rejoindre la table du restaurant qui propose une cuisine du terroir 100 % maison, élaborée en collaboration avec les producteurs locaux et le potager du jardin. Une adresse à ne manquer sous aucun prétexte pour bien dormir et manger sain et équilibré !

LE CHALET DE CATHY €€

Chemin Pschés - **TENDON** ✆ 03 29 66 23 35
www.chalets-de-cathy.fr

Chambre double de 65 € à 75 € ; studio / appartement de 400 € à 595 € la semaine. Petit déjeuner inclus.

Cathy et Jean-Claude vous accueillent chaleureusement dans leur maison d'hôtes. Vous recevrez la bienveillance dont vous avez besoin pour passer un séjour empreint de bien-être. L'ensemble des locations s'inscrivent dans une logique de développement durable. Les chambres à la décoration façon chalet de montagne disposent de tout le confort pour un séjour parfait. Vous profiterez également de la table d'hôtes préparée à base de produits frais et de saison. Vous pourrez vous détendre grâce aux soins énergétiques traditionnels chinois qui sont désormais proposés.

LA CHARMANTE €€

563, route du Coney - **XERTIGNY**
✆ 03 29 30 18 26
www.lecharmarasey.com

5 chambres (roulotte : 115 € la nuit). Chambre double 72 €. Petit-déjeuner inclus. Table d'hôtes 25 €.

La Charmante propose 5 chambres d'hôtes situées à Rasey dans la ferme du propriétaire. L'une d'entre elles est labellisée Tourisme et Handicap et est accessible depuis l'extérieur. Le jardin dispose d'un petit étang et d'une pergola où un salon de jardin et un barbecue vous attendent. Vous pourrez par ailleurs réserver la table d'hôtes pour goûter les spécialités locales élaborées avec les produits du jardin. Pour les amoureux des hébergements insolites, vous ne serez pas en reste puisqu'une roulotte est désormais installée à la Charmante.

HAUTS-DE-FRANCE

AISNE

DOMAINE DE MONTAIGU €€

16, rue de Montaigu
AMBLENY
✆ 03 23 74 06 62
www.chambres-hotes-aisne.com
4 chambres. Chambre double de 80 € à 115 € ; triple de 105 € à 130 €. Petit-déjeuner inclus.

Cet ancien vendangeoir du XVIIIe siècle, à l'époque où la région du Soissonnais était en partie viticole, allie les charmes de l'ancien et du moderne avec des chambres décorées avec soin pour coller au charme de la demeure, confortables et joyeuses (frais coloris, beaux volumes). Le petit-déjeuner est pour sa part servi dans une belle pièce en pierre de taille, ou sur la terrasse, selon la saison. Le tout est situé en pleine nature, au cœur d'un parc de 5 hectares pour vous sentir proche de la nature, mais en restant proche de Soissons.

RELAIS DES ÉGLISES FORTIFIÉES €

4, rue de la Fontaine - **BURELLES**
✆ 03 23 90 03 03
www.gites-de-france.com
Gîtes de France. 3 chambres. Chambre simple 40 € ; double 45 €. Petit-déjeuner inclus.

Situé au cœur du village et sur le parcours des églises fortifiées de la Thiérache, ce gîte propose trois chambres doubles qui possèdent toutes leur salle de bains privée. Pour compléter le tout, une salle de séjour est à disposition des hôtes pour de joyeux moments avec vos proches. Pour les randonneurs, sachez que la forêt domaniale du val Saint-Pierre est à moins de 2 km. Vous êtes ici sur le circuit des églises fortifiées de Thiérache et à 20 minutes du Familistère de Guise.

LA FORESTIÈRE €€

7, ruelle Buet
CESSIÈRES
✆ 03 23 24 19 07
2 chambres. Chambre simple 50 € ; double 60 € ; triple 90 € ; suite 110 €. Petit-déjeuner inclus.

La Forestière vous propose deux chambres doubles dont une suite à l'étage composée de deux chambres communicantes, la seconde étant au rez-de-chaussée. Le lieu est donc tout à fait adapté à l'accueil des familles. L'endroit est calme et agréable, puisque la propriété se situe à la lisière de la forêt de Saint-Gobain, permettant ainsi de s'y rendre à pied pour de jolies balades au cœur de la nature. Aux beaux jours, vous pourrez également profiter de la piscine extérieure et du jardin pour vous rafraîchir et faire le plein de soleil.

LE JARDIN DES FABLES €€

10, rue du Château - **CHÂTEAU-THIERRY**
✆ 03 23 83 17 63
www.chambres-hotes-chateau-thierry.com
4 chambres. Chambre double de 87 € à 90 € ; suite à partir de 150 €. Petit-déjeuner inclus.

Au centre de Château-Thierry, appréciez le charme de cette maison d'hôtes du XVIe siècle. Ici vivait la petite-fille de Jean de la Fontaine. Chaque chambre a sa décoration propre et parfois étonnante, leurs noms en témoignent : Polonaise, Florentine, Marocaine. Le cadre est chaleureux, et l'on aime prendre du temps en ces lieux avant de profiter du musée Jean de la Fontaine. Le salon et le bureau bibliothèque à votre disposition seront d'agréables refuges pour les longues soirées d'hiver. Le jardin fleuri sera le partenaire idéal de vos séjours farniente, l'été.

L'ÉTABLE D'ELODIE €

1, rue d'En Haut
CHÂTILLON-SUR-OISE
✆ 06 88 19 45 27
www.letable-delodie.fr
Chambre simple 49 € ; chambre double 58 €. Petit déjeuner inclus. Table d'hôte sur demande.

L'Étable d'Élodie propose deux chambres d'hôtes joliment aménagées dans une ferme familiale à quelques kilomètres de Saint-Quentin. Le Pigeonnier et La Bergerie sont décorées avec goût et précision. De style Louis-Philippe ou Louis XVI, rarement avons-nous constaté autant de raffinement pour une telle gamme de prix ! Les amoureux se sentiront seuls au monde dans ces cocons de douceur. Pour parfaire le séjour, profitez de l'excellence de la table d'hôtes proposée par Élodie dans l'ancienne étable rénovée uniquement sur demande.

LA GRANGE €€

6, impasse des Prés
CUIRY-LES-CHAUDARDES
✆ 03 23 25 82 42
www.lagrangecuiry.fr
4 chambres. Chambre double à partir de 79 € ; suite à partir de 149 €. Petit-déjeuner inclus.

Dans une ancienne grange entièrement rénovée, alliant caractère authentique et style contemporain de manière atypique, vous attendent quatre chambres spacieuses dont deux suites avec, pour l'une, une décoration précieuse (lustre, tentures et baignoire à l'ancienne), tandis que la seconde offre deux lits jumeaux dans une douce sobriété moderne. Chaque chambre exprime une sensibilité permettant de passer d'un univers à l'autre, d'une époque à l'autre, au gré de vos envies. L'accueil est convivial et il est certain que vous vous sentirez vite à l'aise.

LE MOULIN DE LAVAL €€

3, rue de Soissons - **CUISY-EN-ALMONT**
✆ 03 23 55 90 88
chambre-hote-soissons.jimdo.com
3 chambres (pour 2, 4 et 5 personnes). Chambre double 65 €. Petit-déjeuner inclus. Gîte pour 2 personnes 80 €.

Philippe et Elisabeth Heyd vous accueillent dans un ancien moulin à huile du XVIIIe siècle, idéalement situé entre Compiègne et Soissons. La demeure est superbe, et les alentours propices à l'exercice d'une douce oisiveté. Les adeptes de tourisme vert et historique, ou encore les citadins en recherche de repos, ne pourront pas mieux trouver que cet authentique havre de paix. Les chambres et la dépendance, toutes garnies de poutres apparentes, sont claires et meublées avec goût. Une très belle adresse familiale à recommander aux esthètes en mal de poésie.

DOMAINE LE PARC €€

Rue du Quesny - **DANIZY** ✆ 03 23 56 55 23
www.domaineleparc.com
5 chambres. Chambre double 75 €. Petit-déjeuner inclus. Menu des Gourmets servi le soir : 39.50 € sur réservation.

Jedy et Damien vous accueillent dans leur belle demeure du XVIIIe siècle surplombant la vallée de l'Oise et entourée d'un parc boisé. La décoration est d'époque et les cinq chambres sont spacieuses et confortablement équipées. Pour le dîner, Damien cuisine des petits plats sans cesse renouvelés en fonction des produits de saison. Le dîner vous est servi au restaurant ou lorsque le temps le permet en terrasse côté vallée de l'Oise. Enfin, le petit-déjeuner permet de prolonger le plaisir en admirant le parc durant l'été, ou bien au chaud près de la cheminée l'hiver.

LE NID DANS LES BRUYÈRES €€

37, rue du Château - **FÈRE-EN-TARDENOIS**
✆ 03 23 82 71 22 - www.leniddanslesbruyeres.fr
Fermé en janvier. Nuit pour 2 personnes petit déjeuner inclus dès 130 €.

Vous êtes au pays de Tolkien. Les thèmes des Hobbits composés par Howard Shore résonnent dans la hutte de Bilbo. On plonge dans le long-métrage de Peter Jackson. Un rêve de fan ! Quel fin travail mené par Agathe, Christophe et Lionel ! *Le Seigneur des Anneaux* vit en ces lieux magiques, mais d'autres maisonnettes imposent leur style insolite. L'invraisemblable logis champignon et son toit-terrasse, les huttes perchées, la toute en douceur cachette Désirée, apportent la magie nécessaire à une nuitée à nulle autre pareille. Le paradis des fées !

LA FERME DE COURCELLES €€

Ferme de Courcelles - **GUISE**
✆ 06 08 01 89 32
Pour 2 personnes : de 230 € à 330 € la semaine selon saison. Gîte pour 4 personnes : de 360 à 440 € la semaine.

La Ferme de Courcelles séduit par son cadre idyllique. Cette jolie maison ancienne rénovée prend des allures de petit château thiérachien avec cette petite tour si charmante. Nichés au cœur d'une nature verdoyante, vous pourrez profiter d'une chambre cocon confortable. Le salon, la salle à manger, la cuisine sont joliment aménagés pour votre plus grand confort. Tout comme le jardin et la terrasse qui seront appréciés l'été. Une belle adresse pour un couple. Quant au second gîte ouvert récemment et pouvant accueillir quatre personnes, il est tout aussi charmant.

CHAMBRES DE PARFONDEVAL €

1, rue du Chêne - **PARFONDEVAL**
✆ 03 23 97 61 59
www.restaurantparfondeval.com
Gîtes de France. 2 chambres. Chambre simple 40 € ; chambre double 50 € ; chambre triple 70 €. Petit-déjeuner inclus.

Ces chambres d'hôtes sont installées dans une charmante ferme et disposent chacune d'une salle de bains et de WC privatifs. Le cadre est à l'image du village : authentique et propice au dépaysement. Toute proche de la maison, les amoureux de beau patrimoine pourront admirer la splendide église fortifiée. Vous pourrez, grâce à ces chambres d'hôtes, découvrir des spécialités de la région : tarte au maroilles, gaufres, gâteaux et tartes aux fruits de saison, crème, cidre et jus de pomme. Autant de mets qui mettent l'eau à la bouche rien qu'en lisant.

PAUSE NATURE €

10, rue du Gué
SORBAIS
✆ 06 32 42 34 31
4 chambres. Chambre simple 54 € ; double 61 € ; triple 76 €. Petit-déjeuner inclus. Espace détente : 18 €/heure.

Cette ferme typiquement thiérachienne vous accueille dans ses jolies chambres à la décoration soignée et dans lesquelles vous prendrez vite vos aises. Après une longue journée de balade, vous pourrez même vous prélasser dans le sauna ou le bain à remous. L'originalité des lieux réside dans les ateliers culinaires que propose le maître de maison, véritable passionné de cuisines du monde. Des séjours à thème sont aussi proposés (canoë-kayak sur l'Oise, cueillette des champignons...). Une adresse qui regorge de bonnes idées pour un séjour insolite réussi.

LA BARBOTINE €€

23, route de Noyant - **SEPTMONTS**
✆ 03 23 74 89 88
www.la-barbotine.fr
Gîte de France. Chambre simple à partir de 80 € ; chambre double à partir de 95 €.

Un lieu véritablement somptueux, que l'on ne saurait trop vous conseiller si vous envisagez de séjourner dans les environs. Ces deux chambres d'hôtes sont situées dans la dépendance d'un ancien vendangeoir du XVIIIe siècle. Tout à l'intérieur a été pensé pour votre confort et pour que vous vous sentiez bien : belle et grande cheminée, piscine, chambres parquetées impeccables, poutres apparentes dans toutes les pièces... Le rêve ! Et malgré les prestations, les prix restent sages, alors sachez-en profiter et vous faire plaisir à l'occasion d'une escapade.

LE VAL D'OMIGNON €€

3, rue Principale - **TREFCON**
✆ 03 23 66 58 64
www.val-domignon.com
Ouvert toute l'année. Tarifs sur demande.

Cette structure comprenant également un gîte rural, des chambres d'hôtes et une table d'hôtes propose des promenades de 2h (dont 1h30 à cheval) ou à la journée. Pour ceux qui seraient plus tenté par une virée en attelage, le Val d'Omignon organise des sorties familiales d'une durée de 2h à 2 jours (soit en attelage, soit mixte avec attelage et chevaux). Les randos se déroulent dans les vallées d'Omignon et de la Somme. Si vous préférez l'eau, le canoë de randonnée vous permettra de découvrir sans effort physique particulier quelques chemins d'accès privilégié.

LE DOMAINE DE SENERCY €€

Hameau de Senercy
SÉRY-LÈS-MÉZIÈRES
✆ 06 11 68 81 78
www.domainedesenercy.fr
Gîtes de France. 4 chambres. Chambre double 99 € ; suite 169 €. Billard.

Voilà un lieu comme on les aime : chargé d'histoire au cœur d'un écrin de verdure et loin de la ville et ses tumultes. Cette vaste et belle propriété a de nombreux arguments pour vous faire craquer. Vous profiterez de votre chambre d'hôtes au cœur d'un manoir familial où le moulin attenant, classé aux Monuments Historiques, peut être réservé pour vos événements privés. Les chambres sont toutes d'une grande élégance. Évidemment, la piscine, le cours de tennis, le parc de 6 ha, sa rivière et son étang enchantent davantage le séjour.

LE VIEUX LOGIS €€

5, rue Amand-Brimbeuf - **VERVINS**
✆ 09 81 13 57 32
www.chambres-hotes-vervins02.com
Gîtes de France. 2 chambres. Chambre simple 59 € ; double 68 € ; triple 87 € ; quadruple 110 €. Sauna. Restauration.

Bienvenue dans cette belle demeure historique du XVIIIe siècle au cœur du centre-ville de Vervins. Sabine et Éric vous accueillent avec le sourire. Vous apprécierez particulièrement la cour fermée fleurie pour vous détendre avant de profiter éventuellement de l'espace bien-être. Les chambres sont simples mais très élégantes, elles sont équipées pour l'une d'une baignoire de balnéothérapie et pour l'autre d'une douche hydromassante pour un moment de bien-être. De jolies prestations pour des chambres d'hôtes aux tarifs accessibles.

NORD

LA FERME DE BONAVIS €€

BANTEUX ✆ 03 27 78 55 08
www.bonavis.fr
4 chambres. Chambre simple 57 € ; double 68 € ; triple 93 €. Petit-déjeuner inclus. Gîte 458 € la semaine.

La ferme de Bonavis domine la vallée de l'Escaut, du haut de ses 124 mètres d'altitude. Les propriétaires vous accueillent ici dans une ambiance conviviale et sauront vous guider si vous souhaitez visiter les environs. Les chambres d'hôtes sont tout confort. Le gîte, avec un plafond voûté de briques rouges, est dans un esprit rustique et traditionnel. Aux alentours, vous pouvez visiter l'abbaye de Vaucelles, l'archéo'site, le musée Matisse, le musée de la Dentelle... Le plus : après une bonne journée de visites, profitez de l'espace spa avec vue sur l'espace vert.

BIENVENUE CHEZ NOUS €€

25, rue du Collège - **BERGUES** ✆ 03 61 38 47 20
www.bienvenuecheznousabergues.com
Chambre simple à partir de 89 € ; double à partir de 99 € ; studio/appartement à partir de 149 €. Petit-déjeuner inclus.

En plus de leur restaurant offrant une cuisine généreuse et de qualité, Jean-Pierre et Valérie proposent à l'étage de leur belle demeure 5 chambres d'hôtes tout confort. À l'intérieur, une literie de qualité, des salles de bain élégantes comportant de jolis articles de toilette, des TV écran plat, et plein d'autres douceurs laissées à votre attention. À noter qu'en plus des chambres, les propriétaires louent également deux maisons pouvant accueillir entre 4 et 8 personnes. Idéalement situées en cœur de ville, ces charmantes chambres d'hôtes portent bien leur nom !

LES CAPUCINS €

14, rue des Capucins - **BERGUES**
✆ 03 28 68 76 64
www.lescapucins.fr
3 chambres. Chambre double 69 €. Petit-déjeuner inclus.

Les Capucins, c'est d'abord une maison possédant un charme incroyable et dont les chambres sont décorées avec goût. La véranda de la maison est un véritable puits de lumière… idéal pour profiter d'un délicieux petit-déjeuner. Elle offre également une vue imprenable sur le superbe jardin de la maison, véritable oasis de verdure en plein cœur de ville. Avant de vous lancer à la découverte de la ville et de sa région, demandez donc conseil à la propriétaire, qui se fera une joie de partager avec vous sa passion pour sa ville. Une très belle adresse en somme.

FARANEL €€

1, chemin de la vieille passerelle - **BERLAIMONT**
✆ 0769024212
https://unenuitauspa.com/
De 145 euros à 195 euros la nuit pour deux personnes selon jour, petit-déjeuner inclus.

Après l'effort viendra le temps du réconfort si vous logez dans le gîte Faranel. Dans cette jolie petite maison, vous trouverez tout le confort nécessaire pour un moment cocooning. Une chambre avec lit à baldaquin décorée de façon glamour, une cuisine semi-équipée, l'espace bien-être exotique avec sauna et bain à bulles et même une barre de pole dance dans la chambre ! C'est une petite pépite pour vivre un week-end pleinement romantique, et Annel, la propriétaire, se fera un plaisir de vous conseiller pour vos activités ou de répondre à toutes vos questions.

VILLA BLANC MARINE €

25, rue Gustave-Meesemaecker - **BOURBOURG**
✆ 03 28 62 50 57
www.villablancmarine.com
Chambre simple à partir de 60 € ; double à partir de 67 € ; triple à partir de 74 €. Petit-déjeuner inclus.

À proximité du centre de Bourbourg, vous trouverez un véritable havre de paix. Régine et Patrick vous accueillent dans une jolie maison de famille bourgeoise bien équipée. Les chambres donnent sur une petite rue du village ou sur le jardin. Chacune d'entre elles possède sa propre salle de bains avec douche et WC. Sur place, profitez de la cuisine ou de la terrasse. Les hôtes savent prendre soin de leurs invités sans pour autant être envahissants. Et pour les gourmands, ne ratez pas le petit déjeuner ou optez pour un repas «Estaminet» servi midi ou soir.

CHAMBRE D'HÔTES AU FIL DES COULEURS €€

52, rue de l'Abbé de l'Epée - **DOUAI**
✆ 06 85 15 19 52
www.lamaisondeyolandeetadrien.fr
3 chambres. Chambre simple à partir de 45 € ; double à partir de 55 €. Petit-déjeuner inclus.

Dans leur jolie maison de ville récemment rénovée, Yollande et Adrien proposent trois chambres décorées avec simplicité et élégance. Une attention particulière est apportée au choix des tissus : Au fil des couleurs n'est pas un nom qui a été donné par hasard ! Les chambres possèdent tout le confort moderne. Avec une jolie terrasse sur laquelle vous pourrez prendre le petit-déjeuner au retour des beaux jours, la maison offre un havre de paix et de quiétude en plein cœur de la ville.

LA COLLINE €€

11, rue de la Colline - **DUNKERQUE**
✆ 07 68 80 58 93 - www.chambres-hotes.fr/chambres-hotes_la-colline_dunkerque_28254.htm
La maison se loue en intégralité. 2 chambres avec lit double. Entre 80 et 130 € la nuit. Réservation de 2 nuits minimum.

Dans cette maison malouine typique du Dunkerquois, vous trouverez un bon compromis entre la ville et la mer, située à seulement 50 m de là. La maison, bien aménagée et équipée, propose deux chambres, une par étage. La décoration est sobre et de bon goût. Une petite terrasse fermée à l'étage vous permettra de prendre vos repas sous les rayons du soleil si le temps le permet. Pour les sportifs, un court de tennis se situe à environ 10 min à pied ; et pour ceux qui souhaitent découvrir la ville et ses environs, les hôtes ne manqueront pas de vous aiguiller !

MAISON WEEK-END €€

12 Passage Fielding - **DUNKERQUE**
✆ 06 58 94 53 03
www.maisonweekend.com
Nuitée : 72 € (charges comprises), 20 € pour une personne supplémentaire. Petit-déjeuner offert.

Les propriétaires mettent à disposition trois beaux appartements d'hôtes, dans une maison malouine située à 50 m de la plage de Malo-les-Bains. La décoration de la Maison Week-End est simple et accueillante, pour que vous pussiez vous y sentir comme chez vous. Chaque appartement est équipé de tout le confort pour un séjour tout en détente et en sérénité. Pour vos sorties, vous retrouvez à proximité le Kursaal, le casino, un bowling, une piscine olympique. Et pour ceux qui préfèrent les visites culturelles, n'hésitez pas à poser quelques questions à votre hôte.

M. ET MME COLLET €€

112, rue de Jemmapes - **LILLE**
✆ 03 20 55 01 06
http://chezlescollet.free.fr
1 chambre (acompte requis). Chambre double 60 €. Petit-déjeuner inclus.

Idéalement située en plein cœur du quartier du Vieux-Lille, la maison de M. et Mme Collet est un point de chute idéal pour qui souhaite visiter la capitale des Flandres. A proximité de la Vieille Bourse et de la maison natale de Charles de Gaulle, une chambre d'hôtes située à l'étage d'une discrète maison offre confort et liberté. Equipé d'un lit double et d'une salle de bains, disposant d'un accès wifi et d'une télévision dans la chambre, ce gîte est une excellente alternative à l'hôtel. Le petit-déjeuner se prend dans la véranda.

LOVELY PASSION €€

25, rue Lénine - **NEUF-MESNIL**
https://unenuitauspa.com
Nuit pour deux personnes avec cocktail de bienvenue et petit-déjeuner inclus entre 130 et 180 euros selon jour.

Le gîte Lovely Passion vous accueille en duo en semaine et le week-end. Très accueillant, ce duplex avec jardin privé et cuisine aménagée vous offre tout le confort nécessaire pour passer une nuit dans un cocon douillet.

Son petit plus ? Un espace bien-être entièrement privatif avec sauna et bain à bulles à trois places, le tout en accès illimité et compris dans le prix ! Compris dans votre séjour, le cocktail de bienvenue et le petit-déjeuner. Toutes les folies sont permises ! Annel, la propriétaire, se fera un plaisir de vous conseiller pour votre séjour.

LE CLOS XAVIANNE €€

20, rue de Marcoing - **RIBÉCOURT-LA-TOUR**
✆ 03 27 37 52 61
www.leclosxavianne.fr

3 chambres. Chambre simple 59 € ; double de 59 € à 79 € ; triple 99 €. Petit-déjeuner inclus.

Cette charmante maison d'hôtes se situe dans une ferme en activité, dans laquelle vous pourrez même découvrir du vieux matériel agricole. Le superbe jardin, classé aux Jardins de France, est né de la passion d'Anne et Xavier et compte de nombreux massifs plantés à l'anglaise. Les deux chambres et la suite sont décorées avec goût et l'on se sent vite chez soi, à proximité de Cambrai. Les invitations aux excursions pour découvrir la campagne alentour sont nombreuses : pourquoi ne pas profiter d'une randonnée équestre depuis le centre d'équitation situé à deux pas ?

CHAMBRE D'HÔTES + INSOLITE €€€

226, rue des Rosiers - **ROSULT** ✆ 09 52 70 96 48
www.chambredhotes-sd.fr

2 chambres. Petit-déjeuner inclus. Chambre onirique : de 85 à 95 € pour 2. Chambre lévitation : de 100 à 110 € pour 2.

Dans une demeure de caractère lovée dans un écrin de verdure, Sylvie Donnez accueille les visiteurs en quête de calme. Deux chambres s'offrent à vous : la chambre Onirique dont le lit lumineux change de couleur selon vos envies et la chambre Lévitation avec son lit suspendu et son matelas massant. Chacune possède une terrasse donnant sur le vaste parc. Idéalement située au cœur du Parc naturel régional, la demeure est le point de départ parfait pour des balades nature.

ABRI DU PASSANT €€

14, rue Vauban - **ROUBAIX** ✆ 03 20 11 07 62
www.abridupassant.fr

Chambre simple 60 € ; chambre double 90 € ; chambre triple 110 €. Petit déjeuner inclus. Taxe de séjour de 0,83 €.

Si vous êtes de passage, faites une halte dans cette maison d'hôtes joliment nommée. Les amateurs d'architecture apprécieront cette maison de maître à l'intérieur élégant et authentique. Pour les gourmands, le petit-déjeuner est à base de fruits et produits frais. Et tout un chacun pourra compter sur les conseils avisés de Nathalie, la propriétaire, pour découvrir au mieux Roubaix et ses trésors. Une belle adresse que l'on vous recommande pour agrémenter votre séjour, proche du métro et de l'EDHEC, dans une rue calme aux maisons de briques typiques du Nord.

LA MAISON BLEUE DE ROUBAIX €€

96, rue du Grand-Chemin - **ROUBAIX**
✆ 03 20 27 70 32
www.lamaisonbleuederoubaix.com

5 chambres doubles : 89-139€/nuit. Suite avec sauna et bureautique connectée : 199€/nuit. 2 studios et 1 appartement.

© LA MAISON BLEUE DE ROUBAIX

Au cœur de Roubaix, la Maison Bleue vous accueille dans ses cinq chambres d'hôtes haut de gamme. Vous pourrez également opter pour un studio, un appartement de deux chambres ou une suite (avec sauna et vue sur le jardin). On apprécie l'approche authentique du client, les produits locaux et bio que l'on retrouve sur la table du petit-déjeuner ainsi que la labellisation « Zéro Déchet » de la maison. Il s'agit même du premier établissement para-hôtelier zéro déchet en France.

GÎTES ET CHAMBRE D'HÔTES MATHYS €

935, route de Calonne - **VIEUX-CONDÉ**
✆ 03 27 40 16 13 - https://www.chambres-hotes.fr/chambres-hotes gites-et-chambres-d-hotes-mathys vieux-conde 30339.htm

Gîtes de France (3 épis). Chambre simple 54 € ; double 62 € ; triple 72 €. Petit déjeuner inclus.

Dans un beau corps de ferme en activité, voilà trois chambres d'hôtes à l'étage de la maison des propriétaires, en plus de quatre gîtes. Les chambres sont sobres, lumineuses, spacieuses, et une salle de bains privée avec douche et toilettes donne assez d'intimité. Cet endroit est idéal pour être au calme, à la campagne. La Belgique est à seulement 2 km de là et vous serez à 15 km de la station thermale de Saint-Amand-les-Eaux. Le beau jardin commun permet des moments de convivialité.

OISE

AU COEUR DE BEAUVAIS €€

3, rue Saint-Paul - **BEAUVAIS**
✆ 03 44 05 75 53
www.aucoeurdebeauvais.fr

3 chambres. Chambre simple 90 € ; double 110 € ; suite 170 €. Petit-déjeuner inclus.

La maison ne paye pas de mine dans une petite rue tranquille, mais cette chambre d'hôtes a beaucoup de charme à l'intérieur avec un décor chaleureux et une ambiance réussie pour chaque chambre. Le jardin à l'arrière permet d'avoir un havre de paix pour vous reposer les jours ensoleillés, ou offre aux enfants un espace pour se défouler et jouer en toute sérénité. Très accueillante et de bon conseil, Marie-Noëlle vous reçoit dans une maison à l'emplacement idéal, à deux pas de maisons historiques et surtout de l'impressionnante cathédrale.

AU NID DE TILLÉ €

2, allée des Erables
BEAUVAIS
✆ 03 60 17 57 61
www.aunidetille.eu

2 chambres. Chambre double de 49 € à 68 €. Petit-déjeuner inclus.

Une bonne option si vous devez prendre l'avion à l'aéroport situé à seulement quelques minutes à pied, pratique ! Les deux chambres disposent d'une télévision avec lecteur DVD, et d'une salle de bains privative pour l'une et d'un accès à une salle de bains commune pour l'autre. La décoration des chambres n'est pas des plus travaillée, mais elles disposent de tout le confort nécessaire pour bien dormir. Vous pouvez aussi compter sur le salon commun avec canapé et cheminée pour pouvoir vous détendre autour d'une boisson chaude.

LA SALAMANDRE €€

10, rue Marcelle-Guedelin - **BEAUVAIS**
✆ 06 14 87 59 53
www.lasalamandre-beauvais.fr

Gîtes de France. Chambre simple de 75 € à 110 € ; double de 95 € à 130 €. Petit-déjeuner inclus.

C'est une maison de charme située aux portes du centre-ville, à dix minutes à pied de la cathédrale Saint-Pierre. Catherine et Stéphane ont restauré cette demeure du XIXe siècle pour y aménager quatre chambres confortables et aux décors différents. Vous serez par exemple séduits par la chambre Vision, avec ses poutres et briques apparentes. Vous pouvez aussi profiter de la quiétude du salon-bibliothèque pour lire ou prendre un café. Le grand jardin orné d'arbres séculaires sera vite l'endroit privilégié pour des temps de repos.

LES BEAUX MONTS €€

69, rue du Bataillon-de-France - **COMPIÈGNE**
✆ 06 10 45 65 06
www.lesbeauxmonts.fr

Chambre double 80 €. Petit-déjeuner inclus. Appartements meublés à partir de 44 € par nuit en formule gîte.

Un gîte ouvert dans une ancienne maison de charpentier, entièrement restaurée, à cinq minutes à pied de la forêt et du château. Les quatre suites peuvent accueillir entre 2 et 4 personnes et sont meublées et décorées avec goût en présentant tout le confort nécessaire. Elles tirent leur nom des monts des massifs forestiers aux alentours : Mont du Tremble, Mont Ganelon, Mont Saint-Mard, et Mont Saint-Pierre. Le linge de lit et de toilette, l'eau, l'électricité et le ménage et le wifi sont compris. Vous pouvez donc vous installer sereinement et profiter.

LES CHAMBRES DES RÊVERIES €€

15, rue du Prince-Radziwill - **ERMENONVILLE**
✆ 03 44 21 52 71
www.lesreveriesdanslatheiere.com
5 chambres. Chambre simple de 88 € à 98 € ; double de 98 € à 118 € ; triple à partir de 118 €. Petit-déjeuner inclus.

Cinq possibilités de logement s'offrent à vous : les chambres verte, rose, mauve, coquelicot et fleur bleue. Vous pourrez également profiter du salon de la maison avec la salle à manger et sa cheminée, de la cuisine équipée pour la préparation de vos repas, de la véranda, de la bibliothèque, et même du petit jardin avec table et chaises pour les beaux jours. Même si ce petit cocon est très dépaysant, vous aurez tout le confort moderne et vous sentirez vite comme à la maison.

CHATEAU DE LAMBERVAL €€

41, Rue de Lamberval - **FRESNOY-EN-THELLE**
✆ 33 3 44 26 17 33
www.lamberval.fr
Gîtes de France.2 chambres. Chambre double 85 € ; suite 115 €. Petit-déjeuner inclus.

Dans un château du début du XIXe siècle entouré d'un parc verdoyant, deux chambres dont une suite sont à disposition avec parquet, beaux tissus et meubles de famille. Situées au premier étage, elles peuvent accueillir une famille puisque l'une d'elles comporte une petite chambre supplémentaire avec deux lits jumeaux. A l'extérieur, vous serez charmé par le parc aux arbres centenaires, idéal pour l'oxygénation et la détente. Vous disposez également d'un coin cuisine pour la préparation de vos repas. Le cadre est superbe et on est content de s'y installer !

LE LOGIS DE GERBEROY €€

4, rue du Logis-du-Roy - **GERBEROY**
✆ 03 44 82 36 80
lelogisdegerberoy.free.fr
5 chambres. Chambre double de 75 € à 90 € ; suite à partir de 135 €. Petit-déjeuner inclus. Restauration

Au cœur du village, cinq chambres vous attendent dans la charmante maison d'Olivier et Cécile Greboval, tous deux photographes. Les chambres sont chaleureuses, avec tout le confort et un mobilier de caractère. L'une d'elles possède une grande terrasse. Vous apprécierez aussi la chambre avec des poutres, un mobilier de caractère, des poteries qui marquent l'identité locale et une belle vue panoramique sur la campagne. On prend le petit-déjeuner dans un agréable salon, face à la cheminée. Il est conseillé de réserver à l'avance.

AU 2 MAISON D'HÔTES €

2, rue Marcel Dassault - **MUIDORGE**
✆ 03 44 15 23 92
www.au2-maisondhotes.com
3 suites : à partir de 160 € la nuit. Petit-déjeuner inclus. Tables d'hôtes. Bain bouillonnant.

William et Sébastien vous accueillent dans leur maison originale. Vous serez interpellé par la façade rouge de la maison principale, puis par le jardin plein de végétaux et d'objets que l'on scrute en détail. Les suites donnent le sentiment de plonger au cœur d'un vieux grimoire et de rejoindre un univers enchanté, ou bien encore de poser les valises au beau milieu d'un décor de théâtre. Tout le confort est là, et on se met à rêver. L'espace spa vous emmène au pied de l'Himalaya, et les hamacs à l'extérieur sont une autre façon de se détendre. Magique !

MOULIN DE ROILAYE €€

13, rue de la Pierrette - **PIERREFONDS**
✆ 03 44 85 96 86
www.moulinderoilaye.com
Gîtes de France. Chambre simple de 95 € à 190 € ; double de 115 € à 190 €. Petit-déjeuner inclus. Table d'hôtes.

Marie et Michel vous proposent trois chambres avec des salons privatifs dans ce moulin dont les premières traces remontent à 1381. Il fut moulin à draps pour assouplir les toiles, moulin à blé en 1676, avant d'être doté au début du XVIIIe siècle de deux tournants pour l'huile et pour le grain, pour finalement arrêter son activité en 1954 et devenir une maison de plaisance. A proximité de ce havre de paix de multiples activités : vélo, golf, cheval, promenade en forêt de Compiègne. C'est un endroit propice à la détente, à quelques minutes du château de Pierrefonds.

CABANES DES GRANDS CHÊNES €€

1, rue Nicolas de Lancy - **RARAY**
✆ 03 44 58 39 08
www.cabanesdesgrandschenes.com
A partir de 165 € la nuit. Panier-repas gastronomique : 35 €.

Une vingtaine de cabanes perchées entre 7 et 13 m dans des chênes centenaires vous attendent, chauffées, équipées d'eau, d'électricité, de salle de bains. Chaque cabane est particulière. Coups de cœur pour la Spa Cocon et la Spa Origin. Vous grimpez dans les arbres par un escalier en colimaçon pour accéder à votre cabane, à 8 m du sol, vous empruntez ensuite un pont suspendu pour rejoindre votre bain nordique perché dans un autre arbre à 6 m de haut. Un séjour vraiment original.

LE CLOS DU BOIS HEDOUIN €€

2, Clos du Bois Hédouin - **REILLY** ✆ 03 44 45 39 08
www.chambres-hotes-oise-reilly.com
Gîtes de France. 2 chambres. Chambre double 90 €. Petit-déjeuner inclus.

Maison de charme dans un village médiéval du Vexin, le lieu met à votre disposition deux chambres d'hôtes pour deux personnes chacune (lit double ou lits jumeaux). Situées à l'étage, dans l'aile arrière de la maison, elles possèdent leur salle de bains privative bien aménagée et bénéficient d'un salon d'hiver avec une superbe vue sur étang, collines, prés et chevaux. Un cadre propice à la détente et à la déconnexion. Le petit-déjeuner se prend dans une agréable salle avec baies vitrées pour profiter toujours plus de la lumière extérieure.

LES CHAMBRES DE L'ABBAYE €€

2, rue Michel-Greuet - **SAINT-GERMER-DE-FLY**
✆ 03 44 81 98 38 - www.chambres-abbaye.com
4 chambres. Chambre simple de 86 € à 100 € ; double de 98 € à 110 € ; triple 135 €. Petit-déjeuner inclus. Restauration.

Au plein cœur du village, on vous accueille dans une demeure de caractère de 1850. Les quatre chambres sont spacieuses, confortables et disposent d'une double exposition sur l'abbaye et les jardins de la maison. Les propriétaires vous proposeront un moment de détente dans le bain à remous qui s'ouvre sur un kiosque. Vous pourrez profiter du jardin et de la terrasse. Jean-François Comte, artiste-peintre, ouvre les portes de son atelier pour vous faire découvrir ses œuvres. Les propriétaires vous conseilleront sur les randonnées et sur les trésors de la région.

LES GLYCINES DE SAINT-SULPICE €€

14, impasse du Chêne-Pulleux - **SAINT-SULPICE**
✆ 03 44 79 01 29
http://lesglycinesdesaintsulpice.com
Gîtes de France. 5 chambres. Chambre double 65 € ; suite 80 €. Petit-déjeuner inclus. Restauration

Un charmant ancien corps de ferme rénové qui dispose de trois chambres doubles et de deux suites. Une pièce commune comprend une partie salon avec canapés, TV, coin lecture et poêle à pellets, et une partie salle à manger pour les petits-déjeuners et les dîners de la table d'hôtes. Vous bénéficiez aussi de quoi chauffer les biberons ou vous préparer une petite collation. Pour profiter des activités autour, les hôtes organisent un service de voiturage.

LA BOHÈME €€

9-11, place Henri IV
SENLIS
✆ 03 44 56 63 99
5 chambres. Chambre double 90 € ; suite 115 €. Petit-déjeuner inclus. Restauration.

Cinq chambre d'hôtes de 25 à 45 m² vous sont proposées à l'étage du restaurant la Bohème. Elles donnent sur la terrasse ou le jardin intérieur et sont agrémentées avec goût, avec un coin salon et une salle de bains privative. La literie est de qualité et vous serez assuré de repartir reposé, après avoir savouré un bon petit-déjeuner continental ! On ne peut que vanter le goût des propriétaires pour la décoration, avec des couleurs soigneusement choisies et harmonisées avec le mobilier et les objets. On se sent de suite à l'aise et c'est appréciable.

LA MOHINETTE €€

6, rue des Cèdres - **THIBIVILLERS**
✆ 03 44 47 93 99
http://lamohinette.monsite.wanadoo.fr
1 chambres. Chambre double 65 €. Petit déjeuner inclus. Wifi.

Dans un village de charme avec son église classée aux monuments historiques, venez découvrir cette petite maison au cachet certain. La propriétaire, belge, vous reçoit en toute convivialité dans l'une de ses deux chambres communiquantes (l'une avec deux lits jumeaux) qui, réunies, peuvent accueillir quatre personnes. Soin apporté au linge de maison, tomettes anciennes, poutres apparentes : chaque recoin vous séduira, jusqu'à la table du petit déjeuner, où les gourmandises de Marie sont une merveille ! Une très belle adresse.

MANOIR DU PLESSIS AU BOIS €€€

4, rue du Château - **VAUCIENNES**
✆ 03 44 88 46 98
www.chambresauchateau.fr
4 chambres. Chambre double 120 €. Petit-déjeuner inclus.

A 3 km de Vauciennes, aux confins de l'Oise et de l'Aisne, vous trouverez la vie de château dans une clairière de la forêt de Retz. Deux chambres ont été aménagées dans ce manoir de la fin du Moyen Age dont le style annonce déjà la Renaissance. Un édifice charmant avec sa tour où pierres et briques sont appareillées en damier. Diane et Paul-Etienne Lehec travaillent aussi à créer dans un enclos de 2 hectares des jardins « dans l'esprit de la Renaissance » qui ne cessent de s'étoffer.

PAS-DE-CALAIS

LES SABLES DE LA FONTAINE €

40, rue Fontaine - **ANNEQUIN**
✆ 03 21 27 44 30
www.les-sables-de-la-fontaine.fr
3 chambres. Chambre simple à partir de 54 € ; chambre double à partir de 64 € ; chambre triple à partir de 74 €.

Ici les « sables » ne font pas référence aux belles plages de la Côte d'Opale mais aux régions fossilifères de France… eh oui, la paléontologie est la thématique de ces chambres d'hôtes pas comme les autres ! Mais pas de panique, si vous n'êtes pas branché pierres, les lieux vous offrent une infinité d'autres possibilités. Les chambres sont aménagées et décorées avec goût et possèdent tout le confort moderne pour faire de votre séjour un vrai moment de détente.

GITE DE LA FERME ROSE €€

312, route de Warcove - **AUDEMBERT**
✆ 06 08 05 39 80
www.gitedelafermerose.fr
En juillet et août, uniquement à la semaine. 600 € la semaine, 250 € le week-end hors vacances scolaires.

Imaginez une vieille ferme nichée au cœur de la campagne et à deux pas de la mer. Dans ce cadre enchanteur, le Gîte de la Ferme Rose est un lieu unique au charme incontesté. La décoration à la fois authentique et moderne séduit. Cette ferme colorée de rose prend des airs de Provence sans complexe au cœur de la Côte d'Opale. À l'intérieur : deux chambres, une cuisine ouverte sur la pièce principale, un salon avec terrasse et poêle à bois, une salle de bains. A l'extérieur : jardin avec barbecue et meubles de jardin, abri pour vélos, matériel de voile et équestre.

CHAMBRE D'HÔTE DU CHÂTEAU €€

1, Rue de Bernet
BOULOGNE-SUR-MER
✆ 07 50 94 04 23
Ouvert toute l'année. 4 chambres : à partir de 130 € la nuit. Piscine intérieure chauffée.

© CHAMBRES D'HÔTES DU CHÂTEAU

La Chambre d'hôte du Château est une jolie bâtisse du XVIIe siècle qui propose des hébergements tout confort. Vous tomberez sous le charme de cette demeure aux 5 chambres élégantes avec du mobilier et une atmosphère d'autrefois. Vous pourrez vous détendre dans la piscine intérieure chauffée. Le petit-déjeuner est pour sa part copieux. Située au cœur de la vieille ville, face au château musée, la position est idéale pour découvrir Boulogne-sur-Mer, la basilique Notre-Dame et Nausicaà.

L'ENCLOS DE L'EVÊCHÉ €€

6, rue de Pressy
BOULOGNE-SUR-MER ✆ 03 91 90 05 90
www.enclosdeleveche.com
5 chambres. Chambre double de 85 € à 130 € ; quadruple 145 €. Petit-déjeuner inclus.

© L'ENCLOS DE L'ÉVÊCHÉ

Passez les murs fortifiés de la vieille ville et faites escale pour la nuit à L'Enclos de l'Evêché. On vous y accueillera avec courtoisie, dans le seul hôtel particulier de Boulogne qui soit ouvert au public. Il niche au pied de la cathédrale depuis le XVIIe siècle. Vous serez charmé par la terrasse enclavée, la hauteur des plafonds ou l'imposant escalier. Dans ce cadre historique élégant, les chambres possèdent tout le confort souhaité et une décoration soignée. À noter qu'un appart'hôtel a aussi ouvert ses portes dans les murs depuis cette année.

LA GACOGNE €€

2, hameau de la Gacogne - **AZINCOURT**
✆ 03 21 04 45 61
www.gacogne.com
Fermé entre le 31 octobre et le 1er avril.4 chambres. Chambre double 70 € ; chambre triple 80 €. Petit déjeuner inclus.

Marie-Josée et Patrick Fenet vous accueillent dans leur propriété du XVIIIe siècle, agrémentée d'un parc et d'un jardin. Le site se trouve à une portée de flèche du célèbre champ de bataille de la guerre de Cent Ans. La petite maison est sise au milieu de la verdure, l'idéal pour se reposer entre deux excursions. Vous dormirez dans l'une des chambres joliment décorées. Vous prendrez votre petit déjeuner avec votre famille d'accueil. Vous apprécierez la douceur de vie du site et les promenades en toute quiétude dans le magnifique parc arboré.

LES BÉTHUNOISES €€

107, rue Édouard Herriot - **BÉTHUNE**
✆ 06 30 89 61 69
www.lesbethunoises.com
Check-in : 17h-21h. Check-out : 10h. 5 chambres. Chambre double de 79 € à 99 €. Petit déjeuner inclus. Wifi gratuit.

Ici, chaque chambre possède une atmosphère bien à elle, toujours dans un esprit moderne et luxueux. Pour parfaire la détente, profitez des bains bouillonnants privatifs, baignoires de balnéothérapie ou encore les douches-hammams. L'accueil est extra et le service aux petits soins, d'ailleurs vous pouvez personnaliser à la carte votre séjour romantique : pétales de roses, champagne, macarons... Le plus difficile sera de repartir ! Les Béthunoises, ce sont aussi des studios 4-étoiles et un gîte 5-étoiles, idéals pour des vacances entre amis ou en famille.

NUIT D'AILLEURS €€

54, rue Berthois - **CALAIS** ✆ 03 21 97 65 20
www.nuitdailleurs.com
3 suites. Tarifs semaine : de 60 € à 89 €. Tarif week-end : 109 €. Petit-déjeuner inclus. Soins : entre 40 € et 60 €.

Une chambre d'hôtes à thèmes avec suites Pékin, Agadir ou Bombay : à vous de choisir l'ambiance que vous souhaiterez rejoindre le temps d'une nuit, d'un week-end ou d'un plus long séjour. A 1 km de la Manche, vous vous immergerez dans des ambiances chaudes et exotiques ! Chaque suite est très spacieuse (45 m²), des repas thématiques sont organisés et des massages sont possibles sur réservation et en supplément (se renseigner). Idéal pour passer une nuit en amoureux. Et pour 2019, en nouveauté à partir de cet été, la mise à disposition d'un bain bouillonnant !

CHÂTEAU DE COUIN €€€

11, rue Principale - **COUIN** ✆ 03 21 58 98 67
www.chateaudecouin.com
Clévacances (4 clés). 3 chambres. Chambre double à partir de 125 € ; suite à partir de 145 €. Petit déjeuner : 13 €.

Cette authentique demeure restaurée du XVIIIe siècle conserve son charme de jadis avec ses appartements décorés dans un style XIXe siècle. Que vous choisissiez l'étage noble (au 1er avec vue sur le parc) de la Chambre noire (nommée ainsi pour ses boiseries, portes et fenêtres entièrement noires !), ou que vous préfériez la conception caractéristique de l'Entresol, vous profiterez du confort authentique d'une vaste chambre au plafond haut, aux boiseries d'époque et aux tentures rééditées par une maison parisienne d'après des catalogues d'époque Napoléon III.

LA GRAND'MAISON €€

Hameau de la Haute-Escalles - **ESCALLES**
✆ 03 21 85 27 75
www.lagrandmaison-capblancnez.com
5 chambres. Chambre simple 60 € ; double 70 €. Petit-déjeuner inclus.

Jacqueline et Marc Boutroy vous accueillent dans le calme et bucolique cadre d'un charmant corps de ferme, avec pigeonnier central, datant du XVIIe siècle et situé au Cap Blanc Nez. Cet établissement à la déco romantique de style anglo-saxon vous propose deux gîtes (dix personnes), deux gîtes (quatre à cinq personnes), ainsi que trois petits studios. Aménagées dans les dépendances, quatre chambres d'hôtes (dont trois avec lit supplémentaire pour enfant), avec salle de bains privée, viennent compléter cette adresse de charme.

MANOIR DE LOUBARRE €

550, rue des Montifaux - **GAUCHIN-VERLOINGT**
✆ 03 21 03 05 05
www.loubarre.com
5 chambres. Chambre double de 64 € à 70 €. Petit-déjeuner inclus. Gîte (1-3 chambres) de 350 € à 450 € la semaine.

Le Manoir de Loubarre est un lieu d'exception idéal pour découvrir la région en profondeur. Dans cette authentique maison de famille entourée d'un parc où il est agréable de flâner, les chambres disposent toutes d'une salle de bains privée. Elles ont chacune leur décoration dans une ambiance marine, bambou, romantique... Télévision sur demande et kitchenette à disposition. Une salle à manger de réception et une petite salle, avec cheminée monumentale, vous permettront de profiter pleinement de l'ambiance XIXe siècle des lieux.

DEMEURE D'HÔTES HAEC OTIA €€€

Avenue Louis-Aboudaram - **LE TOUQUET-PARIS-PLAGE**
✆ 06 85 61 98 71 - www.demeure-hote-haecotia.fr
7 chambres (dont cinq suites). Chambre double 200 € ; suite 230 €. Petit-déjeuner inclus. Table d'hôtes sur réservation.

Cette belle touquettoise de 1926, située à 10 min de la plage, dispose d'une entrée conçue comme un jardin à la française. Les propriétaires y ont aménagé cinq suites et deux chambres lumineuses et modernes. Du salon cosy, vous pourrez admirer le parc. Pour parfaire votre séjour, une piscine chauffée et un hammam sont à votre disposition. La maison propose aussi trois appartements. La chef Laurie vous propose sa table d'hôtes pour vos dîners, et les petits-déjeuners sont faits maison.

AU GÎTE DU TREUIL €

24, rue du Treuil - **MONCHY-AU-BOIS**
✆ 03 21 07 19 95
www.augitedutreuil.fr
De 280 € à 300 € la semaine selon saison. Forfait week-end 145€.

Vous logerez dans l'ancien grenier à paille d'une ferme toujours en activité qui peut recevoir jusqu'à 5 personnes (deux lits doubles et un lit d'appoint). Réaménagé et décoré sobrement, il vous permet de vous immerger dans la vie de la ferme si le cœur vous en dit, mais possède également sa propre entrée privative. Francine et Jean-Claude Lefranc y pratiquent l'élevage de vaches et la transformation de produits laitiers : à vous les délicieux fromages frais nature ou aux fruits, les mousses au chocolat et les fameuses tartes au libouli.

LE GRAND BAIN €€

Chemin du Marais - **LA MADELAINE-SOUS-MONTREUIL** ✆ 06 18 13 02 74
www.legrandbain.eu
Quatre hébergements insolites à partir de 80 € la nuit selon l'hébergement choisi et la durée du séjour.

© JEAN-PHILIPPE MARTIN

Le Grand Bain vous offre des nuits inoubliables. Quatre hébergements insolites y sont proposés. La Cabane des Marais, élégante et raffinée, la Petite Verrière, une cabane enfouie sous la végétation des marais, la Roulotte, située dans le jardin, et la Troglodyte, une chambre «caverne» au bord du canal et au milieu de la végétation. Toutes sont équipées de la même façon et vous pouvez accéder à la cuisine commune où vous trouverez tout le nécessaire pour vos repas. L'été, vous profitez de la ginguette avec ses tapas et ses boissons. Un moment ici est parfait !

LES MINI LOFTS DE PAUL ET VIRGINIE €€€

19, rue du Général-de-Gaulle - **WIMEREUX**
✆ 09 67 08 40 62
www.paul-virginie-wimereux.fr
De 750 € à 890 € la semaine. Tarifs loft 2 à 4 pers : 115 à 120 € la nuitée : loft 4 à 6 pers : 150 à 160 €.

© ADELINE HUYGHE

Paul et Virginie proposent six mini-lofts aménagés et équipés, à la décoration design et idéalement situés à seulement 200 mètres de la plage comme des rues commerçantes. Chaque fin de semaine hors saison et tous les jours d'été, les Wimeureusiens et les estivants se retrouvent pour se délasser autour d'un verre et d'un plateau d'huîtres au bar ou sur la jolie terrasse. Afin de faire plaisir à ses clients, le bar de Paul et Virginie accueille de temps à autre des musiciens.

GITE DE MICHEL CAILLIAU €€€

64, chemin Cordier - **SAINT-OMER** ✆ 03 21 98 51 13
Gîtes de France (2 épis). Pour 4 personnes (63 m², 2 chambres). De 260 € à 340 € la semaine selon saison.

Voyagez au cœur du marais audomarois en prenant quelques jours de repos dans cette propriété modeste mais confortable, mitoyenne à la maison des propriétaires, anciens maraîchers, qui sauront vous accueillir avec chaleur et convivialité, tout en respectant votre intimité. Ici quiétude garantie ! A l'intérieur, un confort simple et pratique. Ici pas de chichis, parce qu'on vient d'abord pour profiter du cadre exceptionnel qui sert d'écrin à la maison. Deux barques sont à disposition pour des balades ou pour partir à la pêche.

FERME DE LA SOURCE €€€

221, rue de la Motte-du-Bourg - **TARDINGHEN**
✆ 03 21 30 20 81
www.gitesdelasource.com
De 550 € à 995 € la semaine selon saison. Wifi gratuit. Lave-vaisselle.

Au bord de la route, on perçoit du coin de l'œil l'enseigne indiquant l'hébergement. Dans ce corps de ferme repensé, trois gîtes au charme incontestable peuvent accueillir jusqu'à 13 personnes : le pigeonnier, le petit manoir, le cottage. Tous proposent des chambres, un coin salon avec télé et DVD, une cuisine équipée (réfrigérateur, four, micro-ondes, lave-vaisselle), une salle de bains avec WC séparés, une terrasse, des places de parking et des produits d'accueil (nettoyage, café, épices). Ravissant et cosy, l'intérieur des maisonnettes a été décoré avec style.

ALEX FACTORY €€

512, rue du Vérin - **WIERRE-EFFROY**
✆ 06 75 71 61 91
www.alexfactory.com
5 chambres. Chambre double de 89 € à 159 €. Soirée étape pour les professionnels : 89 €. Petit-déjeuner inclus. Repas.

Le charme de la campagne à quelques kilomètres de la Côte d'Opale. Depuis plus de dix ans, Alex Factory propose cinq chambres d'hôtes. Toutes les chambres sont belles, lumineuses et extrêmement confortables mais, surtout, elles sont au cœur d'un écrin de nature. Pour compléter ce séjour détente, la maison propose des soins énergétiques et des massages sur demande et offre un accès au sauna tous les jours. Les propriétaires proposent également une table d'hôtes avec deux formules : le souper du berger et le souper du pêcheur.

LE COLOMBIER €€

212, Le Colombier - **WISSANT** ✆ 06 73 38 33 11
www.lecolombier-wissant.com
Chambre double de 107 € à 187 € ; familiale : 182 € à 230 €. Petit-déjeuner inclus. Restauration (plateau repas).

Bienvenue dans une demeure de charme, à deux kilomètres du centre du village et de la plage. On tombe sous le charme de cette splendide bâtisse et de son grand jardin. Coup de foudre, aussi, pour les quatre chambres. Toute la décoration est faite avec raffinement. Toutes offrent une vue sur le jardin. Chaque matin, un petit-déjeuner gourmand est proposé et confectionné à l'aide de produits frais et faits maison et pour les gourmands il y a la version XXL. Pour les petits matins d'hiver, la cheminée crépite dans la salle accueillante. Une adresse incontournable !

SOMME

AU JARDIN DES DEUX PONTS €€

12, rue Jean-Jaurès - **ABBEVILLE** ✆ 06 19 66 87 71
www.au-jardin-des-deux-ponts.com
Clévacances. Chambre double de 70 € à 93 €. Petit-déjeuner : 9 €.

Gîte confortable, situé dans un cadre exceptionnel et comprenant aussi des chambres d'hôtes et un jardin clos à l'anglaise ouvert à la visite (4 €) et qui abrite 500 espèces vivaces, un pigeonnier, une ancienne écurie, de superbes fleurs et un plan d'eau. Sobrement décoré, il offre des appartements d'hôtes spacieux : coin salon, une chambre avec parfois une cheminée et du parquet, une salle d'eau et un espace cuisine avec tout ce qu'il faut pour se faire de bons petits repas. Un lieu paisible et une belle bâtisse qui offre un voyage vers les charmes d'antan.

LES MYRRHOPHORES €

17, rue des Poulies - **ABBEVILLE** ✆ 06 07 38 45 18
www.m-1712.fr
Chambre double de 90 € à 130 € selon la saison. Suite : de 140 € à 190 € selon la saison. Tables d'hôtes. Spa.

La superbe bâtisse de briques rouges qui abrite les chambres et suites des Myrrhophores a une histoire qui remonte à plusieurs siècles en arrière. Vous serez subjugué par la beauté du lieu. Les chambres et suites mêlent l'ancien à des touches plus modernes et elles sont si belles et confortables que vous vous sentirez vite à votre aise. L'espace bien-être vous offre le choix entre un grand spa à bulles et un sauna. Le petit-déjeuner est copieux et la table d'hôtes met en avant des produit bio et issus des producteurs locaux. Un lieu distingué comme on les aime.

ESCALH'EVENTS €€

28, Rue principale - **HOMBLEUX**
✆ 06 63 65 71 26
www.escalhevents.com
Chambre double : 70 €. Yourte : 85 €. Petit-déjeuner inclus. Piscine couverte. Animaux.

© ESCALH'EVENTS

Bienvenue dans une charmante demeure de briques rouges, où l'accueil est des plus souriant. Vous y trouvez trois chambres très confortables, où vous prendrez plaisir à vous retrouver pour vos instants de repos. À moins que vous ayez envie d'insolite, dans ce cas deux yourtes mongoles accueillent quatre personnes. Grand plus : Escalh'events dispose d'une piscine couverte et chauffée, et en réservant sur le site Internet, l'accès privatisé d'une heure est inclus ! Sans oublier la présence de gentils animaux qui apprécient la compagnie des visiteurs...

LA PARENTHÈSE ENVOUTÉE €€

54, rue Jules Barni - **AMIENS** ✆ 06 43 10 56 74
www.laparentheseenvoutee.com
Arrivées à partir de 17h. 4 chambres avec spa. À partir de 169 €. Formules sur-mesure.

Situé dans les caves voûtées d'un monument historique de la ville, cet établissement intimiste convainc déjà par son cadre. Les chambres disposent d'un bain à remous privatif. Elles offrent chacune une ambiance différente : glamour, savane, décoration industrielle ou type «cottage». Il est également possible de profiter de formules sur mesure avec par exemple des plateaux-repas, une bouteille de champagne, des pétales de roses disposés sur le lit, un dîner aux chandelles, bref tout ce qu'il faut pour passer un moment hors du temps avec sa moitié.

LE QUATRE-VINGT QUATORZE €

94, rue Gabriel de Mortillet
AMIENS
✆ 06 16 89 19 87
www.lequatorze.fr
3 chambres. Chambre double 50 € ; triple 70 €.

Ce meublé en plein cœur du centre-ville est une solution économique et conviviale pour découvrir Amiens. Trois chambres vous attendent avec tout le confort nécessaire. La tenante des lieux, Laure, vous accueillera comme des amis et vous vous sentirez vite comme chez vous. Elle peut même vous réserver une table dans un restaurant du coin. Il n'y a plus qu'à vous laisser porter et découvrir les attraits de la ville ! Au rez-de-chaussée, vous trouverez une cuisine partagée pour le petit-déjeuner ou préparer vos repas de la journée.

DOMAINE DU LIEU DIEU €€

5, domaine du Lieu-Dieu - **BEAUCHAMPS**
✆ 03 22 30 92 23
www.lieudieu.com
Gîte. Roulotte. Cabane sur l'eau. Maison diverses. Yourte. Voir site internet pour les tarifs.

Ce site féerique dispose de gîtes, de coquettes roulottes, d'une yourte, de l'hébergement insolite « En goutte d'ô » (avec un hamac en mezzanine), de deux petites maisons qui flottent sur l'eau, et de maisons tout confort, une à l'esprit campagne et l'autre idéale pour observer les oiseaux. Pour les passionnés ou les curieux, il est possible d'opter pour un séjour équestre. La ferme attenante regroupe 80 chevaux et poneys. Il est également possible de profiter d'une petite plage aménagée où des activités nautiques diverses vous attendent. Un vrai coin de paradis.

L'AMARTINIERRE €

1, rue de Mailly - **COURCELLES-AU-BOIS**
✆ 03 22 74 02 86
www.lamartinierre.com
3 chambres. De 40 € à 80 € la nuit. Petit-déjeuner inclus.

Dans une ancienne fermette du XIXe siècle entièrement restaurée, vous êtes accueilli par ces trois chambres d'hôtes coquettes et joliment décorées, aux accents frais et fleuris. Le choix du mobilier, du linge de lit et des objets de déco vous plonge au cœur d'une ambiance réconfortante. Une chambre possède deux lits jumeaux, tandis que la chambre familiale est dotée de deux lits doubles plus un lit supplémentaire pouvant accueillir une cinquième personne. Une cuisine commune est aménagée au rez-de-chaussée. Une belle adresse.

LES AIRES EN SCÈNES €€

6, rue de l'Abreuvoir - **EPAGNE-EPAGNETTE**
✆ 06 45 93 98 22
www.lesairesenscenes.fr
2 hébergements indépendants (loft et maisonnette), 2 hébergements insolites (bulle et suite). À partir de 195 € la nuit.

Florence propose la Maisonnette et l'Atelier, deux hébergements avec terrasse et feu de bois, mais aussi deux suites insolites : la Bulle et la Cavalière, pour un dépaysement certain. Le tout prend place sur 6 hectares de prairies naturelles, avec la possibilité de se détendre au bord d'un étang privé. Ici, on flâne, on rêve, des vélos électriques sont mis à disposition et on peut aussi rejoindre le spa intérieur ou se faire masser. Possibilité de se voir préparer un panier petit-déjeuner ou repas pour partir à l'aventure dans une région fascinante.

LE DOMAINE DU VAL €€

Chemin du Val
GRAND-LAVIERS
✆ 33 3 22 20 02 69
www.le-domaine-du-val.com
De 434 € à 1 337 € la semaine selon saison.

Si vous cherchez un hébergement insolite et résolument confortable, arrêtez-vous ! Sur un site de 3 hectares de verdure, profitez de vos vacances dans des locations réalisées à partir de matériaux naturels. Tout votre séjour se déroulera sous le signe de l'écoresponsabilité : tri des déchets, produits ménagers respectueux de l'environnement, etc. Le domaine met en outre à la disposition de la clientèle : une piscine couverte chauffée, un food-truck, un espace fitness, des jeux de plein air pour les enfants, un espace avec des animaux, mais aussi un potager.

L'AMOLIMENT €€

10, rue de la Croix - **LE CROTOY**
✆ 03 22 27 85 41
www.lamoliment.fr
Gîtes de France. 3 chambres. Chambre double 75 €. Petit-déjeuner inclus.

En plus d'être une solution d'hébergement à tarif raisonnable, l'Amoliment présente l'avantage d'appartenir à deux Crotellois d'origine, Michel et Martine, qui se feront un plaisir de vous parler des us et coutumes de la baie de Somme. L'accueil est chaleureux et la maison comprend trois chambres, certes un peu étroites, mais très bien entretenues, confortables et avec des entrées indépendantes. La terrasse, qui dispose de transats et d'un salon de jardin, est un coin paisible pour profiter d'un petit-déjeuner copieux ou simplement du soleil lors des beaux jours.

VILLA LES MOUETTES BLESSEES €€

2, quai Léonard
LE CROTOY
✆ 06 22 97 54 61
4 chambres. Chambre double de 72 € à 82 €.

Au Crotoy, la villa Les Mouettes Blessées a accueilli le grand artiste-peintre Toulouse-Lautrec en 1899, où il s'installa pour quatre semaines. Cette prestigieuse anecdote fait d'un passage dans cette maison un moment unique. Aujourd'hui, la villa accueille les visiteurs et propose quatre chambres soigneusement décorées et bien équipées. En plus, vous profiterez d'une vue sur la mer, de quoi mettre de bonne humeur et donner l'envie de longues balades.

LA PORTE DE BRETAGNE €€

50, rue Saint-Sauveur
PÉRONNE
✆ 06 14 45 94 12
www.laportedebretagne.fr
2 chambres. Chambre double de 95 € à 115 €. Petit-déjeuner inclus.

Un établissement qui ne manque certainement pas de charme avec une belle façade à colombages. La décoration est très élégante : des couleurs douces, qui vont du vermeil au gris perle, et des meubles anciens, qui donnent aux deux chambres des allures du siècle dernier, avec une touche de raffinement. La literie est très confortable et vous pourrez bénéficier d'une salle de bains privative. Une des chambres possède même une baignoire spa. Si la télévision à écran plat ne vous tente pas, vous pourrez toujours jouer au billard, dans la salle commune.

BUTTERWORTH FARM €€€

Route de Bazentin - **POZIÈRES** ✆ 03 22 76 07 12
www.butterworth-cottage.com
Gîtes de France. Une personne 65 € ; deux 80 € ; familiale 110 à 140 € ; suite 140 à 160 €. Petit-déjeuner inclus.

Baptisé du nom du compositeur britannique George Butterworth, l'endroit a tout pour séduire, à commencer par les propriétaires des lieux, John et Chantal Mac Coll, qui content leurs récits d'histoire, et plus particulièrement ceux de la Grande Guerre qui en quelques mots vous plongent dans l'émotion des combats de l'époque. Et puis il y a les chambres aux noms évocateurs : « La vie en rose », « Out of Africa »... Issues d'une transformation de l'une des granges de la ferme familiale, décorées avec goût, elles permettent un repos profond et réparateur.

LE CHÂTEAU DES LUMIÈRES €€

29, rue du Moulin - **SAINT-BLIMONT**
✆ 06 20 57 79 83
www.lechateaudeslumieres.com
De 107 € à 119 € la nuit pour 2. Tarifs dégressifs à partir de 4 nuits. Restauration. Sauna.

© LE CHÂTEAU DES LUMIÈRES

Un hébergement insolite, avec kotas finlandais et bains à remous, à moins de 10 km de Saint-Valery-sur-Somme et 18 km de Mers-les-Bains. Vous dormez en chambre d'hôtes au château ou dans l'un des hébergements insolites du domaine : ancien pigeonnier, petite bergerie, grande bergerie et un incroyable bus scolaire jaune réhabilité en logement. Les deux bergeries peuvent s'assembler en un gîte pour 8 personnes. Vous êtes dans un parc de 11 ha. Un kota-grill et un kota-sauna complètent l'offre. Très dépaysant, convivial et ressourçant. Idéal en famille ou entre amis.

DOMAINE DE DIANE €€€

2, avenue des Pins - **QUEND**
✆ 03 22 27 76 08
www.domainedediane.com
Ouvert du 15 mars au 15 novembre. Espace villa ouvert toute l'année.

Les chalets et les résidences mobiles de deux à trois chambres proposés à la location sont spacieux et bien entretenus. Chaque emplacement est doté d'un barbecue, d'un salon de jardin et d'une terrasse. Depuis 2019, un hôtel a ouvert avec différentes ambiances : un loft, mais aussi une suite safari ou une suite seventies avec des motifs psychédéliques ! Dans le centre du Domaine, vous pourrez bénéficier de tout un lot de services de qualité. Nouveauté 2020 : deux nouveaux cottages pour 6 personnes flambant neufs avec deux salles de bains !

CHÂTEAU DU ROMEREL €€€

15, quai du Romerel - **SAINT-VALÉRY-SUR-SOMME**
✆ 03 22 26 54 10
http://chateauduromerel.com
Chambre classique luxe et suites à partir de 170 € la nuit.

Une chambre d'hôtes au charme et au cachet exceptionnels. L'élégant bâtiment est entouré d'un grand parc et possède une piscine couverte. De quoi passer un séjour romantique et apaisant. La décoration est luxueuse et raffinée, mélangeant des meubles aux inspirations classiques et des éléments plus contemporains. Ici, on vous promet « un style de vie à la française d'une classique élégance », et on tient parole ! L'emplacement est agréable, vous êtes proche des quais et de la cité médiévale mais le grand parc vous permet d'être au calme dans un écrin de verdure.

LE RELAIS DE DRUGY €€

64, rue du Général-de-Gaulle - **SAINT-RIQUIER**
✆ 06 11 34 27 16
www.lerelaisdedrugy.fr
3 chambres. Chambre simple 50 € ; double 60 € ; triple 70 € ; suite 60 €. Petit-déjeuner inclus. Gîte : 70 € / nuit.

Un magnifique jardin, une belle piscine chauffée, un parking privé, un hébergement en chambre d'hôtes ou en gîte, des propriétaires accueillants et de bon conseil... Le Relais de Drugy n'a pas beaucoup de défauts ! Les chambres d'hôtes sont d'une propreté irréprochable, leur décoration est sobre et rappelle la maison, et quant au gîte, il dispose d'un coin salon avec canapé-lit et équipements hifi, d'un coin cuisine avec tout ce qu'il faut pour faire sa popote, et d'une belle chambre avec salle de bains. En prime, les tarifs sont très raisonnables !

SUIVEZ LE LAPIN BLANC €€

49, rue de la Ferté
SAINT-VALÉRY-SUR-SOMME
✆ 06 12 63 08 20
www.suivezlelapinblanc.com
4 chambres. Chambre simple de 99 € à 115 € ; double de 109 € à 115 €. Petit-déjeuner inclus.

Christine et Hervé sont des passionnés du Septième Art. C'est pour cette raison que leurs quatre chambres de charme vous font, chacune à leur manière, replonger dans des films célèbres. Parmi les œuvres revisitées, vous aurez le choix entre *Mary Poppins*, *Retour vers le Futur* et son décor ultra coloré qui rappelle les années 1980, *Lawrence d'Arabie* et sa décoration aux inspirations coloniales, et enfin *Mémoires d'une geisha* (suite Sayuri) et son atmosphère zen. Une façon de faire deux voyages à la fois, à Saint-Valery et dans le monde du cinéma.

LE 21 €€

21, quai Perrée - **SAINT-VALÉRY-SUR-SOMME**
✆ 06 75 87 54 33
www.le21.org
3 chambres. Chambre double de 95 € à 115 €. Petit-déjeuner inclus.

Cette maison très élégante abrite des chambres parquetées, somptueuses, et aménagées avec du mobilier haut de gamme. Restaurée avec passion par vos hôtes, cette ancienne maison d'armateur est idéalement située face à la baie de Somme. Vous pouvez rejoindre en quelques minutes à pied le port de Saint-Valery ou le quai Blavet et ses boutiques. N'hésitez pas à prolonger votre marche vers le quartier médiéval de Saint-Valery pour vous y perdre lors de charmantes balades... Les petits-déjeuners aux saveurs bio peuvent être dégustés dans le jardin ou près du feu de bois.

VILLA VARENTIA €

24, route d'Amiens
VILLERS-BRETONNEUX
✆ 07 49 20 78 18
www.villa-varentia.fr
Ouvert toute l'année. 4 chambres et 1 suite : à partie de 155 € la nuit. Piscine et spa. Jardin.

La Villa Varentia vous accueille toute l'année dans une très belle demeure bourgeoise des années 1900 rénovée. C'est ici, en toute discrétion, que vous poserez vos valises dans la suite ou dans l'une des quatre chambres à la décoration contemporaine, design et sobre. Pour la détente, vous profiterez de l'espace avec piscine et du jacuzzi, ou bien du très joli salon avec cheminée. Le bonheur se poursuit dans le grand parc arboré, qui offre des balades bucoliques et des moments d'observation des nombreuses variétés d'arbres fruitiers et du potager.

ILE-DE-FRANCE

ESSONNE

LA MAISON DES BOIS €€

10, chemin de la Butte-au-Diable - **BIÈVRES**
✆ 06 74 50 55 63
www.maisondesbois.fr

Chambre double de 80 € à 90 € ; chambre triple à partir de 130 €. Petit déjeuner inclus.

La maison des bois se situe sur une petite butte, en plein cœur d'un paysage verdoyant. Ici, vous disposez d'un superbe appartement avec entrée séparée, dans un ensemble contemporain aux couleurs claires, à la décoration bien pensée, offrant une vue sur les arbres via de nombreuses ouvertures. Pour 2 à 4 personnes, ce lieu vous invite à la détente en plein air avec la possibilité de petit déjeuner en extérieur. Il est servi dans votre séjour accompagné de pain, brioche, confiture, miel et jus d'orange. Voiture quasiment obligatoire pour s'y rendre.

LA RAIMBAUDIÈRE €€

49, Grande-Rue de Milly - **GUIGNEVILLE-SUR-ESSONNE** ✆ 01 69 90 28 44
www.la-raimbaudiere.com

Chambre double à partir de 70 €. Petit déjeuner inclus. Tarifs dégressifs en fonction du nombre de nuitées.

Avec ses quatre chambres spacieuses et lumineuses, au cœur d'une maison moderne, La Raimbaudière vous accueille pour un séjour calme et convivial. Chaque chambre dispose d'une décoration originale. Elles sont confortables, équipées de salles d'eau avec douches et sanitaires indépendants. Pour le petit déjeuner, la propriétaire des lieux, très accueillante, vous propose des produits frais et de qualité. Les confitures sont ainsi préparées avec les fruits du jardin et le pain est, quant à lui, réalisé avec la farine des moulins Fouché de La Ferté-Alais.

LA FERME D'ARMENON €€

LES MOLIÈRES
✆ 01 64 91 00 45
www.lafermedarmenon.com

5 chambres (30 € supplémentaire par personne et par nuit). Chambre double 110 €. Lit parapluie : 5 €.

La ferme d'Armenon est une vaste bâtisse du XVIIIe, en longueur, agrémentée de volets vert d'eau achevant de lui conférer un côté chic. Ici, 5 chambres sont mises à votre disposition par Mélodie et Abel. La décoration y est soignée, et le bon goût n'a pas été remisé lors de la création de celles-ci : l'une est nichée dans une partie de la ferme avec poutres apparentes, un peu comme un nid d'aigle, une autre est décorée façon Art déco. Comme on est à la ferme, on profite bien sûr des produits frais qui y sont produits et du grand air grâce au parc.

BED AND BEIGE €€

29, rue Montvinet - **LINAS**
✆ 06 60 71 12 92
www.chambrehotes.fr

Chambre double à partir de 110 €. Petit déjeuner inclus. Lit supplémentaire : 20 €.

Dans une maison centenaire très au calme, vous aurez le choix entre trois chambres décorées de nobles matériaux, l'une avec véranda privative, l'autre avec antichambre, douche aux galets incrustés et pierre et poutres apparentes, tandis que la dernière évoque un esprit zen et raffiné. Beaucoup de goût et de douceur vous attendent dans ce lieu où se marient à merveille ancien et moderne. L'une des chambres possède une grande terrasse qui domine le jardin pour s'y reposer avec la vue sur l'église de Linas et la tour de Montlhéry.

LA VIE PREND
UN SENS
RADIO
NOTRE
DAME
FM100.7 - RADIONOTREDAME.COM
FM 100.7 - RADIONOTREDAME.COM
www.egea.fr - crédit photo : gettyimages

HAUTS-DE-SEINE

LE CLOS DES PRINCES €€€

60, avenue Jean-Jaurès - **CHÂTENAY-MALABRY**
✆ 01 46 61 94 49 - www.leclosdesprinces.com
Chambre simple à partir de 102 € ; chambre double à partir de 112 € ; suite à partir de 148 €. Petit déjeuner inclus.

Cette maison d'hôte, tenue par Christine et Éric Duprez, est une belle demeure bourgeoise qui fut la propriété de l'écrivain et poète Sully Prudhomme, prix Nobel de littérature en 1901. Les lieux possèdent un charme et une atmosphère romantique qui en font une étape très appréciable. L'une des chambres est communicante, permettant ainsi de créer une suite familiale. La maison est décorée de meubles élégants et la décoration ainsi que les moindres objets sont autant de touches de raffinement. Le jardin avec ses arbres centenaires est un lieu de détente agréable.

DEMEURE DES TILLEULS €€€

12, avenue des Tilleuls - **CHÂTENAY-MALABRY**
✆ 01 40 83 84 00
www.lademeuredestilleuls.com
Ouvert toute l'année. Chambre double à partir de 125 €. Petit déjeuner inclus.

La Demeure des Tilleuls se veut « une parenthèse de charme et de quiétude au cœur de la métropole ». Mélange d'architecture coloniale et hispanique, ce site est composé de nombreuses chambres donnant sur un patio, ainsi que des suites aux atmosphères dépaysantes. Les appartements vous offriront le charme et le romantisme d'une maison où le bois et la pierre, matériaux nobles par excellence, sont largement présents. Lors des beaux jours, un parc absolument magnifique peuplé d'arbres centenaires vous permettra de vous relaxer sans modération. À recommander !

LA CLEPSYDRE €€

81 bis, rue Maurice-Philippot
FONTENAY-AUX-ROSES ✆ 01 46 60 69 13
www.laclepsydre-paris.com
Chambre simple de 95 € à 105 € ; double de 120 € à 135 € ; triple à partir de 150 €. Petit déjeuner inclus.

La Clepsydre est une magnifique demeure transformée en maison d'hôte, où vous profiterez du calme et de la verdure. Les six chambres sont soigneusement décorées et possèdent toutes une élégance particulière. Avec son jardin fleuri et arboré, impossible de ne pas se laisser aller à la détente et au repos, d'autant plus si vous profitez du sauna à disposition ! Le petit déjeuner est composé de produits frais, confitures maison, miel, viennoiseries, différents pains, fruits et jus d'orange frais. L'accueil est parfait, chaleureux, mais pas envahissant.

PÉNICHE OVIRI €€€

309, quai de Stalingrad - **ISSY-LES-MOULINEAUX**
✆ 01 46 44 88 50
http://boatforguest.net
Pour deux à trois personnes, nuit à partir de 230€

Proche du parc de l'Île Saint-Germain, cette péniche belge de 1927 propose deux appartements distincts à la location.

Décorés dans un style moderne, les logements disposent d'une pompe à chaleur, d'une télévision à écran plat, d'un lecteur CD et d'un lecteur DVD avec une sélection de DVD. Des vélos et un canoë-kayak sont disponibles gratuitement. Leur cuisine est équipée d'une cuisinière et d'un réfrigérateur. Une terrasse vous permet d'admirer tranquillement la Seine en mangeant aux beaux jours. Elle est agrémentée d'un barbecue et de hamacs.

PARIS

LE 66 €€€

66, rue Lhomond - **5e arrondissement - Mº Censier-Daubenton**
✆ 06 80 66 23 61
www.maisonle66.com
4 chambres. Chambre double de 160 € à 200 €. Wifi gratuit.

Plus qu'une chambre d'hôte, le 66 n'est pas non plus un hôtel : ce joli mix entre les deux se situe dans une magnifique maison, au cœur du 5e arrondissement. Son joli jardin, qui apparaît comme une oasis de fraîcheur. L'endroit est furieusement calme. Les 4 chambres sont autant de splendides propositions : uniques, avec de nombreux meubles chinés, un goût affirmé, une vaste surface chaleureuse, rien ne manque, ni même les chats de la maison, qui viendront se lover contre vous (si vous les acceptez bien sûr). Petit-déjeuner copieux, plein de saveurs.

BONNE NUIT PARIS €€

63, rue Charlot - **3e arrondissement - Mº Filles du Calvaire** ✆ 01 42 71 83 56
www.bonne-nuit-paris.com
Ouvert toute l'année. 4 chambres. Chambre double de 170 € à 225€ la nuit. Petit déjeuner inclus.

Au cœur du Marais, dans un quartier calme dans une belle et chaleureuse maison construite sous Henri IV, Jean-Luc propose quatre suites indépendantes et insonorisées. Elles sont spacieuses, calmes, lumineuses et ensoleillées, et disposent d'une entrée indépendante avec chacune une salle de bain privative avec w.c.. La décoration est fraîche et fleurie, avec un grand lit en fer forgé, des poutres apparentes, des murs en pierre. Au petit déjeuner, dans le charme discret du salon, vous pourrez « butiner » le miel de Jean-Luc ou savourer les confitures de Denise.

MY HOME FOR YOU €€€

10, boulevard Poissonnière - **9e arrondissement - Mº Bonne-Nouvelle**
✆ 06 23 96 77 28
www.my-home-for-you.paris
4 chambres (de 19 à 30 m²). Chambre double 150 €. Petit déjeuner inclus. Wifi gratuit. Chèques vacances ANCV acceptés.

© JEAN CHARLES VALIENNE

Jean Etienne vous accueille dans ce grand appartement avec ses parquets anciens et ses moulures d'origine d'un immeuble pré-haussmannien de 1840. 4 belles chambres de 19 à 30 m² évoquant les quartiers parisiens (Grands Boulevards, Trocadéro, Palais-Royal et Guimet), chacune avec son style, décliné dans les moindres détails. Vous êtes au cœur de Paris, à moins de 15 min à pied de l'Opéra, des Grands Magasins, du Louvre, de Montmartre ou de la si parisienne rue Montorgueil, sans oublier les Passages, les théâtres et les grandes brasseries... On adore !

UNE CHAMBRE D'HÔTES À PARIS €

124, avenue de Flandre - **19e arrondissement - Mº Crimée** ✆ 06 20 98 33 31

http://hotesdeflandre.blogspot.com

Chambre simple à partir de 70 € ; chambre double à partir de 75 €. Petit déjeuner inclus.

Cette maison de 130 m² est un ancien bâtiment industriel transformé en habitation en 2000. Elle s'élève sur trois étages avec une terrasse-solarium sur le toit. On peut louer seulement une chambre d'hôtes ou, l'été, toute la maison. La chambre est d'une belle superficie : 35 m², parquet en chêne, avec une salle de bains et des toilettes indépendantes, coin cuisine avec micro-ondes et réfrigérateur. L'aménagement est chaleureux, le lit deux places confortable et canapé de velours.

UN TANGO À PARIS €

246, rue de Charenton - **12e arrondissement - Mº Dugommier** ✆ 06 85 39 24 95

www.paris-passion.eu

Ouvert toute l'année. 5 chambres. Chambre double 59 €. Petit déjeuner inclus. Poste Internet. Wifi gratuit.

Patrick Bœuf, fan de tango, s'est installé dans un ancien atelier. Sous une verrière s'ouvre un vaste espace qui sert de salon, mais aussi de salle de danse, éventuellement. Le soir, on s'éclaire à la lumière de lampions bleus... Plusieurs chambres : « Mars et Vénus » complètement planétaire, « J'ai deux amours » un peu coquine, « Romance », pour vivre le Paris romantique, « Rendez-vous », au cadre apaisant et « Ohlala », plus colorée et avec un accès PMR. Ici, tout est tellement atypique qu'on a un vrai coup de cœur pour cette atmosphère où rien n'est parfait.

L'OLIVIER DU 15E €€

24, rue Oscar-Roty - **15e arrondissement - Mº Boucicaut** ✆ 06 08 27 88 29

https://chambredhote-paris15.pagesperso-orange.fr/

Chambre simple 80 € ; chambre double 90 € ; chambre triple 110 €.

Geneviève, la maîtresse de maison, est provençale, d'où le nom d'Olivier. Claude son mari est Auvergnat. Parisiens d'adoption, ils savent que loger dans la Capitale n'est pas une mince affaire surtout quand on est de passage. Leur chambre, prévue pour 3 personnes maximum, est équipée d'un lit de 140 cm, 1 lit de 90 cm, un coin bureau, un dressing et une salle d'eau avec w.c.. Tout le linge est fourni. Geneviève se fera un plaisir le matin de vous servir un petit déjeuner pour beaucoup composé de produits maison dans un cadre tout simplement divin.

LES TOITS DE PARIS €€

25, rue de l'Abbé-Groult - **15e arrondissement - Mº Félix Faure** ✆ 06 60 57 92 05

www.chambrehotesparis.fr

Chambre simple à partir de 90 € ; chambre double à partir de 100 € ; chambre triple à partir de 110 €.

Sophie et Matthieu ont aménagé 4 chambres d'hôtes qui disposent toutes d'une entrée indépendante, d'une salle de bains et de toilettes privatives. Une suite familiale possède une petite kitchenette. La décoration est simple, originale avec un petit côté années 1960-70, et très parisienne avec des carreaux style métro. Le petit déjeuner est servi dans la cuisine afin de créer un moment d'échange et de partage. Vos hôtes se feront un plaisir de préparer avec vous vos journées, vous concocter des circuits originaux, pour ne pas rater les principaux sites de Paris.

PARIS-OASIS €€

14, rue André-del-Sarte - **18e arrondissement - Mº Château Rouge** ✆ 06 22 54 36 16

https://parisoasis.fr/

Chambre double à partir de 160 € ; studio / appartement à partir de 310 € ; suite à partir de 330 €.

Cette maison familiale a été transformée en maison d'hôtes avec studio pour 1 ou 2 personnes, suites ou loft pour 5 personnes. Une piscine à contre-courant est nichée sous une verrière et chauffée toute l'année et en été il est très agréable de profiter du jardin privé calme et agréable. La maison est meublée avec le plus grand soin et un goût certain pour les brocantes qui se ressent. Les chambres sont meublées dans un style ancien, mais sont très confortables, avec salle de bains indépendante, kitchenette équipée avec réfrigérateur, et lits réglables.

VILLA DU SQUARE €€

26, rue Raffet - **16e arrondissement - Mº Jasmin** ✆ 01 71 72 91 33

www.villadusquare.com

5 chambres à partir de 160 €. Petit-déjeuner inclus. Séminaires. Réceptions et mariages. Massages.

A deux pas du bois de Boulogne, dans le quartier du Village d'Auteuil au sein du 16e arrondissement se niche une maison d'hôtes exceptionnelle. Le grand jardin avec terrasse de cet hôtel particulier construit en 1924 est accolé à la Fondation Le Corbusier. A l'intérieur se mêlent le moderne et l'ancien, que ce soit dans les œuvres d'art ou le mobilier. Coup de cœur pour la suite qui surplombe le jardin et dispose d'un accès direct à celui-ci. Le petit déjeuner est servi dans le salon Christian Dior, dont les meubles et les tableaux ont appartenu au couturier.

SEINE-ET-MARNE

LA MAISON PERCHÉE DANS LES ARBRES DE FÉRICY €€

27, rue du Montceau - **FÉRICY** ✆ 01 64 23 65 91
www.chambresdhotes-valleejavot.com
Maison perchée à partir de 118€ la nuit pour deux personnes. Chambre d'hôtes à partir de 88€ la nuit.

Dormir dans les arbres, insolite n'est-ce pas ? Approchez les cimes et de la terrasse panoramique, découvrez la Vallée Javot avec pour seul horizon la forêt de Barbeau. Vous apprécierez ainsi le charme et le confort de cette maison en bois douglas chauffée, offrant un couchage de grand confort pour 2 personnes, un coin salon et sa salle d'eau réalisée dans de vieux fûts de cognac. A l'étage 2 couchages supplémentaires sont possibles. Les chambres d'hôtes sont aussi très bien.

LE CHÂTEAU DES MOYEUX €€€

LA CHAPELLE-RABLAIS
✆ 01 64 08 49 51
www.chateau-des-moyeux.com
Gîtes à partir de 700€ la semaine.

Découvrez trois gîtes à la Chapelle-Rablais dans les dépendances du Château des Moyeux, pour 10 et 6 personnes, tous les trois classés 3 épis par les Gîtes de France. Vous apprécierez le calme de la campagne environnante, le confort des installations mises à votre disposition ainsi que le terrain clos commun entre le Pavillon de Chasse et la Maison du Régisseur. La Faisanderie est située sur un terrain de 2 hectares en partie boisé, à 1 km du château. Ces gîtes vous offriront un bel espace pour un séjour de charme entre amis ou en famille.

APAKABAR HOMESTAY €€

37, avenue du Général Leclerc
LA ROCHETTE
✆ 06 19 06 13 87
www.apakabar-homestay.fr
Chambre double à 70 €. Gîte (pour 7 personnes) à partir de 100 €. Table d'hôtes. TV connectées. Gîte 3 étoiles.

Situé dans la tranquille bourgade de la Rochette, entre Melun et Fontainebleau, le nom de cet ensemble comprenant 3 chambres d'hôtes et un gîte détonne (tous très propres) : Apakabar Homestay ! La raison en est simple : ici, l'inspiration indonésienne est présente partout, et apporte une touche (et même davantage) de sérénité et d'exotisme. De la décoration à la cuisine proposée à la table d'hôtes par Emma, d'origine javanaise, on est transportés loin, et c'est très réussi. Un mot enfin sur la situation géographique : excellente. On aime !

SEINE-SAINT-DENIS

RESIDENCE LES LILAS PARIS €€

6, rue Lucien Noël - **LES LILAS** ✆ 01 82 88 26 25
www.shortstayreservations.com/en/paris/les-lilas

Studio 2 personnes dès 130 € les 2 nuits. Duplex (2 adultes + 2 enfants) dès 200 € les 2 nuits.

La résidence Les Lilas est localisée à 100 mètres de la station de métro des Lilas d'où vous rejoindrez le centre de Paris en 10 minutes. Versailles n'est qu'à 27 km tandis que l'aéroport le plus proche (Paris-Charles de Gaulle) n'est qu'à 17 km. Cette résidence propose des appartements indépendants avec tout le confort moderne. Les studios et appartements indépendants comprennent une connexion wifi gratuite, une TV à écran plat ainsi qu'une cuisine entièrement équipée.

CHEZ BERNARD €€

35, rue Robespierre - **MONTREUIL**
✆ 06 60 56 43 46
http://chambre-d-hote.net

1 personne : de 58 € à 65 €. 3 personnes : 80 € et 83 €. 4 personnes : 88 €.

Cette adresse jouit d'une situation avantageuse, car elle est tout près de Paris. Les chambres ont été aménagées dans un appartement, mais on y a l'impression d'être dans une maison. Les chambres sont dotées d'une télévision à écran plat, d'un coin salon, d'un réfrigérateur et d'un lecteur DVD. Chacune d'entre elles comprend en outre une salle de bains privative avec douche et sèche-cheveux. Un petit jardin d'hiver sous verrière apporte une touche de poésie à l'ensemble. Notez que les petits déjeuners sont bio et servis dans la salle à manger.

LE VIEUX PUITS €€

31, rue léo la grange
NOISY-LE-GRAND
✆ 06 28 21 25 79
www.levieuxpuits-paris.com

Se renseigner sur le site Internet pour les tarifs.

Le Vieux Puits vous accueille pour un séjour nature et insolite aux portes de Paris et vous propose 3 types d'hébergements : 3 chambres d'hôtes au rez-de-chaussée de la maison (8 pers. max), 1 gîte familial indépendant (5 pers. max) et 1 roulotte tzigane (2 pers. max). Cette dernière est aménagée dans un style chaleureux et cosy et possède une terrasse privative. Vous oublierez bien vite que vous n'êtes qu'à une quinzaine de minutes de l'agitation de la capitale. Une belle adresse à découvrir pour profiter de Paris et de la campagne ! Futé !

JADIS UN GRENIER €

17, rue Gibault - **SAINT-DENIS**
✆ 01 42 43 09 91
www.jadisungrenier.com

Chambre double 65 €. Petit déjeuner inclus. Lit supplémentaire : 10 €. Peut accueillir 2 personnes.

En zone piétonne, *Jadis un grenier* prend place dans une maison à trois niveaux, typique du centre historique de Saint-Denis. Elle offre un accès direct à Paris en métro, RER et train transilien. Cette chambre d'hôtes est à deux pas de la basilique de Saint-Denis, nécropole des rois de France, et du stade de France. L'appartement est un spacieux duplex et la chambre, à l'étage supérieur, est ensoleillée, calme et indépendante. Elle est équipée d'un lit double, d'une salle d'eau et de w.c. séparés privatifs. Le petit déjeuner est servi dans la pièce d'accueil.

VAL-D'OISE

SWEET HOME LACROUTE & BUFFET €€

10, ruelle du Crocq - **ASNIÈRES-SUR-OISE**
✆ 06 85 32 02 50
www.lacrouteetbuffet.fr/sweethome
4 chambres. Chambre double à partir de 190 €. Petit déjeuner inclus. Hammam.

Vos hôtes sont de grands voyageurs et ont adapté la déco en conséquence ! Votre chambre vous transportera tel un vaisseau (spatial ou naval), vers une destination imaginaire, un univers unique. Avec un souci absolu du détail et une créativité débridée, les objets rares venus du monde entier se marient aux grands classiques du design contemporain. Vous passerez un séjour au calme dans cette maison d'hôte propice à la détente (spa, piscine, hammam...), avec brunch inclus.

GÎTE AUX ÉCURIES €

5 bis, rue de la Bourgogne - **AUVERS-SUR-OISE**
✆ 01 30 36 81 44
www.legiteauvers.com
8 chambres (5 gîtes jusqu à 32 couchages. Superficie 300 m2). Chambre double 65 €. Petit déjeuner : 11 €.

Située au cœur d'Auvers-sur-Oise, cette adresse vous propose des hébergements variés : des chambres d'hôtes, lesquelles peuvent être toutes louées selon une formule gîte de groupe, plus cinq gîtes individuels. Notez que dans le gîte principal, vous pouvez disposer d'une suite constituée d'un petit salon avec deux lits simples et d'une chambre avec un lit double. La porte-fenêtre de la chambre double ouvre sur une terrasse et un jardin. Pour ne pas cuisiner, des menus sont établis selon vos envies et vos goûts en collaboration avec un traiteur partenaire.

PENICHE DAPHNE €€

25, rue Marcel Martin - **AUVERS-SUR-OISE**
✆ 01 30 36 18 88
www.chambres-hotes.fr/chambres-hotes_peniche-daphne_auvers-sur-oise_h548564.htm
2 chambres. Chambre double à partir de 150 €. Petit déjeuner inclus.

Un lieu pas comme les autres dans un cadre pour le moins enchanteur : c'est en effet à Auvers-sur-Oise qui vous trouverez cette splendide péniche sur laquelle vous passerez une, ou plusieurs nuits. Deux chambres vous sont proposées, l'une avec un lit double, la seconde avec deux lits superposés, chacune comprenant une salle de bain privative. A vous la nuit sur les flots, et l'espace d'un temps, une parenthèse merveilleuse au calme, amarré à la cité de Van Gogh. Pour parfaire un tableau idyllique, le petit déjeuner est succulent, et l'accueil excellent !

LA FERME ROSE €€

2, rue de la Ferme - **BOISEMONT**
✆ 33 6 09 44 07 51
www.fermerose.fr
Chambre simple 52 € ; chambre double 72 € ; chambre triple 87 €. Petit déjeuner inclus. Lit supplémentaire : 6 €.

La Ferme Rose est une valeur sûre de cette partie du Val-d'Oise. Plusieurs propositions s'offrent à vous, du gîte rural à l'appartement entier en passant par la chambre d'hôtes. Les chambres sont spacieuses et confortables, avec soit un grand lit, soit des lits jumeaux, ou des capacités plus élevées, toutes avec salle d'eau/w.c. privative, et accès à une cuisine partagée. Le mini-dortoir peut accueillir jusqu'à sept personnes. Les tarifs sont doux, et les lieux sont très confortables. Vous ne manquerez de rien et vous sentirez rapidement comme chez vous.

VAL-DE-MARNE

LA CHAMBRE DE L'OLIVIER €€

102, avenue Jack-Gourevitch
CHAMPIGNY-SUR-MARNE ✆ 09 50 81 18 88
www.lachambredelolivier.fr
Petit déjeuner inclus. 60 € la nuit, 75 € pour 2 personnes. Wifi gratuit.

Carole et Rodolphe seront heureux de vous accueillir, dans leur chambre située le long du parc du Tremblay qui met à votre disposition tous les loisirs de plein air (balade, jeux, terrain de tennis, parcours de golf, terrain de foot, rugby, vélo). Tranquillité assurée dans ce quartier de Champigny ! Cerise sur le gâteau, une petite terrasse vous permettra d'y prendre votre petit déjeuner, inclus dans le prix. L'accueil est charmant et discret et les propriétaires se feront une joie de répondre à toutes vos questions concernant les environs à visiter.

LE JARDIN D'ARISTIDE €€

133, boulevard Aristide Briand
CHAMPIGNY-SUR-MARNE ✆ 00 33 6 83 85 74 73
www.lejardindaristide.fr
Clévacances (3 clés). Chambre simple 55 € ; chambre double 72 €. Petit déjeuner inclus.

C'est en plein cœur du Val-de-Marne que Karine et Sylvain vous accueillent dans leur belle bâtisse du XVIIIe siècle. La maison se situe dans un quartier résidentiel, entouré de nature et de verdure. Vous dormirez dans les anciennes écuries où 3 chambres ont été réaménagées avec goût et confort. L'une décorée style classique, l'autre cocooning et la dernière nous la définirons comme haute en couleur. Les trois sont indépendantes. Le petit déjeuner traditionnel vous sera servi dans la véranda attenante à la maison, avec une vue panoramique sur le jardin.

GITE HANDICAPE JOINVILLE €€

50, rue de Paris - **JOINVILLE-LE-PONT**
✆ 01 45 11 99 83
http://gitehandicapjoinvil.free.fr
Location à la semaine pour 450 €, week-end 2 nuits à 250 €, 3 nuits à 300 €, 4 nuits à 350 €.

Situé à l'orée du Bois de Vincennes, ce gîte se situe au rez-de-chaussée d'une maison en pierres. Les propriétaires, qui ne vivent qu'à 5 min, vous accueillent dans un cadre calme et campagnard. Le gîte est parfaitement adapté aux personnes à mobilité réduite ou en fauteuil roulant et est parfaitement équipé pour passer un séjour en toute indépendance. Idéal pour se reposer, flâner au marché, visiter les guinguettes du bord de Marne ou la région d'Île-de-France. Joinville-Le-Pont ne se situe qu'à 15 minutes de la capitale et à 20 du Parc Eurodisney.

VILLA MANSART €€€

9, Allée Victor-Basch
LE PERREUX-SUR-MARNE
✆ 01 48 72 91 88
Chambre simple 85 € ; chambre double 96 € ; chambre triple 126 €. Petit déjeuner inclus.

Cette demeure de caractère fin XIXe style Mansart avec terrasse dans un grand parc fleuri et arboré de 1 800 m², dispose de deux chambres, pourvues de meubles anciens, décorées artistiquement, et avec vue sur le jardin. Elles sont très bien équipées et même climatisées en été. Le petit déjeuner est délicieux : pains au chocolat, croissants, confiture maison avec des fruits du jardin... Le cadre paisible, l'accès direct vers Eurodisney ou Reims, et les environs Paris, Vincennes, de son bois et son château, en font une adresse d'exception.

YVELINES

LA MAISON DU FARGIS €€

3, rue de l'Étendoir - **AUFFARGIS**
✆ 06 25 30 37 68
www.lamaisondufargis.com
Chambre double 69 €. Petit déjeuner inclus. Équipement pour bébé. CB non acceptée.

Régine et Roch vous accueillent dans leur jolie maison en pierre. Ils proposent même un séjour sans voiture : ils vont vous chercher à la gare la plus proche, vous amènent et ramènent de votre lieu de soirée ! Une superbe suite parentale et une suite familiale avec deux chambres communicantes sont proposées. Au rez-de-chaussée, le petit déjeuner est servi avec une vue magnifique. En été, on profitera de la terrasse et du jardin. Un accueil aux petits soins, une adresse chaleureuse. La maison propose également des balades en 2CV de 2 à 5 heures.

LA PASSACAILLE €€

31, route des Haizettes - **GROSROUVRE**
✆ 01 34 84 76 57
www.lapassacaille.com
Gîtes de France (3 épis). 2 chambres. Chambre simple 76 € ; chambre double 82 €. Parking. Connexion Internet gratuite.

Au beau milieu d'une campagne boisée et vallonnée, La Passacaille est une jolie maison contemporaine de plain-pied, à l'architecture très originale, qui dispose de deux chambres d'hôtes accueillantes. La décoration intérieure mêle avec bonheur tradition et design, pour un résultat des plus confortables, promesse de repos. Chaque chambre possède un lit double ainsi qu'une salle d'eau avec douche à l'italienne et w.c. privatifs. Elles donnent sur le jardin. Les chambres sont contiguës à une pièce à vivre réservée aux hôtes avec coin salon et petit réfrigérateur.

VILLA DU HAMEAU DE LA REINE €€

89, rue de Versailles
LE CHESNAY
✆ 01 39 43 96 69
Clévacances (3 clés). Chambre double 90 €. Petit déjeuner : 7,50 €. Parking. Wifi.

La Villa du Hameau de la Reine est agréable à vivre : au sein de la demeure de vos hôtes, qui vous accueilleront avec délicatesse et attention, un appartement indépendant a été aménagé avec une chambre double et d'une chambre simple, un petit salon, un coin repas et une grande salle de bains avec w.c. La décoration est sobre, mais élégante. Le petit déjeuner se prend avec vos hôtes ou dans votre coin repas privé. Profitez du superbe jardin pour vous détendre.

LA GUÉRANDE €

26, résidence de l'Étang - **MONTFORT-L'AMAURY**
✆ 01 34 86 90 53
mihann.free.fr
Chambre simple 60 € ; chambre double 72 €. Petit déjeuner inclus. Tarifs dégressifs à partir de la 4e nuitée.

Chez Anne-Marie, à La Guérande, on se sent presque comme à la maison. Les visiteurs qui souhaitent passer un séjour paisible disposent ici d'une jolie chambre d'hôtes en occupation simple ou double, avec fenêtre en soupente, tendue de blanc et de pourpre et meublée simplement en bois naturel. La chambre est dotée d'une salle de douche moderne et de w.c. privatifs. Dans la véranda ou au salon devant la cheminée, vous prendrez votre copieux petit déjeuner avant de partir à la découverte des alentours. Le soir, profitez du coin lecture pour vous détendre.

DOMAINE DE LA VALLÉE AUX PAGES €€

2, rue de la Vallée - **PARAY-DOUAVILLE**
✆ 01 30 59 04 54
www.vallee-aux-pages.com
5 chambres (14 couchages). Chambre double de 75 € à 130 €.

Cet ancien corps de ferme situé au cœur de la vallée de l'Aunay est une maison de caractère. A 40 minutes du tumulte bruyant de Paris, le Domaine de la Vallée aux Pages vous accueille dans un décor de calme et de verdure. Les chambres spacieuses aux poutres apparentes disposent de tout le confort nécessaire et l'une d'entre elles est adaptée aux personnes en situation de handicap. Cet établissement robuste et rustique est également un cocon d'amour et de douceur.

AUX GLYCINES €€

8, rue Madame-de-Maintenon
RAMBOUILLET
✆ 06 07 47 87 96
1 suite et 1 chambre. Chambre double de 70 € à 100 €. Petit déjeuner inclus.

Les Glycines sont 2 chambres d'hôtes coquettes et confortables, aménagées dans une agréable maison. La suite dispose d'une chambre double, d'une salle de douche avec w.c. privatifs, et d'un petit salon avec un canapé convertible deux places, micro-ondes, mini bar, téléviseur écran plat, lecteur DVD et wifi. La chambre quant à elle comprend un lit double et un lit simple d'appoint, une salle de bains, un téléviseur et le wifi. Le petit déjeuner se compose entre autres de confitures maison. Vous aurez accès à une cuisine commune où vous pourrez préparer vos repas.

CHÂTEAU DE MAUVIÈRES €€€

21, route de Dampierre - **SAINT-FORGET**
✆ 01 30 52 54 76
www.mauvieres.com
Gîtes de France (4 épis). 5 chambres. Chambre double de 160 € à 220 €. Petit déjeuner inclus.

Ce magnifique château du XVIIIe siècle offre un cadre somptueux. Les cinq chambres proposent de suspendre quelques instants le temps, pour mener une vie de château. Elles offrent une vue sur le parc, au travers de larges ouvertures anciennes. Elles sont tendues de tissus précieux, auxquels sont assortis de lourds rideaux, et décorées avec du mobilier ancien. Les salles de bain ne déparent pas, avec leurs carreaux élégants et leurs rideaux épais. Entre les espaces communs et les extérieurs, vous vous croirez réellement faisant partie de la bourgeoisie d'antan !

CÔTÉ JARDIN €€

29 bis, avenue Hortense-Foubert
SARTROUVILLE ✆ 01 39 68 14 27
www.cotejardin-citybreak.com
Gîtes de France. Chambre double 80 €. Petit déjeuner inclus.

Avec un accès privatif dans un pavillon indépendant, équipé d'une salle d'eau, d'un écran plat avec réception satellite, et Internet, tout le confort nécessaire est assuré. Un joli jardin et une terrasse privative dotée d'un petit salon de jardin viennent compléter la donne. L'accueil de Maryvonne et Pierre est des plus chaleureux, et le petit déjeuner copieux entièrement fait maison se compose de fruits, de gâteaux, de pain, de confiture et de yaourt... à part si vous préférez la version dite anglaise. Dans ce cas, il suffit de demander !

LA MEULIÈRE €€

101, route Saint-Corentin
SEPTEUIL
✆ 01 30 93 83 68
Chambre double de 65 € à 90 €. Petit déjeuner inclus. Lit supplémentaire : 25 €.

Cette maison d'hôte de charme, bâtie comme son nom l'indique en pierre meulière selon les canons architecturaux de la région, est située dans un cadre verdoyant et fleuri. Elle met à votre disposition quatre chambres doubles très agréables, douillettes et joliment décorées, avec des teintes douces invitant au repos et à la sérénité. Le petit déjeuner copieux est servi dans une ambiance familiale et chaleureuse, tout comme les repas de la table d'hôtes, servis à partir de 4 personnes, qui mettent à l'honneur les produits locaux et recettes typiques.

L'ORANGERIE WHITE-PALACIO €€

37, avenue de Paris - **VERSAILLES**
✆ 09 53 61 07 57 - www.l-orangerie-versailles.fr
2 chambres. Chambre double à partir de 150 €. Non compris. Connexion Internet gratuite. Wifi gratuit.

L'Orangerie est un havre de paix. La propriétaire des lieux a entièrement rénové ce « mini Trianon » daté du XVIIIe siècle, pour en faire un superbe site avec deux suites séparées décorées avec de nombreux objets d'art ainsi que des meubles de qualité pour en faire des cocons qui sauront vous enchanter. Chacune a son salon, sa salle de bains, sa petite cuisine et, à l'étage, dans la mezzanine, une chambre de près de 12 m² avec dressing, et une vue sur le superbe jardin fleuri.

NORMANDIE

CALVADOS

DOMAINE DE LA HUREL €€

30, hameau de Coupigny - **AIRAN**
✆ 02 31 44 68 85
www.domainedelahurel.com

5 chambres. Chambre double 95 € ; suite 150 €. Petit-déjeuner inclus. Semaine en chambre d'hôtes : 2 personnes 570 €.

Dans un ancien corps de ferme du château d'Airan, datant du XVIIIe siècle, vous serez accueilli dans ces cinq chambres d'hôtes lumineuses et agréables, pouvant recevoir de deux à quatre personnes, avec un salon à disposition. Deux étangs et une rivière sont à découvrir pour les amateurs de pêche et la diversité du jardin réjouira les férus de botanique. Vous baignerez dans une atmosphère privilégiée, auprès des chevaux ici en pension et de la piscine couverte. En complément, vous pourrez profiter d'un espace bien-être avec sauna à infrarouges et bain à remous.

LA COUR DE BAS €€

Chemin de la Moulière - **BARNEVILLE-LA-BERTRAN**
✆ 02 31 89 03 64
www.cour2bas.com

4 chambres. Chambre double de 89 € à 115 €. Petit déjeuner inclus. Week-end à partir de 300€, semaine à partir de 650€.

Serge et Huguette vous accueillent dans leur « basse cour » peuplée de poules humoristiques, au milieu des forêts et des sources dans un pressoir du XVIIe siècle avec jardin transformé en maison d'artiste. Ici, le dépaysement est à l'honneur avec des chambres spacieuses et à la décoration personnalisée et originale : chambre Zen, chambre Afrique, espace Campagne (deux pièces pour deux à quatre personnes)... Que l'on choisisse une nuit, un week-end ou une semaine, on sera toujours ici comblé par les environs et le calme qui y règne.

MANOIR DE BASLY €€

2, route de Courseuilles-sur-Mer - **BASLY**
✆ + 33 02 31 80 12 08
lemanoirdebasly.com

Gîtes de France (4 épis). 3 chambres (dont 1 suite). Chambre double 90 € ; chambre triple 110 € ; suite 150 €.

Dans ce superbe manoir du XVIIe siècle restauré, avec porche en pierre et cheminée d'époque, vous profiterez de trois chambres (une avec grand lit et petit lit en mezzanine) confortables, dont une suite pouvant accueillir jusqu'à quatre personnes, toutes avec une salle de bains et w.c. privés. Le petit déjeuner est exceptionnel, tant dans les quantités que par sa qualité. Vous trouverez repos et sérénité dans ce cadre élégant et raffiné avec jardin arboré aménagé et aux environs des plages du Débarquement, mais à l'abri des foules de la côte.

CHÂTEAU DE BÉNÉAUVILLE €€€

D513 - **BAVENT** ✆ 02 31 72 56 49 - www.bienvenueauchateau.com

Ouvert de mai à septembre. Chambre double à partir de 210 € ; suite à partir de 290 €. Petit déjeuner inclus. Piscine.

Un château remarquable, construit à la fin du XVIe siècle. Ses chambres sont des merveilles qui font d'une nuit un moment inoubliable. La magie serait moindre si les propriétaires n'étaient aussi prévenants que courtois. Un sans-faute. Nous ne faisons qu'effleurer le sujet : nous n'avons pas parlé de la piscine chauffée, des parties de pêche dans l'étang et des activités alentour (hippisme, golf, musées et histoire du Débarquement...). Pour une grande occasion, la vie de château est à portée de bourse pour qui veut vivre un moment hors du temps !

PAVÉ D'HÔTES €€

Halles Anciennes - **BEUVRON-EN-AUGE**
✆ 02 31 79 26 71
www.pavedauge.com
Chambre double de 100 € à 120 € ; suite de 136 € à 210 €. Petit déjeuner inclus. Lit supplémentaire : 25 €.

Le Pavé d'Hôtes dont s'occupe la sympathique Sophie, la femme de Jérôme qui, lui, est derrière les fourneaux au restaurant, propose cinq chambres, tout confort avec chacune sa personnalité, dans une authentique maison normande. Depuis votre chambre ou la terrasse de la salle, profitez du jardin ensoleillé avec vue sur la campagne pour vos petits-déjeuners ou vos pauses détente ! La suite balnéo est idéale pour les couples, tandis que la familiale avec ses deux chambres et deux salles de bains permet de séjourner à plusieurs en conservant son intimité.

MANOIR DU CHAMP VERSANT €€

Rue du Château-d'Eau - **BONNEBOSQ**
✆ 02 31 65 11 07
Gîtes de France (3 épis). 2 chambres. Chambre double à partir de 70 €. Petit déjeuner inclus. Wifi gratuit.

Ce manoir vous impressionnera par sa taille générale et celle de ses pièces, et par sa beauté, typique des constructions augeronnes. Le parc arboré qui entoure la bâtisse est ravissant, et à l'intérieur donc, les deux chambres mises à disposition sont particulièrement spacieuses, et laissent apparaître de belles poutres qui font leur effet. Les parties communes allient meubles d'époque et objets de déco tendance. Céline vous accueille très chaleureusement et vous prépare un petit déjeuner copieux et varié, l'occasion d'apprécier des recettes du terroir.

D DAY AVIATORS €€

9, rue Louis-Hudebert - **ARROMANCHES-LES-BAINS** ✆ 06 78 80 50 78
www.ddayaviators.com
Chambre double 115 €. Petit déjeuner inclus (de 8h à 10h). Parking : 10 €. Tour en jeep organisé sur demande.

© D DAY AVIATORS

Installées dans une ancienne bâtisse remise en l'état par les propriétaires, ces chambres d'hôtes ont su garder leur caractère authentique. Les chambres, tout confort, possèdent un coin kitchenette. Le petit déjeuner est très complet et on note avec joie sur la table un plateau de bons fromages de Normandie. Enfin, on note l'aspect muséal puisque les propriétaires des lieux en ont profité pour exposer leur collection de pièces aéronautiques de la Seconde Guerre mondiale. Photos, cartes, hélices, cela aurait en effet été dommage de garder toutes ces pièces cachées.

CHATEAU DES RIFFETS €€€

RD235 - **BRETTEVILLE-SUR-LAIZE**
✆ 02 31 23 53 21
www.chateau-des-riffets.com
4 chambres (dont 2 suites). Chambre double 125 € ; suite 175 €. Petit déjeuner inclus. Wifi.

Reconstruits au XIXe siècle sur les ruines d'un relais de Guillaume le Conquérant, le Château des Riffets et son superbe parc classé sont chargés d'une histoire mouvementée dont les traces remontent aux Gallo-Romains. Les chambres et suites offrent pour certaines balnéo ou hydrothérapie dans la salle de bains privée. Elles sont toutes différentes et très spacieuses, très bien équipées et parfaitement insonorisées pour notre plus grand confort. Au Château des Riffets, on profite d'une piscine couverte avec jet-stream, de balançoires, et du vaste parc entretenu.

CHEZ LAURENCE DU TILLY €€€

9b, rue Pémagnie - **CAEN**
✆ 07 86 23 28 28
www.laurencedutilly.fr
3 appartements tout équipés à partir de 150 € la nuit. Réservations par mail ou téléphone. Wifi gratuit.

Lové dans une impasse de la rue Pémagnie, cet ancien hôtel particulier du XVIIIe siècle abrite des appartements au style unique, du charme haussmannien à l'atypique sous les combles en passant par le contemporain. A l'abri des regards et du bruit se mêlent harmonieusement meubles de designer, masques africains et objets chinés. Au sous-sol dans une magnifique cave voûtée, Laurence a aménagé une salle à manger pour ses hôtes, avec lesquels elle est aux petits soins (nombreux services, dont un petit déjeuner complet et tout frais).

VILLA HÉLIANTHE €€

198, rue Caponière - **CAEN**
✆ 02 50 28 47 08
www.chambres-d-hotes-caen.com
Chambre double 98 € avec petit déjeuner. Comme Josette a un cœur d'or, elle peut vous chercher à l'aéroport ou à la gare

Josette vous accueille dans sa magnifique villa Art déco construite en 1927 par un herboriste (d'où Hélianthe). A l'intérieur : parquet rutilant, boiseries, luminaires élégants, escalier en fer forgé, cheminée avec portraits de Joséphine Baker et Sidney Bechet, une toile d'Yvonne Guégan... On en oublierait presque qu'on est venu dormir. Une chambre familiale est mise à disposition, ornée d'un grand lit, d'un salon et d'une splendide salle de bains. Josette propose un petit déj à la carte et distille ses bons conseils pour découvrir Caen ou Asnelles, qu'elle adore.

LES MARRONNIERS €€

4235, route d'Englesqueville - **CAMBREMER**
✆ 02 31 63 08 28
www.les-marronniers.com
5 chambres (dont 3 suites). Chambre double 71 €. Petit-déjeuner inclus. Gîte (6 personnes) de 390 € à 680 € la semaine.

Ce manoir du XVIIe siècle avec vue sur la vallée de la Dives et parc arboré et fleuri d'un hectare propose cinq belles chambres très confortables et spacieuses, avec accès indépendant, salle de bains avec baignoire et w.c. privatifs (une suite avec sauna et balnéo) et un gîte rural. Ce n'est donc pas étonnant que Les Maronniers soit classé « établissement de charme » par les Gîtes de France. L'accent est mis sur le petit déjeuner copieux et de qualité : l'occasion de partager un moment de convivialité avant une balade sur la Route du Cidre, au Pays d'Auge.

LE MANOIR DE L'HERMEREL €€

CANCHY ✆ 06 79 44 58 24
www.manoir-hermerel.com
3 chambres. Chambre simple à partir de 60 € ; chambre double à partir de 85 €.

Agnès et François ont ouvert ce manoir au milieu des champs de blé et de maïs exploités par la famille Lemarié en 1980. Dans la cour, un colombier et une chapelle du XVe siècle sont accessibles aux hôtes. Les chambres sont dans l'aile gauche du manoir et ont des entrées indépendantes. Toutes sont différentes, mais toutes sont très confortables et bien équipées, certaines sont même pensées spécialement pour les familles. Le petit déjeuner (produits laitiers d'Isigny et confitures maison) est servi dans l'ancienne cuisine, face à une impressionnante cheminée.

MANOIR DE CRÉPON €€

1, rue du Calvaire
CRÉPON
✆ 02 31 22 21 27
www.manoirdecrepon.com
Chambre double à partir de 85 €, petit déjeuner inclus. Animaux acceptés. Wifi gratuit.

On se dit qu'il faudrait franchir le porche de ce manoir plus souvent. Voilà une chaleureuse maison qui sort des clichés à la mode. Les fidèles viennent depuis des générations y passer le week-end. C'est vous dire ! Vous serez séduits par l'histoire de cette bâtisse des XVIIe et XVIIIe siècles. Anne Marie vous accueille avec gentillesse et élégance dans le salon. A l'étage, un coin lecture et quatre chambres, desservies par un magnifique couloir. Pas de télévision ici, mais des objets, gardiens du passé. Nous voilà hors du temps.

LA VILLA DES ROSIERS €€

Chemin de la Ruette - **CRICQUEBOEUF**
✆ 02 31 98 25 22
www.lavilladesrosiers.fr
Gîtes de France (3 épis). 5 chambres. Chambre simple à partir de 65 € ; chambre double à partir de 70 €.

Les yeux dans les yeux avec la mer, les 5 chambres d'hôtes aménagées dans une superbe villa 1930, ont de quoi séduire. Sandrine et Benoît les ont décorées avec beaucoup de goût : mobilier d'époque, couleurs harmonieuses, sans compter leur propreté irréprochable. Chacune d'elles dispose soit d'une vue sur le jardin, soit d'une vue sur l'estuaire normand. Les salles de bains elles aussi sont séduisantes, tout comme les parties communes. Vous apprécierez le petit déjeuner copieux servi dans le salon avec vue sur le jardin grâce à son lumineux bow-window.

LES CHAUFOURNIERS €€

Lieu-dit La Calverie - **CROUAY** ✆ 02 31 21 31 65
www.leschaufourniers.com
4 chambres. Chambre double à partir de 90 € ; suite à partir de 110 €. Petit déjeuner inclus. Restauration (30€).

Dans leur corps de ferme de 1850 entièrement restauré au calme, Florence et Dominique allient le goût de la décoration et celui des voyages, résultat : quatre chambres d'hôtes décorées avec soin. Les photos de Dominique et les objets qui ornent chacune des pièces vous transportent vers l'Asie et le Guatemala. Si vous êtes plus nombreux, préférez les gîtes. Le petit déjeuner propose plusieurs sortes de confitures maison, pains variés, viennoiseries et spécialités gourmandes préparées par Florence. La table d'hôtes permet de découvrir les spécialités du terroir.

LA FERME CHEVALIER €€

Le Pressoir - **EQUEMAUVILLE** ✆ 02 31 89 18 14
www.lafermechevalier.com
Gîtes de France (3 épis). Chambre simple à partir de 60 € ; chambre double à partir de 70 €. Petit déjeuner inclus.

Françoise vous reçoit depuis plus de 30 ans dans sa ferme du XVIIe siècle, ancien relais de chevaliers. Deux maisons d'hôtes, confortables et raffinées, ont été aménagées dans cette superbe propriété augeronne. Parquet, poutres apparentes, mobilier d'époque, elles permettent un repos profond. D'un côté « Le Pressoir » et ses trois chambres, de l'autre « Les Tournisses » et ses quatre chambres offrent les mêmes prestations. Le cadre est absolument charmant et le jardin y est pour beaucoup. N'hésitez pas à demander conseil à Françoise qui connaît par cœur la région.

BETHANIE €€

Chemin de la Haie-aux-Prêtres - **FIRFOL**
✆ 02 31 61 16 86
http://charmance.bethanie.free.fr
Chambre simple 63 € ; chambre double 68 € ; chambre triple 85 €. Petit déjeuner inclus. Lit supplémentaire : 17 €.

Dans les anciennes dépendances du château de Firfol (XIXe siècle) ayant accueilli de 1950 à 2002 la congrégation Notre-Dame de la Charité, Corinne et Jean-François vous accueillent comme si vous étiez de la famille ! Ils vous proposent quatre chambres spacieuses et personnalisées (avec salle d'eau et wc indépendants) dans un cadre calme et reposant pour un agréable séjour dans le Pays d'Auge. Les chambres sont baignées par la lumière avec vue sur le jardin. Les petits déjeuners sont copieux et proposent des produits faits maison.

MANOIR DE LA RIVIERE €€

GÉFOSSE-FONTENAY ✆ 02 31 22 64 45
www.lemanoirdelariviere.net
Gîtes de France (3 épis). Chambre double à partir de 75 € ; chambre triple à partir de 85 €. Petit déjeuner inclus.

A proximité de la mer et des plages du Débarquement, venez découvrir cette ferme-manoir d'époque médiévale comprenant trois chambres spacieuses classées Chambres de Charme, agrémentées de mobilier ancien et de belles étoffes, avec vue sur le jardin ou les prairies. La salle de repas, authentique et voûtée, vous ravira par son imposante cheminée où crépite un feu de bois dès les premiers frimas. Blottie dans un écrin de verdure et de fleurs, une petite tour de guet idyllique ayant gardé son aspect forteresse accueille 2 personnes en toute indépendance.

MANOIR DE CLERONDE €€€

Lieu Dit, de Cleronde
BLAY
✆ 06 47 61 52 40
www.manoirdecleronde.com
Manoir : chambres à partir de 250 € pour une ou deux personnes. Grange : à partir de 280 € pour deux personnes.

Cette superbe demeure du XVIIe siècle est dans la famille depuis 200 ans. Le manoir, entièrement rénové, est composé de trois suites familiales de deux grandes chambres, chacune avec quatre salles de bains, un salon avec cheminée, et peut accueillir treize hôtes. La grange, indépendante, conçue pour deux à cinq hôtes, dans deux chambres en duplex (une double et une triple), est équipée d'une pièce à vivre avec une grande table, un coin salon avec cheminée, une salle de bains et une kitchenette. Jacuzzi et sauna feront votre bonheur, tout comme la table d'hôtes.

© MANOIR DE CLÉRONDE

© MANOIR DE CLÉRONDE

LE CLOS DE GRÂCE €€€

143, chemin du Val-la-Reine - **HONFLEUR**
✆ 02 31 14 95 46
www.leclosdegrace.com
Chambre double à partir de 275 € la nuit ; studio / appartement à partir de 399 € ; suite à partir de 380 €.

La maison est splendide avec ses pierres, son toit d'ardoises élégant, des ambiances chics mais pas pompeuses dans chacune des chambres. Le beau parquet, les poutres apparentes, les grands lits moelleux, le mobilier, tout est réalisé avec beaucoup de goût. Le petit déjeuner très copieux est servi directement en chambre. On profite avec délice de la piscine chauffée en toute saison et ici tout le monde est aux petits soins. Cette demeure, qui fut celle de Michel Serrault, saura vous conquérir même si elle est inaccessible aux petits budgets.

LA COUR SAINTE-CATHERINE €€

74, rue du Puits - **HONFLEUR** ✆ 07 87 04 49 16
www.coursaintecatherine.com
Chambre double à partir de 140 €, petit déjeuner inclus. Sauna finlandais (5 €).

Au cœur de la ville, à deux pas du vieux port, cet ancien couvent du XVIIe siècle, et son joli jardin de curé, offre un lieu paisible de villégiature. Sur place, plusieurs chambres de charme (dont une en rez-de-jardin), suites ou appartements avec vue sur la cour, tout confort, décorés avec goût et raffinement. Copieux petit déjeuner et pâtisseries à toute heure raviront les gourmands. On vous prépare même un panier garni pour la balade en vélo (gracieusement prêté qui plus est !). Il ne vous reste plus qu'à appeler et réserver, vous ne serez pas déçus du voyage !

MANOIR DES IMPRESSIONNISTES €€€

23, route de Trouville - **HONFLEUR** ✆ 02 31 81 63 00
manoirdesimpressionnistes.com
Chambre double à partir de 240 €, petit déjeuner compris. Restauration. Spa, piscine extérieure chauffée.

Une adresse que l'on pense à tort réservée à une « certaine catégorie de clientèle ». Osez entrer dans ce beau manoir honfleurais pour y déjeuner et déguster produits locaux et légumes du potager, ou prendre le thé l'après-midi. Osez rencontrer ce lieu magnifique avec vue entre mer et campagne. Etonnez-vous des tarifs proposés. Conseil futé : optez pour la chambre 9, c'est la moins chère et la plus *cosy*. Osez ce caprice, tout est impressionnant de gentillesse, d'élégance et d'accueil.

ODILE ET ANTOINE DOMIN €€€

1, rue de la République - **HONFLEUR**
✆ 06 80 42 28 25
www.locationdecharme.com
De 155 € à 380 € en fonction des appartements et de la date de réservation. Une nuit 75 € (prix moyen).

Vous ne trouverez pas de meilleure vue sur le Vieux Bassin et le Vieux Honfleur que l'on domine du haut du second étage. D'abord, il y a « Le Carré », petit cocon pour les amoureux, à la déco marine de cabine de voilier. Ensuite, il y a « Les Colombages » et sa cheminée, ses boiseries, son mur de pierre, son mobilier normand, un endroit plus rustique, mais non moins chaleureux. Et puis, vient le « Key West », le « nec plus ultra » qui met Honfleur à vos pieds. Ces appartements séduiront même les plus exigeants des locataires, pour une nuit comme pour une semaine.

LES OISEAUX DE PASSAGE €€

Hameau de la Madeleine - **ISIGNY-SUR-MER**
✆ 06 88 04 28 54
www.bnb-lesoiseauxdepassage.com
Chambre double à partir de 97 €. Tarifs dégressifs selon durée du séjour. Label Tourisme & Handicap.

C'est une ancienne grange du XVIIe siècle entièrement restaurée dans les règles de l'art pour conserver toute son authenticité, sans compromis pour le confort et les normes d'accès et de sécurité. Gérard et Hélène vous accueillent comme des amis dans leurs trois chambres aux poutres et pierres apparentes, décorées avec goût, lumineuses, confortables et équipées de salle de bains dernier cri. Le petit déjeuner servi sur une grande table en bois est un véritable voyage gourmand agrémenté de délices maison comme le cheesecake, les pancakes et les confitures.

LA FERME MANOIR SAINT BARTHÉLÉMY €€

Les Pallières - **JUAYE-MONDAYE** ✆ +33603290489
www.lafermemanoir.com
Suite familiale de 2 chambres (5 pers) 160€. Chambre familiale 3 pers 124€. Chambre double 98€. Petit déjeuner inclus.

Isolée entre champs et vergers, cette superbe ferme avec ses bâtiments en pierre est idéale. Patricia et Frédéric proposent des chambres restaurées et décorées avec pierres et poutres apparentes dans un souci de simplicité et d'authenticité. L'immense cheminée du salon rappelle l'âtre des contes de fées et sur la pelouse, Varèse, la ponette, prête volontiers son dos aux enfants. La cuisine de Patricia est un régal, ses spécialités normandes ont beaucoup de succès.

SPIRIT OF 1944 €€

Le Lieu Besnard - **LA CAMBE**
✆ 02 31 51 07 52
www.spiritof1944.fr
Chambre double à partir de 110 €. Petit déjeuner inclus. Wifi gratuit.

Une chambre d'hôtes à la fois historique et insolite, qui vous replonge dans les années 1940. Patricia et Laurent sont des passionnés de la Seconde Guerre mondiale, et vous en dévoileront tous les secrets. Leurs trois chambres, dénommées « Sir Winston Churchill », « Général Dwight D. Eisenhower » et « Commandant Antoine de Saint-Exupery », sont vraiment raffinées et confortables. L'atmosphère de cette période a été reconstituée avec soin : la décoration est faite de journaux et d'objets d'époque, avec Glenn Miller en fond sonore…

LE PRESBYTÈRE €€

1, route des Quatre-Puits
MEZIDON VALLÉE D'AUGE ✆ 02 31 23 83 88
3 chambres. Chambre double à partir de 80 €. Petit déjeuner inclus. Lit supplémentaire : 30 €.

Marie-France vous accueille dans un ancien presbytère, construit au XVIIIe siècle, rénové avec beaucoup de goût. Le cadre est extrêmement calme et verdoyant : la maison dispose d'un jardin très agréable et parfaitement entretenu, et la décoration à l'intérieur de la maison est faite avec extrêmement de goût. Les chambres sont totalement insonorisées et très confortables. Marie-France vous préparera le matin un copieux petit déjeuner plein de bonnes choses maison comme les gâteaux, les confitures, ou encore les œufs frais de ses poules.

LE LIEU CHÉRI €€

20, route de Coquainvilliers - **OUILLY-LE-VICOMTE**
✆ 02 31 61 11 71
www.lelieucheri.fr
Chambre simple à partir de 60 € ; chambre double à partir de 70 € ; chambre triple à partir de 92 €.

C'est Jocelyne qui vous accueille. Difficile de faire plus typique avec les maisons à pans de bois et les pommiers, c'est digne de la plus belle carte postale du Pays d'Auge ! Pour l'anecdote, le plafond du couloir des chambres n'est pas très haut, mais madame peut proposer des casques à vélo pour les plus grands ! Le petit déjeuner propose du pain frais, des croissants et les nombreuses confitures de fabrication maison ainsi que le confit de cidre. Au cours de votre séjour, vous pourrez visiter et découvrir le domaine cidricole (de préférence, sur réservation).

LA VIGNE €€

410, route de Trouville-sur-Mer - **PENNEDEPIE**
✆ 02 31 88 89 61
lavignepennedepie.monsite.orange.fr
Gîtes de France (3 épis). 2 chambres. Chambre double de 65 € à 75 €. Petit déjeuner inclus. Parking.

Sur la côte entre Honfleur et Deauville, au milieu d'un parc arboré et fleuri, Anne-Marie et Alain vous accueillent dans deux chambres personnalisées et confortables situées dans une dépendance près de leur maison normande du XVIIIe siècle. Dans la maisonnette réservée aux hôtes, une suite au rez-de-chaussée avec salon, une chambre pour 2 personnes et sanitaires privés et à l'étage une chambre pour 2 personnes et sanitaires indépendants sont proposés. Vos hôtes vous proposeront aussi un réfrigérateur, un micro-ondes et un espace pour prendre vos repas.

LA MAISON DE SÉRAPHIN €€

6, rue du Général de Gaulle - **RANVILLE**
✆ 07 60 26 81 18
www.lamaisondeseraphin.com
Chambre double de 95 € à 100 € ; suite à partir de 130 €. Petit déjeuner inclus. Bébé jusqu'à 3 ans : 15 € /nuit.

Carole et Xavier ont aménagé la Maison de Séraphin dans l'ancien château Brüder. Lieu de villégiature, propriété d'une famille alsacienne, la demeure fut réquisitionnée par les Allemands puis transformée par les soldats britanniques en infirmerie à la Libération. Une maquette est d'ailleurs visible au Musée de Pegasus tout proche. Jusqu'à la fin des années 1990, elle accueillait des enfants avant d'être reprise par des particuliers qui lui redonnèrent vie et confort. Aujourd'hui, vous y passerez de très agréables moments, au calme, avec tout le confort nécessaire.

ENTRE PRÉ ET MER €

145, impasse de la Rue-Le-Guillon
SAINT-ETIENNE-LA-THILLAYE
✆ 02 31 64 83 44
Gîtes de France (3 épis). Chambre simple à partir de 50 € ; chambre double à partir de 60 €.

Nous avouons un petit coup de cœur pour ces charmantes chambres d'hôtes, aménagées soigneusement par Emmanuelle et Christophe ! La maison tout d'abord, et la jardin qui l'entoure, sont magnifiques, quant aux deux chambres, l'on y passerait bien ses journées, tant elles sont douillettes et confortables ! Le matin, vous vous régalerez d'un petit déjeuner maison et copieux avec crêpes, confitures, jus de fruits, ou encore brioche perdue. Idéal avant de partir à la découverte de tous les lieux à visiter tout proches de cette étape très bien située !

NORMANDIE

L'ÉCOLE D'ÉMILIENNE €€

3, rue de l'Église
SAINT-PIERRE-CANIVET
✆ 02 31 90 63 99
Gîtes de France (3 épis). Chambre double à partir de 70 €. Lit supplémentaire : 25 €.

Située dans un cadre champêtre, avec ânesses, chèvres et canards qui se baladent en quasi liberté, l'École d'Émilienne ne manque pas de charme et de chaleur. La belle bâtisse où ont été aménagées les chambres d'hôtes est en réalité une ancienne école du village (d'où le nom), datant du XVIIIe siècle. La suite familiale, joliment décorée avec mobilier ancien, bibliothèque et table d'échecs, a été aménagée pour une famille ou deux couples. Vous bénéficiez d'une parfaite tranquillité ici ou dans le grand jardin bordé par un ruisseau avec une terrasse couverte.

LE COLOMBIER DU MANOIR €€

Le Manoir - **TRÉVIÈRES**
✆ 02 31 22 85 28
www.colombier-manoir.com
Gîtes de France (3 épis). 4 chambres. Chambre double à partir de 80 €.

Dans cette splendide ferme manoir du XVIIIe siècle, les chambres ont chacune leur personnalité. Bayeux est ornée de tentures brodées, Omaha Beach, la familiale, est décorée d'un poster géant représentant un GI accompagné d'enfants, Arromanches possède une ambiance *shabby chic* et Isigny est dans des tons caramel. Toutes donnent sur la cour et le fameux colombier qui a donné son nom à l'endroit, histoire de commencer la matinée les yeux emplis d'un joli spectacle. Ici tout est somptueux, y compris le parc arboré et fleuri de 5 000 m² dans lequel on aime se promener.

AUX LOGIS DES TROIS MONTS €

Route de l'Eglise - **TROIS-MONTS**
✆ 06 09 92 18 51
www.auxlogisdetroismonts.com
Chambre simple à partir de 60 € ; chambre double à partir de 70 € ; chambre triple à partir de 85 €.

Dans la dépendance d'une habitation en pierre, entourée d'un extérieur fleuri, vous attendent deux chambres de trois à quatre personnes, avec salle d'eau et w.c. particuliers, TV, entrées indépendantes, et séparées par un salon et un coin cuisine avec un réfrigérateur, une cafetière, etc. ou même la possibilité de se préparer un petit repas en le prenant au salon de jardin sur le balcon. Un salon avec poutres apparentes, ou encore une véranda avec four à pain sont accessibles.

MANOIR DE LA MARJOLAINE €€

5, avenue Président-Coty - **VARAVILLE**
✆ 02 31 91 70 25 - www.manoirdelamarjolaine.fr
Chambre simple de 125 € à 190 € ; chambre double de 135 € à 200 € ; chambre triple à partir de 210 €.

Ce manoir du XIXe siècle dans un parc arboré, à 300 mètres de la mer et 200 mètres du golf de Cabourg, vous propose cinq chambres (au second étage) dont deux suites (au premier étage), toutes équipées d'une salle d'eau et de w.c., ainsi que télévision. Chacune d'elles offre une vue sur les jardins environnants et certaines chambres comportent une baignoire spa. Vous apprécierez le cadre et l'architecture de cette maison bourgeoise, de même que la verdure environnante, à seulement quelques pas des plages. Le romantisme est ici à l'honneur.

MANOIR DE PONTFOL €€

Chemin de Pontfol - **VICTOT-PONTFOL**
✆ 02 31 63 45 70
manoirdepontfol.fr
Chambre double de 79 € à 85 €. Petit déjeuner inclus. Lit supplémentaire : 25 €.

Ce superbe manoir bluffe par ses prestations, son accueil et l'originalité de ses chambres. Côté chambres, les propriétaires ont osé les thématiques historiques et littéraires ce qui les rend mythiques et charmantes. Ambiance médiévale, lit à baldaquin, lit drakkar... Presque un musée. Mais, surtout, une vraie bouffée d'air, de verdure et d'aventures imaginaires pour le voyageur fatigué des chambres d'hôtel standardisées ! Même naturel au petit déjeuner, pris dans la « salle des soupirs », avec, sur la table, des produits frais, maison, et souvent bio.

VILLA D'EAUX €€

12, rue Michel-d'Ornano - **VILLERS-SUR-MER**
✆ 02 31 88 19 18
www.villadeaux.com
Chambre simple 160 € ; chambre double 240 €. Conciergerie 24h/24. Wifi gratuit. Bain bouillonnant.

Ce lieu à part est une superbe maison bleue Art déco datant de 1920 adossée à la mer. Valérie vous accueille dans ses six chambres sur deux niveaux. Dès l'entrée, les magnifiques fresques vous dirigent vers le patio d'époque et sa verrière, dont le toit s'ouvre sur le bleu du ciel. L'architecture du bâtiment, classé, est alliée à une déco intérieure pensée par le designer Oscar Ono. Terrasse, maison des thés et Jacuzzi, la déconnexion est assurée. À 20 min, Valérie a ouvert L'Aigue-marine, un restaurant qui propose des produits frais terre et mer normands !

EURE

LE VIEUX LOGIS D'ACQUIGNY €€

4, rue Aristide-Briand - **ACQUIGNY** ✆ 06 98 92 43 68
www.vieuxlogis.wix.com/acquigny
Chambres d'hôte à partir de 90 € la nuit (petit-déjeuner inclus). Gîte (4 à 5 personnes) : de 355 à 5200 € la semaine.

Bienvenue dans cette ancienne demeure du XVIe siècle, à quelques pas du château d'Acquigny et de l'église. Chargée d'histoire, la bâtisse en pierre et à colombages a sûrement appartenu à un châtelain et a été l'objet de différents pèlerinages. Sacha Guitry en fut propriétaire avant que le lieu ne devienne, en 1946, l'école du village. Mais la forme qu'on lui connaît aujourd'hui, c'est bien sûr cet ensemble de gîtes tout équipés sur le bord de l'Iton et de chambres décorées avec goût.

DOMAINE DE LA PETITE RIVIERE €€€

1, la Pladière - **BEAUMONTEL**
✆ 02 32 44 17 55
www.domainedelapetiteriviere.com
Week-end deux nuits à partir de 205€ en gîte, à partir de 170€ en roulotte.

Dans un domaine de 5 hectares, vous serez séduit par cette belle demeure typiquement normande comprenant deux suites, une chambre et une authentique roulotte ! Toutes sont spacieuses et disposent d'une salle de bains (baignoire ou douche) avec w.c. privatifs. Au rendez-vous : colombages et poutres apparentes. Cours de poney, de yoga Pilate et soins massages sont possibles sur réservation. Les amoureux des animaux aimeront le lama, les chèvres, les moutons et les poules en liberté.

LA CHAISERIE €€

37, rue de Pacy - **CLEF VALLÉE D'EURE**
✆ 02 32 31 62 38
www.gite-lachaiserie.fr
Chambre simple à partir de 62,50 € ; chambre double à partir de 81 € ; chambre triple à partir de 101,50 €.

Michèle et Éric Deleu ouvrent les portes de leur demeure dans laquelle se trouvent trois chambres spacieuses et confortables, dont une suite familiale. Chacune possède un petit salon privatif et un petit coin repas avec micro-ondes, réfrigérateur et vaisselle est à votre disposition. Ils proposent également un gîte qui dispose d'une terrasse et d'un joli jardin arboré où vous pourrez prendre le petit déjeuner et déguster des confitures et des gâteaux maison, ainsi que des produits bio et équitables. Une étape de charme au cœur de la vallée de l'Eure.

LA FERME DE L'ÉGLISE €€

12, rue des Diligences - **FATOUVILLE-GRESTAIN**
✆ 02 32 42 15 95
www.lafermedeleglise.com
Chambre double 165 € le week-end. Petit déjeuner en chambre 9 €. 4 gîtes de 2 à 7 personnes.

Ancienne ferme, à seulement quelques kilomètres de Honfleur, cette demeure vous ravira par son charme et sa décoration chaleureuse. Ici, les possibilités d'hébergement sont vastes : on y trouve les gîtes Cannelle et Vanille en duplex, la Petite Chaumière de construction typiquement normande ou, pour les plus aventureux, le gîte Bohème aménagé dans une roulotte gitane joliment aménagée. Les chambres ont toutes une entrée indépendante et peuvent accueillir deux à quatre personnes, voire huit personnes pour certaines. Le plus : une piscine extérieure pour l'été.

PHARE DE FATOUVILLE €€

386, route du Phare - **FATOUVILLE-GRESTAIN**
✆ 02 32 57 66 56
pharedefatouville.fr
Chambre simple 66,80 €, double 80,60 €, familiale 4 personnes 143,60 €. Petit déjeuner inclus. Visites guidées du phare.

Coup de cœur garanti pour ces chambres d'hôtes offrant sans doute le site le plus original du département ! Qui n'a jamais eu envie de dormir au pied d'un phare ? Ici, quatre chambres thématiques sont installées dans la maison des gardiens, et vous déjeunez dans le phare de Fatouville avec des produits faits maison et issus de la ferme ! Du haut de ses 32 mètres, seuls les hôtes d'Anne et Jean-François Durand ont le privilège d'admirer le magnifique panorama à 360 degrés avec vue sur Honfleur et la côte normande. Prêt pour tenter l'aventure, matelot ?

AU VIEUX CADRAN €€

12, route de la Libération - **HARCOURT**
✆ 06 27 79 34 45
www.auvieuxcadran.fr
Chambre simple à partir de 70 € ; chambre double à partir de 80 €. Petit déjeuner inclus. Parking inclus.

Une superbe maison à colombages entourée d'un îlot de verdure, vous aurez ici l'impression d'être en accord parfait avec la nature. Vous pourrez choisir entre deux chambres décorées selon des thématiques différentes : la chambre zen offre une vue totalement ouverte sur le jardin, tandis que la chambre citadine d'inspiration industrielle offre tout autant de confort. Le Vieux Cadran accueille aussi une brocante emplie d'objets rares et délicats, des trouvailles dégotées un peu partout dans la région et ailleurs, profitez-en pour rapporter un souvenir !

LE MOULIN DES CHENNEVIÈRES €€

34, chemin du Roy - **GIVERNY**
✆ 06 81 13 77 72
www.givernymoulin.com
5 chambres. Chambre double de 100 € à 160 € ; chambre triple à partir de 180 €. Petit déjeuner inclus. Parking inclus.

Un ancien moulin en colombages et vieilles pierres du XVIIe siècle qui a vu séjourner différentes artistes transformé en chambres d'hôte, un parc magnifique de trois hectares où coulent différents bras de la rivière Epte et des animaux rares sur les terres euroises comme des wallabies, des émeus ou des autruches vous attendent. Le chambres sont confortables et invitent à la rêverie et à la détente, l'une d'elles possède même un bain à remous privatif !

VILLA ALIÉNOR €€

1, rue Grande - **LES ANDELYS**
✆ 02 32 54 90 13
www.villa-alienor.fr
Chambre double entre 90€ et 130€ la nuit petit déjeuner inclus.

La Villa Aliénor accueille dans un écrin de verdure les amoureux de nature et de tranquillité. De nouveaux propriétaires se sont récemment emparés des lieux pour transformer cet ancien relais du XVIIIe siècle en maison d'hôtes. Au calme, l'endroit dispose d'une terrasse au charme bucolique idéale pour faire une petite pause. Les chambres disposent d'un bureau, d'une penderie, d'un nécessaire thé/café, d'une salle d'eau avec douche à l'italienne et vasque et des toilettes séparées. Une suite familiale, ainsi que trois studios-gîtes sont également proposés.

LE ROY MOULIN €€

72, rue Saint-Vincent - **GLOS-SUR-RISLE**
✆ 06 25 92 42 42
www.leroymoulin.com
Chambre double à partir de 90 €. Petit déjeuner inclus. Lit supplémentaire : 15 €.

Dans une maison de maître en pleine nature, entourée d'eau et d'arbres centenaires, ces quatre chambres d'hôtes ne peuvent qu'assurer votre repos et votre sérénité. Au programme de vos journées : farniente au bord de la Risle, pêche à la mouche sur un parcours privé en rivière de première catégorie, promenade dans les champs et détente dans les 20 hectares que compte cette magnifique propriété plantée d'arbres géants centenaires. Les chambres ont des lits doubles séparables avec également possibilité de lit d'appoint ou de lit bébé, pratique pour les familles.

LES CIGOGNES €€

211 bis, chemin du Roy - **MARAIS-VERNIER**
✆ 02 32 42 88 92
www.211bis.fr
Chambre double à partir de 75 €. Pod, logement insolite avec bain bouillonnant privatif, à partir de 99 €.

Isabelle et Christian vous proposent 4 chambres d'hôtes dans des chaumières, dont un logement insolite, le POD avec bain bouillonnant privatif, une cabane lovée au cœur du verger. Sur place, profitez de la location de vélos et VAE pour vos excursions avec les enfants, d'un spa, de randonnées, de plateaux du terroir, mais aussi de l'observation de la riche faune et flore de ce site préservé sans oublier le *farniente* (modelage, massage). Le jardin est doté d'un espace bien-être avec sauna et bain bouillonnant extérieur chauffé, été comme hiver, en forme de tonneau.

CHÂTEAU DE SAINT-AUBIN-SUR-RISLE €€

8, rue de l'Eglise
MESNIL-EN-OUCHE
✆ 06 06 66 66 55
2 chambres (et 2 suites). De 115 € à 145 €. Restauration (table d'hôtes sur demande 38€).

Max et Patrick ont acheté cet ancien relais de chasse du XVIIIe et son colombier pour le rénover, entourés par un grand parc et des étangs. Boiseries et meubles anciens, tableaux et sculptures modernes égayent l'intérieur. A l'extérieur, piscine et terrain de tennis promettent de beaux moments en perspective. Les chambres sont élégantes avec leur mobilier d'époque, et disposent d'un coin salon et d'une salle de bains privative avec sèche-cheveux. Elles offrent une vue sur le jardin.

LA PASSÉE D'AOÛT €€

1, rue du Stade - **MISEREY**
✆ 02 32 67 06 24
www.lapasseedaout.fr
Chambre simple à partir de 50 € ; chambre double à partir de 65 € ; chambre triple à partir de 75 €.

Viviane vous reçoit sur son exploitation céréalière. Les chambres au charme campagnard, dont une suite familiale, restent dans le thème. Pourquoi La Passée d'Août ? Autrefois, le repas de fin de moisson s'appelait ainsi et tous ceux qui avaient participé aux travaux étaient conviés. A noter le petit déjeuner copieux avec des confitures maison, et la table d'hôtes, qui valorise les produits de la ferme, volailles de la basse-cour, légumes du potager, fruits du verger... Viviane ne manquera pas de vous faire découvrir son travail et les petits ne s'ennuieront pas !

CHÂTEAU DE BONNEMARE €€

990, chemin de Bacqueville - **RADEPONT**
✆ 02 32 49 03 73
www.bonnemare.com
Gîtes de France (4 épis). 5 chambres. Chambre double de 130 € à 230 € ; suite à partir de 230 €. Petit déjeuner inclus.

Bienvenue au château ! Vous rêvez de devenir châtelain le temps d'un séjour ? Alors arrêtez-vous au château de Bonnemare, superbe monument du XVIe siècle, à la très belle architecture Renaissance, idéalement situé dans le triangle Vexin normand, vallée de l'Andelle et vallée de l'Eure. Le petit déjeuner est servi dans la cuisine du château au coin de sa cheminée monumentale. Quant aux 3 gîtes, l'un est l'ancienne boulangerie du château, le second, la maison de la ferme, et le 3e, le gîte de la tuilerie, est situé dans le village à 5 minutes à pieds du château.

MANOIR D'HERMOS €€

790, Chemin d'Hermos
SAINT-ELOI-DE-FOURQUES ✆ 02 32 35 51 32
www.hermos.fr
1 personne 58 à 94 €, 2 personnes 64 à 100 €, 3 personnes 83 à 119 €, 4 personnes 138 €.

Ce manoir a été construit en 1535 pour le duc de Guise et servit de pavillon de chasse à Henri IV. Béatrice et Patrice vous y ouvrent cinq chambres ainsi que trois autres dans une dépendance. Le petit déjeuner est servi dans un superbe salon recouvert de boiseries du XVIe siècle. Les visiteurs apprécieront les balades dans le parc boisé de 12 hectares avec plan d'eau et verger. Un logis du XVIe siècle accueille réceptions, cocktails, mariages et soirées dansantes pour 100 à 160 personnes avec possibilité d'hébergement pour 40 personnes dans 10 chambres.

LE DOMAINE DES 7 SENS €€

VERNEUIL D'AVRE ET D'ITON
✆ 06 75 30 81 02
www.o7sens.com
11 chambres/4 chalets. Tarifs : de 80 € à 250 €. Petit-déjeuner : 10 €, restauration : de 15 € à 30 €.

Ce domaine éveillera vos 7 sens. Planté au beau milieu d'un écrin de verdure, il n'est situé qu'à 1h30 de Paris. Pouvant accueillir jusqu'à 40 personnes, vous séjournerez en chambres individuelles ou collectives et dans le parc on trouve quatre chalets indépendants. En soirée, un buffet vous est proposé, mais il est possible de privatiser un salon pour dîner à deux. Et pour faire la fête et plus si affinités, vous pouvez rejoindre le dancefloor et les espaces coquins. Afin d'agrémenter votre séjour, piscine couverte, espace fitness et service de massages.

LA BONNE AUBERGE €€

42, route des Chaumières
VIEUX-PORT
✆ 06 61 40 39 91
Réception ouverte 24h/24. 5 chambres. Chambre double de 170 € à 350 €. Petit déjeuner inclus.

C'est ici le lieu idéal pour une halte hors du temps ! Cette ancienne chaumière avec son toit typique - nous sommes sur la route des Chaumières - et ses colombages, surplombant la Seine, offre une vue très agréable et un calme olympien. Ce n'est pas pour rien que quelques artistes sont passés par là : le peintre Charles Lhuillier y a vécu et son confrère William Turner y a réalisé 3 œuvres ; côté littérature c'est Victor Hugo et Guy de Maupassant qui ont séjourné ici. Et pour cause, selon la chambre choisie, vous verrez la Seine couler lentement depuis votre lit !

MANCHE

LE MANOIR DE COUTAINVILLE €€€

2, rue de la Maugerie - **AGON-COUTAINVILLE**
✆ 02 33 47 05 90
www.manoir-de-coutainville.com
Chambre double 200 €. Petit déjeuner inclus. Chambre supplémentaire : 50 €. Animaux acceptés.

Protégées par les murs de granite, les chambres d'hôtes au cœur du Manoir de Coutainville, demeure fortifiée, de la fin du XVe siècle ou du début du XVIe siècle, sont uniques. Vous vous y sentirez bien, comme si vous étiez châtelains vous-mêmes. L'hôtesse vous accueille chez elle et on se sent chez soi. Elle a tout prévu et devance nos envies : bottes pour la pêche à pied, maillots de bain de toutes sortes pour se jeter dans les belles vagues normandes.

LES COLOMBES DE LA BAIE €€

2, rue de la Mairie - **AUCEY-LA-PLAINE**
✆ 06 24 18 01 43
Chambre double à partir de 60 €. Petit déjeuner inclus.

Installées dans un bâtiment datant du XIXe siècle, ces chambres d'hôtes sont bien équipées : une télévision à écran plat avec un lecteur Blu-ray, une cuisine équipée d'un micro-ondes et d'un réfrigérateur et une salle de bains privative pourvue d'un sèche-cheveux. Climatisées et avec une terrasse, on s'y sent bien. Chaque matin, le petit déjeuner vous est servi et il est copieux et varié, faisant la part belle aux produits frais régionaux. Le jardin est agréable et la propriété très bien située, à à peine plus d'une dizaine de kilomètres du Mont-Saint-Michel.

LE MANOIR AU COURT €€

La Provostière - **AUCEY-LA-PLAINE**
✆ 02 33 60 33 67
www.fermedelaprovostiere.com
Gîte pour 2 à 3 personnes de 240 à 345 €, gîte pour 2 personnes de 210 à 270 €.

La ferme de la Provostière propose deux chambres d'hôtes, mais aussi quatre gîtes. Vous y trouverez un service de vaisselle complet avec tout l'électroménager que vous souhaitez pour le confort de Madame ou de Monsieur. Ici, vous vous sentirez loin de la foule de touristes, et vous apprécierez le cadre champêtre et l'accueil qui vous sera réservé. Maryvonne et René Feuvrier se feront également un plaisir de vous faire découvrir les produits de leur ferme, dont plus d'une trentaine de sortes de confitures différentes pour le petit déjeuner.

CHÂTEAU DE CHANTORE €€€

Lieu-dit Chantore - **BACILLY**
✆ 09 60 52 82 73
www.chateaudechantore.com
3 chambres (et 2 suites). Chambre double de 190 € à 270 €.

Anciens Parisiens, Inaki Goiburu et Bernard Legal ont acheté le domaine il y a 7 ans. Construit en 1780 au milieu d'un parc de 18 hectares, cette demeure est meublée dans le style XVIIIe siècle. Dehors, on profite pour flâner des deux vergers, et pour le sport du terrain de tennis. Les chambres sont sublimes ! Par exemple, la suite Mont Saint-Michel, décorée dans le goût du XVIIIe siècle avec ses antiquités, ses boiseries, ses tentures, ses parquets et ses cheminées, offre depuis son balcon une vue splendide sur le Parc et le Mont-Saint-Michel…

MANOIR DE LA FIEFFE €€€

La Glacerie - **CHERBOURG-EN-COTENTIN**
© 02 33 20 81 45
www.manoirdelafieffe.com
Chambre double 115 €. Petit déjeuner inclus. Gîte pour un couple à partir de de 395 €. 1 chambre et 2 suites

Voici un authentique manoir du XVIe siècle, dans la campagne à 10 minutes du centre de Cherbourg. Le décor d'origine restauré avec goût allie confort et tradition, le tout avec une touche contemporaine. Des chambres spacieuses remplies de souvenirs, des salles de bains superbes grandes tout d'abord, mais aussi avec une décoration digne de ce lieu magique vous séduiront. Dans le superbe parc, on se promène lorsqu'il fait beau pour profiter de curiosités botaniques surprenantes et lorsqu'il pleut on profite d'une bibliothèque très fournie et d'un coin salon exquis.

HÔTEL TANQUEREY DE LA ROCHAISIÈRE €€

13, rue Saint-Martin
COUTANCES
© 06 50 57 22 55
www.bandb-hotel-coutances.fr
Chambre double 110 €. Petit déjeuner inclus.

Magnifique, splendide, hors du temps : les qualificatifs manquent face à ce splendide lieu, unique, et presque secret. Car cet authentique hôtel particulier des XVII et XVIIIe siècles est idéalement situé dans le centre historique de Coutances, et propose deux chambres confortables. Cet hôtel particulier, dont l'histoire est si longue qu'il faudrait plusieurs pages de ce guide pour vous la décrire, vous offre des prestations magnifiques : tout est travaillé avec minutie.

CHATEAU DES POTERIES €€

Route des Marais - **FRESVILLE**
© 02 33 95 02 03
www.chateaudespoteries.com
4 chambres (trois chambres triple et une double). Chambre simple 76 € ; chambre double 75 €.

Situé au cœur du Cotentin, dans le bocage Valognais, le château des Poteries vous ouvre ses portes pour un retour au siècle des Lumières. Véritable chef-d'œuvre du XVIIIe siècle, il sera le havre de paix recherché pour des vacances au vert et au calme. Profitez de l'étang et du parc pour une promenade bucolique ou admirez la vue de confortablement installé dans votre charmante chambre. L'atmosphère de l'époque règne encore en ces lieux aussi bien au travers de la décoration que du mobilier un rien rustique. Tout ici est invitation au dépaysement.

LA LAITERIE €€

6, Hamel au Curé - **GROSVILLE**
© 02 33 03 21 41
www.la-laiterie.eu
Chambre simple à partir de 66 € ; chambre double à partir de 82 € ; chambre triple à partir de 112 €.

Comme son nom l'indique, vous êtes logés au cœur d'une laiterie ! En arrivant, vous serez saisi par l'imposante bâtisse en pierre, accueillante et si bien entretenue ! Eric et Jean vous ouvrent les portes de la ferme, édifiée il y a déjà deux siècles et demi ! Refuge LPO, ici on respecte la faune et la flore. Les chambres sont très confortables et la suite familiale du rez-de-chaussée est labellisée pour les 4 handicaps depuis 2012. Jean a pratiqué longtemps la langue des signes et il peut communiquer des informations simples. Le jardin aussi est accessible.

LE CLOS DES TILLEULS €€

37, route de Coutances - **LA VENDELÉE**
© 02 33 45 04 78
www.gite-chambredhotes-relaxationalamer.com
Chambre double à partir de 80 € ; suite à partir de 120 €. Petit déjeuner inclus.

Un gîte spacieux comprenant deux chambres, une terrasse et un grand séjour vous sera proposé, mais les chambres d'hôtes valent vraiment le coup, elles sont dédiées à la détente pleine et totale ! La chambre double propose une douche hydromassante et un hammam, la suite bien-être sauna, fauteuils de massage shiatsu, douche hydromassante, et les autres suites proposent douche tropicale, bain à remous et spa ! Ce sont donc des prestations de grande qualité qui sont proposées en chambres, comme pour le petit déjeuner et l'accueil qui sont tout aussi qualitatifs !

MANOIR DE LA PORTE €€

D 175 - **LE PARC**
© 02 33 68 13 61
www.manoirdelaporte.fr
5 chambres. Chambre double de 89 € à 115 €. Petit déjeuner inclus. Lit supplémentaire : 20 €.

Ce petit manoir du XVIe siècle avec une tour ronde entouré d'un parc dans le bocage normand propose deux chambres avec un panorama sur le tulipier plusieurs fois centenaire et sur l'étang aux nénuphars et un gîte d'étape comprenant trois chambres, avec une vue agréable sur le parc, et un joli mobilier de style. Vous pourrez profiter d'une délicieuse table d'hôte avec cuisine du terroir et poissons. Le petit déjeuner se prendra agréablement devant la magnifique cheminée imposante sous les poutres apparentes. Bibliothèque, salon et piano sont à disposition.

FERME DE LA GORTIERE €€

28, route de Saint-Hilaire - **LE TEILLEUL**
✆ 02 33 59 43 29
www.chambres-hotes-gortiere.com
Chambre simple à partir de 35 €, double de 42 € à 55 €, triple de 60 € à 65 €. Roulotte (par nuit) : 75 € pour 2.

C'est aux confins du sud du département que se situe cette ferme de la Gortière, qui compte bien des atouts dans des propositions. Proposant quatre chambres d'hôtes (deux dans d'anciennes étables, les autres dans le cellier de cette belle maison du XVIe siècle) permettant pour certaines d'accueillir trois personnes, elles sont décorées et meublées avec goût. Autre possibilité, l'hébergement en roulotte, que les enfants ne manqueront pas d'adorer. Le lieu, équipé d'un bain bouillonnant, est également table d'hôte. Enfin, la ferme se visite !

LES AGAPANTHES €€

50, rue de la Sienne - **LINGREVILLE**
✆ 09 53 70 05 24
www.lesagapanthes.jimdo.com
Chambre double à partir de 70 €. Gîte : 200 € le week-end, de 595 à 770 € en semaine. Dîner : 17 € par adulte.

Les Agapanthes, tenues par des amoureux de la région, proposent des hébergements multiples et originaux. Commençons par l'offre de chambre d'hôte. Située au sein d'un gîte (mais vous garantissant une tranquillité optimale) elle vous permet l'accès à la cuisine. Passons ensuite aux gîtes, l'un étant appelé, « Plume» et l'autre « Nacre». Pierres et bois se marient à la perfection, et les deux lieux sont particulièrement chaleureux. Le premier, d'une surface de 120 m², et le second, de 100 m², sont assez spacieux pour accueillir 6 personnes chacun.

CHAMBRE D'HÔTES LES BELLES DE MAI €€

35, rue Saint-Michel - **PONTORSON**
✆ 02 33 58 47 79
www.bellesdemai.com
Gîte étape 3 personnes : 85 € la nuit/ 3 nuits minimum. Chambre double 70 € ; chambre triple 100 €.

Sabine et Pierre vous reçoivent comme si vous étiez des amis ! Ils proposent un gîte pour trois personnes, annexe indépendante de la maison principale, qui s'ouvre sur un grand jardin et une terrasse de 60 m². Quatre chambres sont aussi disponibles, décorées dans des tons pastel délicats et bien équipées, indépendantes avec w.c. privés et douches ou baignoires. Le salon-bibliothèque, dans lequel on prend le petit déjeuner devant la cheminée, est à disposition.

LE RELAIS DE MOIDREY CHAMBRES D'HÔTES €

17, route de la Grève
PONTORSON
✆ 02 33 58 70 74
www.moidrey.com
Chambre simple à partir de 45 € ; chambre double de 50 € à 60 €. Petit déjeuner inclus.

Dans cet ancien relais du XIXe siècle, cinq chambres d'hôtes avec salle d'eau et w.c. privés, dans lesquelles vous trouverez confort et calme, sont proposées. La literie est excellente ! Au rez-de-chaussée, une chambre pour personnes à mobilité réduite permet à tous de profiter de ce lieu décidément bien pensé. La vue est sublime depuis les fenêtres desquelles on admire les couchers de soleil. A l'intérieur, l'ambiance est chaleureuse, juste comme il faut.

VILLA MONS CHAMBRE D'HÔTES €€

28, rue Saint-Michel - **PONTORSON**
✆ 02 33 60 08 08
www.villamons.com
Ouvert toute l'année. Chambre double à partir de 75 €. Petit déjeuner inclus. Wifi gratuit.

Cette charmante chambre d'hôtes vous accueille tout au long de l'année dans une maison de ville du XVIIe siècle et son adorable jardin de curé. Tomoko et Damien vous permettront de passer un moment au calme loin de la foule. Les chambres sont grandes (de 25 m² à 40 m²), décorées avec goût. Chacune possède sa salle de bains et ses w.c. privés ainsi qu'une TV à LED (TNT) et un coin canapé plus un bureau. Les lits sont king et queen size avec matelas extra-confort.

LA COUR €€

24, route de Saint Clair - **RAUVILLE-LA-PLACE**
✆ 02 33 41 65 07
www.chambres-lacour.com
Chambre simple 60 € ; chambre double 65 € ; chambre triple 88 € ; suite 98 €.

Ce manoir seigneurial du XVe siècle à l'abri d'un grand parc entretenu et fleuri avec plan d'eau et ânes vous propose cinq chambres. Spacieuses, entretenues dans le style d'époque (poutres et pierres apparentes, cheminée, fresque murale ou sol en terre cuite), les pièces sont aussi meublées avec soin et les sanitaires étudiés pour le confort. Monique vous servira le petit déjeuner dans une vaste salle, comportant une imposante cheminée du XVe siècle. Un réfrigérateur et un four micro-ondes sont à votre disposition, tout comme un salon réservé aux hôtes.

FERME LA GAUTRAIE €

La Gautraie - **SAINT-JAMES**
✆ 02 33 48 31 86
www.lagautraie.com
Chambre double à partir de 65 €. Petit déjeuner inclus. Lit supplémentaire : 25 €. Gîte à partir de 450€ la semaine.

Cette grande bâtisse entourée d'un jardin où se côtoient sapin et magnolia en fleurs offre quatre chambres d'hôtes pouvant accueillir d'une à quatre personnes, avec salle de bains et w.c. privés. La décoration est sobre avec de nombreux meubles régionaux. Un goût de l'authentique qui se retrouve jusqu'à la table d'hôtes de Catherine et François où confitures maison et cuisine du terroir se conjuguent suivant les horaires. Les trois gîtes, classés trois épis, sont très bien équipés et permettent de passer un séjour agréable en toute indépendance.

LA FIÈRE €€€

14, Moulin à La Fière - **SAINTE-MÈRE-EGLISE**
✆ 02 33 04 62 89
www.lafiere.com
Chambre double de 130 € à 160 €. Petit déjeuner inclus. Suite familiale pour 3 lits (3-5 personnes) : 190 €.

Chantal et Yves, les propriétaires du lieu, ont voulu aménager ici une confortable demeure du XVe siècle entourée d'une motte féodale vous permettant de loger sur place tout en découvrant les lieux phares de la libération de la région. Le salon est un véritable musée. Des collections de photos et d'objets datant de la Seconde Guerre mondiale sont exposées, permettant de se retrouver encore davantage dans l'ambiance. Les chambres sont calmes, confortables et bien équipées. Les petits déjeuners sont servis dans la salle principale devant la cheminée du XIVe siècle.

GRAINE DE RÊVES €€

1, route de l'Église - **SAINT-SAUVEUR-LA-POMMERAYE** ✆ 06 12 30 77 24
www.grainedereves.fr
Ouvert toute l'année. 4 chambres. Chambre double de 80 € à 95 €. Petit déjeuner inclus.

© GRAINE DE RÊVES TERRASSE SOIR

Un petit écrin dans un calme absolu : Graine de Rêves n'usurpe pas sa réputation, celle d'un lieu cosy, chaleureux et où l'on se sent instantanément bien. Les 4 chambres proposées, dont l'une peut accueillir jusqu'à 6 personnes, répondent aux doux noms de Fleur des Champs, Glycine, Hortensia et Pivoine. Elles sont confortables, décorées avec goût et bénéficient de tout le confort nécessaire. Carine et Mickaël, les maîtres des lieux, sont aux petits soins, et le petit déjeuner est copieux et délicieux. Bilan : l'un des meilleurs plans d'hébergement du coin.

NORMANDIE

CHAMBRES D'HOTES LES ORCHIDEES €

44, route du Cululey - **SURTAINVILLE**
✆ 02 33 94 41 87
www.lesorchidees.unblog.fr
Deux chambres. Chambre double 50 € ; chambre triple à partir de 70 €. Petit déjeuner inclus. Animaux acceptés. Wifi.

Au cœur du bocage, dans un petit hameau très calme à 2 km du bourg, sentez l'odeur des Orchidées. Ce pavillon contemporain vous propose deux chambres d'hôtes décorées avec goût et disposant de salle de bains et wc indépendants. L'accueil est sympathique et le lieu est propice à visiter la région environnante. Sur place, les conseils ne vous manqueront pas, et on prendra le temps de vous donner toutes les informations pour partir à l'assaut des merveilles de la région.

LE LOGIS DE LA MARE DU PARC €€

14, route de la Mare-du-Parc
SURTAINVILLE
✆ 02 33 04 35 50
www.logisdelamareduparc.com
Chambre simple 86 € ; chambre double 95 €. Petit déjeuner inclus. Lit supplémentaire : 25 €.

Line Marvie vous accueille dans une maison du XVIIIe siècle, en pierre du pays, au cœur du village. 5 chambres d'hôtes tout confort sont à votre disposition. Sur place vous profitez aussi d'un salon de détente avec la télévision, livres, et documentations. La salle à manger, sa kitchenette, son salon avec feu de bois pour vous restaurer vous seront ouverts. Le jardin est très agréable avec ses arbres fruitiers, ses palmiers et ses nombreuses fleurs pour se détendre.

LA PALMERAIE GÎTES ET CHAMBRES D'HÔTES €€

14, Le Bourg - **SURTAINVILLE**
✆ 06 05 38 28 76
www.giteslapalmeraie.fr
Ouvert toute l'année. Chambre double de 45 € à 55 €. Gîte pour 4 personnes : de 450 à 650 €/semaine, selon la saison.

Les gîtes & chambres d'hôtes « La Palmeraie » vous accueillent toute l'année : pour une nuit, une semaine ou plus... Ici, on est aux petits soins et disponible afin que votre séjour soit des plus agréables possible, et il faut bien reconnaître qu'ici, on ne manque pas de propositions, et on peut garder vos enfants ou votre animal de compagnie ! Au choix, deux gîtes, une chambre, un studio, ou même la possibilité de camper dans une des chouettes tentes proposées ici.

CHATEAU DE LA ROQUE €€€

THÈREVAL
✆ 02 33 57 33 20
www.chateau-de-la-roque.fr
18 chambres. Chambre double 129 € ; chambre triple à partir de 133 € ; suite à partir de 159 €.

Ce magnifique château du XVIIe siècle, au milieu d'une verdure généreuse, dispose de dix-huit chambres très spacieuses, avec un élégant mobilier de style : lits à baldaquin pour certaines. Les suites familiales, composées de 2 pièces, accueillent jusqu'à 5 personnes. Vous serez impressionné par l'authenticité chaleureuse des lieux avec cheminée et poutres et pierres apparentes, ou encore cuisine à l'ancienne. L'espace bien-être vous propose spa avec chromothérapie, matelas de massage, salle de relaxation, hammam, bain à remous et tisanerie.

LA LAITERIE DE TOCQUEVILLE €€

15, rue de la Gare
TOCQUEVILLE
✆ 06 72 71 67 62
www.laiterie-tocqueville.com
Tarifs : se renseigner sur le site. Wifi gratuit.

Cette ancienne laiterie, joliment rénovée, offre plusieurs formules d'hébergement. En chambre d'hôtes premièrement, lesquelles sont au nombre de cinq. Le soin apporté à la décoration, chic et sobre, vous charmera d'emblée. Côté gîte, quatre formules, quatre bâtiments : le Loft, pour quatre personne, ou les deux bâtisses pour huit personnes, nommées la Cotentine, la Villa du directeur et le Château d'eau, un appartement de 60 m² pour 2 à 3 personnes en duplex.

LE CLOS DES MATIGNON €€€

7, rue Robert-du-Mont - **TORIGNI-LES-VILLES**
✆ 02 33 57 17 21
www.leclosdesmatignon.com
Gîtes de France (4 épis). 3 chambres (dont 1 suite). Chambre double 110 € ; suite 190 €.

Cette superbe maison du XVIIe siècle, ancienne dépendance du château de Torigni, grand écuyer de France en 1450 et Baron de Torigni, propose trois chambres à la décoration moderne et raffinée (lit à baldaquin pour l'une), dont une suite avec deux chambres (l'une avec lit double et l'autre avec lits jumeaux). Parfois, des touches rappellent les séjours des propriétaires en Afrique, invitation au voyage. Les salons vous invitent quant à eux à la détente auprès de la cheminée et, à l'extérieur, jardins et terrasse sauront être des lieux de repos agréables.

MANOIR DE SAVIGNY €€€

VALOGNES
✆ 06 84 81 23 94
www.manoir-de-savigny.com
Chambre simple de 85 € à 120 €, double de 90 € à 130 €. Petit déjeuner inclus. Gîte à partir de 336 €/semaine.

Le manoir de Savigny est une propriété de plusieurs bâtiments que vous pénétrez en traversant l'allée d'imposants peupliers. Le portail est conservé dans le style d'époque. Le bâtiment principal, aménagé en cinq chambres d'hôtes est une dépendance agricole flanquée de son pressoir, de sa charetterie et de sa boulangerie. Les chambres, aménagées en suite pour l'une d'entre elles, allient le charme d'antan au confort moderne. Le petit déjeuner au jardin ou à l'intérieur est royal, et les deux gîtes proposés développent également des offres confortables.

LE DOMAINE DES CHEVALIERS DE MALTE €€€

3, chemin de la Grange - **VILLEDIEU-LES-POÊLES-ROUFFIGNY** ✆ 02 50 71 10 50
www.ledomainedeschevaliers.com
3 chambres. Suite de 124 € à 144 €. Lit supplémentaire : 20 €.

Voici un lieu de prestations haut de gamme : immense bâtisse contemporaine de plusieurs centaines de mètres carrés, avec de nombreuses baies vitrées donnant sur un superbe jardin entretenu au cordeau, c'est le *must* en la matière ici. Chaque suite, unique, a été pensée comme un endroit à part. La plus petite ne mesure pas moins de 27 mètres carrés et compte sa propre balnéothérapie. Vous trouverez sauna, hammam et même une superbe piscine intérieure avec vue sur la campagne verdoyante.

ORNE

MANOIR DE COULANDON €€

5, route de Coulandon - **ARGENTAN**
✆ 02 33 39 18 22
www.manoir-de-coulandon.com
Gîtes de France (3 épis). A partir de 67 €, cuisine à disposition. Animaux acceptés.

En franchissant les murs de l'enceinte de ce joyau du XVe siècle, vous avez l'impression d'être complétement hors du temps. Annie a le goût du détail ainsi que la passion des objets anciens et Patrick, son époux, a su restaurer ce magnifique manoir avec soin. Le lieu allie confort moderne et matériaux rustiques, et cela se retrouve dans chacune des chambres. Dans ce cadre approprié, les hôtes sont vraiment choyés. Chaque chambre a son univers et sa petite terrasse privative. Le petit-déjeuner est servi dans la vaste salle de réception aux tons pastel.

LA MAISON DE PRINTEMPS €

1, place des Tilleuls
BAZOCHES-SUR-HOËNE
✆ 02 50 77 11 49
www.lamaisondeprintemps.com
Chambre double à partir de 52 € ; chambre triple à partir de 72 €. Petit déjeuner inclus.

Dans un petit bourg de campagne normande, en fond de vallée, cette maison centrale offre une grande chambre de 60 m² à l'étage. Vous apprécierez le charme des poutres apparentes et des vieilles pierres de cette vaste pièce mansardée, avec son lit double, ses deux lits individuels, son coin salon et sa salle de bains et w.c. séparés. Patricia et Raymond vous proposent en plus un sauna équipé d'un poêle mixte chaleur et vapeur permettant d'apprécier au mieux les bienfaits du sauna. Le petit déjeuner copieux vous propose entre autres des confitures maison.

LA BELLÊME BLEUE €€

26, rue Boucicaut - **BELLÊME**
✆ 02 33 25 29 75
www.labellemebleue.com
Tarifs des chambres de 90 € à 140 €, petit-déjeuner inclus. Wifi.

Cette ancienne bâtisse percheronne du XVIIe siècle, totalement restaurée, va vous faire voyager. A travers chacune des chambres, vous découvrirez un continent : l'Afrique de Karen Blixen, l'Amérique de Frida Khalo, l'Asie de Mata Hari et l'Europe d'Aristide Boucicaut. Personnage emblématique de Bellême, ce dernier fut le fondateur du premier grand magasin Le Bon Marché à Paris. La maîtresse des lieux propose aux visiteurs un séjour unique, entre exotisme et design, avec les services d'un mini-hôtel et des prestations sur mesure.

LE PRIEURÉ SAINT-MICHEL €€€

Jean-Pierre et Viviane Ulrich - **CROUTTES**
✆ 02 33 39 15 15 - www.prieure-saint-michel.com
Chambre double à partir de 110 € ; suite à partir de 140 €. 2 gîtes pour 4 et 5 personnes de 95 € à 110 € par jour.

Ce site historique avec ses nombreuses dépendances (remarquable grange à dîme et chapelle du XIIIe siècle, ancien pressoir et autres communs) abrite quatre chambres d'hôtes restaurées avec soin et spacieuses, ainsi que deux gîtes indépendants. Le petit déjeuner et le repas version table d'hôtes proposent des produits frais et des spécialités régionales, que l'on prendra sur la belle terrasse lorsque le temps est favorable. Vous apprécierez la roseraie, les parterres d'iris, le jardin d'herbes aromatiques et le jardin japonais qui entourent la résidence.

LE PETIT BUISSON €

Le Buisson
ECORCEI
✆ 02 33 24 33 42
Chambre simple 55 € ; chambre double 60 €. Petit déjeuner inclus. Gîte de France 3 épis.

Vous serez au calme dans cette chambre d'hôtes située dans un logis indépendant des propriétaires. Cette ancienne bergerie en briques et moellons, appartenant à une ferme du XVIIIe siècle, a été récemment restaurée. La chambre est très bien décorée et confortable. Aux beaux jours, on prend le petit déjeuner dehors, dans la salle sinon. La propriétaire propose un parcours pédestre de 13 km imaginé par ses soins pour connaître le patrimoine rural méconnu et l'histoire du village. On peut aussi le faire à vélo grâce à ceux qu'elle vous prêtera.

FERME DE LA PRÉMOUDIÈRE €€

Marie et Pascal Brunet - **JUVIGNY VAL D'ANDAINE**
✆ 02 33 37 23 27 - www.lapremoudiere.com
Gîtes de France (3 épis). 5 chambres (chambre double à partir de 50 €) ; ; Repas : 19 €.

Au cœur du bocage ornais, dans un ancien bâtiment à colombages restauré attenant à leur exploitation agricole, Marie et Pascal Brunet ont aménagé 5 chambres d'hôtes confortables avec une vue imprenable sur la nature environnante. Parfait pour un séjour reposant et une belle occasion de vivre avec les animaux de la ferme et faire le plein de produits naturels et authentiques : jus de pomme, cidres, calvados domfrontais AOC, pommeau, poiré et confitures (30 parfums)... Tout est fabriqué sur place et vous pourrez les déguster à la table d'hôtes.

FERME DES TERTRES €€

Odile et Jean-Claude Besniard
LA CHAPELLE-PRÈS-SÉES ✆ 02 33 27 74 67
www.fedestertres.com
Chambre simple à partir de 46 € ; chambre double à partir de 55 € ; chambre triple à partir de 67 €.

Un lieu de séjour ou d'étape idéal pour les cavaliers ou les amoureux de chevaux : ici, les cinq chambres d'hôtes, claires et confortables, portent chacune le nom d'une race de cheval. Vous pouvez venir avec votre monture, ou partir en balade avec celles de la ferme équestre, accompagné ou non. L'accueil est chaleureux, et il y a en prime une délicieuse table d'hôtes.Pour le petit déjeuner ou pour agrémenter vos repas, profitez des produits laitiers maison : lait cru, yaourt, crème, beurre, riz au lait, riz au chocolat, crème caramel au beurre salé, fromage frais.

LA SOURCE €€

La Peleras - **LA FERTÉ MACÉ**
✆ 02 33 37 28 23
auberge.lasource.pagesperso-orange.fr
Chambre simple 50 € ; chambre double 58 €. Lit supplémentaire : 20 €. 3 gîtes de 290 € à 400 €/semaine.

Les plus difficiles trouveront forcément leur bonheur à la Source, autour de la belle maison de briques et colombages. Avec cinq chambres d'hôtes joliment décorées dans un style ancien et quatre gîtes bien équipés, le lieu est propice à la détente et aux loisirs. À l'auberge, les grillades accompagnées de produits de la ferme sont délicieuses, et la vue sur le lac, les prairies et le village est plaisante. Swing-golf, cheval et activités nautiques vous seront proposés sur place, même si les alentours proposent eux aussi de belles perspectives.

LE VIEUX CHÂTEAU €€

LE RENOUARD
✆ 02 33 12 88 16
www.levieuxchateaulerenouard.com
3 chambres. Chambre double à partir de 165 €. Wifi gratuit. Restauration (table d'hôtes à 50€).

Ce château ancien incendié sur ordre du roi d'Angleterre Henri 1er en 1119, puis reconstruit dans la deuxième moitié du XVe siècle, a été rénové par l'Australienne Donna McDougall, qui accueille aujourd'hui ses hôtes dans ce lieu historique (certaines parties sont vieilles de plus d'un millénaire !) situé dans la vallée du Renouard. Elle propose trois chambres d'hôtes décorées avec soin, avec jardin et terrasse. En fin de journée, vous profiterez du bar et de la terrasse, et Donna pourra converser avec vous en plusieurs langues.

LES FERMES DE FLORENCE €€€

Les Fonciers - **LES CHAMPEAUX** ✆ 02 33 39 15 56
www.lesfermesdeflorence.com
3 épis gîtes de France. Chambre double de 87 € à 120 €. Tarifs gîtes : de 910 € à 1155 € (la semaine).

Ancienne ferme en colombages du début XVIIIe siècle abritant 2 chambres d'hôtes et 2 gîtes indépendants. Les chambres, situées dans une longère, sont spacieuses, confortables et décorées avec goût. Chacune a un accès indépendant en extérieur et une salle à manger est à votre disposition. Les gîtes sont bien équipés : ordinateur, home cinéma, billard, cheminée, sauna... Votre séjour vous permettra aussi de profiter du bain à remous privatif, de massages, et des repas faits maison avec des produits du terroir issus de producteurs locaux normands.

LA GRANDE NOË €€

Château de la Grande Noë - **LONGNY LES VILLAGES**
✆ 06 58 54 21 24 -
www.chateaudelagrandenoe.com

De 160 € à 332 €. Pension complète. Petit déjeuner inclus. Panier repas : de 24 à 26 €. Menu enfant de 8,50 € à 13 €.

Le château de la Grande Noë propose des chambres d'hôtes grand confort et des cabanes perchées dans les arbres à proximité du domaine. L'une des cabanes est idéale pour les couples et offre une parenthèse romantique, d'autres offrent des espaces familiaux pour 5 personnes et des terrasses. Les enfants adoreront le parcours aventure avec toboggan, les vélos et le petit parc animalier sont en accès libre et les écolos apprécieront des équipements respectueux de l'environnement pour les cabanes : toilettes sèches, sanitaires communs fonctionnels et bougies à gogo !

JEUX D'ENFANTS €€

4, ruelle de l'Hospice
MORTAGNE-AU-PERCHE
✆ 06 89 87 39 05

Ouvert du 1er mars au 31 décembre 2021. Pour 5 personnes (2 chambres). 80€. CB non acceptée.

Ce gîte est situé dans une maison mitoyenne confortable et chaleureuse qui permet d'accueillir 5 personnes. Non loin du centre de Mortagne (400 mètres), l'habitation est dotée d'un jardin paysagé et d'un atelier pour permettre aux visiteurs de s'adonner à tous types de loisirs créatifs : peinture, patchwork, etc. Une bibliothèque, qui compte de nombreuses revues, est également mise à disposition des hôtes. Les 2 chambres offrent tout le confort nécessaire et sont équipées de postes de télévision. Une bonne adresse pour un séjour reposant.

LA MAISON DE BEAULIEU €€

La Folie
PACÉ
✆ 02 33 32 01 55

Chambre double à partir de 72 €. Petit déjeuner inclus. Parking inclus. Réduction à partir de la troisième nuit.

Vous êtes très bien reçu par Pierre Besnier qui vous propose quatre chambres spacieuses dans la magnifique bâtisse du XVIIIe siècle qu'il a restauré avec beaucoup de goût. Le site fut tour à tour relais de poste, prieuré et ferme avant de devenir un lieu d'accueil propice à la détente et à la convivialité, au milieu des vergers et des prés. La décoration fait la part belle aux antiquités typiquement normandes chinées sur les brocantes, mais les chambres n'en oublient pour autant pas tout le confort moderne. Les petits déjeuners sont très copieux.

D'UNE ÎLE €€€

Domaine de Launay - **RÉMALARD EN PERCHE**
✆ 02 33 83 01 47
www.duneile.com

De 113 € à 225 €. Petit déjeuner : 15 €. Wifi. Restauration (sur réservation. Prix à la carte : environ 45 €).

Au cœur d'un domaine de 8 hectares de terre, entre prairies et forêts, ce hameau du XVIIe siècle fait office d'hôtel de campagne. Situé à 150 km de Paris, au cœur du Perche, cet endroit bucolique a été entièrement réhabilité et offre une magnifique vue sur les vallons environnants. En arrivant ici, le visiteur pourrait croire que le temps s'est arrêté. La décoration épurée est pleine de poésie avec des meubles des années 1950, des touches d'art et de *do it yourself*. Le restaurant est principalement dédié à la clientèle de l'hôtel ou sur réservation uniquement.

LE GRAND BOIS DE PERCHE €€

Le Grand Bois
SAINT-GERMAIN-DE-LA-COUDRE
✆ 06 08 06 10 63

2 chambres (dont 1 suite). De 150 € à 190 €.

Christiane Germont et son mari vous ouvrent les portes de leur ancienne ferme qu'ils ont achetée il y a 20 ans et rénovée avec un goût du détail dans la décoration comme dans le confort poussé à l'extrême. L'immense cheminée est bienvenue en hiver, mais en toutes saisons tout est beau, chaleureux, accueillant et la vue est sublime. Le parc de 30 hectares est divin pour se promener et on peut y prendre son petit déjeuner en été. Ce dernier est d'ailleurs très copieux et surtout très bon. Vos hôtes, très attentionnés, sont aux petits soins pour vous.

LA PETITE MAISON DU PERCHE €€

La Ménillière - **SAINT-MARD-DE-RÉNO**
✆ 02 33 25 11 57
www.la-petite-maison-du-perche.com

Prix par chambre : 55 € (une personne), 65 € (deux personnes) ; 80€ (trois personnes).

Dans une dépendance d'une ferme percheronne du XVIIe siècle, deux jolies chambres d'hôtes mansardées vous accueillent. Chacune a sa propre ambiance, cosy et rétro. Un grand jardin de 5 000 m² autour, le rez-de-chaussée réservé aux hôtes avec cheminée dans le salon et une salle à manger pour le petit déjeuner, vous êtes chez vous ! Au besoin, Jean-Noël et Marie-Paule vous proposeront un petit déjeuner avec des produits locaux et de nombreux conseils pour vos visites.

MAISON DU DOCTEUR HOMMEY €€

26, rue du Docteur-Hommey - **SÉES**
✆ 02 33 26 17 02

Chambre simple à partir de 58 € ; chambre double à partir de 70 € ; chambre triple à partir de 85 €.

Poutres anciennes, vieilles tomettes et située à proximité du centre-ville, cette belle demeure du XVIIIe siècle ne manque pas d'atouts. C'est en fait un hôtel particulier de style Louis XVI. Trois chambres sont proposées par Ghislaine et Pierre, dont une nommée « 1792 » en référence à la date qui a été découverte sur l'un des pans de mur lors de la rénovation ! Le Docteur Hommey, personnalité emblématique de la cité épiscopale, a lui-même vécu dans cette demeure. Une plaque à son nom est apposée sur l'édifice et on se sent privilégiés à dormir ici.

LA RENARDIÈRE €

Monique et Pierre Coudreau
TOUROUVRE AU PERCHE
✆ 02 33 25 20 20

Ouvert de mi avril au 15 novembre. 3 chambres. Chambre double à partir de 55 €. Petit déjeuner inclus.

Trois chambres d'hôtes pour deux personnes, chacune disposant de sa salle de bains, sont aménagées à l'étage d'une ancienne ferme du Perche, avec un séjour équipé d'un coin-cuisine (avec kitchenette, réfrigérateur et micro-ondes) au rez-de-chaussée réservé aux hôtes. M. et Mme Coudreau se feront un plaisir de vous faire partager leur passion pour les chevaux et l'attelage, et vous accueilleront chaleureusement pour un séjour au calme en pleine nature. Vous pourrez aussi profiter pleinement du jardin et de ses équipements agréables.

LE JARDIN DE LA FOLETERIE €€

TRÉMONT
✆ 33 2 33 28 72 15
www.lafoleterie.fr

Chambre simple à partir de 55 € ; chambre double à partir de 65 € ; chambre triple à partir de 75 €.

Cette longère de pierre et de brique est entourée d'un grand jardin de 8 000 m². Indépendantes, donnant de plain-pied sur le jardin, les chambres vous offrent tout le confort nécessaire pour un séjour en plein cœur de la Normandie.Le jardin d'inspiration anglaise vous permettra de vous laisser aller à la rêverie, il est magnifique. La table d'hôtes propose des plats du terroir avec légumes et fruits du jardin accompagnés de cidre et de poiré du bocage normand.

LA VILLAGEOISE €€

66, rue de la République - **TRUN** ✆ 09 71 38 56 87
www.lavillageoise.fr

Chambre double à partir de 80 € petit déjeuner inclus. Gite à partir de 90 euros /nuit, petits déjeuners non inclus.

Cet ancien relais de poste du XIIe siècle comprend quatre chambres dont une suite composée de deux chambres indépendantes, au décor soigné et raffiné, et disposant de tout le confort moderne (salle de bain avec baignoire pour certaines). Un jardin intérieur donnant sur une cour offre un environnement charmant et reposant, pour une parenthèse de détente presque hors du temps. Les alentours seront en outre l'occasion de randonnées pédestres, VTT, ou équestres, avec visite de parcs et châteaux, et permettent de suivre la route du fromage et du cidre.

LE MOULIN DE GÉMAGES €€

Lieu-dit Le Moulin - **VAL-AU-PERCHE**
✆ 02 33 25 15 72
www.lemoulindegemages.com

Chambre simple de 90 à 100 €. Chambre double de 100 à 110 €. Chambre triple 120 €. Gîte : 495 € le week-end.

Le Moulin de Gémages, c'est l'endroit idéal pour les amoureux de la pêche à la mouche ! Les passionnés trouveront ici 12 plans d'eau et 3 km de berges pour s'adonner à leur plaisir favori. Et ce ne sont pas les seules ressources du lieu ! Ce beau moulin ancien abrite également cinq chambres d'hôtes (dont une avec séjour et baignoire) et un grand gîte pour 6 personnes dans l'ancienne maison du meunier. De nombreuses animations sont proposées tout au long de la saison. L'accueil est tout aussi chaleureux que les lieux, à conseiller aux amateurs de nature.

LE MANOIR DE VILLERS €€

11, route d'Anceins - **VILLERS-EN-OUCHE**
✆ 02 33 34 98 00
www.manoir-de-villers.com

Chambre double à partir de 80 € ; suite à partir de 130 €. Pension complète : 72 €. Demi-pension : 56 €.

Un joli manoir en briques au cœur du pays d'Ouche avec tous les ingrédients pour un séjour agréable. Cinq chambres d'hôtes confortables, dont une suite familiale, sont proposées dans la maison. Toutes sont décorées d'un thème floral et portent un nom de fleur...Elles sont toutes équipées d'une télé et du wifi. Les petits déjeuners sont servis en terrasse ou en salle selon le temps, et même en chambre si vous le désirez ! La table d'hôtes propose de délicieux plats italiens cuisinés à partir des légumes du potager et des produits locaux.

SEINE-MARITIME

DOMAINE DE CLAIRVAL €€

1, route de Clairval - **ARGUEIL** © 02 35 09 00 72
www.domainedeclairval.com

Chambre simple à partir de 50 € ; chambre double à partir de 60 €. Petit déjeuner inclus. Lit supplémentaire : 20 €.

Le domaine de Clairval est un ancien corps de ferme en brique et pierre construit en 1832 sur un terrain de quatre hectares. Ce vaste ensemble propose cinq chambres d'hôtes spacieuses et personnalisées avec vue sur la prairie ou le jardin arboré. Elles sont toutes situées dans la maison principale des propriétaires. Une grande cuisine, entièrement équipée, est à disposition. En amoureux, profitez de la Petite Maison dans la Prairie avec son espace sauna, salon spacieux avec canapé, coin bar, poêle à pellet et grande chambre avec son lit rond et une salle de bain.

LE CHÂTEAU D'AVESNES €€

99, route de Gournay - **AVESNES-EN-BRAY**
© 06 07 66 81 82
www.chateaudavesnes.com

4 épis. Chambre double : 95 € à 195 €. Familiale : 220 €. Petit déj. inclus. Parking. Wifi. Restauration. Tv.

Le Château d'Avesnes est une splendide demeure construite en 1862 dans un écrin de verdure. Un salon-bibliothèque et une belle salle de réception donnent au lieu une atmosphère raffinée. Les cinq chambres d'hôtes sont élégantes et confortables. La chambre familiale peut accueillir jusqu'à douze personnes. Vous bénéficierez ici d'un séjour privilégié et paisible : le parc forestier de 18 hectares vous attend pour faire des promenades, en toute quiétude. Pour les jours de pluie, vélo d'intérieur et tapis de course sont à disposition.

LA GRANGE DES MARETTES €€€

Lieu-dit le Bois Hébert - **CLÈRES** © 02 35 33 24 4
www.les-marettes.fr

Chambre simple à partir de 130 € ; chambre double à partir de 149 € ; chambre triple à partir de 179 €.

Quand une grange rustique rencontre une décoration raffinée, le mélange des styles ne peut que fonctionner. Les superbes suites sont spacieuses, douillettes et aménagées avec soin pour apporter le plus de confort possible. Poutres apparentes, parquets précieux et lits à baldaquin, les prestations sont haut de gamme. Un grand sauna, un salon détente et une belle terrasse sont également à disposition. Le petit déjeuner avec viennoiseries fraîches pourra y être pris, ou alors ce sera dans une salle de la grange. Dans l'ancienne bergerie, profitez du gîte.

AU FIL DE L'EAU €€

691, rue de Cauchoise - **COLLEVILLE**
© 06 07 96 59 95
www.giteaufildeleau.fr

A partir de 190€ la nuit, 1250€ la semaine. Jacuzzi 180€. Chien accepté : 55€. Ménage : 90€. Petit déjeuner : 8€.

Mariage réussi entre le chalet suisse et la cabane au Canada, ce site les pieds dans l'eau se compose de 2 gîtes (12 à 14 personnes et 2 à 4 personnes) et 4 cabanes flottantes situées sur un étang de 2,5 ha. Equipées de flotteurs, ces luxueuses cabanes en bois totalement équipées et accessibles en barque semblent être l'endroit idéal pour déconnecter et profiter pleinement de la nature environnante. Sur demande, vous profiterez du jacuzzi et les amoureux de pêche à la truite trouveront ici un paradis, à condition d'avoir une carte.

PARC ET VERGERS LES PRES €€

35, rue Chantereine - **CRIEL-SUR-MER**
✆ 33 2 35 86 78 54
3clos.fr
Chambre double de 100 € à 120 €.

Dans un parc paysagé de 9 hectares au cœur des prés salés traversé par la rivière l'Yères, vous serez ici au calme pour passer de délicieuses soirées. La villa du début du siècle propose deux chambres, spacieuses et bien décorées. Toutes disposent de leur propre salle de bain et offrent une vue imprenable sur la nature environnante. Susan vous servira un petit déjeuner délicieux et ne manquera pas à cette occasion de vous parler de la région et de vous conseiller. De son côté, Adrien vous proposera la visite de sa cidrerie et des dégustations.

LES TILLEULS €€€

45, rue Isabey - **ETRETAT**
✆ 02 35 27 76 76
www.lestilleulsetretat.com
Chambre double de 170 € à 290 € ; suite de 250 € à 350 €. Petit déjeuner inclus.

Amoureux du vintage ou du romantisme, voici la demeure de vos rêves. Le charme désuet du mobilier et des textiles de cette maison de famille normande du XVIIIe siècle, très bien entretenue, transporte les hôtes à une autre époque. Accueillantes et lumineuses, les cinq chambres aux tons « vieux vert » et « vieux rose » sont meublées et décorées avec raffinement, sobriété, goût. Yoga, bien-être et cuisine sont au cœur des prestations complémentaires proposées, avec une attention toute particulière apportée aux besoins de chacun.

LE CHATEAU DE GREGES €€

Rue du Château - **GRÈGES** ✆ 06 50 17 17 92
www.chateaudegreges-dieppe.com
Gîtes de France. 5 chambres. Chambre double à partir de 120 €. Lit supplémentaire : 15 €. Parking. Connexion Internet.

Ce ravissant château situé à seulement quelques kilomètres de Dieppe possède cinq chambres d'hôtes très agréables, dont trois familiales. Toutes sont dotées d'une salle de bain ou douche et d'une télé. La décoration est fraîche et lumineuse, et l'emplacement privilégié du château permet de profiter de la verdure et du calme alentour. Pour la détente, tout est prévu avec une piscine intérieure, un sauna et un bain bouillonnant, idéal pour se relaxer après une longue journée de visite en ville. Trampoline, ping-pong, poneys et chèvres naines raviront les enfants.

CARRÉ QUARTZ €€

195, Chemin d'Albion - **HAUTOT-SUR-MER**
✆ 06 77 30 87 54
www.pourville-sur-mer.com
Chambre double à partir de 109 €. Villa louée dans son intégralité avec 3 chambres, en formule gîte.

Le Carré Quartz, c'est une maison d'hôtes surplombant la Manche, à l'architecture contemporaine étonnante, faite de verre et d'acier, et trois chambres au design moderne, ayant toutes vue sur la mer, la plage et les falaises. Le cadre calme et intimiste promet un séjour zen. 5 magnifiques gîtes lodges aménagés dans un esprit design et contemporain, qui bénéficient tous d'une vue panoramique extraordinaire sur la mer et les falaises à travers de larges baies vitrées. La grande terrasse avec vue sur la mer et la piscine vous combleront.

MANOIR DU FOUR À CHAUX €€

55, rue du Four à Chaux - **LA CERLANGUE**
✆ 02 35 48 61 47
www.gites-de-france.com/fr/normandie/seine-maritime/manoir-du-four-chaux-g25012
Chambre double à partir de 55 €. Petit déjeuner en chambre inclus. Jeux pour enfants. 12 € le panier pique-nique.

Ce superbe petit manoir normand du XVIe siècle avec ses poutres apparentes et son torchis est la bonne adresse de La Cerlangue. A l'intérieur, on trouve une décoration soignée, inspirée grandement par des objets anciens chinés typiques de la région. Les chambres sont confortables, indépendantes, bien équipées et très cosy grâce à des équipements douillets de qualité, comme la literie. Vous serez ici très bien situés pour visiter la région, tout proches de la mer. A l'extérieur, un barbecue vous permettra de faire des grillades.

ABRACADABRANT €€

45, rue aux Ours - **ROUEN**
✆ 02 35 70 99 68
www.gites-normandie-76.com
Gîtes de France. Ouvert toute l'année. Chambre double à partir de 73 € ; chambre familiale de 73 € à 180 €.

Cette magnifique maison du XVIIe siècle pleine de charme et de caractère dispose d'une petite cour intérieure, de poutres apparentes, d'une bibliothèque fournie en ouvrages sur la ville, et de chambres splendides et bien équipées... Son authenticité vous sautera immédiatement aux yeux ! Philippe vous accueille dans sa maison d'hôtes abracadabrante avec beaucoup de chaleur. Le petit-déjeuner est pantagruélique. Un établissement de premier choix pour s'offrir une échappée rouennaise où charme et authenticité seront au rendez-vous !

AU BONHEUR DE JEANNE €€€

30, rue Saint-Maur - **ROUEN** ✆ 06 77 16 39 34
http://aubonheurdejeanne.wixsite.com/chambres-rouen

Chambre simple à partir de 90 € ; chambre double à partir de 100 €. Petit déjeuner inclus.

Cette splendide maison d'hôtes bénéficie d'un emplacement très intéressant. La demeure du XIXe siècle a été aménagée selon les goûts actuels, tout en conservant les particularités architecturales qui font son cachet. Parquets, moulures, cheminées et lustres sont merveilleusement mis en valeur par des nuances de couleurs lumineuses et un mobilier luxueux. Les chambres sont très confortables et apaisantes. Le petit déjeuner propose pâtisseries et confitures maison et on peut le prendre dans le jardin. Le soir, on vous propose une assiette anglaise.

LA MAISON €€

82, boulevard de l'Europe - **ROUEN**
✆ 06 08 96 44 71
http://chezlesfontaines.free.fr/rouen/Bienvenue.html

Chambre double de 110 € à 140 €. Petit déjeuner inclus.

Franck et Martine Fontaine vous accueillent dans leur grande bâtisse familiale. On y vient, attiré par le charme rustique et moderne d'une décoration soignée, imaginée par leur aînée Charlotte. Chaque chambre possède une literie de qualité, un canapé et des fauteuils, une salle de bain avec douche à l'italienne. Vous pourrez aussi profiter de la belle véranda et de la terrasse qui donne sur le jardin pensé par l'architecte paysagiste Alexandre Thomas. Pour le petit déjeuner, Franck propose du pain frais et des viennoiseries tout juste cuites par ses soins.

AU MICOCOULIER B&B €€

208, rue Martainville
ROUEN
✆ 02 35 15 24 89

1 chambre. Chambre double à partir de 90 €. Parking : 9 €. Wifi gratuit.

Au Micocoulier, vous ferez un bon d'un siècle en arrière. Dans le quartier des antiquaires, cette chambre d'hôtes vous accueillera dans un mélange de tradition et de modernité. Les propriétaires ont savamment su mettre en valeur les atouts de leur maison de caractère. Les chambres insonorisées proposent une aire de détente et un bureau, une douche, un sèche-cheveux et des draps de bain. Dans cette demeure typiquement rouennaise, aux colombages apparents, vous pourrez profiter pleinement de votre séjour dans la capitale normande, à deux pas de la cathédrale.

UN PETIT JARDIN EN VILLE €€

4, rue Malatiré - **ROUEN**
✆ 06 27 43 68 67

Ouvert toute l'année. 90 € la nuit. Wifi gratuit.

Dans une belle bâtisse du XIXe siècle, Agnès et Didier Cerbelle proposent quatre magnifiques chambres. Proche de tous les transports et commerces, la maison est accessible sur deux niveaux : au premier étage, on trouve deux chambres accueillantes et confortables, chacune avec salle de bain privative et toilettes indépendantes, et vue sur jardin, idéales pour les séjours courts, et au rez-de-chaussée, les deux autres pour les séjours plus longs.Vous bénéficierez de la cuisine pour préparer vos repas et d'un grand jardin clos arboré et fleuri de 1 500 m².

VILLA LA GLORIETTE €€€

7, rue des Pleins-Champs
ROUEN
✆ 02 35 07 37 09

Chambre double à partir de 120 €. Petit déjeuner inclus.

La villa la Gloriette est une demeure de prestige datant de 1897. Au fond d'un grand parc, c'est un véritable havre de paix et sa propriétaire Claire vous le prouvera tout au long de votre séjour. Le romantisme et la sérénité règnent sur les lieux dont l'atmosphère douce et tranquille se retrouve dans le salon du petit déjeuner dont la large *bow-window* ouvre sur le parc. Les chambres proposent salle de bains privative avec douche ou baignoire, peignoirs, sèche-cheveux et articles de toilette, four à micro-ondes, bouilloire électrique et ustensiles de cuisine.

LE JARDIN BRODÉ €€

29, route du Brécy
SAINT-MARTIN-DE-BOSCHERVILLE
✆ 02 35 34 51 79
lejardinbrode.fr

Chambre simple 67 € ; chambre double 72 €. Petit déjeuner inclus.

Dans cette belle demeure du XVIIIe siècle, une jolie chambre avec accès indépendant dotée d'un coin détente vous attend, avec tout le confort souhaitable. Pour profiter du calme, pénétrez dans le beau jardin. Là, sur près de 3 000 m² s'admirent de véritables tableaux horticoles : pourquoi ne pas prendre son petit déjeuner en terrasse, si le temps le permet, pour avoir dès le matin un sentiment de calme et de beauté ? Croissants frais du matin, baguette Saint-Martin, spécialité du boulanger, confitures du jardin, gâteau maison constitueront le petit-déjeuner.

CHÂTEAU DU MONT PERREUX €€

514, rue du Mont-Perreux - **SAINT-MARTIN-DU-VIVIER** ✆ 02 35 60 09 46 - montperreux.free.fr

Chambre simple à partir de 75€ la nuit, chambre double à partir de 85€ la nuit, chambre triple à partir de 95€ la nuit.

Dans cette magnifique propriété du XVIIIe siècle, les deux chambres d'hôtes sont très confortables et spacieuses. Elles peuvent être réunies et accueillir ainsi jusqu'à quatre personnes. La propriétaire des lieux, Valérie, est antiquaire... Et ça se voit ! Ici, tout est décoré avec goût, grâce à des objets qu'elle a chinés sur les brocantes. Vous pourrez d'ailleurs repartir avec un objet de décoration que vous aurez choisi dans sa boutique. Dans le parc, vous pourrez vous promener et profiter de la présence des nombreux animaux domestiques à rencontrer.

LA FERME DU MAHIEL COTÉ €€

385, rue du Mahiel-Coté - **SAINT-ROMAIN-DE-COLBOSC** ✆ 02 35 30 70 97 - https://gitefermenormandiemer.jimdofree.com

Accueil paysan. Gîte 7 pers dès 75 €/nuit. Chambres d'hôtes dès 145 €/nuit. Wifi, jardin, lave-linge. Tv.

Deux gîtes de qualité aménagés dans les anciennes étables d'un clos-masure typiquement cauchois. L'un peut accueillir 7 personnes dans 3 chambres, avec 3 salles de bain. Le second est pour 4 personnes, dans une seule chambre avec 1 salle d'eau. Les 2 chambres d'hôtes sont des suites de 38 m², très claires et agréablement aménagées. Le bâtiment en brique rouge et en silex du pays offre un cadre ravissant avec un jardin verdoyant. Vous pourrez par ailleurs faire une visite de la ferme, où sont élevées des vaches laitières. Idéal pour un week-end avec des enfants.

LE BOUT DU HAUT €€

333, rue du Bout-du-Haut
SOTTEVILLE-SUR-MER
✆ 02 35 97 61 05

Chambre double à partir de 60 € ; chambre triple à partir de 76 €. Petit déjeuner inclus.

A 800 mètres de la mer, dans une belle propriété, dans cette ancienne maison de tisserands et ancienne ferme et dans un environnement à la fois calme, verdoyant et fleuri, quatre chambres au décor sobre et à la rusticité normande vous attendent, ainsi qu'une table d'hôtes à base de produits régionaux. Une chambre est située sous le toit des propriétaires, les autres étant dans une petite maison indépendante. L'accueil chaleureux et cordial et la proximité de la plage font de ce Bout du Haut une adresse agréable où séjourner.

DOMAINE DE L'ORVAL €

20, route du Bec-de-Montagne - **THIERGEVILLE**
✆ 02 35 28 54 81
www.domainedelorval.com

Ouvert toute l'année. 4 chambres (dont 1 suite). Chambre double à partir de 58 €. Petit déjeuner inclus.

Cette belle demeure normande du XIXe siècle restaurée et entourée d'un hectare de verdure propose quatre chambres confortables. Elles sont équipées d'une télévision à écran plat, d'un réfrigérateur et d'une bouilloire. Elles possèdent une terrasse ainsi qu'une salle de bains privative pourvue d'une douche et d'articles de toilette. Une suite se compose de deux chambres comprenant un lit double et un lit sur 120 et sur 90. Vous êtes ici aux environs des musées de la Bénédictine, des Terres Neuvas et du Cidre, l'occasion d'allier l'utile à l'agréable.

LE CLOS DU VIVIER €€€

4, chemin du Vivier - **VALMONT**
✆ 02 35 29 90 95
www.le-clos-du-vivier.com

Chambre double à partir de 130 €. Petit déjeuner inclus. Lit supplémentaire : 20 €. Parking (privé). Animaux acceptés.

Tout ici est authentique : la chaumière des XVIIe et XVIIIe siècles respire la Normandie et se situe à l'orée d'un bois. Le jardin est charmant, la vue magnifique, et les meubles anciens donnent un cachet fou aux chambres. Le sens de l'accueil est le maître mot de Dominique et François Cachera-Gréverie. Au petit-déjeuner, vous dégusterez des croissants frais, du beurre de la ferme, des œufs des poules du jardin, des confitures maison et des fruits du jardin, frais, en compote ou en tisane. Le miel aussi vient des ruches du jardin.

L'ANCIEN MOULIN A GRAINS €€

32, rue André-Fiquet - **VALMONT** ✆ 02 35 10 80 17

2 chambres de 60 € à 95 €. Petit déjeuner inclus. Wifi. Restauration. Draps fournis. Tv. Jardin clos, abris motos.

Cet ancien moulin à grains de 1817, à proximité d'une rivière et d'un bois, abrite deux chambres d'hôtes de 12 m² et 18 m². La plus grande chambre, Au fil de l'eau, est un peu mieux équipée puisqu'elle dispose d'un coin salon avec télévision. Toutes deux comprennent une salle d'eau avec douche hydromassante et wc privés. Toutes les deux offrent une vue sur la rivière qui parcourt le parc arboré. Le petit déjeuner est composé de produits frais et variés. Vous apprécierez ce lieu atypique mais aussi la proximité avec le palais de la Bénédictine à Fécamp.

NOUVELLE-AQUITAINE

CHARENTE

JARDINS SECRETS €€

23, rue Froide - **ANGOULÊME**
✆ 05 45 92 21 54
www.jardins-secrets-angouleme.fr
Chambre simple 60 € ; chambre double 80 €. Petit déjeuner inclus.

Claude vous accueille chaleureusement dans l'une de ses chambres d'hôte au décor étudié et particulièrement raffiné. Les vieilles pierres côtoient les meubles anciens pour un effet des plus agréables, les salles de bains sont modernes pour plus de confort. Les murs de guingois, les planchers qui penchent et les solives de traviole donnent un charme particulier. Le petit déjeuner de la chambre est servi près du feu de cheminée l'hiver et dans le jardin l'été. En effet, un jardin clos de murs est accessible aux hôtes, un jardin secret au cœur de la ville.

MONDO BISARO €

104 bis, rue Saint-Roch
ANGOULÊME
www.mondobisaro.fr
2 chambres. Chambre double de 60 € à 70 €.

Très bien situé, au calme dans une cour intérieure en retrait de la rue et dans un immeuble indépendant, le Mondo Bisaro est composé de 3 chambres (dont deux très spacieuses) et d'un appartement indépendant style loft, d'une cuisine équipée réservée aux clients, d'une grande terrasse avec vue panoramique sur la ville et d'une piscine. Ici, la décoration est rock'n'roll, rendant hommage aux seventies. Vous trouverez sur place des boissons chaudes et froides en libre service et pourrez profiter du calme qui règne dans ces lieux.

LA MAISON DE ROSE €€

BROSSAC
✆ 05 45 98 03 31
www.lamaisonderose-chambresdhotes.com
2 chambres. Chambre double de 60 € à 90 €. Petit déjeuner inclus.

C'est un joli *bed & breakfast* au cœur de la campagne charentaise proche de la Dordogne, décoré avec soin façon années 60's par la maîtresse des lieux. La maison de Rose fait de votre confort et de votre satisfaction une priorité absolue et vous accueille dans ses 3 chambres, aux doux noms de roses, à côté du complexe touristique de l'étang Vallier (piscine, bain à remous, mini golf). Elles proposent un grand lit, salle de bain, dressing, TV, toilettes séparées et lit bébé sur demande. L'été, vous profiterez du beau jardin pour vous reposer.

LA PATERNELLE €€

116, rue de la Menthe - **CHAMPNIERS**
✆ 05 45 66 65 76
www.viville.eu
Chambre double de 70 € à 95 €. Petit déjeuner inclus. Garage inclus. Réservations minimum de 2 nuits.

Cette belle maison charentaise de 1800 a été rénovée avec soin par Jean-Pol et Evelyne Camus qui sont tombés amoureux de la région. Jean-Pol est un passionné d'aviation et sera ravi de vous proposer un tour pour survoler la Charente. Evelyne, esthéticienne professionnelle, propose des soins du visage, massages et remodelage du corps tout un programme ! Elle est également une très bonne cuisinière et ses plats aux saveurs exotiques s'inspirent de ses voyages. Vous profiterez de la piscine arrondie et de sa terrasse éclairée la nuit.

LA TEMPLERIE €

440, rue des Lys - **CHAMPNIERS**
✆ 05 45 68 73 89
www.latemplerie-richon.fr
Chambre simple 42 € ; chambre double 54 €. Petit déjeuner inclus. Lit supplémentaire : 16 €.

Ce superbe domaine viticole date du XIXe siècle. Dans l'ancienne grange attenante au domaine, Claudine et Jean Richon ont aménagé cinq chambres très confortables dont une suite familiale. Claudine est une vraie pro en décoration et Jean produit du pineau et du cognac sur place, ouvrant les portes de sa distillerie à qui le veut. Un gîte est également à disposition, idéal pour venir en famille ou entre amis avec son vaste séjour et les sanitaires privatifs pour chaque chambre. La piscine dans un cadre arboré vous offre détente et calme.

CHÂTEAU PELLISSON €€

109, boulevard de Paris - **COGNAC**
✆ 06 69 01 85 51 - www.chateau-pellisson.com
Ouvert toute l'année à deux pas de la gare de Cognac. Cinq suites de 35 à 60m² à partir de 120€ par nuit pour 2 pers.

Une demeure magnifique construite en 1890 puis détruite par un incendie il y a plus de 50 ans. Totalement rénovée, elle propose un magnifique lieu de réception et d'accueil.

Chaque chambre/suite a sa décoration personnalisée. La plus petite fait 35 m² et la plus grande 60 m². L'espace détente et la piscine sont des privilèges très appréciés de la clientèle. Le jardin offre un bel espace extérieur pour profiter des lieux et y faire des photos, car cette belle adresse propose aussi une spectaculaire salle de réception idéale pour les mariages et les séminaires.

LA MAISON GAUDIN €€

16, rue du Palais - **COGNAC**
✆ 05 45 36 45 66
www.maisongaudin.wifeo.com
Ouvert toute l'année. 5 chambres. Chambre double de 72 € à 88 €. Petit déjeuner inclus.

Dès le pas de la porte qui semble s'ouvrir sur un cottage anglais, on est subjugué par le côté vintage associé aux notes de fleurs. A droite un petit salon *so british*, à gauche une salle à manger plus traditionnelle, mais chaleureuse. En montant dans les étages, pittoresque et charme du lieu se mêlent aux tableaux floraux qui bordent l'escalier. Les chambres sont chaleureuses, bien décorées, toutes avec leurs toilettes et salles de douches ou de bains indépendantes. Deux possèdent même une cheminée. Vous profiterez aussi d'une belle piscine.

LA VILLA CLAUDE €€

75, rue de la Groie - **COGNAC**
✆ 06 31 90 14 74
www.villa-claude-cognac.fr
Chambre double de 90 € à 150 €. Petit déjeuner inclus. Lit supplémentaire : 15 €.

Construite au début du XXe dans un style Art nouveau par Claude Boucher, cette maison bourgeoise a été acquise par Patrick-Alain et Dominique Marie. Elle conserve de nombreux éléments d'époque : boiseries, cheminées, plafonds peints. Les trois chambres et suites sont lumineuses, décorées avec goûts, et possèdent leurs salles de bains et w.c. privatifs. Vous profiterez d'un salon de détente équipé d'une bibliothèque, d'une TV et de jeux. Les petits déjeuners sont servis dans une grande salle à manger baignée de lumière, au plafond et aux boiseries d'époque.

LA FLEUR DE VIGNE €€

3, chemin du Gouffre - **GENSAC-LA-PALLUE**
✆ 05 45 35 91 91
https://www.gites-de-france.com/fr/nouvelle-aquitaine/charente/la-fleur-de-vigne-16g9438
Chambre simple 62 € ; chambre double 76 € ; chambre triple 96 €. Petit déjeuner inclus. Lit supplémentaire : 18 €.

Tout près de Cognac, dans leur bâtisse du XVIIIe siècle qu'ils ont entièrement rénové dans un goût très sûr, très cosy, avec des pierres du pays, Carole et Jean-Louis Dutillet proposent trois belles chambres confortables, deux doubles et une suite qui peut accueillir quatre à cinq personnes. Ils vous feront aussi découvrir les saveurs de la Charente autour de leur table. Le petit déjeuner pourra être servi dans le jardin clos à la belle saison. Les bébés et enfants sont les bienvenus avec de nombreux équipements adaptés pour eux.

CHATEAU DE MAUMONT €€€

4, rue Aristide-Briand - **MAGNAC-SUR-TOUVRE**
✆ 05 45 68 61 38
www.chateaudemaumont.fr
3 chambres (2 suites familiale). Suite : 135 €. Petit-déjeuner inclus.

Cette demeure du XVIe siècle entourée d'un vaste parc de deux hectares avec bambouseraie et vues sur la Touvre propose trois belles chambres, décorées de meubles anciens, avec salle de bains ou douche et toilettes privatives. Des équipements de cuisine et espace communs vous permettent de passer un bon moment, tout comme la piscine chauffée. Minka et Xavier n'ont rien laissé au hasard. De la vaisselle au linge de maison, des meubles de famille à l'art contemporain, les objets, les tons, les matières sont là pour être partagés le temps d'un week-end.

LE MOULIN DU DUC €€

64, route du viaduc - **MOUTHIERS-SUR-BOËME**
✆ 05 45 67 81 57
www.moulinduduc.fr
Chambre double 57 €. Lit supplémentaire : 14 €. Chambre 4 personnes : 85 € avec petit déjeuner 59 € (double).

La rivière Boëme sillonne la vallée dans un cadre de verdure et de fraîcheur et entraîne la roue du moulin du Duc, moulin à farine et huile de noix né au XVIIe siècle restauré où Danièle vous accueille. Les chambres sont au cœur du moulin et de l'espace salle à manger à l'étage où l'on peut voir la roue à aubes. Les enfants sont les bienvenus, il y a un cheval, un poney et de petites chèvres. Un gîte de 4 chambres (3 épis) peut également accueillir 8 personnes. La chambre du rez-de-chaussée est accessible aux handicapés moteurs.

AUTRUCHES COGNAC €€

11, rue des Trois ormeaux - **SALLES-D'ANGLES**
✆ 06 80 16 71 06
www.autruchescognac.fr
Pour 4 personnes (170 m², 2 chambres). De 310 € à 450 € la semaine selon saison. Week-end : 250 €.

La ferme d'élevage d'autruches propose un beau gîte dans une maison ancienne de type charentais, récemment rénovée. Il est de plain-pied et facilement accessible aux personnes à mobilité réduite. Il comprend deux chambres et deux salles de bains, une cheminée dans la vaste pièce de vie et une cuisine aménagée. Les chiens sont admis gratuitement et deux boxes peuvent loger vos chevaux. Le jardin est clos et donc sécurisé. La famille Hitier propose des visites de son exploitation, sur rendez-vous et vend des produits issus de l'autruche.

LA CLOSERIE DE MONTOUR €€

400, route de Montour - **NERCILLAC**
✆ 05 45 32 04 43
www.closerie-cognac.fr
Chambre double à partir de 78 €. Petit déjeuner inclus. Lit supplémentaire : 25 €.

La demeure de caractère est située au milieu des vignes et des pierres blanches. Admirablement rénovée, elle a conservé tout son caractère bien que les équipements soient complètement contemporains. Elle propose trois jolies chambres, spacieuses, décorées à l'ancienne et équipées de salle d'eau et de w.c. privés. Une cuisine est aussi à la disposition des hôtes pour la confection des repas : il est possible d'y manger à 8 personnes. Vous pourrez regarder la télévision, vous distraire avec les jeux de société, les livres, et vous baigner dans la piscine.

DOMAINE DE BRASSAC €€

1, Brassac - **SUAUX** ✆ 06 82 93 77 87
www.brassac.info
2 chambres d'hôtes à partir de 40€ en basse saison et 70€ par nuit pour 2 personnes en très haute saison.

Au bout du chemin, dominant la vallée de la Bonnieure, au cœur d'un parc de 40 hectares, la demeure est entourée de cèdres, magnolias et marronniers. Retrouvez deux chambres d'hôtes dans ce logis noble reconstruit en 1610 où vous pourrez profiter de petits déjeuners maison, d'un point wifi et de très grandes chambres. Tout à côté, dans l'ancienne ferme, Karine et son mari ont aménagé deux gîtes confortables aux meubles relookés avec leur terrasse indépendante et une piscine partagée. Vous pouvez privatiser l'ensemble du site pour vos événements familiaux.

L'ÉPICERIE DE VÉNAT €

9, rue Jean-Ravanaud
SAINT-YRIEIX-SUR-CHARENTE ✆ 06 12 94 35 51
www.lepicerie-de-venat.com
Chambre double à partir de 50 €. Petit déjeuner inclus. Location de cabane pour deux personnes : 60 €.

L'épicerie de Vénat a été à la fois l'épicerie, le café et la poste du village pendant plusieurs générations. Avec les volumes d'origine, le bâtiment a été transformé en chambre d'hôte chaleureuse. Le salon a pris la place de l'ancien café. Vous avez le choix entre la chambre d'en haut, d'en face ou d'à côté, pour des prix tout doux et un confort optimal. En plus d'accueillir les voyageurs, l'épicerie propose des brunchs, des goûters, des animations variées... Vous pouvez aussi louer une cabane aménagée que des pêcheurs utilisaient pour ranger leur matériel.

LE CLOS SAINT AIGNAN €€

Au bourg - **TORSAC**
✆ 06 83 54 27 87
www.clossaintaignan.com
deux chambres d'hôtes ouvertes à l'année, La Luxe de 85 à 105€ Le Cocon de 65 à 85€.

Au cœur du petit bourg de Torsac, le Clos Saint Agnan vous accueille dans ses deux chambres d'hôtes autour de la piscine et d'un beau jardin. La chambre Luxe est installée dans une dépendance avec un accès privilégié vers la piscine, vous pourrez y faire installer un vrai lit en supplémentaire pour un grand enfant ou un adulte. La seconde chambre située dans la maison est au rez-de-chaussée et offre une vue sur l'église classée de Torsac. Une salle à manger est partagée par les hôtes pour le petit déjeuner. Un restaurant voisin saura accueillir tous les appétits.

CHARENTE-MARITIME

LE CARRÉ 1705 €€

Les Pas-des-Eaux - **ANGOULINS**
✆ 06 09 41 09 10
www.lecarre1705.fr

Ouvert toute l'année. 5 chambres. Chambre double de 130 € à 180 €. Petit déjeuner inclus. Terrasse.

Karine Favier et son époux David sont heureux de vous accueillir dans cette superbe ferme de 1705, à l'intérieur moderne. Les cinq suites ont toutes un thème précis : des accents finlandais, masculins, féminins ou bien une ode à l'agriculture... Dans tous les cas, vous prenez place dans des espaces au haut niveau de confort dans lesquels on se sent bien. Dans la cour se trouvent une belle piscine et un terrain de pétanque. Notez aussi le grand préau Lounge d'extérieur équipé d'une cuisine d'été avec plancha. Cuisine et réfrigérateurs sont accessibles aux clients.

LE MOULIN D'ANNEPONT €€

12, rue de la Rutelière - **ANNEPONT**
✆ 05 46 94 48 82
www.moulincharentais.com

Chambre double de 60 € à 75 €. Petit déjeuner inclus. Restauration (repas : 20 €). Animations.

Vous vous sentirez comme chez vous très rapidement dans ce monument historique ou toute la machinerie ainsi que la roue du moulin du moulin est en très bon état. Nigel et Sue Varian vous reçoivent avec chaleur et se mettent en quatre pour permettre à votre fantaisie de s'exprimer, tout en vous assurant un repos au calme autour de la piscine, des terrasses et des jardins du moulin. Dans l'une des 5 chambres qui disposent toutes de leur douche et de leurs toilettes indépendantes, vous passerez de belles soirées grâce à des équipements confortables.

FERME DE CHEZ PICHÉ €

21 a, Chez Piché - **CHÉRAC** ✆ 0630181725
www.chambre-hotes-chezpiche.com

Chambre simple 55 € ; chambre double 60 € ; chambre triple 80 €. Petit déjeuner inclus. Lit supplémentaire : 15 €.

Au cœur des vignes, ce logis du XVIIIe siècle dans une ferme viticole propose trois chambres avec vue sur la ferme ou le vignoble. Vous trouverez là un cadre rustique, des chambres confortables et immaculées et la possibilité de déguster le pineau et le cognac produit ici même par les vignerons. Aux alentours, chemins de randonnée, balades à VTT, pêche... les activités de détente et les découvertes ne manquent pas. Martine vous servira un copieux petit déjeuner autour d'une grande table afin que les hôtes se retrouvent pour un moment de convivialité.

LE FOUR A PAIN €€

1, rue du Bourg
COURCELLES
✆ 05 46 33 32 08

Chambre double de 68 € à 80 €. Petit déjeuner inclus. Lit supplémentaire : 20 €.

Cette belle maison de maître propose des chambres lumineuses, calmes et très spacieuses. Elles sont indépendantes et disposent d'un très beau confort. Coin salon, petit bureau, peintures blanches et pierres apparentes, sobriété d'une décoration contemporaine, terrasse privée, transats, piscine... tout est pensé et coordonné pour vous apporter sérénité et plaisir. Le petit déjeuner se compose de jus d'orange frais et de viennoiseries, servi sur la terrasse ou dans la salle à manger. Sur demande, vous pourrez savourer une cuisine régionale pour le dîner.

LA LÉZARDIÈRE €€

11, rue Pierre-Schoeffer - **COURCOURY**
✆ 05 46 09 43 21
http://lalezardierechambredhote.wifeo.com
Chambre double de 70 € à 80 € ; suite à partir de 70 €. Petit déjeuner inclus. Lit supplémentaire : 20 €.

Dans cette superbe longère charentaise pleine de charme du XIXe siècle, Reine et Pascal vous proposent des chambres de charmes aux patines anciennes et leurs salles de bain design. La suite est particulièrement bien décorée, avec un petit côté chambre de château. A la belle saison, on aime tout particulièrement bronzer sur les terrasses, profiter de la magnifique piscine bleue et prendre un goûter dans le superbe jardin. Le coin salon avec télé est lui aussi convivial et agréable lorsque le beau temps n'est pas de la partie.

LE MOULIN €€

7 bis, rue du Moulin - **ESNANDES**
✆ 05 46 01 34 47
lemoulindesnandes.com
Chambre double à partir de 80 €. Petit déjeuner inclus. Lit supplémentaire : 25 €. Gite à partir de 440€ la semaine.

Le Moulin d'Esnandes propose une chambre d'hôtes originale dans l'enceinte d'un moulin charentais du XVIIIe siècle, et deux gîtes ruraux indépendants pleins de charme à proximité, dans le jardin attenant. Dans une tour ronde sur quatre niveaux, la chambre d'hôtes propose deux chambres à la vue magnifique, une salle de petit déjeuner et une salle d'eau. Les deux gîtes sont très spacieux et très bien équipés pour que vous soyez totalement indépendants. Catherine est peintre et elle se fera un plaisir de partager sa passion avec vous !

LE CHAI €€

72, rue Saint-Exupéry - **LE BOIS-PLAGE-EN-RÉ**
✆ 05 46 35 69 64
www.lechai-iledere.com
2 chambres. Suite à partir de 130 €. Petit déjeuner inclus.

Installée au cœur du village de Bois Plage, cette chambre d'hôtes est à la fois spacieuse et moderne. Anke vous réservera un accueil tout à fait chaleureux se montrant à la fois disponible et partageant avec les occupants quelques bonnes adresses. Propriété familiale, le chai offre deux chambres décorées avec soin possédant chacune une literie de qualité, une jolie baignoire, ainsi qu'une douche séparée. Après un petit déjeuner d'une rare gourmandise, vous profiterez de deux vélos mis à disposition pour vous promener ou d'un moment de détente dans le jardin clos.

LA CABANE €€

62, route du Viaduc - **LE CHÂTEAU-D'OLÉRON**
✆ 05 46 47 48 01
www.alacabane.fr
Chambre simple 62 € ; chambre double 70 € ; chambre triple 90 € ; suite 110 €. Petit déjeuner inclus.

Vanessa vous accueille chaleureusement dans sa maison de famille. Dans un lieu calme proche du centre du Château d'Oléron, vous pourrez profiter du jardin avant de vous installer dans l'une des chambres. Au rez-de-chaussée se trouve la chambre accessible aux personnes à mobilité réduite. A l'étage, place au Petit Salon avec sa bibliothèque. C'est là aussi que vous trouverez deux autres chambres doubles ainsi qu'une suite familiale. Le décor fait inévitablement référence à l'île d'Oléron avec le gris des ardoises, le vert de la mer et le beige du sable.

LES JONCHÈRES €€

10, rue de Trillou - **LE GRAND-VILLAGE-PLAGE**
✆ 05 46 47 57 66
www.lesjoncheres-oleron.fr
Chambre simple à partir de 56 € ; chambre double à partir de 70 €. Petit déjeuner inclus.

Cette demeure contemporaine au milieu d'un jardin, en bordure de forêt, est le lieu idéal pour une halte bienfaitrice. En entrant, vous ferez connaissance avec Jacky, un vrai passionné. Trois chambres sont disponibles. Toutes sont calmes, décorées avec soin et personnalisées : la Benèze et son atmosphère campagnarde, la Cool et son environnement bleuté ou la Zen pour un séjour paisible. Chacune est spacieuse et donne sur la terrasse. Un espace de vie permet d'accéder à Internet, de déposer ses courses dans un réfrigérateur et le petit déjeuner est délicieux !

CHÂTEAU DE PUYRIGAUD €€

Domaine de Puyrigaud - **LÉOVILLE**
✆ 05 46 70 61 29
www.chateaudepuyrigaud.com
Chambre simple à partir de 140 € ; chambre double à partir de 150 € ; chambre triple à partir de 185 €.

Ce domaine seigneurial du XVe siècle prend place dans un parc arboré de 4,5 hectares. Le pigeonnier, les chais du XVIIIe siècle se rencontrent en flânant dans les allées calmes de cette prestigieuse bâtisse. Chaque chambre a sa personnalité : coloniale, marine, orientale ou chambre de la Tour ronde. La piscine, le bain à bulles, le sauna, les massages, bien que n'ayant pas le charme de l'ancien, vous offriront une parenthèse de douceur. Le petit déjeuner copieux et à volonté est servi à l'heure de votre choix dans le parc du château ou dans la salle à manger.

BARBECANE CHAMBRES D'HÔTES €€

121, rive droite de la Sèvre - **MARANS**
✆ 05 46 01 79 59
www.barbecane.com
Chambre simple de 72 € à 89 € ; chambre double de 82 € à 118 €. Petit déjeuner inclus. Lit supplémentaire : 26 €.

Sur un superbe terrain avec jardin arboré, terrain de pétanque et piscine, cette belle maison propose des chambres d'hôtes, mais aussi un gîte pour 4 personnes. Toutes les chambres proposent une ambiance différente et disposent de leurs sanitaires, d'une télévision et d'une terrasse privative. Pour le petit déjeuner, vous profiterez des œufs frais des poules du jardin ainsi que des yaourts et confitures maison. Charlène et Michel ont vraiment le sens de l'accueil !

DOMAINE DES GALARDS €€

Les Galards - **MONTLIEU-LA-GARDE**
✆ 05 46 04 53 62
www.lesgalards.com
Chambre double de 55 € à 59 €. Petit déjeuner inclus. Gîte avec jardin clos et privatif de 600 € à 1 130 € la semaine.

Cette maison des XVIIe et XIXe siècles est dédiée au bien-être. On s'offrira volontiers un moment de calme dans le vaste parc orné d'arbres centenaires, mais aussi autour de la piscine qui fera le bonheur de toute la famille. En entrant, vous serez ravis de l'accueil de Pascal qui vous comptera l'histoire de la propriété et vous mènera jusqu'à l'une des chambres. Elles sont toutes très joliment décorées, très fonctionnelles et indépendantes avec des ambiances différentes. Vous profiterez de la piscine et des sublimes couchers de soleil se reflétant sur l'étang.

TRÉSOR DES DUNES €€€

4, chemin des Eridolles
LE BOIS-PLAGE-EN-RÉ ✆ 05 46 09 73 32
www.tresordesdunes.com
Fermé du 15 novembre au 15 mars. Chambre double de 95 € à 195 €. Petit déjeuner inclus. Lit supplémentaire : 30 €.

© ROLAND LAPLACE

Cette magnifique chambre d'hôtes invite vraiment au dépaysement. Installée au calme dans un univers boisé et à quelques pas de la plage, elle constitue une destination de charme. L'accueil de Roland est toujours agréable. A peine installés et vous tomberez sous le charme de ces grandes pièces pleines de cachet, offrant tout le romantisme attendu pour une escale à deux sur Ré la Blanche. La chambre Obione, une grande suite familiale, accueillera aisément une famille de 4 personnes tout comme la Lila avec sa terrasse privative donnant sur le parc.

AU PAYS DE COCAGNE €€

2 -4, rue Denfert-Rochereau - **PONS**
✆ 09 79 52 24 10
www.aupaysdecocagne.com
Chambre simple de 57 € à 76 € ; chambre double de 66 € à 79 € ; chambre triple de 75 € à 87 €. Petit déjeuner inclus.

Au Pays de Cocagne est une magnifique bâtisse datant du XIXe siècle dans laquelle Katia et Fabrice ont installé trois chambres et une suite. Cette maison a beaucoup d'atouts : maison de caractère, vitraux, décoration raffinée et authentique, coin détente et lecture, jardin fleuri… Les chambres, avec salles d'eau et toilettes privatives, peuvent accueillir jusqu'à trois personnes et la suite familiale peut en accueillir jusqu'à quatre. Pour la table d'hôtes, Fabrice cherche les produits et recettes du terroir et fait tout lui-même.

LA PERGOLA DU SOURIRE €

2, chemin de la Pergola - **RÉTAUD**
✆ 05 46 90 46 78
www.lapergoladusourire.com
Chambre simple 65 € ; chambre double 70 € ; chambre triple 90 €. Petit déjeuner inclus.

Vous apprécierez l'authenticité de cette longère du XIXe siècle avec ses murs de pierre et son jardin. La Pergola propose deux chambres spacieuses de plain-pied. Elles sont particulièrement agréables à vivre avec leurs teintes douces et leur mobilier chiné. Équipées de belles salles d'eau, elles rappellent les maisons de famille dans lesquelles on entend depuis la chambre les enfants jouer dans le jardin. Le soir un menu raffiné vous sera servi sur la table d'hôte, magret de canard, papillote de saumon… Les repas sont servis après un apéritif charentais.

LA VILLA DES DEMOISELLES €€

112, rue Pierre-Loti - **ROCHEFORT**
✆ 06 22 11 93 47 - www.villadesdemoiselles.com
2 chambres (et 2 suites). Chambre double de 85 € à 120 €.

Cette superbe villa a été construite au XIXe siècle et sa façade a conservé tout le charme et l'esprit des hôtels particuliers « Grand Siècle ». Elle servait autrefois de presbytère et c'est là qu'a été tourné *Les demoiselles de Rochefort*. Elle propose deux suites pouvant accueillir 4 à 5 personnes et 3 chambres spacieuses pour 2 personnes. Leur décoration est agréable, colorée, et fait la part belle aux éléments des années 60. Chacune rend hommage à l'univers d'un film culte et toutes sont indépendantes et bien équipées, avec salles de bains et w.c. privatifs.

DOMAINE DE BERTHEGILLE €€

6, chemin de Berthegille - **SABLONCEAUX**
✆ 05 46 74 59 88
www.berthegille.com
Chambre simple 65 € ; chambre double 73 €. Petit déjeuner inclus. Lit supplémentaire : 20 €.

Livia et Fabien Pacaud vous accueillent dans leur belle maison de maître du XIXe siècle et vous proposent l'une de leurs quatre chambres aménagées chacune dans des styles différents. Toutes sont équipées de salle de bain avec douche et sanitaires privés. Les petits déjeuners sont servis dans le salon des hôtes. Vous dégusterez les viennoiseries et autres confitures maison. Vous aurez accès au jardin et jeux de plein air et à la piscine chauffée. Soucieux de leur environnement, le couple a opté pour un chauffage solaire de l'eau des équipements sanitaires.

LE LOGIS DE L'ASTRÉE €€€

Le Logis - **SAINT-BRIS-DES-BOIS**
✆ 05 46 93 44 07
http://logis-astree.fr
Chambre double 110 € ; studio / appartement 125 € ; suite 125 €. Petit déjeuner inclus.

Dans sa grande propriété du XVIIe siècle, Sophie vous accueille au milieu des vignes. Le logis dominant la Vallée du Coran, dont les longs bâtiments forment un carré au milieu duquel se trouve la cour, renferme quatre chambres d'hôtes tout confort, habilement décorées, et deux gîtes. Les literies sont de qualité aux dimensions confortables et toutes les chambres sont dotées de toilettes privatives séparées de la salle de bain. On est charmé par l'accueil de l'hôtesse et l'authenticité des lieux. Chaque gîte dispose d'un jardin privatif et d'un accès à la piscine.

CHÂTEAU DES SALLES €€€

61, rue du Gros-Chêne - **SAINT-FORT-SUR-GIRONDE**
✆ 05 46 49 95 10
www.chateaudessalles.com
Chambre double de 137€ à 162€. Demi-pension. Petit déjeuner inclus. Restauration (menus de 29 € à 40 €).

Sylvie Couillaud est à la fois discrète et prévenante. Sauvé de la ruine, ce château est une halte charmante avec ses chambres doubles en suite, avec accès exclusif au grand salon pour un séjour de deux nuits minimum. Dès votre arrivée vous profiterez d'une bouteille de vin local en guise de bienvenue et de plein d'autres petites attentions. Aux beaux jours, on profite du jardin et de la piscine autour de laquelle on fait des planchas. La table d'hôtes propose une cuisine traditionnelle mettant en avant des produits issus du potager et des vins de la propriété.

L'ÉTOILE DU PORT €€

14, quai de Bernouet - **SAINT-JEAN-D'ANGÉLY**
✆ 05 46 32 08 93
www.letoileduport.com
Chambre simple à partir de 65 € ; chambre double à partir de 85 € ; chambre triple à partir de 105 €.

Cet ancien magasin de Cognac datant du XVIIe siècle est ravissant. Chaque chambre, organisée autour du salon, offre un cadre rêvé pour une nuit à deux. Elles combinent joliment cadre authentique avec murs en pierre, poutres apparentes et confort avec notamment des draps en coton égyptien, literie de qualité et une décoration soignée. Les parties communes offrent une ambiance cosy avec des canapés moelleux, une grande cheminée et même une cuisine équipée. Claire est très attentionnée et mettra tout en œuvre pour vous combler durant votre séjour.

LA FERME DE SIDONIE €€

4 bis, place des Tilleuls - **SAINT-PIERRE-D'OLÉRON**
✆ 05 46 75 94 53
http://sidoniebnb.io17.fr
Accueil vélo. Chambre double de 73 € à 89 €. Petit-déjeuner inclus. Parking fermé. Gîte : la semaine de 400 à 680 €.

Située au bout d'une route bordée de vignes, cette ancienne ferme oléronaise a été joliment rénovée en écoconstruction par Margaret et Philippe. En entrant, vous serez séduit par un accueil chaleureux, mais aussi par les photos de Philippe. Les chambres vous offrent tout le confort exigé. Un gîte, rénové avec des matériaux locaux et écologiques, permet de loger deux personnes avec une terrasse ensoleillée. Le petit déjeuner, préparé avec soin, propose des produits frais, locaux et bio. Difficile de quitter un tel lieu sans avoir envie d'y revenir.

LES LITS MARINS €€

9 bis, impasse du Petit-Aubier
SAINT-PIERRE-D'OLÉRON ✆ 06 79 77 96 48
http://leslitsmarins.fr
Chambre double de 72 € à 87 €. Petit déjeuner inclus.

Patricia vous accueille dans sa maison située à quelques minutes de marche de la Cotinière et de Saint-Pierre-d'Oléron. L'accueil est charmant et les chambres sont spacieuses et bien équipées, l'une d'elles est adaptée pour accueillir des personnes en situation de handicap. Elles sont décorées pour s'évader à travers 5 thèmes différents : Bali, Venise, Dakar, Fidji et Oléron. La literie est grande et confortable. Le cadre de vie est agréable, car la demeure est bordée par des vignes. Le petit déjeuner gourmand vous sera offert avec confiture et pâtisserie maison.

LE FARÉ DES POUILLOS €€

4, rue du Pont-des-Ballets - **SAINT-SAUVEUR-D'AUNIS** ✆ 05 46 01 78 56
www.fare-des-pouillos.fr
Chambre double à partir de 70 €. Petit déjeuner inclus. Moins de 7 ans 15 €. Lit bébé 5 €. A partir de 2 nuits : 65 €.

Cette accueillante maison qui prend place au centre du village vous promet quelques jours bien agréables, notamment en vous prélassant dans le jardin fleuri. En entrant, vous ferez la connaissance avec les propriétaires qui vous réserveront un accueil chaleureux permettant de poser ses valises et de profiter de la quiétude ambiante. Bien sûr, vous passerez quelques instants bien agréables dans l'une des chambres, toutes deux donnant sur la véranda et le jardin fleuri où l'on prendra le petit déjeuner en écoutant le chant des oiseaux à la belle saison.

CABANE PERCHÉE DES TERRES DE LEUZE €€

12A, rue de Leuze - **SAINT-SORNIN**
✆ 06 83 15 52 71
www.cabane-perchee-gites-de-leuze.com
Ouvert d'avril à début novembre. Chambre double 160 €. Petit déjeuner inclus. Accueil en cabane jusqu'à 4 personnes.

Joëlle et Philippe vous invitent à dormir dans une cabane perchée à 7,50 m du sol édifiée dans un chêne de 80 ans. L'occasion de côtoyer les oiseaux sur les érables et noisetiers tous proches. Votre petite maison perchée est respectueuse de l'environnement, pourvue d'une jolie mezzanine, d'une douche et de toilettes sèches. Après une nuit paisible, hisser la poulie pour monter votre petit-déjeuner. A l'aube, tous vos sens seront en éveil et le dépaysement garanti !

LA CAUSSOLIERE €€

10, rue du Petit-Moulin - **SAINT-SORNIN**
✆ 05 46 85 44 62
www.caussoliere.com
Chambre double de 87 € à 93 € ; chambre triple de 112 € à 118 €. Petit déjeuner inclus. Lit supplémentaire : 20 €.

Cette maison typiquement charentaise a été entièrement aménagée pour accueillir des visiteurs en leur offrant tout le confort nécessaire à des vacances réussies. Les pierres apparentes et les superbes poutres donnent à cette ferme du XIXe siècle un cachet particulier. Chaque chambre est décorée selon un thème différent. Chacune d'elles est indépendante, confortable, unique et équipée de sa salle de bains privée et d'une télévision. Le parc fleuri de la Caussolière, où l'on prend le petit déjeuner en été, est divin et on apprécie tout autant la piscine chauffée.

L'R DE RÉ €€

31, rue de la République
SAINTE-MARIE-DE-RÉ
✆ 05 46 37 58 29
5 chambres. Chambre double de 70 € à 115 €.

On se sent tout de suite bien dans cette maison du XIXe siècle entourée d'un grand jardin arboré où rien ne vient troubler la quiétude des lieux. Les 5 chambres sont spacieuses et lumineuses. Deux d'entre elles sont avec salle de bain privative et toilettes ; les trois autres ont une salle de bain commune. Elles peuvent être jumelées avec une petite chambre de 2 lits pour des enfants par exemple. Vos hôtes se feront un plaisir de vous rendre service, en vous proposant ce que vous aimez au petit déjeuner et en organisant vos excursions touristiques.

H DE SURGÈRES €€

52, rue Audry-de-Puyravault - **SURGÈRES**
✆ 06 11 46 01 97
www.h-de-surgeres.fr
Chambre double à partir de 79 € ; suite à partir de 89 €. Petit déjeuner inclus.

Dans cette immense maison vigneronne du XIXe siècle au cœur de Surgères, on est très surpris de trouver le ravissant et calme parc à l'anglaise, très bien entretenu et que l'on aperçoit depuis les chambres. Cinq sont disponibles. Au fond du parc, une maison de 70 m² accueille au rez-de-chaussée les personnes à mobilité réduite. Tout est pensé pour passer un séjour des plus agréables en témoignent le parking privé, la piscine clôturée et le petit déjeuner résolument gourmand. On est conquis par les confitures, gaufres et mignardises à déguster dans la véranda.

CORRÈZE

LA FERME DE LA NAVADE €

La Navade - **AIX**
✆ 07 81 01 95 54
n.fageolle.free.fr

Chambre simple 50 € ; chambre double 55 € ; chambre triple 63 €. Lit supplémentaire : 11 €.

Nathalie et Christian ont aménagé pour leurs hôtes trois chambres à l'étage de leur maison. Dans un style rustique et fleuri, avec un mobilier à l'ancienne, les chambres accueillent les couples et les familles jusqu'à 5 personnes, toutes avec salle d'eau et w.c. privés. Le matin, le petit déjeuner traditionnel propose des confitures maison (myrtilles, pommes, prunes...). Dans le salon commun, vous pourrez profiter de la table d'hôtes (uniquement de mai à octobre) qui vous présentera les produits de la ferme. Ici, on élève des bovins et on cultive des myrtilles.

CHAMBRES D'HÔTES POMME ET ARDOISE €€

10, avenue Jean-Cariven - **ALLASSAC**
✆ 05 55 23 16 30
www.pomme-ardoise.fr

Chambre simple à partir de 55 € ; chambre double à partir de 75 €. Petit déjeuner inclus. Lit supplémentaire : 20 €.

Dans leur belle maison en pierre et ardoise, Laurence et Philippe vous accueillent en famille. L'étage mansardé est réservé aux hôtes, un espace composé d'une chambre double avec un coin salon pouvant être transformé en deuxième chambre avec canapé-lit et lit simple supplémentaire. Ambiance zen, murs blancs et beau plancher, joli jardin vous combleront. La table d'hôtes et les petits déjeuners offrent une belle découverte des produits locaux et des recettes du coin.

LOGIS DE LA PROVIDENCE €€

7, rue Porte-Basse
ALLASSAC
✆ 05 55 23 03 61

Chambre simple à partir de 55 € ; chambre double à partir de 65 €. Gîte de 350 € à 450 € la semaine.

Bernadette vous accueille avec plaisir et délicatesse dans cet ancien couvent restauré, aujourd'hui aux allures bourgeoises au cœur du bourg du village, au calme, avec cour intérieure commune et grand parc clos. Les chambres sont spacieuses et lumineuses, les meubles en bois sont superbes, dont les lits aux beaux encadrements. Chacune des 3 chambres (une à lit double et l'autre de 2 lits de 90 cm pouvant être rapprochés) a sa salle d'eau privative avec lavabo double s'il vous plaît. En plus des chambres, vous pourrez loger dans un gîte indépendant.

LES MEYRANDIERS €€€

13, rue du Bac - **ARGENTAT-SUR-DORDOGNE**
✆ 09 52 30 39 73
www.lesmeyrandiers.com

Chambre double 100 € la nuit, 600 € la semaine. Petit déjeuner inclus. Lit supplémentaire : 25 €.

Les Meyrandiers sont la réunion de deux demeures de caractère de 1701 et 1819, pleines de charme et d'authenticité. Superbement restaurés dans le respect de la tradition, Les Meyrandiers surplombent la Dordogne et bénéficient d'un emplacement unique et exceptionnel. Les chambres sont aménagées avec beaucoup de goût et offrent une vue imprenable sur les quais. A la belle saison, vous pourrez prendre votre petit-déjeuner au bord de l'eau, et en cas d'intempérie, vous vous réfugierez dans le cantou avec sa cheminée caractéristique de la région.

CHÂTEAU DE LA GREZE €€€

220, La Grèze - **BEAULIEU-SUR-DORDOGNE**
✆ 05 55 91 08 68
www.chateaudelagreze.com
Chambre double de 105 € à 140 €. Petit déjeuner inclus. Lit supplémentaire : 40 €.

En 1998, Anne et Jean-Philippe sont tombés sous le charme de cette ancienne demeure remaniée au XVIIIe siècle offrant une vue panoramique sur la vallée de la Dordogne et la campagne environnante, à l'abandon depuis de nombreuses années. Ils l'ont restaurée avec goût en alliant charme du passé et confort moderne. Les chambres sont décorées avec des meubles anciens, pièces de famille ou chinées dans la région, de parquet de châtaignier, et sont toutes équipées d'une literie neuve de grande dimension. Elles possèdent aussi leurs salles de bains et toilettes privées.

DOMAINE DU BREUIL €€

10, rue Albert-Thomas - **BRIVE-LA-GAILLARDE**
✆ 05 55 23 33 61
www.domainedubreuil.com
Chambre simple à partir de 65 € ; chambre double à partir de 85 € ; chambre triple à partir de 105 €.

Dans un cadre champêtre et ombragé, ces chambres d'hôtes sont installées dans une maison en pierre avec accès indépendant, sur la propriété des hôtes. Ces suites de charme vous offrent le calme et l'agrément d'un parc arboré et fleuri, dans un quartier résidentiel surplombant la ville. La grande suite familiale propose deux chambres et deux salles de bains, un coin cuisine aménagé et un salon. Pour un séjour encore plus dépaysant, optez pour une nuit dans la roulotte, charmante et colorée, au milieu du verger ! Une terrasse et une piscine sont à votre disposition.

LE JARDIN DE LA RAZE €

La Raze - **COLLONGES-LA-ROUGE**
✆ 06 50 77 27 46
www.jardindelaraze.blogspot.com
Chambre simple 44 € ; chambre double 54 € ; chambre triple 64 €. Petit déjeuner inclus. Lit supplémentaire : 10 €.

Le domaine de la Raze bénéficie d'une vue magnifique sur les tours médiévales du village. Les chambres claires et gaies sont ornées de quelques décorations fleuries qui donnent un style champêtre au lieu. Cette ancienne métairie de caractère est pourvue d'une grande cheminée, le fameux cantou, et est pavée de pierres rouges. On ne se lasse pas d'aller et venir dans le grand jardin de peintre créé par Eliane, une passionnée de roses anciennes. Les petits déjeuners sont copieux avec des confitures maison et le coin cuisine vous permettra de vous restaurer sur place.

DOMAINE LA CHAPELLE EN CORRÉZE €€

Le Bos - **LA CHAPELLE-AUX-BROCS**
✆ 06 73 98 93 44
www.chapelle-en-correze.com
Chambre simple de 70 € à 87 € ; chambre double de 85 € à 105 € ; studio / appartement de 400 € à 1 050 € la semaine.

Tout près de Brive-la-Gaillarde, une propriété de six hectares avec une vue superbe sur les collines environnantes vous attend. Les chambres, situées dans la grange principale, ont leur propre entrée indépendante. Elles sont décorées avec goût avec une identité propre à chacune. Dans le couloir en commun il y a micro-ondes et frigo avec boissons fraîches à disposition. A l'extérieur, on pourra prendre le petit déjeuner près de la grande et belle piscine.

LA MAISON DE JO €

Sente de la Font-Grillère
LAGRAULIÈRE
✆ 06 14 60 64 03
1 chambre. Chambre double à partir de 70 €.

Dans une ancienne grange très lumineuse grâce à de larges ouvertures qui laissent passer les rayons du soleil, Josette vous reçoit très chaleureusement. La maison s'organise autour d'une verrière qui rend hommage aux éléments architecturaux du Rajasthan. Au bout de l'escalier grimpant au-dessus des arches, installée dans un des pignons traditionnels, la chambre au style épuré, dans des tons naturels, est très confortable. Vous pourrez profiter du spa extérieur non couvert et du bain à remous intérieur pour vous offrir des moments détente.

LA FERME DE LA PANETTERIE €

La Panetterie - **LUBERSAC** ✆ 05 55 73 44 09
www.lapanetterie.over-blog.com
Chambre simple 50 € ; chambre double 57 € ; chambre triple 70 €. Chèque Vacances. Table d'hôtes 23 € sur réservation.

Ici vous ne serez pas déçu, d'abord par l'accueil des plus chaleureux de Daniel et Sébastien, puis par des prestations de qualité : les chambres sont confortables, spacieuses et lumineuses (beaux parquets), le petit déjeuner magistral et, si vous vous laissez tenter par la table d'hôtes, vos papilles s'en souviendront ! Vous dégusterez les productions de l'exploitation caprine : fromages de chèvre frais, demi-secs, secs, pyramides, « Feuilles du Limousin », cœurs, cabécous, bouchons...

LA CLOSERIE DE SIRIEIX €€

La Closerie de Sirieix
NEUVILLE
www.closerie-de-sirieix.com
Chambre double à partir de 100 €. Petit déjeuner inclus. Lit supplémentaire : 18 €.

Voici une ferme datant de 1780 restaurée en gardant le style rustique, au milieu d'un grand parc donnant sur les majestueux monts d'Auvergne. Tout à côté, vous verrez un four à pain banal et une grange charpentée en coque de bateau renversée. Les chambres, aux pierres et poutres apparentes, sont très confortables. Chacune dispose de sa propre salle de bain et, si l'une a un salon privé, les deux autres donnent accès à deux salons en commun très conviviaux. Dehors on profite du parc pour se promener et de la piscine pour nager en été.

ANTRE MILLE €€

11, rue du Champ-de-Foire - **PEYRELEVADE**
✆ 06 15 20 15 64
Chambre simple 56 € ; chambre double de 64 € à 78 €. Petit déjeuner inclus. Table d'hôte à 24€ sur réservation.

Au cœur du Limousin, sur le plateau de Millevaches, à la croisée de nombreux chemins de randonnée, une chaleureuse maison vous attend avec des chambres agréables pour vous ressourcer. La décoration est épurée, avec des couleurs pastel apaisantes, un cadre idéal pour passer des nuits paisibles. Les chambres sont en outre équipées de salles de bain et de toilettes privatives. Pour les repas, une table d'hôtes avec des produits frais et de saison vous attend sur réservation. Le lieu peut aussi être loué pour des fêtes de famille et des séminaires d'entreprises.

DOMAINE DE NALOU €

3, Lieu-dit Nalou - **SAINT-GENIEZ-Ô-MERLE**
✆ 06 60 14 84 04 - www.domaine-de-nalou.com
Chambre double de 70 à 85€ la nuit. Petit-déjeuner inclus. Gîte pour 5 personnes : 450 € à 650 € la semaine.

Le Domaine de Nalou est une maison de maître de 1823 et son gîte récemment rénové date lui de 1833. Ce sont des maisons typiques de la Xaintrie. Vous prenez autant plaisir à vous installer dans une des chambres soigneusement décorées dans des tons clairs et apaisants, que dans le gîte où la pierre domine. Dans le parc se trouve une superbe piscine dont vous pourrez profiter aux beaux jours avec son eau chauffée et des chaises longues pour lire et bronzer. De nombreuses activités sont possibles aux alentours : tennis, planche à voile, randonnée, montgolfière...

LES VOYAGEURS €€

Place de la Mairie - **SAINT-MARTIN-LA-MÉANNE**
✆ 05 55 29 11 53
www.auberge-lesvoyageurs.fr
Chambre double à partir de 90 €. American Express.

Depuis 1853, cette auberge a connu une multitude de transformations, mais a toujours gardé la même fonction ! Audrey vous y reçoit chaleureusement. Les chambres sont très agréables, modernes et confortables, toutes totalement indépendantes. Dans le beau salon, vous pourrez prendre le petit déjeuner avec notamment un délicieux pain à l'ancienne. Dîner et panier-repas vous sont également proposés au gré de vos envies. Dans le jardin vous pourrez vous promener jusqu'à l'étang privé où vous pouvez pêcher. Autre atout majeur, le spa vous offre une parenthèse détente.

PRÉ LAMINON €€

Laurégie - **SEGONZAC** ✆ 05 55 84 17 39
www.prelaminon.com
Chambre double 65 €. Petit déjeuner inclus. Chambre pour 4 personnes : 100€. Chambre pour 6 personnes : 125€.

Ambiance nature et aventure dans cette ancienne grange corrézienne à colombages, transformée en maison d'hôtes, mais qui a gardé toutes les particularités de la ferme. Les chambres bénéficient d'un cadre authentique où les meubles et les sols en bois s'accordent à la clarté des murs pour composer un ensemble coquet, confortable et chaleureux. On peut louer l'ensemble de la maison comme un gîte. Vous pouvez profiter de la piscine et des vélos qui sont mis à votre disposition. Vos hôtes organisent des soirées à thème et proposent des activités sur demande.

LA FERME DES HISTOIRES MÉLANGÉES €€

12, places des Xailtries - **SEXCLES**
✆ 06 23 25 15 18
www.lafermedeshistoiresmelangees.com
Cabane 4 personnes de 111,40 € à 131,40 € la nuit (petit déjeuner compris) - 25 € par personne supplémentaire.

Dans une nature verdoyante, vous pourrez profiter de cabanes dans les arbres avec vue sur un cours d'eau. Elles sont très bien équipées et confortables avec leur literie de qualité, leurs fontaines à eau et leurs toilettes sèches. Vous pourrez prendre votre petit déjeuner sur la terrasse au milieu du feuillage et des oiseaux, ou bien sur la terrasse au pied du chêne. Vous aurez aussi la possibilité de faire de la petite cuisine ou d'utiliser le barbecue.

CREUSE

CHATEAU DE LA CREUZETTE €€

17, avenue d'Auvergne - **BOUSSAC**
✆ 05 55 65 78 27 - www.lacreuzette.com
Chambre double à partir de 160 €. Petit déjeuner inclus. Parking. Restauration (dîner sur réservation : 40 €).

Un château du XIXe siècle vous ouvre ses portes. Des chambres de charme sont minutieusement décorées : lits à baldaquins, tapisseries anciennes, meubles d'époque, vue sur le jardin et le bassin aux nénuphars... On se sent comme roi et reine de films à dormir ici ! Un salon et une bibliothèque sont à la disposition des hôtes. Et des animations sont proposées : cours de cuisine, dessin ou peinture. Les invités peuvent aussi partager la table de leurs hôtes. Le grand parc arboré permet de se ressourcer et de passer un séjour inoubliable.

AUBERGE DU PRIEURÉ €€

1, place du 19-mars-1962
COLONDANNES
✆ 05 55 63 00 78
Chambre double à partir de 60 €. Petit déjeuner inclus.

Ioana Laraud a ouvert quatre chambres d'hôtes près de son Auberge du Prieuré en 2013, au cœur du village de Colondannes. Dans cet endroit reposant, elle propose une chambre accessible aux personnes à mobilité réduite. Deux chambres sont idéales pour accueillir les familles avec quatre lits. Profitez d'un cadre sobre et confortable, au décor de pierre et de bois. Vous pourrez prendre vos repas à l'Auberge qui propose des recettes régionales. De nombreuses excursions sont possibles (ruines de Crozant, vallée des peintres à Fresselines...).

CHÂTEAU DE CROCQ €€

4, Grande Rue - **CROCQ**
✆ 06 11 14 93 22
www.chateaudecrocq.fr
Chambre double de 115 € à 125 € ; suite de 155 € à 175 €. Petit déjeuner inclus.

Monsieur et Madame Lemaître ont ouvert cinq chambres d'hôtes de charme dans ce château qui a gardé son caractère tout en se parant de tout le confort moderne. On y trouve deux chambres doubles, une chambre triple et deux suites à entrées indépendantes. Les parquets et les boiseries apportent une note chaleureuse à chaque pièce. Les petits déjeuners avec miel, confitures et yaourts faits maison sont servis dans le parc où de nombreux espaces de détente sont à votre disposition, et où vous pourrez profiter d'arbres exceptionnels et d'une belle collection de rosiers.

DOMAINE DE LA COUTURE €€

La Couture - **EVAUX-LES-BAINS**
✆ 05 55 82 29 18
www.domainedelacouture.com
Chambre double 60 €. Petit déjeuner inclus. Cabane dans les arbres 60 €, yourte, roulotte, cabane de hobbits.

Trois chambres tout confort sont proposées dans cette ancienne ferme dans laquelle les propriétaires ont conservé l'aspect rustique. Ils ont transformé le beau volume de l'étable en auberge et c'est là que les repas sont pris. Ils sont généralement composés de produits du terroir puisque les propriétaires produisent du foie gras et valorisent la viande limousine, le safran et les fromages locaux. Le Domaine de la Couture propose des hébergements plus insolites tels qu'une cabane dans les arbres, une roulotte, une yourte et une cabane de hobbits.

AU GRAND TILLEUL €€

75, Les Combes - **FELLETIN**
✆ 06 72 81 60 95
www.tourisme-creuse.com
Fermé de mai à octobre. 3 chambres. Chambre double de 65 € à 75 €. Petit déjeuner inclus.

Cette sublime bâtisse du XVIIIe siècle est tenue par Françoise, une hôte en or. Sa propriété est le point de départ idéal pour découvrir le patrimoine creusois, particulièrement si l'histoire de la tapisserie vous intéresse. La maison est composée de trois chambres confortables, d'un salon avec cheminée et d'un extérieur sur lequel on prend plaisir à dévorer son petit déjeuner, souvent composé de produits locaux tels que des confitures aux fruits rouges. Au Grand Tilleul possède aussi une piscine, un parc et un étang privé sur lequel il est possible de pêcher.

LE RELAIS DE CHANTELOUBE €€

41, rue de Chanteloube - **FELLETIN**
✆ 06 15 75 56 40 - www.relais-de-chanteloube.fr
Chambre simple à partir de 77 € ; chambre double à partir de 89 €.

Surplombant le bourg, cet ancien relais de poste édifié à partir du XVIIIe siècle est le point de chute idéal pour découvrir le Sud creusois. Les chambres d'hôtes sont indépendantes et les pièces communes sont à la disposition des hôtes : salon, salle à manger, petite cuisine avec bouilloire, cafetière, tisanes et réfrigérateur. Elles sont spacieuses et confortables, décorées à l'ancienne, avec grande douche à l'italienne, w.c., meuble, vasque. Aux beaux jours, le must est d'y prendre son petit déjeuner dans le magnifique jardin de sa propriétaire Marie-Françoise.

NID DES 2 CREUSE €€

6, rue Claude-Monet - **FRESSELINES**
✆ 06 32 98 60 55
www.nid2creuse.fr
Chambre simple de 57 € à 71 € ; chambre double de 67 € à 82 € ; suite de 89 € à 93 €. Petit déjeuner inclus.

Christine et Jean-Luc tiennent quatre chambres à la disposition des visiteurs dans leur maison du XVIIIe siècle, au cœur du pittoresque village de Fresselines. Calme et contemplation sont au rendez-vous dans le jardin ou au bord de la Creuse qui a attiré tant de peintres au XIXe siècle. Chaque chambre dispose d'une TV, d'une salle d'eau et de WC ainsi que d'une connexion Internet et d'une literie haut de gamme. La suite est un véritable petit appartement avec ses deux chambres et sa kitchenette. Christine vous fera découvrir sa galerie d'art.

CHÂTEAU LÉZAT €€

25, Lezat - **LA SOUTERRAINE**
✆ 05 55 89 56 97
www.chateau-lezat.com
Chambre simple de 55 € à 152,50 € ; chambre double de 63 € à 11,50 €. Petit déjeuner inclus.

Le Château Lézat est une maison historique construite en 1901. Rénovée dans le respect de la tradition, la demeure est aujourd'hui gérée d'une main de maître par Sara et Serge. Elles sont décorées avec goût, dans un style Louis, Louis XV avec toile de Jouy ou encore Art déco. Le duo propose quatre chambres avec salle de bain privative et une suite familiale. Ils font aussi table d'hôtes pour vous faire découvrir la gastronomie régionale. Le parc et les villages qui se trouvent autour du château se prêtent très bien à la balade et aux visites.

FLOROMEL €

D912 - **LA SOUTERRAINE** ✆ 05 55 63 79 49
www.creuse-chambres-dhotes.fr
Chambre simple à partir de 38 € ; chambre double à partir de 48 €. Petit déjeuner inclus. Lit supplémentaire : 18 €.

Marie-Claire et Bernard ont aménagé trois chambres au rez-de-chaussée de leur habitation. Toutes les chambres d'hôtes sont décorées avec élégance et raffinement afin de vous plonger dans un climat serein et doux, avec salle d'eau, w.c. privés pour l'une d'entre elles, cabinet de toilette à partager pour les deux autres. Vous profiterez d'un séjour avec coin cuisine, une table d'hôtes, une terrasse, un salon de jardin, un jardin. On peut pêcher dans l'étang privé. Tout cela forme un ensemble fonctionnel pour un séjour en famille. Parking étape camping-car possible.

MAISON NUMÉRO 9 €€

9, rue Serpente - **LA SOUTERRAINE**
✆ 05 55 63 43 35
www.maisonnumeroneuf.com
Chambre double de 80 € à 100 € ; suite de 120 € à 185 €.

Lisa et Duncan vous accueillent dans leur maison de caractère avec jardin clos arboré au cœur du centre-ville. Les chambres sont toutes personnalisées avec un goût prononcé pour les antiquités de valeur pour la décoration. La suite familiale offre une chambre double et une à deux lits individuels, une salle de bain de taille familiale avec une grande baignoire et donne sur le jardin. La table d'hôtes, à base de produits frais, est élaborée chaque jour avec attention et vous est servie le soir sur la terrasse en été et au coin de la cheminée en hiver.

VEÏ LOU QUERI €€

3, route du Geay - **MOUTIER-MALCARD**
✆ 05 55 80 66 08
www.veilouqueri.com
Chambre simple à partir de 59 € ; double à partir de 69 € ; triple à partir de 89 €. Petit déjeuner inclus.

Tenu par un couple de Hollandais, Corrie et Ron De Hoog, on trouve dans cette maison tout ce qu'il faut pour passer un bon moment. Les chambres sont meublées et décorées avec goût et disposent toutes de leurs salles de bains et w.c. privatifs. Pour se détendre, on profite du séjour et de la bibliothèque, ainsi que du beau jardin. Le petit déjeuner est plus que copieux : thé, café ou chocolat, oranges pressées, pain complet, croissants, céréales, fromage blanc et des garnitures hollandaises comme le « hagelslag » et le « pindakaas ».

LES VERGNES €€

Les Vergnes - **SAINT-PARDOUX-LE-NEUF**
✆ 05 55 66 23 74
www.lesvergnes.fr
Chambre double à partir de 80 € ; suite à partir de 90 €. Petit déjeuner inclus.

La demeure de Patrick Dumontant séduit à la fois les amateurs de calme et les passionnés de pêche. Elle est entourée d'étangs et équipée d'une piscine couverte chauffée à l'énergie solaire. Aménagées dans une bâtisse du XVIIIe siècle, les cinq chambres d'hôtes des Vergnes possèdent un environnement charmant. Bien décorées, elles peuvent accueillir entre 2 et 4 personnes (uniquement la chambre familiale). À l'extérieur, Patrick met à la disposition de ses hôtes des barques et des vélos. Deux gîtes installés dans des bâtisses du XVIIe siècle sont aussi proposés.

DOMAINE DE LOUVERAUDE €€

23, Hameau de la Tour - **SAINT-DIZIER-LA-TOUR**
✆ 05 55 62 55 69
www.louveraude.fr
Chambre double à partir de 90 €. Gîte 4 personnes : de 500 à 950 €, gîte 8 personnes : de 900 à 1 300 €.

Le Domaine de la Louveraude est une ancienne seigneurie. Certains bâtiments datent du XVe siècle, dont le Colombier où est installée cette belle chambre d'hôtes. Un mobilier contemporain qui s'harmonise avec le bâtiment ancien habille cette chambre spacieuse. Le vaste parc propose un espace de détente avec les terrains de pétanque et de tennis, la piscine et l'étang de pêche. La chambre est indépendante et assure une grande intimité. Deux gîtes tout équipés sont également proposés et chacun d'entre eux possède sa propre terrasse avec barbecue.

PARC DE TANCOGNAGUET €€

Le Parc de Tancognaguet
SAINT-PIERRE-DE-FURSAC
www.parcdetancognaguet.com
Chambre double à partir de 59 €. Petit déjeuner inclus. Lit supplémentaire : 8 €. Chèque Vacances. Animaux acceptés.

Philippe et Marie-Christine vous reçoivent chez eux dans leur maison d'hôtes, une très ancienne maison de type longère aménagée avec grande authenticité, simplicité et sobriété. C'est un bâtiment du XVIIe siècle, bien rénové. Vous disposez d'une chambre à 2 lits en 90 et d'une mezzanine avec lit en 140, un petit salon, une salle de bains et des w.c. Un salon de jardin est installé sur la terrasse. Calme et relaxation assurés dans un cadre enchanteur ! La propriétaire du parc fait visiter son domaine et dispense généreusement des conseils de jardinage.

CHÂTEAU DE LA CHASSAGNE €€€

La Chassagne - **SAINT-HILAIRE-LE-CHÂTEAU**
✆ 05 55 64 79 48 - www.chateau-lachassagne.com
Chambre double de 120 € à 140 €. Petit déjeuner inclus. Lit supplémentaire : 15 €. Animaux acceptés.

Au milieu d'un parc entouré de forêts, le château de la Chassagne est une magnifique demeure du XVe siècle, surplombant la vallée du Thaurion, avec un parc ombragé de 5 hectares. Le décor intérieur a gardé le style d'époque avec salle à manger Louis XIII et escalier à vis. Les chambres sont très raffinées, et la plus vaste est entièrement tapissée de boiseries qu'accompagne un baldaquin d'époque. Elle est dotée aussi d'une vaste salle de bains avec baignoire ronde et douche à jets. La table d'hôtes est excellente avec ses recettes typiques de la région.

VILLA VALLIERE €€€

24, Grande Rue
VALLIÈRE
✆ 05 55 66 56 41
www.villavalliere.com/fr
Chambre double de 89 € à 139 €. Petit déjeuner inclus.

Les cinq chambres d'hôtes de la Villa Vallière possèdent un cadre étonnant : celui d'une ancienne école de jeunes filles construite en 1892. Aménagées avec goût et confort, elles disposent de beaux espaces et permettent de recharger les batteries dans le calme. Elles ont toutes des salles de bains et sanitaires privatifs. Le petit déjeuner peut être pris en terrasse pour admirer le jardin aux beaux jours ou dans la bibliothèque avec ses sublimes vitraux. La Villa Vallière propose des plats régionaux de saison à sa table d'hôtes.

DEUX-SÈVRES

CHAMBRE D'HÔTES LES FUYES €€

50, route de Malécot - **COULON**
✆ 05 49 35 95 07
www.lesfuyes.fr

Chambre simple à partir de 80 € ; chambre double à partir de 89 € ; chambre triple à partir de 115 €.

Dans cette demeure raffinée, de plain-pied et entourée d'un parc arboré agréable et son ancien pigeonnier, quatre superbes chambres vastes et confortables vous attendent, chacune avec son univers et sa déco soignée. Chacune dispose d'une salle de bains avec vasque équipée de mitigeur et d'une douche avec un système thermostatique, d'un sèche-cheveux et d'un sèche-serviettes ainsi que de toilettes individuelles. Vous profiterez aussi de la terrasse en bois et de la piscine chauffée.

LE FIEF DU MARAIS €€

6, impasse du Petit-Logis
COULON
✆ 05 49 35 92 43

Gîtes de France (3 épis). Chambre simple 50 € ; chambre double 60 € ; chambre triple 80 €. Petit déjeuner inclus.

Les amateurs de patrimoine et de belles pierres apprécieront de franchir ces grilles en fer forgé afin de découvrir le cadre exceptionnel de ce logis du XVe siècle. Pierres apparentes, beaux meubles patinés par le temps, ce fief, installé en retrait, vous mettra effectivement à l'abri de l'agitation de la petite ville de Coulon. Un bel escalier en pierre vous mènera à la chambre située à l'étage. Cette dernière dispose d'un lit en 140 et un lit en 120 (un couple avec un enfant, une famille). Petite cour à disposition pour profiter des beaux jours.

LES ROSEAUX €€

285, route du Grand-Coin - **COULON**
✆ 05 49 35 03 08
www.lesroseaux.com

Fermé du 1er octobre au 15 avril. Chambre simple 70 € ; chambre double 80 €. Petit déjeuner inclus.

Cette maison de plain-pied propose quatre chambres d'hôtes pouvant accueillir en tout jusqu'à 9 personnes. Le jardin est abondamment fleuri et les vacanciers sauront apprécier la grande piscine ainsi que la terrasse, abritée par des stores. Toutes les chambres sont équipées de douche et w.c., coffre-fort et frigo. Le petit déjeuner se prend dans une grande salle commune, de 40 m². En été, on profite de la piscine et des chaises longues avec parasols. Le Marais est le paradis des randonneurs : ceux-ci trouveront sur place un local pour leurs vélos.

LE LOGIS DE PERRINE €€

27, boulevard de Niort
COULONGES-SUR-L'AUTIZE ✆ 05 49 77 07 52
lelogisdeperrine.com

Ouvert toute l'année. 2 chambres. Chambre double à partir de 60 €. Petit déjeuner inclus.

Dans cette magnifique maison de caractère, les propriétaires vous accueillent chaleureusement et se feront un plaisir de vous faire découvrir l'histoire de cette demeure du XIXe siècle. Décorées avec soin et raffinement, la suite familiale et la chambre vous immergeront dans une ambiance accueillante et apaisante. Spacieuses, elles possèdent leur salle de bain privative. Vous pourrez prendre le petit déjeuner avec jus de fruits, pâtisseries maison et produits locaux sur la terrasse donnant sur le parc ou bien dans la salle à manger.

LA CLE DES CHAMPS €

11, rue des Champs Ferrets - **GERMOND-ROUVRE**
✆ 06 28 30 20 57
www.chambreshotes79.fr
Chambre simple à partir de 55 € ; chambre double à partir de 64 €. Petit déjeuner inclus (buffet complet).

Bâtie sur une exploitation agricole, cette grande maison de famille de la fin du XIXe siècle pleine de charme vous invite à prendre la clé des champs. Cette demeure doit sa beauté à ses murs de pierre et à son environnement. Dans chacune des chambres, la décoration est soignée et romantique. L'une d'entre elles est adaptée pour les personnes à mobilité réduite. Un buffet complet composé de gâteaux maison, de céréales et de viennoiseries est proposé chaque matin. Aline et Thierry vous proposeront une balade au milieu des chèvres dans leur ferme polyculture bio...

LE LOGIS DE LA VENISE VERTE €€

12, place de l'Eglise - **SAINT-HILAIRE-LA-PALUD**
✆ 06 98 57 30 32
www.lelogisdelaveniseverte.com
Chambre double à partir de 70 € ; Chambre familiale 2/3 pers : 90 € (4 pers : +15 €). Petit déjeuner inclus.

A l'étage de l'ancienne dépendance de la maison de maître, vous trouverez quatre chambres d'hôtes de grand confort et aussi un pavillon indépendant transformé en suite familiale, le tout pouvant accueillir 12 personnes. Chacune des chambres possède une salle d'eau ainsi que des w.c. privatifs & séparés, et elles sont très bien décorées. Le petit plus du séjour sera constitué de la piscine hors sol, dans le jardin, mais surtout, du bain bouillonnant dont vous pourrez profiter.

LA VILLA CAMILLE €€

7, rue du Marché - **LA CRÈCHE**
✆ 06 64 10 04 84
www.chambres-hotes.fr/22971
Chambre simple 58 € ; chambre double 64 €. Petit déjeuner inclus.

La villa Camille propose quatre chambres soignées et aux ambiances différentes, équipées de grands lits et disposant toutes d'une salle de bain individuelle avec toilettes séparées. Un lit d'appoint ainsi qu'un lit pour bébé peuvent également être fournis. Le petit déjeuner copieux et de saison est servi dans la salle à manger où vous pourrez apprécier tout le calme de cette jolie maison de caractère. Un gîte est également disponible, parfaitement équipé. Vos hôtes sont ici aux petits soins et se feront un plaisir de vous indiquer les meilleures activités.

LE NÉNUPHAR €

4 bis, Chemin des Aurs
SAINT-HILAIRE-LA-PALUD
✆ 05 49 35 33 35
Gîtes de France (2 épis). Clévacances. Chambre double à partir de 50 €. Lit supplémentaire : 25 €. Chèque Vacances.

Dans ce village du Marais poitevin, le Nénuphar est une étape agréable et bon marché, située dans un cadre magnifique. Profitez de votre séjour pour découvrir le marais Sauvage à pied, à vélo ou en barque. La décoration de la chambre est assez simple, mais c'est propre et calme. Vous avez une entrée indépendante, une salle d'eau et des w.c. privés. Le petit déjeuner est servi dans la salle à manger ou sous la véranda devant la terrasse fleurie. Vous serez idéalement situés ici, proche de tous les points d'intérêt touristique majeurs du coin.

LES LAVANDIÈRES €€

8, rue des Lavandières - **SAINT-HILAIRE-LA-PALUD**
✆ 05 49 76 16 72
www.les-lavandieres.net
Chambre double 74 €. Chambre familiale à 140 € la nuit. Petit déjeuner buffet inclus. Lit supplémentaire : 20 €.

Dans cette belle longère du XIXe siècle, typique du Marais poitevin, l'ancienne écurie a été aménagée en trois chambres d'hôtes. Il y a également une chambre familiale. Les vacanciers apprécieront particulièrement la terrasse dallée et la grande piscine. Le petit déjeuner (les confitures sont faites maison) se prend dans le grand salon. La décoration est soignée pour un ensemble qui ne manque pas d'élégance. En plus de l'espace barbecue, une cuisine commune est mise à disposition (gazinière avec four, frigo, micro-ondes, tiroir de congélateur, vaisselle…).

LE LOGIS DE VALLANS €€

140, rue Saint-Louis - **VALLANS**
✆ 05 49 04 86 75
www.lelogisdevallans.com
Chambre simple de 71 € à 75 € ; chambre double de 76 € à 80 € ; chambre triple de 96 € à 100 € ; suite de 117 € à 140 €.

Cette très grande maison maraîchine abrite cinq chambres meublées de façon très classique. Velours, tentures, tapis épais, l'ensemble est cossu. Les chambres peuvent accueillir jusqu'à quinze personnes (jusqu'à cinq personnes dans la plus grande chambre). Elles sont équipées de salles d'eau et toilettes privatives et partagent une petite cuisine. Dans le parc de 7 000 m² entièrement clos et arboré, près de la piscine, un gîte pour 4 à 6 personnes aménagé dans d'anciennes dépendances. Pour vos promenades, on vous prêtera des vélos et même une barque !

DORDOGNE

CHÂTEAUX DANS LES ARBRES €€

Domaine de Puybeton - **BEAUMONTOIS EN PÉRIGORD**
✆ 06 30 64 26 00 -
www.chateaux-dans-les-arbres.com

Ouvert à l'année. Dès 240€/nuit selon la saison, petit déjeuner compris. Dégressif si plusieurs nuits. Restauration. Spa

Découvrez ses 6 cabanes insolites. Leur capacité d'accueil va de 2 à 6 personnes. Comme elles reproduisent certains châteaux périgourdins, elles en ont pris le nom. Biron et Jumilhac sont posées au-dessus de l'eau, Hautefort avec sa capacité de 6 personnes, Monbazillac, Puybéton et les Millandes (pour 4 personnes) sont cachées entre les branches des arbres. Deux ont un spa et un sauna, deux autres ont un bain nordique et les deux dernières ont un spa. Vous pourrez vous-y faire livrer un repas gastronomique.

LA BONBONNIÈRE €€

15, place de la Mirpe - **BERGERAC**
✆ 06 23 56 23 99
www.labonbonniere.net

Dans une maison du 16ème siècle, 3 chambres (de 70€ à 140€) donnant sur la place de la Myrpe proche des Récollets.

On est dans une authentique maison médiévale, riche de son passé. La Bonbonnière qui fut le logis des bateliers de la Dordogne mais aussi celui de la dernière lavandière de Bergerac, est située sur le très joli square de la Mirpe où trône la statue de Cyrano. Les trois chambres sont décorées de manière originale par la maîtresse de maison. Les petits déjeuners sont sublimes avec des confitures et du miel maison, ainsi que les fruits du jardin. Périgourdine d'origine, Simone est intarissable sur sa région et vous fera découvrir tous ses coups de cœur.

LE COLOMBIER DE CYRANO ET ROXANE €€

17, place de la Mirpe - **BERGERAC**
✆ 06 08 05 69 39
www.lecolombierdecyrano.com

Chambre double à partir de 105 €. Petit déjeuner inclus. 15€ de plus par nuit du 15 juin au 15 septembre.

Betty Reed vous accueille chaleureusement toute l'année dans sa maison médiévale du XVIe siècle avec ses colombages, ses cheminées et poutres apparentes, dont elle raconte à merveille la fabuleuse histoire. La décoration est plutôt baroque, mais pleine de charme pour qui aime l'originalité. Dans la chambre avec terrasse privée, vous passerez des nuits réconfortantes. Si vous amenez votre chien, Betty a tout prévu pour lui et peut même le garder si vous ne l'emmenez pas.

LE CLOS DU PAYEN €

BRANTÔME-EN-PÉRIGORD
✆ 05 53 05 56 71
www.leclosdupayen.com

Ouvert à l'année. 2 chambres. Chambre 68€/110€. Petit déjeuner inclus. CB non acceptés. Menu 25 € par personne.

Dans une demeure du XVIe siècle, 2 chambres d'hôtes tout confort ont été aménagées par Sabine et Philippe Stemmelen. Elles ont été baptisées C.Claudel et A. Rodin, par le maître des lieux, passionné d'art et, sculpteur lui-même. Il organise à l'année des stages dans son atelier. Situé au calme, en pleine nature, dans un parc de 2 ha, l'endroit est idéal pour se ressourcer. Un salon et une bibliothèque sont à la disposition des vacanciers. La table d'hôtes est un moment de convivialité et d'échanges avec les propriétaires. Tout est fait maison, même le pain.

CHÂTEAU DE MARAVAL €€

Lieu-dit Maraval - **CÉNAC-ET-SAINT-JULIEN**
✆ 05 53 31 82 77 - www.chateaudemaraval.fr
Chambre double 140 €. Petit déjeuner : 15 €. Les enfants de moins de 12 ans ne sont pas admis dans cet établissement.

Ce lieu niché dans un parc de 2 hectares aux arbres centenaires édifié au XVe siècle a été un coup de cœur pour ses propriétaires qui offrent calme et volupté dans un design contemporain aux lignes sobres. À l'étage, 4 chambres aux ambiances très marquées : rouge, *Zen* en noir et blanc, *Ethnique* tons chauds et boisés, *Klimt* blanc et doré. Au rez-de-chaussée, *Dali*. Au sous-sol, grand luxe pour le spa, bain bouillonnant, hammam et salle de fitness. La piscine extérieure chauffée en saison permet de profiter du calme. Les enfants de plus de 12 ans sont les bienvenus.

CHÂTEAU LE VERDOYER €€

CHAMPS-ROMAIN
✆ 05 53 56 94 64
www.verdoyer.fr
Ouvert du 24 Avril au 30 septembre avec 5 belles chambres d'hôtes au cœur d'un château du 14ème siècle dès 65€ la nuit.

Au cœur d'un parc de 23 ha à plus de 300m d'altitude, le château domine le camping, les étangs pour la pêche, piscines à 3 niveaux, toboggan de 37 m. Les enfants ont leurs aires de jeux en plein air et des salles de jeux électroniques. Dans le château se trouvent les 5 chambres d'hôtes toutes différentes. La priorité est donnée à l'accueil et au confort.Laissez vous aller à profiter de vos journées. Le restaurant est sur le côté du château et reconnu pour sa cuisine gastronomique et sa grande salle qui donne sur les étangs et la grande terrasse.

CHÂTEAU DU BOURBET €€

CHERVAL
✆ 05 53 90 84 89
chateaudubourbet-fr.com
Chambre double de 100 € à 150 €. Petit déjeuner inclus.

Construit au XVe siècle par les seigneurs du Bourbet, ce château a été occupé par l'armée allemande et partiellement démoli à la fin de la Seconde Guerre mondiale. Ce véritable havre de paix et de sérénité est entouré de six hectares de prairie. Vous profiterez de somptueuses chambres, chacune avec vue magnifique et salle d'eau privée : du charme élégant pour la chambre Ivory avec son lit à colonnes Georgien, douillette Ivory Too attenante, idéale pour les enfants, la Bordeaux très romantique, la chaleureuse Damson et la Jade, simple et aérée.

DOMAINE DE CAMPAGNAC €€

Lieu-dit Campagnac
CARSAC-AILLAC
✆ 05 53 30 32 26
www.domaine-campagnac.com/
Tarifs nuitée pour 2 personnes. 5 chambres d'hôtes dès 120€, 3 cabanes perchées dès 280€, 4 gîtes, espace bien-être

Isabelle et Pascal vous accueillent tout au long de l'année dans leur domaine de Campagnac situé entre la vallée de la Dordogne et Sarlat. Sur un coteau orienté sud-ouest, vous pourrez bénéficier de leurs beaux hébergements. Que ce soit pour une nuitée dans l'une des 5 chambres d'hôtes décorées avec goût façon mini-suite ou dans l'une de leurs 3 cabanes perchées où vous disposerez de votre spa privatif. En été, les gîtes prennent la suite des chambres d'hôtes. Sur le domaine vous pourrez aussi partager une piscine chauffée, un spa et un sauna. Champagne !

© DOMAINE DE CAMPAGNAC

© DOMAINE DE CAMPAGNAC

LES HAUTS DE GAGEAC €€€

Lieu-dit Gageac - **LA ROQUE-GAGEAC**
✆ 05 53 31 28 76 - www.leshautsdegageac.fr/
Ouvert toute l'année (sauf février), 4 chambres d'hôtes de 115€ jusqu'à 235€, petit déjeuner compris.

© LES HAUTS DE GAGEAC

Depuis Gageac, la vue est à couper le souffle. De la terrasse, nous avons une vue privilégiée sur la vallée de La Dordogne, le château de Castelnaud. Le village de la Roque-Gageac est accessible à pied par un chemin qui traverse le jardin exotique et arrive au cœur d'un des plus beaux villages de France. Sur place, 4 chambres toutes plus belles les unes que les autres et où la dernière vient de se voir doter d'un bain suédois privatif, chauffé au bois. La piscine incite au farniente, mais des vélos sont là pour découvrir le secteur. Massages et Yoga sur demande.

LA CHARTREUSE DU MAINE €€

Lieu le Maine - **CUBJAC-AUVÉZÈRE-VAL D'ANS**
✆ 05 53 05 30 09
lachartreusedumaine.fr
De 821 € à 2 064 € la semaine selon saison. Possibilité de location à la nuit ou au week-end et court séjour.

Nous sommes ici dans la maison familiale de Catherine, construite en 1702, en pleine campagne périgourdine. Elle partage avec ses hôtes la douceur de vivre dans cette atmosphère calme et sereine. Les trois maisons ont été restaurées dans la plus pure tradition du Périgord. Elles sont totalement séparées les unes des autres et ont toutes leur jardin privé et leur mobilier de jardin. Confort parfait, espace, harmonie, élégance, intimité, en plus du calme et de l'authenticité : ce sont de véritables bulles de douceur où l'amour et la sérénité peuvent s'épanouir.

LA BOISSIÈRE €€

Grand Rue Le Bourg - **GRAND-BRASSAC**
✆ 05 53 91 14 51
www.laboissiere-grandbrassac.com
Fermé du 31 octobre au 1er mars. Chambre double 100€/110€. Petit déjeuner inclus. Lit supplémentaire 30€. Poste Internet

Le couple de Mercey vous accueille dans une maison de caractère à la façade Directoire. A votre disposition, une grande salle à manger sous un plafond à la française pour les petits déjeuners, une orangerie et une loggia aux colonnes de pierre donnant sur la terrasse et le jardin pour farniente. Les chambres sont vastes et claires, décorées avec raffinement et sobriété et offrent des prestations de grand confort : salle de bains et des toilettes privatives, très belle literie. Un grand jardin assure une tranquillité ombragée et accueille une piscine ensoleillée.

LES TUILERIES DE CHANTELOUP €€

44, avenue d'Aquitaine - **LA ROCHE-CHALAIS**
✆ 06 59 02 08 41
www.lestuileriesdechanteloup.fr/
Chambre double de 74 € à 90 € la nuit, de 478 € à 653 € la semaine ; chambre triple de 85 € à 92 €.

Cathy et Denis Regnier offrent 5 chambres d'hôtes tout confort à la décoration raffiné, toutes dans un style différent. Le jardin et la terrasse incitent à flâner, la piscine à se détendre et le garage peut accueillir motos ou vélos. De nombreuses activités sont possibles aux alentours : canoë-kayak, balades en forêt, équitation, pêche, parc de loisirs... Une table d'hôtes est proposée avec deux menus à la demande. Vous cherchez une soirée étape, c'est le lieu idéal pour vous.

DOMAINE BELLEVUE COTTAGE €€

1682, chemin Beynac - **LEMBRAS**
✆ 05 53 24 61 25 - www.domaine-de-bellevue.net
2 chambres d'hôtes, 3 gîtes et 1 habitat insolite vous attendent avec un accueil individualisé, privatisation possible.

Le domaine Bellevue-Cottage vous accueille à 5km du centre de Bergerac. Des hébergements différents allant de leurs 2 chambres d'hôtes de 2/3 personnes en passant par leurs 3 gîtes de 2 à 5 personnes et leur habitat insolite un œuf en bois : le Love-nid. Passionné de vélo, Philippe pourra vous faire découvrir des circuits plus ou moins difficiles pour pédaler jusqu'à l'abbaye de Paunat ou vers Villamblard, la tour de Montaigne ou encore pour découvrir Bergerac autrement. Que vous veniez pour l'œnotourisme, la gastronomie, le vélo, la rando.ou le farniente.

MAISON DE MARQUAY €€

Rue de la Traverse - **MARQUAY** ✆ 05 53 59 53 59
www.maisondemarquay.fr
Chambre double de 105 € à 130 €. Petit déjeuner inclus. Restauration (menu à 33 € sur réservation le soir).

Une maison d'hôtes pleine de charme avec son restaurant gastronomique, c'est ainsi que l'on peut décrire la Maison de Marquay. Marie-Laure et Gérald ont conservé le caractère de la maison en lui apportant une touche de modernité avec la véranda qui ouvre sur le jardin et la piscine. La cheminée du salon est remarquable et de curieux petits personnages peuplent les petits espaces. La décoration des chambres est particulièrement soignée et chacune a son thème. La table d'hôtes est réellement immanquable et fait la part belle aux produits locaux et de saison.

LA QUINTA CHAMBRES ET TABLE D'HÔTES €€

27-29, rue du 11 novembre - **NONTRON**
✆ 05 53 60 38 50
www.la-quinta.fr
4 chambres. Chambre simple : 70€, chambre double : 90€, chambre triple : 130€. Petit déjeuner compris.

Françoise et Luiz Filipe vous reçoivent dans cette demeure de 1820 « La Quinta » nom que l'on peut traduire par « grande propriété de famille », avec leurs dépendances et une chapelle. Ils proposent quatre suites très raffinées pour leurs hôtes. Un salon-bibliothèque et la salle à manger où les repas sont pris en commun. Un étage est dédié à la détente : salle de gym, billard, babyfoot, musique et la salle de cinéma de 22 places. Bel espace séminaire de 15 personnes.

LA GLACIÈRE €€

70 bis, rue Lagrange-Chancel - **PÉRIGUEUX**
✆ 05 24 13 20 33
www.chambre-dhotes-perigueux.fr
3 chambres. Chambre double à partir de 80 €, suite à partir de 90 €. 10 € par pers. de plus dans la suite prévue pour 6.

Une maison historique du XVIIIe siècle du quartier du Toulon appelée La Glacière, à l'allure fière et cossue. Après des travaux de rénovation, Jean-Luc a ouvert trois chambres d'hôtes confortables, spacieuses et lumineuses, dotées de parquet, de balcon et à la décoration raffinée. La *Pays Basque* est une suite parentale pour 6 personnes. L'*Africaine* pour deux. La bien nommée *Romantique*, pour deux. Lit bébé ou petit enfant sont à disposition. Tout est très soigné, bien tenu et agencé avec goût. Le petit déjeuner est servi en chambre ou dans le jardin fleuri.

LE LOGIS DU PARC CAP BLANC €

PÉRIGUEUX
✆ 05 53 08 84 56
capblanc24.free.fr
Chambre double de 40 € à 56 €. Petit déjeuner inclus.

Martine et Bernard Dieuaide ont rénové et aménagé une ancienne demeure religieuse de caractère. Ils proposent deux formules : chambre d'hôte et location saisonnière. La demeure est vaste et il est tout à fait possible de louer la maison en haute saison. L'aménagement des chambres est simple, à base de mobilier de récupération, mais confortable. Le matin on profite du petit déjeuner dans une salle commune et on peut ensuite profiter du beau jardin et de sa piscine.

FERME DE LAUPILIÈRE €

Laupilière - **SARRAZAC**
✆ 05 53 62 52 57
www.lafermedelaupiliere.com
Ouvert à l'année. Chambres dès 50€/64€/85€. Petit déjeuner inclus. Mobil-home dès 195€/semaine. Gîte 250 à 595€/semaine.

© FERME DE LAUPILIÈRE

Cette exploitation familiale associe l'élevage de canards et l'accueil en gîte (1 à 4 personnes), chambres d'hôtes et mobil-home. On peut y découvrir sur réservation et en groupes, le gavage des canards (d'octobre à avril et juillet/août), la transformation, les produits en conserves ou frais proposés à la vente dans la boutique ou par internet. Dans un bel écrin de verdure, vallonné et sillonné d'une multitude de ruisseaux, les chambres sont confortables. Un sacré plus : la piscine couverte, le spa et le sauna sont appréciables, et votre échantillon-cadeau.

LES SUITES DU THÉÂTRE €€

14, allée d'Aquitaine - **PÉRIGUEUX**
✆ 05 53 53 38 68
www.appart-hotel-perigueux.suitesdutheatre.com
La nuit à partir de 129 €, tarifs dégressifs à partir de la 2e. Possibilité de se faire livrer le petit-déjeuner.

Découvrez ici une ambiance intimiste, chic et décontractée alliant design et confort, dans un immeuble des années 1930, face au Théâtre de l'Odyssée. Vous vous sentirez chez vous dans votre hébergement combinant une décoration à la fois cosy et contemporaine, tout en restant connecté. Des parkings publics aériens et souterrains sont situés au pied de l'immeuble et c'est très bien situé, avec des équipements de qualité. Le petit déjeuner pourra vous être livré, tout comme des plateaux-repas, et vous pourrez profiter de soins à domicile.

LA VILLA MARGUERITE €€

7, Rue du Parc - **PÉRIGUEUX**
✆ 06 13 76 55 32
www.la-villa-marguerite.fr
Ouvert à l'année. Local motos/vélos. 3 chbres. Double 90 €/nuit, triple 100 €. Petit déjeuner inclus. Gratuit - de 2 ans

La villa Marguerite, grande maison bourgeoise du début du XXe siècle, vous accueille dans l'une de ses 3 belles chambres confortables, climatisées et insonorisées disposant chacune d'une salle de bain privative et de w.c. séparés. Chacune dévoile une décoration unique, reflet des différents voyages des propriétaires. On profite des deux terrasses, sur lesquelles le petit déjeuner pourra être pris, et du jardin pour se détendre, ou du salon et de son coin lecture quand le temps est moins clément. Le petit déjeuner est fait maison intégralement.

LES VIEILLES VIGNES €€

Lieu-dit La Barrière - **SAINT-ANDRÉ-DE-DOUBLE**
✆ 05 53 82 30 63
www.lesvieillesvignes.fr
Fermé du 11 novembre au 1er avril. 2 chambres. Chambre double 89 € ; suite 160 €. Petit déjeuner inclus. Parking. Wifi.

Véronique et Didier Dhaene-De Laet ont transformé une ancienne demeure de la Double en une maison d'hôtes pleine de charme, au cœur d'une nature verdoyante et très calme. Les chambres, indépendantes de la maison, sont décorées avec soin et toutes personnalisées. Un cottage tout équipé est idéal pour les familles. Sur place, vous trouverez piscine, tennis, vélos, jeu d'échecs géant, balades pédestres, pêche. Le soir, la table d'hôtes vous propose une cuisine inventive, élaborée avec les produits du terroir et de saison accompagnée de découvertes œnologiques.

CHATEAU DE LA THUILIERE €€

38, route de Saint Martin
SAINT-FRONT-DE-PRADOUX ✆ 06 45 35 36 82
https://www.chateaulathuiliere.com
Chambre double de 120 € à 250 €. Petit déjeuner : 12 €.

Le Château La Thuilière est un manoir de style Tudor du XIXe siècle situé dans la campagne aquitaine. Les chambres sont équipées de lit king-size, d'une salle de bains privative avec des articles de toilette à votre disposition, d'une cheminée d'origine du XIXe siècle et la majorité donne sur le parc du château, dans lequel on peut se promener. Le repas proposé est basé sur la cuisine régionale remise au goût du jour, avec des ingrédients bio locaux. Le petit déjeuner est servi dans la cuisine originale du Château, à une table d'un ancien monastère.

LA MAISON DU MOULIN A VENT €€

22, rue Paul Eluard
SARLAT-LA-CANÉDA
✆ 06 88 85 77 87
www.lamaisondumoulinavent.com
Chambre double de 105 € à 115 €. Petit déjeuner inclus. Lit supplémentaire : 20 € à 35 €.

Catherine et Dominique Lesteur ont misé sur la surface de leurs chambres et leur confort. Cette maison de vacances dispose de 3 chambres, d'une salle de bains, d'une télévision par satellite à écran plat, d'un coin salon, d'un coin repas, ainsi que d'une cuisine équipée d'un lave-vaisselle, d'un four et d'un micro-ondes. La décoration est contemporaine et colorée. Le bain à remous ouvre sur la terrasse qui surplombe la ville, la piscine chauffée à 26 °C est à l'eau salée.

CHÂTEAU PUYGRENIER €€

Lieu-dit Puygrenier - **VILLEFRANCHE-DE-LONCHAT**
✆ 05 53 80 25 75
www.chateaupuygrenier.com
Les 5 Chambre d'hôtes de 85€ à 120€, lit supplémentaire : 30€. Gîtes de 6 personnes de 65€ à 115€ la nuit.

Au cœur d'une ancienne propriété viticole de 21 ha dotée d'un superbe étang où l'on peut pratiquer la pêche, le château Puygrenier, datant du XVIIIe siècle, est un véritable havre de paix pour passer des vacances en pleine nature dans un calme absolu. Les maîtres de maison ont une expérience de plusieurs années dans la restauration et dans l'art culinaire mais aussi des chevaux. Le château a été réaménagé en 5 chambres d'hôtes et un gîte de charme tout confort, assez épuré mais de caractère. Sur place, vous pourrez louer des VTT et voir des poneys.

NOUVELLE-AQUITAINE

GIRONDE

LA BERGERIE DU MARAIS €€

2, La Montagne - **ANGLADE**
✆ 06 81 58 30 01
www.labergeriedumarais.jimdo.com
Ouvert toute l'année. 5 chambres. 3 yourtes équipées et 2 chambres d'hôte.

En plein cœur du Blayais, il y a une bergerie où s'élèvent des brebis et des agneaux de l'estuaire. Si vous souhaitez déconnecter quelques jours, c'est l'endroit idéal pour un retour à la terre ! Dans une yourte ou en chambre d'hôte, vous séjournerez en pleine campagne chez de charmants agriculteurs. Si en plus vous êtes à la recherche de saveurs, un potager de 1 800 m² vous offrira de quoi accompagner l'agneau pour la table d'hôte paysanne. Le dépaysement est garanti chez les paysans de la Bergerie du marais. Un endroit à découvrir !

LA GRANGE AUX ARBRES €€

20, route de Signoret - **BARON**
✆ 06 21 10 78 78
www.lagrangeauxarbres.fr
Ouvert toute l'année. Gîtes (4 et 5 pers.) à partir de 425 €/semaine ; week-end (2 ou 3 nuits) à partir de 170 €.

A la croisée de Bordeaux, du bassin d'Arcachon, de Saint-Emilion et de l'entre-deux-mers, Francine et Pierre-Michel vous reçoivent à la Grange aux arbres, sur des terres de patrimoine, de culture, de gastronomie et d'œnologie. Ici, dans une vieille grange entièrement rénovée, ils ont imaginé deux gîtes indépendants avec terrasse privée pour 4 et 5 personnes. Sous un bardage en bois qui s'intègre parfaitement à la nature, se cachent des logements bien équipés et modernes. Les propriétaires sauront vous conseiller sur les visites incontournables de la région.

LA MAISON DE RICHELIEU €€€

4, chemin de Richelieu - **FRONSAC**
✆ 05 57 51 13 94
www.chateau-richelieu.com
Ouvert toute l'année (uniquement du lundi au jeudi en basse saison). Chambre double à partir de 95 €. Dîner sur demande.

© CHATEAU RICHELIEU

La vie de château, vous en rêvez ? Le château Richelieu, dans sa belle bâtisse XVIIe et XVIIIe siècles, met à votre disposition 5 chambres d'hôtes, toutes aussi luxueuses les unes que les autres. D'un grand confort, les chambres Athos, Porthos, Aramis, D'Artagnan, Richelieu sont équipées d'une salle de bains indépendante. La chambre répondant au nom évocateur de Porthos, conviendra parfaitement à une famille, puisqu'elle ouvre sur un salon et une seconde chambre. Moment précieux de la journée, le petit déjeuner est servi dans la cuisine.

LE BASSIN DU TERTRE €€

19, chemin de Richelieu
FRONSAC
✆ 06 99 72 65 48
https://lebassindutertre.fr/
Gîtes de France 2 épis. Chalets à partir de 149 €. Petit déjeuner inclus. Bain bouillonnant. Sauna privatif

L'endroit à lui seul, est un véritable enchantement. Au cœur des vignes, dans un jardin extraordinairement fleuri où se prélassent des carpes Koï dans un joli bassin, trois chambres d'hôtes insolites, lovées dans des chalets 100 % bois, vous invitent à vous évader le temps d'un week-end. Bain à remous privé, terrasse très agréable pour les petits déjeuners, plateaux (chaud ou froid) préparés par la maîtresse de maison et servis avec une bouteille de vin, ambiance cocooning... Vous vous sentirez très bien. Le soir, on admire le coucher de soleil sur la Dordogne.

© LE BASSIN DU TERTRE

© LE BASSIN DU TERTRE

LES PALMIERS DU PORT €€

20, Le Port - **BARSAC** ✆ 06 24 72 33 43
www.lespalmiersduport.fr
Ouvert toute l'année. 2 chambres avec bain bouillonnant privatif, de 130 € à 210 €. En-cas sur réservation. Cuisine.

C'est dans une magnifique demeure du XVIIIe siècle en bord de Garonne, que Frédérique et Guillaume Desnos ont choisi d'ouvrir deux chambres d'hôtes, avec bain à remous. Entièrement dédiées à la détente et au bien-être, elles sont décorées avec goût et élégance. La suite profite d'une terrasse où les propriétaires installent un lit à baldaquin aux beaux jours. Sur simple rendez-vous, une praticienne viendra pour des massages. Vos hôtes, dont la discrétion est à souligner, vous proposent quant à eux de parfaire votre séjour grâce à des en-cas romantiques.

DOMAINE DE PLISSEAU €€

18, Chemin de plisseau - **BAYON-SUR-GIRONDE**
✆ 05 57 64 92 61
www.domaine-de-plisseau.com
Chambre double 94 € ; suite 156 €. Petit déjeuner inclus.

C'est dans une maison bourgeoise construite en 1830, au cœur d'un parc arboré que Madame Barthel vous accueille dans l'une de leurs trois chambres d'hôtes. Nommées Bordeaux, Bruxelles et Oslo, elles comptent toutes une salle de bains privative et sont décorées avec simplicité et goût. Deux d'entre elles peuvent être réunies pour former une suite familiale bien pratique pour les familles. En saison, vous pourrez profiter de la piscine pour vous baigner. Située à 5 km du bourg et à 8 km de Blaye, cette adresse se trouve à 5 km de Plassac et de Bourg-en-Gironde.

C'EST UNE MAISON BLEUE €€

70, rue de Ségur - **BORDEAUX**
✆ 06 78 25 85 83
www.bluelodgeinbordeaux.com
Chambre double à partir de 84 €. Petit déjeuner inclus. Lit supplémentaire : 10 €. Lit bébé : 5 €.

« Le baiser » et « Les trois âges » sont les noms très romantiques des chambres d'hôtes de la Maison Bleue. Valérie a joliment aménagé deux chambres d'hôtes dans une belle maison de famille bordelaise, à la façade remarquable et classée. Elle partage avec vous ses valeurs humaines de confiance, de tolérance et de service. Eco-responsabilité et authenticité sont de mise : confitures bio à partir des fruits du jardin soigné aux produits naturels, compost au fond du jardin, linge lavé à la lessive végétale, ménage réalisé avec des produits naturels, etc.

L'ESPRIT DES CHARTRONS €€

17 bis, rue Borie - **BORDEAUX**
✆ 05 56 51 65 87
www.lespritdeschartrons.fr
Ouvert toute l'année. Chambre simple à partir de 110 € et chambre double à partir de 125 €. Petit déjeuner inclus.

Décor épuré, beaucoup de charme et de grands espaces pour cet ancien chai de 160 m² entièrement restauré. Les chambres personnalisées sont élégantes et possèdent une literie de qualité, une petite bouilloire électrique pour préparer un thé ou un café, des terrasses privatives, de belles salles de bains avec douche à l'italienne et une baignoire ouverte sur la chambre pour la suite Montaigne. Chaque matin, le petit déjeuner préparé par Brigitte Gourlat, la maîtresse des lieux, est servi en terrasse dès les premiers rayons de soleil.

LA VILLA MARÉOTIS €€

56, rue de Mayne Pauvre - **CARCANS**
✆ 06 20 38 34 91
www.mareotis.fr
Ouvert toute l'année. 3 chambres. Chambre double à partir de 89 €. Petit déjeuner inclus. Menu à 36 €, vin compris.

Ambiance bois des cabanes du Bassin d'Arcachon et charme des maisons du bord de mer du Cap Ferret, la Villa Maréotis offre un cadre champêtre de grande qualité. Elle dispose de 3 chambres d'hôtes pouvant accueillir jusqu'à 10 personnes. Calme et détente assurés, car vous dormez au milieu d'un parc arboré de 1 600 m². Si vous dînez à la table d'hôte, Marie et Francis, les propriétaires, vous invitent à participer à un jeu de dégustation-test à l'aveugle, autour du vocabulaire du vin. Ils organisent aussi des visites et dégustations dans des châteaux prestigieux.

CHÂTEAU DE L'ISLE €€

52 bis, rue de Campet - **CASTELNAU-DE-MÉDOC**
✆ 05 56 79 70 96
www.chateau-de-lisle.fr
Fermé de novembre à mars. 4 chambres doubles à partir de 140 €. Petit déjeuner inclus. Piscine extérieure. Jardin.

Ce magnifique domaine est niché entre vigne et forêt. Le Château de l'Isle est une bâtisse octogonale du XVIIIe avec deux ailes et des dépendances comme l'orangerie, les chais, la grange, la sellerie, les écuries où l'on peut murmurer à l'oreille des chevaux. Les chambres sont spacieuses, superbement décorées et d'un grand confort. Elles portent chacune le nom d'une région viticole française. Vanessa et son époux Xavier sont heureux de vous accueillir, de vous faire profiter de leur belle demeure et de partager avec vous son histoire et son environnement.

DOMAINE DES DEUX CÈDRES €€€

26, route des Astéries
GAURIAC
✆ 05 57 64 88 65
www.domainedesdeuxcedres.com
Suite à partir de 199 €. Petit déjeuner inclus. Réception. Table d'hôtes sur réservation : menu de 28 € à 38 €)

Niché au milieu des vignobles de Gauriac, le Domaine des Deux Cèdres est un lieu plein de charme. Du côté des extérieurs, la jolie terrasse vous attend pour de longues soirées d'été ou les petits déjeuners gourmands. La grande piscine sécurisée est appréciée et le spa installé à l'extérieur vous offrira un moment de détente ! Quant à la table d'hôtes, elle est à l'image de Sophie et Eric : généreuse ! Les amateurs d'œnotourisme seront ravis de se faire ouvrir les portes des propriétés viticoles voisines pour des visites et des dégustations.

© DOMAINE DES 2 CÈDRES

© DOMAINE DES 2 CÈDRES

NOUVELLE-AQUITAINE

GATTO VERDE €€

12, rue Stéhélin
LE TAILLAN-MÉDOC
✆ 0610917729
www.gattoverde.fr
Chambre double à partir de 110 €, suite à partir de 130 €. Petit déjeuner inclus. Wifi gratuit. Piscine extérieure.

La maison d'hôtes Gatto Verde a été réalisée dans un ancien relais de poste datant de 1770. Le charme du bâtiment côtoie aujourd'hui de nombreuses touches modernes. L'environnement est calme et serein. La suite familiale se situe au rez-de-chaussée avec pierres et poutres apparentes. La chambre d'hôte est à l'étage avec vue sur le jardin et la piscine. Toutes les deux ont leur salle d'eau privative avec douche et des w.c. séparés. Le petit déjeuner est servi dans la salle de vie ou en terrasse, au bord de la piscine. Pâtisseries et confitures sont faites maison.

© GATTO VERDE

© GATTO VERDE

LE FOURNIL DU MIRAIL €€

27, rue du Commerce
CISSAC-MÉDOC
✆ 05 56 73 48 70
Chambre double à partir de 178 €. Petit déjeuner inclus. Lit supplémentaire : 17 €.

Margriet et Bernard vous accueillent dans leur maison à l'ambiance moderne et conviviale. Les deux chambres d'hôtes sont contemporaines et non dépourvues de charme, aux douces teintes de beige et de gris. Elles sont situées au rez-de-chaussée et bénéficient d'un accès à une terrasse privée. Elles disposent de grandes baies vitrées, d'une télévision à écran plat et d'une salle d'eau avec sèche-cheveux. Pour bien commencer la journée, un petit déjeuner copieux avec pâtisseries et confitures maison vous sera servi à l'intérieur ou à l'extérieur selon la saison.

AUX TROIS FONTAINES €€

360, rue des trois fonds - **EYNESSE**
✆ 07 76 31 52 88
www.auxtroisfontaines.com
Gîtes de France (3 épis). Chambre simple à partir de 60 € ; chambre double à partir de 75 €. Petit déjeuner inclus.

Aux portes du Périgord, entre Saint-Emilion et Bergerac, vous séjournerez dans une maison de maître du XIXe siècle. Cette ancienne propriété viticole de 340 m² est située au cœur des vignes. La propriété est située au pied d'un coteau, sans vis-à-vis. Catherine Colardelle peut vous recevoir dans l'une des 8 chambres joliment décorées dans un style romantique de la grande maison, laquelle comprend également un dortoir avec dix couchages. Deux autres chambres sont aménagées dans le chai. Sauf juillet et août, table d'hôtes le soir sur réservation.j

CHAMBRES D'HÔTES L'ESCALE DE BEL AIR €€

6, route des Vignobles - **GAURIAC**
✆ 06 86 72 44 36
www.escalebelair.fr
Chambre double de 90 € à 95 € la nuit, de 95 € à 99 € la nuit. Petit déjeuner inclus. Lit supplémentaire : 22 €.

Cette demeure du XIXe siècle, construite par un capitaine au long cours, possède un charme fou. Perchée sur un plateau dominant l'estuaire de la Gironde, elle vous accueille au milieu des vignobles. Carole vous propose 4 belles chambres arrangées avec goût, dotées de salles de bain et w.c. privés, en rez-de-chaussée ou à l'étage avec une belle vue. Vous apprécierez le petit déjeuner gourmand servi en terrasse avec vue sur le parc arboré et la piscine.

LES ANTHEMIS €€

89, route des Lacs - **GUJAN-MESTRAS**
✆ 05 56 66 28 95
http://www.les-anthemis.com
Ouvert toute l'année. 2 chambres. Chambres à partir de 85€. CB non acceptée. Animaux acceptés.

Cette maison contemporaine est nichée au cœur d'un parc clos de 5 000 m² arboré de chênes. Elle se situe à environ 500 m du bourg de la Hume. Vos hôtes mettent leurs salon et salle à manger à disposition. Un petit couloir dessert deux chambres Les Genêts, et les Jonquilles, ainsi qu'une petite salle d'eau. Cette suite peut-être louée à 4 personnes voyageant ensemble. Les 2 chambres ont un lit de 140 cm, et donnent sur le jardin. L'autre chambre indépendante a vue sur le jardin et donne sur une belle terrasse privative couverte.

LA PARENTHÈSE €€

22, rue Lagrave - **LA RÉOLE**
✆ 06 85 72 98 29
www.laparenthese-lareole.fr
Chambre double de 75 € à 90 € ; suite 130 €. Petit déjeuner inclus (sans gluten sur demande, salé : 2 €/pers).

Cette belle bâtisse datant de la fin du XIXe siècle, plantée dans les terres de La Réole, propose deux belles chambres doubles et une suite familiale composée de deux chambres communicantes. Très joliment décorées, ces chambres spacieuses sont également d'un grand confort. La Parenthèse a effectivement obtenu le label Vignobles et Découvertes en 2016. Vous profiterez ici de nombreux services en complément, comme le petit déjeuner adapté à vos restrictions alimentaires ou envies, le bain bouillonnant ou les stations de rechargement de vélos.

Ô LAC CHAMBRES D'HÔTES SPA ET DÉTENTE €€

20, allée Pierre-Jean Rozié - **LACANAU**
✆ 06 10 20 36 31
www.olaclacanau.fr
Ouvert toute l'année. Chambre double à partir de 100 €. Petit déjeuner inclus. Enfant de moins de 2 ans : gratuit.

Cinq chambres d'hôtes dans une ambiance « total bois », au cœur de la forêt, face au lac du Moutchic. La décoration est soignée, avec bois flotté, rondins, couleurs douces et chaudes, beaux linges, vasques en pierre et autres petits détails de décoration typiquement bord de mer dont Alexandra, la maîtresse de maison, est très fière. Possibilité de privatiser les lieux. Le petit déjeuner est personnalisé : produits frais, jus de fruits pressés et yaourts faits maison.

CHATEAU LE PAPE €€

25, chemin Le Thil
LÉOGNAN
✆ 05 56 64 75 11
www.chateau-haut-bailly.com
5 chambres (dont une suite 4 pers.). Basse saison : 220 à 330 €. Haute saison : 310 à 470 €. Prêt de vélos. Réceptions.

Bâtie par Pierre Bobineau, maître voilier à Bordeaux, la chartreuse du XVIIIe du *Château Le Pape* et ses chambres d'hôtes haut de gamme, vous font la promesse d'une retraite discrète au cœur du vignoble des Graves. Résidence de nombreux artistes au fil des siècles, vous serez d'abord charmé par l'élégance de son architecture. Conçus par le paysagiste Camille Muller, les jardins sont un véritable écrin de verdure, source de relaxation et d'inspiration. Profitez de votre séjour pour visiter les chais et vous inviter à la Table Privée du Château Haut-Bailly.

© CHATEAU LE PAPE

© CHATEAU LE PAPE

NOUVELLE-AQUITAINE

LE CŒUR DES VIGNES €€

19, chemin des Marronniers
PAUILLAC ✆ 06 26 90 36 40
www.coeurdesvignes.com
Chambre double à partir de 135 €, chambre triple à partir de 165 €. Petit déjeuner inclus.

© LE COEUR DES VIGNES

N'avez vous jamais songé à prendre quelques jours de repos au cœur des vignes ? C'est faute de connaître Le Cœur des Vignes, situé entre Pauillac et Saint-Julien Beychevelle, avec ses cinq chambres d'hôte de charme aménagées dans une belle demeure de maître, cossue, donnant sur un sublime jardin. Toutes ont une décoration différente, mais la chambre Cépages Noir et Blanc est vraiment très originale et très chic. Les maîtres des lieux, Pascale et Alex, vous feront partager leur amour du terroir et des produits de région en vous invitant à leur table d'hôte...

MAISON MOUTCHIC €€

23, allée Pierre Jean Rozié - **LACANAU-OCÉAN**
✆ 06 07 77 81 82
www.lamaisonmoutchic.fr
Chambre double à partir de 135 € ; studio / appartement à partir de 162 €. Petit déjeuner inclus.

Une belle et grande maison en bois, au bord du lac et en lisière d'une forêt de pins, c'est la Maison Moutchic. Le cadre, vraiment enchanteur, est totalement propice à la détente, loin de la foule et du bruit. On se croirait un peu au bout du monde. Les chambres disposent d'une décoration de charme réalisée dans de beaux matériaux. Le style, authentique et chaleureux, offre une jolie parenthèse à tous les hôtes. Le studio est équipé d'une kitchenette et d'une terrasse privative qui donne sur le lac. Chaque hébergement a un accès direct à la piscine chauffée.

CHEZ CHRISTINE ET PHILIPPE €€

22, allée Suffren
LANTON
✆ 06 09 95 24 23
Ouvert toute l'année. Chambre double à partir de 65 €. Petit déjeuner inclus.

Le plaisir de recevoir, c'est ce que vous retiendrez dans cette maison d'hôtes. Que vous logiez dans la chambre Zen ou la chambre Africa, la décoration est soignée et discrète pour que chacun s'y sente bien. Le petit plus : l'accès indépendant qui permet une intimité. Profitez d'un petit déjeuner copieux pour discuter avec vos hôtes, passionnés par leur région, des meilleures balades à faire et des activités à ne pas manquer. Table d'hôtes, le soir, pour des repas conviviaux.

VILLA ETCHE ONA €€

92, route du Cap-Ferret - **LÈGE-CAP-FERRET**
✆ 06 64 91 00 91
www.villa-etcheona.com
Chambre simple de 100 € à 115 € ; chambre double de 120 € à 180 € ; suite de 160 € à 300 €. Petit déjeuner inclus.

La Villa Etche Ona est une belle maison typiquement basque, blanche aux volets rouges, qui propose 4 chambres d'hôtes ainsi qu'une suite indépendante. Le mobilier est de qualité, la literie confortable et le tout est joliment décoré. Le petit déjeuner est un moment magique. Copieux et composé de produits raffinés, vous apprécierez de le déguster dans le vaste salon moderne près de la cheminée ou sur la terrasse, au bord de la piscine. Avec votre accès privé à la plage, vous rencontrerez Marie-Line et Francis, ostréiculteurs, et en apprendrez plus sur leur métier.

CHÂTEAU LA MOTHE DU BARRY €€

490, route du Pont de Riveau - **MOULON**
✆ 05 57 74 93 98
www.vignoblesjoelduffau.fr
Ouvert de fin avril à fin septembre. Chambre double de 125 € à 145 €/nuit. Petit déjeuner inclus. Visite et dégustation.

Transformer une ancienne cuve à vin en béton en chambre d'hôtes, il fallait y penser ! La rendre confortable et raffinée, les propriétaires du château la Mothe du Barry (qui ont vinifié leur vin dans cette cuve pendant quelques années) y sont arrivés. *La Cuve à mon loup* compte parmi les hébergements insolites de la région. Les deux autres chambres à la décoration très originale ont été aménagées dans les anciens bâtiments du vignoble. Verre de vin offert à votre arrivée.

CHÂTEAU DE BEAU-SITE €€

35, route de Mathas - **PORTETS**
✆ 05 56 67 18 15
www.chateaudebeausite.fr
Gîtes de France (3 épis). Ouvert toute l'année. 3 chambres et 2 suites familiales à partir de 100 € (PDJ inclus). Spa.

Demeure bourgeoise du XVIIIe siècle, le Château de Beau-Site a été entièrement rénovée. Les murs en pierre de taille conservent le caractère authentique. Vous séjournerez dans l'un des anciens chais où désormais il y a deux suites familiales (pour 6 pers.), une chambre d'hôtes et un espace bien-être/fitness. Depuis la propriété, la Garonne s'offre en spectacle et la piscine fait face aux vignes plantées en Merlot. Les propriétaires, Evelyne et Patrick Houry, mettent tout en œuvre pour bien vous recevoir. Visite et dégustation offertes durant le séjour.

LA CLOSERIE €€

15, chemin de Menusey - **SADIRAC**
✆ 05 56 23 70 30
www.lacloserie33.com
Chambre double de 95 € à 125 €/nuit, de 650 € à 800 €/semaine. Petit déjeuner inclus. Wifi. Bain bouillonnant. Piscine.

C'est au cœur d'un grand parc arboré sans vis-à-vis, que Gilles et Stéphan vous accueillent dans cette maison de style californien. Avec sa belle piscine, vous apprécierez les moments de farniente et de calme. La Closerie propose deux chambres décorées, comme le reste de la maison, avec art et finesse, modernité et raffinement. Le petit déjeuner, copieux et fait maison, peut être servi dans la salle commune, dans votre chambre ou sur la terrasse au bord de la piscine. Pour une balade à vélo, il se peut bien que vos hôtes puissent vous en prêter.

LE PRIEURÉ DE MOUQUET €€

6, chemin de Mouquet - **SADIRAC**
✆ 05 56 23 26 57
www.prieure-de-mouquet.com
Gîtes de France. Chambre double de 80 € à 95 €. PDJ inclus. Gîtes (4 pers.) et roulotte (2/5 pers.). CB non acceptée.

La maison d'hôtes du Prieuré de Mouquet est un havre de paix niché au cœur de la campagne sadiracaise, dans un écrin verdoyant de tranquillité. D'emblée, on est frappé par les murs en pierres blondes du logis, sans parler de l'imposante tour crénelée qui s'élève au coin de la maison. Cet ensemble bucolique est en fait une demeure fortifiée du XVIe siècle dans laquelle ont été aménagées deux chambres et trois suites très confortables. Anne Bandelier vous propose encore deux gîtes et une roulotte. Le tout avec piscine s'il vous plaît !

CHÂTEAU LEOGNAN €€

88, chemin du Barp
LÉOGNAN
✆ 05 56 64 14 96
www.chateauleognan.fr
Ouvert toute l'année. Chambre double à partir de 120 € ; Suite «Seurin» de 150 à 190 €. Coffrets séjours. Restauration.

Le château Léognan s'étend sur un domaine de 6 hectares où la vigne est élevée dans la tradition des Grands Crus de Pessac-Léognan. Outre son activité viticole, le château met à votre disposition 4 chambres d'hôte avec vue sur la chapelle, les paddocks, la forêt environnante et le vignoble. Les chambres (Garance, Capucine, Faustine et Bérénice) se trouvent dans la partie XVIIe siècle du château. Comme la suite Seurin, elles sont spacieuses et la décoration, soignée et délicate, ne vous laissera pas indifférent. Le petit déjeuner traditionnel est gargantuesque.

© CHATEAU LÉOGNAN

© CHATEAU LÉOGNAN

NOUVELLE-AQUITAINE

PAVILLON DES MILLÉSIMES €€

3, rue de Lincent - **LUSSAC** ✆ 07 60 56 77 34
https://pavillon-des-millesimes.fr/
Chambre double à partir de 145 € ; suite familiale 6 pers. à partir de 214 €. Séminaires. Réceptions. Restauration.

© PAVILLON DES MILLÉSIMES

Nathalie et David sont à l'origine de la restauration de ce lieu chargé d'histoire. Ils vous accueillent, vous régalent, vous conseillent et vous feront sans aucun doute partager leur coup de cœur pour ce bel hôtel particulier du XIXe siècle situé en plein cœur d'une des plus prestigieuses régions viticoles, et aussi les trésors qu'offrent le Saint-émilionnais et la Gironde. Dans cet environnement hors du temps, les chambres répondent au nom de Magnum, Impériale, Marie Jeanne, Balthazar et Melchior (la suite pour 6 personnes). Elles sont belles et lumineuses.

LA MAISON DU DOUANIER €€

2, route de By - **SAINT-CHRISTOLY-MÉDOC**
✆ 05 56 41 35 25
www.maisondudouanier.com
Ouvert toute l'année. 3 chambres. Chambre double à partir de 120 € ; suite à partir de 230 €. Petit déjeuner inclus.

Historiquement, il s'agit réellement de la maison des douaniers qui contrôlaient la marchandise et comptaient les droits prélevés quand le vin était acheminé en gabare vers Blaye et Bordeaux. Aujourd'hui, ses trois chambres et une suite parentale sont à votre disposition dans un cadre élégant et raffiné. La vue sur l'estuaire, le calme de l'endroit, comme la gentillesse de vos hôtes, permettent de goûter à la quiétude totale. Prendre un ou plusieurs repas au restaurant est vivement conseillé, car la cuisine de Jean-Luc Beaufils est gastronomique et inventive.

CHATEAU LES TOURS SEGUY €€

Les Tours Seguy - **SAINT-CIERS-DE-CANESSE**
✆ 05 57 64 99 57 -
www.chateau-les-tours-seguy.com
Chambre simple à partir de 70 € ; double à partir de 75 € ; triple à partir de 99 €. Petit déjeuner inclus.

Ce château du XVIIIe siècle situé au cœur du vignoble des Côtes de Bourg dispose de quatre chambres lumineuses avec mobilier ancien et parquets, chacune comptant une salle d'eau et des w.c. privés, et d'un gîte pouvant accueillir de 2 à 4 personnes. Il possède une cuisine, un grand séjour (un lit 1 personne et un sofa convertible 1 personne), une chambre (un lit 160 cm et un lit bébé), une salle d'eau avec w.c.. Vous pourrez profiter du parc et découvrir l'activité viticole de vos hôtes qui sont aussi de fervents passionnés de reconstitutions historiques.

LES BELLES PERDRIX €€€

1, lieu dit - **SAINT-EMILION**
✆ 05 57 55 32 05
www.troplong-mondot.com
1 au guide Michelin. 4 chambres (dont 2 suites). Chambre double de 180 € à 410 €.*

Nichée entre les rangs de vigne, cette maison en bordure de chemin est typique du paysage local. En hiver au coin du feu ou en été sur la terrasse privative, c'est la douceur de vivre qui rythme les journées. Les chambres sont très cosy, intimes, à l'ambiance feutrée et bien décorée, avec sanitaires et salles de bains indépendants. Les vues qu'on a depuis elles ressemblent à de véritables cartes postales. Le chef David Charrier vous proposera un petit déjeuner généreux, un goûter gourmand ou des bouchées raffinées, à déguster dans une atmosphère chaleureuse.

CHAMBRES D'HÔTES DU CHÂTEAU FRANC GRÂCE-DIEU €€

Lieu-dit la Grâce Dieu - **SAINT-EMILION**
✆ 06 25 59 36 77
www.chateaufrancgracedieu.com
Chambre double de 100 € à 145 € ; suite de 125 € à 165 €. Petit déjeuner inclus. Lit supplémentaire : 20 €.

Au Château Franc Grâce-Dieu, on profite d'espaces au charme indéniable, tels le salon ou la superbe bibliothèque dans lesquels on a plaisir à passer de nombreuses heures de relaxation au calme. Amateurs d'échecs ? Un échiquier géant vous attend. La pierre, les cheminées et le carrelage ancien sont mariés avec goût aux touches modernes de décoration. Décorées différemment les unes des autres, les chambres offrent des vues sur les vignes, le parc ou le jardin.

LE LOGIS DE LA TOURELLE €€

2, rue de la Tourelle
SAINT-EMILION
✆ 6 08 68 54 06

Ouvert toute l'année. 4 chambres. Chambre double 95 €. Petit déjeuner inclus. Parking. Wifi gratuit.

La maison qui abrite ces 4 jolies chambres a été entièrement rénovée avec goût. La pierre blonde de Saint-Emilion est apparente à l'extérieur et à l'intérieur. Une cheminée en pierre, la décoration et les tissus aux tons chauds, des chambres lumineuses, spacieuses, avec rangement, aux murs blancs renforcent l'impression de volume et de calme, dans cette petite rue au cœur de la cité. Aux beaux jours, on profite de la terrasse, pavée de blanc. On est bien aise de se ressourcer dans ce décor authentique après avoir parcouru l'un des plus grands vignobles.

CHÂTEAU DE LOS €€

12, route de Los - **SAINT-GENÈS-DE-LOMBAUD**
✆ 05 56 78 79 16
www.chateau-de-los.fr

Ouvert toute l'année. Tarif sur demande uniquement : 2 gîtes (4 et 7 pers.). Label Tourisme & Handicap. Piscine. Jardin.

Christelle et Alain Arthaud vous accueillent sur les terres du Château de Los où ils vous réservent un séjour au calme et 3 épis. C'est au sein de la dépendance restaurée de ce castel bordelais que vous séjournerez. Agencé pour 7 personnes, le gîte de Montval est labellisé « Tourisme et handicap ». De son côté, le gîte de la Salamandre est conçu pour recevoir 4 personnes et un bébé. Vous profiterez d'un cadre magnifique, et jugerez par vous-même la beauté de l'architecture de la bâtisse plantée au beau milieu d'un paysage verdoyant.

CHÂTEAU DES ARRAS €€

1, Les Arrats - **SAINT-GERVAIS**
✆ 05 57 43 00 35
www.chateaudesarras.fr

3 chambres. Chambre double de 65 € à 80 €. Petit déjeuner inclus. Formule visite et dégustation à partir de 8 €/personne

Maîtres des lieux depuis plusieurs générations, la famille Rozier vous propose trois chambres d'hôtes. Leur belle bâtisse surplombe la Dordogne depuis le XIXe siècle, entourée de ses vignobles. Si vous êtes amateurs, vous pourrez en profiter pour déguster les vins de la propriété d'appellation Bordeaux Supérieur. Les chambres sont authentiques et calmes, avec le charme des poutres apparentes, des boiseries et des meubles anciens. Si vous êtes en camping-car, vous pouvez faire étape au château grâce à la plate-forme France Passion.

CHATEAU PRIEURE MARQUET €€€

Lieu dit « Marquette »
SAINT-MARTIN-DU-BOIS
✆ 05 57 49 41 70
www.prieure-marquet.com

Chambre prestige : 290€. Chambre d'Exception : 390€. Petit-déjeuner continental : 20€. Parking sécurisé. Héliport.

Il y a des endroits hors du temps. De ceux que l'on ne soupçonne pas. Au cœur dans la nature, ils révèlent soudainement leur beauté, leur élégance au détour d'un chemin que l'on n'aurait peut-être pas pris. Demeure d'hôtes de prestige, le Château est un havre de luxe et de raffinement. Préservée et mise en valeur, l'âme du château s'incarne dans un écrin chaleureux où chaque hôte peut savourer une véritable douceur de vivre à la française.

© CHATEAU PIEURÉ MARQUET

© CHATEAU PIEURÉ MARQUET

NOUVELLE-AQUITAINE

HAUTE-VIENNE

FONTCLAIRE €€

Fontclair - **BLOND**
www.limousin-gites.com
Chambre simple 50 € ; chambre double 60 € ; chambre triple 80 € ; suite de 95 € à 100 €. Petit déjeuner inclus.

Dans cette belle métairie, au milieu de vingt-cinq hectares de pâture et de bois, vous trouverez deux chambres d'hôtes : l'une, idéale pour les familles, est une suite de deux chambres communicantes ouvrant de plain-pied sur l'extérieur et indépendante, disposant d'une douche privée ; la seconde étant une chambre double au rez-de-chaussée. La décoration est bucolique et rustique. Un patio, une piscine, un coin salon, une télévision satellite à écran plat, une cuisine entièrement équipée et une salle de bain privée avec douche et sèche-cheveux sont à disposition.

CHÂTEAU DE SAINT-ANTOINE €€

22, avenue de Maison-Rouge - **BONNAC-LA-CÔTE**
✆ 05 55 36 61 71 - www.chateau-de-st-antoine.com
Gîtes de France. 5 chambres. Chambre double de 70 € à 125€. Petit-déjeuner inclus. Forfait 5 chambres 530 €.

Bâtisse agrandie en château au XIXe, cette demeure d'architecture baroque est entourée d'un parc offrant une grande diversité d'essences. S'y promener permet d'apprécier la sérénité des lieux. Elle abrite cinq chambres à l'étage. L'une d'elles est une suite dans la tour ronde, avec un salon attenant. Elles sont meublées à l'ancienne, et seule la plus petite est dépourvue de canapé et de couchage d'appoint. A noter que la chambre familiale dispose d'un balcon. Vous profitez aussi de la cuisine tout équipée ainsi que du barbecue dans le jardin.

LA GARE AUX OISEAUX €

4, impasse de la Gare - **CHAMPAGNAC-LA-RIVIÈRE**
✆ 06 75 24 17 15
www.la-gare-aux-oiseaux.com
3 chambres. Chambre double de 66 € à 78 €. Restauration sur réservation, menu de 34€ à 39€. Terrasse.

Les propriétaires vous reçoivent dans l'ancienne gare de Champagnac, à la décoration faite d'objets campagnards et authentiques. La petite gare de Champagnac a conservé son quai et son ancien guichet, mais aucun train ne vous dérangera, la ligne étant désormais une piste cyclable. Jacqueline et son fils Charles vous ouvrent les portes de trois chambres spacieuses et confortables, meublées avec goût, toutes avec télévision et wifi gratuit. Dans la salle à manger sont servis les copieux petits déjeuners avec viennoiseries et pâtisseries maison.

L'ETABLE DES SAVEURS €

Le mas de Lesterps
CIEUX
✆ 06 82 07 97 70
Chambre simple à partir de 55 € ; double à partir de 60 € ; triple à partir de 75 €. Petit déjeuner inclus.

Une partie de la maison a été aménagée pour les hôtes : cuisine et salon au rez-de-chaussée (avec poêle et TV), deux chambres de 2 personnes à l'étage, et une magnifique suite sous les combles qui peut accueillir 3 à 5 personnes. Émilie vous propose de louer la cuisine à partir de 3 chambres réservées. La décoration est à la fois zen et chaleureuse, avec des matériaux nobles et de belles couleurs. Émilie sera très heureuse de vous faire goûter à sa table d'hôtes les produits de son élevage, de son potager, ou des fermes du pays.

JARDIN DES OISEAUX €€

Route de Marval
LA CHAPELLE-MONTBRANDEIX
✆ 05 55 78 75 65
www.lartimache.com
Chambre simple à partir de 52 € ; chambre double à partir de 62 € ; chambre triple à partir de 75 €.

Paradis pour apprentis ornithologues ! Cette ferme du XVe siècle dotée d'un patrimoine bâti remarquable offre une chambre pour les couples et une familiale. Elles sont dotées d'une salle de bains et de w.c. privatifs, et d'un grand lit double de 160. La décoration des chambres est à la fois simple et joyeuse grâce au choix des couleurs. Coin salon, télévision, bibliothèque, salle à manger avec coin cuisine et lave-linge, sans oublier la cheminée et la terrasse vous sont ouverts. Vous pourrez aussi profiter d'un gîte spécial pêcheurs avec barque et étang privé.

L'ÉPHÉMÈRE €€

14, rue de la Borie - **LIMOGES**
✆ 06 86 78 33 57
http://maison-lephemere.com/
Chambre simple 52 € ; chambre double 64 € ; chambre triple 70 €. 60€ pour 2 personnes. Lit supplémentaire : 70 €

La Maison et Chambre d'hôtes l'Ephémère est une maisonnette de 35 m² indépendante de la maison des propriétaires donnant sur le jardin. Les visiteurs trouveront à l'Ephémère tous les équipements nécessaires à un agréable séjour (Kitchenette, four, bouilloire, vaisselle, plaques électriques, frigo, salle d'eau-w.c., salle de séjour avec coin salon, TV, wifi gratuit, jeux de société, lecture, chambre à coucher – lit en 140, linge de toilette et de maison). Deux formules proposées : Chambre d'hôtes avec petit déjeuner compris et meublé petit déjeuner non compris.

LA FERME DE LEYCHOISIER €€

24, allée le Haut Leychoisier
LIMOGES
✆ 06 21 61 05 68
www.chambres-limousin.com
Chambre double à partir de 62 €. Petit déjeuner inclus. CB non acceptée.

Au cœur de 20 hectares de champs et de bois, la Ferme de Leychoisier est le lieu idéal pour vous détendre. Trois chambres et une suite familiale vous sont proposées. Toutes ont leur propre univers : bateaux, chats, clémentine... La suite située au premier étage comprend deux chambres séparées et une salle de bain commune aux deux chambres. Dans le salon-salle à manger des propriétaires, vous partagerez le petit déjeuner pendant un moment convivial durant lequel ils vous conseilleront sur toutes les visites et activités immanquables du coin.

CHAMBRE D'HÔTES LIMOUSIN CHALENDEIX €€

Chalendeix - **NEDDE** ✆ 05 55 35 00 03
www.hebergement-chalendeix.com
Chambre double de 75 € à 90 €. Gite de 650 € à 1 200 € la semaine selon saison. De 350 € à 510 € les 2 nuits.

Sur trois étages, ce gîte dont les chambres peuvent aussi être louées indépendamment les unes des autres peut recevoir 12 personnes en 5 chambres, qui ont chacune leur salle de bains. Le salon comprend une cheminée et la cuisine est équipée. Le gîte était une étable qui a permis d'aménager de beaux volumes dans le respect de la tradition. Le matériel pour bébé est disponible sur demande. Les draps et le linge de toilette peuvent être loués sur place. Un abri permet de ranger les vélos.

CHATEAU DU FRAISSE €€€

Le Fraisse - **NOUIC**
✆ 05 55 68 32 68
www.chateau-du-fraisse.com
Chambre double de 90 € à 100 € ; suite de 135 € à 150 €. Petit déjeuner inclus. Parking inclus. Animaux acceptés.

Dans ce superbe château qui appartient à la famille des Monstiers-Mérinville depuis 1220, le marquis et la marquise vous accueillent. Ce lieu chargé d'histoire promet un séjour mémorable. Passionnés par leur domaine, vos hôtes vous le feront découvrir. Les chambres : charme d'antan et confort moderne. Les cinq situées dans la partie XVIe siècle vous feront passer des nuits d'exception. Elles ont toutes leur salle de bain. Le mobilier de famille témoigne aussi du riche passé des lieux. Le matin, prenez le petit déjeuner dans une salle digne des contes de fées.

DOMAINE DE FOREST €€€

1, allée de Forest - **PANAZOL**
✆ 05 55 31 33 68
Chambre double à partir de 84 €. Petit déjeuner inclus. Lit supplémentaire : 25 €. Gîtes à partir de 575€ la semaine.

Cette luxueuse demeure du XVIIIe siècle comporte cinq vastes et confortables chambres dont deux suites familiales pour 4 personnes. A l'exception de la mansardée, toutes disposent d'un coin salon. On apprécie le séjour, le salon avec billard, la terrasse et le parc avec vue panoramique. Dans ce cadre préservé de manoir ancien, on jouit aussi des plaisirs modernes : centre de fitness avec step, rameur, vélo, bain bouillonnant et sauna, piscine extérieure et chaises longues, terrain de basket et court de tennis. Pour plus d'indépendance, profitez des gîtes.

LA MUSARDIERE €€

2, route de Saint-Victurnien
SAINT-BRICE-SUR-VIENNE ✆ 05 55 03 34 07
http://lamusardiere.info
Chambre double de 60 € à 90 €. Petit déjeuner inclus. Lit supplémentaire : 10 €. Parking. Connexion Internet gratuite.

La Musardière est une belle maison assez récente installée à flanc de coteau, surplombant la Vienne. Audrey vous accueille dans ses cinq chambres, à l'ambiance sereine et douillette. Chacune d'entre elles porte le nom d'une rivière du limousin. Le séjour comporte une cheminée en pierre et en mezzanine on trouve un coin salon, lecture et jeux à disposition des hôtes. En plus, vous profiterez d'une terrasse, d'un grand jardin avec parc arboré et terrain de boule, ainsi qu'un parcours carpes de nuit pour les pêcheurs. Le petit déjeuner est succulent et très copieux.

LA PETITE GARENNE €

SAINT-DENIS-DES-MURS ✆ 05 55 57 02 65
www.lapetitegarenne.com
Chambre simple 40 € ; double 50 € ; triple 62 € ; suite 75 €. Petit déjeuner inclus. Lit supplémentaire : 18 €.

En pleine campagne, c'est une jolie petite maison en pierre dont vous pourrez profiter entièrement en toute indépendance. Les deux chambres (l'une avec un lit double et l'autre avec deux lits simples) communiquent et ont chacune une entrée. Entre elles, une petite salle d'eau avec lavabo, toilettes et douche. A l'extérieur, un salon de jardin. Le petit déjeuner vous fera découvrir les confitures maison de la maîtresse des lieux, Soisik, qui sait aussi très bien cuisiner et vous proposera des recettes en table d'hôtes mettant en scène les produits de son jardin.

LE JARDIN DE LA FORGE €

SAINT-HILAIRE-BONNEVAL
✆ 05 55 00 68 57
www.jardin-de-la-forge.com
Chambre simple 55 € ; double 58 € ; triple 70 € ; suite 80 €. Petit déjeuner inclus. Lit supplémentaire : 10 €.

Au cœur de la vallée de la Briance, dans le centre bourg, à quelques pas de l'église, cette ancienne forge date de 1899 et fut en activité jusqu'en 1970. Trois chambres d'hôtes ont été aménagées dans l'ancienne forge et une quatrième dans la maison du forgeron. Elles sont propres et lumineuses. Les hôtes auront la jouissance d'un salon avec cheminée et d'un beau jardin fleuri foisonnant. Les familles auront le choix entre une chambre familiale ou deux doubles pour plus de confort. Aude et Dominique vous feront partager leur passion pour la botanique.

DOMAINE DU BOIS AU BŒUF €€

Impasse du Maluchat
SAINT-JUNIEN
✆ 05 55 02 24 52
Chambre double à partir de 75 €. Petit déjeuner inclus. Gîte de 60 m² (4 couchages) : de 220 à 400 € la semaine.

Brigitte et Jean-François, éleveurs de chevaux de course, ont transformé cette ancienne écurie du XIXe siècle en demeure de charme. Les propriétaires vous accueillent avec une disponibilité discrète dans leurs deux chambres d'hôtes. Elles se trouvent dans la demeure principale, où vous pourrez profiter d'un salon avec cheminée et d'un billard français, ainsi que d'un solarium avec bassin à bulles. Le petit déjeuner se prend dans le salon ou dans le parc lorsque le temps le permet. Grâce au gîte, vous pourrez profiter du lieu avec une plus grande indépendance.

LE JARDIN DES LYS €€€

3, place de la Collégiale
SAINT-LÉONARD-DE-NOBLAT ✆ 05 55 56 63 39
www.le-jardin-des-lys.com
Chambre simple de 89 € à 119 € ; chambre double de 99 € à 129 €. Petit déjeuner inclus.

C'est une superbe demeure bourgeoise du XIXe siècle, située au pied de la collégiale, qui dispose de cinq chambres spacieuses dont une suite pouvant accueillir 4 personnes. Les chambres sont élégantes et chaleureuses, toutes avec télé écran plat et accès wifi ; les salles d'eau sont impeccables. Au Jardin des Lys règne une atmosphère de quiétude et de sérénité dans un cadre des plus raffinés. Dans le salon commun, on profite d'un moment de détente et l'on apprécie les attentions discrètes des hôtes qui savent être serviables et aimables sans être envahissants.

LES SEYCHAS €

Les Seychas
SÉREILHAC
✆ 05 55 39 11 06
Chambre double à partir de 50 €. Petit déjeuner inclus. Chèque Vacances. Animaux non admis.

Bruno a aménagé cinq chambres dans une ancienne grange typiquement limousine. Les murs en pierre confèrent aux lieux un charme rustique. Au rez-de-chaussée se trouvent une chambre pour deux personnes, une cuisine et un salon. Les quatre chambres de l'étage peuvent chacune accueillir jusqu'à quatre personnes et disposent toutes de sanitaires privés. La chambre familiale comprend une mezzanine à laquelle on accède par une échelle de meunier. Entre randonnée, cyclotourisme, piscine et centre équestre, vous ne manquerez pas d'activités sur place durant votre séjour.

LANDES

LE COMPTOIR DES SABLES €€€

34, avenue de la Libération - **BISCARROSSE**
✆ 06 61 47 89 89 - www.lecomptoirdessables.fr

Ouvert toute l'année. Chambre double à partir de 100 €/nuit ; chambre familiale à partir de 140 €/nuit. Pdj inclus.

Dans cet ancien petit hôtel, Sophie et François ont créé une ambiance douce et végétale avec terrasses privatives, douches extérieures et bain bouillonnant. Du côté des chambres, pour deux à quatre personnes, chacune est d'inspiration différente. Spacieuses, elles respectent l'intimité à laquelle les hôtes tiennent tant. La grande pièce de vie où sont pris les petits déjeuners témoigne de l'importance donnée à la notion de qualité. A votre disposition gratuitement : parasols, planches de bodyboard, réfrigérateur, bouteilles d'eau, micro-ondes, bouilloire, etc.

CÔTE & DUNE €€€

675, avenue Gabriele d'Annunzio
BISCARROSSE-PLAGE ✆ 06 08 96 31 73
www.cotedune.fr

4 chambres (1 chambre familiale 4pers). Chambre double 86 €. Petit-déjeuner inclus.

Face à la dune de Biscarrosse, cette maison d'hôtes contemporaine dévoile son côté nature. En entrant, vous découvrez sa plage intérieure de sable blanc, puis sa jolie terrasse en bois et sa cour végétalisée entourant la piscine. Une grande terrasse panoramique à l'étage offre une vue sur la dune côtière. Un coin salon est à disposition. Les cinq chambres situées autour de la terrasse sont raffinées et apaisantes. Elles intègrent parfaitement le lieu à proximité de l'océan. Un panier « coucher de soleil » est proposé avec foie gras, vin, pain, fruits, café.

VIA BAHIA €€

15 bis, impasse Peyjehan - **BISCARROSSE**
✆ 06 35 24 64 92
www.via-bahia.com

Gîtes de France (4 épis). Fermé en janvier. Chambre double de 83 à 187 €. Personne sup : 18 € /nuit. Pdj inclus.

Si le Brésil est le pays d'origine d'Anne-Laure, Les Landes, et plus particulièrement Biscarrosse fait aussi partie des racines de la jeune femme. Sur 245 m², les 5 chambres de cette maison d'hôtes ont été imaginées sur le thème des différentes régions du Brésil : Manaus, Ouro Preto, Recife, Buzios et Rio Grande. Sur les murs, les toiles de son grand-père et accrochés dans le couloir, des petits sacs en toile qui contiennent de vraies tongs à emprunter pour déambuler autour de la piscine. Végétation tropicale, petit déjeuner de spécialités... Que de clins d'œil !

VILLA AQUITAINE €€

Rue du Curé - **BRETAGNE-DE-MARSAN**
✆ 05 58 05 96 02
www.villa-aquitaine.fr

Ouvert toute l'année. Chambre double de 85 € à 110 €. Petit déjeuner inclus. Accueil «gay friendly only» en été.

Dans cette superbe demeure, vous trouverez tout ce qu'il faut pour passer un agréable séjour, des équipements à l'accueil. Les chambres sont claires, les salles de bains modernes décorées dans des tons sobres. Un grand salon permet de regarder la télévision ou boire l'apéritif ; le petit déjeuner se prend généralement à l'extérieur sur la terrasse agrémentée de voiles d'ombrage. Autour de la piscine au sel, transats, hamacs, petits guéridons, parasols et bande de sable marin, jouxtent la cuisine d'été ou vous pourrez librement vous servir des boissons.

LES SABLES €€

168, route de Herm - **GOURBERA**
✆ 05 58 91 31 31
www.lessables40.free.fr

Gîtes de France (3 épis). 3 chambres. Chambre double de 72 € à 87 €. Petit déjeuner inclus. Lit supplémentaire : 17 €.

Une grande maison blanche et ses colombages apparents, un parc arboré et fleuri d'un hectare, c'est dans une belle demeure de tradition landaise que vous arriverez... Michel et Erzana vous accueilleront chaleureusement. Trois chambres confortables sont situées à l'étage et sont accessibles par un escalier privatif. Ici tout est fait pour que vous vous sentiez bien, depuis le petit déjeuner avec ses produits frais et maison. Dans le parc, une aire de jeux pour enfants, une piscine sécurisée, une volière et plusieurs petits coins bien pensés invitent à la détente.

DOMAINE DE LASSAUBATJU €€

4, rue du Métier - **HONTANX** ✆ 05 58 03 23 01
www.armagnac-lassaubatju.com

Ouvert toute l'année. 3 chambres de 78 € à 84 €. Petit déjeuner inclus. Table d'hôtes. Bain bouillonnant. Prêt de vélos.

A 10 minutes de l'échangeur de l'A65, cette élégante demeure familiale du XIXe siècle vous attend au cœur du village d'Hontanx. A gauche, le chai et la boutique de Véronique et Frédéric Blondeau, propriétaires du domaine de Lassaubatju, certifié en agriculture biologique en Armagnac pour ses spiritueux, armagnacs et apéritifs. A l'arrière, le parc, sa magnifique piscine et le spa. Deux des chambres d'hôtes, *l'Ortolan* et la *Part des Anges*, se trouvent à l'étage. La troisième est au rez-de-chaussée. Le mobilier est d'époque et au mur, des photos évoquent la vigne.

LA VILLA DES REMPARTS €€

Rue de la Chaussée
LABASTIDE-D'ARMAGNAC
✆ 05 58 52 33 67

Gîtes de France (4 épis). Ouvert toute l'année. 4 chambres. Chambre double de 69 € à 89 €. Petit déjeuner inclus.

Sur le haut des remparts de Labastide-d'Armagnac datant du XIIIe siècle, cette jolie bâtisse des années 1920 aux volets bleus n'attendait que Bertrand et Gregory. L'art est partout, et dès l'entrée, vous êtes happé par les œuvres exposées qui finalement semblent faire partie du lieu. Les quatre chambres sont extrêmement claires et décorées avec raffinement. Le petit déjeuner est servi dans une jolie cuisine ou en terrasse. Joli parc de 1 500 m² avec bain finlandais et spa d'été. Soirées apéro en présence d'artistes, piano-bar, jazz soirées Montmartre.

ACIALEON €€

Route de Menon - **LUGLON** ✆ 05 58 07 56 86
www.engoulevents.jimdo.com

Gîtes de France (3 épis). 5 chambres. Chambre double de 85 € à 95 €. Petit déjeuner inclus. Restauration. Excursions.

Profitez ici du calme de la nature et de la présence des chevaux. Les chambres sont spacieuses et disposent chacune de sa salle de bains et de ses w.c.. La petite suite, au rez-de-chaussée, a sa propre entrée ainsi qu'une salle de bains type bain romain. La chambre des artistes et la chambre bohème sont au premier étage. La cabane aux étoiles est dans l'airial à quelques mètres de la maison. Sur place, profitez de balades en attelage, de soins pour vos propres chevaux et de cours de yoga, relaxation sonore ou bien massage aux bols tibétains pour vous.

DOMAINE DE ERLEAK €€

2400, route de l'Abeillé - **MAGESCQ**
✆ 06 86 74 92 98
www.domaineerleak.com

Chambre double de 93 € à 143 €. Petit déjeuner inclus. Animaux acceptés (6 €/j). Wifi gratuit. Table d'hôte (30 €).

En découvrant ces chambres d'hôtes, on a du mal à imaginer qu'elles ont été conçues dans d'anciennes granges. C'était sans compter avec le talent de Jean-Michel. Vous pourrez choisir parmi les trois suites et privilégier l'atmosphère qui vous conviendra pour votre séjour : charme, caractère, exotisme. Chacune offre une décoration particulière et raffinée dans laquelle vous vous laisserez facilement immerger, vous pourrez pour un moment de détente profiter de la piscine, des spas, du sauna ou tout simplement vous relaxer sur votre terrasse privative.

CAPCAZAL DE PACHIOU €€

606, route de Pachiou - **MIMBASTE**
✆ 05 58 55 30 54
www.capcazaldepachiou.com

2 chambres (et 3 suites). Chambre double à partir de 70 € ; suite à partir de 55 €. Petit déjeuner inclus.

François Alberca-Dufourcet a pris la suite de sa mère il y a quelques années. L'ambiance y est familiale, les confitures sont faites maison, et la table s'inspire des recettes d'une grand-mère. Dans les chambres, cheminées et lits à baldaquins invitent à un sommeil serein. Pour les familles, trois suites sont proposées. L'une d'elle comporte trois pièces, un boudoir Louis XV et un lit espagnol en bois doré du XVIIe siècle dans lequel dormit le roi Alphonse XIII... La maison est entourée d'un parc qui a conservé ses arbres séculaires et son bassin d'agrément.

OHANA LODGE €€

56, rue des Hortensias - **MOLIETS-ET-MAA**
✆ 06 70 10 91 92
www.ohana-lodge.com

Ouvert d'avril à fin octobre. Chambre simple de 70 € à 98 € ; chambre double de 78 € à 106 €. Petit déjeuner inclus.

Ici l'ambiance est celle de Bali où Stéphane a séjourné pour vivre ses passions que sont le surf et la photo. Ses talents artistiques se retrouvent dans la décoration des 5 chambres qu'il a voulu sobres et fraîches, rappelant la proximité des dunes et de la mer. D'ailleurs, il a utilisé le sable pour créer la piscine, le sun deck où l'on bronze, les terrasses privatives de chaque chambre et l'annexe où il sert le petit déjeuner, tout ceci face à la pinède libre de toute construction. Ici l'écologie est au cœur des préoccupations.

SOUVENIRS D'ENFANCE €€

6, impasse de la Louvine - **MOLIETS-ET-MAA**
✆ 05 58 41 65 17 - www.souvenirs-denfance.com

Ouvert toute l'année. Cabane (2 pers.) de 75 € à 190 €/nuit. Petit déjeuner inclus. Lit supplémentaire : 25 €.

Dans le quartier de Maa, proche du centre du village de Moliets, Sylvie vous accueille en pleine nature entre océan et forêt dans une de ses cabanes entièrement réalisées en pin des Landes par son mari Thierry. La cabane *A l'Aube* dispose d'un couchage pour 2 personnes en rez-de-chaussée et d'une mezzanine avec 2 à 3 couchages. La cabane *Sans pépins* est conçue pour 2 personnes (couchage en rez-de-chaussée). Sylvie a retranscrit le charme des choses simples. Les cabanes sont équipées d'une salle d'eau séparée, un réfrigérateur et une terrasse avec salon de jardin.

LA CHATAIGNERAIE €€

521, avenue Jean-Labastie - **ONDRES**
✆ 09 61 56 82 72 - http://lachataigneraie-maisondhotes.fr/acces.php

4 chambres (dont 1 suite). Chambre double à partir de 85 €. Petit déjeuner inclus. Lit supplémentaire : 18 €.

A deux pas des plages landaises, à mi-chemin entre Biarritz et Hossegor, La Châtaigneraie vous accueille dans un cadre splendide, avec sa piscine, ses étendues de verdure et son profond sous-bois. Son vaste parc de 2 hectares saura vous faire apprécier son calme unique. La Châtaigneraie est une imposante demeure qui s'étend sur deux niveaux. Les chambres disposent d'une salle de bains privative et pour l'une terrasse privée et d'un accès direct au jardin. Un petit déjeuner anglais composé de confitures maison, de viennoiseries, de viande et de fromage est servi.

CHAMBRES D'HÔTES DE LA FERME DE MONSEIGNON €€

230, route de Plante-Monseignon
SAINT-JULIEN-D'ARMAGNAC ✆ 05 58 44 82 34
www.ferme-de-monseignon.com

Gîtes de France (4 épis). Ouvert toute l'année. Selon la chambre, de 80 € à 99 € la nuit pour 2 personnes.

Contrairement aux fermes classiques, ici il fait bon l'hiver et frais l'été, le petit déjeuner se prend dans une partie vitrée amovible ou en terrasse face à la piscine. L'impression d'être dehors tout en étant à l'abri est très agréable. Les deux chambres situées dans la maison principale sont à l'écart de toute nuisance sonore et l'une d'elle bénéficie d'une terrasse et d'un jardin privatif. Tout est décoré avec soin et l'accueil y est chaleureux.

LES ARUMS DE SANGUINET €€

253, chemin de Basile - **SANGUINET**
✆ 09 84 53 95 83
www.lesarumsdesanguinet.fr

Ouvert de février à novembre. Chambre double de 78 à 110 € ; suite de 130 à 160€. Petit déjeuner inclus. Prêt de vélos.

En faveur du tourisme écoresponsable, la maison est équipée de panneaux photovoltaïques, d'une climatisation réversible, d'ampoules à économie d'énergie, de réducteurs de débit d'eau... Ana et Maurice utilisent le puits pour arroser les extérieurs. Au-delà, vous séjournerez dans une maison très agréable et confortable. Deux chambres sont au rez-de-chaussée et deux à l'étage, dont une suite très spacieuse. Le petit déjeuner est servi dans la pièce à vivre ou sous la terrasse couverte. Vos hôtes mettent à disposition des vélos pour vos virées sur les berges du lac.

LES EAUX QUI RIENT €€

274, avenue Charles Castets - **SANGUINET**
✆ 05 58 09 37 68
www.leseauxquirient.fr

Qualité Tourisme. Ouvert toute l'année. 4 chambres de 70 à 120 €/nuit. Petit déjeuner inclus. Prêt de vélo et canoë.

Ancien hôtel entièrement rénové, Les Eaux qui Rient se trouve au bord de la plage. Les eaux du lac composent une toile de fond permanente, à admirer depuis la pièce de vie au rez-de-chaussée. A l'étage, trois des quatre chambres de style très différent ouvrent sur un balcon au-dessus du lac, tandis que la quatrième est ouverte sur le jardin. Le petit-déjeuner est servi sur la terrasse face à la plage (sans gluten sur demande 48h à l'avance). Sur demande : prêt de vélo, parasol, serviette de plage, glacière, jouets pour les enfants... Bel endroit !

LE HABRE €€

37, les Jardins de la Belette
SEIGNOSSE
✆ 06 89 27 97 58
www.lehabre.fr
Période d'ouverture et tarifs non définis pour 2021.

Le Habre est une maison d'hôtes située en bordure de forêt, à proximité d'une piste cyclable. Jardin de 5 000 m², hamac entre deux chênes, solarium sur le toit... Tout a été imaginé pour accueillir celles et ceux qui sont en quête de calme et de nature. Avec deux chambres doubles et une chambre familiale, Le Habre peut loger jusqu'à 8 personnes. Chaque chambre bénéficie d'un accès direct à une terrasse privative et au jardin. Le petit déjeuner est servi sous la terrasse protégée par la végétation ou dans la grande cuisine. L'océan se trouve à 7 km.

L'ORÉE DE LA FORÊT €€

536, impasse des Tonnes - **SEIGNOSSE**
✆ 05 58 49 81 31
www.loreedelaforet.com
Gîtes de France. Chambre simple 70 € ; double 84 € ; triple 106 € ; suite familiale de 138 à 174 €. Petit déjeuner.

Demeure entièrement rénovée avec jardin d'agrément, *L'Orée de la Forêt* est posée au bord d'un plan d'eau. Le grand parc qui entoure la maison offre calme et relaxation. Les cinq chambres sont confortables, garantissant un séjour paisible, proche de l'océan (plage d'Hossegor à 7 km, plage de Seignosse à 5 km). Le petit déjeuner est compris dans les tarifs. Les hôtes, jusqu'à 14 personnes, pourront profiter de la belle piscine, la cuisine d'été, la table de ping-pong et du plan d'eau poissonneux idéal pour la pêche à la carpe. Le golf de Seignosse se trouve à 3 km.

BERGERIE DE PINOT €

1108, chemin Pinot - **SORE**
✆ 05 58 07 67 05
Gîtes de France (3 épis). Ouvert toute l'année. 4 chambres (à partir de 62 €/nuit). Petit déjeuner inclus. Parking.

Cette superbe bergerie du XIXe siècle a une histoire particulière : elle a été démontée à Saint-Geours-de-Marenne pour être remontée à l'identique sur le terrain de la famille Dambon, au milieu d'un airial de plus de deux hectares ! Qu'il est bon de se prélasser sous l'auvent où sont disposés un salon de jardin et des transats. Chacune des chambres, spacieuses et lumineuses, porte les noms des lieux-dits environnants : Mestejouan, Morderret, Michéou, Moucherucq. Des vélos sont gracieusement prêtés pour découvrir le parc naturel régional des Landes de Gascogne.

DOMAINE DE SENGRESSE €€

544, route de Gouts - **SOUPROSSE**
✆ 05 58 97 78 34
www.sengresse.com
Gîtes de France (5 épis). Chambres d'hôtes de 135 à 185 €. Petit déjeuner inclus. Gîte de 750 € à 1 200 €/semaine.

Croyez-nous, ce n'est pas un hasard si le Domaine de Sengresse a récolté 5 épis. Dès l'entrée, vos hôtes pourront vous conter l'histoire de la bâtisse. Les murs sont couverts d'œuvres d'art et de multiples objets décorent les chambres. De très beaux tissus (répliques de tissus anciens) et des meubles de famille donnent un ton délibérément britannique. Le gîte est conçu pour accueillir un couple et deux enfants. Entrée avec piano, salon donnant sur le jardin, bibliothèque, grande cuisine, jardin d'hiver... Le tout à proximité de la piscine et du potager.

LE DOMAINE DE LUGAZAUT €€

VIELLE-SOUBIRAN ✆ 06 33 07 76 05
www.ledomainedelugazaut.com
Ouvert toute l'année. Propriétaire sur le site. 5 chambres. Chambre double de 70 € à 95 €. Petit déjeuner inclus.

C'est dans cette forêt landaise du nord-est du département aux sources et fontaines miraculeuses que Mélanie s'est installée. La beauté de la maison est déjà un atout : hauts plafonds, corniches, grand vestibule, bel escalier, chambres spacieuses, vue dégagée. Les hôtes ont la possibilité de déjeuner dans la grande pièce très lumineuse ou sur le toit-terrasse. Mélanie propose également des séjours à thème : cuisine, équitation, chasse. Le domaine est tellement grand (120 ha) que des vélos (prêtés) vous seront nécessaires pour vous rendre aux étangs (baignade).

LES 4 MONDES €€

1, promenade des Arènes
VIEUX-BOUCAU-LES-BAINS ✆ 06 40 46 63 66
www.les4mondes.fr
Ouvert toute l'année. Pdj inclus. Tarifs de location pour 2 pers. de 95 € à 165 €/nuit ; de 598 € à 1 040 €/semaine.

Derrière le fronton, sur la route qui mène à la plage des Sablières, cette contemporaine aux formes cubiques abrite 4 chambres d'hôtes. Grands voyageurs, les propriétaires sont allés jusqu'au bout de leur projet en important la totalité du mobilier, des matériaux et objets de décoration. Ne reste qu'à choisir entre *Tulum*, la chambre aux couleurs du Mexique, *Ubud*, la chambre qui rappelle Bali, *Marrakech*, la chambre qui fait voyager au Maroc et *Osaka*, pour un aller-retour au Japon. Chacune possède un patio avec son salon de jardin et des transats. Fabuleux !

LOT-ET-GARONNE

TIMA ZEN €

5, rue des Ecoles - **AUBIAC**

✆ 06 80 16 03 17

www.timazen.com

Chambre double 79 € à 99€ la nuit, de 450 € à 560€ la semaine.

Corine et Olivier ont réalisé dans le village d'Aubiac un petit bijou de zénitude. Rarement un lieu a aussi bien porté son nom. Au cœur d'un magnifique petit jardin paysagé, trois lodges de 25 m² aux lignes épurées, équipés avec kitchenette et terrasse, vous attendent. Corinne vous prépare des paniers petit déjeuner tout chauds et sur demande des plateaux-repas avec des produits locaux et de saison. Piscine chauffée en saison et sauna prolongent le plaisir. La belle vue sur les collines vous rappelle que vous êtes dans le Sud-Ouest.

HOURNÉ €€€

CALIGNAC

✆ 05 53 97 28 24

www.hourne.com

Chambre simple 80 € ; chambre double 95 € ; chambre triple 110 €. Petit déjeuner inclus. Lit supplémentaire : 15 €.

Cette adresse se trouve à une vingtaine de kilomètres d'Agen, au milieu des champs. Ancienne grange rénovée située au milieu des coteaux du Pays d'Albret, Hourné compte cinq chambres d'hôtes confortables et équipées de salles de bains et de w.c. indépendants. Certaines peuvent accueillir jusqu'à quatre personnes. Une cuisine indépendante est à votre disposition, ainsi qu'un salon-bibliothèque ou s'isoler et une grande salle ou l'on peut pratiquer le yoga, la méditation ou autres activités. Le petit déjeuner est copieux et varié.

LES REMPARTS €€

26, rue de la Paix - **CASTILLONNÈS**

✆ 05 53 49 55 85

Chambre simple 80 € ; chambre double de 95 € à 105 € ; chambre triple de 95 € à 115 €. Petit déjeuner inclus.

Cette demeure de caractère construite en 1840 et intégrée dans les remparts de la bastide abrite cinq chambres d'hôtes confortables et spacieuses avec une décoration moderne qui a toutefois su trouver sa place sans jurer. Chaque chambre dispose d'une salle de bains complète et de la télévision. Dominique vous y accueillera avec gentillesse et disponibilité. Le matin, elle vous servira un petit déjeuner à tendance bio, composé de produits locaux comme le fromage ou le jambon. Vous pourrez profiter d'une belle terrasse lorsqu'il fait beau pour vous prélasser.

DOMAINE DE LAFON €€€

Lieu dit Pech et Lafon

CLAIRAC

✆ 05 53 64 93 10

www.cabane-et-spa-dans-les-arbres.com

5 cabanes de 295€ à 335€ la nuit.

C'est au cœur d'une forêt de chênes, sur un site unique dans un espace de 15 ha entièrement boisé, que le domaine de Pech et Lafon vous invite pour un séjour magique dédié à la tranquillité, au repos, à la détente et au bien-être. Chacune des cabanes offre une ambiance particulière : toscane, vintage, vénitienne, africaine, rétro, vitaminée ou encore dolce vita. Elles disposent toutes d'un spa privatif. En plus, une superbe piscine à débordement surplombant toute la vallée de la Garonne vous offre un panorama et une vue exceptionnels.

LES FOLIES DE SOPHIE €€

Lamérique - **COULX**
✆ 06 08 91 50 05
www.lesfoliesdesophie.com
Chambre double de 90 € à 120 € ; studio / appartement de 110 € à 145 €.

Sophie est-elle folle ? Certainement pas ! Son audace permet aux petits et aux grands enfants de réaliser un rêve : dormir dans une cabane en haut d'un arbre ! Elle vous propose trois jolies cabanes en bois perchées dans une forêt de chênes et de châtaigniers, à proximité de la ferme familiale. Pas d'électricité, des sanitaires dans le corps de ferme, mais un charme fou et des prestations diverses et variées pour ravir chacun d'entre vous. Pour un séjour romantique ou en famille, voici le moyen de profiter d'un salvateur retour aux sources.

LA MAISON ÂNANDA €€

Pech de Paganel
DAUSSE
✆ 06 76 58 62 76
Chambre double à partir de 85 €. Petit déjeuner inclus. Lit supplémentaire : 15 €.

Emmanuelle vous accueille dans sa jolie maison en pierres, nichée sur les hauteurs de Dausse. La chambre d'hôtes, décorée dans des tons clairs et reposants, est organisée sur deux niveaux et peut accueillir jusqu'à quatre personnes avec ses 2 grands lits. Cette configuration en mezzanine est remarquable, vous avez un espace salon avec fauteuil des plus charmants, et la salle de bains avec douche et baignoire est également à souligner. N'hésitez pas à profiter des talents de votre hôte, tant pour la cuisine que pour les massages et la relaxation par le yoga.

MOULIN DE ROCQUEBERT €€

Route de Verteuil - **GRATELOUP-SAINT-GAYRAND**
✆ 05 53 93 78 22
www.moulinderocquebert.fr
Chambre double 85 €. Petit déjeuner inclus. Lit supplémentaire : 20 €. Parking ouvert inclus. Animaux acceptés.

Le moulin de Roquebert offre une belle occasion de dormir dans un moulin à eau. Dans une belle bâtisse en pierre, quatre chambres d'hôtes ont été aménagées avec infiniment de goût. La chambre Diane, romantique, et la chambre Baroque, noire et bleu gris, donnent toutes les deux sur le Tolzac. Pour des groupes plus nombreux, la chambre Violette permet d'accueillir jusqu'à 5 personnes. Cheminée, terrasse, piscine, bruit de l'eau et éléments historiques : on ne s'ennuie jamais dans cet endroit où tout fait instantanément oublier le quotidien.

LE ROUSSEL €

Le Roussel - **LAUGNAC**
✆ 05 53 68 75 50
www.leroussel.com
2 chambres. Chambre double de 95 € à 110 €. Petit déjeuner inclus. Lit supplémentaire : 30 €. Wifi gratuit.

Au cœur de la campagne agenaise, dans un décor bucolique, vous attendent deux lieux magiques. D'une part l'adorable Petite Maison d'hôtes, pour 3, décorée avec grand goût dans un style « campagne chic ». D'autre part, une singulière et irrésistible chapelle restaurée, dans laquelle la cuisine est aménagée sous le porche tandis que dans la tribune, la chambre domine le chœur. La décoration est très raffinée, le bois est associé à la pierre dans un esprit épuré, mais chaleureux. Dans ce lieu mythique, on trouve beaucoup de sérénité.

LA DEMEURE D'ARCHITECTE €€

78, chemin des Tuques - **MIRAMONT-DE-GUYENNE**
✆ 05 53 94 58 23
Chambre simple à partir de 70 € ; chambre double à partir de 80 €. Petit déjeuner inclus. Lit supplémentaire : 20 €.

Michèle et Roger vous accueillent toute l'année à La demeure d'Architecte, une agréable maison entourée d'un beau parc de 3 500 m² dans lequel il fait bon se promener. La maison principale abrite deux chambres à la décoration soignée, chacune avec salle de bains ou salle d'eau et w.c. privés. Vos hôtes vous réserveront un accueil chaleureux et très attentionné, et se feront un plaisir de vous faire découvrir les alentours. Un petit-déjeuner continental est servi chaque matin et le repas du soir peut être préparé sur demande préalable.

CHÂTEAU LADAUSSE €€

Lieu dit Ladausse - **MONFLANQUIN**
✆ 05 53 36 71 63
www.ladausse.com
5 chambres. Chambre double de 120 € à 130 €. Table d'hôtes à partir de 30€.

Cet ensemble du XVIIe siècle, pour la partie la plus ancienne, est situé au sommet d'une colline, offrant tranquillité et vues spectaculaires sur les environs, y compris la bastide de Monflanquin. Le Château a été rénové avec grand soin afin de préserver son identité et son histoire tout en apportant confort et modernité. Le résultat est un lieu unique et luxueux, une propriété entourée de cinq hectares de parc, bois et prairies. Les chambres sont tout simplement sublimes avec leurs boiseries et leur mobilier, on se croirait dans un conte de fées.

LA TOUR DE BRAZALEM €€

3, rue de l'Ecole - **NÉRAC**
✆ 05 53 97 20 09
www.latourdebrazalem.fr
Ouvert toute l'année. 6 hébergements insolites. A partir de 50€ la nuit. Petit déjeuner 5€. Parking. Jardin et cour.

L'accueil d'Isabelle Pope est vraiment de celui qui ajoute à la qualité de la location. Dans une de ces imposantes demeures constituant le bourg médiéval de Nérac, elle propose cinq chambres d'hôtes et un studio se nichant avec charme au cœur d'un quartier de caractère. Ici se cache un petit bijou d'ambiance et d'architecture : le pigeonnier, chambre pour deux personnes aménagée en haut de la tour de Brazalem, dotée d'une impressionnante vue panoramique sur la ville. Un jardin, une cour et un petit déjeuner copieux complètent cette adresse séduisante.

LE DOMAINE DE BEUNES €€

n° 3100, Route de Mazerac Lieu-dit Beunes - **PAILLOLES** ✆ 05 53 41 67 20
www.domaine-de-beunes.fr
1 à 2 personnes de 110€ à 150€. Pour 2 personnes, forfait séjour gastronomique : 189 €, escapade romantique : 199 €

Raymonde et Jean-Claude proposent quatre chambres d'hôtes et suites, aux décorations très différentes : la chambre Evasion, de style colonial, pour 2 personnes avec possibilité de lit d'appoint, Fleur de Lin de deux à quatre personnes, la jolie Zénitude, qui porte bien son nom, avec ses tons apaisants pour 2 adultes et 2 enfants, et la toute récente suite Espérance. Décorée dans des tons clairs, elle offre un espace de vie très agréable et peut accueillir 4 personnes. Spa, piscine et bien d'autres jeux et activités pour petits et grands vous attendent !

LE RELAIS DE ROQUEFEREAU €€

Roquefereau - **PENNE-D'AGENAIS** ✆ 06 75 49 30 24 - www.lerelaisderoquefereau.com
Chambre double 130 € ; suite 155 €. Lit supplémentaire (de 20 à 30 €). Yourte : 100 €/nuitée. Petit déjeuner inclus.

Ce relais de chasse du XIIIe siècle est un petit havre de paix niché dans un exceptionnel écrin de verdure. La propriété surplombe la vallée et s'ouvre sur une superbe vue panoramique à admirer même au bord de la piscine à flanc de colline. La maison a été restaurée et décorée avec grand goût. Nathalie Guigné a choisi un délicat camaïeu de teintes naturelles, les poutres sont apparentes et les murs en pierre. Les chambres sont très confortables. L'ensemble donne une belle impression de sereine élégance. Idéal pour se ressourcer !

CHATEAU DE CAMBES €€€

Lieu-dit Cambes - **PONT-DU-CASSE**
✆ 05 53 95 38 73
www.chateau-de-cambes.com
Chambre double 170 €, 1 090 € la semaine. Petit déjeuner inclus. Lit supplémentaire : 30 €.

Accroché à la falaise, le château de Cambes est un lieu magique protégé par un parc majestueux où les seuls bruits sont ceux de la nature. Là, cinq grandes chambres chaleureuses vous accueillent. Leur décoration, inspirée, vous enveloppe d'une bienveillante quiétude. Deux bibliothèques vous sont proposées ainsi qu'un espace bien-être avec sauna, hammam, salle de fitness et salle de massage. Aux beaux jours le parc et sa belle piscine s'ouvrent à vous pour des moments détente en extérieur. Un écrin de bonheur aux portes d'Agen !

LA DAMICHE €€

763, route de Ricard
RIVES
✆ 06 30 36 28 83
Chambre double 70 € ; chambre triple 120 € ; suite 130 €. Petit déjeuner inclus. 25 € pour les enfants -10 ans.

Michel vous accueille à La Damiche, agréable maison du XVIIIe siècle au cœur de la campagne. Ses deux chambres d'hôtes avec entrée et terrasse privées, et une salle de bain avec une belle et grande douche italienne peuvent accueillir 4 personnes, mais si vous arrivez seul ou à 2, il ne prendra pas d'autre réservation. Michel se mettra en quatre pour rendre votre séjour des plus agréables. Entre la piscine, les terrasses, le jardin, ses multiples petites attentions et le petit déjeuner maison et copieux, on passe ici des jours heureux.

LE PETIT CHÂTEAU DE LA COMTESSE €€

SAINT-MARTIN-PETIT
✆ 06 73 34 02 92
chateaudelacomtesse.com
Chambre double à partir de 100 € ; suite de 130 € à 170 €. Petit déjeuner inclus. Lit bébé à disposition.

Ce petit château du XIXe siècle niché dans un parc propose une véritable parenthèse de calme, avec la chaleur de l'accueil de Corinne pour commencer. Deux chambres, la chambre Abel Boyé, à l'ambiance romantique avec son plafond drapé et sa cheminée en bois blanc, et la chambre Alfred Sisley, aux couleurs délicates, chacune avec salle de douche et toilettes, ainsi qu'une suite pour 4 personnes comprenant 2 chambres, permettent de passer un bon séjour.

LE MOULIN DE COCUSSOTTE €€

SAINT-PIERRE-SUR-DROPT
✆ 05 53 83 83 44
www.moulin-de-cocussotte.fr/
Chambre double à partir de 85 €. Petit déjeuner inclus. Lit supplémentaire 15 €. Gratuit pour un enfant -3 ans.

Le Moulin de Cocussotte n'a qu'une chambre, mais quelle chambre ! C'est en fait une véritable suite de 90 mètres carrés avec chambre, salle de bains privée (douche et baignoire), w.c. séparés et séjour/salon. Située au premier étage de cet édifice du XIIIe siècle, elle dispose d'une loggia qui offre une superbe vue sur le parc et la rivière. Vous y serez accueilli par Jacques, qui propose aussi deux gîtes. N'hésitez pas à profiter des extérieurs et de la visite guidée du moulin qui vous en apprendra plus sur l'histoire de ce lieu et de la région.

CHÂTEAU DE LAROCHE €€

Lieu-dit Laroche
VIANNE
✆ 05 53 97 06 47
4 chambres. Suite à partir de 190 €. Table d'hôtes de 28€ à 35€.

Cette bastide du XIIIe siècle abrita au XXe siècle les frasques de l'écrivain Marcel Prévost. Bernard vous contera l'histoire de ce château depuis le début de la Guerre de 100 ans jusqu'à nos jours, au coin du feu ou dans le parc. Quatre suites de grand standing sont proposées avec chacune une salle de bains privative (baignoire et douche). Trois salons sont réservés aux hôtes pour la détente et le divertissement. La piscine propose deux bassins, dont une pataugeoire pour les enfants. Les petits déjeuners sont servis aux beaux jours en terrasse.

LES ROULOTTES DU SUD-OUEST €€

Lagrangette - **SAINT-SALVY**
✆ 05 53 47 69 50
www.lagrangette.net
Séjour en roulotte la semaine de 299 € à 599 € petit déjeuner inclus. Espace balnéo : 15 € par personne.

Le domaine de Lagrangette vous propose des façons originales de passer vos vacances : dans une roulotte. Dans le parc dessiné par un paysagiste stationnent les roulottes qui peuvent accueillir 4 ou 5 personnes. Elles sont bien sûr équipées tout confort avec salle d'eau, kitchenette, etc. L'espace détente avec bain bouillonnant, sauna, espace balnéo, espace fitness vous est ouvert, mais ici vous aurez aussi la possibilité de participer à plein d'activités.

LES HUGUETS €€

VILLENEUVE-SUR-LOT
✆ 05 53 70 49 34
www.leshuguets.com
Chambre simple de 62 € à 72 € ; chambre double de 78 € à 98 € ; chambre triple de 95 € à 110 € ; suite de 100 € à 125 €.

Les Huguets sont nichés sur une colline, au cœur d'une superbe propriété de 30 hectares. Gerda et Ward vous accueillent avec gentillesse et discrétion dans leur belle demeure de caractère. Cinq chambres spacieuses et confortables vous y attendent. Quatre d'entre elles sont situées dans la maison principale, la plupart avec une superbe vue sur la vallée, la cinquième est installée dans l'ancien pigeonnier, au fond du jardin. Les activités ne manquent pas ici, entre piscine et sauna, et on profite aussi des plaisirs de la bouche grâce à une divine table d'hôtes.

MOULIN DE RIGOULIÈRES €

SAINT-SYLVESTRE-SUR-LOT
✆ 06 87 25 55 22
moulinderigoulieres.jimdofree.com
Chambre double 65 €. Petit déjeuner inclus. Gîte : de 380 € à 650 € la semaine. Week-end : de 160 € à 210 €.

Voilà un lieu qui devrait séduire les amateurs de tranquillité et de pêche ! Dans une vieille bâtisse restaurée et nichée sur les berges du Lot, Marie-Claude et Adelin Da Ponte ont réuni le sens de l'accueil de l'une et la passion de la pêche de l'autre pour vous proposer deux chambres tranquilles avec une vue imprenable sur la rivière et l'ancien moulin. Le petit déjeuner est servi dans l'ancienne boulangerie, devant les fours à pain en activité jusque dans les années 1950. Si l'on ne pêche pas, on profite tout de même des plaisirs de l'eau sur les embarcations.

LYS DE VERGNE €

Chemin de Vergne - **VILLERÉAL**
✆ 05 53 36 61 54
www.lysdevergne.com
Chambre double de 60 € à 67 €. Petit déjeuner inclus. En juillet et août, réservation à partir de 3 nuitées.

Marie-Ange et Pierre Rumeau, nuciculteurs, vous accueillent à la campagne, dans cette ferme périgourdine qui a gardé son charme d'antan. La propriété est nichée au cœur d'un jardin fleuri et arboré où il fait bon flâner. Marie-Ange est raconteuse de pays et vous guidera donc à la perfection même si l'été, au bord de la piscine, on n'en bougerait plus. Entre la chambre douillette, les espaces communs prêtés fonctionnels pour la détente et la table d'hôtes qui rend hommage à la gastronomie locale, on est assuré de passer ici un agréable séjour.

PYRÉNÉES-ATLANTIQUES

MAISON TARTEA €€

Chemin Tarteco - Quartier Karrika - **AINHOA / AINHOA** ✆ 05 59 03 82 38
www.maison-tartea.com

Gîtes de France. 3 chambres, 100 à 120 €. Petit déjeuner inclus. Piscine. Nombreuses randonnées au départ de la Maison.

Décompression assurée ! La maison Tartea a su garder son esprit campagne en mêlant nature et confort. Les propriétaires, Chantal et Philippe, ont donné une certaine allure à leur demeure : meubles de style champêtre, matériaux naturels, couleurs claires, courbes modernes, l'ambiance y est chaude et chaleureuse, et vos hôtes ne manqueront pas de vous faire part de leur goût pour les voyages. Profitez du jardin, des terrasses et de la piscine dans un calme et une sérénité absolus. Aux portes de l'Espagne, tout invite à la découverte et à la visite du Pays Basque.

SANSOENIA MAISON D'HÔTES €€

2, chemin de Kastilua - **ARBONNE / ARBONA**
✆ 06 09 94 09 40

Ouvert mi avril à fin octobre. 2 chambres, 75 à 90 €, avec petit déjeuner. Juillet/août : location semaine. Piscine.

A Arbonne, en lisière de Biarritz et de la Côte, cette belle propriété parfaitement restaurée se dresse à flanc de coteau au milieu des plaines basques. Une vue exceptionnelle, un intérieur agencé et décoré avec goût et harmonie. Des chambres très lumineuses et confortables avec des salles de bain colorées. Aux beaux jours, vous prendrez le copieux petit déjeuner – produits frais, fruits du jardin, confitures maison... – en terrasse face à la Rhune. Adresse à intégrer dans votre carnet de voyage, d'autant plus que la propriétaire est très agréable et attentionnée.

VILLA ETCHEBRI €€€

9, avenue de la Forêt - **ANGLET / ANGELU**
✆ 06 73 53 36 48
www.chambredhotesanglet.com

3 chambres de 110 € à 205 €/nuit, 1 suite de 190 € à 365 €, avec petit déjeuner. Table d'hôtes sur réservation le soir.

© CHRISTOPHE DUGUET

La Villa Etchebri est une très belle adresse ; idéalement située à seulement 5 minutes à pied de l'océan et des golfs de Chiberta. Brigitte vous accueille chaleureusement dans sa maison contemporaine aux volets bleus, avec sa piscine chauffée dans un jardin arboré et ses espaces détente. Les chambres et la suite familiale sont lumineuses, parfaitement équipées, décorées avec goût et élégance dans un style moderne. Brigitte vous conseillera pour vos activités, et elle s'occupe de tout : école de surf, golfs, coach sportif ; soins détente sur place. Le séjour idéal.

IPUTXAINIA-MAISON D'HÔTES-SÉJOURS RANDONNÉES €€

Le Bourg - **ASCARAT / AZKARATE** ✆ 06 83 82 98 28 - www.respyrenees.com/fr/maison-d-hotes/decouvrez-iputxainia

Gîtes de France. Ouvert du 1/04 au 31/10. 5 chambres avec petit déjeuner de 70 à 95€. Piscine. Séjours randonnées...

Une belle histoire de famille avec la transformation de cet ancien hôtel en chambres avec table d'hôtes et séjours randonnées. 3 années de travail avec les artisans précieux des alentours ont redonné vie à ce bel ensemble qui offre désormais 5 chambres confortables avec tout l'équipement moderne, et décorées aux couleurs du Pays basque dans le village d'Ascarat. Cette maison d'hôtes propose aussi sa table conviviale avec des produits gastronomiques. Satisfecit pour le petit-déjeuner.

LE POTEAU ROSE €€

51, avenue Louis de Foix - **BAYONNE / BAIONA**
✆ 05 59 55 36 01
www.lepoteaurose.com

Ouvert toute l'année. 3 chambres de 70 €/1 à 180 €/4 selon saison/nuit. Animaux non admis. Location de vélos. Parking.

A quelques minutes du centre historique de Bayonne, l'insolite, l'originalité et l'inventivité se conjuguent ici à tous les temps ! Bref, un superbe loft d'artiste qui vous propose des chambres très spacieuses avec mezzanine. Elles s'appellent La Festayre, Blanche Neige... elles ont toutes leur personnalité, reflet en fait de la personnalité de vos hôtes. Ici, on est comme nulle part ailleurs, jusque dans le grand salon où se sont invités des animaux grandeur nature un peu partout. On allait oublier « le Couvent des méduses », un espace « remue-méninges ».

CASAVIEL-MAISON D'HÔTES BIARROTE €€

15, rue d'Harcet - **BIARRITZ / MIARRITZE**
✆ 06 73 42 12 13 - www.casaviel.fr

Ouvert toute l'année. 5 chambres de 70 € à 140€. Studio 2 pers. de 560 à 980€/sem. Animaux non admis. Cuisine d'été.

Casaviel, ou « le bon vivre à Biarritz » ! Ici, c'est la campagne à la mer. Cette maison, une des plus anciennes fermes de la Côte basque (XVIIe siècle), a été réaménagée et décorée avec un goût très sur et de beaux matériaux par vos hôtes, Diane et Lucas. Une maison qui affiche confort et sobriété avec une terrasse face à la forêt... et la plage à peine à 10 minutes. Que vous optiez pour une formule en chambre d'hôtes ou studio pour plus d'autonomie, vous y trouverez tout le confort.

LA MAISON DE LA CÔTE €€

3, rue du Guesclin - **BIARRITZ / MIARRITZE**
✆ 06 08 05 68 42 - www.maisondelacote.fr

5 chambres de 90 à 250€. Formule location vacances de 60 à 210€. Animaux non admis. Sauna. Jardin. Formule séjour Golf.

Coup de cœur pour cette maison ; 5 chambres d'hôtes baignées de lumière naturelle avec balcon vue océan, golf ou jardin. A 200 m de la plage du Miramar, dans le typique quartier Saint-Charles en bordure du golf, vous vivrez un séjour idéal dans cette villa des années 1930 : confort de standing et décoration contemporaine très soignée. Les chambres disposent de kitchenette, salle de bains avec douche à l'italienne, grands lits... et peuvent aussi se louer comme « chambre chez l'habitant », ce qui en fait une location de vacances classique, formule très appréciée.

LA MAISON DU MARQUIS €€€

41, rue de l'Estagnas - **BIARRITZ / MIARRITZE**
✆ 06 38 60 67 18
https://lamaisondumarquis-biarritz.com

Ouvert d'avril à fin octobre. 3 chambres et 1 suite de 54m² de 150 à 250 €. Petit déjeuner inclus. Piscine chauffée.

Le *Petit Futé* ne peut que recommander les nouvelles chambres d'hôtes de la célèbre et prestigieuse demeure du Marquis de Cuevas, théâtre de nombreux événements mondains. Situation idéale puisque vous êtes à proximité du Golf, de l'hyper centre et de la Grande Plage de Biarritz, avec un parking privé et sécurisé, dans une propriété néo-basque des années 30, ouvrant sur une magnifique terrasse plein sud avec un parc arboré et... une piscine chauffée. Trois chambres entièrement rénovées et une suite de 53 m² sont disponibles avec une décoration élégante.

MAISON SLOW TOKI €€

730, chemin de Sarrot - **BIDACHE / BIDAXUNE**
✆ 09 75 20 73 91
www.slowtoki.com

3 chambres de 80 à 120€. 1 gîte de 550 à 950 €/sem. Animaux non admis. Piscine. Studio yoga, séminaires, fêtes privées..

La maison Slow Life, un lieu magique conçu pour vous (ré) apprendre à prendre le temps et à le savourer ! Slow Toki, « le lieu où l'on prend le temps » ; une maison que Lionel et Manu, vos hôtes, ont voulue atypique, paisible, authentique pour vivre une expérience différente, mais surtout heureuse. Grande ferme basque du XVIIIe rénovée en 2020, nichée au milieu des collines verdoyantes du Pays Basque, avec grand jardin, piscine, potager en permaculture, vaste espace qui vous est entièrement dédié : salle à manger, salon tropical, boudoir créativité et studio yoga.

LE MOULIN DE PASCALE €€

20, Zubiburuko Karrika - **ESPELETTE / EZPELETA**
✆ 05 59 93 96 51
www.gueslot.fr

5 chambres de 60 à 160 €. Petit déjeuner inclus. Animaux acceptés. Le soir sur réservation, Table d'hôtes. Jardin.

Pascale vous accueille dans un ancien moulin de 1650, un peu à l'écart de la foule du centre. Moulin entièrement restauré avec beaucoup de goût et ce petit supplément d'âme qui la caractérise fort bien. Ses talents de créatrice, ses inspirations ramenées de ses voyages et de nombreux objets chinés se retrouvent partout. Chaque chambre est personnalisée jusqu'au moindre détail. Un petit tour dans le jardin dans une nature préservée vous réserve aussi de belles surprises. Pascale vous conseillera en matière de visites, de randos et de bonnes adresses gastronomiques.

IPARRA-CHAMBRES D'HÔTES €€

26, rue Alotzbehere - **ARCANGUES / ARRANGOITZE** ✆ 06 86 91 38 28 - www.iparra.fr

4 chambres de 110 à 165 €, petit déjeuner inclus. Jardin. Soins bien-être sur réservation. Animaux non admis. Parking.

© FLORENCE LASSAGA

Dans un cadre verdoyant et calme, à quelques km de l'océan, cette grande maison propose 4 chambres d'hôtes que la maîtresse de maison, Sandrine, passionnée de décoration, a parfaitement mis en valeur, avec, en avant, quelques points forts du Pays Basque : la pelote, sport roi du Pays Basque, les vagues, le surf, la montagne, les fêtes… Des chambres superbes ; spacieuses, élégantes, pourvues de lits king size, de beaux tissus, avec des salles de bains contemporaines et grande terrasse sur la nature. Et, un vrai plus, la possibilité de s'offrir des soins détente.

VILLA ERRESINOLETTEAN €€

4, rue de la Tour - **CIBOURE / ZIBURU**
✆ 05 59 47 87 88 - www.chardiet.com

3 chambres de 80 à 150€ et 2 appartements de 500 à 1000€/sem. Animaux non admis. Jardin. Piscine. Plancha, barbecue.

© HENRI CHARDIET

Situé dans la ville de Ciboure sur la colline de Bordagain, à 800 m des plages et dominant Saint-Jean-de-Luz, ce « spot » reste exceptionnel avec sa vue 360° sur la baie, la côte et la montagne, sa piscine, sa terrasse et son parc à l'exubérance végétale digne des tropiques. Henri, protecteur de cette belle villa de style basque, propose 3 vastes chambres et 2 appartements, à la décoration et mobilier anciens et authentiques qui offrent tout le confort moderne et un équipement hi-tech (TV grand écran, wifi…). Mention spéciale pour les grandes salles de bains.

LE MOULIN D'EYSUS €€

8, chemin des Écoliers - **EYSUS** ✆ 05 59 34 47 26
www.moulin-eysus.com

*Chambre double à partir de 50 €. Petit déjeuner inclus. Trois gîtes *** pour 4 personnes : 65 à 99 € la nuit.*

Cette chambre d'hôte a été créée dans une magnifique demeure béarnaise située au bord de l'eau, à la lisière d'une forêt. Les chambres sont décorées avec beaucoup de goût. Vous avez accès à la salle à manger, où le petit déjeuner, avec gâteaux et confitures maison, vous est servi. Mais nul doute que le kiosque au cœur du parc vous séduira pour pique-niquer avec le plateau-repas avec produits de saison ! Avec ces chambres ou dans l'un des trois gîtes, les activités ne manquent pas : vélos toutes tailles, pétanque, ping-pong, badminton, fléchettes, tennis…

NOUVELLE-AQUITAINE

CABANE DOMENGÉ €€

6, chemin de Riumayou - **FICHOUS-RIUMAYOU**
✆ 06 11 52 75 23
www.lacabanededomenge.com
Chambre double à partir de 240 €. Petit déjeuner inclus. Panier du terroir : 30 €.

Sylvie, votre hôte, a installé, dans un chêne centenaire, à 6 m du sol, une cabane toute de bois et de luxe, pour 2 personnes. Autour la nature, les arbres et les plaines à perte de vue, avec le calme et le silence ; à l'intérieur, l'équipement est moderne et fonctionnel, avec une cuisine équipée et des sanitaires vastes. Le petit déjeuner est monté par un système de poulie, tout comme un panier du terroir, à la demande. Vous verrez ainsi le Béarn sous un jour nouveau et inattendu. Cerise sur l'arbre : un bain bouillonnant sur votre terrasse perchée.

BASKOPARADIS €€

7920, La Place
LOUHOSSOA / LUHUSO ✆ 06 77 65 19 64
www.baskoparadis.com
Appartements 2/3 personnes à part. de 50€/nuit (3 nuits minimum), de 270 à 495€/sem, juillet/août, 7 nuits mini. Jardin.

© NATASCHA ROSSNER

Plongez-vous au cœur d'une nature exubérante et venez vous ressourcer au grand air sans modération dans ce petit coin de paradis niché sur les hauteurs ensoleillées du typique village de Louhossoa. Proches de tout et en même temps, à l'abri des trépidations côtières, ces 4 Éco-Gîtes sont entièrement autonomes et rien ne manque ; même les ânes comme gardiens impassibles... Ici, c'est la luminosité, les espaces et agencements qui prédominent. Et vos hôtes vous donneront tous les meilleurs conseils de visites ! Pour des vacances toniques, authentiques et saines.

MAISON CARACOTCHIA €€

LACARRE / LAKARRA
✆ 05 59 37 03 97
chambrebasque.blogspot.fr
Ouvert toute l'année. Chambre simple 40 € ; chambre double 44 €. Petit déjeuner inclus.

Voici une ancienne et typique ferme basque restaurée, se situant juste sur le chemin. De l'espace et de la quiétude, tous les ingrédients, sans oublier la convivialité, sont présents pour l'accueil des pèlerins dans l'une des quatre chambres paysannes décorées avec soin. Le mobilier, les tableaux et les couleurs sont un peu vieillots, mais cela, bien loin de déplaire, offre un charme particulier à ce lieu où l'on se sent hors du temps. Ne pas manquer le petit déjeuner avec la confiture maison et les découvertes des produits locaux.

CHAMBRES D'HÔTES DE LA TOUR €€

29, place Marcadieu - **LEMBEYE** ✆ 05 59 68 97 16
www.restaurantdelatour-lembeye64.fr
Trois chambres d'hôtes, deux pour deux personnes à 55 € et 65 €, une suite parentale à 90 €. Petit déjeuner inclus.

Au-dessus d'un restaurant à la cuisine savoureuse et à la carte alléchante, plein de charme et d'originalité, vous trouverez trois chambres d'hôtes tout confort qui rivalisent d'inventivité. Chacune possède son thème et sa gamme de couleurs, mais toutes offrent les mêmes services de qualité. Une terrasse vous permet de prendre le petit déjeuner avec confitures et viennoiseries dans un cadre bucolique et surtout de découvrir la fameuse baguette béarnaise, une star locale !

LES NIDS DU BÉARN €€€

1716, chemin de Hourcloum - **LOUBIENG**
✆ 06 75 00 54 65
www.lesnidsdubearn.com
Six nids pour 2 personne : 102 €/nuitée pour deux. 4 cabanes, 2 pour 2 personnes à 132 €/nuitée.

L'esprit Robinson marque les lieux. Un espace sanitaire avec douches vous attend à côté de l'accueil. Dans les coteaux, en pleine campagne, cet hébergement a deux formules : nids ou cabanes. Les deux sont installés dans les arbres. Habitations tout en bois (ou en toile et en bois) avec un grand lit rond à l'intérieur, autour on circule en marchant sur des filets (sur le principe des filets des catamarans), des escaliers, une passerelle ou par un pont suspendu : l'aventure est au rendez-vous ! Vous passerez néanmoins de douces nuits grâce à des literies de qualité.

FERME ELHORGA €€€

Chemin d'Elhorga - **SAINT-PÉE-SUR-NIVELLE / SENPERE** ✆ 05 59 85 18 35
www.elhorga.com
5 chambres de 90 à 230 €, 2 gîtes (580 à 1530 €/sem). Piscine chauffée. Bain bouillonnant. Jardin. Animaux non admis.

© FERME ELHORGA

Une maison d'hôtes d'exception au Pays Basque ! Avec sa conception mi-moderne, mi-habitat rural, cette ferme du XVIIe siècle adopte une décoration mêlant poutres, pierres anciennes et mobilier design. Les propriétaires ont su respecter l'authenticité de la maison avec tout le confort nécessaire : 5 chambres et 2 gîtes, piscine chauffée, bain à remous. Idéal pour profiter d'un moment *cosy* avec vue sur les montagnes. Au cœur d'un environnement verdoyant, proche de la Côte basque, c'est une adresse privilégiée. A proximité de golfs, randonnées ou activités nautiques.

MAISON CHALBONIA €€

Centre bourg - **LOUHOSSOA / LUHUSO**
✆ 06 30 89 60 66
Gîtes de France. Ouvert toute l'année. 3 chambres de 75 à 95 €/nuit. Petit déjeuner inclus. Animaux non admis. Wifi.

Idéal si vous recherchez le confort cosy dans une bâtisse du XVIIIe siècle rénovée avec talent, pour les amateurs de randonnées et de gastronomie locale. Vous apprécierez l'accueil chaleureux de la maîtresse des lieux, sans oublier les vrais propriétaires, les 3 chats et le petit chien. Maison d'hôtes située à 25 min du littoral basque et de Bayonne, 10 min de Cambo, Espelette, c'est là une excellente manière de combiner farniente, randonnées et découverte du prodigieux patrimoine qu'offre la région. 3 chambres meublées avec goût et raffinement. Belle adresse.

AMPHITRYON €€

23, place Saint-Pierre - **OLORON-SAINTE-MARIE**
✆ 05 59 39 78 50
www.amphitryon-oloron.com
Chambre double de 75 € à 95 € ; chambre triple à partir de 105 €. Petit déjeuner inclus. Lit supplémentaire : 15 €.

L'Amphitryon est une belle chambre d'hôte installée dans une demeure du XVIIIe siècle au cœur du quartier médiéval d'Oloron. Dès l'entrée vous trouverez un piano, une grande cheminée traditionnelle, une grande table en bois où est servi le petit déjeuner et un bar en pierres du Gave. Une ambiance de caractère avec une décoration axée sur un méli-mélo de fer forgé, bois et pierres que l'on retrouve dans les chambres, où on accède par un escalier ancien. Patrick et Corinne n'ont de cesse d'améliorer le confort en apportant toujours plus de services en chambre.

MAISON DONAMARIA €€

1, chemin d'Olhonce - **SAINT-JEAN-PIED-DE-PORT** ✆ 05 59 37 75 11
https://maisondonamaria.fr/
5 chambres : 65€ 1 pers., 90€ 2 pers., 140€ 4 pers. avec petit déjeuner. Jardin. Piscine. Animaux non acceptés. Wifi.

© MAISON DONAMARIA

Maison basque du XVIIIe siècle, Donamaria se niche, secrète et bucolique, entre le pont romain et la cascade. En longeant cinq minutes à pied les berges verdoyantes de la Nive, on accède au cœur de la vieille ville. Marie-Hélène accueille ses hôtes avec une simplicité chaleureuse. Avec ses boiseries et ses pierres, Donamaria – du nom d'une dame qui l'a habitée – paraît intemporelle, mais ne dédaigne pas quelques pointes de fantaisie. Quatre chambres doubles et une suite familiale, confortables, semblent refléter la lumière du jardin et son attirante fraîcheur.

MAISON MILLAGE €

335, cami de Milager - **OLORON-SAINTE-MARIE**
✆ 06 32 36 89 32
www.maison-millage.com

Gîtes de France (3 épis). 3 chambres. Chambre double à partir de 72 € ; triple à partir de 87 €. Petit déjeuner inclus.

Cette très belle maison de pierres datant du XVIIe siècle a gardé un caractère authentique. On apprécie particulièrement le travail sur l'apport de lumière, notamment grâce à la splendide baie vitrée qui s'ouvre face à la chaîne de montagnes. Béatrice vous y accueille avec générosité et 3 belles chambres sont à disposition, deux doubles et une suite familiale avec entrée et balcon indépendants. Les salles de bains sont axées sur la modernité et les w.c. sont indépendants. La décoration est d'ambiance campagne chic avec des meubles en bois et des couleurs vives.

FERME ACOUCOULA €€

Chemin du Pontet - **ORTHEZ**
✆ 05 59 65 28 11
www.acoucoula.com

Chambre simple 53 € ; chambre double 58 € ; chambre triple 68 €. Petit déjeuner inclus.

Vous serez accueillis à la ferme dans une ambiance familiale. Les chambres d'hôtes sont aménagées dans une maison rustique sur un domaine agricole en permaculture. Le cadre de votre séjour se veut donc authentique, à commencer par la salle de repas avec ses vieilles poutres et son imposante cheminée. Vos hôtes vous orienteront vers les activités à découvrir dans la région. Et si vous souhaitez plus d'autonomie et de liberté, vous pourrez louer le gîte à côté, qui offre le même cadre de séjour. En extérieur, vous profiterez des animaux et de la belle piscine.

DEMEURE DE LA PRESQU'ILE €€€

22, avenue des Docteurs Foix - **SALIES-DE-BÉARN**
✆ 05 59 38 06 22 - www.lademeurepresquile.com

Chambre simple à partir de 60 € ; double à partir de 80 € ; triple à partir de 90 €. Petit déjeuner inclus.

A la Presqu'île, les 6 000 m² du parc sont dans les méandres de la rivière et la maison y est reliée par un pont. C'est dans une maison de maître du XVIIIe siècle que vous serez logé. Les chambres sont à l'image de la maison, raffinées et de caractère, marquées par les couleurs dominantes de la décoration. Dans toute la maison, on profite d'espaces communs si bien meublés et décorés que l'on se croirait presque dans un musée, mais on ne doit pas louper les extérieurs qui sont tout aussi beaux. Le petit déjeuner est copieux et bien pensé, selon vos envies.

LE FRANC POMMIÈS €€€

8, avenue du Corps-Franc-Pommiès
SALIES-DE-BÉARN ✆ 05 59 38 27 35
www.le-franc-pommies.com

Chambre double avec salon : de 50 à 54 €. Tarif curiste (pour 3 semaine) 650 € à 725 € selon la saison.

Non loin des thermes de Salies et du centre-ville, cette chambre d'hôte offre un logement agréable aussi bien pour les curistes que pour les touristes. Des chambres lumineuses et calmes sont décorées dans des tons de couleurs chaudes. La maison, contemporaine, possède un vaste jardin arboré et une terrasse ombragée où prendre le petit déjeuner aux beaux jours. Beaucoup d'espaces vous sont ouverts et vous pourrez aussi profiter du coin repas pour votre cuisine. Dans le gîte, la kitchenette, fonctionnelle et bien équipée, vous permettra de préparer tous vos repas.

OLHABIDEA-RESTAURANT-CHAMBRES D'HÔTES €€

Quartier de la chapelle Sainte-Catherine - **SARE / SARAKOHERRIA** ✆ 05 59 54 21 85 -
www.olhabidea.fr

Ouvert de février à fin novembre. 5 chambres, 85€/2, petit déjeuner inclus. Restaurant. Jardin. Réceptions, mariages…

Nous sommes ici dans la superbe maison de la famille Fagoaga. Dans cette exceptionnelle maison de maître, à l'étonnante terrasse donnant sur le parc, on doit cette décoration d'exception à la maman qui a su mettre en valeur un mobilier basque, des collections uniques, des objets de valeur… Des chambres dans le même esprit avec leurs meubles anciens. Et depuis déjà quelques années, les fils ont investi le rez-de-chaussée pour y faire un restaurant de qualité dans un cadre idyllique.

JOANGI MAISON D'HÔTES €€

48, route d'Arneguy
UHART-CIZE / UHARTEGARAZI ✆ 06 85 68 97 74
www.joangi.com

Ouvert toute l'année. 5 chambres à partir de 90€ la nuit avec petit déjeuner. Bibliothèque et salle de lecture. Jardin.

Joangi : maison d'hôtes et résidence d'artistes. Sur le chemin des pèlerins, à proximité de Saint-Jean-Pied-de-port, cette ferme navarraise du XVIIe siècle entourée d'une prairie arborée au pied d'une rivière, a été entièrement rénovée par un architecte, meublée par le designer Alki, avec des luminaires imaginés par Zuri ou encore avec les compositions florales de l'atelier Kimua. Et des murs sur lesquels sont mises en valeur des œuvres d'art contemporain confiée à la direction artistique de Julie Laymond. Jean Idiart a soigneusement respecté son architecture.

VIENNE

LA LIGNE €€

ANGLES-SUR-L'ANGLIN ✆ 06 18 34 17 96
www.gitesaligne.fr
2 chambres. Chambre simple à partir de 65 € ; chambre double à partir de 75 €. Petit déjeuner inclus.

La Ligne est un ancien corps de ferme restauré en pleine campagne, situé à Angles-sur-l'Anglin aux portes du Parc de la Brenne, à proximité de la Roche-Posay. Les propriétaires sont tombés amoureux de ce site de Poitou-Charentes en 2008 et proposent aujourd'hui 4 gîtes et 2 chambres d'hôtes pouvant vous accueillir toute l'année. La décoration est au goût du jour et il est certain que cette oasis de verdure au milieu des champs de blé vous séduira. Des vélos, un terrain de boules, une piscine, un espace jeux (baby-foot, ping-pong...) sont à votre disposition.

LES BUCOLIQUES €€

5, rue de la Ballonnière - **BEAUMONT SAINT-CYR**
✆ 06 87 08 07 01
www.lesbucoliques.com
Chambre double de 57 € à 77 €. Petit déjeuner inclus.

Chambre des mariés, roulotte gitane, yourte mongole (vous cuisinerez sur le poêle) ou encore chalet montagnard, choisissez le toit sous lequel vous passerez la nuit ! Les amateurs de bêtes à plumes seront enchantés, les poules et les paons se frotteront à vous. Depuis 2017, Les Bucoliques ont reçu le label « Chambres à dormir », un label indépendant qui récompense les chambres insolites et les lieux de cœur. Profitez de la visite du jardin, qui s'organise suivant les quatre éléments de vie, pour aller de découverte en découverte de la nature à la mythologie...

AU CLOS PAILLÉ €€

4, rue du Clos Paille - **LA ROCHE-POSAY**
✆ 05 49 86 20 66 - www.clospaille.fr
Chambre double de 68€ à 78€. Studio de 68€ à 109€. 1/2 pension : 30€. Petit déjeuner : 10€. Piscine, barbecue.

© AU CLOS PAILLÉ

Nathou et Olivier vous accueilleront avec grand soin dans cet hôtel de charme à l'image d'une chambre d'hôtes. Déjà pension en 1920, l'établissement a bien grandi, et vous séduira par sa décoration choisie. Son espace lounge, son piano-bar, sa salle de petit déjeuner, son grand parc, ses deux piscines, ses barbecues, ses agrès sportifs... passez un moment de détente absolue et posez vos valises dans l'une des chambres aux noms épicés. A moins d'opter pour la Junior Suite de 35 m² ou encore l'un des appartements appréciés des familles et des curistes.

LA MAISON DE LA LIBERTÉ €€

12, place de la Liberté - **POITIERS**
✆ 06 61 24 20 83 -
www.maisondelaliberte.com
4 chambres (2 nuits min). Appartement de 48 € à 130 €. Pas de petit déjeuner. Appartement de 2 à 4 pers. Wifi gratuit.

© LA MAISON DE LA LIBERTÉ

Dans sa jolie demeure du XVIIIe siècle, en plein cœur du centre historique, Charlotte propose quatre appartements d'hôtes de charme et indépendants avec cuisine équipée. Que vous preniez lit pour deux nuits ou pour une semaine, un grand explorateur donnera thème à votre chambre. Le tout a été rénové avec grand goût, du parquet aux lits en alcôve, du mobilier aux dorures des boiseries. Dans votre logement, vous serez indépendants et Charlotte sera aux petits soins pour vous conseiller les bonnes adresses du centre-ville. Du cachet et du confort : on adore !

LES GÉORGIQUES €

10, rue de la Ballonnière - **BEAUMONT SAINT-CYR**
✆ 06 31 58 45 90
lesgeorgiques.com
120€ la nuit, 590€ la semaine. 2 chambres et accès au salon, cuisine, terrasse. Petit déjeuner 4 personnes inclus.

Dans ce refuge LPO peuplé d'animaux tels que poules, paons et chevaux, vous passerez d'agréables moments en pleine nature non loin des principales attractions touristiques régionales. Deux chambres d'hôtes familiales avec lits doubles sont proposées. Elles offrent un accès privatif à une cuisine, à un salon et à une belle terrasse. Un couchage supplémentaire par chambre est possible. Les équipements ne manquent pas pour se divertir avec home cinéma et bouquets payants, lecteurs multimédias, enceintes Bluetooth et jeux de société divers.

DOMAINE DU HAUT VERNAY €€€

Haut Vernay - **BOURNAND** ✆ 06 11 30 52 73
A partir de 1000 € la semaine. Jeux pour enfants. Wifi. Salon de jardin, lave-linge, lave-vaisselle.

Elisabeth et Philippe ont imaginé, dans l'une des dépendances de leur propriété, un très beau logement complètement indépendant, devant lequel une piscine se déploie. De la cuisine d'été avec barbecue et mobilier de jardin qui la jouxte, vous profiterez de la vue sur les champs environnants. C'est à l'étage de la dépendance que vous découvrirez l'agréable pièce de vie, son poêle, ses murs en pierres apparentes, la cuisine entièrement équipée. Les deux chambres proposent une excellente literie et la salle de bain une douche à l'italienne et une baignoire balnéo.

LA CELLOISE €€

4, lieu-dit Le Petit Chaunay
CEAUX-EN-LOUDUN
✆ 05 49 98 94 76
Chambre simple de 60 € à 65 € ; chambre double de 65 € à 70 €. Petit déjeuner inclus.

Dans une ancienne ferme construite en 1776, les quatre chambres d'hôtes, situées dans une dépendance, vous accueillent dans un très beau cadre, entre tradition et modernité. Spacieuses, elles disposent d'une salle d'eau, de toilettes, d'un mini bar et d'une bouilloire avec assortiment de thés, cafés et chocolats. Vous apprécierez la piscine, le jardin, le ping-pong, la salle de fitness et de jeux qui sont mis à la disposition des hôtes. A proximité de nombreuses activités touristiques, la région est riche en châteaux et en caves à vins, pour les amateurs.

CHATEAU DE LA LIVRAIE €€

CELLE-LÉVESCAULT ✆ 05 49 43 52 59
www.lalivraie.com
Chambre communicante à 140€. Une chambre avec un grand lit de 160 à 70€ petit déjeuner inclus pour un couple.

Voici une grande maison bourgeoise dans un beau parc boisé aux arbres centenaires offre quatre chambres classées 2 et 3 épis par les Gîtes de France. L'un est situé dans une aile du château et l'autre dans une maison indépendante. Toutes les chambres donnent sur le parc, elles sont décorées dans un style Louis XV et disposent de tout le confort nécessaire avec salles d'eau et w.c. Vous pourrez découvrir quelques animaux sur le domaine et pour vos promenades en famille, la vallée des Singes est à 15 km, sans compter l'incontournable Futuroscope de Poitiers.

NOUVELLE-AQUITAINE

LA MAISON ROUGE €€

19, rue Maison Rouge - **CHAUVIGNY**
✆ 06 21 99 58 51
www.chauvigny.net
Chambre simple à partir de 50€, double à partir de 60€, triple à partir de 70€. 10€ par enfant.

Voici deux chambres d'hôtes pour une capacité totale de huit personnes, dans une annexe rénovée dans le respect des traditions et de l'environnement avec la pierre de Chauvigny jointe à la chaux, le bois, le chanvre et le liège comme isolant. Avec une situation idéale, vous aurez tous les avantages de la ville basse avec vue sur la ville haute, mais le calme de la campagne. L' accueil est sympathique et les propriétaires feront selon les besoins de leurs hôtes. Rénovation écologique, petit déjeuner bio et copieux pour les plus gourmands !

CHATEAU DE PIOLANT €€

DANGÉ-SAINT-ROMAIN
✆ 06 81 05 07 24
www.chateau-piolant.com
Chambre double de 86 € à 155 €. Petit déjeuner inclus. Table d'hôte à 30€.

Quoi de plus majestueux que de se loger une nuit dans un château splendide restauré au XVIIe siècle, dans un parc de 5,5 ha ? Calme et dépaysement sont assurés ! Vous aurez l'impression de voyager dans le temps... Béatrice et Franck Chicot vous proposent de jolies chambres décorées dans le style de l'époque ou bien encore plus innovant... dehors, à 6,50 m de hauteur avec chauffage, sanitaires, salle de bains... Une version grand luxe dans la cabane en bois dans le parc du château. Un rêve d'enfant pour profiter de l'espace, de ce cadre hors du commun.

LA GENTILHOMMIERE €€€

1, place Robert-Gerbier - **LATILLÉ**
✆ 05 49 36 34 20
www.gentilhommiere.fr
Ouvert toute l'année. 5 chambres. Chambre double 100 € ; suite 110 €. Petit déjeuner inclus. Animations.

Dans un ancien relais des postes datant de 1785, la Gentilhommière vous propose trois chambres, chacune avec sanitaires privés. Chacun pourra trouver la chambre qui correspond le mieux à ses goûts, elles ont toutes été personnalisées par leur décoration : Chambre Art déco, Directoire, Empire, Provençale et suite Jardin. Dans chacune, on peut ajouter un lit supplémentaire. Côté détente, vous aurez le choix : ping-pong, boules, jeux de plein air, bibliothèque, télévision à disposition… Les animaux sont acceptés après accord préalable.

LES CHAMBRES DE LA LOGE €

13, La Loge Monteil - **MONTMORILLON**
✆ 06 06 56 06 18
www.chambres-hotes-la-loge.com
2 nuits min. Chambre simple : 55€ à 65€ ; double : 65€ à 75€ ; triple 90€. Tiny House : été 1 sem min de 465€ à 535€.

A trente minutes du centre-ville de Montmorillon, Nathalie Patrier et Daniel Capillon vous accueillent dans leurs charmantes chambres d'hôtes. Retrouvez le charme de la campagne et son calme dans l'une des trois chambres ou partez dormir dans la cabane en bois qui, avec sa grande terrasse équipée de rocking-chairs, vous plonge dans une ambiance presque québécoise. Un jardin, avec des tables de pique-nique, vous permettra de manger sur place. Ici, vous y croiserez peut-être Sweet et ses moustaches. C'est fou ce qu'il y a comme chats dans le Montmorillonais...

CHÂTEAU DE TERNAY €€

9, rue du Château - **TERNAY**
✆ 05 49 22 97 54
www.chateau-de-ternay.com

© CHÂTEAU DE TERNAY

Plongez dans l'histoire de cette demeure historique privée, habitée par la famille d'Aviau de Ternay depuis 1606 ! Menez la vie de château dans l'une des cinq chambres d'hôtes de charme et des deux gîtes du domaine. Meubles d'époques, tentures, les chambres sont sublimes et les hôtes exceptionnels. Dans le parc avec piscine, on prend le temps de la détente avant, pourquoi pas, de profiter d'un jeu d'énigme et de l'histoire du lieu truffée d'anecdotes savoureuses, contée par un guide exceptionnel : le châtelain en personne. Un conte de fées !

NOUVELLE-AQUITAINE

CHÂTEAU DE VAUMORET €€

Rue du Breuil Mingot - **POITIERS**
✆ 05 49 61 32 11
www.chateaudevaumoret.com
Chambre simple à partir de 70 € ; chambre double à partir de 85 € ; chambre triple à partir de 105 €.

Le Château de Vaumoret vous propose ses gîtes et chambres d'hôtes à quelques minutes à peine de Poitiers. Piscine extérieure, parc et jardin incroyablement entretenus : c'est ici que vous pourrez vous mettre au vert et vous requinquer le temps d'un week-end ou même pendant des vacances auprès d'Isabelle à l'accueil irréprochable. Les chambres se situent dans l'aile droite de la cour d'honneur du Château, leur décoration raffinée est inspirée de l'esprit d'un pavillon de chasse du XVIIe siècle. Elles disposent toutes d'une salle de bain privative avec baignoire.

LA ROSERAIE €€

78, rue Armand-Caillard
NEUVILLE-DE-POITOU ✆ 05 49 59 57 19
www.laroseraiefrance.fr
Chambre double à partir de 80 € ; studio / appartement de 105 € à 140 €. Demi-pension : 17 € (plat - Dessert)

© LA ROSERAIE

Julie vous propose cinq chambres d'hôtes et deux gîtes à la décoration moderne, joyeuse et colorée. Les enfants seront ravis de gambader dans le grand parc, tandis que les grands se prélasseront au bord de la piscine. Julie propose une table d'hôtes dans l'espace « guinguette » du jardin, ou en intérieur, dans une belle salle. En plus d'une salle de réunion pour 10 personnes et d'une salle de massage, la Roseraie propose une chambre insolite pour deux personnes. L'occasion de s'immerger dans l'histoire de la demeure avec une Escape Room imaginée par Julie.

LA MAISON DE MARC €€

12, rue Bourbeau - **POITIERS**
✆ 06 18 54 68 99
www.lamaisondemarc.com
3 chambres dès 95 €/nuit. 1 appartement dès 125 €/nuit (2 nuits mini). Petit déjeuner et taxe inclus. Wifi, télévision.

A 10 minutes de la gare, ce n'est pas Marc que vous trouverez dans cette grande maison, mais Emma, votre hôte à l'agréable accent british. C'est elle qui vous accueillera dans l'une de ses spacieuses chambres délicatement décorées et idéalement situées, au cœur du plateau poitevin. Vous vous sentirez comme chez vous grâce à ses petites attentions. Lors du petit déjeuner, vous apprécierez les produits locaux sélectionnés, et la touche anglaise des scones faits maison par la charmante hôtesse, à déguster en salle ou en terrasse.

CHATEAU DE LABAROM €€

Route de Thurageau - **SAINT MARTIN LA PALLU**
✆ 06 83 57 68 14
http://chateaudelabarom.com
Chambre double à partir de 100 €. Petit déjeuner inclus. Enfant : 30€ la nuit.

Au milieu d'une propriété de 200 hectares, construit aux XVIe et XVIIIe siècles, le château de Labarom et le pigeonnier sont classés à l'inventaire supplémentaire des Monuments historiques. Vous pourrez dormir dans l'une des trois chambres décorées dans du pur style châtelain, avec tapisserie à l'ancienne aux murs, lits en fer forgé ou à baldaquin... Le lieu est riche en histoire bien qu'il ne reste plus grand-chose, du fait des nombreuses années passées. A découvrir si vous voulez être près du Futuroscope et des nombreux châteaux poitevins.

CHATEAU DE LA MOTTE €€€

2, la Motte - **USSEAU**
✆ 05 49 85 88 25
www.bienvenueauchateau.com/chateaux/chateau-de-la-motte
Chambre double de 80 € à 130 €. Petit déjeuner inclus. Lit supplémentaire : 15 €.

Vivez un séjour exceptionnel en plein cœur du Poitou, dans un cadre enchanteur ! Vous serez accueilli par les heureux châtelains qui vous proposeront de passer une nuit (ou plusieurs) dans ce château mémorable ! Vous pourrez loger dans des maisons aménagées avec le plus grand soin, ou profiter des différentes chambres décorées avec goût dans un style purement châtelain... Ce lieu magique vous fera voyager grâce à son architecture et à son atmosphère en pleine époque féodale. Il propose aussi balnéothérapie, piscine et jardin médiéval !

OCCITANIE

ARIÈGE

LA BRUYÈRE €

Route des Corniches - **APPY**
✆ 05 61 64 46 88
www.france-voyage.com
chambre pour 2 personnes de 65 à 70€. Petit déjeuner compris. Personne supplémentaire 17€.

Vous aurez une jolie vue sur la vallée depuis cette maison située sur la route des Corniches, face au plateau de Beille, au-dessus du village Les Cabannes. Elle est idéale pour son circuit dans les villages alentours à la visite des églises romanes. Vous trouverez une agréable cheminée dans le séjour et des chambres très confortables. Pour les résidents, quelques spécialités ariégeoises typiques sont à découvrir au dîner : garbure, azinat et rouzole, blanquette d'agneau, daube de sanglier, canard gras farci, truite sauvage... selon la saison.

LE BELVÉDÈRE €

Belvédère - **ASCOU**
✆ 05 61 64 04 40
www.chambre-dhote-ariege.com
Chambre simple de 54 € à 59 € ; chambre double de 58 € à 65 € ; chambre triple de 69 € à 80 € ; suite de 68 € à 100 €.

Très bien située, à l'entrée de la commune d'Ascou, cette charmante maison à colombage offre de coquettes chambres d'hôtes, confortables, avec une jolie vue sur le Pic de Tarbézou. Les chambres et suites ont une décoration sobre, assez datée mais pas dénuée de charme, et toutes possèdent leurs propres salles de bains et toilettes. Annick et Alain accueillent leurs hôtes dans une ambiance paisible et leur table d'hôtes séduit par son caractère familial. On saluera la recherche des meilleurs produits locaux et de saison, à tendance bio.

LA POMMERAIE €€

Capoulet et Junac - **CAPOULET-ET-JUNAC**
✆ 06 51 66 74 29
www.chambre-dhote-gite-ariege.com
Chambre double à partir de 83 € ; chambre triple à partir de 100 €. Parking inclus. Gite de 395 € à 695 € par semaine.

Evelyne et Georges vous reçoivent dans leur maison d'hôtes et leurs quatre chambres confortables aux noms fleuris. Elles sont confortables et bien décorées, et l'une d'entre elles peut accueillir jusqu'à quatre personnes. Le jardin d'un hectare, ombragé par les pommiers, permettra détente et farniente au son du torrent, paradis des pêcheurs qui souhaiteront taquiner, non pas le goujon mais la truite. Vous pourrez aussi profiter d'un spa, d'un véritable salon finlandais et d'un sauna ainsi que d'un gîte totalement équipé pour plus d'intimité.

MATALOT €€

CASTEX
✆ 05 61 69 77 10
www.chambres-hotes-ariege-matalot.com
5 chambres. Chambre double de 50 € à 95 €. Table d'hôtes 25€.

A l'écart du « village », vous trouverez une ancienne ferme restaurée au goût du jour : Matalot. Quatre hectares l'entourent, dont une partie en fermage. Trois chambres et deux suites sont proposées, spacieuses, avec vue sur le jardin et avec cinq couchages pour l'une d'entre elles. L'ancienne grange attenante de 70 m² a été aménagée en salon-cathédrale et ouvre sur le jardin. C'est le coin où il fait bon se chauffer près de la grande cheminée l'hiver. La table d'hôtes est vraiment très recherchée et offre des recettes typiques, à base de produits frais.

L'ARCHE DES CHAPELIERS €€

25, rue des Chapeliers - **FOIX**
✆ 05 61 01 44 94
www.chambres-foix.com
Chambre double 80 € ; suite 90 €. Basse saison : chambre simple 72 €. Petit déjeuner inclus. Lit supplémentaire : 35 €.

Dans le centre historique de Foix, Sonia, une passionnée d'histoire locale et régionale, vous invite à franchir le porche de cette superbe maison de 1762. Situé au pied du château, le bâtiment offre deux très belles chambres, spacieuses et lumineuses, bien équipées, accessibles par un bel escalier. Les petits déjeuners élaborés à partir de produits locaux, d'artisans et du marché se prennent sur une terrasse. Voilà l'endroit idéal pour se poser en Ariège et rayonner à la découverte des richesses et du patrimoine du département.

LE CLOS CATHALA €€€

Lieu-dit Cathala - **FOIX**
✆ 05 61 68 12 15
www.closcathala.com
Suite de 100 € à 250 €. Petit déjeuner inclus. Parking inclus. Séminaires. Réceptions et mariages. Wifi gratuit.

Au XVIIe siècle, un Capitoul toulousain (sorte d'élu municipal de l'époque) fit bâtir ce magnifique domaine au cœur de la forêt le gratifiant d'une vue époustouflante sur les montagnes et sur un panorama à 360 degrés. Jean-Claude Pereira et Géraldine Portoles en sont maintenant les heureux propriétaires et nous proposent une maison d'hôtes, familiale composée de gîtes et de cinq chambres d'hôtes haut de gamme dans un confort et une décoration soignés. Vous serez ici très à l'aise et merveilleusement bien reçu, du petit déjeuner au dîner en table d'hôtes.

LES VOLETS ROUGES €€

17, rue Principale - **GARANOU**
✆ 05 61 64 46 79
http://lesvoletsrouges.jimdo.com
Chambre simple à partir de 50 € ; double à partir de 65 € ; triple à partir de 75 €. Petit déjeuner inclus.

Dans une maison de pierre aux volets rouges se trouvent 3 chambres confortables, avec leur douche à l'italienne. Coquettes et colorées, leurs noms évoquent le voyage : Copan Lisboa, Firenze. Le séjour donne sur un patio fleuri. Les Volets Rouges disposent également, pour le confort de ses hôtes, d'un espace détente et jeux, d'un local à ski et d'un espace pour les motos et vélos. Les plus petits sont bien reçus : lit pour bébé, lit complémentaire, chaise haute, jeux, babyfoot, petit théâtre de marionnettes. Une formule gîte est également possible.

LA MAISON BLANCHE €€

17, Chemin de la Mole - **LORP-SENTARAILLE**
✆ 06 12 52 36 00
www.couseransmaisonblanche.com
Chambre simple 55 € ; chambre double 60 € ; chambre triple 70 €. Petit déjeuner inclus. Enfant moins de 2 ans : 5 €.

Alain et Agnès, amoureux de leur Couserans natal, vous accueillent en toute simplicité dans leur maison familiale. Ils vous feront découvrir leurs passions : le cheval pour Agnès et la montagne et la photographie pour Alain. Les chambres d'hôtes se situent dans la commune de Lorp-Sentaraille, patrie de d'Aristide Bergès, l'arrière-grand-oncle d'Agnès. Vous pourrez profiter de la table d'hôtes sur réservation, avec ses petits plats du terroir. Vous aurez la possibilité de partir en balade avec Agnès qui est accompagnatrice de tourisme équestre.

TERRES DE BARRÉJAT €€

Barrejat - **MIREPOIX**
✆ 05 61 60 04 12
www.terresdebarrejat.com
Chambre double de 48 € à 69 €. Gite à 1150€ la semaine. Animaux acceptés. Restauration (table d'hotes 25 €).

Dans leur ancienne ferme, Nadine et Stéphane vous accueillent en gîtes et chambres d'hôtes de charme. Aménagées avec soin, les chambres d'hôtes sont claires, spacieuses et possèdent toutes salle d'eau et wc privatifs. Le gîte est totalement équipé et l'ensemble peut ainsi accueillir une grande famille. Un petit déjeuner gourmand vous sera servi dans la salle à manger ou sous les arbres. Vous pourrez y déguster confitures et tartes maison, fruits, pains frais et viennoiseries. Le jardin et la piscine vous offriront des moments de répit...

DOMAINE DE MONTAUT €

Le Domaine de MoteLèbre - **MONTAUT**
✆ 05 61 68 34 16
www.domainedemontaut.net
Chambre simple à partir de 29 € ; chambre double 49 €. Location caravane : à partir de 229 €/semaine pour 2 personnes.

Le Domaine de Montaut est une ferme étonnante, les animaux qui la composent vous émerveilleront. Le Domaine expose aussi une collection de vieux outils, tracteurs et bateleuses. L'équipe vous permettra de vous divertir en pratiquant l'équitation, les descentes de l'Ariège en canoë ou les courses en chiens de traîneaux. Mais le Domaine de Montaut c'est aussi la pension en gîte rural, en chambres d'hôtes, en dortoir et en camping. En somme, c'est tout un programme qui vous attend ici bien plus qu'une simple nuit dans un hébergement de vacances.

DOMAINE DU PÉGULIER €€

N° 251, RD29 - **MONTAUT**
✆ 05 61 68 30 65
www.pegulier.com
Chambre simple 85 € ; double 100 € ; suite : 128 €. Petit-déjeuner inclus. Restauration : 30 €.

Cette somptueuse demeure du XVIIIe siècle est une ancienne propriété vinicole. Les chambres sont aménagées avec goût. La décoration des salles communes est une pure merveille. Le parc, la piscine, la terrasse vous invitent à un séjour de rêve. Vous pourrez profiter des talents culinaires de votre hôtesse, passionnée du passé historique de la région. L'ancien pigeonnier a été aménagé en gîte, avec 2 chambres et une somptueuse pièce à vivre. Un parc de 3 ha invite à la promenade. Différents endroits sont prévus pour le badminton, le tir à l'arc et la pétanque.

CHÂTEAU DE LA HILLE €€

MONTÉGUT-PLANTAUREL
✆ 06 75 69 46 50
www.chateaudelahille.com
Chambre simple 70 € ; chambre double 82 €. Petit déjeuner inclus. Lit supplémentaire : 25 €.

Qui n'a jamais rêvé de vivre au temps des Chevaliers ? Dans le parc du château de la Hille, situé à 4 km de Pailhès, sont installées 3 grandes chambres de caractère. Vous aurez le privilège de jouir de la vue inestimable. Les amateurs de sport auront le choix : pêche en rivière sur place avec, non loin de là, tennis, équitation, golf... Pendant la Seconde Guerre mondiale, ce château a été un centre de secours de la Croix-Rouge suisse pour les enfants juifs. Leur histoire a été racontée par Sebastian Steiger dans *Les Enfants du château de la Hille*.

LES ESCAPADES D'AURORE €€

5, roc de la Gadibe - **PERLES-ET-CASTELET**
✆ 06 74 49 00 37
Chambre double 65 € ; chambre triple à partir de 110 €. Lit supplémentaire : 15 €.

A proximité d'Ax-les-Thermes (5 km) et des différents domaines skiables de la vallée, vous serez accueilli chaleureusement dans un cadre convivial. L'établissement est une maison d'hôtes de style basque qui dispose de 4 chambres spacieuses et aménagées avec soin. Les soirées à la table d'hôtes se déroulent dans une ambiance détendue autour de bons petits plats conçus à base des produits régionaux. La propriétaire des lieux vous fera partager sa passion des Pyrénées et découvrir la richesse de son patrimoine et de sa gastronomie.

DOMAINE DU CHÂTEAU DE BEAUREGARD €€€

Avenue de la Résistance - **SAINT-GIRONS**
✆ 05 61 66 66 64
www.chateaubeauregard.net
Basse saison : chambre double 65 €. Haute saison : chambre double de 85 € à 105 €. Petit déjeuner buffet : 13 €

Cette bâtisse du XIXe siècle a été aménagée avec goût et respect des temps passés. Dix superbes chambres vous attendent, toutes différentes, toutes meublées de mobilier ancien, claires et spacieuses. Les salles de bains occupent les quatre tourelles du château. Le parc, d'une superficie de 2,5 hectares, abrite des arbres centenaires. Une piscine nichée dans la roseraie vous attend. La table, elle aussi est de qualité. Ne ratez pas le spa, il est absolument exceptionnel.

DOMAINE DU HAMEAU BAYLESSE €€

8, rue de la Mairie - **SAINT-JEAN-D'AIGUES-VIVES**
✆ 05 34 14 63 65
www.hameaubaylesse.com
5 chambres. 85 €. 2 gîtes 4 et 6 personnes. Table d'hôtes 27€.

Pascale, propriétaire, vous accueille dans cette superbe maison bourgeoise de caractère avec colombages, et qui possède de plus un grand parc arboré avec piscine, pour le plus grand plaisir des vacanciers en été. Au cœur des Pyrénées cathares, à proximité de Montségur et de la charmante cité médiévale de Mirepoix, le Domaine du Hameau Baylesse a le plaisir de vous accueillir en chambre d'hôtes ou en gîte de grand confort, afin de profiter de la nature et du patrimoine ariégeois.

LES FORGES D'ENFALITS €€

Chemin d'Enfalits - **TARASCON-SUR-ARIÈGE**
✆ 05 61 03 83 45
www.forgesdenfalits.com
Chambre double 83 € ; triple 100 € ; 4 personnes 120€. Petit déjeuner inclus. Gite 4 personnes de 395 € à 695 €.

C'est sur le site des anciennes forges de Rabat-les-Trois-Seigneurs que Régine et Gérard vous accueillent. Le site est magnifique. Les chambres sont confortables et bien équipées et la suite familiale en compte deux. Un grand salon avec cheminée, billard et coin fléchettes vous permettra de souffler avant d'attaquer la prochaine randonnée en consultant les riches livres de la bibliothèque ou en vous adonnant à un jeu de société. L'espace détente, sauna et spa parachève ce lieu, où on se forge bonne forme et grand moral dans un somptueux paysage.

AUDE

LES CHAMBRES BULLES DU CHÂTEAU BELVIZE €€

La Lécugne - **BIZE-MINERVOIS** ✆ 04 34 27 37 53
www.leschambresbullesduchateaubelvize.com
Chambre double de 139 € à 239 €. Petit déjeuner compris dans les formules Confort, Gourmet et Grand Jeu.

L'idée est géniale, dormir dans une bulle à l'abri du passage et de la route, juste à coté du domaine. Dommage que le terrain ne soit pas plus grand, les bulles sont à coté l'une de l'autre, mais elles sont équipées de tout le confort nécessaire. La literie est neuve, les enceintes *bluetooth* permettent de créer l'ambiance musicale de son choix et la connexion wi-fi est comprise dans le prix. Différentes formules vous sont proposées selon vos envies. La salle de bains est en-dehors.

CARCASSONNE TOWNHOUSE €€

4, rue Bellevue - **CARCASSONNE**
✆ 06 88 48 59 39
www.carcassonnetownhouse.com
Ouvert toute l'année. 5 chambres (dont 2 suites). Chambre double 79 €. Petit déjeuner inclus. Adult only. Wifi gratuit.

Amateurs de belles maisons où le charme de l'ancien a été préservé sans oublier le confort moderne, vous êtes à la bonne adresse. Rachael et Mark ont réalisé un travail remarquable sur cette bâtisse de 1850, on aime le charme qui se dégage du lieu, la déco étudiée qui donne une atmosphère « so british ». Les salles de bains ont été entièrement restaurées avec de grandes douches à l'italienne. Vous apprécierez le petit déjeuner maison copieux et la vue incroyable sur la cité médiévale de certaines chambres. « The place to be » pour découvrir Carcassonne.

LE PRIEURÉ SAINT-LOUIS €€

2, rue des Ecoles - **FLOURE** ✆ 06 73 88 08 21
De mars à octobre. 5 chambres de 2 à 4 personnes de 95 € à 170 €. PDJ inclus. Piscine chauffée. Parking. Restauration.

Situé à 10 km de Carcassonne le Prieuré Saint-Louis a de quoi séduire : une imposante bâtisse en pierre superbement restaurée, une belle piscine et une terrasse couverte pour y prendre votre petit déjeuner, votre repas ou pour une partie de babyfoot endiablée, le tout face au clocher de l'église. Mais on apprécie par dessus tout l'accueil de Claire et Frédéric qui feront tout pour que votre séjour dans une des superbes chambres à la déco «bohème chic» soit inoubliable. Mention spéciale pour le petit déjeuner et les délicieuses préparations de Claire.

MAISON MONSIEUR PIERRE €€

65, avenue Jean-Jaurès - **LEUCATE**
✆ 06 83 28 53 68
www.chambresdhotesmonsieurpierre.com
Chambre double de 70 € à 120 €. Petit déjeuner inclus. Lit supplémentaire : 20 €.

© MONSIEUR PIERRE

Dans leur maison calme et joliment décorée, Monique et Pierre vous proposent trois grandes chambres climatisées, bien équipées (TV, wifi, coffre-fort...), avec une literie confortable. Les hôtes sont aux petits soins et conseillent sur les activités proposées dans la région. Aux beaux jours, le petit déjeuner se prend sur la grande table faïencée ou sur les tables dans le jardin ombragé et fleuri. Les mets sont biologiques et copieux, les confitures faites maison. On recommande vivement, notamment pour cette ambiance familiale décontractée !

LE CHAPITRE €€

Route de Limoux - **CARCASSONNE**
✆ 04 68 25 38 09
www.ledomaineduchapitre.fr
Chambre double de 70 € à 85 € ; suite de 140 € à 165 €. Petit déjeuner inclus.

C'est la base idéale depuis laquelle partir à la découverte des châteaux cathares, surtout l'été, quand sous la chaleur on s'octroie un plongeon dans la piscine. La demeure est empreinte d'histoire : datée du XIIe siècle, elle a jadis hébergé un ancien monastère. Ses cinq chambres disposent de tout le confort mais ont été décorées dans un style très rustique. Toutes portent des noms médiévaux : Isabeau, Rolland, Doriane et Esclarmonde, en référence à l'esprit des lieux. La table d'hôtes offre des recettes à base de produits frais, locaux et biologiques.

LE JARDIN DE LA CITÉ €€

1, chemin de Montlegun - **CARCASSONNE**
✆ 04 68 47 80 50
www.lejardindelacite.fr
Chambre double de 65 € à 110 € ; suite de 120 € à 180 €. Petit déjeuner buffet : 10 €. Lit supplémentaire : 25 €.

Vous rêviez d'une chambre d'hôtes avec vue imprenable sur la cité médiévale, la maison de Dany et Benoit vous l'offre ! Cette villa languedocienne est véritablement ravissante, vous profiterez d'un superbe environnement composé d'un magnifique jardin arboré, d'une piscine, de terrasses... Toutes les chambres disposent de leur salle de bain privative. Certaines bénéficient d'une terrasse, bien appréciable dès les beaux jours, ainsi qu'une entrée indépendante pour l'une d'elles. Ici le petit déjeuner se prend en extérieur aux beaux jours.

PÉNICHE MIRAGE €€€

28, rue du Canal - **CARCASSONNE**
✆ 06 16 46 28 67
www.mirage-hotes.fr
De début avril à début novembre. Chambre double à quai 160 € (175 € à Noël).

A 5 min de Carcassonne, sur le canal du Midi, au niveau de l'écluse d'Herminis, cette ancienne péniche céréalière parfaitement rénovée et aménagée propose ses 3 cabines en chambres d'hôtes, avec salle d'eau et wc attenants et une bonne insonorisation. En prime, un salon avec bibliothèque partagé, une terrasse de 50 m² transformée en salon d'agrément et équipée de transats, de chaises et d'un bain bouillonnant. Diverses formules à thème sont possibles pour votre séjour dont la formule romantique. Possibilité également de croisière et de privatisation de la péniche.

DOMAINE GRAND GUILHEM €€

1, chemin-du Col-de-la-Serre
CASCASTEL-DES-CORBIÈRES ✆ 04 68 45 86 67
www.grandguilhem.com
Chambre double 85 €. Petit déjeuner inclus. Lit supplémentaire : 30 €. Parking ouvert. Personne seule dès 85 € la nuit.

Gilles et Séverine proposent des chambres d'hôtes très confortables au charme fou. Les meubles anciens reprennent vie : tapis en jonc de mer, lustre ciselé du couloir déniché dans une brocante parisienne, frise qui court le long de l'escalier donnent un cachet incomparable aux pièces de cette belle demeure. Les chambres sont confortables, avec un vue superbe et des salles de bains et toilettes privatifs. Le petit déjeuner et la table d'hôte offrent de nombreux produits maison. Profitez de votre séjour pour visiter le domaine viticole.

DOMAINE LA MALVIRADE €

1089, allée René Dumont - **CASTELNAUDARY**
✆ 04 68 94 10 98
www.lamalvirade.co
Chambre double 85 € ; suite 110 €. Petit déjeuner inclus. Animaux acceptés.

La Malvirade est une ancienne ferme lauragaise typique de la région dans un écrin de verdure. Vous serez accueillis par Evelyne et Michel, propriétaires des lieux qui vous ouvriront immédiatement leur demeure et vous mettront de suite à l'aise, vous vous sentirez instantanément comme chez vous. Les chambres situées au premier étage sont spacieuses et paisibles, elles offrent tout le confort nécessaire avec une salle d'eau, un téléviseur écran plat, le wifi et une literie neuve. Un gite est également disponible, lui aussi avec accès au superbe parc et à la piscine.

LA MAISON DE GRUISSAN €€

16, avenue du Général-Azibert - **GRUISSAN**
✆ 06 58 55 89 44
www.chambre-hote-gruissan.fr
Chambre double de 65 € à 80 € ; suite de 130 € à 140 €. Petit déjeuner inclus.

La Maison de Gruissan, au cœur du vieux village, propose un hébergement dans un cadre agréable entre l'étang, le port et la garrigue. La maison de maître du XIXe siècle est divisée en quatre parties (deux chambres pour deux personnes, et deux suites avec deux lits doubles et terrasse privative). La décoration est soignée, on valorise le vintage avec du moderne dans le respect du confort dont vous avez besoin pour passer un séjour agréable. Les propriétaires sont aux petits soins et ne manqueront pas de vous conseiller lors du délicieux petit déjeuner.

LE JARDIN D'HOMPS €€

21, Grand-Rue - **HOMPS**
✆ 04 68 75 30 76
http://jardinhomps.fr
Chambre double de 84 € à 110 €. Petit déjeuner inclus. Chambre familiale de 130 à 160€ la nuit.

Cette majestueuse demeure est aussi belle à l'intérieur qu'à l'extérieur. Derrière sa façade, le Jardin d'Homps dissimule, à l'abri des regards et du bruit, cinq chambres de luxe. Spacieuses et décorées de manière épurée, elles disposent de beaux balcons avec vue sur le jardin et la piscine. Chacune est équipée de literie extra large, qui a été renouvelée cette année. Ce lieu est une invitation à la détente et aux plaisirs : entre le jardin aux mille senteurs et la piscine de belle dimension, on trouve de belles alternatives aux promenades touristiques.

CARPE DIEM HOSTEL

3, rue du 1er Mai 11100 Narbonne
✆ 06 52 11 41 29
www.carpediem-hostel.fr
Ouvert toute l'année. Dortoir à partir de 25€, chambre à partir de 50€. Petit déjeuner inclus. Salle d'eau partagée

Lorsque l'on pousse la porte de cette maison de voyageurs éco-responsable, on se sent instantanément chez soi, peu importe son âge. Cet ancien atelier d'imprimerie du XIXe siècle et à deux pas de la cathédrale a su conserver ses vitraux originaux. Vous aurez le choix entre le dortoir douillet pour 8 personnes ou la chambre d'hôte (plus intime). Ici on vous propose une expérience unique ou la rencontre est au centre du concept façon "auberge espagnole". Petit déjeuner bio, salon et terrasse à disposition et ateliers cuisine ou création sont organisés.

OSTAL MARTA €€

37, Boulevard Marx Dormoy
LÉZIGNAN-CORBIÈRES ✆ 06 03 44 50 93
www.ostalmarta.fr
3 chambres de 145 € à 185 €. Table d'hôte sur réservation (hors juillet-août) : 37 €. Pdj inclus. Terrasse.

© OSTAL MARTA

C'est dans une belle maison de maître du centre-ville que Nathalie vous propose 3 magnifiques chambres. Ostal Marta est une invitation à la détente, au bien-être et aux rencontres. Toutes les chambres offrent un confort digne des plus grandes maison avec lit en 180 et linge de lit en lin lavé. Tout ici est réalisé avec finesse et élégance, vous ne pourrez que tomber sous le charme de cette demeure de caractère. Nathalie organise des week-ends thématiques autour du vin et des soirées dégustation, une belle occasion de découvrir le meilleur du terroir Audois.

OCCITANIE

LE NUBIAN €€

Quai Vallière - **NARBONNE**
✆ 06 37 05 32 10 - www.nubian.fr
2 chambres. Tarif à partir de 75 €/pers. PDJ inclus. Barbecue. Kitchenette. Wifi. Solarium. Logement entier

© LE NUBIAN

Envie d'un séjour insolite ? Embarquez à bord d'un yacht de 13 m classé au National Historic Ship UK. Amarré en ville, le bateau a été entièrement rénové pour un confort optimal dans un écrin de luxe. Doté de deux chambres séparées climatisées, le *Nubian* est parfait à deux, en famille ou entre amis. On adore le petit déjeuner maison livré à bord et l'accueil d'Eric et Franck, narbonnais, qui connaissent tous les secrets de la région et qui feront de votre séjour un voyage hors du temps. Le plus : coach sportif, services à bord, restaurants et commerces partenaires

LA BELLE VIE €€

18, rue de la mairie - **MONTRÉAL**
✆ 04 68 25 44 25 - www.labelleviedeflo.fr
Chambres à partir de 85 € pour 2 pers. (Pdj compris). Table d'hôte sur réservation. Piscine. Parking

Oh la belle vie ! C'est la promesse que vous font Flo et Jean-Mi, les heureux propriétaires de cette superbe maison de maître datant de 1820. Entièrement restaurée, elle dispose de 4 chambres aux surfaces généreuses, bien équipées et décorées dans un style bohème chic. Les petits déjeuners ainsi que la table d'hôte sont gourmands à souhait, les petits plats de Flo et Jean-Mi sont dignes des plus belles tables. Jolies vues sur les Pyrénées ou la montagne noire et farniente au bord de la piscine. Bon accueil des propriétaires qui connaissent parfaitement la région.

CAMELLAS LLORET €€

4, rue de l'Angle - **MONTRÉAL**
✆ 06 45 73 96 42
www.camellaslloret.com
Chambre double de 150 € à 180 € ; Studio à partir de 200 €. Petit déjeuner inclus. Lit supplémentaire : 40 €.

Une belle et grande maison du XVIIIe siècle vous attend, dans son jus, avec des recoins, 4 belles chambres, toutes très joliment décorées. Annie a toujours travaillé dans la décoration. Le jardin est petit mais charmant, tellement bien mis en valeur, avec ses massifs fleuris et sa jolie pergola. Annie est à l'écoute de vos moindres désirs et vous guide dans votre découverte de la région, c'est également elle qui vous régale tous les matins avec son petit déjeuner bio. Pour la table d'hôtes, elle se surpasse et propose des recettes délicieuses et variées.

LA ROUGEANNE €€

8, allée du Parc - **MOUSSOULENS**
✆ 04 68 24 46 30
www.larougeanne.com
Fermé de décembre à mars. 5 chambres (dont 2 pouvant accueillir une famille). Petit déjeuner inclus. Piscine et parc.

Monique et Paul-André Glorieux vous ouvrent les portes de cette ancienne maison de maître vigneron entièrement rénovée. Tout n'est que bon goût et raffinement, Deux nouvelles chambres ont été créées, disposant d'un petit jardin privatif, d'un accès indépendant et original, d'une salle de bains « salon » L'orangerie, à l'entrée du parc, a été entièrement repensée, endroit charmant où le petit déjeuner vous sera servi. On jouit d'une très belle vue sur les Pyrénées où que l'on soit. Le parc met en émoi tous les sens et la piscine à débordement appelle au farniente.

LA VILLA SAINTE MARIE €€

14, Quai de Lorraine - **NARBONNE**
✆ 06 46 53 08 47
Ouvert toute l'année. 2 chambres de 90 € à 130 €. Lit supplémentaire : 20 €. Parking fermé et sécurisé. Climatisation.

La Villa Sainte-Marie est un petit paradis situé dans un quartier calme au bord du Canal et à deux pas du centre-ville. Anne-Sophie et Bertrand, les propriétaires, ont restauré cette demeure familiale du XIXe siècle avec beaucoup de goût et d'élégance. Les chambres offrent de beaux volumes et des prestations haut de gamme. Pratique, la petite cuisinette pour préparer vos petits déjeuners. Après avoir arpenté le centre historique, vous apprécierez de vous rafraîchir dans le jardin arboré. Excellent accueil des propriétaires qui connaissent parfaitement la région.

OCCITANIE

CHÂTEAU DE PUICHÉRIC €€

2, rue de l'Église - **PUICHÉRIC**
✆ 04 68 75 40 95
www.chateaudepuicheric.fr
Chambre double à partir de 90 €. Petit déjeuner inclus. Lit supplémentaire : 20 €.

Envie de vous glisser dans la peau d'une princesse, ou d'un héros des contes de Perrault ? Alors entrez vite chez Dominica et Philippe, au sein d'un véritable château féodal, à l'atmosphère cosy, au charme intemporel et à la décoration atypique. Vous arpenterez les couloirs et monterez les escaliers en pierres d'époque, pour découvrir des voûtes, des plafonds à la Française ou des pans de murs typiques. Les chambres sont tout simplement parfaites : sublimes, confortables, elles offrent une parenthèse hors du temps et loin des soucis du quotidien.

DOMAINE DE CAMPRAS €

16, RUE DES PYRENEESDOMAINE DE CAMPRAS - **SAISSAC** ✆ 04 68 78 48 20
www.domainedecampras.fr
Ouvert toute l'année, 4 chambres, une roulotte, la cabane du trappeur et un loft. SPA. Chambre double 59 € Pdj inclus.

© DOMAINE DE CAMPRAS

C'est dans un vrai paradis que Fred vous accueille. Vous aurez l'embarras du choix entre 4 jolies chambres en rez-de-chaussée de la maison avec accès indépendant et terrasse privative, l'étonnante roulotte, le chalet bâti en bois du pays, ou le nouveau loft avec sa vue panoramique sur les Pyrénées et la Cité de Carcassonne. Les enfants seront ravis de rencontrer canards, poules, Idéfix et Igloo les deux poulains. Le petit déjeuner est 100 % maison, avec jus de fruits, pâtisseries, confitures et pain tout juste sorti du four... un vrai coup de cœur.

DOMAINE DU SOLEIL COUCHANT €€€

14, rue Couchet - **SAINT-ANDRÉ-DE-ROQUE-LONGUE** ✆ 04 68 45 18 39
www.domaine-soleil-couchant.com
Ouvert toute l'année. 8 chambres (dont 2 PMR). Chambre double 140€ ; triple 175€ ; suite 250€. PTDJ inclus. Restauration

© DOMAINE DU SOLEIL COUCHANT

Cette belle et ancienne maison vigneronne de famille vous propose 8 grandes chambres tout confort, dont 2 équipées pour personnes à mobilité réduite et 2 suites familiales, une piscine à débordement surplombant les vignes des Corbières. Une table d'hôtes remarquable au retour des visites. Autour, les sentiers dans la garrigue, les abbayes de Fontfroide et de Lagrasse, les châteaux cathares, les vignerons, le canal du Midi, la Réserve africaine de Sigean. Bornes pour voiture électrique.

CHATEAU CICÉRON €€€

RIBAUTE ✆ 04 68 32 53 52
www.saint-auriol.com/fr/nos-domaines-marques-de-famille/chateau-ciceron
Chambre double de 90 € à 140 €. Possibilité de louer et privatiser la maison entière de 2 800 € à 3150 € par semaine.

Située au cœur des Corbières, cette ancienne villa romaine devenue une magnifique propriété vigneronne est le lieu idéal pour les amoureux du calme. L'ancienne orangerie a été complètement réaménagée, c'est aujourd'hui une piscine chauffée où vous pouvez vous relaxer même les jours de grand vent ! La maison est aménagée et parfaitement équipée : salle à manger, petite cuisine et salon en rez-de-chaussée, et les chambres (5 suites parentales et 12 couchages), aux premier et second étages, sont toutes pourvues de salles de bains privatives avec douche à l'italienne.

AVEYRON

LE CHÂTEAU DE BOISSE €

Le Château Boisse - **BOISSE-PENCHOT**
✆ 05 65 64 86 33
www.le-chateau-boisse.fr

Chambre simple à partir de 75 € ; chambre double à partir de 85 €. Petit déjeuner inclus.

Dans cet ancien bassin minier, le château du XIVe siècle et ses dépendances abritent quatre chambres d'hôtes raffinées. Placards et parquets en chêne, stuc et badigeon, associés à un mobilier moderne et fonctionnel et à une position dominante de sentinelle qui s'ouvre en grand sur la Vallée du Lot. Le petit-déjeuner continental est servi dans la salle à la manger du château, une immense et magnifique salle voûtée. Pour agrémenter votre séjour, vous aurez accès à une belle piscine bordée de dalles de pierre qui domine la vallée du Lot.

L'AUBERGE DU DONJON €

Place du Foirail - **BOURNAZEL**
✆ 05 65 64 45 80
www.laubergedudonjon.com

Chambre simple à partir de 49 € ; double à partir de 56 € ; triple à partir de 68 €. Petit déjeuner inclus.

L'Auberge du Donjon jouit d'une situation exceptionnelle à l'ombre des platanes et du château. A l'intérieur, cette jolie bâtisse, propriété d'Agnès, propose quatre belles chambres d'hôtes, parfaitement équipées à la décoration chaleureuse mais sans prétention. A l'heure du repas, la salle de restaurant de l'Auberge du Donjon propose foie gras de canard sur toast aux figues, assiette de charcuterie aveyronnaise, magret de canard au vieux berger, dos de cabillaud sauce citronnée... Agnès est aux petits soins et se fait un plaisir de répondre à toutes vos demandes.

LE CLOS D'ALBRAY €€

3, place Notre-Dame
COMPS-LA-GRAND-VILLE
✆ 05 65 74 38 77

Chambre double 95 €. Petit déjeuner inclus. Gîte : 89 euros la nuit pour 2 ou 3 personnes.

Un peu d'intimité et beaucoup de convivialité : voilà ce que propose le Clos d'Albray. Entouré d'un grand parc arboré et fleuri, ce manoir du XIIIe siècle abrite quatre chambres et un gîte. La déco est charmante (boiserie et meubles d'époque) et les petits déjeuners à la hauteur de l'immensité des lieux. Sur place, vous pourrez profiter à la belle saison d'une cuisine extérieure et d'une piscine, idéales pour des soirées en extérieur. Un gîte totalement équipé, pour deux à trois personnes, est également disponible à la location.

LES GRANGETTES DE CONQUES €€

Calvignac - **CONQUES-EN-ROUERGUE**
✆ 06 75 50 59 19
www.lesgrangettesdeconques.fr

Chambre double de 74 € à 94 €. Petit déjeuner inclus.

En pleine nature, cette ancienne ferme a été transformée en belle maison d'hôtes où la vue sur la vallée et la nature environnante est à couper le souffle. Un jardin, des arbres fruitiers, des animaux de la ferme et le décor est planté. Les 3 chambres bénéficient de tout le confort et d'un certain charme alliant pierre, bois et prestations simples. Le plaisir est aussi autour de la table d'hôtes. Des plus authentiques, ces grangettes vous offriront une escape aux senteurs de bonheur.

LE PONSONNET €€

Conques en Aveyron - **CONQUES-EN-ROUERGUE**
✆ 05 65 72 86 48
www.leponsonnet.com

Gîtes de France (4 épis). 3 chambres. Chambre double de 113 € à 123 €. Petit déjeuner inclus.

Marie-Jo et Gilbert forment un couple adorable. Leur bonne humeur et leur bienveillance s'expriment dans leur jolie maison de grès rouge, située sur la commune de Conques, dans laquelle ils reçoivent leurs hôtes. La bâtisse qui surplombe le village, abrite trois chambres à la décoration soignée. Le jardin cache une magnifique piscine à débordement ainsi qu'un spa, qui garantissent un séjour des plus agréable et reposant. La cuisine extérieure en été permet d'être plus indépendants même si les petits-déjeuners et repas de Marie-Jo sont vraiment délicieux.

CHÂTEAU DU PUECH DE CURIÈRES €€

CURIÈRES ✆ 06 09 04 17 91
www.chateaudupuech.fr

1 chambre. Chambre double de 150 € à 200 €. Petit déjeuner inclus. Lit supplémentaire : 30 €. Animaux acceptés (30€).

Situé sur les contreforts de l'Aubrac, le château du Puech datant du XVIe siècle offre une vue splendide sur la campagne environnante. Laissez-vous aller au romantisme, imprégnez-vous de l'ambiance féerique d'un château chargé d'histoire, doté de beaux éléments d'architecture reflétant son passé : majestueuses cheminées en pierre, beaux volumes, poutres imposantes de chêne blond… Les amateurs de chevaux seront ravis : le propriétaire possède un élevage de chevaux de sport.

LE PETIT CHOU €€

Place de la République
ENTRAYGUES-SUR-TRUYÈRE ✆ 05 65 48 58 03
www.lepetitchou.fr

Ouvert toute l'année. Accueil 24h/24. Chambre double à partir de 86,50 €. Petit déjeuner inclus.

Le Petit Chou, c'est l'effet de surprise ! À l'étage, on trouve en effet quatre chambres d'hôte de charme avec un petit look vintage. La Framboise est romantique avec un lit à baldaquin ; la chambre Lilas, mansardée plus épurée avec vue sur la place du village ; la chambre Ocre, lumineuse et spacieuse, propose une petite alcôve – salon particulier ; et enfin celle baptisée Olive, est très spacieuse en bois, fourrure, peau avec une baignoire sabot et une douche. Le petit déjeuner est copieux et de qualité, Le Petit Chou est aussi un salon de thé !

LA MAISON BLEUE €€

Ségézy - **LAVAL-ROQUECEZIÈRE** ✆ 06 40 12 65 72
www.la-maison-bleue-gites-et-chambres-aveyron.fr

Fermé du 1er au 31 janvier. 70 €. Petit déjeuner inclus. Lit supplémentaire : 20 €. Gîtes : de 690 à 760 €/semaine.

La Maison bleue est située en Aveyron, aux abords d'un hameau très calme où vous pourrez vous ressourcer et trouver la paix, loin des bruits de la ville. C'est un ancien corps de ferme restauré dans les règles de l'art. La vue domine le paysage grandiose, et vous pourrez profiter de sa piscine à la belle saison depuis les quatre chambres avec un grand lit et salle de bain privée. Ici tout est fait pour que vous vous sentiez à l'aise et les artistes en herbe pourront bénéficier de nombreux ateliers organisés par la propriétaire pour exprimer leur créativité.

LA SOURCE €€

Lieu-dit Lauzeral - **SAINT-ANDRÉ-DE-NAJAC** ✆ 05 65 29 45 09
www.lasourceaveyron.fr

Chambre double 75 €. Restauration (repas : 23 €). Mini-golf 22 trous. Parcours de réflexologie plantaire.

© DR

La Source a conservé toute l'authenticité des campagnes aveyronnaises, une maison ancienne, une grange, un four à pain, le tout coiffé de lauzes traditionnelles. Véritable nid douillet pour 1 à 5 personnes, les deux chambres d'hôtes combinent la chaleur des matériaux naturels (isolation en chanvre et bois) à un confort moderne XXL. La table d'hôtes privilégie le fait maison à base de légumes du potager et de volaille achetée chez les producteurs locaux, pour la plupart bio. L'originalité du lieu, c'est le mini-golf et le parcours de réflexologie plantaire.

LE PRESBITÈRE €€

Le Bourg
LE BAS SÉGALA
✆ 06 29 38 80 73
www.gite-aveyron-labastide.fr
3 chambres. Chambre double de 67 € à 87 €. Wifi.

Dans ce presbytère du XIXe siècle au cœur d'une bastide, vous trouverez des chambres tout confort, à la décoration soignée, disposant d'une grande literie. Elles ont chacune leur salle d'eau et leurs toilettes. Le petit déjeuner pourra être servi en terrasse aux beaux jours et vous pourrez profiter de la cuisine pour préparer vos repas et des salons avec télévision et bibliothèque pour vous détendre. La table d'hôtes offre plusieurs formules selon vos besoins et régimes alimentaires mais utilise toujours des produits du jardin.

36 RUE DES LILAS €

MILLAU
✆ 05 65 61 66 43
www.36ruedeslilas.com
Chambre double de 65 € à 80 €. Petit déjeuner inclus. Lit supplémentaire : 20 €. Gîte de 300 € à 900 €/semaine.

Outre sa situation idéale, cette charmante bâtisse très colorée de 1936, un ancien commerce de négoce de vin, abrite trois chambres indépendantes et une belle terrasse avec un panorama exceptionnel sur les paysages alentour. Ces chambres se louent seules, ou toutes ensemble, en formule gîte pouvant accueillir jusqu'à huit personnes. L'accueil est réellement optimal. Le petit déjeuner est copieux et fait appel à des produits biologiques de la région. Vous pourrez profiter de la cuisine équipée qui vous est prêtée pour vos repas.

LE SOLEILO €€

Chemin du Valat - **MOSTUÉJOULS**
✆ 06 22 84 61 00
www.lesoleilo.com/fr
Chambres : de 100 à 250 €/nuit. Tarifs dégressifs à partir de 2 nuits.

Total dépaysement dans cette ancienne bâtisse familiale du XVIIIe siècle, typique du Sud-Aveyron. Cette maison de vacances plutôt haut de gamme, entièrement restaurée, combine piscine, spa et hammam, tout en mariant patrimoine et modernité. Plusieurs chambres, suites et gîtes, s'ouvrent sur les immenses paysages alentours et donnent des envies d'escapade vers les gorges du Tarn et de la Jonte. Après des jours de randonnée, on peut se remettre en profitant des équipements mais aussi de massages qui sont proposés par des professionnels sur place.

CHÂTEAU DE CANAC €€€

Impasse de Canac - **ONET-LE-CHÂTEAU**
✆ 05 65 46 42 03
www.moulindecambelong.com
Ouvert toute l'année. Chambre double 180 €. Petit déjeuner inclus. Wifi. Restauration.

Aux portes de Rodez, la famille Busset a ouvert une magnifique chambre et table d'hôtes, dans ce château médiéval du XVIe siècle. Les 3 belles chambres hors du temps bénéficient de tout le confort : TV, wifi et espace... Et sont décorées et meublées avec goût. Le beau jardin et les espaces communs qui ont un cachet fou permettent de passer de bons moments de détente. La table d'hôtes est très bien pensée et fait appel aux produits et recettes de la région. Copieuse, elle promet de passer de délicieuses soirées où l'on se laisse aller à la gourmandise.

CHEZ CHRISTIANE SALEIL €

58, chemin du Séminaire - **SAINT GENIEZ D'OLT ET D'AUBRAC** ✆ 05 65 47 52 00
www.chambresdhotes-saintgeniez.fr
Chambre simple 50 € ; chambre double 58 € ; chambre triple 84 €. Petit déjeuner inclus. Lit supplémentaire : 25 €.

Christiane et Claude reçoivent chez eux dans un intérieur coquet, confortable et soigné, avec deux chambres et une table d'hôte qui met en valeur les produits du jardin. Pour passer un bon séjour et se sustenter avec une authentique cuisine traditionnelle, c'est une adresse à recommander, Christiane passe son après-midi à vous mijoter des spécialités aveyronnaises. Claude, passionné de pêche et de cyclotourisme, vous donnera de précieux conseils. Tous deux vous aideront dans la découverte du patrimoine local et la beauté des paysages aveyronnais.

LA SAISONNERAIE €€€

Luzençon - **SAINT-GEORGES-DE-LUZENÇON**
✆ 05 65 62 58 86
www.lasaisonneraie.com
5 chambres. Chambre double de 59 € à 99 € ; chambre triple de 99 € à 109 €. Petit déjeuner inclus.

Cette maison accueillante bénéficie d'un panorama exceptionnel et unique sur le viaduc de Millau et les vallées du Tarn et du Cernon. Claude et Bruno vous accueillent et vous proposent des chambres claires et confortables, décorées avec goût. L'un des hôtes étant potier, ne vous étonnez pas d'avoir le privilège de déjeuner dans des créations originales et personnalisées. Vous pourrez le voir en action et déguster des repas en table d'hôtes qui mettent en valeur les produits et recettes locales, avec une touche d'inventivité.

LE MAS DE LA BOHÊME €

L'Hermet - **SAINT-LÉONS**
✆ 05 65 58 88 97
www.masdelaboheme.com
Chambre double : 60 € (tarif dégressif à partir de deux nuits). Chevaux ou ânes : 10 € la nuit au pré par animal.

Situé sur les monts du Lévézou, dans le parc naturel régional des grands causses, le mas de la Bohême porte le nom d'un cheval, clin d'œil à cette jument qui a vécu 28 ans aux côtés de ses propriétaires. Petit paradis de la nature et des animaux, la vie suit son cours. Une cabane dans un grand chêne, un sentier d'interprétation, une mare, un ruisseau, prairies, forêt et des tables de pique-nique ça et là ! Des conseils personnalisés en médecines naturelles, sophrologie et méditation accompagnent l'offre de logements. Deux belles chambres d'hôtes sont proposées.

LA MAISON DE LOUNA €€

Le Bourg - **SALLES-COURBATIÈS**
✆ 06 08 26 60 43 - www.lamaisondelouna.com
Chambre simple de 90 € à 110 € ; chambre double de 95 € à 150 € ; chambre triple 160 €. Petit déjeuner inclus.

Deux principaux espaces vous accueillent pour la nuit : l'Atelier 98, une maison en bois de 60 m^2, ancien séchoir à tabac ; et l'Atelier 59, ancienne étable reconvertie et chaleureuse maison de pierre de 40 m^2, avec deux chambres et deux salles de bains. L'Atelier 68 est quant à lui une vaste suite de 60 m^2, déclinée en chambre, salle d'eau privative et salon. Ici on profite de nombreux services comme le spa et l'espace détente avec vidéoprojecteur mais le plus surprenant est sans doute que toute la décoration est à vendre : craquez et emportez ce qui vous plait !

LE DOMAINE DU BOUYGUES €

Anglars - **SALVAGNAC-CAJARC**
✆ 09 70 77 08 06
www.ledomainedubouygues.com
Chambre double de 60 € à 70 €. Petit déjeuner inclus. Lit supplémentaire : 20 € (15 €/enfant).

Sylvie et Hervé reçoivent dans 4 belles chambres spacieuses et très joliment décorées qui bénéficient de tout le confort : TV, belle salle de bains, peignoirs... Vous profiterez de ce très joli hameau avec vue sur la vallée et une belle maison, où terrasse et barbecue donnent sur la piscine chauffée, de la cuisine à disposition à midi. Le soir, en terrasse ou dans la salle commune réchauffée par la belle cheminée, Sylvie et Hervé élaborent une cuisine du terroir issue des produits de leur ferme. Pour un séjour insolite, ils louent aussi une véritable roulotte !

LA SINGULIÈRE €€€

7, rue Emile Zola - **SÉVÉRAC D'AVEYRON**
✆ 05 65 62 61 30
www.lasinguliere.com
Chambre double de 120 € à 200 €. Petit déjeuner inclus. Dîner : 25 €. Pique-nique sur commande : 18 €/personne.

Transformée en maison d'hôtes, cette belle demeure avec jardin, au pied de la cité médiévale, a conservé tout son charme d'antan. Un petit labyrinthe de couloirs et de paliers distribuent cinq chambres et suites, toutes différentes, et toutes imprégnées de la passion décoratrice de Sophie, propriétaire avec son mari, Hervé. Chacune dispose de sa propre salle de bains et de sanitaires privatifs. Dans le salon on prend le petit déjeuner ou un apéritif en compagnie des hôtes, qui proposent aussi des soirées classiques du cinéma !

CHAMBRES D'HÔTES L'OUSTAL €

Le Bourg - **SONNAC**
✆ 05 65 43 57 38
www.loustalous.com
Chambre triple 65 €. Lit supplémentaire : 20 €. Gratuit pour les enfants -5 ans. chambre quadruple à partir de 75€.

Cette belle maison aveyronnaise ne manque pas de charme. Lovée autour d'un joli parc arboré et d'une piscine, trois chambres d'hôtes vous attendent, toutes confortables et agréables donnant sur le parc. Chacune d'entre elles est équipée d'une bonne literie. Christine et Jean ont mis en place un accueil tout spécial pour les motards et les cyclistes, avec des garages. Ils sont aux petits soins et toujours prêts à donner de nombreux bons plans et conseils.

LE CHÂTEAU DE TAUSSAC €€

Le Château - **TAUSSAC**
✆ 05 65 66 36 51
www.lechateaudetaussac.com
Chambre double de 80 € à 100 € ; suite 180 €. Petit déjeuner : 9 €.

Une tour médiévale et deux corps de bâtiment « grand siècle » permettent de loger au château tout en profitant des activités du parc resté à l'heure médiévale : tir à l'arc, taille de pierre, cuisine médiévale, soirées sons et lumières... Pour comprendre toutes les facettes de cette époque. Les chambres sont vraiment sublimes, avec du mobilier bien choisi qui fait en sorte que l'on se sente véritablement revenus à l'époque de la construction de ce château sans renier sur le confort moderne. C'est une adresse un peu folle pour des vacances vraiment pas ordinaires.

GARD

L'ANCIEN TEMPLE €€

334, route Stéphane-Hessel - **AIGALIERS**
✆ 04 66 37 31 25
www.ancientemple.com

Chambre simple de 65 € à 75 € ; chambre double de 80 € à 90 €. Petit déjeuner inclus. Lit supplémentaire : 25 €.

Au sein d'Aigaliers, près d'Uzès, cette maison d'hôtes insolite est aménagée dans un ancien temple protestant. Plusieurs fois citées dans la presse pour la finesse de leur décoration, les deux chambres méritent effectivement le détour et un séjour sur place. Spacieuses, aménagées dans la pierre, elles sont, pour autant lumineuses et l'une d'entre elles dispose d'une terrasse qui offre une belle vue sur la campagne gardoise. Vous trouverez le matin un petit déjeuner également très soigné. C'est une adresse parfaite, idéalement située dans ce secteur touristique.

THYM & CHOCOLAT

1610, route de Générargues
Blateiras - GENERARGUES ✆ 09 67 58 71 79
contact@thymetchocolat.fr

A partir de 99 € par nuit en fonction des saisons. Petit-déjeuner inclus

Vue sur la corniche de Peyremale, arbousiers, thym sauvage, roches, pins, forêt de chênes verts, çà et là quelques cyprès pour planter le décor… Domaine de 4 hectares situé dans le Parc National des Cévennes, à quelques kilomètres d'Anduze. Caroline et Patrice vous accueillent dans un écrin au style contemporain qui s'intègre parfaitement dans la nature. Une petite chocolaterie est aménagée sur place et 2 chambres d'hôtes de charme avec accès indépendant, chacune bénéficiant d'une vaste terrasse privative. Vous serez à deux pas de nombreux sites touristiques, balades, randonnées et circuits pour découvrir les Cévennes.

LA FERME DE LA BARAQUE €€

Ferme de la Baraque - **AUJAC** ✆ 04 66 61 12 77
www.aujac.fr/camping-a-la-ferme/la-baraque-camping-chambres-dhotes-et-table-paysanne

Chambre d'hôte : à partir de 43 € pour 2 personnes. Emplacement camping : 5 € + 5 € par personne.

Sous les labels bio AB et Nature et Progrès, Lysanne et Jonas cultivent fruits et légumes, et élèvent quelques bêtes. Anciennement mas de Cocagne, la ferme s'attache aux valeurs écologiques, elle est adhérente à Cévennes écotourisme et pratique l'accueil dans un cadre cévenol tout de bancels, de tonnelles, dans un environnement remarquable. Vous disposerez de 6 emplacements pour camping car ou tente, mais aussi d'un hébergement en tipi et en chambres d'hôtes. Profitez de la nature environnante et des visites de la ferme de vos hôtes pour découvrir leur univers.

AUBERGE DU PONT DE VAGNAS €€

Pont de Vagnas
BARJAC
✆ 04 66 24 52 37
www.auberge-pontdevagnas.com

4 chambres. Chambre double de 70 € à 100 €. Restauration (menus à 18 €, 23 € et 32 €).

Restaurateurs depuis 20 ans, Claude et Cathy ont ouvert il y a quelques années 4 chambres d'hôtes de charme équipées tout confort. Elles se nomment chocolat, orchidée, mandarine et bambou, possèdent chacune leur code couleur et leur ambiance. On s'y sent vraiment bien et la douche italienne ne gâche rien ! Côté restaurant, ils proposent dans leur auberge une cuisine traditionnelle soignée aux accents de terroir. Une adresse à découvrir ou à redécouvrir.

NATURA LODGE €€

561, - **BARJAC**
✆ 04 66 24 54 77
www.ardeche-detente.com
Fermé de novembre à mars. Chambre dès 65 €, hébergements insolites à partir de 75 € la nuit, petit-déjeuner compris.

Ici, on réalise un rêve d'enfant : dormir dans une cabane dans les chênes. Perchés à 4 m du sol, que ce soit en couple ou en famille, vous serez séduit par ces vacances insolites dans un écolodge labellisé «Refuge LPO». Aux beaux jours, vous bénéficierez de l'accès à la piscine et sa pataugeoire. La salle commune dispose d'une cuisine d'été, de jeux et d'une bibliothèque. Les autres écolodges : quatre yourtes mongoles, une roulotte, un avion Cessna loué avec sa tour de contrôle et une bulle suspendue dans les arbres. Table d'hôtes locavore sur réservation.

LE MAS GUIRAUD €€

4828, route de Saint Gilles - **BEAUCAIRE**
✆ +33 6 01 79 36 17
www.masguiraud.com
Chambre double de 80 € à 130 €. Petit déjeuner inclus. Lit supplémentaire 15 €. Séjour bien-être pour deux : 200 €.

Ce mas en met plein la vue avec des chambres rénovées à neuf qui ont permis de mêler avec goût authenticité de l'architecture en pierres apparentes et le tout confort : climatisation, écrans plats et TNT pour les amateurs de télévision, et décoration zen qui apporte une touche de bien-être aux hôtes. Les propriétaires proposent d'ailleurs des séances de massage et de remise en forme à leurs occupants et l'on peut même profiter d'une formule séjour bien-être pour deux tout compris. C'est un réel bon plan dans cette région touristique.

LE MAS NOUVEAU €€

Route du Mont-Lozère - **GÉNOLHAC**
✆ 04 66 61 15 72
www.masnouveau.com
De 80 € à 150 €. Tarifs dégressifs à partir de 2 nuits. Petit déjeuner inclus. Gîte : de 1 100 € à 1 400 € la semaine.

L'endroit a fait les beaux jours de magazines de déco, et c'est mérité ! La restauration magistrale de cette bâtisse médiévale a donné un véritable cocon de bien-être au charme onirique. Les chambres n'échappent pas à cette atmosphère et procurent quelques surprises avec les baignoires taillées dans le granit, et un aménagement qui fait la part belle à la nature, matériaux bruts, couleurs douces, pour les «dortoirs» aux lits superposés hors du commun. Spa, hammam et massages sont proposés sur place et le soir vous profiterez de la table d'hôtes délicieuse.

LA BUISSONNIÈRE €€

Foussargues - **AIGALIERS**
✆ 04 66 03 01 71 - www.labuissonniere.com
Du 25 avril à mi octobre. 5 chambres. Chambre double de 110 € à 130 € ; studio / appartement de 155 € à 265 €.

Les chambres d'hôtes de luxe du Mas la Buissonnière se trouvent à 10 minutes en voiture d'Uzès, nichées dans les vertes collines. Les chambres d'hôtes, suites, appartements et studios sont équipés d'une terrasse ou d'un balcon meublé et bien entendu d'une partie salon et de leur propre salle de bains. Les studios et l'appartement ont chacun leur cuisine entièrement équipée. On profite du beau jardin et de la piscine pour se détendre et le soir venu, deux fois par semaine, de l'excellente table d'hôtes faisant la part belle aux produits et vins régionaux.

OCCITANIE

LA MAISON DU PASSAGE €

127, rue de l'Eglise - **MARTIGNARGUES**
✆ 04 66 25 62 91
www.lamaisondupassage.fr
5 chambres dont une avec SPA privatif : de 150 € à 450 € avec petit-déjeuner inclus. Chambre double : 118 €. Piscine.

Hervé et François vous accueillent dans leur maison d'hôtes dans un petit village préservé. Elle se situe dans une bâtisse hors d'âge qui a été un édifice ayant connu une multitude d'utilisations, avant d'être entièrement rénovée par ses propriétaires avec goût et en mettant en valeur le caractère de chaque chambre luxueuse. Le confort et la modernité sont omniprésents. Vous aurez accès au sauna, à la piscine chauffée et à tous les équipements ultra-modernes, jusqu'au bain bouillonnant sur la plus haute terrasse avec vue à 360 degrés sur la campagne environnante.

LA MAISON ROUSSEAU €€

6, rue de la Parisière
NÎMES
✆ 06 20 32 30 43
www.chambredhotesdecharmenimes.fr
2 chambres (et 1 suite). Chambre double de 105 € à 115 €.

La maison est un bâtiment atypique qui s'articule autour d'un patio, inondé de verdure, où par beau temps le petit déjeuner vous sera servi, dans un décor bucolique. Les chambres et la suite sont particulièrement bien décorées, comme le reste de la maison d'ailleurs. L'une d'elles donne sur une petite rue en retrait et est tout aussi calme que les autres. Le petit déjeuner est fait de produits biologiques et de confitures maison entre autres. Plusieurs espaces communs vous sont proposés. Très agréables, ils sont propice à la détente.

MAS DE MARTINET €€

Route de Sernhac - **MEYNES**
✆ 06 01 75 59 67
www.masdemartinet.fr
Chambre double de 125 € à 165 € ; suite 4 personnes à partir de 205 €. Petit déjeuner inclus. Spa hollandais.

Cette demeure du XVIIIe siècle est un trésor caché de la vue de tous. Cette bâtisse entièrement rénovée et transformée en chambres d'hôtes en 2013 vous offre tout le confort et la quiétude que l'on peut désirer. Chaque chambre est climatisée et dispose d'une salle de bain indépendante avec douche, WC privatifs, coffre-fort (pouvant contenir un ordinateur portable) et TV (écran de 83 cm). La table d'hôtes vous fera découvrir les parfums d'une cuisine régionale préparée avec les produits du potager. Piscine chauffée et spa hollandais sont à disposition.

MAS LA FARELLE €€

230, chemin du Bachas
NÎMES
✆ 07 60 44 27 36
Chambre double de 130 € à 150 €. Petit déjeuner inclus. Espace spa avec sauna, bain bouillonnant, hammam et massage.

Situé aux portes de Nîmes, ville d'art et d'histoire, le Mas la Farelle offre un lieu de séjour très agréable. Demeure de charme, la bâtisse a conservé de remarquables éléments architecturaux. Elle est dotée de 5 gîtes cosy pour 4 à 6 personnes qui peuvent, rassemblés, accueillir au total 20 personnes. Un superbe espace spa vous est proposé pour votre plus grand plaisir que vous pourrez prolonger par un massage thaï effectué par une Thaïlandaise, qualifiée en la matière. Ici, le principe majeur est donc la détente et l'on y prend vite goût.

LA MAISON PAPILLONS €€

Hameau de Monteil - **MONTCLUS**
✆ 06 20 46 80 05
lamaisonpapillons.fr
Ouverture sur reservation. Chambre double de 130 € à 170 €. Végan-friendly.

Olivier et Caroline ont réalisé eux-mêmes cette magnifique maison d'hôtes. La structure comprend cinq chambres et un duplex indépendant. Le décor naturel, subtil mélange de meubles en bois fabriqués par Olivier, d'objets chinés ou achetés, confère un cachet inestimable à l'endroit. À l'extérieur, une grande cour très intimiste, une terrasse et une piscine sont mises à votre disposition, sans oublier le jardin, qui offre une vue imprenable sur les collines environnantes. Les petits déjeuners et la table d'hôtes sont proposés sans gluten et végans sur demande.

MAISONS BULLES €€

246, chemin Notre Dame des Roses
PONT-SAINT-ESPRIT
✆ 06 43 12 96 10
De 110 € à 170 € la nuit selon saison et jour. Possibilité de séance de yoga et de massage.

Une étape étoilée pour aventuriers en quête de nuits insolites en Maison Bulle, sur les hauteurs de la cité provençale de Pont-Saint-Esprit, en plein cœur de la colline de Saint-Pancrace, tout proche des gorges de l'Ardèche. Un séjour au paradis pour les amateurs de panoramas bucoliques et de toiles au grand air. Vous avez le choix entre les dômes : bulle de savon géante, goutte de pluie ou de rosée, igloo ou vaisseau spatial, trois types d'architecture et trois thèmes variés. À la belle saison, vous profitez de la piscine circulaire et du spa.

ENTRE VIGNE ET GARRIGUE €€

Chemin des Falaises - **PUJAUT**
✆ 04 90 95 20 29
www.vigne-et-garrigue.com
4 chambres. Chambre double de 130 € à 250 €.

Situées dans une ferme bâtie par les Chartreux en 1610, les chambres ont été créées dans le respect de l'authenticité des vieilles pierres. Chacune d'elles est décorée avec raffinement, douceur et convivialité selon l'inspiration de Madame Chenet. L'une d'elles possède une baignoire balnéo. Vous pourrez aussi profiter du Figuier, magnifique mazet provençal de 80 m² indépendant. Vous y apprécierez la belle terrasse privée avec vue sur les chênes truffiers et le jacuzzi privatif flambant neuf, nouveauté de cette année 2021 ! Une belle parenthèse.

MAS DE L'ESPÉRANCE €€€

Mas Espérance - **SAINT-GILLES**
✆ 04 66 70 01 51
www.mas-esperance.com
Chambre double de 175 € à 220 € ; suite de 330 € à 410 €. Petit déjeuner inclus. Lodge de 20 m² de 260 € à 380 €.

Le Mas de l'Espérance est une ancienne maison de chasse de la duchesse d'Uzès. Cette propriété empreinte de grâce et d'histoire renferme un parc de 2 hectares offrant une grande variété de plantes, de fleurs et d'arbres fruitiers. Cathy et Lionel vous proposent leurs chambres luxueuses et leur espace privé près du bassin pour séjourner dans des conditions optimales. Dans le jardin, au bord de la piscine, on profite de moments détente. Ne manquez pas non plus de profiter de la table d'hôtes qui est une véritable invitation à la découverte des saveurs locales.

MAS LE VERSADOU €€

Route des Iscles - **SAINT-GILLES**
✆ 06 07 76 42 09
www.masduversadou.com
Chambre double de 135 € à 160 € ; studio / appartement de 750 € à 2 500 € la semaine ; suite de 145 € à 240 €.

Voici sans doute l'un des plus beaux mas du XVIIIe siècle. Ce mas à l'histoire si riche et si rocambolesque, que les hôtes vous conteront sur demande, est entouré d'un parc à la française, unique en Camargue. Le mas dispose de cinq habitations indépendantes alliant confort et tradition qui disposent de tous les équipements du domaine, dont la piscine, les bains romains, le parc et l'environnement de rizières et de champs sur 30 hectares. Vous y serez parfaitement reçus et profiterez du calme et du poids de l'histoire qui y règnent.

DOMAINE SAINTE OCTIME €€

Route de Sommières - **SARDAN**
✆ 04 66 53 55 33
www.domaine-sainte-octime.com
Gite à partir de 130€ la nuit pour 10 personnes maximum.

Le Domaine Sainte Octime est une exploitation viticole qui propose également la location de gîte et de chambres d'hôte pour une nuit ou plus. Chaque chambre dispose d'un lit double, de deux lits simples, d'une salle d'eau avec douche, lavabo et WC. Une cuisine aménagée et équipée est à votre disposition (frigo/congel, plaques cuisson vitrocéramique, four, bouilloire, micro-ondes, cafetière à filtre, grille-pain). Entouré de vignes, au son des grillons, vous aurez le plaisir de privatiser ou de partager un grand gîte tout équipé.

LE MAS DU LAC €€

Chemin du Mas-de-Rey
UZÈS
✆ 06 11 33 38 43
www.masdulac.com
Ouvert toute l'année. Chambres à partir de 85 €.

Martine de Fontanes vous accueille dans ce mas du XVIe siècle, situé à l'entrée d'Uzès. C'est un lieu hors du temps, un havre de paix qui fleure bon notre enfance, un lieu champêtre et familial. La nature nous parle, les nénuphars dès l'entrée nous invitent au bonheur et le chant des oiseaux nous accueille. Le Mas du Lac abrite des chambres d'hôtes hors du commun, où la sérénité est loi. Enfin un lieu authentique. Le mas, c'est aussi un lieu d'accueil pour les fêtes de famille, les mariages, les séminaires...C'est charmant !

LA VILLA LEA €

10, rue Léa Jonquet - **UZÈS**
✆ 04 66 03 27 82
www.lavillalea.com
Ouvert toute l'année. Chambre double de 89 € à 99 €. Petit déjeuner inclus. Parking - Piscine chauffée - Jacuzzi.

Véronique et Jean Claude, sont les heureux propriétaire de cette très jolie maison. Dès l'entrée dans la grande pièce, on distingue derrière la véranda un très grand patio ou s'articule la vie des hôtes autour de la piscine chauffée et du jacuzzi. Des salons confortables font face aux transats, ici, tout est douceur, calme luxe et volupté. Les chambres sont cosy, décorées avec gout et ont toutes une salle de douche et des commodités. Vous apprécierez les petits déjeuners copieux et les repas proposés par vos hôtes sur demande qui sont vraiment bien pensés.

GERS

DOMAINE DE NAZÈRE €€

Lieu-dit Nazère - **AVEZAN** ✆ 06 47 19 80 45
www.nazere.fr

Chambre double de 120 € à 280 €. Pension complète : 65 €. Demi-pension : 25 €. Petit déjeuner inclus.

Chez Antoine et Valérie Cournot, vous tomberez sur une propriété d'exception : de superbes bâtisses des XVIIIe et XIXe siècles sont disséminées dans un grand parc de 3 hectares, au cœur de la Lomagne. Le domaine propose gîte, chambres d'hôtes et table d'hôtes. Les chambres sont spacieuses, décorées avec un goût très sûr ; elles dégagent une atmosphère sereine. On pourra aussi profiter de la très jolie piscine chauffée du parc, d'un court de tennis, d'un boulodrome et d'un putting. Sur demande, vos hôtes proposent des visites personnalisées du château voisin.

LE HOUR €

Le Hour - **BÉRAUT**
✆ 05 62 68 48 33
www.le-hour.com

Chambre double 65 €. Petit déjeuner inclus. Gîte 2 à 3 personnes : de 280 € à 350 € la semaine.

Florence et David Bonneville ne jettent rien, récupèrent et font des merveilles ! Ils vous proposent, dans leur domaine de 4 ha, 5 belles chambres, harmonieuses et reposantes, tout confort : un coin salon, mais aussi une petite kitchenette pour vos petits creux. On peut partir en promenade guidée avec un âne, visiter les bois, bronzer au bord de la piscine dans une longue séance de farniente, s'amuser avec des jeux en bois typiquement gascons, ou encore profiter d'une vue imprenable sur les vallons gersois… Condom n'est guère loin, de même que La Romieu et Flaran.

AUBERGE LE FLORIDA €€

2, rue du Lac
CASTÉRA-VERDUZAN
✆ 05 62 68 13 22
www.restaurant-florida.fr

Chambre double de 135 € à 150 €. Petit déjeuner inclus.

Dans une ambiance très douillette, les chambres ici sont exceptionnelles. Deux spots sont aménagés dans deux d'entre elles, chacun avec un véritable Jacuzzi privé pour barboter en toute saison. L'espace spa détend et est appréciable. Dans une autre chambre au second étage, une baignoire îlot trône au pied du lit pour une ambiance « cottage », propice aux rêveries. Dotée d'une terrasse privée, la suite au mobilier cosy et raffiné offre une vue éblouissante sur le jardin d'herbes aromatiques et son poulailler. Vous ne voudrez plus quitter la chambre !

AU VIEUX PRESSOIR €€

Lieudit Saint-Fort - **CAUSSENS**
✆ 05 62 68 21 32
www.auvieuxpressoir.com

Chambre simple à partir de 52 € ; double à partir de 60 € ; triple à partir de 82 €. Petit déjeuner inclus.

Voisine du chateau de Mons, cette grande maison de maître entièrement restaurée laisse admirer ses pierres apparentes, ses terres cuites d'origine, ses vielles poutres teintées au bleu de Lectoure sa vaste cheminée, et propose une cuisine traditionnelle élaborée en partie avec des produits de ferme que vous pourrez déguster à l'intérieur ou en terrasse avec une vue imprenable sur la campagne. Les chambres sont confortables et très bien décorées, la piscine agréable et la présence des animaux de la ferme ravira les plus jeunes.

LE CHÂTEAU DE CLERMONT-SAVÈS €€€

355, chemin du Château - **CLERMONT-SAVÈS**
✆ 05 62 62 34 82
www.chateau-clermont-saves.com
Chambre double de 145 € à 190 € ; suite de 170 € à 210 €. Petit déjeuner inclus. Lit supplémentaire : 40 €.

Cette demeure du XVIIIe siècle, classée monument historique, offre le style et le confort de la vie de château. Un parc de 5 ha, aux arbres plusieurs fois centenaires, avec vue sur les Pyrénées saisissent dès l'arrivée. Après les quelques marches du perron, on pénètre dans le grand vestibule d'inspiration palladienne. Deux suites et deux chambres garantissent calme et confort. Elles sont véritablement superbes, tout comme les salons communs d'ailleurs.

ASINERIE D'EMBAZAC €€

Route de Goudourvielle - **L'ISLE-JOURDAIN**
✆ 05 62 07 02 10
www.embazac.com
2 chambres. Chambre double 70 €. Petit-déjeuner inclus. Gîte d'étape (15 places) : 25 € par personne. Bain bouillonnant.

Profitez pleinement d'une ferme familiale produisant des cosmétiques et savons artisanaux à partir de lait d'ânesse bio et proposant des visites avec goûters. Vous pourrez prolonger votre séjour dans l'une des deux chambres d'hôtes parfaitement équipées, le tout dans un cadre rural, avec vue sur les coteaux gascons et la chaîne des Pyrénées à l'horizon… Pour les randonneurs en chemin vers Compostelle (ou pour vos fêtes familiales), la propriété met à votre disposition 15 places dans un agréable gîte d'étape. Un petit voyage auprès des ânes ? C'est pour vous !

COMPTOIR DE NOS FERMES €€

13, place Gambetta - **L'ISLE-JOURDAIN**
✆ 05 62 07 27 93 - www.terroir-gers.com
Chambre simple à partir de 70 € ; double à partir de 70 € ; triple à partir de 110 € ; suite de 80 € à 110 €.

Dans un superbe cadre, avec le pigeonnier de Guerre qui trône au milieu de la propriété, on se sent bien dans cette campagne. Les chambres sont parfaites. Par exemple, le pigeonnier est une charmante chambre de plain-pied aux murs d'enduits naturels (chaux, terre). Disposée côté jardin, vous pourrez bénéficier d'une terrasse privative sous arcades, avec un accès extérieur indépendant et serez à proximité du jacuzzi. Le petit déjeuner est copieux et la table d'hôtes fait la part belle aux produits de saison et locaux et tout est fait maison.

AU CREUX DE MON ARBRE €€€

Lieu-dit Lablennerie
LASSEUBE-PROPRE
✆ 06 03 99 74 69
www.au-creux-de-mon-arbre.com
Ouvert toute l'année. Nuit en cabane pour deux personnes, avec accès au SPA à partir de 200 €.

Le domaine et son grand bois de 130 ha vous accueille. Vous vous installez à 4 m du sol dans cette cabane toute en rondeur, nichée au creux d'un chêne multicentenaire. Un vrai petit nid, équipé de tout le confort moderne...Magique et dépaysant. Le calme est assuré et tout a été pensé pour rester dans l'esprit nature avec une décoration et des objets artisanaux. On aime la terrasse extraordinaire et le petit déjeuner discrètement livré au pied de votre arbre. Et pour découvrir la gastronomie locale, optez pour les paniers gourmands.

AU CHIEN BLEU €€

En Tarbé
LOMBEZ
✆ 06 89 44 20 07
www.au-chien-bleu.fr
Ouvert toute l'année. Chambre double de 70 € à 80 €. Petit déjeuner inclus.

Après 4 ans de travaux, Sylvie et José Galle ont donné à cette belle bâtisse gersoise une nouvelle jeunesse et 4 chambres d'hôtes. Elles ont pour nom « Gingko Biloba », « Eucalyptus », « Catalpa » et « Paulownia ». Ici, on aime les arbres ! Extrêmement lumineuses, les pièces à vivre – à l'image des chambres – sont décorées avec goût. Les chambres sont grandes (32 m^2), modernes et bien équipées. Elles offrent une belle vue sur le parc de 3 ha, les Pyrénées ou le pigeonnier du XVIIIe siècle. Les propriétaires font aussi table d'hôtes sur réservation.

LE PARC DE PÉTRARQUE €€

11, rue Notre-Dame - **LOMBEZ**
✆ 05 62 62 32 70
www.leparcdepetrarque.com
Chambre simple 54 € ; chambre double 64 € ; chambre triple 84 €. Petit déjeuner inclus.

Coup de cœur et accueil chaleureux pour cette maison de maître du XVIIIe siècle implantée dans le parc privatif de l'ancien évêché déployé sur 4 ha, avec étang et prairie. Pétrarque, premier poète humaniste, a dit avoir passé un « été céleste » à Lombez. La maison propose 5 chambres de caractère aux enduits et pigments naturels et meubles anciens. On aime celle de l'écrivaine, nommée en hommage à la grand-mère du propriétaire, écrivaine et critique littéraire. Nombre d'écrivains viennent se ressourcer ici. A voir : la collection d'affiches et de tableaux d'époque.

DOMAINE ARROS €€€

MONTÉGUT-ARROS ✆ 05 62 61 98 02
www.domainearros.com
Chambre double de 119 € à 145 €. Domaine proposant un gîte pour 8 personnes et une maison pour 25 personnes.

Le Domaine de l'Arros propose plusieurs formules d'hébergement : des chambres d'hôtes, un gîte pour huit personnes, une maison pour 25 personnes et un dortoir pour 10 personnes. La maison offre 580 m² de confort et de luminosité grâce à ses 56 fenêtres cintrées. Elle héberge très confortablement 14 personnes et y ajoute des espaces complémentaires qui font que même au cœur de l'hiver intimité et bien-être sont présents. Les activités ne manquent pas : piscine, tennis, badminton, golf agricole, football, basket, boulodrome, vélos, barques, billard…

BASTIDE DE LASSALLE €€

Lassalle - **MONTÉGUT**
✆ 05 62 62 29 85
www.chambres-hotes-gers.com
Chambre simple de 55 € à 60 € ; chambre double de 70 € à 75 €. Petit déjeuner inclus. Lit supplémentaire : 10 €.

C'est une jolie bastide située en pleine nature au milieu de la verdure. Tranquillité, repos et cocooning, un cocktail qui prend toute sa saveur en ces lieux. Autour de la demeure, un grand parc et dans ce grand parc, une grande piscine dont on profite l'été. Les chambres sont très spacieuses et bénéficient d'un accès direct. Chacune a sa propre déco et ses propres teintes, et une sortie terrasse, ce qui permet de profiter au mieux de la vue sur la campagne. La table d'hôtes est bien travaillée et lors de votre séjour vous pourrez même en apprendre les recettes.

MAISON DE LA PORTE FORTIFIÉE €€

Rue Nationale - **MONTESQUIOU** ✆ 05 62 70 97 06
www.porte-fortifiee.eu
Chambre double de 92 € à 107 €, minimum 2 nuits. Petit déjeuner inclus. Produits de bains et kit sanitaires offerts.

Séjourner en ce lieu d'exception est une visite historique car le passé de cette incroyable bâtisse remonte au XIIIe siècle ! Au fil des ans, d'autres maisons de maître ou gasconnes se sont ajoutées à la Porte fortifiée et c'est dans une aile construite en 1805 que sont nichées les chambres d'hôtes qui vous sont proposées. L'architecture magistrale se retrouve dans un fabuleux escalier ovale, le plancher brun, les lourdes portes ou encore la cheminée et le carrelage qui sont d'origine.

LA FERME DU COULOUME €

Route d'Eauze -
MONTRÉAL
✆ 05 62 29 44 78
www.lecouloume.com
Chambre double de 63 € à 70 €. Petit déjeuner inclus. Camping de 5 € à 8 € l'emplacement.

Dans la campagne gersoise, un peu après Montréal-du-Gers et à proximité immédiate du chemin, une ferme traditionnelle et accueillante vous propose de monter la tente à l'ombre des arbres fruitiers ou de passer la nuit dans l'une des trois chambres d'hôtes, chacune ayant sa propre ambiance. Un grand gîte pour cinq personnes et deux «cabanes» pour deux sont également disponibles à la location. La table d'hôtes propose les légumes et les volailles de la ferme, des grillades en été. Pour vos chaudes journées, vous pourrez profiter de la belle piscine.

VICTORIAN LODGE €€

14, rue Aurensan - **MONTRÉAL**
✆ 05 62 29 42 35
www.victorianlodge.eu
Chambre simple de 45 € à 69 € ; chambre double de 70 € à 105 €. Demi-pension : 23 €.

Cette splendide maison du XIIIe siècle est une escale raffinée où le bon goût se conjugue à la splendeur d'une décoration anglaise particulièrement réussie. Entre écrin boisé et pièces design contemporaines, l'ambiance unique qui s'en dégage est un réel enchantement. Avec poutres à l'ancienne et parsemées de vieilles pierres, les chambres sont à la fois claires et aérées mais c'est surtout leur espace qui séduit : avec des plafonds hauts et des superficies typiques des bâtisses d'antan. Pour se détendre, on apprécie le spa avec sauna et bains à remous.

LOU PRADA €€

PRÉNERON
✆ 05 62 06 57 99
www.louprada.com
Chambre double de 77 € à 80 €. Petit déjeuner inclus (pour tous les hébergements). Hébergements insolites.

A Lou Prada, si l'accueil est typiquement gersois par sa chaleur, les nuits sont sans frontières. Dans un immense cadre de verdure, un chariot western construit dans la pure tradition du Grand Ouest américain trône entouré de tipis amérindiens, de yourtes mongoles, de petites maisons gauloises et de drôle de huttes, les Casa Paillou et Casa Boe. C'est un réel plaisir que de séjourner ici, entouré d'hôtes charmants et attentionnés, du petit déjeuner au diner, si bien que l'on voudrait tout tester et ne plus jamais les quitter.

LA GRANGE DE GARAC €€

SAINT-CHRISTAUD ✆ 05 62 09 37 50
www.chambres-hotes-garac.moonfruit.fr
Chambre simple de 60 € à 70 € ; chambre double de 70 € à 80 €. Demi-pension : 25 €. Petit déjeuner inclus.

La grange de Garac s'inscrit dans la lignée des bâtisses d'exception. Mireille et Henri y proposent des chambres très confortables, meublées avec goût, climatisées. Coup de cœur pour la bien nommée « Coquelicot » dont les murs en bois s'accordent à merveille aux couleurs vives. Les salles de bains sont ultramodernes avec des vasques surélevées et on savoure le plafond magistral du salon qui s'ouvre sur la vaste terrasse fleurie, donnant sur le château et la chaîne des Pyrénées. Vos hôtes sont aux petits soins et ne manquent pas d'attentions à votre endroit.

AUTREFOIS LA MODISTE €€

3, rue Gambetta - **SAINT-CLAR**
✆ 05 62 66 31 65
www.autrefois-la-modiste.com
Chambre simple de 55 € à 65 € ; double de 60 € à 70 €. Petit déjeuner inclus. Salle de bains et sanitaires partagés.

Les deux chambres d'hôtes se trouvent à l'étage ; au rez-de-chaussée, où se trouvait la boutique, un gîte (appartement indépendant pour 2 personnes) a été aménagé. Pour les chambres, la salle de bain avec douche et baignoire d'angle est partagée mais elles ont des WC privatifs. La propriétaire a souhaité garder l'âme du lieu et la mémoire de ces métiers aujourd'hui disparus si bien que l'endroit est un véritable petit musée, où sont exposés chapeaux, éventails, dentelles et outils anciens qui étaient restés là depuis le fermeture de l'atelier.

LE LÉZARD BLEU €€

Lieu-dit Flamarens - **SAINT-CRÉAC**
✆ 09 64 43 96 90
www.lezardbleu32.fr
Chambre simple à partir de 65 € ; double à partir de 75 €. Petit déjeuner inclus. Roulotte trois nuits minimum : 215€.

Pierre et Gilles vous proposent un accueil gay friendly dans leur grande propriété de 6 000 m², très au calme au milieu des champs et de la campagne. En été, vous pourrez profiter de la piscine naturiste avec terrasse attenante et ses transats pour la détente et le farniente. Niveau équipement et confort, un espace détente dispose de matériel de sport, on pourra également profiter du spa et du sauna. Une petite cuisine d'été est à disposition. Pour un séjour dépaysant, penser à investir dans le jardin la roulotte tout confort mais tellement bucolique.

LA CHARTREUSE DE DANE €€

SAINT-JEAN-POUTGE
✆ 05 62 58 01 25
www.chartreusededane.fr
Chambre double de 85 € à 95 € ; suite à partir de 170 €. Chalet pour 2 personnes : 100 € la nuit, 550 € les 6 nuits.

Dans un parc retiré de 5 hectares où un cèdre centenaire trône mais aussi des figuiers dans le verger et un lac, une piscine éclate le vert environnant. C'est dans une chartreuse du XVe siècle que Sylvie et Jean-Bernard Cano ont aménagé des chambres d'hôtes spacieuses et leurs thèmes les différencient dans une décoration toujours étudiée. En y résidant, vous aurez l'impression tantôt de voyager, tantôt de vous retrouver dans un écrin pour couples en escapade. En famille, on opte pour le gîte bien aménagé et tout aussi charmant. Pensez à la table d'hôtes !

MOULIN D'ENCOR €€

Moulin d'Encor - **SEYSSES-SAVÈS**
✆ 05 62 07 59 86
www.moulin-dencor.fr
Chambre simple de 60 € à 70 € ; double de 70 € à 80 € ; triple de 100 € à 110 € ; suite de 130 € à 140 €.

Aménagées dans les anciennes étables du moulin d'Encor, cinq jolies chambres vous attendent. Elles sont agréables et spacieuses avec une décoration à la fois simple et soignée et des lits en 160 cm. En hiver, vous apprécierez la salle commune et sa cheminée où vous pourrez faire griller des châtaignes ramassées pendant une promenade ou feuilleter un ouvrage sur la région dans le coin lecture. À l'extérieur, terrasse et piscine salée sont les rendez-vous incontournables de l'été mais vous pourrez tout aussi bien vous balader dans le parc arboré ou autour du lac.

CHAMBRES D'HÔTES AUX CARRECS €€

Le Vieux Carlat - **VIC-FEZENSAC** ✆ 05 62 64 42 37
www.auxcarrecs.com
Chambre double de 65 € à 80 €. Petit déjeuner inclus. Lit supplémentaire : 20 € (15 € pour les moins de 12 ans).

De cet ancien chai de 1850, Oriane et Francis proposent trois chambres aux thématiques gourmandes, colorées et spacieuses, magnifiées par les matériaux nobles du cadre. Pierres, bois et carrelage forment une harmonie douce dont le cachet est exceptionnel. Une piscine originale, incrustée dans 4 murs de vieilles pierres vous rafraîchira par les beaux jours d'été. Le salon est tout simplement magnifique. On y prend le petit déjeuner et les repas et on y occupe les enfants avec des jeux.

HAUTE-GARONNE

LA FERME D'OULAN BÂT €€

Route de Planque - **ARBAS**
✆ 05 61 97 21 13
www.lafermedoulanbat.fr

Nuit en yourte 2/3 personnes de 65 € à 72 €. Restauration (table d'hôte : de 16 € à 25 €). Animations.

La ferme d'Oulan Bât est installée à Arbas, dans une vallée verdoyante du piémont pyrénéen. C'est une exploitation agricole paysanne et familiale, qui s'étend sur vingt hectares. Principalement tournée vers l'élevage d'ânes destinés aux travaux des champs ou à l'accompagnement de randonnées, elle permet aussi d'observer brebis, cochons, poules et lapins. Pour passer la nuit ici, vous vous installerez dans des yourtes, chacune disposant d'un coin cuisine et d'une terrasse. Plusieurs formules sont proposées pour votre séjour insolite à prix raisonnable.

LE MOULIN PASTELIER €€

Belesta en Lauragais - **BÉLESTA-EN-LAURAGAIS**
✆ 05 61 83 52 19
www.lemoulinpastelier.com

Ouvert toute l'année. 4 chambres. Chambre double de 75 € à 95 € ; suite 150 €. Petit déjeuner inclus.

Cet ancien moulin pastelier situé en plein cœur du pays de Cocagne est le cadre est idéal pour profiter d'un séjour en toute tranquillité, dans une magnifique bâtisse en pierre restaurée avec soin, qui offre une belle vue sur les Pyrénées. Quatre chambres pour deux ou trois personnes y sont aménagées de plain-pied, à proximité d'une grande pièce à vivre avec poêle à bois et d'une belle terrasse couverte, devant la piscine. Le petit déjeuner comprend une sélection de pains, viennoiseries, céréales, muffins, pain aux fruits, fruits frais, confitures maison.

LA MAISON LUTZ €€

14, rue de la Croix Blanche - **BONDIGOUX**
✆ 05 62 10 76 84
www.lamaisonlutz.com

Chambre double de 75 € à 95 € ; chambre triple de 130 € à 160 €. Lit supplémentaire 25€, gratuit enfant - de 3 ans.

A une demi-heure de Toulouse, vous allez vous détendre dans cette maison d'hôtes. Sur place vous trouverez des chambres confortables, spacieuses et très originales, une piscine, un spa, un sauna, une salle de fitness, un salon, un coin cuisine... Pour ceux qui souhaitent s'y essayer, un tandem pourra vous être prêté. Un petit déjeuner fait maison, copieux et gourmand, vous est servi chaque matin. Très bien située, Bondigoux est à 30 kilomètres de Toulouse et de Montauban, vous pouvez rayonner et visiter la zone du nord-ouest toulousain.

DOMAINE DE PEYROLADE €€

4, chemin des Châteaux - **DAUX**
✆ 05 34 52 08 46
www.domainedepeyrolade.com

Ouvert toute l'année. 5 chambres. Chambre double de 81 € à 120 €. Petit déjeuner inclus. Lit supplémentaire : 10 €.

Les cinq chambres du Domaine de Peyrolade ont conservé le cachet ancien de la ferme, vraisemblablement datée du XIXe siècle. Deux bâtiments constituent l'ensemble de ce domaine, disposé en L autour d'une cour arborée. Antiquité, Révolution française, brique, aviation et rugby, les thèmes de décoration évoquent les aspects de la culture locale. Vous aurez accès à une piscine, à un spa et à une salle de sport. Plusieurs services vous sont proposés : cours de cuisine, massage ou coaching sportif. Profitez aussi du restaurant de la maison.

LA CHARTREUSE DE DRUDAS €€€

Le Village - **DRUDAS** ✆ 05 61 85 75 15
www.lachartreuse-drudas.com
Chambre double de 145 € à 150 € ; suite de 160 € à 170 €. Petit déjeuner buffet inclus. Bain bouillonnant, sauna.

Voici l'adresse à retenir pour un séjour de qualité dans un cadre exceptionnel. Pensée comme une maison d'hôtes, cette authentique bâtisse offre deux chambres et deux suites. La décoration est raffinée, l'équipement de grand confort. Chaque détail est particulièrement soigné : sélection de thés et cafés, peignoirs et pantoufles, serviettes parfumées... Pour que la détente soit intégrale, un spa est disponible et l'on peut commander des massages. Profitez des promenades dans le jardin et des plongeons dans la piscine avant de déguster les plats de la table d'hôtes.

DOMAINE DE BELAIR €€

1455, route de Villate - **EAUNES** ✆ 07 86 15 09 76
www.domaine-de-belair.fr
Gîtes de France (3 épis). Chambre double à partir de 79 €. Parking. Animaux acceptés (avec supplément). Réceptions.

Le domaine de Belair est établi dans une ancienne ferme rénovée, datant du XVIe siècle. Il propose cinq chambres d'hôtes décorées avec goût, offrant de bons éléments de confort. Deux d'entre elles peuvent accueillir jusqu'à quatre personnes. Un appartement est également disponible, parfait pour un long séjour, puisqu'il permet de cuisiner. Toutes les chambres jouissent de leur propre salle de bain. Pour les repas, il est possible sur réservation de profiter de la table d'hôtes. Avec de nombreux équipements adaptés, vous pourrez organiser ici réceptions et fêtes.

CHAMBRES D'HÔTES BORDENEUVE €€€

Bordeneuve - **CAIGNAC** ✆ 05 62 80 36 77
https://bordeneuve.vpweb.fr
Chambre double à partir de 169 €. Petit déjeuner : 12 €. Wifi gratuit. Restauration. Massages.

© CHAMBRE D HOTES BORDENEUVE

Ces chambres d'hôtes haut de gamme d'esprit spa sont parfaites pour vos envies de luxe, calme et volupté, dans une bâtisse typique de la région, rénovée et aménagée avec soin, nichée au cœur d'un vaste parc arboré. Les 2 chambres confortables sont agrémentées d'espaces balnéos et d'attentions appréciables : peignoirs, sels de bain, terrasse privée... et champagne offert ! Pour une détente totale, possibilité de réserver des massages. Jardin, piscine l'été, salle *home-cinema*...

VILLA MONPLAISIR €€

Le Casteret - **LATRAPE**
✆ 05 61 90 33 29
www.villamonplaisir.fr
Chambre simple à partir de 55 € ; double à partir de 70 € ; triple à partir de 110 €. Petit déjeuner inclus.

La Villa Monplaisir est un bel établissement moderne qui fait honneur à la brique foraine aux galets à la toulousaine. Établi dans un cadre naturel très agréable, le lieu vous offre une vue spectaculaire sur les Pyrénées et vous invite à prendre le temps de vivre. Un espace bien-être vous attend pour une détente totale : massages, saunas, bain bouillonnant sont complétés par une piscine extérieure. Pour la satisfaction des papilles, la table d'hôtes est possible sur réservation. Entre les chambres d'hôtes, la yourte ou le gîte, on a le choix pour séjourner ici.

CHÂTEAU DE MAUVAISIN €€€

1, rue du Château - **MAUVAISIN**
✆ 05 61 81 31 02
www.chateau-mauvaisin.com
Petit déjeuner inclus. De 1700 à 2500€ la semaine, 850€ le week-end. Séminaires. Réceptions et mariages.

Ce petit château du XVIIIème siècle à taille humaine offre de grands espaces qui permettent de se retrouver en famille ou en groupes dans l'intimité, tout en jouissant de la convivialité d'une auberge à des moments choisis. L'auberge du château vous propose une cuisine goûteuse, voyageuse et abordable, où convivialité, bonne humeur, musique et spectacles se côtoient à différents moments. D'autres activités sont proposées au château comme des stages de cuisine, des résidences d'artistes, des séminaires, dans un cadre hors du commun, lumineux et calme.

FERME MONTPLAISIR €

Route de Toulouse - **MONTESQUIEU-VOLVESTRE**
✆ 05 61 90 54 29
http://monsite.orange.fr/gite-de-montplaisir
Chambre simple 47 € ; double de 59 € à 69 € ; triple 77 €. Petit déjeuner inclus. Lit supplémentaire : 18 €.

Face aux Pyrénées, en bordure de rivière, la ferme de Montplaisir date du XVIIIe siècle. Elle est en activité et l'on y pratique une agriculture biologique. On y trouve trois chambres d'hôtes coquettes, équipées de salle de bains et de wc privatifs et l'une d'elle dispose d'une kitchenette. A l'extérieur, piscine et barbecue animeront vos journées d'été, déjà remplies par les découvertes touristiques dont la région est largement pourvue. Un gîte indépendant aménagé dans l'ancienne bergerie est également proposé. Il peut accueillir jusqu'à cinq personnes.

LE PIGEONNIER DE MIQUELIS €€

1, route de Grisolles - **ONDES**
✆ 05 61 82 69 04
2 chambres. Chambre double à partir de 70 €. Petit déjeuner inclus. Parking. CB non acceptée. 20 km de Toulouse.

La réhabilitation de cet ancien pigeonnier est magnifique. Vous êtes en pleine nature, sur une exploitation agricole. Les deux chambres d'hôtes sont aux 2e et 3e étages de la bâtisse indépendante de la maison des propriétaires. Un copieux petit déjeuner avec des produits maison est servi, si le temps s'y prête au bord de la piscine. Repas possible le soir sur réservation. Proche du canal latéral à la Garonne, le Pigeonnier de Miquelis constitue une étape idéale pour les cyclistes.

LES PESQUES €€

PALAMINY
✆ 05 61 97 59 28
www.les-pesques.com
Chambre simple 67 € ; chambre double 72 € ; chambre triple 97 €. Petit déjeuner inclus. Table d'hôte le soir : 25 €.

Dans cette belle maison du XVIIIe siècle couverte de vigne qui a gardé toute son authenticité, voilà quatre chambres d'hôtes au charme d'antan. Lit en fer forgé, mobilier en bois chiné, cotonnade fleurie... le cadre est idéal pour un véritable séjour de détente. Le grand jardin est d'ailleurs magnifiquement arboré et une petite brocante y a été installée pour les clients chineurs. Les espaces communs sont bien pensés et on trouve un piano dans le salon. Des ateliers de broderie et de cartonnage sont organisés sur demande et des vélos pourront vous être prêtés.

PÉNICHE SOLEÏADO €€

Rue Paul Riquet - **RAMONVILLE-SAINT-AGNE**
✆ 06 86 27 83 19
www.peniche-soleiado.com
Ouvert toute l'année. Chambre simple 70 €. Chambre double 120 €. Petit-déjeuner inclus. Croisières WE de mars à Octobre.

La péniche *Soleiado* est amarrée sur le canal du Midi à Ramonville, tout près de Toulouse, au niveau du pont de Mange-Pommes. Si vous êtes à la recherche de dépaysement et de calme, vous serez comblé dans ce cadre bucolique propice à la détente. La péniche construite en 1927 dispose de quatre cabines doubles, nommées en hommage au constructeur du canal Pierre-Paul Riquet et d'un single mousse ! Elles peuvent accueillir jusqu'à 9 personnes. Vous pourrez profiter du pont-terrasse fleuri et ombragé, le temps du petit-déjeuner ou du dîner.

MAISON DE L'ESPLANADE €€

8, place du Mas-Saint-Pierre - **SAINT-GAUDENS**
✆ 05 61 89 15 90
www.maisonlesplanade.fr
5 chambres (dont 2 suites). Chambre double de 84 € à 135 €. Petit déjeuner : 8,50 €.

Offrant une vue sur les montagnes, toutes les chambres de la Maison de l'Esplanade, accessibles avec un ascenseur, sont décorées dans un style contemporain. Chacune dispose d'un bureau, d'une armoire, d'une télévision à écran plat et d'une salle de bains privative dotée d'une douche à l'italienne et d'articles de toilette gratuits. Une belle terrasse permet de prendre l'air, pourquoi pas avec un verre commandé au bar de l'hôtel... Le petit déjeuner est copieux et les repas, servis midi et soir, permettent la découverte des atouts culinaires de la région.

LA FONDERIE URBAN B&B €€

15, avenue Étienne-Billières - **TOULOUSE**
✆ 06 08 72 48 95
www.lafonderie-urbanbnb.fr
Ouvert toute l'année. À partir de 110 € la nuitée. Petit-déjeuner inclus. Wifi. Parking à vélo. Animaux non acceptés.

La bâtisse dans laquelle est installée cette maison d'hôtes abritait au XVIIIe siècle une fonderie. Entièrement rénovée dans une ambiance bohème-chic, elle vous accueille en vous proposant un compromis rare : résider dans le quartier Saint-Cyprien, quartier animé, culturel et populaire à la fois, tout en profitant d'un véritable havre de paix articulé autour d'un patio orné de glycines. Vous logez dans un duplex indépendant totalement équipé mais bénéficiez de l'esprit d'une chambre d'hôtes... Pour vos repas, la cuisine équipée vous laisse libre de choisir.

OCCITANIE

LE MÛRIER €€

13, rue Pierre-Brossolette - **TOULOUSE**
✆ 05 62 47 04 21
www.chambre-hotes-toulouse.fr

Chambre double de 70 € à 80 €. Petit déjeuner inclus. Lit supplémentaire : 25 €. Prix dégressif à partir de la 2e nuit.

Stéphane et Muriel vous accueillent dans leur maison avec jardin et terrasse sous les glycines.La chambre rouge, mansardée, spacieuse et lumineuse, occupe tout le deuxième étage de la maison et bénéficie d'une salle d'eau et de toilettes privatives. La chambre orange, au premier étage, dispose d'une terrasse donnant sur le jardin. Sa salle d'eau et ses toilettes privatives sont indépendantes de la chambre. Proche du canal du Midi, il vous faudra compter une petite demi-heure pour rejoindre le centre-ville de Toulouse à pied.

TEVA €€

17 bis, rue Saint-Léon - **TOULOUSE**
✆ 06 24 82 48 26
www.teva-bb.toulousefrancehotels.com

2 chambres. Chambre double à partir de 100 €. Petit déjeuner inclus.

Au cœur du quartier Saint-Michel, à deux pas de la Garonne, les chambres d'hôtes Teva vous réservent un accueil chaleureux. Vous pourrez installer vos valises pour quelques jours dans cette petite maison nichée dans un parc arboré de 2 000 m^2, un luxe inestimable quand on se trouve si proche du centre-ville ! Vous aurez le choix entre deux logements : la chambre Crème, qui comprend chambre et salon (avec vue sur le jardin), et la chambre XV qui possède deux belles baies vitrées donnant sur le jardin. Chaque chambre comprend un réfrigérateur et un espace repas.

ESCAPADE LAURAGAISE €€

11, place de la Mairie
SAINT-FÉLIX-LAURAGAIS ✆ 06 31 21 89 15
www.gite-escapadelauragaise.fr

Gîtes de France (3 épis). 4 pers. De 67 € à 84 €/nuit. Wifi. Lave-linge, sèche-linge, lave-vaisselle. Linge fourni.

© ESCAPADES LAURAGAISE

Quelle façon plus authentique pour découvrir le Lauragais, que de séjourner dans cette maison à colombages bâtie au XVIe siècle ? Rassurez-vous, si le cachet des lieux demeure intact, l'aménagement, la décoration et le niveau de confort appartiennent bel et bien à notre époque. Le gîte se déploie sur deux niveaux et offre un espace apprécié des familles. Situé au cœur même de Saint-Félix-Lauragais, c'est un point de départ idéal pour randonner, pêcher, vous baigner au lac de Saint-Ferréol ou faire vos achats gourmands sur les marchés ruraux. Une adresse appréciée.

LES TOITS DE LA DALBADE €€€

7, rue de la Dalbade - **TOULOUSE** ✆ 06 22 25 57 98
www.lestoitsdeladalbade.com

Chambre double de 90 € à 100 €. Petit déjeuner inclus. Wifi. Cafetière dans les chambres.

Christophe et Anne proposent de belles chambres nichées dans un hôtel particulier, l'hôtel de Bastard, aux hôtes qu'ils accueillent pour quelques jours dans la ville rose. Spacieuses et confortables, elles affichent une décoration raffinée et de très bon goût, dont vous ne vous lasserez pas. Vous apprécierez également le petit déjeuner à la française à déguster, par beau temps, sur la terrasse qui domine la ville ! La parfaite connaissance des lieux de vos hôtes vous donnera l'occasion de découvrir les bons coins où prendre un verre, déjeuner, dîner ou flâner.

MAISON JOSEPHINE €€

1, rue des Ecoles - **VILLENOUVELLE**
✆ 05 34 66 20 13
maisonjosephine.org

Chambre simple à partir de 79 € ; chambre double à partir de 89 € ; chambre triple à partir de 99 €.

Voilà une superbe maison du XVIIe siècle, typique. Gwenaëlle et Paul, un couple franco-irlandais, se plient en quatre pour vous réserver le meilleur accueil. Vous pouvez séjourner dans l'un des deux gîtes, ou dans l'une des quatre chambres d'hôtes, pour une durée plus courte. Certaines chambres permettent d'accueillir des familles avec deux ou trois enfants. Le cadre et la demeure sont splendides. Une piscine sécurisée avec alarme et barrière, un billard dont on fait une partie en dégustant un whisky, une bibliothèque et un piano promettent de belles soirées.

HAUTES-PYRÉNÉES

CHAMBRES D'HÔTES ET INSTITUT DE BIEN-ÊTRE €€

Village - **ANLA**

✆ 05 62 39 84 45

www.ducotedelacoume.com

Chambre simple à partir de 46 € ; chambre double à partir de 64 €. Nuit en roulotte à partir de 145€.

Dans un écrin de verdure, Du Côté de Lacoume vous propose 4 chambres ou 10 couchages avec vue sur le jardin et les montagnes aux thèmes différents avec une salle de bains privative. Des séjours sur mesure sont proposés en formule tout compris. La table d'hôtes offre des recettes régionales et des produits de saison, et pour se détendre on profite d'un spa et d'un hammam. Pour un séjour insolite, on peut opter pour une roulotte indépendante haute en couleur, totalement équipée.

DU CÔTÉ DE LACOUME €€

ANLA

✆ 07 88 62 67 03

www.ducotedelacoume.com

Chambre simple 38 € ; chambre double 59 €. Petit déjeuner inclus.

Isabelle Canal a aménagé de belles chambres d'hôtes à la déco authentique et raffinée. Dans cet écrin pyrénéen, on profite d'une vue et d'un environnement remarquables. L'objectif : votre bien-être. Et c'est véritablement le thème de la maison qui cumule hébergement et institut. Sur place, les espaces de l'Institut de Beauté et Bien-être vous sont accessibles pour des moments de relaxation. Table d'hôtes du soir et petits déjeuners font découvrir des spécialités. On peut aussi choisir de résider dans une roulotte indépendante haute en couleur et bien équipée.

LE NID DU GYPAETE €

Route d'Eget-village - **ARAGNOUET**

✆ 05 62 40 94 57

www.nid-gypaete.com

De 80 à 90 € pour 2 personnes. Petit déjeuner offert. Personne supplémentaire : 30 €. Wifi.

Dans une grange du XIXe siècle, Nicole vous accueille chaleureusement. En fond de vallée, la maison a une vue sur trois sommets et le calme est bienfaiteur. Quatre chambres confortables vous y attendent, l'ambiance est un joli mélange de modernité et d'ancien, il faut dire que les pierres et le bois demeurent présents. Au petit déjeuner, vous serez séduit par les quatre-quarts au beurre salé, votre hôte est bretonne, mais surtout par ses pancakes tout chauds faits devant vous ! Un bel espace de vie est également disponible et il permet de cuisiner ses repas.

AUBERGE DE L'OUZOUM €€

Le Bourg - **ARBÉOST** ✆ 05 59 71 42 75

www.pyrenees-hebergement.fr

Chambre simple 50 € ; chambre double de 58 € à 68 € ; chambre triple 90 €. Demi-pension : 58 €. Petit déjeuner inclus.

Vous tomberez instantanément sous le charme du petit accent hollandais de Beeltje, une hôte exquise qui privilégie le confort de ses hôtes sans le faire ressentir sur les prix. Quatre chambres confortables vous attendent avec salle d'eau et toilettes individuelles dont deux pouvant accueillir jusqu'à quatre personnes. Une salle commune décorée de manière traditionnelle, avec un bon feu de bois en hiver, permet aux clients de se rencontrer lors des repas et de goûter à la cuisine généreuse et familiale de Beeltje, qui propose aussi des petits déjeuners maison.

LA GRANGE DE THALIE €€

33, avenue Charles-de-Gaulle - **ARGELÈS-GAZOST**
✆ 06 08 66 68 33
www.lagrangedethalie.com
Chambre double de 90 € à 120 €. Petit déjeuner inclus. Parking. Wifi gratuit. Table d'hôtes : 30 € par adulte.

Toit d'ardoise et murs de pierres se mêlent harmonieusement dans ce bâtiment majestueux. Les chambres sont charmantes et tout en haut, à l'étage, la suite rouge Theou surplombe le parc. Avec son petit salon, elle est splendide. Ses beaux murs ocre sont relevés de touches variées qui démontrent un goût sûr. Dans la chambre familiale, on est à l'aise jusqu'à cinq personnes. Dehors, on profite de la piscine et du jardin. Le matin, le petit déjeuner est composé d'éléments sucrés et salés et la table d'hôtes de Thalie est véritablement une découverte.

MAISON SEMPE €€

3, rue Marque Dessus - **ARRENS-MARSOUS**
✆ 05 62 97 41 75
www.maisonsempe.fr
Chambre simple 65 € ; chambre double 75 € ; suite 130 €. Petit déjeuner inclus.

Au cœur du village, Sylvie vous accueille dans sa maison bigourdane du XVIIIe siècle dont les murs épais assurent un séjour de charme dans un superbe environnement. Cinq chambres, dont une desservie par un boudoir, idéale pour les familles, vous sont proposées sur trois niveaux avec, pour commencer, une ambiance zen baignée par des tons turquoise. Le premier étage est d'inspiration orientale et le dernier abrite deux thèmes aussi sympas que différents. Vous pourrez profiter du salon et de la collection de vinyles, à écouter en dégustant les petits plats de Sylvie.

MAISON SEIGNOU €€

8, cami du sarradet - **AZET** ✆ 0562391903
www.maisonseignou.com
5 chambres. Chambre double à partir de 115 € ; chambre triple à partir de 150 €. Table d'hôtes 22€.

Frédéric et Alexia vous reçoivent dans leur ancienne grange rénovée à la décoration montagnarde, chaleureuse et contemporaine. Les chambres sont idéalement orientées plein sud et offrent une vue magnifique sur les pics culminant à 3 000 m. Elles sont douillettes et confortables, avec grand lit, salle de bains et wc indépendants. Une prestation luxe est proposée. Laissez-vous tenter par la détente de l'ambiance spa et massages et dégustez la cuisine gourmande et authentique, à la table d'hôtes, aux petits déjeuners, pour un pique-nique et un goûter gourmand.

CAMPEMENT DES 5 YOURTES €€

BANIOS ✆ 05 62 95 36 08
www.yourtes-chambres.com
Yourte sur pilotis, terrasse et salle de bain avec bain nordique privatif 140 € la nuit pour 2 personnes.

Le Campement des Cinq Yourtes vous réserve nombre de petits plaisirs simples, dans un esprit camping, le confort en plus. Tentes rondes à ossature de bois recouverte d'épais feutres servant d'isolation, les habitations sont idéales pour un séjour hors du temps. Sur pilotis avec terrasse ou plancher de bois, elles sont chauffées avec un poêle et offrent tout le confort moderne malgré une décoration traditionnelle mongole. Le petit plus c'est le bain nordique qui permet de passer des moments détente à deux, idéal pour les amoureux.

LA FERME LAURENS €€

3, route d'Adé - **BARTRES**
✆ 05 62 44 34 96
www.lourdes-chambres-hotes.com
Chambre simple de 58 € à 73 € ; chambre double de 61 € à 75 € ; chambre triple de 66 € à 85 €. Petit déjeuner inclus.

Au cœur du village, cette bâtisse du XVIIe siècle a conservé une activité agricole et c'est un vrai séjour à la ferme, rythmé par les travaux quotidien, dans lequel vous plongez. Le poulailler et le potager bordent le jardin et le charme irrésistible des pommiers opère immédiatement. Des vaches gasconnes et des blondes d'Aquitaine sont élevées par Daniel, rarement sans ses chiens, qui vous accueille chaleureusement. Les chambres sont très confortables et le spa offre un moment détente idéal. Les charcuteries de la ferme sont à l'honneur matin comme soir.

LA LAURENCE €

La Laurence - **CAMPAN**
✆ 05 62 91 84 02
www.lalaurence-pyrenees.fr
Chambre simple à partir de 47 € ; chambre double à partir de 65 €. Petit déjeuner inclus.

Joëlle et Pascal vous accueillent dans le calme d'un coquet chalet d'altitude, entouré de sommets, le cadre est comme le service : parfait. Les deux chambres sont vastes et entièrement indépendantes, décorées dans un bel esprit montagnard avec des boiseries remarquables. Chacune possède des sanitaires privés, un coin salon et un balcon ou une terrasse, vous pouvez ainsi complètement profiter de la magnifique vue. Cuisinier de formation et passionné de cuisine, Pascal saura vous faire apprécier un flan de truite fumée des Pyrénées au fenouil et curry, entre autres.

LE VERGER DE SERE €€

28, avenue de Barèges
ESQUIÈZE-SÈRE
✆ 05 62 92 32 38

Chambre simple à partir de 40 € ; double à partir de 60 € ; triple à partir de 75 €. Petit déjeuner inclus.

Jean-Claude est un très aguerri guide de haute montagne qui vous accueille dans sa magnifique maison de maître. Au premier étage, deux vastes chambres vous attendent et elles comportent la particularité d'avoir trois pièces chacune ! Deux chambres en une si vous préférez et les familles (ou les groupes d'amis) adorent cette adresse, aussi pratique qu'abordable. Le petit déjeuner est pris dans le salon où de grande baies vitrées donne sur un jardin. Les confitures sont faites maison, et les produits frais viennent des producteurs locaux.

MARIE SAINT-JEAN CHAMBRES D'HÔTES €

7, passage de la Fontaine
LOURDES
✆ 06 09 99 01 04

A la nuitée, pour une personne 40 €, pour deux 45 € et 10 € par personne supplémentaire. Petit déjeuner : 6 €.

Les volets bleu azur se mêlent joyeusement au jaune d'or et sa verte terrasse aussi colorée que fleurie laisse présager de beaux moments. Coup de cœur pour ces chambres d'hôtes dont un des points forts est la grandeur : si cinq chambres sont disponibles, chacune en contenait trois auparavant ! Vous ne manquerez donc ni d'espace ni de confort car tout est pensé pour un bien-être optimal et les chambres peuvent être réunies pour former des espaces familiaux.

AU JARDIN DU LAC €€

Le Village - **GAUSSAN** ✆ 05 62 39 46 59
www.aujardindulac.com

Gluten-free friendly. 3 chambres. Chambre simple de 70 € à 85 € ; chambre double de 75 € à 90 €. Petit déjeuner inclus.

Vous profitez de quatre belles chambres d'hôtes, d'un lac privé, d'un espace bien-être (réflexologie au menu) et pouvez participer sur place à des stages de feng shui, de coaching, de poterie, etc. Situées au premier étage, les 2 chambres sont exposées plein sud, avec une vue sur la cour, modulable selon vos besoins de 1 à 2 personnes. Possibilité de suite familiale avec une petite chambre dotée d'une mezzanine. A la table d'hôtes, Audrey propose une cuisine bio à base de produits de saison et du jardin, sans gluten et souvent sans œufs ni lactose.

AU VIEUX LOGIS €€

3, Vallée de Castenne - **NISTOS**
✆ 06 72 83 68 52
www.au-vieux-logis.com

Chambre double 65 €. Petit déjeuner inclus. Salle de bains commune aux deux chambres. Pour 4 personnes : 110 €.

Deux chambres sont proposées et comme elles disposent d'une salle de bains commune, elles sont idéales pour les familles ou les amis. Adorables cocons qui puisent dans l'esprit des chalets, les lieux sont décorés avec goût. Selon la saison, vous pourrez prendre le petit déjeuner dehors ou dans le salon réservé aux hôtes et il vous surprendra. Si le pain grillé est classique, les «douceurs» au safran le sont moins : Isa est safranière et vous fera découvrir son métier à travers ces douceurs, y compris le soir à travers des recettes créatives et surprenantes.

LES HELIANTHEMES €€€

1, route de la Vallée-d'Aure - **GUCHEN**
✆ 05 62 39 90 88
www.leshelianthemes.com

Chambre simple de 55 € à 63 € ; chambre double de 70 € à 75 € ; chambre triple de 95 € à 100 €. Petit déjeuner inclus.

Evelyne et Alain vous réservent un accueil des plus chaleureux aux doux accents de la montagne. Bien présente ici, elle assure un panorama d'exception que vous pourrez savourer de votre chambre car toutes s'ouvrent sur le Parc des Pyrénées et la Réserve du Néouvielle. Décorées avec soin et douillettes, elles sont toutes équipées de salles de bains avec douche balnéo. La table d'hôtes d'Alain est une valeur sûre et l'on se régale à chaque fois. Pour se détendre, on profite des espaces communs bien pensés et des messages que l'on peut réserver sur demande.

MAISON MAYOU €

4, chemin des Ecoliers - **OUZOUS**
✆ 05 62 97 24 89
www.chambres-hotes-pyrenees.com

Chambre simple 50 € ; chambre double 70 € ; chambre triple 80 € ; suite à partir de 110 €. Petit déjeuner inclus.

Située dans un cadre exceptionnel, en belvédère sur la vallée, cette maison de charme a traversé plus d'une centaine d'années et elle affiche un caractère haut-pyrénéen typique. Les vastes chambres sont parfaites, décorées avec goût, sous les toits, elles marient confort et encore une fois charme et subtilité. Le pigeonnier attenant à la maison est une chambre aménagée sur 2 niveaux avec un grand lit, un lit simple et sanitaires indépendants. L'été, c'est dans la piscine que vous pourrez vous rafraîchir ou dans le bain bouillonnant, au pied des montagnes.

LA SOULEILLANE €

4, rue de l'Ancienne-Poste
SAINT-LAURENT-DE-NESTE
✆ 05 62 39 76 01
www.souleillane.com
Chambre simple 65 € ; chambre double 75 €. Petit déjeuner inclus. Lit supplémentaire : 10 €.

Fabienne et Jean-Luc Garcia vous reçoivent dans cette ancienne ferme de maître de 1822, au centre du village. Les trois chambres sont spacieuses et confortables, chacune dispose d'une salle de bain privée avec bain et WC. Elles sont aménagées dans la grange avec un lit double et un lit simple et disposent d'une entrée indépendante. Le jardin clos est à disposition. Un dîner en table d'hôte est servi certains soirs sur réservation : cuisine traditionnelle à base de produits du jardin. La soirée pourra se terminer de façon conviviale autour de la cheminée.

FERME AUBERGE ARBOUCAU €€

Lieu-dit «Rieulhes» - **SAINT-PÉ-DE-BIGORRE**
✆ 05 62 41 80 97
Chambre double 36 € ; triple 50 €. Petit déjeuner : 4 €. Parking inclus. Lit pour enfant et table à langer disponibles.

Franchir le pas de cette ferme auberge c'est pénétrer dans un univers incroyable et fascinant. Si la bâtisse typique avec son architecture bigourdane est une beauté, rien dans sa façade ne laisse deviner le monde irréel qui vous attend. Les mannequins à l'entrée vous donnent le ton ! Bernadette a réussi à faire de ce lieu une salle d'exposition permanente où les œuvres seraient chaque pièce. Vous allez de surprises en surprises, ébloui par une décoration éclectique qui mélange jouets, miroirs anciens, outils agricoles, consoles d'époque, horloge comtoise...

MAISON ET TABLE D'HÔTES LA BILLEBAUDE €€

6, rue du Barry - **SAINT-PÉ-DE-BIGORRE**
✆ 09 50 79 10 38
www.maison-labillebaude.com
Chambre simple 65 € ; chambre double 85 € ; chambre triple 95 €. Petit déjeuner inclus. Lit supplémentaire : 20 €.

Située au cœur du village de Saint-Pé-de-Bigorre, à deux pas de Lourdes, cette magnifique demeure de caractère, datant du XVIIe siècle, vous ouvre ses portes avec splendeur. Ici, c'est la vie de château qui vous attend, ne serait-ce que pour une nuit ! Toutes les chambres ont une entrée indépendante qui se fait par une galerie donnant sur le parc et la nature est très présente. Le jardin est sublime, à l'image de la maison. La salle à manger vous réserve des fresques romantiques.

LA MAISON D'ANAÏS €€

3, rue Pasteur
VIC-EN-BIGORRE
✆ 05 62 96 84 04
www.lamaisondanais.com
Chambre simple 80 € ; chambre double 85 € ; chambre triple 105 €. Petit déjeuner inclus.

La Maison d'Anaïs est un petit bijou architectural à l'histoire forte et longue, qui a su perdurer et se réinventer. De sa naissance au XVIIIe siècle, elle garde les tomettes et les murs chaulés mais le confort est bien actuel, la rénovation est une réussite exquise. Les chambres sont vastes et lumineuses, toutes différentes mais réunies par le même talent. Christine et Francis vous y attendent avec une chaleur qu'on apprécie, pleine d'attentions, dont une table d'hôtes avec une cuisine du monde. Le spa vous offre les bienfaits de l'hydrothérapie et vous détend.

LA GRANGE AU BOIS €

Route de Barèges - **VIELLA** ✆ 05 62 92 93 84
www.lagrangeaubois.fr
Chambre double de 42 € à 48 €. Petit déjeuner inclus. Lit supplémentaire : 22 €. Parking. Animaux acceptés.

Au milieu des prés et des bois, sous le col du Tourmalet, avec un équipement collectif tout confort garantissant à la fois la convivialité et l'indépendance, le gîte cumule les atouts. Chaque chambre est parfaitement entretenue et possède une salle de bains et des toilettes privées. L'accueil est très chaleureux et votre hôte met tout son cœur dans la préparation des petits déjeuners et repas. Terrasse avec tables, toboggan, ping-pong et un solarium ou cheminée, télévision, bibliothèque et bar : dedans comme dehors, le lieu est aussi parfait que l'accueil !

GÎTE LE TILLEUL €€

VIELLE-LOURON
✆ 06 16 85 68 66
www.giteletilleul.fr
De 63 à 78€ la nuit pour deux. Gite 20 personnes de 350 à 490€ la nuit, de 1820 à 2520€ la semaine.

Tout de bois, de pierre et d'ardoise, ces logements révèlent en leurs murs une succession de petits détails adorables qui font les belles adresses. Les chambres sont décorées dans une belle harmonie de couleurs qui se fond dans le parquet blond et tant les duplex que les vastes suites familiales sont parfaitement équipés. Le gîte propose lui aussi des prestations de qualité et peut accueillir jusqu'à 20 personnes. En tables d'hôtes, Patrice se fait un plaisir de vous mitonner de délicieux petits plats maison. L'espace bien-être avec sauna est à disposition.

HÉRAULT

BULLES ET DÔMES À L'ASTRONARIUM €€€

Chemin du tunnel
ANIANE
✆ 06 98 20 04 21
www.astronarium.fr

6 chambres (bulles et dômes). Chambre double de 99 € à 169 €. Petit déjeuner : 9 €.

Une colline au milieu des bois, loin de la pollution lumineuse, c'est l'endroit rêvé pour dormir à la belle étoile dans un hébergement insolite : des bulles et dômes. Les bulles sont semi-transparentes, pour observer les étoiles, la lune... Chacune a été décorée par une designeuse d'intérieur avec un thème différent. Elle sont tout confort, avec jacuzzi. Animateur spécialiste de l'observation en soirée : visites, conférences, observations au télescope.

VILLA SYMPOSIA €€

Chemin Saint-Georges - **ASPIRAN**
✆ 09 88 66 90 32
www.villasymposia.com

4 chambres. Chambre double de 115 € à 140 €. Petit déjeuner inclus.

Situé au cœur de la vallée de l´Hérault, ce vignoble est également une maison d'hôtes. Les chambres sont toutes dotées d'une terrasse privée avec vue sur la piscine et d'un coin salon avec un canapé. La salle de bains privative est pourvue d'une baignoire ou d'une douche. Le gîte de 120 m² est très confortablement aménagé pour 5 personnes avec une terrasse à l'avant et une autre ombragée à l'arrière. Vous aurez la possibilité de découvrir les pratiques viticoles, visiter les chais et bien sûr déguster des vins au sein d'un environnement calme.

CHÂTEAU AUTIGNAC €€

26, avenue de la Liberté - **AUTIGNAC**
www.chateauautignac.fr

Ouvert toute l'année. 5 chambres (et un gîte). Chambre double de 170 € à 250 €. Gite à partir de 140 € la nuit.

Cette magnifique demeure vigneronne a été rénovée dans un pur style contemporain. Salons et verrières, baignés de lumière et meublés dans un esprit design s'ouvrent sur de magnifiques terrasses surplombant les jardins verdoyants, l'adresse est un véritable havre de paix. Les chambres y sont très confortables. Le gîte peut accueillir 2 personnes : chambre, salle de bains et WC séparés, séjour lumineux et cuisine équipée. Des vins de la propriété, le Domaine des Près Lasses, biologiques et cultivés sur des terrasses de schiste, sont proposés à la dégustation.

LA MAISON DU CAILLOU €€

55, impasse des Canhards - **BOISSERON**
✆ 04 67 54 33 30
www.maisonducaillou.com

Gite deux nuits de 650 à 800€, 7 nuits de 2000 à 2400€.

Ce gite dispose de 3 chambres spacieuses, équipées de lits doubles de 180 cm ou de lits simples de 90 cm, pouvant accueillir jusqu'à 9 personnes. Une cuisine et une lingerie vous sont réservées et permettent une belle indépendance. Le salon offre une superbe baie vitrée donnant sur la nature et est très cosy. Une salle de sport et un sauna vous permettent de vous entraîner et de vous relaxer. La piscine, biologique et écologique avec filtration naturelle, est superbe et accessible aux personnes à mobilité réduite. On se sent bien ici !

VILLA VANILLE €€€

400, rue des Chênes-Verts - **BOISSERON**
✆ 04 67 86 40 06
www.villa-vanille.com

Ouvert d'avril à octobre. 8 chambres : double 150 € ; suite 190 €. Petit-déjeuner inclus. Bain bouillonnant. Massages.

Située dans une forêt de chênes verts, la Villa Vanille s'inspire du charme poétique des Antilles, tout en explorant de nouveaux pays pour de nouvelles ambiances. Accompagné d'une liberté de couleurs, ce petit paradis conduira vos sens à de nouvelles saveurs. Tout a été conçu pour offrir un maximum de confort et d'intimité pour les couples ou les familles, dans un paradis de verdure. La piscine prend des airs de lagon, les fleurs tropicales vous laisseront doucement rêver à l'île Bourbon. Les maisons individuelles sont espacées, afin de vous sentir indépendant.

MAS DE COULET €€

Route de Montpellier - **BRISSAC**
✆ 04 67 83 72 43
www.masdecoulet.com

5 chambres. Chambres d'hôtes de 80 € à 140 €. Petit-déjeuner inclus. 5 gîtes : de 400 à 1300 € la semaine.

Le Mas de Coulet a été fondé en 1188. Abritées par de magnifiques voûtes en pierre datant du XIIe siècle et nichées autour du patio et de sa petite piscine à contre-courant, les 5 chambres s'inspirent de tonalités toute à la fois méditerranéennes, ethniques et poétiques. Les 5 gîtes allient le cachet des matériaux d'autrefois au confort moderne. Vous pouvez vous reposer au bord des piscines, vous prélasser dans l'espace bien-être puis visiter les gorges de l'Hérault, la grotte des Demoiselles, le pic Saint-Loup... Calme et sérénité sont les clés de votre séjour.

LES CABANES DE L'ARBOUSIER €€

Domaine Saint-Jean-de-l'Arbousier - **CASTRIES**
✆ 04 67 87 04 13
www.cabane-arbousier.fr

Ouvert toute l'année. Accueil jusqu'à 19h. Chambre double 140€. Petit déjeuner inclus. Parking fermé. Excursions.

Le domaine accueille depuis près de dix ans les clients à la recherche d'une expérience inédite. Au cœur de ce vignoble, les propriétaires invitent les voyageurs à se reposer au sein de leurs quatre cabanes. Suspendues à plus de 7 mètres de hauteur, elles offrent une vue dégagée sur les montagnes, le vignoble et la mer Méditerranée. Ces chambres d'hôtes insolites s'intègrent parfaitement à la nature. Éthiques et responsables, elles sont bien espacées les unes des autres.

L'APPART DES ANGES €€

Péniche Les Anges d'Eux - **CERS**
✆ 06 11 11 05 87
www.appartdesanges.com

Chambre double de 138 à 175€ la nuit. Petit déjeuner buffet inclus. Les enfants ne sont pas acceptés.

Christophe et Jean-Philippe vous proposent de partager leur plaisir de vivre sur l'eau, dans leur péniche splendidement aménagée. Trois chambres d'hôtes confortables, à la décoration raffinée, avec salles de bains indépendantes, vous y attendent. C'est un vrai séjour de détente car, à bord, on pourra profiter d'excellents équipements : piscine, salon avec poêle-cheminée, trois terrasses, un coin bibliothèque... Le buffet brunch du petit déjeuner peut être pris dans la péniche, ou sur les terrasses au bord de l'eau... en regardant passer les bateaux.

MAS DE BELLEGOU €€

6, rue des Résistants - **PORTIRAGNES**
✆ 06 60 21 28 60

Ouvert toute l'année. Tarifs pour 2 personnes avec petit-déjeuner : 70€ à 90€. Table d'hôtes sur demande 25 à 30€

© MAS DE BELLEGOU

Dans le cadre particulièrement calme d'une ancienne propriété viticole de l'Hérault, le repos et la tranquillité sont garantis. A quelques minutes à pied du Canal du Midi et de l'écluse de Portiragnes, la demeure familiale a conservé tout son caractère. Les deux chambres sont spacieuses et donnent sur le jardin où sont servis les petits déjeuners. Le propriétaire vous prodiguera de nombreux conseils de visite de la région et sera très heureux de vous accueillir chez lui, dans ce lieu atypique et reposant, idéal pour profiter de la plage et du soleil du midi..

MAS DE FOURNEL €€€

MONTPELLIER
✆ 04 67 67 00 85
www.masfournel.fr

Chambre double à partir de 115 €. La semaine à partir de 400 € en basse saison. À partir de trois nuits 105 €.

Anne-Marie accueille ses visiteurs dans un cadre magnifique surplombant les garrigues et le village. Pour des séjours courts, quatre suites de charme attendent leurs hôtes. Pour des séjours plus longs, le Mas abrite cinq appartements et un studio ouverts sur le jardin et les pinèdes. Tous les appartements, particulièrement lumineux, sont équipés d'une kitchenette. Une lingerie commune est également accessible. Pour vos moments détente, vous profiterez de la piscine. Le marché se tient une fois par semaine au pied du mas, pratique pour se ravitailler.

LE MAS DES ELFES €€

135, rue de l'Aires - **SAINT-JEAN-DE-FOS**
✆ 04 67 57 98 10
www.mas-des-elfes.com

2 chambres. Chambre simple de 60 € à 65 € ; chambre double de 65 € à 70 €. Petit déjeuner inclus.

A l'orée d'un authentique village de potiers, cette maison dans un grand jardin planté d'oliviers propose deux chambres à la décoration onirique : lits agrémentés de voiles et de baldaquins pour l'une et couronne de prince pour l'autre… voilà qui promet de belles nuits. Les salles de bains qui les accompagnent sont également très soignées dans ce même esprit des Elfes. Le jardin arboré est parsemé de bancs, fauteuils et tables basses. De part et d'autre de la maison, deux terrasses vous accueillent pour des moments de détente ainsi que pour le petit-déjeuner.

CHÂTEAU DE MURVIEL €€

1, place Georges-Clemenceau
MURVIEL-LÈS-BÉZIERS
✆ 06 89 88 10 41
www.chateau-de-murviel.com

5 chambres. Chambre double à partir de 150 €.

Le XIIème siècle se respire au château de Murviel. Du haut de son aspect géométriquement imposant, ce château féodal est composé de bâtiments qui enserrent une grande cour privative ombragée parfaite pour les petits déjeuners et les siestes. A l'intérieur, plafonds à la française, pierres et parquets servent d'écrin à cinq chambres. Bois ou fer forgé se marient aux rideaux qui encadrent les grands lits à baldaquins, les salles de bains privatives sont à la hauteur des chambres. Une belle cuisine équipée est à votre disposition pour vos repas.

DOMAINE DE FLO €€

Route de Saint-Privat
SAINT-JEAN-DE-LA-BLAQUIÈRE ✆ 04 99 91 43 17
www.ledomainedeflo.fr

Fermé de novembre à février. Chambre double de 90 € à 110 €. Chambres 4 personnes de 150 à 160€ la nuit.

Cinq chambres, dont deux familiales, s'ouvrant sur les vignes de Saint-Jean-de-la-Blaquière. Sur le domaine tenu par la famille Vernay, une piscine chauffée aidera à se détendre après une journée de randonnée ou de marche – puisque les pèlerins de Compostelle passent à proximité de l'endroit. Toutes les chambres sont équipées de salle de bains avec douches à l'italienne et de WC indépendants. Cadre superbe et vue magnifique vous donneront envie de prolonger votre séjour. Un gîte indépendant avec deux chambres est également disponible à la location.

L'OSTAL DU PIC SAINT LOUP €€

441, chemin de Bassac
SAINT-JEAN-DE-CUCULLES
✆ 06 60 20 75 28
www.lostaldupicsaintloup.com

Chambre simple à partir de 60 € ; chambre double à partir de 70 €. Petit déjeuner inclus.

Décorées dans un style épuré avec des œuvres d'artistes contemporains, les quatre chambres disposent chacune d'une salle d'eau privative et d'un accès indépendant. La table d'hôte (uniquement sur réservation) s'inscrit dans un registre méditerranéen de grande qualité. Les recettes sont confectionnées à base de produits frais. Une belle piscine vous promet de bons moments mais vos hôtes proposent aussi des formules spéciales visites et dégustations de vins.

EL PATIO €

49, rue du Dardaillon - **SAINT-JUST**
✆ 04 67 71 13 62
www.elpatio-st.com/fr

Chambre double à partir de 65 € la nuit, à partir de 56 € la nuit. Table d'hôte uniquement sur réservation, menu 18 €.

On apprécie l'accueil convivial d'Anne et de Louis Cruz dans leur charmante maison de village complètement restaurée dans un esprit feng shui aux couleurs méditerranéennes. C'est une villa avec un jardin arboré, calme et ensoleillé. Dans le patio, vous pourrez prendre le petit déjeuner maison de la maîtresse des lieux. Trois chambres simples mais confortables sont proposées, possédant toutes salle de bains privative, draps et serviettes de bain. Pour un moment de détente, profitez de l'espace bien-être et du spa pour ensuite déguster les petits plats de vos hôtes.

LE MIMOSA €€

10, place de la Fontaine
SAINT-SATURNIN-DE-LUCIAN ✆ 06 20 90 14 63
www.le-mimosa.com

Chambre double de 83 € à 110 € ; chambre triple de 115 € à 125 €. Petit déjeuner inclus. Lit supplémentaire : 15 €.

Le Mimosa est situé en plein cœur du village, sur la place de la Fontaine. La demeure possède la silhouette typique du Midi, ombragée par quelques platanes. Derrière sa façade, cinq chambres sont aménagées afin d'accueillir les hôtes dans les meilleures conditions. Spacieuses, elles ont été rénovées avec soin mais conservent cependant leur caractère authentique grâce à la préservation des pierres apparentes et des carreaux en terre cuite au sol. Sur place, vous pourrez profiter en supplément d'un spa pour une parenthèse de plaisir et de détente.

DOMAINE DE NADALHAN €€

Route de Valros - **SAINT-THIBÉRY**
✆ 07 69 70 19 93
www.nadalhan.com

Fermé du 30 septembre au 1er mai. Chambre double de 75 € à 95 €. Petit-déjeuner inclus. Connexion Internet. Wifi.

C'est au cœur d'une nature verdoyante et à quelques minutes du centre de Saint-Thibéry que le domaine de Nadalhan est implanté. Au milieu des anciennes vignes du terrain, une belle demeure de style « folie languedocienne » de la fin du XIXe siècle s'élève. Autrefois propriété de vignerons, elle est aujourd'hui maison d'hôtes. Ses propriétaires, M et Mme Boyé, ont aménagé cinq chambres au sein de ce décor paisible et majestueux. On profite avec délectation des extérieurs, des promenades dans le jardin, des plongeons dans la belle piscine.

VILLA DES CAMMAOUS €€

12, Chemin des Cammaous - **VACQUIÈRES**
✆ 06 12 93 63 29
www.villadescammaous.com

Chambre double de 65 € à 95 €. Demi-pension : 28 € (15€ pour enfants). Petit déjeuner inclus. Lit supplémentaire : 22 €.

Un accueil chaleureux, une table d'hôtes excellentes et des chambres qui suivent le rythme des saisons. Que demander de plus ? N'hésitez pas à franchir le seuil pour une pause conviviale et paisible en compagnie d'hôtes de bon conseil ! Vous profiterez d'un réfrigérateur/congélateur, un micro-ondes, un parking clos et privatif, une belle piscine sécurisée avec sa plage californienne immergée, un boulodrome, un portique de jeux pour jeunes enfants dans un jardin clos. Votre hôte, Chef Pâtissier, égayera vos papilles à la table d'hôtes et à vos petits déjeuners.

LE MAS DES VIOLETTES €€

Hameau de Gourdou - **VALFLAUNÈS**
✆ 06 45 35 67 26
www.masdesviolettes.com

Chambre simple de 75 € à 85 € ; chambre double de 80 € à 90 € ; chambre triple à partir de 135 €. Petit déjeuner inclus.

C'est au pied du Pic Saint Loup que cette impressionnante propriété vous invite. Au cœur de 3 ha de nature, dans un site protégé, le Mas des Violettes propose des solutions d'hébergements en gite et en chambres d'hôte. Le terrain est composé de plusieurs maisons indépendantes implantées au sein d'un mas du XIVe siècle restauré avec soin. Les lignes épurées, les matériaux soignés, tout concourt ici au choix de qualité et de convivialité. Trois gîtes plus insolites sont également proposés, dont l'un d'eux est une superbe petite roulotte aménagée.

NICO ZEN HOME €€

14, rue des Porches
VENDARGUES
✆ 06 58 56 10 63

Ouvert toute l'année. Chambre double à partir de 90 €. Petit déjeuner inclus.

Dans cette villa historique, le calme et la sérénité sont les maîtres mots. On apprécie particulièrement le potager, le bassin et le très agréable bain bouillonnant qui sont installés à l'extérieur. A l'intérieur, vous trouverez un lieu résolument moderne et équipé pour répondre à tous vos besoins. Entre les chambres confortables et la cheminée du salon, vous aurez l'embarras du choix pour une soirée confortable et douillette. Le petit déjeuner est délicieux et copieux. Si jamais le temps n'était pas de la partie, des DVD et des livres sont à disposition.

AUX ANGES GARDIENS €€

7, rue de la Fontaine - **VILLENEUVE-LÈS-BÉZIERS**
✆ 04 67 39 87 15
www.aux-anges-gardiens.com

Chambre simple à partir de 58 € ; chambre double à partir de 65 €. Petit déjeuner inclus. Lit supplémentaire : 20 €.

Marie et Bernard ont rénové avec goût cette belle maison de maître du XVe siècle située au centre du village. Derrière ses murs, ils ont aménagé quatre chambres très confortables dans lesquelles on se sent bien. Le charme opère, on se croirait dans un conte de fées. Si vous le souhaitez, vous pouvez dîner à la table d'hôtes de la demeure ou opter pour un plateau repas dans votre chambre. Le petit déjeuner est typiquement français avec différents pains, viennoiseries, salades de fruits, laitages, jus de fruit et boissons chaudes.

LOT

LE SOLEIL €€

Rivière-Haute - **ALBAS**

✆ 05 65 30 91 90

chambredhote-lesoleil.com

Nuitée à partir de 60 € petit déjeuner inclus. Barbecue disponible.

L'adage de la maison résume à lui seul l'esprit des lieux : « Venez passer quelques jours chez des amis que vous ne connaissez pas encore ! » Au cœur d'un grand parc, cette maison respire la quiétude et le repos. La piscine couverte est parfaite pour les jours de grand soleil et notez qu'un barbecue est mis à votre disposition afin d'agrémenter votre séjour d'un peu de piment ! Dans l'ancien pigeonnier, le duplex, idéal pour une petite famille (4 à 5 personnes), dispose également d'une terrasse. Une adresse parfaite pour aller à la rencontre du soleil du Quercy.

LE BOUT DU ROC €

Le Roc - **ALVIGNAC**

✆ 06 77 60 14 10

www.leboutduroc.com

Ouvert toute l'année. 4 chambres de 55 € à 75 € petit déjeuner inclus. Table d'hôte 25 €/pers.

Eleveurs d'agneau fermier du Quercy, Marie et Yves vous ouvrent chaleureusement les portes de leur maison. Entre Rocamadour et Padirac, vous viendrez au contact de l'authentique vie campagnarde à la lotoise au milieu d'une nature préservée. Les chambres sont mansardées, présentées dans un style épuré, finement décorées. Labellisé gîte panda. Les repas du soir viendront vous ravir le palais de ses saveurs de terroir et fumés typiques. Excellent accueil et prestations, dans un endroit magnifiquement calme, à deux pas de Rocamadour.

LA ROCASSIERA €€

Le Bourg - **BERGANTY**

✆ 05 65 22 03 15

www.chambre-larocassiera.com

Suite 70 €. Petit déjeuner inclus. Lit supplémentaire : 20 €. Table d'hôtes sur réservation 25€.

C'est dans une ancienne grange faite de pierres et de bois qu'Eve et Jean-Pierre ont aménagés deux chambres totalement indépendantes, à l'opposé l'une de l'autre, spacieuses et confortables, aux teintes chaleureuses du Lot. Chacune possède une entrée privative avec un salon, une salle d'eau dotée de douche à l'italienne et des w.c. séparés. Le petit déjeuner comprend un délicieux pain pétri à la main par Eve. Une belle piscine agrémente le jardin, agréablement arboré et où vous aurez peut-être la chance d'apercevoir un écureuil et quelques lapins.

NOCT'EN BULLES €€

Lieu-dit Merlan - **CABRERETS**

✆ 06 15 20 41 54

www.noct-enbulle.fr

Ouvert du 1er avril au 31 octobre. Nuit pour 2 personnes dans une bulle à partir de 169 €. Roulotte pour 2 per : 89 €.

Entre Lot et Célé, sur les hauteurs de Cabrerets, Annie accueille ses hôtes dans l'une des 4 bulles de 4 m de diamètre sur des terrasses en bois regardant la vallée et l'horizon. De votre nid douillet, vous pourrez admirer le coucher de soleil, vous endormir dans la voie lactée du Parc naturel régional des Causses du Quercy, courue par les astronomes du monde entier pour la pureté de son ciel. Une expérience unique à vivre à deux. Envie d'autre chose, vous pouvez aussi opter pour une roulotte des années 1930. Un lieu insolite et hors du temps.

LE CLOS DU MAS DE BASTIDE €€

CRAYSSAC
✆ 05 65 30 18 33
Ouvert toute l'année. Chambre double à partir de 122 €. Petit déjeuner inclus. Wifi gratuit.

Aménagées dans une maison du début du XVIIIe siècle, ces chambres d'hôtes vous proposent un séjour authentique au cœur d'une ancienne ferme. Les chambres sont logées dans l'ancien four à pain et dans les anciens chais. La maison mise sur un gage de proximité, de disponibilité et de convivialité. Intimistes, les lieux se prêtent à la tranquillité de l'âme et au repos des esprits. Ici on favorise la déconnexion avec les tracas du quotidien et l'évasion par la lecture et les promenades.

LES GLYCINES €€

Mas de Batié
CREMPS
✆ 05 65 31 60 98
Gîtes de France 4 épis. Chambre à partir de 95 € petit déjeuner inclus. Repas : 25 € à 40 €.

Voici le lieu idéal pour les familles avec un bébé ou les jeunes couples. La chambre, aménagée dans ce qui fut la grange, est particulièrement spacieuse et confortable. Elle est équipée d'un lit double et d'un lit en 90 et dispose d'une salle d'eau et de WC indépendants. Nul besoin d'aller loin pour se restaurer, la table d'hôtes remplit merveilleusement sa fonction et vous permettra de savourer les produits frais de la région dont la truffe et le safran de la propriété. La propriété de 3 hectares est composée de chênes, d'un jardin fleuri, d'une piscine...

CHÂTEAU LAKMÉ €€

Cour du prieuré - **CARENNAC**
✆ 06 85 12 86 71
chateau-lakme.business.site/
Ouvert toute l'année. Fermé en janvier. De 80 € à 130 €. Petit déjeuner inclus. Wifi.

© CHÂTEAU LAKMÉ

Imaginez-vous plonger dans l'histoire médiévale, logé dans une tour du XIVe siècle ! Le Château Lakmé - situé face au tympan de Carennac, cour du Prieuré - propose 2 chambres et 1 studio avec une cuisine tout équipée. Ici, le charme des vieilles pierres sublime une décoration vintage très bien choisie par Anaïs et Jean-François. Accueil chaleureux et bonne humeur vous attendent pour vous garantir un séjour inoubliable. La chambre du premier offre une vue unique sur le tympan. Une adresse qui vous convie à la rêverie. Bon plan futé pour découvrir Carennac.

CHÂTEAU DE ROUFFIAC €€

RD911 - **DURAVEL**
✆ 05 65 36 54 27
www.chateau-de-rouffiac.com
Gîtes de France. Chambre double à partir de 70 €. Petit-déjeuner inclus. Table d'hôtes, 30 € par personne.

Un séjour sous les auspices de Bacchus. Situé au cœur d'un superbe vignoble de 70 hectares, ce château comporte 4 chambres dont une suite de luxe. En pénétrant dans le castel, le double escalier haussmanien augure bien du reste de l'ensemble. Les chambres sont lumineuses et habillées de jaune de Damas, avec cheminée, tableaux et mobilier Second Empire. Le confort est au rendez-vous. La table d'hôtes est à la hauteur de la réputation du cru, dont la vendange est faite à la main : les produits utilisés sont frais et la cuisine, du terroir.

DOMAINE DE LA PIALE €€

Lieu-dit La Piale - **FONS** ✆ 05 65 40 19 52
www.domainedelapiale.com
Chambre double env. 90 €. Gîte (2 à 4 personnes) de 500 à 1 200 € / semaine. Bain bouillonnant. Massages bien-être.

Nichée au cœur de 8 ha de prés et de bois où s'ébattent 1 cheval et 3 ânesses, cette demeure lotoise du XVIIIe siècle est un petit bijou d'authenticité et de confort dans un cadre magnifique. Le caractère historique des lieux est renforcé par la beauté élégante et la décoration raffinée des chambres et des suites. Le gîte Prune affiche un caractère moderne et chaleureux dans une grange récemment rénovée. En communion avec cette nature chatoyante, vous pourrez également bénéficier de la piscine et de toute une gamme de soins du corps, spa de plein air et massage.

LE HAMEAU DU QUERCY €€

385, route du Mas de Graves - **FRONTENAC**
✆ 05 65 14 01 21
www.hameauduquercy.com

Chambre d'hôtes à partir de 115 €/nuit. Gîtes (4 / 5 pers) à partir de 500 € / la semaine. Petit déjeuner 15 €.

Ce hameau datant du XVIIIe siècle est situé dans la partie en amont de la vallée du Lot. La nature est omniprésente et les maisons ont gardé leur cachet quercynois, mêlant pierres et bois. Les chambres sont situées dans des annexes à deux pas de la piscine naturelle. Le gîte reflète l'habitat lotois avec son pigeonnier, son cantou, son évier en pierre et les poutres apparentes. Les petits déjeuners, entièrement bio et façonnés de produits locaux, sont à savourer sur la terrasse. Un second gîte, aménagé selon le Feng Shui, côtoie la piscine naturelle.

LES CHAMBRES DE LA CROZE €€

4, rue Louis Fajolles - **GRAMAT** ✆ 05 65 33 44 13 - www.leschambresdelacroze.com

Chambre simple de 80 € à 100 € ; chambre double de 90 € à 110 €. Petit déjeuner inclus. Gîte de 600 à 850 € la semaine.

Mélange d'ancien en pierre surmonté d'une partie contemporaine avec bardage en bois, cette maison en impose. Vous trouverez à l'intérieur des chambres à thème, toutes dans un style différent. Si vous avez envie de vous sentir nomade le temps d'une nuit, deux yourtes dans le parc vous feront voyager comme si vous étiez dans les steppes mongoles. Au cœur de Gramat, vous profiterez du parc d'un hectare en terrasse avec ses murs en pierres sèches. Côté cuisine, le terroir s'invite à la table, tout comme la tradition locale : le potage en entrée.

L'ERMITAGE €

LALBENQUE
✆ 05 65 31 75 91
www.danielpasquier.fr

La nuitée seule 50 €. Les deux nuitées 90 €. À partir de trois nuitées 40 € la nuitée. La semaine 280 €.

Qu'est-ce qu'une « gariotte » ? Puisque c'est dans l'une d'entre elles – elles sont trois à être aménagées à l'Ermitage – que vous allez trouver le repos, autant se poser la question. Eh bien, les gariottes sont d'anciennes maisons de bergers, toutes rondes, en pierres sèches, équipées de tout le confort intérieur avec lit, petite cuisine, WC et salle d'eau ainsi que d'une petite cour qui permet de manger dehors, pourquoi pas avec le barbecue mis à disposition. De petits bijoux rustiques adorables qui méritent largement le détour.

MANOIR LA BARRIÈRE €€

La Barrière - **LE VIGAN**
✆ 05 65 41 40 34
www.manoirlabarriere.fr

Ouvert toute l'année. Nuitée à partir de 75 €. Table d'hôtes sur réservation env. 30 €. Piscines. Sauna.

Corinne et José vous accueillent dans leur superbe manoir du XVIe siècle composé de 2 chambres et 3 suites décorées avec goût entre vieilles pierres et poutres apparentes. Leur fraîcheur est un délice durant les chaudes journées d'été ! Dans le parc, sous des arbres centenaires, vous profiterez d'une grande piscine, du clapotis d'un petit ruisseau et d'un étang poissonneux ! Une autre piscine, intérieure et chauffée, ainsi qu'un sauna, sont à votre disposition. Corinne vous régale à sa table d'hôtes sur réservation et José propose des balades en voiture ancienne.

DOMAINE DE LA VAYSSE €€

Route de Creysse - **MARTEL**
✆ 05 65 32 49 87
www.domainevaysse.wixsite.com/martel

Nuitée de 74 € à 80 €. Gîtes à partir de 85 €/nuit et 800 €/semaine en été. Table d'hôtes 27 €/pers.

Dans cette ferme du XIXe siècle, sur les hauteurs de la rivière Dordogne, les chambres sont situées dans une longère, elles mélangent poutres et pierres apparentes et possèdent une vue sur le jardin et la piscine. Les propriétaires proposent également deux gîtes de caractère, aménagés dans les dépendances de la demeure principale. Le petit déjeuner est copieux. Vous apprécierez de flâner en pleine nature dans la propriété de 20 ha. Les repas peuvent être pris en commun dans une ambiance conviviale. Vous y dégusterez des mets savoureux de la cuisine lotoise.

C7 ENDROIT €€

Lieu-dit Fialy
MIERS
✆ 06 08 70 12 91
www.c7endroit.com

2 chambres. Chambre double 110 €. Petit déjeuner inclus. Lit supplémentaire : 25 €.

Un intérieur lumineux, des volumes importants, de grands espaces, une décoration personnalisée d'objets et meubles créés, chinés ou détournés, cette maison d'hôtes vous plongent dans un univers intime, rempli de merveilleuses trouvailles... À la nuit, au week-end ou à la semaine, on profite de chambres avec une vue sur la campagne environnante. Des poutres apparentes, des murs blancs, avec salles de bains et sanitaires indépendants. Dehors, on profite de la piscine et à l'intérieur de la cuisine équipée mise à disposition par vos hôtes.

CHÂTEAU VIEUX €€

MILHAC ✆ 05 65 41 02 11
www.aubergealafermeduchateauvieux.com/
Nuitée à partir de 57 € petit déjeuner inclus. Animaux acceptés. Restauration : 26 €. Vente de foie gras.

Le Château Vieux est une maison authentique, chambres et table d'hôtes rustiques dans un style périgourdin qui séduira les amoureux de la tradition. Repas gastronomique ou menu du jour, Josiane, fin cordon bleu, saura réjouir les papilles. Les produits sont frais et proviennent de la ferme. Vous pourrez également participer aux activités de la ferme, ramasser vos légumes ou encore apprendre à cuisiner les recettes ancestrales. Cet établissement est situé à la porte du Lot et de la Dordogne, un atout majeur pour partir à la découverte de 2 départements d'exception.

THE FOUR €€

4, rue de Montmartre
MONTCUQ-EN-QUERCY-BLANC ✆ 06 58 34 97 57
www.4ruemontmartre.com
Ouvert toute l'année. 4 chambres. Chambre double de 145 € à 195 €. Petit déjeuner inclus.

En plein cœur du Quercy Blanc et du cœur historique de Montcuq, cette adresse concentre tout ce qui constitue le charme du Lot. Vous êtes accueilli dans une superbe demeure du XVe siècle mêlant pierres et déco contemporaine. Très lumineuses, les chambres, toutes différentes, de pierres blanches, de mobilier en bois précieux et de camaïeux beige habillé, vous séduiront par leur cachet. Devant l'imposante cheminée médiévale, dans le grand canapé aux coussins en plumes, l'hiver au coin du feu on peut déguster des vins de pays ou des tisanes aux herbes du jardin.

LE PIGEONNIER €€

Place de la Liberté
PRADINES
✆ 05 65 31 72 77
Chambre double de 70 € à 80 €. Petit déjeuner inclus. Lit supplémentaire : 10 €. Parking ouvert.

Imaginez-vous dans une maison quercynoise du XVIIIe siècle au cœur d'un bourg qui a conservé tout son charme d'antan. C'est le cadre que vous offre le Pigeonnier avec ses quatre chambres, très joliment décorées, dans une ambiance cosy. Chacune d'entre elles vous assure tout le confort dont vous avez besoin dans une belle sérénité, avec salle de bains avec douches à jets et toilettes privées, téléviseur, wifi gratuit. Vous aurez la possibilité de prendre le petit déjeuner dans la salle commune et de bénéficier des repas du restaurant Chez Mam.

LA LYSIANE €€

Mondonnet - **ROUFFILHAC**
✆ 05 65 41 42 64
www.la-lysiane.com
4 chambres. Chambre double de 80 € à 100 € ; chambre triple à partir de 115 €. Petit déjeuner inclus.

Les quatre chambres de La Lysiane sont situées dans une belle grange en pierre du XVIIIe siècle restaurée dans le respect de la tradition et de l'écologie avec des matériaux de première qualité. Les thèmes se devinent à leur nom : Toscane pour le Sud, Rustique pour ses mansardes, Romantique pour ses teintes douces et Mille et Une Nuits pour ses voilages exubérants. Si le style est soignée à l'intérieur, le jardin est ravissant avec ses arbustes bien taillés, ses allées parsemées de fleurs, ses murets en pierre. Le matin, un petit déjeuner bio vous sera servi.

CHÂTEAU DE TERMES €€

SAINT-DENIS-LÈS-MARTEL
✆ 05 65 32 42 03
www.chateau-de-termes.com
Chambre double de 80 € à 133 €. Petit déjeuner : 10 €. Semaine de 402€ à 1225€.

Dominant Saint-Denis-lès-Martel, la demeure, carrée, garde fièrement les chambres et les gîtes. Ici, vous avez le choix : en chambre ou dans le pigeonnier pour la vie de château, en gîte, en cabane dans le parc boisé pour plus d'autonomie. Le bâti moderne côtoie l'ancien. Le petit déjeuner, très copieux, est servi en terrasse dès les beaux jours. Les groupes sont également les bienvenus, ne serait-ce que pour la superbe salle voûtée où les grandes tablées trouvent leur place. Les enfants sont très bien reçus et une multitude d'activités leur est proposée.

LA BRUYLE €€

Lieu-dit Colonjac - **SAINT-MICHEL-DE-BANNIÈRES**
✆ 05 65 37 48 03
www.labruyle.com
4 chambres. Chambre simple de 80 € à 105 € ; chambre double de 90 € à 115 €. Table d'hôtes 30€.

Pascale et Franck vous accueillent pour un séjour de découverte du patrimoine historique ou tout simplement pour profiter de la nature environnante et de son calme. Les quatre chambres d'hôtes marient le charme d'antan au confort actuel. Chaleureuses, intimes, raffinées, chacune a été décorée dans l'esprit campagne avec un soin particulier dans les tissus qui leur confèrent une atmosphère différente. L'excellente table d'hôtes est l'occasion de discuter avec hôtes, pour récolter les bons plans visites et dégustations aux alentours.

LOZÈRE

LOU RASTEL €€

BADAROUX

✆ 06 80 56 90 57

Gîtes de France. Ouvert toute l'année. Chambre double de 47 € à 60 €. Petit déjeuner inclus.

Ces 2 chambres d'hôtes se nichent dans une coquette maison sur les hauteurs de Badaroux. Une chambre peut accueillir deux personnes, l'autre peut en accueillir 4. Chacune dispose de douche et toilettes privatives et a sa propre télévision. Un beau jardin entretenu à la perfection permet de se détendre, mais les chemins de randonnée ne sont pas loin avec un joli circuit à faire sur Badaroux même, et toutes les activités de loisirs et visites sont rendues proches grâce à la RN 88 qui longe le village. Le petit déjeuner est irréprochable, c'est une adresse à retenir.

CHÂTEAU DU POUJOL €€

Le Poujol

BASSURELS

✆ 04 66 60 38 16

Chambre double de 90 € à 100 €.

Le château du Poujol se dresse sur un éperon rocheux, au bout de la haute Vallée Borgne, et offre une vue exceptionnelle, dans un calme absolu, sur un domaine privé de 80 ha. Havre de paix privilégié, possibilité de baignade, le château fait partie du circuit des châteaux médiévaux de la haute Vallée Borgne. Les chambres confortables et douillettes sont équipées de sanitaires particuliers et sont décorées avec goût. Le château du Poujol est le point de départ d'agréables randonnées à pied ou en voiture. Un dîner est proposé sur réservation.

CHAMBRE D'HÔTES LES CABRIS €

Les Violles

BOURGS SUR COLAGNE

✆ 04 66 32 77 66

Ouvert toute l'année. 4 chambres. Chambre double de 63 € à 85 €. CB non acceptée. Chèque Vacances. Restauration.

C'est dans une nature intacte, au pied de l'Aubrac, que s'est posée l'Auberge des Violles. Depuis la terrasse, on surplombe toute la vallée. Les cinq chambres simples partagent leurs salles de bains, dont l'une s'est nichée dans l'ancien four à pain. Elles sont aménagées pour recevoir les enfants handicapés qui profiteront de la piscine. Vous profiterez d'une table d'hôtes aux recettes typiques de la région et de sorties avec les animaux de la ferme.

LA TARABELLE €€

Lieu dit : La Tarabelle - **BOURGS SUR COLAGNE**

✆ 04 66 32 76 81

www.chambre-hote-lozere.com

Chambre double de 70 € à 98 €. Petit déjeuner inclus. Lit supplémentaire : 25 €. Table d'hôte sur réservation 30 €.

Ces chambres d'hôtes sont situées dans une petite vallée sur les contreforts de l'Aubrac où la nature est préservée. Ici, Marie-France s'occupe principalement des chambres et de la table d'hôtes. Le lieu est rare. Les 5 chambres très confortables sont dans un corps de ferme qu'Alexandre a mis six années à construire à l'ancienne de ses mains... Les mélèzes du bois à côté sont les poutres, le basalte du volcan pour les murs, les lauzes pour les tuiles... La table d'hôtes sert bœuf fermier Aubrac, charcuteries, pâtisseries et confitures maison.

DOMAINE DE LA GARDILLE €€€

CHEYLARD-L'EVÊQUE ✆ 09 88 18 65 29 - www.domainedelagardille.fr

Chambre simple à partir de 35 € ; double à partir de 70 €. Demi-pension : 55 € (pour 1 personne). Petit déjeuner : 8 €.

C'est dans un terrain de 10 000 hectares que se nichent ces 5 chambres d'hôtes. Toutes sont équipées d'une télévision, disposent du wifi gratuit et proposent des placards et tiroirs pour ranger ses affaires. Décoration moderne et raffinée, offres de séjours variées, l'endroit est également une chasse privée aux sanglier, chevreuil et cerf, assez classiques dans le coin, mais aussi mouflons et daims introduits sur le domaine. On pourra consommer leur viande. Pour ceux qui souhaitent seulement observer les animaux, c'est aussi possible avec la formule safari photo.

LA BORIE DE L'AUBRAC €€€

La Grange des Enfants - **NASBINALS**
✆ 04 66 45 76 97
www.borie-aubrac.com

5 chambres de 100 € à 170 €. Animaux acceptés (10 €). Table d'hôtes à 30 € (boissons comprises, sur réservation)

Sur le chemin de Saint-Jacques-de-Compostelle, cette maison d'hôtes est un repaire pour les amateurs d'étape buissonnière. Plantée au beau milieu de la campagne, à quelques pas de Nasbinals, la bâtisse en pierre centenaire abrite cinq belles chambres à l'authenticité préservée et au confort moderne. La Borie de l'Aubrac offre ainsi une expérience unique de repos, de détente et de convivialité. Chaque soir, Pat et Laurent vous invitent à leur table généreuse : poire de bœuf Aubrac et Retortillat -pommes de terre au laguiole, pounti... De quoi réchauffer les corps !

LA FERME DES CÉVENNES €

La Borie - **FLORAC TROIS RIVIÈRES**
✆ 04 66 45 10 90
www.lafermedescevennes.com

Chambre double de 43 € à 55 €. Petit déjeuner : 7 €. Lit supplémentaire : 20 € (15 € moins de 12 ans).

La ferme s'ouvre aux vacanciers pour leur faire découvrir le quotidien d'un élevage de chèvres et l'environnement exceptionnel des Cévennes. Les chambres d'hôtes ont du caractère, tout comme le reste de la maison, et c'est en toute convivialité qu'on apprécie les produits qu'on retrouve du petit déjeuner au dîner : miels, confitures, fromages, légumes, charcuterie. Sur place, il est possible de visiter la ferme, la fromagerie ou l'écomusée. De très nombreux ateliers sont proposés ici pour petits et grands afin de vous faire passer un séjour riche en émotions.

AUBERGE DE SALTEL €

RD806
RIEUTORT-DE-RANDON
✆ 04 66 47 38 51

5 chambres. Chambre double de 60 € à 68 €. Appartement : 100 € pour 2 personnes. Restauration (menus de 19 à 31 €)

Ce gîte - auberge est une référence en Lozère car c'est ici que depuis près de 30 ans, on régale ses clients avec des spécialités de canard à la boutique ou mieux à déguster sur place ! Les confits, charcuterie, aligot, fromages du pays et superbes desserts ne déméritent pas, et on peut se laisser séduire par les spécialités normandes. Pour ceux qui désireraient prolonger leur séjour, d'autant que l'accueil y est très chaleureux, trois chambres d'hôtes spacieuses et confortables sont proposées sur place, ainsi que deux appartements.

DOMAINE DE LA VIALETTE €€

La Vialette - **LA CANOURGUE**
✆ 06 08 86 57 38
www.gite-sauveterre.com

Chambre simple 67 € ; double 87 € ; triple à partir de 120 €. Petit déjeuner inclus. Gîtes de 395 € à 650 €.

A dix kilomètres des gorges du Tarn, voici une superbe ferme caussenarde du XIVe siècle, à l'architecture typique tout bonnement impressionnante. Vous y trouverez cinq chambres confortables et bien équipées. On trouve également un espace détente, avec piscine et un bain bouillonnant, ainsi qu'un sauna. Sur la propriété, deux superbes gîtes pouvant accueillir 4 à 5 personnes ; une maison caussenarde et un authentique pavillon de chasse sont proposés. Un troisième gîte, un peu plus petit, est le nid idéal pour une escapade en amoureux.

AUBERGE SAINT-JACQUES €

3, place du Breuil - **SAINT-ALBAN-SUR-LIMAGNOLE**
✆ 04 66 31 51 76
www.auberge-saint-jacques.fr

Chambre simple de 39 € à 46 € ; chambre double de 62 € à 69 €. Petit déjeuner : 7,50 €. Plat du jour 8 €.

Sur la route des marcheurs vers Saint-Jacques-de-Compostelle, en contrebas du village de Saint-Alban-sur-Limagnole, Marie et Pascal vous proposent midi et soir une cuisine de terroir élaborée avec des produits locaux. Vous y retrouverez la planche de charcuterie locale, la tête de veau, la tarte aux cèpes, l'omelette aux champignons... A votre disposition pour vos vacances, 5 chambres doubles et 1 chambre pour 4 personnes, sachant que chaque chambre dispose de sa salle de bains et de ses WC privatifs. Un gîte d'étape est également disponible.

CHAMBRES D'HÔTES LES DRAILLES DE LA MARGERIDE €€

1, Grand-Rue - **SAINT-ALBAN-SUR-LIMAGNOLE**
✆ 06 70 11 20 54 -
https://lesdraillesmargeride.wixsite.com/site
Chambre simple à partir de 45 € ; chambre double à partir de 70 €. Demi-pension : 100 € (pour 2 personnes).

Au cœur de Saint-Alban, Véronique et Alain accueillent leurs hôtes dans cet ancien presbytère parfaitement rénové et qui offre 5 chambres. Elles sont sobres mais confortables, avec des équipements modernes et chacune une salle de douche et des toilettes propres à la chambre. A la table d'hôtes, le repas du soir est le moment privilégié pour échanger avec Alain éleveur passionné de vaches Aubrac. Au petit déjeuner aussi le fait-maison est proposé avec notamment des confitures.

FERME LA CROIX DU PLÔ €

Le Rouget
SAINT-ALBAN-SUR-LIMAGNOLE
✆ 04 66 31 53 51
Chambre double de 40 € à 55 €. Demi-pension : 30 €. Petit déjeuner : 5 €. Nuit en dortoir 15€. Repas 12 €.

La famille Pic élève des vaches laitières en agriculture biologique. C'est chez eux que 3 chambres pouvant accueillir chacune de 3 à 4 personnes sont mises à disposition des randonneurs. A table, charcuteries, légumes du jardin et pâtisseries maison sont servis dans une atmosphère chaleureuse. Mais on peut aussi faire sa popote ! On trouve également lave-linge et sèche-linge (service payant). Ânes et chevaux sont accueillis en enclos. Depuis le balcon du gîte, vous pourrez admirer et profiter d'un paysage boisé, calme, reposant et inoubliable.

AU PORTAOU €

Valcrouzes - **SAINT-ANDRÉ-DE-CAPCÈZE**
✆ 04 66 46 20 10
www.au-portaou.com
Chambre simple à partir de 45 € ; double à partir de 60 € ; triple à partir de 75 €. Petit déjeuner inclus.

La ferme restaurée de Patricia et Hans-Dieter offre des chambres aménagées par Hans-Dieter selon la tradition cévenole : charpente et plancher en châtaignier, cloisons en cèdre massif, décoration sobre, mettant en valeur les œuvres en patchwork de la maîtresse de maison, qui vous accueille avec gentillesse et discrétion. La table est à la hauteur avec une cuisine cévenole utilisant largement les plantes sauvages de la montagne. Patricia se fera un plaisir de partager avec vous ses recettes et ses connaissances, c'est une hôte très attentionnée.

CHÂTEAU DE CAMBIAIRE €€€

SAINT-ETIENNE-VALLÉE-FRANÇAISE
✆ 04 66 48 24 15
www.chateau-de-cambiaire.com
Chambre double à partir de 109 € ; chambre triple à partir de 149 €. Petit déjeuner inclus. De 700 € à 815 € la semaine.

Construit en 1366, le château a été façonné par l'histoire. Epargné à la Révolution, il connaît de nouveaux aménagements au XIXe siècle, dont une reproduction de la grotte de Lourdes. 600 ans après son édification, il trouve une nouvelle vocation grâce à deux passionnés qui l'aménagent en gîtes et chambres d'hôtes. Les chambres confortables et contemporaines sont dotées de tous les équipements nécessaires (wifi, TV écran plat) dans le respect d'un tourisme durable. La table d'hôtes est ici maison et surtout elle n'a rien à envier à un grand restaurant !

LOU PRADEL €€

Le Pradel - **SAINT-GERMAIN-DE-CALBERTE**
✆ 04 66 45 92 46
www.chambre-dhotes-cevennes.fr
Chambre simple 73 € ; chambre double 89 €. Demi-pension : 82 €. Petit déjeuner inclus. Lit supplémentaire : 35 €.

Ce bel ensemble typique offrant une belle vue sur les serres et les valats a été parfaitement restauré par Pol et Miet Hostens, cévenols d'adoption et de cœur. Un jardin parfaitement entretenu sert d'écrin aux trois chambres adorables dont la décoration douce invite à la détente. Chacune possède une salle d'eau avec douche et toilettes, une terrasse et une entrée indépendante. Un gîte 4 personnes, très bien équipé, complète l'offre de séjour dans ce havre de paix. Les petits déjeuners et la table d'hôtes offrent de bons produits mais surtout des moment conviviaux.

VERNET €

Hameau de Vernet
SAINT-GERMAIN-DE-CALBERTE ✆ 04 66 45 91 94
www.chambre-d-hotes-cevennes.com
Chambre simple 60 € ; double 68 € ; triple 86 €. Demi-pension : 106 € (pour 2 personnes). Petit déjeuner inclus.

Les cinq chambres et le gîte ont été rénovés dans l'esprit du lieu où domine la pierre pour les murs et le bois de châtaignier pour les menuiseries, les planchers et meubles, le tout réalisé par des artisans locaux. Après le copieux petit déjeuner, vous pourrez partir à la découverte des Cévennnes. Au retour, la table d'hôte vous tend les bras : sous la treille ou dans la grande salle, vous dégusterez les spécialités régionales, la charcuterie, les légumes du potager frais cueillis, l'agneau de la montagne, le pelardon, les framboises et les fruits goûteux.

MA P'TITE CABANE EN LOZÈRE €€€

VÉBRON

✆ 04 66 44 09 94

www.ma-cabane-en-lozere.com

Chambre double de 204 € à 274 €. Petit déjeuner inclus. Jeux pour enfants. Balades avec une ânesse 1h à 15 €, 2h à 25 €.

Christy et Bruno ont installé sur leur grand terrain pentu des cabanes pour 2 à 5 personnes. La première est au sol, les trois autres perchées. Toutes sont équipées de sanitaires et décorées de façon originale. Mais le *nec plus ultra* reste la pyramide de verre posée au sommet de la montagne avec grand lit, en pleine nature. Un gîte est également disponible. Possibilité de formule spa, panier repas chaud ou pique-nique froid et promenade avec une ânesse.

LES CESSENADES €€

Cessenades - **VENTALON EN CÉVENNES**

✆ 04 66 45 48 31

www.chambres-dhotes-cevennes.fr

Chambre double de 95 € à 135 €. Petit déjeuner inclus. CB non acceptée. Restauration (30 €). Bain bouillonnant, sauna.

Deux fermes ont été réunies autour d'une cour commune pour accueillir 4 chambres d'hôtes au caractère cévenol affirmé et à la décoration moderne et raffinée. Martin et Sophie, maîtres de lieux, partagent ici leur quotidien, leur cadre de vie pour le bonheur des vacanciers, échangeant volontiers leurs idées de balades et d'activités. La table d'hôtes, le soir, sert une cuisine inventive célébrant le terroir. Une rivière, une piscine, un sauna, un spa, un espace détente... : les activités ne manquent pas pour profiter au mieux de ce séjour avec ou sans enfants.

LA FERME DE VIMBOUCHES €€

VENTALON EN CÉVENNES ✆ 07 87 30 90 63

www.causses-cevennes.com

Chambre double à partir de 70 €. Demi-pension : 58 €. Petit déjeuner inclus. Animaux acceptés. Balades avec ânes.

Ici cochons et animaux de la basse-cour s'égayent dans un décor planté de châtaigniers, arbres fruitiers et potagers. La ferme de Vimbouches abrite en effet un magnifique mas cévenol, admirablement transformé en maison d'hôtes. En marge des magnifiques chambres, aussi confortables qu'authentiques, les maîtres des lieux ont l'habitude de proposer à leurs visiteurs de partager la vie sur l'exploitation, à travers le soin aux animaux, les promenades à cheval ou à dos d'âne pour les enfants… Vous profiterez de votre séjour pour déguster les productions de la ferme.

L'OUSTAOU DE JOSÉPHINE €€

Pénens Haut - **VENTALON EN CÉVENNES**

✆ 06 77 79 34 22

www.oustaou.net

Dôme des étoiles dès 89 € la nuit pour 2 avec petit déjeuner. Cabane perchée, 133 €. Repas, 22,50 €. Minimum deux nuits.

Elizabeth vous accueille dans une ancienne magnanerie du XVIIIe siècle, sur le versant méditerranéen des Cévennes. Dans deux chambres d'hôtes, mais aussi deux hébergements insolites. Une cabane de charme perchée dans un arbre ou le dôme des étoiles, cabane toute de bois d'essences variées et de verre pour voir le paysage et le ciel. Produits du potager et cueillettes se retrouvent sur la table d'hôte. A vous les crosnes, rutabagas, salsifis, nèfles, safran... On peut acheter les confitures et chutneys maison sur place. Ateliers pierres sèches ou potager…

MAS DU COUPETADOU €€

Lieu-dit Souteyrannes - **VIALAS** ✆ 04 66 41 05 49

www.chambre-hote-cevennes.fr

Chambre double de 95 € à 110 € ; triple de 125 € à 150 €. Petit déjeuner inclus. Tarif dégressif pour plusieurs nuits.

Cet authentique mas jouit d'une vue magnifique sur le panorama cévenol. On vient s'y perdre et s'y ressourcer dans des chambres décorées avec charme et beaucoup de soin. Dépaysement dans la «mauresque», ambiance années 1930 dans la «rétro», à chacune son thème mais en commun de l'espace et de la sérénité. Pour les amoureux, la romantique, rouge et bois, avec son lit en 180 et la possibilité de faire un joli feu dans la cheminée porte bien son nom. Les espaces extérieurs sont tout bonnement sublimes et l'on y prend le petit déjeuner à la belle saison.

MAS DE L'AFFENADOU €€

Affenadou - **VILLEFORT** ✆ 04 66 46 97 23

www.gite-lozere.com

Ouvert du 1er avril au 11 novembre. Chambre simple à partir de 43 € ; double à partir de 68 €. Demi-pension : 101 €.

Nelly Manifacier accueille randonneurs et vacanciers dans son mas du XVIe siècle, qu'elle a patiemment restauré avec son époux Gilles. Elle y a créé 5 chambres d'hôtes, fraîches et agréablement décorées, point de départ de quelques jolies balades. L'une d'elles, la Clède, dispose d'une sympathique terrasse privée. A la table d'hôtes, les productions locales ont la vedette, dont foie gras et rillettes de canard, sans oublier les légumes du jardin et desserts à base de châtaignes. Un gîte est également disponible et sur demande on profite de massages bien agréables.

PYRÉNÉES-ORIENTALES

DOMAINE DU MAS BAZAN €€

Route de Saleilles - **ALÉNYA**
✆ 04 68 22 98 26
www.masbazan.fr/index.php
Chambre simple de 60 € à 70 € ; chambre double de 71 € à 80 € ; chambre triple de 81 € à 90 € ; suite de 113 € à 139 €.

A deux pas des plages, au milieu des vignes et vergers du Roussillon, vous découvrirez tout l'art du bien-recevoir en Pays Catalan. Cet imposant mas du XIXe siècle, domaine viticole, vous accueille sous les glycines, jasmins et rosiers grimpants. Ici, tout contribue à la convivialité jusqu'à la grande piscine où vous partagerez les jeux de l'été ! L'accueil des maîtres des lieux est chaleureux. Plusieurs chambres bien équipées et joliment décorées sont proposées, ainsi qu'un gîte indépendant avec tout le confort nécessaire pour un séjour plus long en famille.

CAL XANDERA €€

49, route de Font-Romeu
ANGOUSTRINE-VILLENEUVE ✆ 09 54 50 41 47
www.calxandera.com
Ouvert toute l'année. réservation conseillée. 2 chambres de 95 à 105€ la nuit et 2 suites familiales à partir de 110€.

La ferme de Cal Xandera, datée du XVIIIe siècle, joliment rénovée est située au cœur des Pyrénées catalanes, à 8 km de la station de Font-Romeu. Véritale demeure de montagne, elle offre six chambres chaleureuses en pierre et boiserie d'époque. Il faudra vous lever tôt, si vous prenez le petit déjeuner sur place (service jusqu'à 9h30) ce qui permet d'organiser de elles promenades dans la région. Stations de ski, sources d'eau chaude, centre aquatique, train jaune, randonnées... Des concerts de jazz sont proposés également sur place.

CHÂTEAU VALMY €€€

ARGELÈS-SUR-MER ✆ 04 68 81 25 70
www.chateau-valmy.com
Chambre double la nuit, de 220 € à 390 € la nuit. Petit déjeuner inclus (continental). Lit supplémentaire : 20 €.

C'est un surprenant château de contes de fées dessiné par l'architecte danois Viggo Dorph Petersen dont la construction a débuté en 1888. Aujourd'hui, Valmy propose un art de vivre raffiné en chambres d'hôtes. Il propose cinq chambres spacieuses aux noms évocateurs – l'Intemporelle, la Croisée des Mondes, Subtils Privilèges, Confidences, Why Not – dont les thématiques respectives se déclinent en harmonie chromatique et mobilier choisi. Luxe, calme et volupté sont les maîtres mots dans cette maison à l'accueil chaleureux pour une parenthèse unique.

MON FARÉ €€

Route de Valmy - **ARGELÈS-SUR-MER**
✆ 06 14 88 65 58
www.monfare-argeles.fr
Studio / appartement de 69 € à 115 € la nuit, de 650 € à 950 € la semaine. Petit déjeuner : 10 € (6€ / enfant).

Vanessa et Laurent vous accueillent dans leurs gîtes et chambres d'hôtes. Les 3 studios et 2 appartements offrent un équipement moderne et design ; deux d'entre eux disposent d'une terrasse privative avec salon de jardin et plancha et le plus grand des appartements est équipé d'un bain bouillonnant pour 4 personnes. Bien que tous les studios possèdent une cuisine équipée, vous pourrez commander votre petit déjeuner sucré ou salé préparé avec des produits locaux. La table d'hôtes, quant à elle, utilise des produits en provenance d'agriculteurs voisins et amis.

LA MAISON DE VÉROTTE €€

Mas Rovira - **CLAIRA** ✆ 06 16 44 09 32
www.lamaisondeverotte.com
Chambre double de 39 € à 59 €. Yourte de 55 € à 75 € la nuit. Gîte 4 à 6 pers : de 350 € à 880 € la semaine.

Entre les Corbières et les rivages de la Méditerranée, venez découvrir ce mas catalan. Ses chambres, son gîte de 80 m² avec grande terrasse et entrée indépendante et sa vue panoramique sur le Canigó, ses 3 yourtes mongoles collent parfaitement avec la convivialité des lieux. Le mas offre aussi la possibilité de location de salle, terrasse et véranda pour des réceptions de toutes sortes. Vous profiterez également de la piscine et du terrain de pétanque. La table d'hôtes est une véritable opportunité de découvrir les produits et recettes typiques de la région.

CASA ILICIA - MAISON D'HÔTES €€

7, carrer del Moli-de-l'Oli - **EUS** ✆ 06 95 34 15 32
www.ilicia.fr
Ouvert toute l'année. 4 chambres (et 2 gîtes tout confort pour 4/5 pers.). Location VTT électrique (équipement fourni).

Maison bioclimatique, construite pierre par pierre par Nuno, dans un des Plus Beaux Villages de France, la Casa Ilicia est simplement magique ! Une vue à vous couper le souffle sur le Canigó, des chambres et deux gîtes décorés avec goût par Claudia. Les plus audacieux se feront plaisir sur le toit-terrasse de 40 m², sans vis-à-vis, avec un panorama à 360°, aménagé en chambre ouverte pour des nuits à la belle étoile, le confort en plus, car la baignoire est aussi sur la terrasse !

LE GÎTE DE LLO €

Voie communale Carretera d'Eina - **LLO**
✆ 04 68 04 08 98
www.gitedello.fr
15 chambres (non fumeur). À partir de 52 € la nuit. Petit-déjeuner buffet. Restauration.

C'est dans l'ancienne école du village faite de granite, de bois et d'ardoise que vous séjournez pour vos vacances au gré de vos envies sportives, culturelles ou évasion-détente… Les hôtes disposent d'une cuisine indépendante, d'un salon avec cheminée et bibliothèque, d'une terrasse extérieure pour les repas, d'un jardin avec jeux pour enfants. Idéalement situé au cœur du Parc Naturel Régional des Pyrénées Catalanes, c'est un camp de base idéal. Chaque matin, un petit-déjeuner complet vous est proposé et certains soirs, une table aux saveurs locales est possible.

MAS DE L'HORTE €

Traverse de Pezilla - **LE SOLER**
✆ 06 10 29 33 71 - http://masdelhorte.fr
Fermé du 11 octobre au 9 mars. Pour 4 ps (2 chambres). De 700 € à 900 € la semaine selon saison. Jeux pour enfants.

© CLAUDE GUITER

Vacances en famille au Mas de l'Horte dans les 4 gîtes au milieu d'un parc de 3 ha d'oliviers, de cerisiers, d'agrumes et de bambous. Chaque gîte dispose de 2 chambres de plain-pied ou en mezzanine, toilettes, douche, cuisine équipée, TV et salon de jardin. Un lac ou la pêche est possible, avec relâché de poisson obligatoire et pour les mordus de pêche en mer, Claude vous emmène sur son bateau pour une belle sortie. Mais la cerise sur le gâteau reste l'immense piscine de 10m x 20m et une fois par semaine, la découverte de la cuisine catalane autour de la bodega..

MAS DES OLIVETTES €€

MONTAURIOL
✆ 04 68 38 83 67
www.mas-des-olivettes.com
Chambre double à partir de 79 € ; studio / appartement à partir de 99 €. Petit déjeuner inclus. Wifi gratuit.

Les premières pierres du Mas des Olivettes furent posées au XIVe siècle ! Sur un domaine de près de 2 ha entouré de vignes et de quelques oliviers, cette demeure qui fait chambre d'hôtes, gîte et auberge vous plonge dans un cadre rural et champêtre. Les chambres d'hôtes sont très catalanes, la décoration est rustique mais c'est cela que l'on aime au Mas des Olivettes. La salle à manger vaut le détour à elle seule. Le puits intérieur et la grande cheminée sculptée ne laissent pas indifférent. Piscine, jeux, salons communs, table d'hôtes : tout est ici parfait !

OCCITANIE

MAS MANYAQUES €€

LE TECH ✆ 04 68 39 89 47

www.mas-manyaques.com

Gîtes de France (3 épis). 6 chambres. De 57 € à 71 €. Repas sur réservation terroir, végan ou végé à partir de 22€.

© LIDIA BLANQUIER MAS MANYAQUES

Cet ancien moulin a été restauré avec goût au milieu d'un parc arboré de 3 ha, bordé par le Tech et adossé à une petite chapelle. Endroit idéal pour les amoureux de la nature et des grands espaces, les adeptes de la randonnée et les inconditionnels du chant des oiseaux et du murmure de la rivière. La piscine, éclairée la nuit, est là pour vos après-midis de farniente, même les animaux de la propriétaire sont source d'apaisement tellement la vie au Mas Manyaques y est douce et reposante. Le Petit Futé y a passé un excellent séjour et vous vous y allez quand ?

CHÂTEAU D'ORTAFFA €€

8, rue du Château - **ORTAFFA**

✆ 04 68 37 95 01

www.chateau-ortaffa.com

Chambre double de 110 € à 120 € ; suite de 120 € à 140 €. Petit déjeuner inclus. Lit supplémentaire : 30 €.

Pour connaître la vraie vie de château, c'est ici ! Cette belle maison de famille raffinée, ancien palais épiscopal des évêques d'Elne au XIIe siècle, vous promet des instants privilégiés, à l'écart de la foule estivale. Michelle et Alain, les adorables propriétaires, ont aménagé quatre belles chambres pour vous recevoir. Elles sont toutes merveilleusement bien décorées, avec une literie grande taille de haute qualité et de nombreux petits plus dans les suites. Michelle vous propose un petit déjeuner avec des confitures maison, pourquoi pas en terrasse.

LE CLOS DES ASPRES €€

Clots d'En-Dailles - **ORTAFFA**

✆ 06 09 66 17 31

www.leclosdesaspres.com

Chambre double de 90 € à 190 €. Gite de 200m2 pour 10/12 personnes de 250 à 350€ la nuit, de 1500 à 3200€ la semaine.

C'est un mas catalan viticole rénové au charme authentique qui vous accueille le temps d'une escapade ou de vacances à l'écart du bruit. Le décor est classieux, romantique et exquis à l'image de Pierre et Emmanuel, les propriétaires. Idéal pour se ressourcer, se détendre sous la tonnelle, bronzer autour de la piscine, admirer la vue sur les Albères ou découvrir les étoiles le soir venu. Les chambres sont confortables et bien agencées, le gîte est vraiment très bien équipé. L'ambiance familiale qui règne ici au petit déjeuner est vraiment exceptionnelle.

MAS LATOUR-LAVAIL €€€

55, chemin del Vivès - **PERPIGNAN**

✆ 06 73 93 74 30

www.maslatourlavail.com

Gîtes de France. Ouvert toute l'année. 5 chambres. Parking fermé. Piscine, hammam, salle de sport, bain bouillonnant.

Coup de coeur pour ce mas catalan du XVIe siècle situé au cœur des vignes. Il faut vous dire que vous êtes dans une des propriétés du domaine Cazes et que le sens de l'accueil vigneron n'est pas démenti. 3 chambres et 2 suites parentales décorées avec goût sur le thème du vin. Quant aux petits plus, un hammam, un spa et une salle de sport ont été aménagés dans les anciennes cuves. A l'extérieur, une piscine de nage vous donnera envie de profiter du soleil du Roussillon. Salon cosy, bibliothèque, salle de dégustation, possibilité de soins...

CASA MONTES €€

1, clos des Abricotiers - **SALSES-LE-CHÂTEAU**

✆ 06 11 10 90 28

www.casa-montes.com

3 chambres. Chambre double de 80 € à 100 € ; suite 4 personnes 150 €. Petit déjeuner inclus.

Mas du XVIIIe siècle blotti dans un écrin de verdure, la Casa Montes est la propriété de Michel et Alain, qui vous accueillent chaleureusement dans leur univers fait de bon goût, de raffinement et de simplicité. Décorée d'œuvres d'art, de beaux meubles et d'objets choisis, cette demeure est ravissante. Outre deux belles chambres au charme fou et parfaitement bien équipées, la Casa Montes offre une suite indépendante composée d'une chambre parentale et d'une chambre d'enfants. Pour vous baigner, il y a une piscine naturelle et le jardin est tout simplement sublime.

CHAMBRES D'HÔTES LA VIEILLE DEMEURE €€€

4, rue de Llobet - **TORREILLES** ✆ 04 68 28 40 51
www.la-vieille-demeure.com
5 chambres (dont 2 suites de 4 pers. au tarif de 190 à 200 €). Chambre double 75 € ; suite 90 €. Petit-déjeuner : 8 €.

Cet ancien prieuré du XVIIe siècle a été restauré dans la plus pure tradition catalane. Autour d'un délicieux patio fleuri et arboré, les trois chambres portent le nom d'agrumes. Les deux suites ont elles chacune leur terrasse privative. On se croirait dans l'une de ces demeures qui font rêver dans les magazines de décoration. Au petit-déjeuner, la maîtresse des lieux vous servira sa confiture maison. S'asseoir sous l'olivier ou au bord du bassin chauffé sera un moment privilégié.

LE MAS DES COLOMBES €€€

17, Chemin de Reynes - **OMS**
✆ 06 17 42 87 14
http://www.mas-des-colombes.com
5 chambres. Assiettes gourmandes de produits locaux et du jardin sur demande. Hammam, bain bouillonnant.

© HTTPS://SMALLPDF.COM/SHARED#ST=C92F5987-89D9-470D-8CDB-0A119B7734F8&FN=2021-02-03_213138-COLOMBES-IMAGES.ZIP&CT=1612427438843&TL=EXTRACT&RF=LINK

Le luxe, c'est avant tout le calme et la sérénité, Nadège et Eric ont tout fait pour que vous soyez en symbiose avec la nature. Au milieu d'un parc naturel de 1,5 ha, vous profiterez d'une piscine à débordement de 20 mètres et d'un spa tous deux traités au sel. Avant le retour dans votre chambre vous ne résisterez pas à passer par l'espace fitness creusé dans la roche. Nous retiendrons aussi la convivialité de nos hôtes pour le repas du soir avec les légumes bio du jardin d'Eric et les produits naturels des éleveurs du Vallespir. Fabuleux !

VILLAS BLACK & WHITE €€€

8, rue des Camelias - **PALAU-DEL-VIDRE**
✆ 06 37 72 12 56
www.villasblackandwhite.com
Ouvert toute l'année. Pour 8 personnes (3 chambres).

© BAPTISTE GAILLARD

Le *Petit Futé* vous a trouvé le must pour vos vacances, deux villas de grand luxe à la location en toute saison à proximité des plages et de la frontière espagnole. Tout y a été pensé de l'agencement hi-tech à la décoration soignée. Vous n'avez plus qu'à poser vos valises et profiter de la magnifique vue sur la chaîne des Albères et des nombreuses possibilités de visites dans ce merveilleux Pays Catalan. Alors vous êtes style Factory ou Scandinave ? Laquelle choisirez-vous, la villa noire ou bien la blanche ? Des vacances de rêve, le luxe à prix raisonnable.

L'ANCIENNE POSTE €

31, rue Saint-Jacques (intra-muros)
VILLEFRANCHE-DE-CONFLENT ✆ 04 68 05 76 78
www.anciennepostedelacite.com
Ouvert toute l'année. 3 chambres. Petit déjeuner inclus. Wifi gratuit. Sauna.

L'ancien bureau de poste de Villefranche-de-Conflent a été transformé en une superbe maison d'hôtes classée « 4 Clés Vacances ». Elle est idéalement située au cœur du village fortifié. Vous profiterez du charme d'une demeure avec une âme, dans laquelle ont été aménagées trois chambres spacieuses au luxe moderne avec douche à jets, baignoire à remous et sauna. La décoration des lieux est particulièrement réussie. Quant aux copieux petits déjeuners maison de la nouvelle propriétaire, c'est sincèrement un vrai régal. Les randonnées sont nombreuses dans les alentours.

TARN

LA TOUR SAINTE-CÉCILE €€€

14 bis, rue Sainte-Cécile - **ALBI**
✆ 05 81 40 51 52
www.toursaintececile.com
Chambre double de 150 € à 220 €. Petit déjeuner inclus. Parking. Lit bébé sur demande. Poste Internet.

Bertrand a réalisé une exceptionnelle rénovation au deuxième étage de cet appartement dans un hôtel particulier du XIVe siècle. Dans ces chambres d'hôtes, vous dormirez dans une tourelle dominant Albi, avec une vue à 360° sur la ville. Elles possèdent toutes un grand lit double, une salle d'eau, des toilettes indépendantes, un téléviseur et un accès wifi. La cathédrale dévoile ses couleurs et ses ombres depuis les fenêtres. Murs de briques rouges, poutres apparentes, mobiliers et tableaux choisis avec soin, l'ensemble est formidable !

CHAMBRES D'HÔTES AMBELS €

Lieu-dit Ambels - **AMBIALET** ✆ 05 63 79 56 41
Chambre simple 50 € ; chambre double 55 €. Petit déjeuner inclus. Lit supplémentaire : 20 €. Repas : de 15 à 20 €.

C'est au bout d'une longue allée d'arbres centenaires, sur l'axe Albi-Millau, que Nicolas vous accueille. Au sein de l'immense bâtisse du XIXe siècle qui abrite aujourd'hui son exploitation agricole et ses chambres d'hôtes, il promet une belle ambiance familiale ! Les chambres d'hôtes associent confort et vue imprenable, difficile de ne pas être séduit. Vous profiterez ici d'une véritable découverte de la ferme de Nicolas, de ses moutons et de ses vaches, de ses travaux du quotidien, et petits et grands seront séduits par cette proximité avec la nature.

AUX VENTS D'ANGES €€

Mas des Vignes - **CAHUZAC-SUR-VÈRE**
✆ 05 63 33 29 95
www.auxventsdanges.eu
Chambre double de 100 € à 120 €. Petit déjeuner inclus. Lit supplémentaire : 30 €. Massages sur réservation.

Cette chambre d'hôtes est abritée dans une propriété viticole datant du XVIIIe siècle. Cette invitation au sein de cette maison de maître, du pigeonnier en passant par la grange, vous fera découvrir chaque recoin à son histoire. La grange de pierres blanches a été transformée afin d'accueillir quatre chambres et une pièce à vivre commune. Les chambres sont superbes, contemporaines et tout confort. Le voyage continue avec la grande piscine d'eau salée et un magnifique jardin. Allongé sur l'un des transats de la terrasse, on se laisse emporter en pays de Cocagne.

DOMAINE LES MIQUELS €€

Les Miquels - **CASTELNAU-DE-MONTMIRAL**
✆ 05 63 40 17 25
www.les-miquels.com
Chambre simple de 80 € à 90 € ; chambre double de 85 € à 95 € ; chambre triple de 95 € à 105 €. Petit déjeuner inclus.

Laurence et Dominique vous accueillent au Domaine des Miquels, superbe hameau du XVIIIe siècle, au parc de 2 ha ! Au cœur du Pays des bastides albigeoises, ils vous accueillent dans un cadre champêtre au pied de la bastide de Castelnau-de-Montmiral : ici on prend place dans différentes chambres confortables, dans l'ancien four à pain du hameau, dans l'ancienne bergerie du domaine, ou tout bonnement dans un pigeonnier d'époque du XVIIIe siècle. Les anciennes écuries, quant à elles, se sont transformées en salle à manger, bibliothèque et salon.

DOMAINE DE LA VIVARIÉ €€

33, chemin de la Vivarié - **CASTRES**
✆ 06 59 52 14 70
www.lavivarie.fr
Chambre double de 65 € à 110 €. Petit déjeuner inclus. Jeux pour enfants. Animaux acceptés (sur demande).

Dans cette gentilhommière du XVIIe siècle, les quatre chambres, au premier étage, sont décorées avec goût, dans un mélange d'ancien et de contemporain. Une suite familiale, moderne et pleine de charme, offre confort et volupté. Toutes sont équipées d'un purificateur d'air nouvelle génération. La table d'hôtes mérite largement que l'on y prenne place, les vins du domaine de Vaissette accompagnent les mets. Le parc de 5 hectares est une véritable invitation à la promenade. Perdez-vous dans ce petit coin de nature dont le cèdre centenaire est le gardien.

DOMAINE LE CASTELET €€€

Chemin du Castelet - **CASTRES**
✆ 05 63 35 96 27
www.lecastelet.fr
Chambre double 90 €. Petit déjeuner inclus. Lit supplémentaire : 30 €. En juillet et août, deux nuitées minimum.

Cette maison de maître du XIXe siècle est érigée au bout d'un chemin privé. Pleine de charme, elle est tenue par Suzy et Eric. A l'intérieur, les chambres d'hôtes et les suites ont toutes été décorées et rénovées de manière à créer une ambiance douce et raffinée. Au programme du séjour : repos, farniente au bord de la piscine, lecture sous les chênes tricentenaires du parc, partie de billard, balade dans les bois, petit-déjeuner maison, assiettes terroir... On ne voit pas le temps passer dans ce havre de paix à l'ambiance propice au repos et aux plaisirs simples.

PLEIN CIEL €€

101, chemin des Fontaines - **CASTRES**
✆ 05 63 35 60 40
www.centrepleinciel.com
Chambre simple de 45 € à 48 € ; chambre double de 58 € à 62 € ; chambre triple de 78 € à 84 €. Petit déjeuner inclus.

Évelyne enseigne le yoga depuis plus de 35 ans, une expérience qu'elle se fera un plaisir de partager. Elle propose deux chambres familiales pouvant accueillir de 4 à 6 personnes chacune, l'une à l'étage, l'autre de plain-pied dans le jardin. L'environnement est coquet et arboré. Une grande cuisine et une terrasse sont mise à disposition des hôtes, de même qu'une salle de séminaire accessible en location à la demi-journée, à la journée ou même au week-end, avec repas en option. Pour les pèlerins, un accueil spécial est proposé selon des formules avantageuses.

DOMAINE DE PERCHES €€

2083, route de Laborie - **GAILLAC**
✆ 05 63 56 58 24 - www.domainedeperches.com
Chambre double de 175 € à 195 € ; suite de 225 € à 245 €. Petit déjeuner inclus. Restauration (50 € vins et apéritif).

« Luxe » est la plus parfaite définition de ce magnifique domaine du XVIIe siècle perdu au milieu des vignes. La demeure aux pierres apparentes et volets blancs s'ouvre sur un intérieur d'une élégance et d'un charme sans nom. De grands salons y sont décorés avec goût. Les pièces sont spacieuses, et empreintes de douceur. Les chambres sont raffinées, aménagées avec confort et dotées d'une vue imprenable sur le vignoble. Leur décoration est très chaleureuse et les suites possèdent des salons. Et bien plus qu'une table d'hôtes, vous apprécierez de dîner au Domaine.

DOMAINE DU BUC €€

Route de Lagrave - **MARSSAC-SUR-TARN**
✆ 05 63 55 40 06
www.domainedubuc.com
Chambre double de 130 € à 150 €. Petit déjeuner inclus. Lit supplémentaire : 30 €. Séminaires. Réceptions et mariages.

Se sentir comme chez soi dans un petit château du XIXe siècle, c'est ce que propose Brigitte, votre hôtesse. Dans son manoir du XIXe siècle, elle vous emmène en balade dans les couloirs du temps. Les cinq chambres d'hôtes avec salle de bains privative ont été entièrement décorées dans un style des plus élégants, très féminin, tout en conservant le charme désuet du début du siècle : planchers en parquet 1900 et tomettes d'époque, lits à baldaquin, placards secrets... Dans ce lieu hors du commun qui a servi de décor de films, on s'offre une parenthèse hors du temps.

LES JARDINS DE MAZAMET €€

6, rue Henri Gardet - **MAZAMET** ✆ 05 63 61 26 97
www.jardinsdemazamet.fr
Gîtes de France (5 épis). 5 chambres. Chambre double 90 €. Petit déjeuner inclus. Lit supplémentaire : 30 €.

Cette bâtisse du XIXe siècle avait été érigée par des industriels du délainage et de la mégisserie. Aujourd'hui, elle est tenue par Marie et Franck, un duo magique et dynamique qui facilitera séjours et sorties. Leur villa, constituée de quatre niveaux sur 800 m², garantit une liberté maximale et un refuge luxueux. En plus de la chambre familiale, des deux chambres spacieuses et des deux suites élégantes, la demeure possède un grand salon climatisé au rez-de-chaussée qui invite à la détente. De nombreuses formules complètes bien-être et romantiques sont proposées.

LA VILLA DE MAZAMET €€€

4, rue Pasteur - **MAZAMET** ✆ 05 63 97 90 33
www.villademazamet.com
Chambre double à partir de 120 € ; suite à partir de 200 €. Petit déjeuner inclus. Réceptions et mariages.

Cette sublime maison de maître construite en 1934 au cœur d'un jardin clos aménagé, disposant d'un panorama imprenable sur la montagne Noire, est véritablement un petit bijou où venir se reposer ! Avec son grand escalier en pierre, ses moulures, ses cheminées en marbre d'époque, ses nombreux espaces de vie décorés avec charme et élégance, ainsi que son restaurant et l'espace « Le Petit Spa », l'établissement est un véritable incontournable dans lequel chacune des chambres est plus belle et plus confortable que la précédente et où vous êtes traités en rois.

DOMAINE LAGARRIGUE €€

462, route de Saint-Martin - **SALVAGNAC**
✆ 05 63 57 20 35
www.domaine-lagarrigue.fr
Chambre double de 75 € à 85 € ; chambre triple de 95 € à 105 €. Gîte (en juillet/août) : de 2 300 à 2 700 € la semaine.

Ici, tout est axé sur votre confort : des chambres spacieuses aux couleurs chaudes et apaisantes, aménagées dans un style campagnard, offrent le confort nécessaire à votre repos. Un espace bien-être est situé dans une ancienne étable est accessible. Vous y profiterez de bains bouillonnants, de massages et de gommages corporels, ainsi que de nombreux soins énergétiques. Vous apprécierez aussi la tranquillité du jardin dans lequel on peut prendre le délicieux petit déjeuner, la fraîcheur de la piscine et l'ombre des arbres centenaires.

LE VAL DE LA GARENNE €€

La Garenne - **SENOUILLAC**
✆ 06 31 96 33 18
www.le-val-de-la-garenne.com
Chambre double de 79 € à 95 €. Petit déjeuner inclus. Lit supplémentaire : 30 €. Gite de 400 à 550€ la semaine.

Charmant petit val dans la campagne tarnaise, caché dans un écrin de nature et de vignes verdoyantes, les trois chambres d'hôte du Val de la Garenne vous accueillent tout au long de l'année dans un cadre enchanteur. Un parc d'un hectare, une magnifique terrasse qui se termine par une grande piscine ensoleillée, ça sent les vacances ! Bain à remous extérieur, massages traditionnels ayurvédiques et délicieuse table d'hôtes complètent les offres. Venez profiter du charme et de la quiétude d'une maison de campagne ouverte sur un jardin à perte de vue.

LA VIGNERONNE €€

36, Lieu-dit Camp de Jeanne - **SENOUILLAC**
✆ 05 63 34 49 08
www.lavigneronne81.fr
Chambre double de 85 € à 135 €. Petit déjeuner inclus. Lit supplémentaire : 20 €. Chèque Vacances.

Cinq chambres d'hôte et un gîte tout confort sont à votre disposition tout au long de l'année. Béatrice et Cyril vous accueillent chaleureusement dans leur ancienne exploitation viticole, idéalement placée pour découvrir les richesses du pays des bastides albigeoises. Des richesses qui passent bien évidemment par le vin, mais aussi par la gastronomie ! À cet effet, Cyril vous propose des cours de cuisine dans son atelier et offre une table d'hôtes parfaite, avec des menus sans gluten sur demande. Pour vos moments détente, piscine, spa et sauna vous attendent.

LA PLACETTE ALBIGEOISE €€

1626, route de Taur - **VILLEFRANCHE-D'ALBIGEOIS**
✆ 06 60 55 85 80
www.laplacettealbigeoise.com
Ouvert toute l'année. 3 chambres. Chambre double à partir de 85 €. Petit déjeuner inclus. Table d'hôtes sur réservation.

Véritable coup de cœur pour la chambre « Côté jardin », dont la déco sortie tout droit d'un conte de Grimm vous fera perdre la tête avec son arbre aux fruits défendus. Ou bien préférerez-vous l'esprit cabane au Canada avec la chambre « Côté sous-bois », ses coquelicots joyeux et ses drôles de petits champignons. Enfin la chambre « Côté clairière », prend des tournures champêtres avec ses petites fleurs et sa salle de bains nature. Tout est fait pour que vous vous sentiez bien et les espaces communs, avec cheminée et jeux, ne manquent pas à la règle.

CHÂTEAU DU VERGNET €€€

Le Vergnet - **VITERBE** ✆ 05 63 58 66 06
www.chateauduvergnet.fr
Chambre double de 100 € à 110 € ; suite de 130 € à 150 €. Petit déjeuner inclus. Séminaires. Réceptions et mariages.

Brigitte et Pascal vous accueillent dans leur belle gentilhommière du XVIIe siècle, dans un cadre reposant et verdoyant noyé dans un parc d'1 ha avec accès privé à la rivière. L'accueil y est chaleureux et l'hôtesse vous présente ses quatre chambres spacieuses et décorées avec soin, toutes équipées de salles de bains individuelles. Deux sont situées côté rivière, pour vous laisser bercer par le murmure apaisant de l'eau, et les deux autres côté parc, pour profiter du chant des oiseaux. L'ambiance est ici très calme et l'on se sent vite bien dans cette maison.

TARN-ET-GARONNE

CHAMBRES D'HOTES SARRAUT €

100, Cap du Pech - **AUVILLAR** © 0608351802 - www.chambresdhotes-sarraut.com

Chambre simple 45 € ; chambre double de 65 € à 75 €. Petit déjeuner inclus. Lit supplémentaire : 25 €. Animaux acceptés.

Non loin d'Auvillar et du chemin de Compostelle, voici une maison où les pèlerins sont accueillis par Annick et Jacques Sarraut dans les meilleures conditions. Ce sont des hôtes extrêmement attentionnés et serviables. Trois chambres ont été aménagées à l'étage, confortables, elles sont équipées de salle d'eau ou de bains et offrent une literie de grande qualité dans un cadre spacieux et très propre. Une cuisine équipée permet également de confectionner ses repas. Pour la détente on peut également profiter de la terrasse donnant sur la piscine.

LE MOULIN DE JOUENERY ET SPA €€€

Lieu-dit de Jouenery - **BRASSAC** © 05 63 32 09 31

www.moulindejouenery.fr

Chambre double de 150 € à 180 €. Petit déjeuner inclus. Parking. Les enfants ne sont pas acceptés. Restauration 25 €.

Dans un écrin de nature exceptionnel, un domaine planté d'arbres centenaires, installé dans une bâtisse du XVIIe siècle aux airs de château, les propriétaires ont aménagé ici cinq chambres sublimes aux couleurs des lieux où ils ont résidé. Elles offrent une vue sur le jardin ou la rivière, la suite Venise de 60 m^{2} possède une baignoire balnéo, une spacieuse douche à l'italienne et un salon. En complément des prestations des chambres, un espace spa complet est accessible.

L'ABRI-NIQUEL €

Rue de la Fontaine - **BRUNIQUEL**

© 05 63 24 15 26

http://abriniquel.blogspot.com

Chambre double de 36 € à 50 €. Petit déjeuner inclus. Chambre familiale 95 €. Location d'ânes bâtés, accueil cavaliers.

Autour de la fontaine-lavoir s'est constitué un petit faubourg au pied du village. On y retrouve l'Abri-Niquel, vaste maison aux allures de gîte étape avec plusieurs chambres d'hôtes, un dortoir, et deux gîtes ruraux. Walter Artusi, débonnaire et sympathique maître des lieux, est un sacré personnage, très apprécié des randonneurs et cavaliers de passage. Sur place vous aurez la possibilité de louer des ânes bâtés pour un périple dans la forêt de la Grésigne toute proche et les cavaliers trouveront ici une halte aussi sympathique pour eux que pour leur monture.

LES GRANGES TOURONDEL €€

BRUNIQUEL © 05 63 24 17 31

www.tourondel.com

Chambre simple 62 € ; chambre double 65 € ; chambre triple 75 €. Chambre 4 personnes 85 €. Petit déjeuner inclus.

Cet ensemble de 8 hectares de prairies et de bois s'organise autour d'une ferme du XIXe siècle, à l'entrée des gorges de l'Aveyron. Les quatre chambres délicatement agencées et colorées s'articulent autour d'une terrasse, d'une salle rustique presque médiévale, aux murs de chaux et tomettes au sol. Il se dégage une atmosphère sobre mais raffinée avec dans la salle à manger une cheminée de brique dont les feux se reflètent sur le laquage du piano. Thierry, votre hôte, est un ancien chef cuisinier et ses talents n'ont pas faibli : asseyez-vous à sa table d'hôtes !

LES DANTOUS €

1126, chemins des Dantous - **CASTELSARRASIN**
✆ 06 62 61 19 91
www.gitelesdantous.com
Chambre double de 43 € à 70 €. Petit déjeuner inclus. Gite pour 4 personnes : 182 € à 400 € selon la saison.

Les Chambres d'Hôte et le gîte rural des Dantous sont situés en pleine campagne. On aperçoit vers l'ouest les premiers coteaux gascons, au nord-est le Quercynois. L'accueil des hôtes est vraiment charmant, les chambres parées avec bon goût, certaines mansardées aux belles poutres apparentes. Depuis peu, un joli petit gîte de 50 m² légèrement à l'écart est proposé à la location, à un tarif très raisonnable, impeccable pour une famille de quatre personnes. Les cyclistes apprécieront cette halte bon marché sur des itinéraires très connus de cyclotourisme.

DOMAINE DE L'ÎLE €

1206, route de Saint-Aignan
CASTELSARRASIN
✆ 06 62 61 19 91
www.domainedelile.fr
Chambre simple 53 € ; chambre double 59 € ; chambre triple 74 €. Lit supplémentaire : 15 €.

Voici une ferme du XIXe siècle qui abrite 4 adorables chambres d'hôtes classées 3 épis, ainsi que deux magnifiques gîte ruraux. Christine et Jean-Louis, les charmants propriétaires, accueillent leurs hôtes comme il se doit dans la région : produits locaux, et petits gâteaux maison sont à disposition. La vaste salle de réception de style campagnard est lumineuse. Une cuisine équipée est disponible pour tous, ainsi que le barbecue, la terrasse et la piscine. Dans le parc on profite de moments de détente et les plus jeunes apprécieront la compagnie des animaux.

LA FERME DU SAFRAN €

Lieu-dit Ferrié - **CAUSSADE**
✆ 05 63 28 25 37
3 chambres. Chambre double 55 €. Petit déjeuner inclus. Restauration (repas à la découverte du safran).

Trois chambres assez spartiates ont été aménagées dans l'ancienne bergerie, donnant toutes sur une belle terrasse ombragée. A l'arrière du bâtiment, on trouve une piscine naturelle avec une faune et une flore régulant naturellement l'équilibre de la composition de l'eau, éclairée la nuit. Bertrand et Régine ont vraiment le sens de l'accueil, et savent comme personne nous transmettre l'amour de leur métier. Vous pourrez découvrir leur exploitation et l'histoire du safran, mais le mieux sera de déguster leur menu spécialement dédié à la découverte de cette épice.

CHÂTEAU DE CAS €€

ESPINAS
✆ 05 63 67 07 40
Ouvert toute l'année. 6 gites d'une capacité de 2 à 6 personnes de 900 à 1400€ par semaine.

Un endroit idéal pour se ressourcer dans un cadre historique, dans un château dont la construction a débuté au IXe siècle sur un site occupé par les Gallo-Romains, devenu une commanderie templière au XIIIe siècle. Les six gîtes ont été entièrement rénovés pour apporter un maximum de confort aux hôtes. L'accès à la piscine harmonieusement intégrée dans l'enceinte du château est libre. Le magnifique jardin à la française avec son pigeonnier et sa chapelle est équipé de jeux pour les enfants. Un accueil chaleureux dans un lieu magnifique et dépaysant.

CHATEAU DE GOUDOURVILLE €€€

761, Chemin du Château - **GOUDOURVILLE**
✆ 05 63 29 09 06 - www.chateau-goudourville.fr
Tarif de 2 400 à 6 200 € selon la durée du séjour, la saison et les prestations.

Un château tout droit sorti du Moyen Age que l'on voit à des kilomètres alentour et qui surplombe avec majesté de son éperon quercynois les terrasses de la Garonne. Bien sûr, les chambres sont affolantes de classe et de couleurs, on est bien dans le haut de gamme... Vous deviendrez châtelain le temps de votre séjour pour vos vacances, fêtes de famille ou entre amis, réceptions ou mariages ! Beaucoup de formules sont proposées ici pour correspondre au mieux à vos attentes et envies, et les services proposés sont très nombreux et de grande qualité.

LE CHÂTEAU DE LOUBEJAC €€

14, chemin Jambau - **L'HONOR-DE-COS**
✆ 05 63 65 61 03
www.chateaudeloubejac.fr
Ouvert toute l'année. Chambre double de 86 € à 130 €. Animaux acceptés (sur demande). Réceptions et mariages.

Pour plusieurs générations d'habitants du Montalbanais, le château de Loubéjac rimait avec vacances puisqu'il fut des années durant un centre de loisirs. Aujourd'hui, l'imposante bâtisse en brique toulousaine qui surplombe le village de Loubéjac, l'Aveyron et sa plaine alluviale est devenue une belle demeure de charme dont les dimensions et l'espace environnant prédisposent aux grandes manifestations (mariages, fêtes familiales...). On peut toutefois profiter du charme de cette demeure le temps d'un week-end à deux dans l'une des belles chambres indépendantes.

PELLA ROCA €€

Lieu dit Limougne
LABASTIDE-DE-PENNE
✆ 09 54 46 28 28
www.pella-roca.com
2 cabanes perchées avec Spa et Sauna privatifs,. Chambre double à partir de 220 €.

Dans ce domaine de charme, vous trouverez vos cabanes dans les arbres décorées avec soin et prêtes à vous faire profiter d'un séjour détente et nature. Avec une approche écologique et artistique, vous vivrez ici une expérience différente chic et nature. Chaque cabane dispose de bains bouillonnants en bois, écologiques (l'eau est chauffée au feu de bois), très élégants et très confortables. À vous d'allumer le feu afin de profiter d'un bain chaud en toute saison avec les étoiles comme témoin ! Les petits déjeuners et paniers-repas vous sont livrés directement.

LE VIC DE LOMAGNE €€

1, place de l'Hôtel-de-Ville - **LAVIT**
✆ 05 63 04 32 15
www.vic-de-lomagne.fr/
Chambre simple à partir de 59 € ; double à partir de 63 €. Demi-pension 93 € pour 2 personnes. Petit déjeuner : 6 €

Trois chambres d'hôtes sont proposées ici, en lien avec le restaurant. Florence et Maxime Lacombe ont pris le parti de faire de l'endroit un espace de convivialité aux couleurs contemporaines. Les chambres sont aménagées avec goût et disposent de tout le confort nécessaire. La soirée étape comprenant le dîner est une très bonne idée. Un service de plateau-repas type « assiette anglaise » peut vous être proposé pour les arrivées tardives définies au préalable, et pour les soirées romantiques on s'occupe pour vous des fleurs et du champagne !

DOMAINE DE MASSOULAC €€€

MOLIÈRES ✆ 06 23 86 52 03
www.domainedemassoulac.com
2 chambres. De 350 € à 880 € la semaine selon saison.

Un nouveau lieu de villégiature à quelques encablures de Molières au cœur des moutonnements colorés du Bas Quercy. Le projet, porté par Julie Grimeau est ambitieux : faire de ce domaine typiquement quercynois un petit village de gîtes et de lodges à l'aspect futuriste, mais tous en harmonie avec l'environnement. De quoi se ressourcer et se retrouver autour de la piscine, de l'espace bien-être et du carré lounge, dans un cadre magnifique. Une adresse à découvrir ou redécouvrir à l'occasion d'un week-end ou pour quelques jours.

CASTEL BOIS MARIE €€€

1083, Chemin de Bègue
MONTAUBAN
✆ 05 63 66 74 60
www.castelboismarie.com
Ouvert toute l'année. Chambre double 130-220 €. Petit déjeuner inclus. Parking fermé. Piscine à l'eau de sel.

Castel Bois Marie est une maison de maître logée dans un grand parc bicentenaire près du cœur de ville. La vie de plusieurs générations se raconte derrière la façade de briques roses. Les 5 chambres de caractère ont une décoration raffinée. Grande douche à l'Italienne, de linge de toilette luxueux et de produits cosmétiques Carita. Servi, suivant la météo, dans la salle à manger ou sous la pergola, le petit-déjeuner maison vous fera apprécier les produits du terroir. Très belle qualité de prestations. Un établissement d'exception.

© CASTEL BOIS MARIE

© CASTEL BOIS MARIE

OCCITANIE

LE CLOS DE SAINT AMOUR €€

1197, chemin de Ruffe - **MONTAUBAN**
✆ 05 63 93 33 78 - www.leclosdesaintamour.com
Chambre simple 60 € ; chambre double 75 € ; chambre triple 95 €. Petit déjeuner inclus. Lit supplémentaire : 15 €.

Charmant nom pour un endroit charmant tenu par des gens... charmants, tout proche du centre-ville. Dans une petite ferme du XVIIIe siècle rénovée par les propriétaires originaires de Champagne, trois adorables chambres aux thématiques différentes sont proposées : à l'ancienne (chambre « Jadis »), tendance écolo (chambre « Zen »), et bien sûr l'Amour (chambre « Cupidon »). La décoration est très soignée. L'extérieur, avec sa piscine arborée et les vaches alentour, est un véritable havre de tranquillité, même si la ville est toute proche. Un bel endroit, assurément.

LA DEMEURE DE FLAMMARENC €€

450, chemin de Flammarenc - **MONTAUBAN**
✆ 06 01 23 23 59 - www.demeure-de-flammarenc.fr
Clévacances (4 clés). Chambre double à partir de 125 €. Lit supplémentaire 30 €. Wifi. Restauration. Bain bouillonnant.

Voici une belle demeure de brique et de terre crue, qui a survécu aux terribles inondations de 1930. Sur cette terrasse fertile dominant le Tarn, au milieu des vergers et au pied des coteaux du Quercy, tout respire ici la tranquillité. Les chambres, judicieusement nommées par les trois cours d'eau qui donnent vie à ce Pays, séduisent par leur lumière et leur confortable sobriété. Un bain bouillonnant est situé dans le jardin et promet de passer de bons moments de détente. Le petit déjeuner est copieux et varié, fait maison avec des produits frais.

LA MAISON DE MANON €€

122, chemin Antoine-de-Cadillac
MONTAUBAN
✆ 05 63 31 36 29
www.lamaisondemanon.fr
Ouvert toute l'année. 3 chambres. Chambre double à partir de 88 €.

Une belle villa trône au sommet, dominant les plaines du Montalbanais, plein sud vers les Pyrénées. Les trois chambres sont autant d'invitations au voyage : la péninsule indienne (chambre Madras), l'Afrique de l'Est (chambre Asmara), l'Europe romantique (chambre Venise). Décorées avec soin par Manon, elles ouvrent leurs baies vitrées sur la piscine qui semble accrochée au-dessus du paysage. L'ensemble a un petit côté californien, renforcé par les personnalités de Manon, artiste peintre à ses heures, et de Robert, aujourd'hui écrivain.

AUBERGE LION D'OR €€

8, rue des Carmes - **SAINT-ANTONIN-NOBLE-VAL**
✆ 05 63 68 18 90
aubergeliondor.com
1 chambre au rez-de-chaussée accessible en fauteuil roulant. Nuitée 2 personnes à partir de 79 €. Petit déjeuner inclus.

Rien que pour sa devanture, cette demeure vaut le détour. Au cœur du village, cette ancienne auberge nous invite à entrer dans « un bon logis à pied ou à cheval » comme l'indique la façade. L'établissement date du XVIIIe siècle, et on peut s'imaginer le nombre de voyageurs, de cavaliers et de colporteurs qui ont pu y séjourner. Aujourd'hui, on n'y mange plus, mais on est bien accueilli dans cinq charmantes chambres d'hôtes configurées avec goût. Le calme règne dans cet espace, à l'intérieur comme à l'extérieur lorsque l'on se prélasse dans le beau jardin.

MARIE COLLINE €

5, rue Basse-du-Temple
SAINT-ANTONIN-NOBLE-VAL ✆ 06 81 49 61 25
2 chambres. Chambre double de 75 € à 120 €. Petit déjeuner inclus. Lit supplémentaire : 45 €. Cuisine à disposition.

La maison du XIIe siècle est située au bord de l'Aveyron, face au roc d'Anglars. Au rez-de-chaussée on trouve une salle de séjour pour les hôtes avec télévision et bibliothèque. Elle donne sur la terrasse pour le petit déjeuner et sur le jardin pour prendre le soleil en regardant passer canards et canoës. A l'étage, vous disposez d'une vraie suite de 70 m² avec une grande chambre, un salon avec canapé et bibliothèque, vue sur la rivière, cuisine et salle de douche avec w.c.. Une autre chambre plus petite est spécialement louée pour un membre de la famille en plus.

L'OUSTALET D'ANICETTE €€€

33, rue Jean-Capgras - **VALENCE**
✆ 05 63 94 08 75
www.anicette.com
Chambre simple de 69 € à 120 € ; chambre double de 79 € à 130 €. Petit déjeuner inclus. Lit supplémentaire : 30 €.

Anicette est un personnage. Avec un quart de siècle au service du septième art, elle a côtoyé les plus grands. Les chambres en témoignent avec de nombreuses affiches issues de la collection familiale, dont d'admirables venant de Cuba, peintes à la main ! Elles sont tout confort, ayant chacune son identité propre, mais toujours dans un style contemporain. L'une d'elles est un véritable loft immense. L'extérieur est très sympathique, fleuri et arboré, avec piscine au sel et nage à contre-courant, plancha et barbecue. La table d'hôtes est délicieuse !

PAYS DE LA LOIRE

LOIRE-ATLANTIQUE

LE CHÂTEAU DE COP-CHOUX €€€

Copé Choux - **ANCENIS** ✆ 02 40 97 28 52 - www.chateau-cop-choux.com

Ouvert toute l'année. Chambre double 120 €. Petit déjeuner : 8 €. Possibilité de table d'hôte à 39€/pers vin inclus.

Qui n'a pas rêvé un jour de dormir dans un château digne des contes de fées ? C'est possible au château Cop-choux qui propose 5 chambres aux doux noms d'arômes (vanille, lavande, anis, violette et cannelle). Toutes proposent un lit king size et vous disposez au choix d'une douche ou d'une baignoire. Décorées avec charme elles vous emmèneront dans un monde féerique. Le château propose également un gîte pour six à huit personnes et vous y pouvez organiser des événements : vin d'honneur, balade champêtre sur les 9 hectares, soirée dansante, mariage dans les salons...

L'ORANGERIE DU PARC €€

195, rue du Grignon
BASSE-GOULAINE
✆ 02 40 54 91 30

Chambre simple de 67 € à 75 € ; chambre double de 84 € à 93 €. Petit déjeuner inclus. Lit supplémentaire : 16 €.

L'Orangerie du Parc est située en plein cœur du marais de Goulaine. Nichée au fond d'un parc d'arbres centenaires, cette ancienne dépendance du château des Grézillières abrite cinq chambres d'hôtes raffinées, spacieuses avec douche, wc privatifs, totalement indépendantes (quatre chambres en duplex et une de plain-pied), dont le charme désuet de ses meubles anciens fera de votre séjour un souvenir charmant. La vaste salle de petit déjeuner et le salon sont à votre disposition avec accès direct dans le parc pour y passer des moments détente.

CABANES BRIN DE CHEVRETTE €€

1, La Haute Chapelette - **BONNOEUVRE**
✆ 06 31 42 84 56
www.brindechevrette.com

Chambre double 115 €. Lit supplémentaire : 30 €. Salle de bains partagée. Toilettes sèches individuelles.

Marie et Patrice proposent à leurs visiteurs de découvrir la vie dans une cabane dans les bois, à une hauteur de neuf mètres. Les trois cabanes de Brin de Chevrette, confortables et bien équipées, ont été réalisées dans le respect total de l'arbre et de l'environnement, notamment avec l'utilisation de bois non traité et une adaptation permanente à l'arbre lui permettant d'assurer sa croissance. Le matin, vous montez votre panier de petit déjeuner avec une corde.

CHÂTEAU DU BOIS DE LA NOE €€€

8, allée de la Roseraie - **BOUAYE** ✆ 06 33 52 71 45
www.chateau-boisdelanoe.com

5 chambres. Chambre double de 100 € à 120 €. Petit déjeuner inclus. Animaux acceptés. Wifi. Excursions.

Qu'il est imposant ce château du XVIIe siècle, qui fut une « folie nantaise » au XVIIIe, un lieu d'exposition puis un restaurant avant d'être incendié et occupé par les Allemands pendant la Seconde Guerre mondiale ! Patricia et Philippe vous accueillent avec le sourire dans les cinq chambres d'hôtes, toutes meublées avec goût et raffinement, laissez-vous séduire par celle qui vous inspirera le plus. Les locataires profiteront de la cuisine et de la piscine pour se détendre.

LE MANOIR DE COUTABLE €€

Coutable
CAMPBON
✆ 02 40 36 70 17
www.lemanoirdecoutable.com
Suite de 150 € à 220 €. Petit déjeuner inclus. Chèque Vacances. Wifi. Prêt de vélos.

Venez à Campbon mener la vie de château dans ce joli manoir du XVIe siècle. Les quatre suites élégamment restaurées par les propriétaires, Cathy et Alain, sont très confortables et parfaitement équipées. Vous y dormirez dans le calme absolu d'un environnement préservé au bord du parc naturel de Brière, où vous pourrez randonner et trouver quelques bonnes tables. Évasion, bien-être et romantisme seront au cœur de votre séjour avec des offres complémentaires très bien pensées pour que vous passiez ici un séjour tout simplement inoubliable.

GITES DE FRANCE DE LOIRE-ATLANTIQUE €€

9, rue Alessandro-Volta - **CARQUEFOU**
✆ 02 51 72 95 65 - https://www.gites-de-france-loire-atlantique.com/fr
Résa tél du lundi au dimanche de 9h à 21h. Horaires accueil public : lundi au vendredi 8h30 à 12h30 et 13h30 à 17h30.

Le site web des Gîtes de France 44 vous permet de trouver facilement de nombreux hébergements (courts ou longs séjours), soigneusement référencés en « épis » et par thématique. Il ne vous reste qu'à choisir l'ambiance de vos prochaines vacances parmi les 600 structures Gîtes de France en Loire-Atlantique : un appartement avec vue sur l'océan Atlantique, une chaumière au cœur du Parc naturel de Brière, avec des animaux sur la ferme des propriétaires, écogîtes, insolites, etc.

MANOIR DE PRINCE-NEUF €€

Princé-Neuf - **CHAUMES-EN-RETZ**
✆ 02 40 21 30 35
www.princeneuf.com
4 chambres. Chambre double à partir de 60 €. Petit déjeuner inclus. Jardin.

Ancien pavillon de chasse du XIXe siècle au cœur de la forêt privée de Princé, le Manoir vous réserve huit chambres et six salles de bains (douche ou douche/baignoire). Sept chambres sont modulables : lits jumeaux ou doubles ; une chambre comporte un lit double. Trois salons et une cuisine sont à disposition. Promenades en forêt et en bord d'étang, pêche, parties de tennis pour les grands, jeux de balançoire pour les petits, spectacle des chevaux à l'entraînement, ou simplement farniente à l'ombre des arbres vous attendent ici. On ne s'ennuie jamais !

LA LONGÈRE DU PLESSIS €€

Route des Plessis
SAINTE-LUCE-SUR-LOIRE ✆ 02 40 25 61 43
www.longere-du-plessis.com
La longère (1 à 10 personnes) est à louer dans sa totalité. Egalement Gîte Pimpinella pour 4 avec piscine et spa.

© LA LONGÈRE DU PLESSIS STE LUCE SUR LOIRE (44)

Tout près de Nantes, à la campagne, à la fois proche de la ville, de la Loire et de ses chemins de randonnée, tout est réuni pour savourer au calme un séjour inoubliable. La longère du Plessis avec sa magnifique bâtisse, c'est un gîte entier à louer avec 4 chambres et salle de bains. La capacité d'accueil va de 1 à 10 personnes. Un 2nd gîte « Pimpinella » adjacent, peut quant à lui accueillir 4 personnes en plus. Terrasse, piscine et spa complètent la promesse d'un séjour magique et des week-ends thématiques zen avec animations en option (massages…).

LA CAILLERIE €€

8, La Caillerie - **CHAUVÉ**
✆ 02 40 64 68 06
www.chambres-hotes-caillerie.com
Gîtes de France (3 épis). Chambre double de 78 € à 85 € ; chambre triple de 73 € à 80 €. Petit déjeuner inclus.

Dans cette demeure de charme aux volets bleus, aux environs des plages de la Côte de Jade et de Pornic à 10 km, au cœur d'un jardin paysager, vous disposerez de quatre chambres d'hôtes très confortables en rez-de-jardin, avec accès indépendant et salle de bains ou de douche et WC privés pour chacune. Le petit déjeuner est vraiment très copieux et très varié, avec du sucré et du salé. N'hésitez pas à profiter des avantageuses formules proposées pour des week-ends thématiques. Le cadre champêtre vous séduira, comme le calme environnant.

MANOIR DE L'ESPÉRANCE €€€

L'Espérance
CORSEPT
✆ 06 19 26 75 80
www.manoirdelesperance.fr
Chambre double 68 € ; suite 135 €. Gîte de tourisme 5 personnes. Restauration sur réservation.

Au milieu de son parc verdoyant et fleuri, cette grande demeure dite «Folie Nantaise» de la fin du XIXe vous accueille en chambres d'hôtes ou gîte de séjour. Chacune d'elles disposent de ses sanitaires privatifs ainsi que de la diffusion sonore intégrée. Vous aurez également accès à l'étage à un petit salon collectif dans lequel vous trouverez une bibliothèque et la télévision… Pour votre détente et votre plaisir, vous y trouvez de plus un billard français, un piano, une table de ping-pong et piscine couverte pour faire quelques brasses lors des beaux jours.

L'ERRE SAUVAGE €€€

Levée de la Divatte (D751)
DIVATTE-SUR-LOIRE
✆ 06 72 16 10 51
www.erre-sauvage.com
De 125 € par nuit pour 2 à 300 € par nuit pour 6 personnes. Petit déjeuner inclus.

Si vous êtes amateurs d'hébergements insolites, l'Erre Sauvage est faite pour vous. Amarrée sur la Loire à la Chapelle-Basse-Mer en été et sur l'Erdre à Nantes en hiver, cette toue cabanée est inspirée des bateaux traditionnels à fond plat typiques de la Loire. Ce bateau tout en bois faisant penser à une cabane flottante, a été construit par son capitaine, un petit brin de femme passionnée au sourire enchanteur, Céline. Vous serez ici parfaitement reçus, de deux à six personnes, et vous trouverez d'agréables formules tout compris pour des week-ends inoubliables.

LE NID D'HIRONDELLES €

65, La Sencie
DONGES
✆ 02 40 45 36 15
nid.dhirondelles.chez-alice.fr
Chambre simple 58 € ; chambre double 68 € ; chambre triple 78 €. Lit supplémentaire : 10 €.

Le Nid d'Hirondelles, dans un endroit tranquille, n'est éloigné des premières plages que de 15 kilomètres. Quand au parc naturel de Brière que vous pourrez visiter à pied, en calèche ou en chaland (le bateau local), sa capitale, Saint-Joachim ne se trouve qu'à dix minutes de voiture. Ces chambres très confortables avec chacune salles de bains et toilettes privatives vous offriront un sommeil sans souci entre vos balades à Guérande, la cité médiévale, ou au port de pêche du Croisic. Un gîte indépendant est également proposé à la location, avec tout son équipement.

SAINT JAMES €

Saint-James - **ERBRAY**
✆ 02 28 50 49 10
stjames.erbray.free.fr
Chambre simple de 38 € à 42 € ; chambre double de 45 € à 50 € ; chambre triple de 65 € à 78 €. 4 personnes : 90 €.

Vous êtes accueillis dans une propriété de 3,5 hectares. Deux chambres ou une suite décorée avec goût sont proposées, avec accès possible à la cuisine partagée et aux espaces de détente communs. Dans un tel environnement, pas d'insomnie et au matin, un solide petit déjeuner dans la salle à manger avant farniente et détente, barbecue et bain dans la piscine de la propriété. Lorsque vous n'êtes pas en balade sur la côte, vous profiterez pleinement du pays pour randonner, visiter les très spectaculaires anciennes forges avant d'aller visiter le château.

CHATEAU DE LA ROUSSELIERE €€

FROSSAY ✆ 02 40 39 79 59
www.larousseliere.com
Fermé d´octobre à avril. 3 chambres. Chambre double 90 €. Petit déjeuner inclus. Réceptions et mariages.

Catherine Scherer propose au premier étage du château de la Rousselière, datant du XVIIIe siècle, trois chambres d'hôtes spacieuses et lumineuses avec chacune une salle de bains attenante et une vue sur le parc. Elles ont été entièrement rénovées et personnalisées avec goût. Le petit déjeuner est servi dans les salons du château. Dans un cadre sublime, vous profiterez ici de la nature et du calme. Vous pourrez aussi louer des gîtes totalement équipés et organiser des réceptions.

LA SAUZAIE €€

GÉTIGNÉ
✆ 02 40 54 26 65
www.gite-lasauzaie.com
Gite 12 personnes à partir de 220€ la nuit, 2 à 4 personnes à partir de 60€. Studio 12 personnes à partir de 55€.

Un petit parfum d'Irlande plane sur la Sauzaie et on le doit à ses propriétaires, Annie et Daniel Flavin, qui forment un couple franco-irlandais très sympathique. Ils ont aménagé dans un ancien séchoir 3 gîtes dans la partie supérieure. Ils ont été rénovés à plusieurs reprises pour vous accueillir dans un style rustique. Empruntez le petit chemin qui y mène et venez découvrir son parc, son bois aux diverses essences d'arbres, la chute d'eau de l'ancienne chaussée et suivez le sentier qui va au rocher de l'ours avant de profiter de la piscine.

LA SARMENTILLE €

19, les Beillards - **GORGES**
✆ 02 40 03 96 45
http://la.sarmentille.free.fr

Chambre simple 51 € ; double 60 € ; triple à partir de 75 €. Petit déjeuner inclus. Lit supplémentaire : 15 €.

Béatrice et Pascal vous accueillent dans un ancien pressoir joliment rénové, bénéficiant d'un accès privatif. La grande pièce de vie regroupe un salon et un coin cuisine, et donne sur une terrasse en bois. Deux chambres sont disponibles à la location et sont équipées de télévision. Le matin, on apprécie le petit déjeuner copieux avec gâteaux et confitures maison, laitages et fruits ou jus de fruits frais, ainsi qu'une sélection de thés. De nombreuses formules sont proposées par vos hôtes pour découvrir la gastronomie régionale et les vins locaux.

LA DEMEURE LIBERTINE €€

35, rue Général-de-Gaulle - **GUÉMÉNÉ-PENFAO**
✆ 06 09 03 02 42
www.demeurelibertine.fr

Tarifs pour un couple : selon les prestations choisies, plusieurs formules, avec ou sans dîner, de 60 € à 200 €.

Dans cette belle bâtisse bourgeoise du XIXe, nos hôtes, n'accueillent que les couples sur réservation. Avec une salle de réception et son coin bar, tout est fait pour que chacune et chacun puisse prendre ses aises. Ainsi vous pourrez vous détendre au sauna, au hammam ou dans la baignoire balnéo avant pourquoi pas, de passer sur la table de massage. Pour les jeux coquins, de confortables salons câlins se prêtent à tous les fantasmes, quant au donjon très bien équipé, il vous permettra de vivre des séances intenses adaptées bien sûr, à vos limites.

LA MUSARDISE €€

47, rue du Mené - **GUÉRANDE**
✆ 02 40 61 90 50
www.lamusardise.fr

Chambre simple 82 € ; chambre double 86 €. Petit déjeuner inclus. Lit supplémentaire : 30 €. Animaux acceptés.

Cette longère du XVIIIe siècle rénovée propose trois chambres pouvant chacune accueillir jusqu'à quatre personnes (deux lits de 90 en mezzanine), propres et confortables. Elles disposent toutes d'une terrasse privative et de télévision. L'une d'elles est accessible aux personnes à mobilité réduite et une autre possède une kitchenette et peut être louée en formule gîte. Un salon de lecture est également à disposition. Les environs réunissent la plage de la Baule à 10 km, l'étang du Sandun à 300 mètres, et les marais salants de Guérande à 7 km.

LES ATELIERS DU BON PÈRE LAURENT €€

14, rue du Père-Laurent
HERBIGNAC
✆ 06 80 20 73 56

Gîte jusqu'à 15 personnes est de : 1 nuit 395€, 2 nuits 295€, à partir de 3 nuits 250€.

Cette maison d'hôtes se compose d'un salon, d'une cuisine équipée et de 4 chambres, d'un dortoir et d'une suite familiale, le tout avec salles d'eau privatives. La décoration est bien pensée et les équipements modernes et de qualité. Jusqu'à 15 personnes peuvent être accueillies dans ce gîte décoré de sculptures où le calme et la convivialité règnent en maîtres. Des ateliers d'arts multi-matières sont proposés pour les résidents selon leurs envies.

CHATEAU DE COETCARET €€€

HERBIGNAC
✆ 02 40 91 41 20
www.coetcaret.com

Gîte de France (3 épis). Ouvert toute l'année. 4 chambres. Chambre double de 90 € à 130 €. Petit déjeuner inclus.

Entre l'océan et le Parc naturel régional de Brière, le petit château de Coëtcaret date du XIXe siècle. Il se trouve dans un grand domaine boisé. Calmes et confortables, ses chambres sont dotées de sanitaires privatifs. À faire sur place : farniente dans le jardin ou promenade en suivant un sentier de découverte de la faune et de la flore. Madame de la Monneraye est à votre écoute pour vous conseiller si vous cherchez des idées de visites et elle propose de très nombreuses formules tout compris, pour un week-end bien-être ou gastronomique par exemple..

LA NOË DE MARLAIS €€

12, rue Jean de Rieux - **HERBIGNAC**
✆ 02 40 91 40 83
www.lanoedemarlais.fr

Chambre simple 51 € ; chambre double 63 € ; chambre triple 85 €. Petit déjeuner inclus. Lit supplémentaire : 20 €.

Vous serez accueilli chaleureusement par Josiane dans des chambres impeccables au confort parfait pour un repos sans limite. Elles sont toutes équipées de salle d'eau et de toilettes privées. La chambre familiale est composée de deux pièces séparées par un couloir. Cette belle maison aux poutres apparentes possède un jardin où il est si agréable de passer du temps au petit déjeuner, à la belle saison. Pour les parents d'enfants en bas âge, pas besoin d'emmener tout le matériel, vous trouverez sur place lit, chaise, baignoire, matelas à langer, etc.

LE PRÉ MARIE €€

Les Planchettes - **JANS** ✆ 02 40 79 48 26
www.chambresdhotes44-lepremarie.fr
Chambre simple de 40 € à 45 € ; chambre double à partir de 52 €. Petit déjeuner inclus. Lit supplémentaire : 20 €.

Le Pré Marie, labellisé Accueil Paysan, propose quatre chambres très confortables toutes équipées de salles de bain et toilettes indépendantes pour un séjour idyllique ponctué de savoureux petits déjeuners avec pâtisseries et confitures maison et jus de pomme fermier. Après ceux-ci, accordez-vous quelques instants relaxants sur la terrasse avant de démarrer votre journée. Dans les espaces communs on profite notamment d'une belle bibliothèque avec de nombreux ouvrages régionaux. Les plus petits seront bien reçus avec du matériel pour leur confort et des jeux.

LE MOULIN DE BEL AIR €€

4, Bel Air - **JOUÉ-SUR-ERDRE** ✆ 02 40 72 33 96
www.lemoulindebelair.com
Chambre double 82 € ; chambre triple 106 €. Petit déjeuner inclus. Lit supplémentaire : 24 €. Restauration (28€).

Deux magnifiques plans d'eau attendent le visiteur, l'étang de la Provostière, proche de Riaillé et l'étang de Vioreau, ancienne réserve du canal de Nantes à Brest, au bord duquel on trouve une plage et où le canotage est possible. Vous résiderez dans un ancien moulin du XVIIe siècle, progressivement transformé en minoterie où se nichent deux chambres d'hôtes très chaleureuses et confortables équipées de wifi. Un grand salon avec cheminée est très agréable. Sauna et bain à bulles sont à votre disposition, combinés pourquoi pas à des cours de yoga et de fitness.

LES RONDERAIS €€

JOUÉ-SUR-ERDRE
✆ 02 28 24 80 98
www.lesronderais44.com
Fermé de novembre à mars. Chambre simple 70 € ; chambre double 80 € ; chambre triple 90 €. Petit déjeuner inclus.

Vous serez accueilli ici dans une ancienne ferme rénovée datant du XIXe siècle. Elle est située en pleine campagne, au bord de l'étang de Vioreau, parmi un élevage de chevaux. D'ailleurs on y reçoit volontiers votre monture. Notez en outre que des promenades à dos de poney sont proposées. Deux chambres à l'étage et une au rez-de-chaussée avec terrasse privée et salon de jardin vous attendent. Les petits déjeuners sont copieux et variés, faits de produits frais. Une superbe piscine vous permettra de passer d'agréables après-midi avec les enfants.

LA MAISON AU-DESSUS DES VOILES €€

42, avenue Henri Bertho - **LA BAULE-ESCOUBLAC**
✆ 02 40 90 42 21
www.lamaisonaudessusdesvoiles.fr
Tarifs basse saison : de 75 € à 85 € la nuit. Moyenne saison : de 85 € à 95 €. Haute saison de 105€ a 115€.

L'établissement offre un esprit vacances dans un cadre balnéaire. La maison est équipée de 3 chambres modulables avec une terrasse et un accès privatifs, d'une salle de bain avec WC indépendants, d'une TV, du wifi gratuit, d'un salon et d'un coin cuisine à disposition. L'accès au spa à volonté est inclus dans les tarifs. Frédérique et Jean-François proposent également une table d'hôtes dont les menus varient en fonction des saisons et des produits frais du marché.

LE MANOIR DES QUATRE SAISONS €€

744, boulevard de Lauvergnac - **LA TURBALLE**
✆ 06 87 33 43 86 -
www.le-manoir-des-quatre-saisons.com
Chambre double de 80 € à 115 € ; Appartement de 100 € à 130 €. Petit déjeuner inclus. Lit supplémentaire : 20 €.

Le Manoir des Quatre Saisons propose des chambres d'hôtes de charme, dans un lieu des plus agréables. Le manoir a été rénové avec des matériaux et des techniques ancestrales comme les pierres de granit, les ardoises du pays, les poutres magnifiques, l'utilisation de cuivre, l'absence ou presque de ciment... La bâtisse, et son cottage attenant, disposent de cinq chambres, aux ambiances agréables et toutes différentes. Le petit déjeuner est varié et peut être pris au bord de la piscine.

LES CHAMBRES D'HÔTES DE LA BERGERIE €€

Route de Trans-sur-Erdre - **LES TOUCHES**
✆ 02 40 29 56 37 - https://sites.google.com/site/chambresdelabergerie
Chambre simple de 40 € à 50 € ; chambre double de 50 € à 60 €. 5 personnes à partir de 125€. Petit déjeuner inclus.

Laure et Aurélien reçoivent leurs hôtes dans une campagne composée d'espaces agricoles respectueux de l'environnement. Deux chambres sont proposées, une double et une familiale pouvant accueillir jusqu'à cinq personnes. Toutes les deux possèdent douches et toilettes indépendantes. Dans ce cadre calme et élégant, vous profiterez de moments hors du temps, au contact de la nature en compagnie d'hôtes charmants et extrêmement attentionnés, aux petits soins.

CHEZ BERNADOU €

7, avenue de l'Hippodrome
MACHECOUL-SAINT-MÊME ✆ 02 40 02 22 16
www.chez-bernadou.com

Chambre double à partir de 64 €. Petit déjeuner inclus. Lit supplémentaire : 20 €. Chèque Vacances. Animaux acceptés.

Proche de l'océan, dans un environnement apaisant, cette adresse propose deux chambres, l'une avec un grand lit et des lits superposés, l'autre avec également un lit double. Dans le jardin décoré avec un puits fleuri un peu kitsch, vous pourrez déjeuner et faire un barbecue si vous le souhaitez. Pêche, équitation, tennis, baignade, et randonnées sont quelques-unes des activités que vous pourrez pratiquer à proximité de la propriété. Les petits déjeuners sont pris sur la terrasse ou dans le séjour, si vous avez des dons musicaux le piano sera à votre disposition

HÔTEL DU DON €€

16, rue du Général de Gaulle - **MARSAC-SUR-DON**
✆ 02 40 87 54 55
www.hoteldudon.fr

Chambre simple de 48 € à 54 € ; chambre double de 58 € à 70 €. Petit déjeuner inclus.

Cette bâtisse de 1910 a d'abord été transformée en hôtel puis en chambres d'hôtes. En effet, bien que le nom Hôtel du Don soit conservé c'est bien désormais des chambres d'hôtes qui sont proposées ici. La maison d'hôtes dispose de 4 chambres – 3 chambres doubles et 1 triple. Elles sont toutes équipées de douche, WC, télévision LCD TNT HD et du Wifi gratuit (y compris dans les chambres). Thérèse est la 4e génération de femmes en cuisine et perpétue un art de la table inspiré de la tradition familiale et du terroir local, tout en revisitant les grands classiques.

BEL AIR CHAMBRES D'HOTES €€

32, rue du Cellier - **MAUVES-SUR-LOIRE**
✆ 06 74 37 37 30 - www.belair-chambres-hotes.fr

Ouvert toute l'année. 4 chambres. Chambre double de 75 € à 110 €. Petit déjeuner inclus.

Le Manoir de Bel Air domine la Loire depuis 1870, date de sa construction par une riche famille d'industriels qui l'a conçu comme une résidence secondaire avec son parc d'un hectare et ses arbres centenaires. Dans ce havre de paix, quatre chambres d'hôtes décorées avec soin, nous invitent à vivre des moments d'exception. L'excellent petit déjeuner réalisé à base de produits frais et faits maison est servi dans une salle avec vue sur le parc. Sylviane est aux petits soins et saura vous faire apprécier sa demeure à tel point que l'on voudrait ne plus la quitter.

LILIANE LEDUC €€

249, rue des Cap-Horniers - **MESQUER**
✆ 02 40 42 50 20
www.liliane-leduc.fr

Gîtes de France. 4 chambres. Chambre simple 68 € ; double 80 € ; triple 95 €. Petit-déjeuner inclus. Bain bouillonnant.

Dans un environnement apaisant, à 400 mètres de la mer, cette maison de caractère offre une vue sur un jardin arboré, les marais salants et un verger, avec un site d'observation d'oiseaux. À l'intérieur, vous trouvez quatre chambres à l'étage. La décoration est de style ancien et romantique, on l'apprécie notamment lors des petits déjeuners bio servis dans une véranda victorienne. Autres agréments : un salon de lecture installé en mezzanine pour les moments de repos et une exposition de peintures signées de la maîtresse de maison.

AU JARDIN D'EAU €

13, rue du Gué
MISSILLAC
✆ 02 51 76 89 82

Gîtes de 53 à 80€ la nuit, l'un pour 4 adultes, l'autre pour 6.

Passez un séjour au calme, dans la campagne verdoyante de Missillac-Saint-Gildas des bois à quelques centaines de mètres de l'étang de la Roche Hervé et du Gué aux biches. Valérie Bonduelle dans l'une de ses deux maisons de vacances. Votre terrasse privée vous offrira une vue sur le jardin et l'étang où l'on peut pêcher. Entièrement équipée, la cuisine comporte un lave-vaisselle et un four micro-ondes. Un barbecue est également à votre disposition dans le jardin. Le salon est doté d'une télévision et la salle de bains privative est pourvue d'une baignoire.

LA MAISON DES LANDES €€

Les Landes - **MOUZILLON**
✆ 02 40 06 96 00
www.maisondeslandes44.fr

Chambre double à partir de 70 €. Petit déjeuner inclus. Label Vignobles et Découvertes. Label Tourisme & Handicap.

Magnifique propriété en plein cœur du vignoble, la maison des Landes offre trois chambres de charme à ses visiteurs. Chacune d'elle propose une ambiance différente, mais toutes sont équipées d'une salle de bains à l'italienne avec wc privé et d'une entrée indépendante. L'une d'elles n'a pas de terrasse avec salon de jardin, mais elle possède un accès pour personne handicapée et un coin salon avec canapé convertible. Dans le salon avec cheminée on profite de moments détente et la cuisine équipée vous est mise à disposition sur demande.

LA CHAMBRE EN VILLE €

17, rue Marcel-Schwob - **NANTES**
© 02 40 71 96 51
www.lachambreenville.com
1 studio avec kitchenette. Chambre simple de 60 € à 90 € ; chambre double de 55 € à 70 €. Petit déjeuner inclus. Wifi.

Voici une adresse pleine de charme et propice au repos, à deux pas de tout ce que la ville peut offrir. Dans une impasse au calme, cette maison des années 1930 a beaucoup à offrir à ses visiteurs. Vous aurez plaisir à séjourner dans cette chambre d'hôtes de 35 m² de tout confort avec cheminée d'origine et une décoration particulièrement soignée et raffinée. La kitchenette permet de préparer un repas. L'accès indépendant se fait par le joli jardin des propriétaires. Le petit déjeuner est composé de produits frais et de productions maison.

AUBERGE DU DONNEAU €

110, place de l'Eglise - **PANNECÉ**
© 02 40 05 67 34
www.aubergedudonneau.fr
Chambre simple à partir de 46 € ; chambre double à partir de 50 €. Petit déjeuner : 6 €. Lit supplémentaire : 10 €.

Cette adresse ravira les petits budgets. Pour un prix abordable, cette maison d'hôtes propose quatre chambres parfaitement tenues, avec une déco sobre et une literie confortable. Située dans le bourg de Pannecé, l'auberge est très calme, pas de bruit de voiture ou de circulation, seulement le calme champêtre de la campagne environnante. Aucun problème de stationnement, il y a un grand parking juste en face. La cuisine est ici délicieuse, intégralement préparée maison, selon des recettes traditionnelles et avec des produits de saison, frais et locaux.

CHAMBRES NANTES €€

14, rue Malherbe - **NANTES**
© 06 13 80 28 49
www.chambres-nantes.com
Chambre simple à partir de 95 € ; double à partir de 100 € ; triple à partir de 140 €. Petit déjeuner inclus.

Trois chambres très agréables, claires et spacieuses, tout confort, et un jardin verdoyant pour un repos total vous sont proposés ici. Toutes disposent d'une salle d'eau privée et deux d'entre elles sont dotées d'un canapé-lit d'appoint idéal pour les familles. L'accueil est à la hauteur, avec Marie-Claude Lainé qui sait mettre les touristes à l'aise pour qu'ils se sentent chez eux et qui propose un petit déjeuner tout à fait exceptionnel chaque matin. Vous serez idéalement situés pour profiter de la ville et aller la découvrir à pied.

LE JARDIN DE RETZ €€

1, chemin des Mousseaux - **PORNIC**
© 02 40 82 02 29
www.lejardinderetz.fr
Gîtes de France (3 épis). Chambre simple de 85 € à 95 € ; chambre double de 98 € à 115 €. Petit déjeuner inclus.

Les amateurs de botanique seront comblés car les chambres sont ici nichées dans un jardin plein de charme. Michelle et Jean ont aménagé trois chambres d'hôtes de charme, dont une suite (une chambre plus un salon) dans leur longère datant de 1850. N'hésitez pas à franchir les portes de ce jardin secret où vous serez très bien accueillis. Un appartement de plain-pied en rez-de-jardin pour deux personnes et un autre sur deux niveaux, simple et raffiné, avec une superbe vue, sont également proposés. Ils sont idéals pour des séjours longs en toute indépendance.

CHÂTEAU-RÉSIDENCE DE BOIS-BRIAND €€

10, rue du Bois-Briand - **NANTES**
© 06 64 68 14 05
www.chateauboisbriand.com
2 chambres d'hôtes avec petit déjeuner inclus et 2 appartements avec kitchenette au prix de 120€. Wifi.

Manoir médiéval et son orangerie, cour d'honneur, maison du jardinier, potager partagé, mail de tilleuls, ancienne ferme, cour ses ateliers et son poulailler, piscine, jardins et miroir d'eau, la famille Delalonde accueillent toute l'année des créateurs, des artistes et autres professionnels au Château de Bois-Briand dans un cadre exceptionnel. Elle loue ateliers, salles ou logis à la semaine, au mois ou à l'année. On profite ici d'appartements indépendants.

LES MANDALAS €€

18, la Tingère - **PORNIC** © 02 40 21 78 29
http://lesmandalas.fr
5 chambres. Chambre double de 89 € à 119 €. Petit déjeuner inclus. Lit supplémentaire : 20 €. Parking. Sauna.

Louis et Martine Barreau vous proposent quiétude et sérénité à proximité des plages de la Côte de Jade. Dans leur maison moderne au style provençal, cinq chambres de 2 à 3 personnes sont disponibles, possédant chacune une literie 160 x 200, des sanitaires privatifs et une entrée indépendante. Chaque chambre possède son propre style. Les petits déjeuners sont servis en salle ou à l'extérieur et un coin cuisine est à disposition si nécessaire. Vous profiterez ici d'un superbe jardin, d'une magnifique piscine et d'un espace bien-être très complet avec sauna.

SAHA €€

La Bâte - **PORNIC** ✆ + 33 2 40 21 36 72
www.saha-pornic.fr

Chambre simple de 80 € à 85 € ; chambre double de 90 € à 95 € ; chambre triple de 105 € à 110 €. Petit déjeuner inclus.

Adèle ou Zénaïde, choisissez la chambre qui vous convient dans la belle propriété d'Armelle, au calme dans la campagne, entre Pornic et Saint-Père-en-Retz. La chambre Adèle allie la douceur des meubles anciens, de la pierre et du linge brodé, tandis que la chambre Zénaïde se veut plus contemporaine, dans un esprit loft. Chacune des chambres offre une décoration très réussie avec de beaux volumes et des couleurs zen et harmonieuses. Une piscine chauffée est accessible aux hôtes, tout comme un beau jardin habité par de nombreux animaux qui raviront petits et grands.

LA PETITE BUCHETIERE €€

57, chemin de la Buchetière - **RIAILLÉ**
✆ 02 40 97 86 61
www.lapetitebuchetiere.com

Chambre simple 47 € ; double 52 € ; triple 85 €. Petit déjeuner inclus. Restauration (table d'hôte : 22 €).

Cette maison récente est située au calme de la campagne, à quelques mètres de l'Erdre, entre forêts et étangs. Elle offre un jardin clos paysagé de 4 500 m² avec piscine couverte et terrasse. Vélos, portique, toboggan, ping-pong et pétanque sont à disposition. Une suite et un espace familial composé de trois chambres séparées mais communicantes sont proposées. Le petit déjeuner est servi selon la saison auprès de la piscine ou de la cheminée. Vous passerez ici un excellent séjour, non loin de toutes les principales attractions touristiques de la région.

LA DEMEURE DE SAINT-FIACRE €€€

Les Gras Moutons - **SAINT-FIACRE-SUR-MAINE**
✆ 02 40 43 46 33 - www.lademeure.fr

3 chambres dont 1 Duplex Familial 4 personnes. Chambre double de 127 € à 133 € ; suite à partir de 213 €.

Si vous aimez les maisons d'architecte, la demeure de Saint-Fiacre devrait vous combler, car elle allie le charme d'une demeure ancienne à la fonctionnalité d'une maison moderne, avec de beaux volumes et une décoration moderne et design. Trois chambres avec vue sont proposées, chacune offrant une ambiance résolument contemporaine. Les prestations proposées sont de grande qualité et très bien pensées. On trouve ici tout ce qu'il faut pour passer d'agréables moments.

CHAMBRES D'HÔTES DE PENDILLE €€

41, rue Laênnec - **SAINT-JOACHIM**
✆ 02 40 91 63 30
saint.joachim.free.fr/

3 chambres. Chambre double à partir de 50 € ; chambre triple à partir de 75 €. Petit déjeuner inclus. Parking inclus.

Pendille est une île à l'abri de la marée et c'est là que vous trouverez trois chambres confortables, comprenant salle de bains, toilettes indépendantes et la télévision. À l'étage de la maison on trouve deux chambres communicantes, une parentale et une pour les enfants avec beaucoup de jouets. Vous vous y reposerez dans l'environnement si calme de la Grande Brière Mottière. Le petit déjeuner est servi dans la salle à manger, près d'un feu de cheminée en hiver.

LA COMPAGNIE DES 5 MONDES €

8, rue de Trignac - **SAINT-NAZAIRE**
✆ 02 40 22 05 46
lacompagniedes5mondes.fr

Chambre simple de 35 € à 45 € ; double de 40 € à 45 € ; studio / appartement de 60 € à 70 €. Petit déjeuner : 5 €.

Passionnés de tourisme industriel, de photographie, de cinéma, cette adresse est faite pour vous. Pour accéder aux 3 chambres d'hôtes, 2 studios d'hôtes et 2 studios gîtes indépendants, on passe par une cour aux murs chatoyants. Les studios se caractérisent par leur espace indépendant de 20 m² avec kitchenette et salle de bains-WC. L'ambiance est ici très conviviale et les petits déjeuners sont pris autour de l'ancien bar, rappelant le passé de cet espace.

LE REPAIRE DU HIBOU €€

1, Le Breil - **SAINTE-PAZANNE**
✆ 02 40 02 48 34
www.le-repaire-du-hibou.fr

Les cabanes perchées dès 160 € la nuit pour 2 personnes, 175€ pour 4 personnes, 190€ pour 6 personnes.

Le Repaire du Hibou, c'est trois cabanes offrant tout le confort pour passer une nuit dans les arbres et dans un cadre champêtre, pour un moment hors du temps, sans compter la terrasse et le balcon, histoire de bien profiter de la nature et du parc de 5 hectares qui s'étend devant nous. Ce repaire, c'est aussi une roulotte qui vous accueillent également pour voyager immobile le temps d'une nuit. Les repas-raclette l'hiver et les grillades l'été ajoutent un peu plus à l'ambiance champêtre et chaleureuse qui règne dans ce repaire tenu par Brigitte et Pascal.

MAINE-ET-LOIRE

LA THIBAUDIERE €

8, route de la Bourdaulière - **ALLONNES**
✆ 02 41 52 33 80
www.thibaudiere.fr
Chambre simple 60 € ; chambre double 65 € ; chambre triple 80 €. Petit déjeuner inclus. Lit supplémentaire : 15 €.

Maison angevine du XVIIIe siècle sur la Route des Vins et dans un grand jardin arboré, La Thibaudière propose trois chambres spacieuses et charmantes avec poutres apparentes. Une cuisine d'été est mise à disposition. La salle à manger, agréable, constitue un cadre idéal pour les petits déjeuners où vous attendent fruits du verger et confitures maison. À 10 kilomètres de Saumur, de Bourgueil, du Cadre Noir, à proximité des châteaux, des champignonnières, des sites viticoles et troglodytiques et de la célèbre Abbaye Royale de Fontevraud, l'emplacement est parfait.

LES CHAMBRES DE MATHILDE €€

27, rue Hanneloup - **ANGERS** ✆ 06 11 71 18 50
www.chambres-de-mathilde.com
4 chambres. Chambre simple de 79 € à 85 € ; chambre double de 83 € à 89 €. Petit déjeuner inclus. Parking fermé : 5 €.

Cet ancien hôtel particulier de 1860 est tenu par Wojtek et Marie-Yvonne, qui se font un plaisir de vous renseigner dans toutes les langues. Le lieu offre des chambres spacieuses et confortables aux éléments de caractère (parquet ancien, haut plafond, mobilier d'époque). Toutes donnent sur un ravissant jardin intérieur. L'idéal, aux beaux jours, pour y prendre son petit déjeuner ou rêvasser dans un transat. Le petit déjeuner est copieux (pain frais, viennoiseries, fromages) et fait la part belle aux produits maison : yaourts et confitures.

CHÂTEAU DES FORGES €€

Chemin du Port de l'Ile Saint Aubin - **ANGERS**
✆ 02 52 60 64 85
www.slow-village.fr/chateau-des-forges/
chambre double de 90 € à 140 € ; piscine extérieure

Ce bel établissement de charme fondé en 1862 par Germain Bouyonnet-Belize bénéficie non seulement d'un magnifique parc arboré de 6 hectares mais aussi d'une superbe vue sur les basses vallées angevines. Un panorama que l'on peut aussi apprécier depuis ses 14 chambres d'hôtes, décorées avec un soin extrême, dans un style résolument contemporain. Un vrai bonheur également que de démarrer sa journée par un copieux petit déjeuner, composé de bons produits frais, puis de se promener au beau milieu des arbres ou de s'offrir quelques brasses en piscine...

LE HOME DU 12 BIS €€

12 bis, rue Delâage
ANGERS
✆ 06 77 88 90 97
www.chambredhoteangers.com
Studio / appartement 70 € la nuit, 140 € le week-end, 450 € la semaine. Petit déjeuner en chambre.

Zénitude et bien-être garantis dans cette belle maison de caractère, idéalement située entre la gare et le château. Accueillis dès l'entrée par une douce odeur d'huile essentielle, on découvre ici une chambre d'hôtes spacieuse, confortable avec son lit king size, et fonctionnelle (bureau, mini-bar et cuisine équipée). Un sans faute également dans la décoration avec des tons pastel, de jolis tableaux et un mur de cages d'oiseaux sur la terrasse privative… L'accueil est très chaleureux sans être oppressant, votre tranquillité et votre indépendance sont préservées.

MADELEINE ET COMPAGNIE €€

135, rue de la Madeleine - **ANGERS**
✆ 06 64 39 41 18
www.angerschambresdhotes.com
4 chambres (dont 2 studios meublés). Chambre double de 80 à 85 €. Petit déjeuner inclus. Lit supplémentaire : 20 €.

Deux jolies chambres d'hôtes décorées avec goût dans le paisible quartier de la Madeleine, offrant chacune une belle vue sur le jardin. La chambre Madeleine (trois lits simples) et la Sidonie (un lit double et une banquette lit) sont en duplex, avec un petit salon TV. Le lieu propose également deux studios meublés pour une ou deux personnes, avec kitchenette et salle de douche/toilettes. Le matin, Sophie se fera une joie de vous servir un délicieux petit déjeuner maison. Enfin, il est aussi possible de bénéficier d'un emplacement de parking à proximité.

MAISON BOSSOREIL €€

32, rue David-d'Angers
ANGERS
✆ 06 20 41 75 03
www.maison-bossoreil.fr
Fermé en août. 5 chambres. Chambre simple de 65 € à 120 €. Petit déjeuner buffet inclus.

Les propriétaires de cet hôtel particulier du XVIIIe siècle ont su personnaliser à merveille leurs 5 chambres d'hôtes. Des chambres dont la décoration s'inspire en partie de leur histoire familiale et dont chaque nom reprend à sa manière cette fameuse sensation de luxe, calme et volupté chère à Baudelaire. Sérénité, Félicité, Délicatesse, Altesse et Éternité : chaque pièce est travaillée dans les moindres détails, offrant du lit à la salle de bains un confort maximal. On aime aussi le petit salon de lecture, l'accueil chaleureux et le copieux petit déjeuner.

L'OISELLERIE €€

5, rue de l'Oisellerie - **ANGERS** ✆ 02 41 41 79 55
www.loisellerie.com
5 chambres de 87,50 € à 180 € la nuit. Petit déjeuner inclus. Accueil en chambre de 15h à 19h. Parking : 10 €.

Marlène et Johanna ont réaménagé en chambres d'hôtes une magnifique maison à colombages du XVIe siècle. On découvre l'escalier de bois dans une petite rue intérieure et un espace cuisine joliment éclairé derrière lequel se trouve une cour intérieure. Les cinq chambres sont splendides (tomettes, poutres, combles, tuffeau). Deux d'entre elles donnent sur la cour, les trois autres sur la rue intérieure. L'accueil est aussi charmant que le lieu. Enfin, un passage souterrain aurait jadis mené vers la cathédrale, de quoi s'abîmer dans une imagination toute médiévale !

DOMAINE DE LA BREGELLERIE €€

Route de Chigné - **AUVERSE**
✆ 02 41 82 11 69
www.labregellerie.com
5 chambres. Parking. Gîte : 700 € à 850 € en week-end et 1 550 € à 1700 € la semaine.

Ancienne ferme réhabilitée, cette demeure de charme vous séduira par son calme et sa proximité avec la nature. Elle comprend cinq chambres d'hôtes (l'une pouvant accueillir jusqu'à 3 personnes), bien équipées, et chacune décorée selon un thème différent : la vigne, la Loire, les champs, l'étang, la forêt, rappelant le cadre extérieur. Une piscine et un étang de pêche sont également à disposition et le zoo de La Flèche à 15 km pourra faire l'objet d'une balade.

LA MAISON DE FLORENCE €

6, rue Barra - **ANGERS** ✆ 06 18 25 13 74
https://lamaisondeflorence-angers.fr/
4 chambres. Petit déj. inclus. Chambre single 100/120 €, double 110/130 €. Réservé aux pers. en déplacement pro.

© LA MAISON DE FLORENCE

La Maison de Florence est à l'image de sa charmante hôtesse : gaie, lumineuse et accueillante. Dans cette magnifique demeure des années 1930, tout est fait pour que le visiteur se sente bien. Les chambres cosy sont équipées d'une salle de bains privative et décorée avec goût. À chaque chambre, un thème dédié. Florence accueille ses convives avec beaucoup de convivialité et propose une restauration maison avec des produits locaux pour le petit déjeuner et le dîner. Dans l'espace coworking, vous trouverez tout l'équipement nécessaire pour travailler.

CHATEAU DE LA MONTCHEVALLERAIE €€€

AVIRÉ
✆ 0241613224
www.chateaulamontchevalleraie.com
Fermé du 30 septembre au 30 avril. 2 chambres. Chambre double 150 € ; suite 200 €. Petit déjeuner inclus.

Ce château construit à la fin du XVIIIe siècle dans un parc à l'anglaise de 6 hectares vous séduira par son ambiance calme et romantique. Le chanteur Luis Mariano y venait ainsi fréquemment. Les chambres et la suite sont décorées d'un mobilier anglais et français du XIXe siècle. Notez la possibilité de pêche dans l'étang. Voilà un véritable havre de paix aux environs du château du Plessis-Bourré où l'on goûte le temps de son séjour à la véritable vie de château.

LES BOUCHETS €€

RD60
BAUGÉ-EN-ANJOU
✆ 02 41 82 34 48
Chambre double de 72 € à 88 €. Petit déjeuner buffet inclus. Lit supplémentaire : 25 €. Tables d'hôtes : 29 €.

Cette maison baugeoise du XIVe et XVe siècle, entièrement rénovée, entourée d'un agréable jardin potager et arboré laissant plusieurs espaces en pelouse pour vous reposer dans le calme de la campagne angevine, comprend trois chambres et une salle à manger. Les repas à la table d'hôte seront l'occasion de goûter aux produits du jardin de Michel et à ses recettes angevines. Dans le salon une cheminée accompagnera vos soirées d'automne et d'hiver pour le dîner et l'été ceux-ci vous seront servis sur la terrasse du jardin au son des chants d'oiseaux.

LA DEMEURE DU GOUPIL €€

Le Goupil - **BRISSAC LOIRE AUBANCE**
✆ 06 62 05 49 79
www.demeure-du-goupil.com
Ouvert toute l'année. 3 chambres. Chambre double à partir de 70 €. Petit déjeuner inclus. Lit supplémentaire : 20 €.

Dans une ancienne bâtisse élégamment restaurée, les chambres bénéficient d'un confort de haute qualité avec toute une gamme de services gages de votre bien-être, la climatisation, l'entretien quotidien, le B&B, le wifi ou encore un petit plateau ché ou Café de bienvenue. Croix de Mission, Grand-Pierre ou encore Les Pains Bénis : ce sont trois espaces savamment aménagés pour trois ambiances uniques et contemporaines. À 15 minutes d'Angers, de son grand patrimoine historique et de ses animations, la Demeure est la retraite idéale.

MANOIR DE LA GROYE €€

9, rue de la Loire - **BRISSAC LOIRE AUBANCE**
✆ 06 62 21 09 11 - manoirdelagroye.fr/
Ouvert de mai à septembre 2021. La semaine, pour 2 personnes : 560 € à 630 € ; pour 5 personnes : 1070 € à 1200 €.

Le Manoir de la Groye est ravissant, de style Renaissance, entouré de merveilleux jardins classés monument historiques. Les propriétaires sauront vous accueillir chaleureusement dans cette charmante dépendance en tuffeau offrant cinq couchages avec une belle hauteur de plafond sur trois niveaux. Meubles et objets, chinés ou rapportés par les propriétaires lors de leurs voyages, apportent une touche originale. L'ambiance est à la fois élégante et écologique : arboretum, ruches, potager, verger, poulailler... Deux studios en formule « gîte » sont également proposés.

LA PICHONNIÈRE €€

La Pichonnière - **BRISSAC LOIRE AUBANCE**
✆ 02 41 91 29 37
www.gite-brissac.com
Chambre double de 65 € à 75 € ; triple à partir de 120 €. Gite 300 € - 340 le week-end et de 460 € à 540 € la semaine.

C'est une longue allée de châtaigniers centenaires et de noyers qui vous accueille dans le somptueux domaine de la Pichonnière. Cette ancienne ferme en U est tenue par un couple de voyageurs qui a toujours aimé rencontrer ses hôtes. Les chambres et le gîte sont aménagés harmonieusement et séduisent dès le premier regard avec l'abondance de la pierre blonde de tuffeau. Deux chambres en rez-de-chaussée sont accessibles aux PMR. Le petit déjeuner copieux et savoureux est offert à partir de produits majoritairement bio locaux et même maison !

MAISON BEAUSOLEIL €

64, rue Saint-Maurille
CHALONNES-SUR-LOIRE
✆ 02 41 77 95 67
www.chambres-beausoleil-chalonnes.com
Chambre simple 55 € ; chambre double 65 € ; chambre triple 77 €. Petit déjeuner buffet inclus.

La Maison Beausoleil, ancienne demeure angevine du XIXe siècle, située sur les quais de la Loire, dans le centre-ville de Chalonnes, propose une suite composée de deux chambres doubles, pouvant accueillir d'une à 4 personnes. La situation géographique permet des randonnées à pied (GR3), ou à bicyclette avec la proximité de la corniche angevine, ainsi que du canoë. La table d'hôte se compose d'une cuisine familiale du terroir accompagnée des vins locaux (anjou rouge ou blanc). Un bel endroit pour découvrir l'Anjou, la Loire et son vignoble.

GÎTE LA MINGUIÈRE €

La Minguière
CHAMPIGNÉ
✆ 02 41 42 07 59
www.laminguiere.fr
3 chambres et gîte 9 personnes (7 jours 595 €). Chambre double de 24 à 28€ la nuit.

Vous trouverez votre bonheur dans cette ferme caractéristique du Haut-Anjou. Un accueil fort sympathique vous y sera réservé et les enfants seront les bienvenus. Pouvant recevoir jusqu'à neuf personnes, le gîte est aménagé dans une ancienne étable très bien restaurée avec la mise en valeur des matériaux rustiques, pierre et bois. Outre la cuisine, Il comprend un confortable salon de 40 m², aménagé dans une grande véranda avec vue imprenable sur la campagne, et trois chambres, dont une au rez-de-chaussée, toutes équipées d'une télévision.

DEMEURE L'IMPERIALE €€

28, rue Nationale - **CHOLET**
✆ 02 41 58 84 84
www.demeure-imperiale.com
Chambre simple 70 € ; chambre double 80 € ; suite 150 €. Petit déjeuner inclus. Repas sur réservation : 27 €.

Voici une demeure de l'époque Directoire, entièrement rénovée, couronnée d'un jardin sauvage de roses et de buis. Édith et Jean René vous recevront dans cette belle demeure, comme des amis. Des chambres d'hôtes spacieuses, aux décors différents avec des salles de bains attenantes, salon avec télévision, vous offriront des moments de bonheur tranquille dans une charmante ville de province. Les petits déjeuners gourmand vous seront servis dans un jardin d'hiver autour de gâteaux, confitures, flans faits maison, un moment de pur bonheur.

LE CLOS DE LA BRETE €

9, rue Jean-de-La-Brète - **CIZAY-LA-MADELEINE**
✆ 02 41 50 46 26 - www.le-clos-de-la-brete.fr
Ouvert toute l'année. 3 chambres. Chambre simple de 65 € à 71 € ; chambre double de 69 € à 79 €. Petit déjeuner inclus.

La maison d'hôtes de Florence est nichée au calme dans le petit village d'Igné. C'est une ancienne maison de vignerons qui a été entièrement rénovée pour accueillir 6 personnes ou plus dans 3 chambres sobrement mais chiquement décorées, dont deux sont communicantes. On profitera du jardin, du petit déjeuner maison et du gruyère. Entendez par-là des trous alentour puisque le village, comme toute la région est truffé de creusements troglodytiques qui donnent un charme fou à l'environnement. La table d'hôtes propose des recettes locales à base de produits frais.

CHÂTEAU DE CHAMBIERS €€€

route de Beauvau - **DURTAL** ✆ 02 41 76 07 31
www.chateauchambiers.com
Chambre double de 138 € à 178 € ; suite à partir de 278 €. Petit déjeuner buffet inclus. Lit supplémentaire : 28 €.

C'est dans un cadre idyllique qu'Anne et Élie vous accueillent, en bordure de l'agréable forêt de Chambiers. Cette splendide demeure, château du XVIIIe siècle, possède un parc de 40 hectares. Elle offre à ses visiteurs cinq chambres de haut standing ornées d'un mobilier d'époque et restaurées avec un grand raffinement. On succombera sans doute à la belle cheminée de pierre du salon, mais aussi au superbe lit à baldaquin de la chambre Pierre Loti. Une suite et des gîtes indépendants sont également disponibles à la location, offrant la même qualité de service.

CHÂTEAU DE DURTAL €€€

15, place des Terrasses - **DURTAL**
✆ 02 41 69 92 60
www.chateau-durtal.com
Chambre double de 135 € à 157 €. Petit déjeuner inclus. Appartement/gîtes pour 4 personnes : 249 €.

Menez la grande vie en séjournant au château de Durtal, superbe et imposante forteresse bâtie au XIe siècle imprégnée d'un passé historique fort. Derrière les murs épais de son aile Renaissance, passez une ou plusieurs nuits confortablement installés dans une chambre à l'élégante décoration, avec vue sur le parc. Régalez-vous des plats cuisinés par vos hôtes qui ne lésinent pas sur la convivialité. Un accueil chaleureux, une histoire riche, un hébergement hors du commun... on passe ici d'excellents moments peu importe la durée durant laquelle on y reste.

DOMAINE DE JOREAU - GITES, CHAMBRES ET TABLES D'HÔTES EN VAL DE LOIRE €€

11, La Croix de Joreau - **GENNES-VAL DE LOIRE**
✆ 06 18 35 17 21 - www.domainedejoreau.fr
Chambre double 95 € ; suite 149 €. Petit déjeuner inclus. 2 gîtes de charme de 2-4 personnes. Wifi. Restauration.

Le Domaine de Joreau dispose de trois chambres d'hôtes dont une suite familiale et de deux gîtes. Chaque chambre possède une entrée privative. Une salle de séjour et à manger avec réfrigérateur et micro-ondes sont à la disposition des hôtes, idéal pour les familles mais aussi tous ceux qui privilégient la tranquillité et la détente. Un parc de 10 hectares, traversé par un ruisseau, attend les amateurs de verdure. Pensez à la dégustation de vins pour passer de belles soirées.

CÔTÉ RIVIÈRE €€

24, rue des Vignes - **GREZ-NEUVILLE**
✆ 02 41 95 87 19
www.cote-riviere.com
1 Nuit traditionnelle : 185€. 1 Nuit traditionnelle+dîner : 240€. 1 Nuit détente : 320€. 1 Nuit détente premium : 370€.

Atmosphère apaisante dans ces chambre d'hôtes qui propose des nuitées en lodge sur pilotis, dont l'un comprend un hammam. Vos hôtes, Sandrine et Benoît, ont fait de la détente leur mot d'ordre : laissez-vous tenter par un massage, faites une pause dans le spa. Testez le hammam vue rivière, puis posez-vous auprès de la piscine ou au ponton, au fil de l'eau… La table d'hôtes propose de découvrir les spécialités locales à travers une multitude de petites choses accompagnées de vins fins de la région. Pour parfaire le tout, vous pourrez réserver des massages.

LA CROIX D'ÉTAIN €€€

2, rue de l'Ecluse - **GREZ-NEUVILLE**
✆ 02 41 95 68 49
www.loire-anjou-accommodation.com
4 chambres. Chambre double de 75 € à 100 €. Petit déjeuner inclus. Wifi. Restauration (repas sur réservation : 30 €).

Jacqueline et Auguste habitent dans l'une des plus jolies cités du département et possèdent l'une des plus belles propriétés de cette cité. Ils vous réservent donc un séjour de rêve en mettant à votre disposition quatre grandes chambres décorées dans l'esprit du lieu (toile de Jouy) et donnant sur la rivière Mayenne ou sur le jardin. Grandes et belles literies de qualité, sèche-cheveux, petit déjeuner dans le parc... rien du confort moderne n'est oublié. Un gîte indépendant est également disponible à la location pour passer un séjour ici en toute indépendance.

LES CHAMBRES DU MEUNIER €€

17, route de Martigneau - **JUIGNÉ-SUR-LOIRE**
✆ 02 41 54 65 14 - domaine2moulins.com
Chambre double 75 € ; chambre triple 80 €. Petit déjeuner buffet inclus. Pour 12 personnes (3 chambres dont une PMR).

Des chambres très joliment créées dans d'anciennes écuries offrent la garantie de passer une nuit au calme, au domaine des Deux-Moulins, dans le vignoble de la région Aubance-Brissac. Elles allient le charme de l'ancien au confort et aux décorations modernes avec douche à l'italienne et cuisine équipée. A l'étage : un dortoir pour 6 personnes, et en annexe, une salle de séminaire d'une capacité de 50 personnes. Les cavaliers apprécieront l'accueil qui est réservé à leurs montures, tout aussi chaleureux et agréable que pour eux-mêmes.

DOMAINE DE L'OIE ROUGE €€

8, rue Nationale - **LES ROSIERS-SUR-LOIRE**
✆ 02 41 53 65 65
www.domaine-oie-rouge.com
Chambre double de 85 € à 106 €. Petit déjeuner en chambre inclus. Table d'hôtes 30€ par personne vins compris.

Situé à deux pas de la levée de la Loire, le domaine de l'Oie rouge s'ouvre sur une magnifique demeure bourgeoise du XIXe siècle et son grand et très beau jardin. Cinq chambres spacieuses, toutes équipées de sanitaires privatifs et de jolies salles de bains, ont une vue soit sur le parc soit sur le fleuve. Chacune possède un style bien affirmé : années trente, voyages lointains, etc. Chaque matin, Odile propose pour le petit déjeuner pâtisseries, confitures et petits gâteaux maison avant de vous orienter et de vous conseiller les bons plans de la région.

LES DÉLICES DE LA ROCHE €€

16, rue du Musée - **LOURESSE-ROCHEMENIER**
✆ 02 41 50 15 26
www.delicesdelaroche.com
Chambre simple à partir de 67 € ; chambre double à partir de 69 €. Petit déjeuner inclus. Lit supplémentaire : 20 €.

L'accueil est simple et chaleureux et les cinq délicieuses chambres, dont quatre de plain-pied, sont décorées avec goût avec des thèmes différents… Elles bénéficient toutes d'une entrée indépendante et d'une terrasse. Ici, le confort est de rigueur. Si vous le souhaitez vous pourrez vous détendre pendant 1h30 dans le bain bouillonnant en plein air. Lucien, praticien en massage Amma, vous propose plusieurs formules, et même des soins à la carte ! Les propriétaires offrent aussi un gîte indépendant mais même dans ce cas il ne faut pas manquer leur table d'hôtes.

LE MAS D'ANJOU €€

LYS-HAUT-LAYON
✆ 02 41 59 29 93
www.mas-anjou.com
Chambre double 65 € ; suite 95 €. Petit déjeuner inclus. Séminaires. Réceptions et mariages. Restauration.

La thématique des chambres d'hôtes ici proposées nous invite à faire un voyage sur plusieurs continents. Sud est asiatique et magie de l'Orient pour les deux chambres doubles, à quoi s'ajoute la chaleur du bois sombre d'Afrique au niveau de la suite familiale : il vous suffit ainsi de choisir. Les amoureux d'authenticité ne seront pas oubliés, puisque pierres, poutres apparentes et anciens fours à pain se déclinent au fil des chambres. Le jardin est sublime, le bain à remous et le sauna invitent à la détente, et les petits déjeuners et dîners sont excellents !

AU BOUT DE L'ÎLE €€

Lieu-dit La queue de l'île - **MAUGES-SUR-LOIRE**
✆ 02 41 39 08 82
www.auboutdelile.fr
Chambre double 62 €. 3 Yourtes, de 78 à 102€. 74 € la yourte 2 personnes. 96 € la yourte 4 personnes.

La très belle ferme du XXe siècle rénovée des Bellanger est un lieu unique, insolite, imprégné de l'histoire de la Loire. Son grand jardin dominant le fleuve royal est orienté plein sud, idéal pour profiter du calme de ce lieu. Les chambres d'hôtes sont très confortables, bien décorées, équipées de salles de bains et peuvent être couplées pour former des suites ! La cuisine est très spacieuse et agrémentée d'une grande cheminée. Une yourte est aussi proposée ainsi qu'une guinguette travaillant uniquement avec des producteurs locaux et privilégiant le bio.

LE LOGIS TROGLO DU VIGNERON €€€

8, impasse du Fort des Cours - **PARNAY**
✆ 06 08 23 34 33
www.le-logis-troglo-du-vigneron.fr/
Vignobles et Découvertes. Ouvert toute l'année. 3 chambres. Chambre double 330 € le week-end. Petit déjeuner : 15 €.

Le Logis Troglo du Vigneron est le seul et unique gîte troglodyte classé 5 étoiles en France ! Autrefois modestes habitations, ces dédales souterrains ont été peu à peu restaurés par des amoureux de l'habitat troglodytique. C'est ainsi qu'entre les mains du propriétaire, Dominique Chartier, décorateur d'intérieur passionné, un ensemble de cavités à été entièrement métamorphosé. Vous passerez ici un séjour vraiment dépaysant, hors du temps, réellement exceptionnel !

CASA NOVA €€

9, rue Cendrière
SAUMUR
✆ 06 26 48 88 18
www.casanovasaumur.fr
5 chambres. Chambre double de 89 € à 109 €.

Dans cette maison de maître du XVIIIe siècle, Éric vous reçoit dans un univers fait d'œuvres d'art où se mélangent styles baroque, vintage, contemporain, asiatique, italien… C'est une véritable invitation au voyage dans le temps. Les chambres sont pourvues de lit de 180 ou 160, de TV, d'un accès wifi gratuit et de sèche-cheveux. Le petit salon vous accueillera dans une ambiance raffinée où l'hiver venu, les flammes d'un bon feu vous réchaufferont. Dans le jardin d'hiver ou à l'extérieur vous savourez un bon et copieux petit déjeuner.

MANOIR PLESSIS BELLEVUE €€

15, rue Allix - **SAUMUR**
✆ 02 41 51 32 73
www.manoirplessisbellevue.com
Chambre double de 120 € à 160 € ; chambre triple de 130 € à 170 € ; studio / appartement de 130 € à 180 €.

Cette demeure de charme saumuroise a autrefois hébergé Victor Hugo, qui fut l'ami du propriétaire de l'époque. La décoration est somptueuse et la vue sur la Loire depuis la terrasse splendide. Un joli jardin paysagé et une piscine chauffée vous attendent. La maison principale propose, outre un grand salon avec bibliothèque et une grande salle à manger aux blasons, cinq suites de style historiques toutes dotées de confort moderne discret (bains ou douche, Wifi, coffre, TV). Plusieurs gîtes équipés peuvent également être loués à la nuit ou à la semaine.

LE PATIO €€

31, quai Mayaud - **SAUMUR**
✆ 02 41 51 20 22
www.lepatiosaumur.fr
Ouvert toute l'année. 5 chambres. Chambre double 90 € ; suite 100 €. Petit déjeuner inclus. Lit supplémentaire : 20 €.

Cet ancien relais de poste, bâti en 1721 par l'architecte royal, offre des chambres décorées chacune d'une manière différente mais toujours avec du mobilier d'époque. Bleue, verte, Loire, blanche ou turquoise, toutes, dans leur palette, s'ouvrent à vous dans un confort douillet, car la literie est extrêmement confortable. La cour intérieure, très joliment végétalisée nous invite à prendre le petit déjeuner maison pendant les beaux jours. On profitera du spa et sur réservation d'une belle offre de massages divers réalisés par des professionnels.

LES HAUTS DE BREGES €

La Ferme de Brèges - **SEGRÉ** ✆ 33 2 41 61 39 07
www.hauts-de-breges.com
Chambre simple 45 € ; chambre double 55 €. Petit déjeuner buffet inclus. Animaux acceptés (sous conditions).

Stéphanie et Bertrand Pellier vous reçoivent aux Hauts de Brèges, au cœur d'un parc arboré, dans une ancienne ferme du XVe siècle en schiste et en tuffeau bordée par une superbe piscine avec terrasse, un jardin et un étang. Les chambres, ayant chacune un style différent (rétro-voyage-blanche), ont été aménagées dans les anciennes écuries, ce qui allie charme de l'ancien avec le confort du moderne. Le petit déjeuner comme le dîner en formule table d'hôtes offrent des produits de qualité et frais, faits maison en fonction de ce que les hôtes trouvent au marché.

PAYS DE LA LOIRE

MAYENNE

LA GRANGE Ô BELLES €€

L'Hêtre Gennequin - **CHAMPFRÉMONT**
✆ 02 43 03 13 32
www.lagrangeobelles.com
Chambre simple de 50 € à 55 € ; chambre double de 60 € à 65 €. Chambre 4 personnes à partir de 110 €.

Vous êtes logés dans une longère de la fin du XIXe siècle, dans des chambres spacieuses et confortables, vous vous régalerez d'une vraie cuisine campagnarde et partagerez de bons moments de détente et de convivialité au salon ou autour d'une table campagnarde. Au petit déjeuner et au dîner les légumes du potager, les fruits du verger et les confitures maison font le régal des hôtes. La maison est située à proximité de la chapelle Sainte-Anne de Champfrémont au sein d'un hectare de jardin et de verger, deux hectares de prairies et une mare alimentée par une source.

L'ORÉE €€

Le Bois Rond - **COURCITÉ**
✆ 02 43 11 23 27
www.leboisrond.com
Chambre simple à partir de 48 € ; chambre double à partir de 55 €. Petit déjeuner inclus. Lit supplémentaire : 20 €.

Ancienne ferme avec vue imprenable sur la campagne verdoyante, l'Orée vous réserve calme et détente. Ce sont en tout trois chambres d'hôtes, chacune avec wc, salle de douche privée et entrée indépendante. Un salon est également à votre disposition. Toutes les chambres portent le nom d'une vache qui habitait dans l'étable du temps que c'était une ferme : un clin d'œil amusant ! Les lits sont de 180 x 200 pour deux des chambres. Ici, le confort est de mise. Un salon est à disposition des trois chambres et vous pourrez vous servir du frigo et du micro-ondes.

CHATEAU DE CRAON €€€

avenue de Champagné
CRAON
✆ 02 43 06 11 02
www.chateaudecraon.fr
Chambre double 110 € ; suite 180 €. Petit déjeuner inclus.

Ce château XVIIIe entouré de 47 ha de jardins offre une étape royale ! Les cinq chambres d'hôtes comportent du mobilier d'époque et de superbes boiseries. Outre ces dernières (capacité d'accueil de 15 personnes), le comte et la comtesse de Guébriant proposent également le gîte de l'Orangerie ainsi que le gîte de l'aile est du château (15 personnes) et le petit gîte du fournil (pour 4 à 6 personnes). Visite guidée du château tous les jours sauf le samedi du 1er juillet au 31 août et visite libre du parc tous les jours sauf le samedi du 1er avril au 1er novembre.

LA DEMEURE DE L ILE €€

16, rue du Vieux Pont - **CRAON**
✆ 02 43 06 37 07
www.demeuredelile.com
Chambre simple à partir de 85 € ; chambre double de 95 € à 120 €. Petit déjeuner inclus. Lit supplémentaire : 25 €.

Voici un hôtel particulier du XVIIIe siècle tout en tuffeaux qui abritait il y a bien longtemps l'ancien lavoir situé sur l'Oudon. Vous pourrez prendre vos quartiers dans les trois chambres d'hôtes à la décoration raffinée et chaleureuse : meubles patinés, beau linge, tissus d'éditeurs. La table d'hôtes se fera elle dans une salle à manger flamboyante avec une cuisine inventive de la gérante qui saura définitivement vous séduire. Chantal apportera alors une attention toute particulière à vos goûts, envies du moment et régimes alimentaires.

CHÂTEAU DES LUTZ €€€

Les Lutz - **DAON**
✆ 02 43 06 93 09
www.chateaudeslutz.com
Chambre double de 90 € à 150 €. Petit déjeuner inclus. Gîte de 500 à 600€ la semaine selon la saison.

Voilà un magnifique domaine pour un séjour de tout repos. Vous serez charmés par cette vaste demeure qui combine les architectures des XVIIe au XIXe siècles. Le romantisme est ici à l'honneur. Les chambres aux tissus d'époque et au mobilier varié sont une invitation à la sérénité. C'est une étape de goût pour une escapade amoureuse ou culturelle. Des stages de peinture et de sculpture sont proposés, ainsi qu'une initiation à l'attelage pour les plus aventureux. Un gîte rural (4 personnes) attend également les visiteurs dans l'ancien pigeonnier.

MOULIN D'HYS €

LA CROPTE ✆ 02 43 64 24 14
www.moulinhys.com
Chambre simple de 65 € à 70 € ; chambre double de 70 € à 75 € ; chambre triple de 85 € à 90 €. Petit déjeuner inclus.

Pour qui est sensible au charme des vieilles pierres, cet ancien moulin du XVIIe siècle tenu par Isabelle Freyssenge est l'endroit rêvé. En bordure de la Vaige, au cœur d'un parc arboré d'un hectare, le lieu est on ne peut plus propice à la détente. Le clapotis du bief, le long du moulin, ajoute à l'atmosphère relaxante. Les chambres ont une décoration légèrement désuète qui apporte une touche charmante et authentique. Chacune possède ses propres toilettes et une salle de bains ou de douche. La table d'hôte joue sur les produits de saison du marché et du terroir.

LA FERME DE TOM €€

La Noé - **LASSAY-LES-CHÂTEAUX**
✆ 02 44 29 12 21
http://lafermedetom.com
Chambre simple 48 € ; chambre double 55 €. Petit déjeuner inclus. Lit supplémentaire : 15 €. Table d'hôte 20 €.

Vous êtes accueilli sur une exploitation agricole dotée de 78 ha de prairies qui produit de la viande biologique. Vous logez dans une belle bâtisse de pierre. Vous vous immergerez pleinement dans cette ferme qui élève des bovins de race Charolaise et des brebis de race Romane dont l'alimentation est essentiellement composée d'herbe, pâturée ou distribuée sous forme de foin lorsque les prairies ne poussent plus. Vous découvrirez l'élevage, son environnement, les pratiques et dégusterez les viandes autour d'un bon repas partagé au coin du feu.

LE NOUVEAU GUE €

12, rue des Tilleuls - **LASSAY-LES-CHÂTEAUX**
✆ 02 43 00 16 97
www.gites-de-france-mayenne.com
3 chambres. Chambre simple 50 € ; chambre double 55 €. Petit déjeuner inclus. Repas sur réservation : 23 €.

Florence et Jean-Pierrus ouvrent les portes de l'ancien presbytère qu'ils ont restauré pour proposer leurs trois chambres d'hôtes. Cette bâtisse des XVIIIe et XIXe siècles, pleine de charme, peut accueillir jusqu'à huit personnes, avec deux chambres et une suite familiale d'environ 45 m^2. Les repas peuvent être pris à la table d'hôte sur réservation. Profitez de votre passage dans cette adresse pour sillonner différents sentiers pour les randonneurs dont celui du Pissaro et pour visiter les musées et sites touristiques tout proches.

VALLOMBRY €

MÉNIL ✆ 02 43 70 05 47
www.vallombry.fr
Chambre simple 65 € ; chambre double 69 €. Petit déjeuner inclus. Lit supplémentaire : 20 €. Animaux acceptés (5 €).

Sur le chemin de halage qui traverse l'ensemble du département, le long de la rivière Mayenne, cette maison offre une allure de cottage anglais que renforce l'écrin de verdure qui l'entoure. Sa structure en bois contribue à son caractère accueillant. L'intérieur est avenant, délicat, décoré de meubles de famille et présente de nombreux coins où se détendre. La suite possède une chambre avec deux lits jumeaux. Chaque chambre possède sa propre salle d'eau et ses wc séparés. Un coin cuisine est à disposition et une authenticité au charme naturel émane des lieux.

LES LITS BELLE LUNE €

La Heudelière - **SAINT-LOUP-DU-GAST**
www.lits-belle-lune.com
Ouvert toute l'année. 2 chambres. Chambre double 60 €. Petit déjeuner inclus. Lit supplémentaire : 25 €.

Avec sa double casquette de technicien de l'environnement et d'éducateur sportif moniteur guide de pêche, Loïc Poirier est un accompagnateur idéal. Côté confort, les deux chambres dans une suite à part entière (avec un lit double et deux lits simples) partagent une salle de détente avec accès Internet, une prise téléphonique et une télévision sur écran lcd. La salle de bains (équipée d'une douche et d'un lavabo) comporte un lave-linge et un sèche-linge. Loïc ne propose pas de table d'hôtes mais prête sur demande à ses convives quelques équipements à l'occasion.

SARTHE

LA CATINIÈRE €€

Chemin de la Catinière - **ARNAGE**
✆ 06 28 54 54 59
lacatinierearnage@gmail.com
www.la-catiniere.com

Chambre double à partir de 129 €. Services supplémentaires : massages, soins, etc.

Voici un ancien corps de ferme entièrement restauré à l'ambiance épurée et contemporaine où se niche un espace bien-être en pleine campagne (sauna finlandais, hammam, bains bouillonnant en plein air, soins...). La chambre Bérengère de Navarre se situe au rez-de-chaussée, en 3 volumes et la chambre Madeleine de Souvré, en open space, sous les toits. Vos hôtes, Isabelle et Philippe Villiers vous accueillent avec goût lors de votre escale sarthoise, à proximité du Mans et de ses points d'intérêts. Un petit-déjeuner copieux est également proposé en option.

CHATEAU DE DOBERT €€€

AVOISE
✆ 02 43 92 01 52

Fermé de novembre à mars. Chambre double de 110 € à 120 €. Petit déjeuner inclus. Lit supplémentaire : 50 € à 80 €.

Ce manoir du XVe siècle restauré au XVIIIe siècle mérite le détour. Propriété de la famille depuis plus de cinq siècles, ce château possède un parc de 100 ha où subsiste encore un aqueduc du XVIIIe siècle. Les chambres disposent toutes d'une salle de bains avec toilettes privés et le mobilier est d'époque. La chambre avec lit à baldaquin fait rosir les joues des filles qui jouaient aux princesses étant jeunes. On aime les promenades dans le parc, à pied, à vélo ou même en canot sur les plans d'eau. Apprenez-en plus sur le château grâce aux propriétaires.

CHÂTEAU DE L'ENCLOS €€€

2, avenue de la Libération - **BRÛLON**
✆ 02 43 92 17 85
www.chateau-enclos-brulon.com

Chambre double de 120 € à 170 €. Petit déjeuner inclus.

Envie de dormir dans les arbres à près de huit mètres du sol, dans une chambre tout confort de 17 m², avec une terrasse ? C'est possible dans la Kota Cabana, accrochée entre trois arbres centenaires, qu'Annie-Claude et Jean-Claude Guillou proposent dans le parc de leur demeure, le château de l'Enclos, qui abrite déjà des chambres d'hôtes plus traditionnelles, 3 ânes et 2 roulottes de Lamane. Brûlon dispose d'un plan d'eau de 6 hectares où l'on pratique la pêche, le canoë, le kayak, la randonnée, la baignade, le mini-golf, le tennis, la pétanque, le tir à l'arc…

LE GRAND MOULIN €€

8, rue de Syke - **LA CHARTRE-SUR-LE-LOIR**
✆ 02 43 44 65 78
www.mdmillet-moulin.fr

Suite familiale extensible de 4 à 10 personnes. Chambre double à partir de 100 €. Lit supplémentaire : 40 €.

Marie-Danièle a rénové ce moulin du XIXe siècle pour y proposer un superbe gîte et des chambres d'hôtes de charme. Des idées, du goût, beaucoup d'énergie et d'huile de coude, et aujourd'hui, en ayant réussi à faire cohabiter agréablement poutres apparentes et parquets d'origine avec du mobilier contemporain, cela donne des chambres vastes et claires où l'on peut venir en couple ou en famille, puisqu'une suite familiale pouvant accueillir jusqu'à 10 personnes est proposée. De quoi donner envie de se reposer avant de partir à la découverte du vignoble.

CHATEAU D'EPORCE €€€

LA QUINTE

✆ 02 43 27 70 22

www.chateau-eporce.com

4 chambres. Chambre double de 90 € à 120 €. Petit déjeuner inclus. Séminaires. Réceptions et mariages. Restauration.

Au château d'Eporcé, qui date du XVIIe siècle, à peine le perron de pierre franchi, un sentiment de noblesse vous envahit. De la majesté, c'est le mot qui vient à l'esprit, car tout ici la respire. Les chambres sont grandes, décorées avec beaucoup de goût et possèdent salle de bains et wc privatifs. Le mobilier est ancien. On est aux anges ! Vous accueillir comme un ami, c'est l'impression que nous a donnée Lydia qui propose aux invités de savoureux petits plats, cherchant toujours à mettre à l'honneur la cuisine régionale et les produits du terroir.

LES CABANES DE DO €€

2 bis, rue Saint-Pavace - **LE MANS**

✆ 06 87 29 41 88 - www.lescabanesdedo.com

3 chambres. Chambre double de 80 € à 200 €. Petit déjeuner inclus. Parking fermé. Lit bébé fourni.

Dominique vous propose des chambres d'hôte conceptuelles : trois cabanes design et indépendantes disposant d'un jardin privé et d'une terrasse sont cachées au bord de la Sarthe. Le cadre est reposant et agréable, idéal pour se couper de l'ambiance urbaine sur un séjour touristique ou professionnel. Le confort est au rendez-vous : douche king size, télévision à écran plat, connexion filaire, petit -déjeuner en terrasse et multiples possibilités d'excursions. Voici une alternative originale aux nuits en hôtels classiques : les chambres d'hôtes avec indépendance.

LE MOULIN DU PONT D'IVERNY €€€

MONTMIRAIL

✆ 02 43 71 30 16

www.lemoulindupontdiverny.com

Chambre double de 100 € à 160 €. Petit déjeuner inclus. Lit supplémentaire : 25 €. Possibilité de suite familiale.

C'est une maison d'hôte de charme qui vous ouvre cinq chambres, toutes différentes et décorées avec beaucoup de goût. Vous profitez de l'environnement champêtre de ce moulin du XIXe siècle. La maîtresse de maison peut vous faire à manger sur réservation. Vous pouvez aussi, si vous logez dans le gîte également proposé à la location, acheter des légumes du potager pour faire votre propre cuisine de terroir. On pourra pêcher dans la rivière qui borde le lieu.

CHÂTEAU DE MONTMIRAIL €€€

2, place du Château - **MONTMIRAIL**

✆ 02 43 93 72 71 - www.chateaudemontmirail.com

Chambre double de 140 € à 220 €. Petit déjeuner inclus. Table d'hôtes à partir de 6 personnes, sur réservation.

© CHÂTEAU DE MONTMIRAIL

Cette impressionnante forteresse médiévale est un témoignage de plusieurs siècles d'architecture. Au XVIIIe siècle, la princesse de Conti restaure celle-ci pour en faire une élégante demeure dotée de salons raffinés. Le château propose cinq chambres d'hôtes élégantes et confortables dont la chambre rouge, avec sa baignoire à l'ancienne et la chambre d'honneur avec ses boiseries style Louis XV et son lit en alcôve. Le petit déjeuner, copieux et gourmand, avec des produits locaux, vous sera servi en terrasse ou dans la salle à manger de la Princesse de Conti.

DOMAINE LE SABLON €€

SAINT-JEAN-D'ASSÉ

✆ 02 43 27 80 97

www.chambresdhoteslesablon.com

5 chambres. Chambre double de 80 € à 90 €. Petit déjeuner inclus. Lit supplémentaire : 25 € (10 € pour les bébés).

Patricia et Jérôme proposent cinq chambres aménagées avec goût toutes équipées de salles de bains et toilettes indépendantes, de télévision et de lecteurs DVD. Comment ne pas avoir envie de séjourner dans la suite aux murs en pierre et au lit à baldaquin ! La chambre familiale permet d'accueillir cinq personnes, mais il existe aussi trois chambres de deux personnes toutes aussi agréables les unes que les autres. Ici, on vit local, on découvre local, avec des produits de la gastronomie régionale en table d'hôtes d'abord, avec de l'artisanat ensuite.

VENDÉE

CHAMBRES D'HOTES L'ORCELIERE €€€

L'Orcelière
AIZENAY
✆ 06 19 70 81 67
4 chambres. Chambre double à partir de 145 €. Table d'hôtes.

Dans un cadre verdoyant, cette grange en pierre apparentes abrite des chambres d'hôtes de charme avec décoration design, beaux volumes et piscine intérieure entourée de bois ! Quatre chambres très spacieuses sont proposées, affichant tantôt un style baroque ou naturel, alliant le charme du bois et de la pierre, disposant toutes de leur salle de bains avec douche à l'italienne. Une salle équipée permet de tenir ici des séminaires ou des réunions diverses.

CHAMBRES D'HÔTES LA RIPODIÈRE €

21, rue de la Charpenterie - **AIZENAY**
✆ 06 03 85 82 88
www.chambredhoteaizenay-laripodiere.com
Chambre double de 60 € à 75 €. Petit déjeuner inclus. Parking. Studio de 70 € à 75 € la nuit (petit-déjeuner inclus).

Dans un parc arboré de 2 500 m², piscine chauffée (de mai à septembre), terrain de badminton, table de ping-pong, balançoire et bac à sable vous attendent. Deux chambres d'hôtes et un studio avec coin cuisine et entrées indépendantes sont proposés. Les chambres sont propres, meublées avec goût, avec un accès indépendant donnant sur le jardin et sur une terrasse privative. Les petits déjeuners sont copieux et délicieux avec notamment de la bonne brioche maison.

AU PASSAGE DU GOIS €€€

Le Ménitres - **BEAUVOIR-SUR-MER**
✆ 02 51 49 02 17
Chambre double de 59 € à 89 €. Petit déjeuner 8,50 €. Gîtes de 375 € à 1175 € la semaine selon la saison et la capacité.

Martine et Hemko habitent cette ancienne ferme datant de 1810, où les marins attendaient une marée favorable afin de rejoindre l'île de Noirmoutier. Situés à moins d'un kilomètre à pied de la mer et du passage du Gois, ils proposent plusieurs possibilités d'hébergement : un gîte, composé de deux chambres, rénové dans une ancienne bergerie, mais également la location de la maison principale, composée de quatre chambres pouvant accueillir quatre à six personnes, et deux autres chambres d'hôtes indépendantes, chacune pour deux à trois personnes, donnant sur la cour.

LA MARIENNE €€

14, rue de la Virée - **BENET**
✆ 02 51 51 50 41
www.la-marienne.com
Chambre simple 68 € ; chambre double de 78 € à 85 € ; chambre triple 110 € ; suite 135 €. Petit déjeuner inclus.

Vous trouverez de grandes chambres éclairées avec une belle pièce de vie en pierres apparentes dans cette bâtisse qui est un ancien prieuré. Dans chaque espace vous trouverez de la literie haut de gamme, un coin propice à la détente ou la lecture, télévision et articles de toilette et linges. Vous pourrez également profiter de belles prestations, comme un espace détente et spa avec piscine extérieure couverte et hammam. Une adresse où il fait bon vivre, pour les amoureux de doux rêves et de quiétude. Le jardin rustique est charmant.

DOMAINE DE LA CORBE €€€

105, La Corbedomère - **BOURNEZEAU**
✆ 02 51 40 01 21 - www.domainecorbe.com
2 chambres, 2 suites, 3 gîtes. Double 80 € ; suite 140 €. Gîtes à partir de 150 € la nuit. Séminaires. Réceptions.

Coup de cœur pour cette magnifique bâtisse du XIXe siècle de style italien et sa chapelle du XVIIe prenant place au milieu d'un parc de 25 ha peuplé d'arbres centenaires. Vous êtes à la recherche d'un hébergement romantique à souhait : alors c'est ici assurément ! Calme, luxe et volupté pourraient résumer ce qui se dégage de ce domaine d'exception au centre de la Vendée. Vous séjournerez dans l'une des chambres, suites ou gîtes situées dans une ancienne ferme attenante et réaménagée. Piscine et bain à bulles sont aussi à disposition dans ce domaine d'exception.

LA CLOSERAIE €€

21, rue de la Paix
CHAMPAGNÉ-LES-MARAIS
✆ 02 51 56 54 54
5 chambres. Chambre double de 55 € à 75 € ; chambre triple de 70 € à 95 €. Petit déjeuner inclus. Wifi.

En plein cœur du Parc du Marais poitevin, à deux pas de la baie de L'Aiguillon et à 20 minutes de La Rochelle, vous séjournerez dans une demeure du XVIIIe siècle. Toutes les chambres sont décorées différemment avec du mobilier ancien provenant de brocantes. Elles sont toutes équipées de télévision et d'un réfrigérateur. Grâce à la conception en U du bâtiment, chaque chambre donne sur le jardin ensoleillé, tout proche de la terrasse et de la piscine. Le petit déjeuner comporte brioche façon pain perdu, gâteaux ou biscuits faits maison, gaufres ou crêpes.

CHÂTEAU DE PUYBELLIARD €€€

Rue des Dames - **CHANTONNAY** ✆ 02 51 48 19 35 - http://chateaudepuybelliard.com
4 chambres. Chambre double de 170 € à 278 €. Petit déjeuner inclus. Bain bouillonnant ; piscine extérieure ; parc.

À quelques encâblures de Chantonnay, dans le hameau de Puybelliard, se dresse un château construit en 1856 dans le style Renaissance des châteaux du Val de Loire et qui reçoit des hôtes dans quatre chambres spacieuses et confortables, dont une suite pour 4 à 6 personnes, meublées dans un style d'époque. Pour compléter ce séjour « vie de château », La Table de la Châtelaine installée dans un salon avec cheminée propose une cuisine gastronomique de bonne qualité. Une jolie adresse pour un week-end romantique à une quarantaine de kilomètres au sud du Puy-du-Fou.

CHAMBRES D'HÔTE BEAUX ESPRITS €€

9, rue Goupilleau - **FONTENAY-LE-COMTE**
✆ 06 09 42 64 30
https://chambresdhotes-beauxesprits.fr/
*3 chambres de 80 à 110 € petit-dej inclus. Gîte *** de 40 m² de 180 à 395 € (mini 3 nuits sauf juillet-août, 7 nuits).*

Les amoureux de la Renaissance, adoreront dormir dans ce magnifique hôtel particulier du XVIIIe siècle à la belle façade, escalier tournant à retours sans jour, aux sculptures de polichinelles et jolis parquets et boiseries. Les 3 chambres arborent des styles tantôt Art déco ou « royal » pour la chambre Aliénor, avec sa cheminée en marbre et sa tapisserie baroque. Elles sont toutes superbes. À louer aussi un gîte de charme jusqu'à 4 personnes aménagé dans une dépendance.

LES COLVERTS €€

9, rue du Coin - **L'HERBERGEMENT**
✆ 02 51 42 80 47
Gîtes de France (3 épis). Ouvert toute l'année. Chambre simple 52 € ; chambre double 57 €. Petit déjeuner inclus.

Dans une ancienne maison rénovée et située dans un quartier calme, deux chambres sont proposées à l'étage, avec entrée indépendante. Épais murs de pierre, potager, coin cuisine, et jardin arboré, vous assurent d'un séjour authentique. Aux environs, vous pourrez profiter de sentiers pédestres et cyclables pour les randonnées, mais également faire du canoë-kayak, des promenades en barques, ou des visites des vieilles villes de Montaigu et Clisson. Les petits déjeuners sont copieux et la table d'hôtes permet de découvrir les recettes traditionnelles régionales.

FERMES DE TERRE-NEUVE €€

La Girardière - **L'ILE-D'OLONNE**
✆ 06 16 72 74 50
3 chambres d'hôtes de 140 € à 180 € la nuit.

Cet ancien logis de pierre et sa grange figuraient déjà sur la carte de Cassini vers 1750. A l'intérieur, une immense bibliothèque aux 3000 livres et sa cheminée Renaissance, meublée d'objets et portraits de famille, 3 chambres luxueuses, dont la chambre Kipling, en hommage au romancier né à Bombay, avec son authentique lit anglo-indien à baldaquin et dans la salle de bains, une baignoire de cuivre ! Pour la détente, bassin de nage chauffé l'été et parcours de santé dans le bois attenant. Petits déjeuners délicieux et dîner aux chandelles avec les propriétaires.

LES VILLAS DU PORT €€€

1, impasse des Ramendeuses - **L'ILE-D'YEU**
© 02 28 12 99 46
www.lesvillasduport.fr
Gîtes de France 4 épis. Fermé du 01/11 au 10/03. 5 chambres. Double : 90 € petit déjeuner inclus. Bain bouillonnant.

Dans une maison islaise reconstruite selon les normes actuelles, vous sont proposées cinq chambres d'hôtes indépendantes avec terrasse privée dans un endroit calme. Dans une grande salle à manger vous seront servis les petits déjeuners et repas sur commande. Les chambres sont décorées avec goût : beaucoup de bois et de teintes naturelles. En plus de disposer d'une terrasse privative et d'un coin de jardin, elles sont équipées du wifi et d'une TV, et possèdent toutes leur propre salle de bains. Un coin détente avec spa est également accessible aux hôtes.

LOGIS DU RANQUINET €€

8, Impasse Fosse-aux-Loups - **L'ORBRIE**
© 02 51 69 29 27
www.logisduranquinet.com
Chambre double 95 € ; chambre triple 110 €. Petit déjeuner inclus. Deux gîtes de 400 € à 500 € la semaine.

Richement meublé et décoré avec goût, le Logis du Ranquinet offre plusieurs types d'hébergements : chambres d'hôtes ou un gîte pouvant accueillir jusqu'à six personnes. La bâtisse est élégante et offre des prestations de qualité : tommettes, mobilier ancien, joli linge de maison… Les chambres sont vastes et certaines peuvent être réunies pour les familles. Le gîte se situe à côté du logis et offre un salon, une jolie cuisine dans le style campagnard avec sa grande table et ses bancs en bois ainsi qu'un four en briques, le tout sur une tommette.

LE CLOS DU GATS €€

Lieu dit Le Gâts - **LA GAUBRETIÈRE**
© 02 51 57 11 79 - www.leclosdugats.com
4 chambres. Chambre double 79 €. Petit déjeuner inclus. Gîte pour 15 personnes : de 1 600 € à 2 850 €. Piscine chauffée

Situé à deux pas du Puy du Fou, dans un parc de 1 ha avec jardin et piscine chauffée, cette belle longère en pierres apparentes restaurée abrite 4 chambres d'hôtes et un gîte pour 6 personnes. Les chambres offrent une décoration personnalisée d'un goût exquis. De la chambre «Rétro» à la chambre «Poudrée» à la décoration raffinée, ou plus «pop» comme la chambre «Lune», en passant par les 2 chambres «fleuries» (communicantes), la préférée des familles. Après une virée au Puy du Fou, revenez lézarder au bord de la piscine. Une adresse de charme à découvrir absolument.

MANOIR DE L'ÉOLIÈRE €€

L'Eolière - **LANDEVIEILLE**
© 06 32 31 66 85
www.manoir-eoliere.fr
3 chambres. Chambre double de 95 € à 115 € ; suite de 115 € à 145 €. Petit déjeuner inclus.

Coup de cœur pour la belle maison d'hôtes de Céline et Étienne. Une maison de charme chargée d'histoire puisque la bâtisse remonte au XIVe siècle. Restauré en maison d'hôtes de caractère, le manoir de l'Éolière est posé au cœur d'un très beau parc arboré et fait partie des biens rares de la côte vendéenne. On y trouve trois chambres de prestige, très spacieuses, joliment aménagées, disposant chacune d'une terrasse privative, une possédant même une cheminée. Le Manoir peut se louer pour vos réceptions et mariages, et offre le calme de la verdure proche des côtes.

CHEZ LOIC ET PAULETTE €

20, rue de Lattre-de-Tassigny
LE POIRÉ-SUR-VELLUIRE © 02 51 52 32 82
http://chezloicetpaulette.com
Chambre double à partir de 70 € la nuit, à partir de 440 € la semaine. Petit déjeuner inclus. Lit supplémentaire : 16 €.

Les quatre chambres d'hôtes d'une capacité totale de 11 personnes ont été aménagées dans une maison de caractère du XIXe siècle et dans ses dépendances, au cœur d'un domaine de 3 500 m² situé non loin de la réserve ornithologique. Les chambres sont très spacieuses, la décoration est de très bon goût et l'accueil est charmant. La salle d'accueil située dans les dépendances sert pour les petits déjeuners et est à la disposition de tous les hôtes pour s'y détendre. Ils pourront également y préparer leurs repas grâce à une cuisine bien équipée mise à disposition.

MANOIR DE LA THEBLINE €€€

LES BROUZILS © 02 51 42 99 98
www.manoirthebline.com
Chambre double 98 € ; chambre triple 130 €. Petit déjeuner inclus. Gîte : de 850 € à 1 450 € la semaine.

La construction du manoir a démarré au XVIe siècle pour s'achever en 1820. Élisabeth et Jean-Michel vous accueillent dans leur belle demeure, située dans un vaste parc arboré. Les chambres sont très vastes, le mobilier de style et le charme indéniable. La suite parentale est de style Louis-Philippe, attenante à une petite chambre meublée d'un lit à rouleaux avec un élégant ciel de lit, une table de toilette de nos grands-mères, et un coin lavabo. Un gîte pouvant recevoir jusqu'à huit personnes est également proposé, très bien équipé et totalement indépendant.

MAISON MARIE BARRAULT €€€

57, rue Monseigneur-Massé-Ardelay - **LES HERBIERS** ✆ 02 51 61 09 03

5 chambres et 2 studios. Chambre double de 80 € à 100 €. Petit déjeuner inclus. Studio de 65 € à 85 € la nuit.

Cette demeure aurait été construite par la seigneur du Boistissandeau, à la fin du XVIIIe siècle, pour y installer sa bonne. C'est donc ce nom qu'a choisi Nadine pour cette belle maison de caractère proposant cinq chambres et deux studios. La bâtisse a été entièrement rénovée dans un style design contemporain et les extérieurs sont joliment paysagés avec une belle piscine qui fera la joie des vacanciers. Les chambres sont très confortables et bien équipées dont une avec baignoire balnéo et les studios offrent une certaine indépendance grâce à leur kitchenette.

LA BONNE ÉCOLE €€

11, rue de Judée - **LES LANDES-GENUSSON**
✆ 09 67 34 86 54
www.chambresdhotes-labonneecole.fr

Chambre double de 75 € à 85 € ; chambre triple de 95 € à 105 €. Petit déjeuner inclus. Lit supplémentaire : 20 €.

Retombez en enfance lors de votre séjour à La Bonne École ! Cette ancienne école, avec son préau, sa cour de récréation et ses tilleuls centenaires, a été reconvertie en chambres d'hôtes très originales… Trois chambres spacieuses, à la déco enfantine et colorée, rappellent les précédents occupants des lieux. Un accueil chaleureux en toute simplicité. Avis aux amateurs de sirop et de diabolo, les propriétaires, Alice et Philippe, ont créé le tout premier bar à limonade des Landes-Genusson où vous pourrez vous essayer aux cocktails sucrés.

LES PIERRES NOIRES €€

625, avenue des Pierres-Noires
LES LUCS-SUR-BOULOGNE ✆ 02 51 31 31 45

Chambre double de 60 € à 80 € ; triple 80 € le week-end ; suite 120 €. Petit déjeuner inclus. Lit supplémentaire : 26 €.

Sur la route de l'histoire des guerres de Vendée, à deux pas du Mémorial, dans un parc de 5 000 m² avec piscine, cette maison peut accueillir cinq personnes avec deux vastes chambres indépendantes situées au rez-de-chaussée. L'aménagement de cette maison est soigné et vous apprécierez le parc pour vous y promener et vous y prélasser au soleil à la belle saison. L'une des chambres fait même office de suite avec des équipements supplémentaires. Un salon avec bibliothèque est à votre disposition. Vous pourrez lézarder au bord de la piscine sous le préau.

MAISON L'ÉPICURIENNE €€

9, rue Villebois-Mareuil - **LES SABLES-D'OLONNE**
✆ 06 71 84 89 37 - www.maisonlepicurienne.fr

D'avril à fin septembre. 5 chambres et 1 appartement. Chambre double de 85€ à 145€ ; appartement 555 €/655 € la semaine

A deux pas de la mer, cette maison d'architecte rénovée construite dans les années 1920, invite à une escale de charme. Ambiance des villas du début du siècle. Cinq chambres superbes, cosy, modernes. Prestations haut de gamme : belles salles de bains, climatisation, TV, lecteur dvd et Wifi. Le petit déjeuner se prend dans une pièce contemporaine en alcôve vitrée au cœur de la maison donnant sur une petite terrasse. À louer aussi à 30 mètres de la mer, un appartement pour 4 personnes de 60 m² : 2 chambres, 2 salles de bains, séjour avec cuisine aménagée, TV et wifi.

CHÂTEAU DE LA GOUJONNERIE €€

41, rue de la Goujonnerie
LOGE-FOUGEREUSE
✆ 06 26 74 83 58

5 chambres. Suite de 115 € à 195 €.

Construit en 1872, ce magnifique château en impose. Stefan, Michel et Hassan vous y reçoivent dans des ambiances de manoir anglais, galerie des glaces, musée d'histoire naturelle, palais de maharadjah… Plusieurs chambres se trouvent dans le bâtiment principal, et d'autres se situent dans l'annexe du château. Elles comportent toutes une salle de bains privative. Vous pourrez profiter d'une télévision. Hammam, sauna, piscine, étang, parc vous attendent en plein bocage vendéen.

CHAMBRES D'HÔTES AUX 4 CORNES €€

Panteuil
LONGÈVES
✆ 02 51 50 54 38

5 chambres. Chambre double de 80 € à 95 €. Petit déjeuner inclus.

Cette ancienne ferme fortifiée surmontée d'une tour originale abrite 5 chambres d'hôtes. À la campagne, la belle bâtisse possède le charme des demeures aux pierres blondes et dispose d'une piscine. Les 5 chambres adoptent des look différents, tantôt d'inspiration rétaise, bonbonnière ou de voyages lointains. Toutes ont leur salle de bains, TV et Wifi. Dans la tour, la salle à manger qui accueille les petits déjeuners et fait aussi table d'hôtes sur réservation et un coin TV/lecture.

DEMEURE VALEAU DU RIVAGE €€

58, rue du Port - **LUÇON** ✆ 02 51 30 93 10

3 chambres. Suite de 100 € à 121 €. Petit déjeuner inclus. Personne supplémentaire : 20 €. Wifi.

Dans un bel hôtel particulier des XVe et XVIIe siècles, au cœur de Luçon, à 300 m de la cathédrale, trois belles suites lumineuses, aménagées avec goût. La suite des Anges est composée d'une chambre de 13 m², d'un salon, d'une salle de bains et de WC séparés. La suite Empereur possède sa terrasse privée donnant sur le jardin. Le duplex Richelieu est équipé d'une douche italienne hydromassante. Très grand lit (180 × 200), produits d'accueil de qualité, écran plat et mini-bar dans chaque chambre. Rajoutons qu'un accès à Internet en Wi-Fi est disponible.

VILLA DES ROSES €€€

43, rue Charles-de-Gaulle

LUÇON

✆ 02 51 27 43 39

3 chambres (dont 1 suite familiale et 1 gîte). Chambre double de 71 € à 110 €. En saison, minimum 3 nuits. Wifi gratuit.

Voici une maison des années trente dans le style Art déco, avec 3 chambres d'hôtes, dont une suite familiale. Autre alternative, un gîte dans le jardin doté de 4 chambres, chacune avec salle de bains, toilettes. Décorées avec un mobilier ancien, les chambres comprennent toutes salle de bains privative avec sèche-cheveux. Au rez-de-chaussée, une chambre avec sa salle d'eau peut accueillir les personnes à mobilité réduite. Autres atouts : piscine chauffée, cuisine d'été, barbecue dans le jardin. Des œuvres d'artistes locaux sont exposées dans la galerie d'art.

CHÂTEAU BRÉDURIÈRE €€

MAREUIL-SUR-LAY-DISSAIS ✆ 02 51 56 43 20

www.chateau-breduriere.com

Chambre double de 85 € à 115 €. Petit déjeuner inclus. Lodges : de 600 € à 1 450 € ; gîtes : de 600 € à 1 600 €

Gros coup de cœur pour cette charmante propriété de 6 ha, avec piscine, au cœur des vignes. Amateurs de vieilles pierres vous allez apprécier ce lieu proposant 3 charmantes chambres d'hôtes dans le château, ainsi que 3 magnifiques lodges de luxe tout en bois, au cœur d'une clairière, et un gîte. Spacieuses, les chambres au château sont meublées avec raffinement : cheminée en marbre, beaux tissus, parquet, mobilier ancien. Certaines offrent une vue sur le parc devant lequel s'étendent des vignes. Les 2 gîtes ont beaucoup de cachet et accueillent 5 et 6 personnes.

LA MAISON D'OLIVIER €€€

8, place de l'Église - **MESNARD-LA-BAROTIÈRE**

✆ 06 12 93 31 95

www.maison-olivier.com

Clévacances (4 clés). Fermé d´octobre à mars. 5 chambres. Chambre double à partir de 90 €. Petit déjeuner inclus.

Une maison de charme ! C'est dans cette ancienne école de filles qu'Olivier et Isabelle reçoivent leurs hôtes. Cinq chambres sur le thème de l'école d'antan, aux styles et surfaces différents, avec une particularité pour « la loge du surveillant », un ensemble indépendant pouvant accueillir 4 personnes, disposant d'un salon et d'une salle de bains. La piscine finira de vous convaincre de rester quelques jours de plus dans cet environnement paisible. Offrez-vous une petite récréation sous l'ancien préau, autour d'une partie de Baby-foot ou ping-pong !

LE LOGIS DU BOURG BRANGEAU €€

15, rue de l'Eglise

MONTRÉVERD

✆ 02 51 07 75 74

www.lelogisdubourgbrangeau.fr

3 chambres. Chambre double de 100 € à 110 €. Petit déjeuner inclus.

L'accueil est agréable dans ce manoir du XIXe siècle entouré d'un parc planté de chênes centenaires. Dans ce cadre magnifique, les chambres proposées sont vastes et confortables, indépendantes, avec chacune un coin salon. Vous pourrez profiter de nombreux services tels que chaises longues, parasols, piscine, garage pour vos véhicules… Cet établissement est très bien situé pour profiter aux alentours de nombreuses activités et de visites de sites touristiques.

CHATEAU DE L'ABBAYE €€€

4, rue Nationale - **MOREILLES** ✆ 02 51 56 17 56

www.chateau-moreilles.com

Chambre double 99 € ; suite 169 €. Petit déjeuner : 16 €. Dîner aux chandelles 38 €. Bain bouillonnant, sauna.

Vous serez conquis par cette demeure de charme édifiée à partir d'une abbaye cistercienne dont Richelieu fut l'abbé. Le château de l'Abbaye est le lieu idéal pour un week-end romantique ! La façade couverte de vigne vierge, le parc de 2 ha, la piscine extérieure chauffée, accueillent les hôtes dans un univers de tradition française. La salle à manger et les deux salons sont richement meublés et possèdent une cheminée. Les chambres sont superbes avec leur décoration d'époque et une maison d'hôtes complète tout aussi charmante peut être louée en toute indépendance.

THE CORNER €€€

2, rue du Général Leclerc
NOIRMOUTIER-EN-L'ILE
✆ 06 09 86 17 79
5 chambres. Chambre double de 125 € à 175 €. Petit déjeuner inclus.

Belle découverte avec cette maison d'hôte de charme du centre-ville. La façade ne prédit pas que derrière se cache un jardin intérieur et des chambres aménagées avec beaucoup de goût : un vrai cocon ! Toutes sont équipées de confortables lits king size, télévision à écran plat avec chaînes satelliteq, accès Wifi et salle de bains privative. Les suites doubles disposent d'un lit king size et d'un canapé-lit queen size. Cerise sur le gâteau : la possibilité de dîner sur place, la propriétaire étant un cordon bleu cuisinant uniquement les produits frais du marché.

LA CHOUANNERIE €€

27, rue Alphonse-Delavau - **POUZAUGES**
✆ 02 51 57 61 98
www.lachouannerie.com
Chambre simple à partir de 82 € ; chambre double de 89 € à 99 €. Petit déjeuner inclus. Lit supplémentaire : 25 €.

Lætitia et Yannick vous accueillent dans une maison bourgeoise de caractère bâtie en 1900. La propriété est posée dans un parc arboré à l'anglaise de 6 000 m², avec une grande piscine chauffée. Mobilier cossu, boiseries, parquets et cheminée meublent la demeure. Vous y sont proposées cinq chambres pouvant accueillir 2, 3 ou 4 personnes, ainsi que deux gîtes classés 4 étoiles. Les décors sont réellement magnifiques, avec des inspirations historiques qui donnent des airs de chambres de châteaux. De nombreux coffrets touristiques sont proposés.

LA BORDERIE DE LA MARCHAIZIERE €

8, la Marchaizière - **SAINT-ETIENNE-DU-BOIS**
✆ 02 51 31 05 77
www.chambresdhotes-borderie.com
Chambre simple à partir de 55 € ; double à partir de 69 € ; triple à partir de 84 €. Petit déjeuner inclus.

Voici un très joli habitat qui vous séduira pour son atmosphère nature et ses murs en pierre apparente. Vous serez charmé par le soin apporté au décor minimaliste et aux matériaux mis en valeur dans les quatre chambres (une chambre avec trois lits simples). Chaque chambre est équipée d'une salle d'eau avec douche à l'italienne et vasque, ainsi que wc privés. La table d'hôte ravira les gourmands. Vous pourrez aussi opter pour la tiny house écologique près de la mini ferme.

LA CLOSERIE DE LA GLOSSETIÈRE €€

21, La Glossetière - **SAINT-ETIENNE-DU-BOIS**
✆ 06 88 30 42 08 - http://lacloserie-vendee.fr
Chambre double à partir de 73 € ; suite de 118 € à 150 €. Petit déjeuner inclus. Gîte à partir de 850 € la semaine.

C'est dans une ferme du XVIIIe siècle, au cœur du bocage vendéen que La Closerie de la Glossetière a élu domicile. Dans une ancienne grange on trouve trois chambres, tandis qu'une suite parentale a été installée dans une maisonnette indépendante. Les chambres sont modernes et confortables. Chaque chambre possède sa terrasse privative et tous les résidents peuvent accéder à la piscine. Les propriétaires sont aux petits soins, pour vous faire passer un agréable moment.

CHAMBRE D'HOTES LA MÉNIE €€

La Ménie - **SAINT-MALÔ-DU-BOIS**
✆ 02 51 92 33 57 - www.lamenie.fr
Clévacances (3 clés). Ouvert toute l'année. 3 chambres. Chambre double 78 €. Petit déjeuner inclus.

Patricia et Jean-Claude Charrier ouvrent leur maison, une ancienne grange en pierre rénovée où ils accueillent leurs hôtes dans trois chambres. Celles-ci possèdent le charme des pierres apparentes et sont joliment aménagées sur des tons, rouge pour l'une, ou vert pour l'autre, et on aime bien les beaux tissus et le ciel de lit de cette dernière. Toutes possèdent leurs propres toilettes et salles de bains. Les produits proposés pour le petit déjeuner viennent d'ici même, gage de fraîcheur ultime. Le bourg se situe à 500 mètres.

CHAMBRES D'HOTES BASSE BRENÉE €

SAINT-MICHEL-EN-L'HERM
✆ 02 51 30 24 09
Chambre simple 55 € ; chambre double 60 €. Petit déjeuner inclus. Tarifs camping : emplacement 2,70 €+3.90 € par adulte.

Amandine et David vous accueillent dans une ancienne ferme céréalière de 1766. Les chambres arborent toutes des styles différents : rustique à l'image de la chambre Paysanne, maritime avec son armoire façon cabane de plage, ou zen avec de beaux volumes et la chambre Vitamine aux couleurs acidulées. Le petit déjeuner se compose de produits maison et le dîner vous sera servi la table commune. On pourra aussi séjourner ici en version camping, avec tente ou bungalow.

CHÂTEAU DE LA CHEVALLERIE €€

Rue de la Chevallerie
SAINTE-GEMME-LA-PLAINE
✆ 02 51 28 27 94
www.chateaudelachevallerie.com
2 chambres d'hôtes

Envie d'un séjour romantique ? Le Château de la Chevallerie va combler les amoureux de patrimoine. Ce château, monument historique du XVIIe et XVIIIe siècle, c'est l'un des plus grands Logis du Sud de la Vendée. Un cadre enchanteur proposant deux chambres. La chambre XVIIIe est une chambre avec une alcôve, comme au XVIIIe siècle, avec une grande cheminée, et offrant une vue sur la grande Cour du Pavillon. A l'étage, la chambres des Fleurs peut accueillir un couple et ses enfants.

LE MANOIR DU MOULIN €€€

23, rue du Moulin - **SAINTE-HERMINE**
✆ 06 26 97 24 12
http://manoirdumoulin.com
5 chambres. Suite de 1 500 € à 2 900 € la semaine. Petit déjeuner inclus. Gîte : de 950 € à 1 750 € selon la période.

Coup de cœur pour cette adresse charmante ! Dans cette jolie demeure typique du Sud-Vendée, aux pierres blondes rehaussées de volets colorés, vous serez reçus par un couple d'Anglais très accueillant. Entourée d'un jardin paisible, l'imposante batisse de 2 étages possède un charme fou. Cinq suites, magnifiques, spacieuses, aménagées avec goût, au style différent, certaines possédant un mur en pierres apparentes, équipées de TV, Wifi, minibar, grands lits et salle de bains attenante, avec peignoirs à disposition. Une étape de charme aux portes du Marais poitevin.

CHÂTEAU DE LA FLOCELLIERE €€€

30, rue du Château - **SÈVREMONT**
✆ 02 51 57 22 03
www.chateaudelaflocelliere.com
Chambre double de 166 € à 200 € ; suite de 220 € à 295 €. Petit déjeuner inclus. Réceptions et mariages.

La forteresse du XIIe siècle et son donjon, la tour carrée du XVe siècle, sont reliés à un château du XIXe siècle dont la façade, imitation de celles de la Renaissance, donne sur un jardin. Classé, c'est l'un des plus anciens de l'Ouest. Entouré d'un parc de 15 hectares, il possède piscine chauffée et espace bien-être, cinq belles chambres/suites, 2 gîtes, situés dans le donjon médiéval (pour 10 personnes) ou dans le pavillon Louis XIII (12-14 personnes). Lieu idéal pour un mariage.

LA MAROTERIE €€

Lieu-dit La Maroterie
TALMONT-SAINT-HILAIRE
✆ 07 70 61 63 33
3 chambres. Chambre double de 70 € à 120 €.

Ferme du XIXe en tuiles, pierres à nu, chêne et chanvre, on trouve trois chambres d'hôtes aménagées dans une ancienne ferme restaurée, située sur une propriété de 3,8 hectares. À l'étage de la maison de Christian et Bertrand, 1 ensemble familial 4 personnes composé de 2 chambres, salle de bains, wc. Deux chambres pour deux personnes sont également disponibles et le coin cuisine est à disposition. À l'extérieur on profite du jardin avec piscine chauffée, salons de jardin, transats, barbecue, vélos, étangs et ruisseaux où pêcher.

LA VALLÉE DE LA ROCHE €€€

TIFFAUGES
✆ 02 51 61 16 10
www.lavalleedelaroche.fr
Toute l'année. 3 gîtes (de 6 à 12 pers.) de 790 € à 2 100 €/semaine, roulotte pour 2 pers. Salle réceptions/mariages.

Exceptionnel ! En pleine nature, au bord de la Sèvre Nantaise, trois gîtes magnifiques dont un moulin comme posé au milieu de l'eau, et une roulotte pour 2. Un gîte indépendant, Le Fournil, et dans le moulin, deux chambres et une suite de charme de 80 m² avec son lit rond de 240 cm ! Authenticité des pierres et déco tendance très originale confèrent un charme inouï. Dans une fermette du XVIIe, le gîte Le Clos du Meunier, avec piscine chauffée, possède 4 chambres, 3 salles de bains, salon, salle à manger, wifi, TV satellite, lecteur DVD, cuisine équipée.

LA GRANGE AUX PEINTRES €€€

Faîte - **VOUVANT** ✆ 02 51 52 43 97
Chambre double à partir de 110 €. Petit déjeuner inclus. 25 € par personne supplémentaire. Animaux non admis.

Coup de cœur pour cette belle bâtisse qui reçoit des hôtes dans des chambres à la décoration soignée. Mais poussons la porte et pénétrons dans cette demeure aux pierres blondes devant laquelle une belle piscine, entourée d'une grande terrasse pour faire du farniente sur un des transats, prend ses aises. Cinq chambres sont proposées, toutes très spacieuses et décorées avec beaucoup de goût, différentes les unes des autres, mais avec le charme en commun. Salles de bains et sanitaires sont indépendants. Le petit déjeuner est copieux et fait de produits locaux.

PROVENCE-ALPES-CÔTE D'AZUR

ALPES-DE-HAUTE-PROVENCE

L'ATTRAPEUR DE RÊVES €€

Rue de la Citadelle - **ALLOS**
✆ 04 92 83 30 16
www.attrapeur-de-reves.com
Chambre double 90 €. Petit déjeuner inclus. Parking inclus. Gîte de 5 personnes de 450 € à 750 € la semaine.

L'Attrapeur de Rêves est un gîte de grande qualité. Située au cœur historique d'Allos, cette vaste maison de village a été restaurée avec soin et beaucoup de goût par Jeff et Brigitte afin d'offrir 2 chambres d'hôte et un gîte indépendant pour 5 personnes. Les lieux sont confortables et rustiques, habillés de bois et de poutres anciennes apparentes. Pendant les vacances d'hiver, une cheminée qui fonctionne avec du bois renforce l'ambiance chaleureuse. Tout est fait pour que vous passiez un bon séjour et les plus petits trouveront de nombreux équipements adaptés.

SUD SUD EST €

57, La coupière
AUBENAS-LES-ALPES
✆ 06 11 24 37 48
www.sud-sudest.com
3 chambres. Chambre double de 65 € à 90 €. Table d'hôtes.

Sud-Sud Est est une chambre d'hôtes avec piscine, nichée à flan de colline à deux pas de l'observatoire de Haute Provence de Saint Michel l'Observatoire. Venez profiter de la piscine et du calme de la région ! La nuit, le ciel particulièrement pur et dégagé vous offrira un spectacle magique, propice à des observations exceptionnelles, et ce tout au long de l'année. Vos hôtes se feront un plaisir de vous conseiller pour que votre séjour soit une découverte réussie de leur belle région et ont toujours un réel plaisir à vous accueillir chez eux.

FONTAINE DE CRÈME €€

Lieu-dit Fouent Crêma - **BANON**
✆ 06 68 88 95 35
www.fontainedecreme.com
Chambre double de 85 € à 100 €. Petit déjeuner inclus. Lit en plus 30 €. Gîte 18 personnes de 1890 à 3024€ la nuit.

Fontaine de Crème est une ancienne ferme du XVIIIe siècle située en pleine nature et entourée principalement de culture de lavandins. Les chambres décorées avec goût bénéficient de vues panoramiques sublimes. Qu'elles donnent sur la fontaine, le village de Banon éclairé ou sur les champs de lavande, vous serez conquis. Pour parfaire le confort de votre séjour, des repas prix sur place sont possibles avec la collaboration d'un traiteur local. Un gîte est également disponible à la location et peut accueillir jusqu'à 18 personnes. Une piscine est proposée.

LE MONTAGN'ART €€

Le Fourest - **BEAUVEZER**
✆ 04 92 83 45 58
www.lemontagn-art.com
Gîtes de France (3 épis). Ouvert toute l'année. Gîte jusqu'à 6 personnes de 400 € à 460 € la semaine. Wifi.

Dans cette maison de montagne aux portes du Mercantour et des stations du Val d'Allos, les trois chambres offrent à leurs occupants des thématiques artistiques. Notez que deux d'entre elles communiquent par un petit couloir idéal avec salle de bains commune et wc séparés. Le Montagn'Art abrite également un gîte classé trois épis pouvant accueillir jusqu'à six personnes, au rez-de-chaussée d'un chalet indépendant sur un terrain clos proche de la maison des propriétaires. La table d'hôtes réserve quant à elle une cuisine savoureuse.

L'OUSTAOU €€

Les Petites Filières
CHÂTEAU-ARNOUX-SAINT-AUBAN
✆ 06 67 81 50 61 - restaurant-oustaou.fr
Ouvert toute l'année. Chambre double de 55 € à 70 €. Petit déjeuner inclus. Soirée étape 72 €. Animaux acceptés.

Pour les amoureux des pierres, cette chambre d'hôtes est faite pour vous. Située dans un ancien mas à la sortie de Château-Arnoux, Camille vous accueille dans ses 5 chambres, 4 doubles et 1 familiale, au grand confort avec Internet et des salles de bains avec douches italiennes. Une décoration moderne se mélange harmonieusement avec les pierres de la bâtisse. Vous trouverez un grand espace de verdure autour, avec une terrasse où vous seront servis chaque matin des petits déjeuners d'inspiration italienne avec de belles découvertes.

LES CHARBONNIERS €

Le Jas de l'Amagnon
CHÂTEAUNEUF-VAL-SAINT-DONAT
✆ 04 92 62 51 52 - www.aux-charbonniers.com
Chambre simple 49 € ; chambre double 56 €. Petit déjeuner inclus. Gîte de 350 à 650€ la semaine.

Cette propriété située sur un plateau dominant un village typiquement provençal, avec une vue dégagée et sur un terrain de 6 000 m², offre un cadre paisible et ensoleillé. Ce sont deux chambres indépendantes du logement des propriétaires, accessible par un patio commun, qui sont proposées. L'ensemble est très agréable et vous n'êtes ici qu'à 10 km de la citadelle de Sisteron et du prieuré de Ganagobie. Le gîte est cosy et chaleureux, avec tous les équipements nécessaires et une superbe terrasse ensoleillée. Randonnées pédestres et VTT sont possibles aux alentours.

LE JAS DE PEGUIER €€

CHÂTEAUNEUF-VAL-SAINT-DONAT
✆ 04 92 62 53 33
www.jasdepeguier.fr
5 chambres (dont 2 suites de 4 personnes). Chambre double 65 € ; triple 65 €. Petit-déjeuner inclus. Restauration.

Cet ensemble de bergeries en pierres datant du XVIIe et entièrement rénovées est entouré de 2,5 hectares de terrain où sont plantés des oliviers, des arbres fruitiers fruitiers et autres arbres et arbustes d'intérêt botanique. Vous apprécierez le confort et la décoration soignée des chambres, aux coloris apaisants. Authenticité, ensoleillement, tranquillité et vue sont les meilleurs atouts du lieu. Les jours de grand soleil et pendant l'été, vous aurez à cœur de vous prélasser au bord de la piscine ou dans le jardin avec un panorama sur les monts du Verdon.

LES TRANSHUMANCES €€

Quartier Les Espiniers - **COLMARS**
✆ 04 92 83 44 39
lestranshumances.pagesperso-orange.fr
3 chambres : de 70 € à 89 €. Demi-pension : 130 €. Petit-déjeuner inclus. Gîtes ruraux à partir de 480 €/semaine.

Exploitation agricole dès le XIXe siècle, cette belle ferme restaurée s'est lovée dans un site naturel exceptionnel. Perchée à 1 300 mètres d'altitude, elle domine la vallée et offre un panorama superbe sur le Verdon, Colmars et les massifs environnants. Vous résiderez dans des chambres d'hôtes confortables et spacieuses ou dans des gîtes ruraux labellisés Panda. Les petits-déjeuners sont servis dans l'ancienne étable qui a conservé toute son authenticité. Le plus : Colmars est à un kilomètre, avec commerces et services. Un accueil charmant et familial.

CHALET LA PROVIDENCE €€€

Le Sauze - **ENCHASTRAYES** ✆ 06 81 21 91 59
www.chaletlaprovidence.com
Basse saison : chambre double de 90 € à 110 €. Haute saison : chambre double de 110 € à 145 €. Petit déjeuner inclus.

© CHALET DE LA PROVIDENCE

Parmi les chalets-hôtels qui bordent les pistes, celui-ci est un véritable havre de paix. Sa décoration chaleureuse fait qu'on s'y sent rapidement bien en toutes saisons : l'hiver, on est réchauffé par l'ambiance cocooning, la cheminée en pierres, tandis que l'été, on déjeune et on se prélasse sur la grande terrasse ouverte sur le jardin et les prés. Les 5 chambres sont douillettes, équipées de salles de bains privatives et d'une TV. Quelle que soit la formule choisie, on profite d'un accueil irréprochable et d'une table de grande qualité le matin comme le soir.

LA BASTIDE DU CLAUS - VITAVERDE €€

Quartier Le-Claus - **CRUIS** ✆ 04 92 74 99 32
www.labastideduclaus-vitaverde.com
Chambre double 80 € ; chambre triple 102 €. Petit déjeuner inclus. Gîtes de 340 € à 600 € la semaine selon la saison.

Cette demeure du XVIIIe siècle fondée par un écuyer de Louis XIV offre un cadre naturel idyllique avec son grand parc fleuri de 1,5 ha, en pente douce vers le sud, où se dispersent aire de jeux, nombreux coins de tranquillité ainsi qu'une grande tonnelle. Vous apprécierez la fraîcheur d'un bassin alimenté par la source du domaine. Les chambres sont simples mais confortables et fonctionnelles et les gîtes bien équipés permettent de séjourner en famille ou entre amis.

LA CHAMBRE 21 €€

6, rue du Four
ENTREVAUX
✆ 06 74 74 19 43
Ouverture d'avril à fin octobre. Chambre double à partir de 110 €. Petit déjeuner inclus. Animaux acceptés.

Tout est parfait, la literie, l'hygiène, l'accueil de Marie, l'emplacement, la salle de bain moderne et fonctionnelle, le petit déjeuner à base de produits bio ou frais et locaux pris sur la terrasse solarium privée aux beaux jours avec vue imprenable sur la citadelle. C'est une chambre d'hôte de charme aménagée avec goût, lovée dans une maison du XVIIe siècle au cœur du village, de ses remparts et de ses collines environnantes. Le lieu convient particulièrement bien aux amoureux en week-end romantique. Les petits chiens sont acceptés sur demande.

LA MAISON DE JULIE €€

Place Sainte-Marguerite - **ENTREVAUX**
✆ 04 93 02 46 42
www.maisonjulie.com
Fermé du 15 novembre au 31 mars. Chambre double 63 € ; chambre triple 80 €. Petit déjeuner inclus.

C'est dans un très joli site arboré, à la sortie du village d'Entrevaux, que Carole et Christian vous accueillent chaleureusement dans cet havre de paix avec vue sur la montagne et le lit du Var. Dans cette ancienne et belle bastide de 1720, vous pourrez profiter du calme, mais aussi du cadre et du confort de ces deux belles chambres d'hôtes décorées avec goût. Le petit déjeuner sur la terrasse est un moment privilégié. La piscine et les petits animaux qui peuplent le jardin raviront les amoureux de nature et calme préservé.

CHÂTEAU D'ESPARRON €€€

Vieux Village - **ESPARRON-DE-VERDON**
✆ 04 92 77 12 05
www.chateau-esparron.com
Basse saison : chambre double de 190 € à 300 €. Haute saison de 210 € à 320 €. Petit déjeuner buffet : 15 €.

Dans ce château du XIIIe siècle qui domine le vieux village et la campagne, vous serez accueilli par Charlotte-Anne et Bernard de Castellane. Dans une atmosphère confortable et chargée d'histoire, les grandes chambres, toutes différentes, sont équipées de belles cheminées. Les petits déjeuners se prennent dans l'ancienne cuisine voûtée : pain artisanal, confitures maison, céréales, œufs de la ferme, fromages et cochonnailles ! Les salons communs sont superbes et vous pourrez y prendre un verre ou simplement vous y relaxer au calme.

LES ÂNES DE FORCALQUIER €€

Ancienne route de Dauphin - **FORCALQUIER**
✆ 06 89 15 08 63
www.anes-forcalquier.com
Chambre double de 65 € à 75 €. Petit déjeuner inclus. Parking inclus. Tentes lodges : nuit pour 2 personnes 65 €.

Dans un cadre magnifique, la campagne Pouvarel propose deux chambres d'hôte avec petit déjeuner, un gîte parfaitement équipé pour 4 à 6 personnes mais aussi, du mois d'avril au mois d'octobre, deux grandes tentes Safari lodges pour dormir confortablement en pleine nature. Les tentes situées au fond du pré sont équipées de couchages pour 4 personnes et d'une petite cuisine, ce qui permet une complète autonomie. Quelle que soit la formule choisie, on profite de la belle piscine et on pourra bien sûr partir en balade en compagnie des ânes du domaine.

LA CAMPAGNE ST LAZARE €€

Ancienne route de Dauphin - **FORCALQUIER**
✆ 04 92 75 48 76
www.stlazare.net
Ecolabel européen.

Voici un ancien corps de ferme du XVIIe siècle, dans un îlot de verdure, bordé par deux rivières... Des vieilles pierres où se nichent gîtes et chambres d'hôtes raffinés. Les chambres sont très confortables et les appartements totalement indépendants et bien équipés. On profite ici sur demande d'une cuisine de terroir, pourquoi pas sur la terrasse avec vue sur la Citadelle, ou près de la cheminée en hiver. Vous profiterez du spa de nage champêtre, sauna pierre de sel, soins et espace détente et un parcours zen établis dans les règles de l'art du Feng Shui.

DOMAINE DU BAS CHALUS €

Route de Niozelles - **FORCALQUIER**
✆ 06 86 91 68 49
www.baschalus.fr
Chambre double de 54 € à 66 € ; chambre triple de 78 € à 86 €. Petit déjeuner inclus. Parking inclus.

Cathy et Henri ont repris le flambeau de ce magnifique domaine où les familles sont reines. Un environnement agricole avec plus d'une centaine d'animaux, vous plongera dans le quotidien d'agriculteurs authentiques. Chambres d'hôtes, gites, camping, piscines sont à votre disposition pour un séjour réussi. Séparés d'une centaine de mètres, les deux bâtisses, la ferme et le moulin vous accueillent. Les chambres sont équipées de salles d'eau et WC indépendants dans une ambiance rustique. Vous profiterez ici d'une véritable immersion qui ravira petits et grands.

L'ARDOISIÈRE

JAUSIERS
✆ 04 92 32 03 82
www.gite-etape-auberge-jausiers-ubaye.fr/fr
7 chambres, 78 € base double, 118 € en demi-pension, capacité 20 personnes. Table d'hôtes 21 €. Parking privé à 50 m.

A 5 minutes à pieds du centre de Jausiers, au pied du col de la Bonette-Restefond, cette ancienne ferme de village, datant de 1789, entièrement restaurée vous accueille dans une ambiance conviviale et un authentique décor de montagne : meubles anciens en bois, piano... l'Ardoisière vous régale d'une cuisine privilégiant les produits locaux et fait maison. Une belle terrasse ensoleillée toute la journée et des chambres équipées de salles de bains avec douche et WC, linge de lit et serviettes fournis. Local fermé pour entreposer skis, vélos.

LES BARTAVELLES

51 Grand Rue - JAUSIERS ✆ 07 49 10 03 66
reservation.bartavelles@gmail.com
www.gite-des-bartavelles.fr
Ouvert toute l'année sauf avril et novembre. Chambre double 72 €, demi-pension 60 €. Table d'hôtes 24 €. Jardin, parking.

Une belle bâtisse du XIXe siècle en plein cœur de Jausiers. Convivialité et simplicité des nouveaux propriétaires Céline et Lionel. Le gîte a subi des transformations récemment, avec désormais 9 chambres sur deux niveaux. Une décoration soignée, des chambres personnalisées de niveau 3 épis. C'est une adresse idéale pour une simple étape ou un séjour prolongé plein de charme et d'attentions. Le jardin est très agréable également et la table d'hôtes propose une cuisine simple, familiale et faite maison « avec amour ». Bref on s'y sent comme à la maison.

LE MANOIR D'AMAURY €€

362, chemin de Babaou
GRÉOUX-LES-BAINS ✆ 06 08 17 56 47
www.le-manoir-damaury.com
Chambre double de 90 € à 100 €. Petit déjeuner inclus. Gîte de 350 € à 550 € la semaine. Fermé de décembre à mars.

© MANOIR D'AMAURY

Vanessa et Christophe vous accueillent chaleureusement dans leur ancien hôtel particulier napoléonien, datant de 1861. Remarquablement restauré, ils vous ouvrent les portes de leurs sublimes chambres, double ou familiales. Elles sont toutes pourvues de sanitaires et salles de bains privatives et offrent une décoration réellement enchanteresse, très travaillée. Cette incroyable demeure peut accueillir jusqu'à douze personnes. Vous surplomberez le Verdon et profiterez du magnifique parc arboré à la végétation flamboyante, sans oublier la belle piscine.

LA MEXICAINE €€

Le Clos des Guéniers - **JAUSIERS**
✆ 04 92 84 69 63
https://www.lamexicaine.com
Chambre double de 68 € à 89 € ; Appartement de 385 € à 420 € la semaine. Demi-pension 50 €. Petit déjeuner inclus.

Cette villa au cœur d'un jardin arboré propose cinq chambres d'hôtes spacieuses et confortables, dans un esprit familial et sportif. Vous serez ici sous le signe de l'international, puisque vos hôtes, flamands, parlent anglais, allemand, flamand et français. Deux appartements indépendants sont également proposés. Une salle est à disposition avec télévision pour votre détente. Le petit déjeuner est très copieux et la table d'hôtes, à base de produits frais et locaux, propose des recettes traditionnelles locales ou plus internationales dans une bonne ambiance.

L'ARNICA GÎTE ET CHAMBRES D'HÔTES €€

Route du Col des Fillys - **LA BRÉOLE**
✆ 09 74 56 60 15
www.chambrearnica.com
Ouvert toute l'année. 4 chambres. Chambre double de 69 € à 89 €. Petit déjeuner inclus. Gîte à partir de 550 €.

Joanne et Michel ont installé quatre magnifiques chambres d'hôtes dont une suite familiale, spacieuses et lumineuses, où pierres et mélèzes se conjuguent avec élégance et harmonie. Les motards sont particulièrement chouchoutés (garage moto, atelier, service dépannage...). Au petit déjeuner, vous goûterez aux produits du terroir. L'hiver, le petit apéritif servi devant le poêle à bois est convivial. Depuis les chambres ou le gîte, la vue est sublime !

LA MAISON DES HÔTES €

94, rue de la République - **LA MOTTE-DU-CAIRE**
✆ 04 92 68 42 72
www.sejour-nature-provence.com
Fermé de la Toussaint à mars. Chambre simple à partir de 37,50 € ; chambre double à partir de 67 €.

L'accueil d'Ingrid et Marc est familial et la table d'hôtes d'Ingrid, qui respire la Provence, réserve bien des découvertes. On mange y bien tout en s'instruisant. Marc, accompagnateur de moyenne montagne, propose aussi de nombreux séjours à thème autour de ses sujets de prédilection : faune et flore locales. Cinq chambres, un dortoir, un gîte et un salon de détente avec cuisine sont proposés. Peu importe ce que l'on choisit, on profite à coup sûr d'un accueil optimal et de beaux moments détente dans le jardin avec son potager et sa belle piscine.

LES LAUZES DU VILLARD €€

1664, rue principale - Chez Jacques Collieux
LA ROBINE-SUR-GALABRE ✆ 04 92 31 52 82
http://gite-digne.com
Chambre simple à partir de 70 € ; chambre double à partir de 80 €. Petit déjeuner inclus. Formule gîte 440 € la semaine.

Les Lauzes du Villard proposent deux structures d'accueil de qualité labellisées Gîte de France 3 épis et 3 étoiles : une chambre d'hôte pour 2 personnes, complètement indépendante et équipée d'une petite cuisine et un gîte, pourvu de 2 chambres et pouvant accueillir jusqu'à 4 personnes. Terrasse et barbecue sont mis à la disposition des hôtes. L'accueil de Christine et Jacky est convivial et il vous feront partager leurs connaissances du terroir. Ils vous feront goûter leurs recettes et Jacky pourra vous guider lors de vos excursions dans la nature environnante.

LE MOULIN DE LA VIORNE €€

1057, Route de Sisteron
LES OMERGUES
✆ 04 92 62 01 65
www.moulindelaviorne.com
Chambre double de 78 € à 92 €. Petit déjeuner inclus. Lit supplémentaire : 15€.

Dans cet ancien moulin d'origine templière, vous serez chaleureusement accueilli par Yaëlle et Vincent. Au cœur de cette bâtisse, vous serez saisi par le cachet et la beauté simple et harmonieuse de la décoration ; la maison abrite les tableaux colorés d'artistes amoureux des paysages de Provence. Pour se rafraîchir, les gorges de la Méouge non loin vous raviront ; pour les pêcheurs et les cavaliers, tout est également à proximité. Ajoutez à cela des petits déjeuners gourmands issus du terroir, le calme et l'authenticité du lieu : vous serez sous le charme.

LES JARDINS DE BOUTEILLE €€

chemin de Bouteille - **MANOSQUE**
✆ 06 78 25 47 43 - www.gites-manosque.fr
Gîtes de différentes capacités et chambres d'hôtes 4 étoiles. Chambre double à partir de 90 €. Petit déjeuner inclus.

Au cœur d'un domaine de cinquante hectares composés de fruitiers et de maraîchers. Florence a le sens de l'hospitalité. Sa propriété est tout simplement superbe avec un paysage agricole à perte de vue. Les chambres classées quatre étoiles ne manquent de rien. Décorées avec goût, elles sont non seulement spacieuses, mais aussi confortables avec des lits en 180 cm et des douches à l'italienne. La piscine, le jardin, les petits déjeuners maison et les produits de la ferme proposés en vente directe font de ce lieu un endroit idéal où séjourner au calme.

LA VILLA DE L'ADRECH €€

Adrech de Notre-Dame
MONTAGNAC-MONTPEZAT
✆ 04 92 77 56 63
www.verdon-chambre.com
Chambres doubles à partir de 75 €, Suite Olivier : 95 €, Roulotte : 90 €. Petits déjeuners inclus.

C'est dans un petit écrin de verdure au cœur de chênes truffiers que cette maison provençale vous accueille. Accessible par un escalier extérieur, la chambre, spacieuse et décorée aux couleurs du sud, est équipée d'une salle de bain avec douche à l'italienne. La suite se compose d'une chambre, d'un petit salon, d'une salle de bain et d'une douche à l'italienne. Une roulotte pouvant accueillir 2 personnes est également proposée, entièrement équipée. Pour les amateurs de pétanque, un terrain est à disposition, et également une piscine avec douche solaire.

LA FERME DU PETIT SÉGRIÈS €€€

Lieu-dit Le Petit Ségriès
MOUSTIERS-SAINTE-MARIE ✆ 04 92 74 68 83
www.chambre-hote-verdon.com
Chambre double de 84 € à 94 €. Petit déjeuner inclus. Gîte 14 personnes de 1 183 € à 1 890 € la semaine.

Cet hébergement à la ferme propose deux formules, gîte ou chambre d'hôtes. Sylvie, la maitresse des lieux, vous réserve un accueil toujours aussi chaleureux, convivial et de bons conseils. Ses chambres sont tout simplement superbes avec pour chacune des noms de montagnes voisines et un thème de décoration. Le gîte est également très bien pensé pour les groupes. La table de Sylvie propose deux fois par semaine des repas à base de produits frais et locaux.

LE RELAIS D'ELLE €€

Route de la Brillanne - **NIOZELLES**
✆ 04 92 75 06 87
www.relaisdelle.com
Chambre double de 70 € à 90 € ; chambre triple de 90 € à 100 €. Demi-pension : 30 €. Petit déjeuner inclus.

Dans cette ferme très joliment rénovée, Jacques et Catherine vous accueillent avec 5 chambres, et un gîte attenant pouvant accueillir jusqu'à six personnes, offrant de très belles prestations. Les pièces y ont été aménagées en respectant la tradition provençale tout en apportant une touche design et tout le confort moderne. Des terrasses, la vue sur les collines avoisinantes est magnifique. La piscine, commune, est à partager avec les hôtes des chambres voisines. Les plus petits pourront jouer avec les ânes et on profitera d'une table d'hôtes authentique le soir.

LA CHARLISA €€

Quartier des Marteaux - **PRA-LOUP**
✆ 04 92 31 34 73
www.lacharlisa.com
Chambre double de 90 € à 135 € ; suite de 120 € à 135 €. Demi-pension : 25 € (sur réservation). Petit déjeuner inclus.

Isabelle vous accueille toute l'année dans ses chambres d'hôte de charme ! L'ancienne ferme se trouve sur les hauteurs de Pra-Loup, non loin des pistes de ski. Elle offre une vue panoramique sur la vallée et vous pourrez en profiter à loisir sur sa grande terrasse. A l'intérieur, 5 chambres et une véranda où sont pris les petits déjeuners, ainsi qu'un agréable salon, vous attendent. L'ensemble est très confortable avec des matériaux de qualité. Isabelle est très bonne cuisinière et on pourra en profiter en partageant son repas traditionnel de la région.

DOMAINE DE PRADAOUS €€€

D 4100 - **REILLANNE**
✆ 04 92 74 98 99
www.domainedepradaous.com
Fermé en janvier et février. Chambre de 95 € à 160 €. Petit déjeuner inclus.

Cet ancien relais de poste du XVIIe siècle est bien ancré dans son époque grâce à une décoration contemporaine et un excellent niveau de confort. Le domaine bénéficie d'un très grand parc bordé de platanes bicentenaires. Les 4 chambres d'hôte proposées possèdent chacune leur personnalité. Un salon commun avec bibliothèque et billard permet de prolonger les soirées en toute convivialité. Un bar à tapas vous est proposé côté piscine et vous aurez aussi la possibilité d'y prendre votre petit déjeuner. Pour les repas, le lieu dispose aussi d'un restaurant.

MAISON D'HÔTES DU CHAMPMAILAY €€

Rue du Longeon - **SAINT-ETIENNE-LES-ORGUES**
✆ 04 92 73 15 99
www.hoteldechampmailay.fr
Chambre simple de 70 € à 80 € ; chambre double 90 €. Petit déjeuner inclus. Lit supplémentaire : 30 €.

Cet hôtel particulier datant du XVIIe siècle qui a vu passer bon nombre de célébrités propose dans ses dépendances cinq très belles chambres pouvant accueillir 2 ou 3 personnes. Trois d'entre elles sont dotées d'un coin cuisine pour vous permettre de profiter au mieux de votre séjour. Toutes disposent d'un balcon et d'une vue ou d'un accès direct sur le magnifique parc. Dans celui-ci plusieurs coins de détente vous attendent pour un instant de repos en toute tranquillité.

LE VERGER €

Le Foulon - **SAINT-MAIME**
✆ 04 92 79 46 30
www.levergerenprovence.fr
Chambre simple 60 € ; double 67 € ; triple 80 €. Petit déjeuner inclus. Roulotte pour deux personnes 78€ la nuit.

Dans un cadre de verdure authentique face au Luberon, trois chambres lumineuses et aux couleurs provençales vous sont réservées. Elles donnent toutes sur l'extérieur avec chacune leur salon de jardin privatif et leur grande porte vitrée. Le coin cuisine est mis à votre disposition. Le petit déjeuner est servi dans la salle à manger si le temps ne permet pas de le prendre en extérieur. La table d'hôte sera l'occasion de partager un moment convivial autour de plats provençaux et de produits frais. Une belle roulotte aménagée est également proposée.

LE CLOS DES COLLINES €€

Route de Valensole - **SAINT-MARTIN-DE-BRÔMES**
✆ 04 92 78 16 41
www.les-chaberts.com
Gîtes de France. Ouvert toute l'année. Chambre double de 80 € à 120 €. Gîte de 395 à 605€ la semaine.

Dans un site calme et préservé, une ancienne bergerie rénovée avec des matériaux naturels et chaleureux abrite deux gîtes ruraux et un studio d'hôtes de caractère, avec chauffage central, entrées indépendantes, salon de jardin, table de ping-pong, barbecue, jardin et parking. Proche des lacs d'Esparron de Verdon et de Sainte-Croix, de merveilleuses balades et baignades vous attendent. Des packs sont proposés pour deux nuits dans le patio avec apéritif dînatoire le jour de votre arrivée, petit déjeuner et bouteille de vins, idéals pour une escapade à deux.

L'ESCALE EN UBAYE €€

Lieu-dit Le Lara - **SAINT-PONS** ✆ 04 86 49 10 91
www.chambres-hotes-escale-ubaye.fr
5 chambres, double 79 € ; triple 109 € ; suite 145 €. Petit déjeuner inclus. Gîtes à partir de 500 € la semaine.

Cette ferme de 1780 se trouve dans l'un des plus anciens villages de la vallée, à quelques minutes du centre de Bercelonnette. Elle propose un salon voûté chaleureux aménagé dans l'ancienne bergerie, des chambres agréables à la décoration moderne et soignée ainsi que des plats traditionnels et faits maison avec des produits locaux (tartiflette, daube de bœuf…) pour le dîner. De magnifiques appartements (studios et grand duplex de 80 m^2) sont disponibles à la location. Du jardin, et même de la piscine en été, vous admirerez le panorama somptueux sur les sommets.

LE CLOS DE ROHAN €€

Le Clos de Rohan
SIMIANE-LA-ROTONDE
✆ 04 92 74 49 42
www.le-clos-de-rohan.eu/
Ecolabel européen. Chambre double à partir de 150 €.

Entre Lure, Ventoux et Luberon, cette ancienne ferme du XVIIIe siècle restaurée par Françoise et Bernard est implantée dans un domaine de 65 ha de bois et de lavandes. Idéal pour goûter au plaisir de la *Slow Life* au rythme de la nature. Les chambres sont indépendantes avec salles de bains et wc privatifs, et de belles terrasses avec une vue imprenable. Des massages énergétiques chinois ou traditionnels thaïlandais sont proposés au bord de la piscine. La table d'hôtes propose un apéritif, une assiette gourmande et une bouteille de vin.

LA BANNETTE €

Les Prés du Riou - **THOARD**
✆ 04 92 34 68 88
www.aubergelabannette.com
Chambre double à partir de 75 €. Petit déjeuner inclus. Lit supplémentaire : 30 €. Animaux acceptés. Table d'hôtes 25€.

Cette ancienne bergerie perchée à 1 000 m d'altitude bénéficie d'un cadre grandiose. L'accueil de Marie et Bernard aidés de leurs enfants Frédéric et Clara est familial. Quatre chambres d'hôtes et un appartement avec une vue admirable vous attendent au cœur de la nature. La décoration est soignée. Au petit déjeuner, vous dégusterez des pains maison, mais aussi des gaufres et des crêpes. La table d'hôtes est l'occasion de découvrir les productions de Marie et Bernard et celles de leurs amis producteurs et artisans de la région.

LE GÎTE DE LA COLLE SAINT MICHEL €

Col de La Colle Saint-Michel - **THORAME-HAUTE**
✆ 04 92 83 30 78
www.gite-haut-verdon.com
Ouvert toute l'année. Chambre double de 47 € à 58 €. Demi-pension. Petit déjeuner inclus.

Au calme, en pleine nature ce gîte-auberge dispose de 2 chambres pour 2 personnes et de dortoirs (ou chambres familiales pour de 4 à 8 personnes). Certaines chambres et dortoirs disposent de douches et sanitaires privés. Pour les autres, les douches et sanitaires sont dans les parties communes. Un sauna est à votre disposition en soirée pour une vraie détente. Les repas se font selon vos envies, régimes et restrictions alimentaires mais sont toujours de qualité.

LE MAS DU CADRANIER €€

250, chemin de Saint-Jean - **VILLENEUVE**
✆ 06 62 65 24 28
www.masducadranier.com
Chambre double de 79 € à 98 €. Demi-pension : 57 €. Petit déjeuner inclus. Lit supplémentaire : 25 €. Parking inclus.

Dans cette bâtisse ancienne située au cœur du Lubéron, Odile vous accueille avec chaleur, dans un cadre poétique, dans ses chambres d'hôtes de charme et ses gîtes, perchés sur une colline ; deux chambres (dont une suite) à l'image de la Provence, fleuries, naturelles et épurées vous content l'histoire de ce terroir. En complément, pour les séjours en famille, Odile propose sous forme de gîte deux appartements Dans le jardin, une belle terrasse et sa cuisine d'été, et l'indispensable piscine pour passer un séjour estival de rêve.

ALPES-MARITIMES

LA MAGALOUN €€€

33, avenue des Chênes - **CAGNES-SUR-MER**
✆ 06 21 15 05 05
www.la-magaloun.fr

2 chambres. Chambre double de 140 € à 170 €. Petit déjeuner inclus. CB non acceptée. Animaux non admis.

Deux chambres d'hôtes de grande classe sont proposées dans cette jolie villa des années trente, entourée par un beau jardin plein de couleurs et de senteurs. L'environnement est calme, à proximité des plages, de l'aéroport de Nice et du bourg médiéval de Cagnes... Les deux chambres - Santoline et Pervenche - sont décorées agréablement et possèdent wc et salle de bains privés, ainsi qu'un réfrigérateur. Un petit déjeuner copieux est servi en terrasse ou dans la loggia suivant la météo. La belle piscine à débordement vous comblera de bonheur en été.

LES TERRASSES DU SOLEIL €€€

Place Notre-Dame-de-la-Protection - **CAGNES-SUR-MER** ✆ 04 93 73 26 56 - www.terrassesdusoleil.com

Fermé du 29 octobre au 31 décembre. 2 chambres. Chambre double de 115 € à 140 €. Petit déjeuner buffet inclus.

Catherine et Patrick Bouvet vous accueillent dans leur villa de charme située au cœur du bourg médiéval du Haut-de-Cagnes, l'ex-résidence de Georges et Betty Ulmer, couple mythique du music-hall des années soixante. À 5 minutes de la mer en voiture et à 20 minutes à pied, vous disposez de suites spacieuses, avec salons de lecture sous forme de loggia avec baies vitrées. Le petit-déjeuner est servi à l'intérieur ou sur la terrasse panoramique qui permet d'admirer aussi bien les Alpes que la mer Méditerranée. On se sent bien ici !

VILLA ESTELLE €€

5, montée de la Bourgade - **CAGNES-SUR-MER**
✆ 04 92 02 89 83 - www.villa-estelle.com

Studio / appartement de 102 € à 132 € ; suite de 107 € à 152 €. Petit déjeuner inclus. Lit supplémentaire : 30 €.

Dans cette jolie bâtisse nichée dans le village médiéval, tout n'est que charme, luxe et volupté... Il faut dire que l'ancienne maîtresse des lieux, Estelle, décoratrice de renom, a rénové cet établissement de manière exquise, avec raffinement, tout en gardant l'âme et l'authenticité de cette demeure ancestrale. Chacune des chambres possède son propre univers : elles sont uniques, personnalisées, décorées avec des tons chauds, et parfaitement équipées (salle de bains, TV satellite...). Une superbe terrasse vous permettra de profiter du soleil et d'une vue sublime.

LES CYPRÈS €€

289, route de Châteauneuf - **CONTES**
✆ 06 46 27 54 95
www.lescypres.fr

Chambre double de 85 € à 90 €. Petit déjeuner inclus. Lit supplémentaire : 25 €. Table d'hôtes avec menu complet 25 €.

Dans une maison niçoise datant de 1920, au pied du village de Contes, avec jardin champêtre, vous aurez à disposition trois chambres indépendantes en rez-de-jardin. Chaque chambre possède une entrée indépendante. Elles sont lumineuses et confortables avec literie et serviettes de haute qualité. Vous trouverez dans la salle de douche des produits Fragonard, sèche-cheveux et peignoirs. Le cadre verdoyant et calme invite au repos avec pergolas couvertes de fleurs et de vigne selon la saison et le petit déjeuner se prendra sous le cerisier si le temps le permet.

LE BERGHON €

15, descente de l'Église
FONTAN
✆ 04 93 04 54 65
www.leberghon.com
Chambre simple à partir de 35 € ; chambre double à partir de 65 €. Gîte 12 personnes 280€ la nuit.

Le hameau perché de Berghe Inférieur est situé au-dessus du village de Fontan. Le Berghon y offre un gîte, bâtiment indépendant contigu à la maison familiale. Il peut être entièrement ou partiellement mis à votre disposition, avec cuisine équipée et tout le confort (12 places). Vous pouvez aussi louer simplement des chambres. Cette maison traditionnelle au toit de lauzes violines, typique de la vallée de la Roya, au milieu d'une châtaigneraie séculaire, est au grand calme et permet des randonnées qui sont balisées au départ du hameau.

ESCALE D'AZUR €€

455, chemin des Prés - **GATTIÈRES**
✆ 06 13 01 33 36
www.escale-azur-gattieres.com
4 chambres (et un appartement). Chambre double de 87 € à 100 €. Petit déjeuner inclus (pour les chambres).

Le paysage est tout simplement grandiose avec une vue panoramique sur le vieux village et ses collines avoisinantes. Cette belle bâtisse rénovée avec raffinement propose quatre chambres d'un excellent standing portant des noms de fleurs. Un appartement avec deux chambres est aussi proposé. Il comporte une cuisine toute équipée et une terrasse avec vue panoramique sur la ville. Terrain de pétanque, pool-house avec barbecue, four à pain, réfrigérateur, plaque électrique, vaisselle (etc.) à la disposition des clients pour passer d'agréables soirées.

LA BASTIDE DES ANGES €€€

2, chemin du Camp-de-la-Besse - **GRASSE**
✆ 06 82 50 98 23 - www.bastidedesanges.com
Ouvert toute l'année. 2 suites indépendantes de 55 ou 60 m2 pour 1 à 4 personnes. Chambre double de 95 € à 105 €.

Elle porte bien son nom cette bastide du XVIIIe siècle… Le cadre est superbe et du haut de la terrasse se dresse un paysage panoramique. Une remarquable piscine, une cascade, des fleurs de toutes les couleurs, des arbres fruitiers, des oliviers… le jardin est un atout indéniable. Deux suites disposent d'un accès indépendant. Chacune est composée d'une chambre avec lit double et d'un salon séparé avec canapé-lit, mais aussi salle de bains avec baignoire, douche, double lavabo, et wc séparés. Leurs prestations sont réellement haut de gamme et l'accueil chaleureux.

MOULIN SAINTE-ANNE €€

9, chemin des Prés - **GRASSE** ✆ 04 83 05 58 05
www.moulinsainteanne.com
Ouvert toute l'année. 3 chambres (2 appartements, location à la semaine). Chambre double de 110 € à 195 €.

Le Moulin Sainte-Anne est une magnifique bâtisse du XVIIIe siècle qui a été rénovée et agencée en chambres d'hôtes. Les amoureux de vieilles pierres vont adorer l'atmosphère qui émane de ce lieu magique chargé d'histoire. Les chambres bénéficient de très beaux volumes, de 34 m^2 pour la plus petite à 53 m^2 pour la suite avec une salle de bain balnéo. Deux appartements indépendants complètent l'offre. Jardin, piscine et rivière permettront de passer de doux moments en extérieur aux beaux jours. Le petit déjeuner est copieux et fait la part belle au fait maison.

L'ORIGANE €€

3918, Chemin des Camps - **L'ESCARÈNE**
✆ 04 93 91 44 85
www.lorigane.com
Basse saison : chambre double 85 €. Haute saison : chambre double 95 €. Demi-pension 28€ par personne.

Installée en pleine nature, au milieu d'oliviers et de cyprès, cette ancienne bergerie est tenue par Carole Guinard et Eric Ciavaldini. Les chambres sont confortables et bien équipées, avec sanitaires indépendants et salles de bains privatives. Une adresse connue par de nombreux sportifs, randonneurs et vététistes, qui profitent pleinement des pistes environnantes. Une piscine permet de se détendre dans ce cadre privilégié, en dehors du village. Le soir, la table d'hôte permet de déguster des spécialités locales mais aussi de la cuisine du monde.

LE CLOS DE SAINT-PAUL €€

71, chemin de la Rouguière - **LA COLLE-SUR-LOUP**
✆ 04 93 32 56 81
www.leclossaintpaul.com
4 chambres. Chambre double à partir de 115 € la nuit, hors saison 90 €. Petit-déjeuner inclus.

Idéalement située entre Saint-Paul-de-Vence et La Colle-sur-Loup, cette villa possède des chambres confortables, toutes avec terrasse donnant de plain-pied sur un grand jardin, et décorées simplement mais avec beaucoup de goût. Chaque chambre bénéficie d'un coin cuisine pour le petit-déjeuner et votre hôtesse apporte chaque matin pain, viennoiseries et un gâteau maison... Les hôtes gèrent ainsi complètement leur petit-déjeuner ! Vous apprécierez également belle terrasse exposée plein sud et la piscine. Une petite maison indépendante permet des séjours plus longs.

MAS DE PROVENCE EN RIVIERA €€

6495, route de Levens - **LA ROQUETTE-SUR-VAR**
✆ 06 12 16 25 35
www.mas-provence-riviera.com
2 chambres (et 1 suite). Chambre double de 120 € à 160 €. Tables d'hôtes 35€ et 45€.

Situé dans un écrin de verdure et d'essences méditerranéennes, au sein d'une oliveraie centenaire produisant toujours son huile, Mas de Provence en Riviera est une chambre d'hôtes de charme sur les hauteurs de Nice. Une chambre double, une suite junior et une suite familiale sont proposées. Les enfants sont d'ailleurs très bien reçus avec des jouets et du matériel. On profite ici du calme du jardin et de la belle piscine pour se rafraîchir durant les chaudes journées.

AUBERGE MAS FLEURI €€

1585, avenue du Général-de-Gaulle - **LEVENS**
✆ 04 93 79 70 35
www.masfleuri.com
5 chambres. Chambre double 75 €. Demi-pension (2 jours minimum). Petit déjeuner buffet dès 5h : 7 €.

Valérie et Christophe tiennent cette charmante auberge à la vue imprenable dotée de cinq chambres lumineuses donnant sur le jardin. Elles disposent toutes d'une salle de bains et sont bien équipées. Côté cuisine, le chef, disciple d'Escoffier, diplômé du Concours de cuisine niçoise, concocte des plats classiques et régionaux, réalisés avec des produits frais et propose plusieurs menus. Il offre également un service traiteur et l'organisation de réceptions professionnelles. Le petit déjeuner est dans cette veine, copieux et varié, et servi dès 5h pour les lève-tôt.

LE CASTEL ENCHANTÉ €€€

61, route Saint-Pierre-de-Feric - **NICE**
✆ 04 93 97 02 08
www.castel-enchante.com
Piscine extérieure. Nuitée à partir de 120 €. Animaux interdits.

Vos hôtes mettent à votre disposition plusieurs chambres spacieuses et joliment décorées. L'une d'entre elles est adaptée pour accueillir une famille : cette suite de 38 m² avec salle de bain peut en effet recevoir jusqu'à 4 personnes. Les 3 autres chambres sont des doubles, dont une suite (Capucine) avec accès direct à l'extérieur et terrasse privative. La propriété fleure bon l'Italie, elle est entourée d'un parc très agréable dans lequel siège une piscine pour vos baignades estivales et instants de farniente sur une chaise longue.

RELAIS DU PEYLOUBET €€

65, chemin de la Plâtrière - **GRASSE**
✆ +33 06 16 90 67 39
www.relais-peyloubet.com.fr
Ouvert de mi mars à mi novembre. 5 chambres (dont 2 suites). Chambre double de 100 € à 135 €. Petit déjeuner inclus.

© RELAIS PEYLOUBET

Construit au XVIIIe siècle, alors mas agricoles, la Bastide du Relais du Peyloubet est aujourd'hui une élégante et confortable demeure blottie au sein d'un parc de 3 hectares. Les chambres sont toutes exposées plein Sud et jouissent d'une terrasse indépendante. Elles sont confortables, bien décorées et bien équipées. Une piscine de 18 mètres de long avec balnéothérapie, vous assurera fraîcheur, plaisir et détente ! Pour le petit déjeuner, pains, pâtisseries et confitures faits maison sont servis sous la treille aux beaux jours.

LE DORTOIR B&B €€€

11, rue Paradis - **NICE**
✆ 04 93 88 93 63
www.ledortoir.net
3 chambres. Petit déjeuner inclus. Suite à partir de 105 € la nuit.

C'est le luxe à petit prix ! Ici, pas de services inutiles. Pas de réception, ni de hall et encore moins de room service mais un emplacement idéal et des suites superbes ! Ce concept d'hébergement urbain et original propose un accueil individuel programmé sur rendez-vous. Les suites sont parfaitement équipées et décorées avec soin dans un style raffiné et contemporain. Toutes disposent d'un espace salon et d'une large vue sur la ville et les sommets alentour depuis le quatrième étage de cet immeuble cerné des commerces les plus luxueux de la ville.

LA CROIX SAINT-JEAN €€

38, rue Saint-Jean - **PÉONE**
✆ 04 93 05 45 52
www.lacroix-valberg.com
4 chambres. Basse saison : chambre double 75 €. Haute saison : chambre double 89 €. Petit déjeuner inclus.

Construit en 1987, ce chalet de style savoyard qui était initialement une maison familiale, a été réaménagé en chambres d'hôtes par un couple sympathique. Situé à 1720 m d'altitude, exposé plein sud et situé à flanc de colline, il permet de bénéficier d'un sublime panorama sur la station de ski de Valberg. Ce sont quatre chambres en bois qui sont proposées (deux chambres doubles, une de trois personnes et une chambre familiale de quatre personnes). A la table d'hôte, vous pourrez goûter de nombreuses spécialités du pays niçois avec une cuisine du terroir.

CHAMBRE D'HÔTES LES ENCOURDOULES €€

227, chemin des Encourdoules - **VALLAURIS**
✆ 06 85 38 69 34
https://lesencourdoules.com
5 chambres de 120 à 250 € la nuit petit déjeuner inclus. Galerie d'art et boutique d'objets chinés, table d'hôtes.

© MAISON D'HÔTES LES ENCOURDOULES

Une superbe maison d'hôtes s'est installée sur les hauteurs de Vallauris, au cœur d'un parc préservé de plus d'un hectare avec une vue remarquable sur la mer et le Cap d'Antibes. Martin & Agathe ont totalement rénové les deux bâtisses avec goût. La décoration est conçue avec des meubles de famille et des objets chinés. La maison est également une galerie d'art : certains objets sont en vente. Un havre de paix à l'abri de la foule mais très proche du littoral.

LES TOITS ROUGES €€

Route de Douans - **SAINT-ETIENNE-DE-TINÉE**
✆ 06 50 50 82 49
www.lestoitsrouges.fr
De 125 à 135€ pour deux personnes avec dîner, nuitée et petit déjeuner. 60€ par adulte supplémentaire, 30€ par enfant.

Véronique et Yves vous accueillent dans leur petit paradis situé à seulement 6 km de la station d'Auron. Cette ancienne bergerie propose des chambres à la décoration soignée avec vue sur la montagne environnante. Elles sont confortables : si la première peut accueillir jusqu'à 5 personnes, la seconde se veut plus intime mais peut toutefois recevoir 3 personnes à la fois. La table d'hôtes est gourmande mettant à l'honneur les légumes bio du jardin et les produits du terroir. En complément vous pourrez profiter d'un superbe spa pour passer un moment détente.

CA'DA BARRERA €€

1, rue du Président-Doumergue
SAORGE
✆ 06 16 44 08 26
www.chambresdhotes-saorge.fr
Chambre double 90 €. Demi-pension : 25 € (repas du soir sur réservation). Petit déjeuner inclus.

Lucas Sinda et sa famille ont restauré une maison de village qui fut à l'époque une ancienne école. La vue est splendide sur toute la vallée de la Roya avec une belle exposition sud-est. Les chambres ont été rénovées avec soin : confort et authenticité restent les maîtres mots et sont poussés à haut niveau avec des lits de 160 ou de 180 cm séparables. Une pièce à vivre est à disposition des hôtes avec une grande table et une cuisine équipée. Vous serez ici parfaitement situés et parfaitement reçus, avec des prestations de qualité comme pour la table d'hôtes.

LE SAINT PIERRE €€

14, rue Saint-Pierre - **SOSPEL**
✆ 09 53 29 00 15
www.sospello.com
Ouvert toute l'année. Location à la semaine possible. Chambre double de 60 € à 120 €. Petit déjeuner compris.

Cette maison de caractère au cœur du village médiéval de Sospel fait plonger dans la vie authentique de l'intérieur du pays. Un accueil chaleureux, des pierres apparentes, un décor traditionnel, c'est une invitation à partager une passion pour la région. L'appartement est situé au 5e étage avec ascenseur et escaliers. Il se compose d'un espace de vie avec cuisine, coin repas et salon, d'une chambre principale et d'une deuxième chambre en mezzanine spacieuse ainsi que d'une salle de bains avec douche, machine à laver et étendoir à linge.

VEDICARE AYURVEDA €€

288, impasse de la Curnia - **TOURNEFORT**
✆ 04 93 02 90 78
www.ayurvedique.com
Prix en fonction du type d'hébergement choisi, de la durée, du nombre de personnes et de la saison.

Dans ce centre de cures, de stages et de soins ayurvédiques, vous pouvez manger bio-végétarien et dormir dans une chambre d'hôtes dans une auberge en pierre ou dans un chalet de bois, ou même une yourte. Très sain, très ressourçant, très nature, vous pouvez vous initier à la cuisine et aux massages ayurvédiques. C'est ici bien plus qu'un séjour en chambre d'hôtes que l'on vous propose mais plutôt une invitation totale à découvrir l'ayurvéda sous toutes ses formes, du matin au soir. Il ne fait nul doute que vous en sortirez reposés et surtout changés.

LES TULIPANS €€

410, chemin du Collet - **TOURRETTE-LEVENS**
✆ 04 93 79 41 55
www.lestulipans.org
Ouvert toute l'année. Basse saison : chambre double à partir de 70 €. Haute saison : chambre double à partir de 80 €.

Les Tulipans proposent deux chambres d'hôtes, une suite et un gîte aux noms provençaux. C'est un joli hameau construit autour d'un ancien moulin à huile où vous pourrez vivre en harmonie avec la nature, le temps de votre séjour. De nombreux départs de randonnées et de VTT sont à proximité. Vous pourrez aussi vous prélasser au bord de la piscine. La table d'hôte est proposée aux résidents des chambres, un bon moyen de découvrir la cuisine locale comme la socca, la pissaladière, la daube, les farcis, les beignets de fleurs de courgettes, la tourte de blettes....

DEMEURE D'HÔTES DU ROCHER €€

2, rue du Pontis - **VALBONNE**
✆ 04 92 28 17 45
www.lerocher-valbonne.fr
4 chambres. Chambre double 130€/140€ ; Suite 150€/170€. Petit-déjeuner inclus.

© LE ROCHER VALBONNE

Après une rénovation intégrale, le Rocher chargé d'histoire, aborde aujourd'hui une nouvelle vie. Deux chambres et deux suites, décorées dans un style résolument épuré et contemporain que les amateurs d'art et de design apprécieront à leur juste valeur. Un service de table d'hôtes est disponible sur réservation, avec repas en terrasse ou dans la belle salle à manger autour d'un feu de cheminée. Hors saison, séjours de groupe thématiques : golf, équitation et randonnées.

HISTOIRE DE BASTIDE €€

26, rue de la Bourgade
TOURRETTES-SUR-LOUP
✆ 06 67 79 08 73
www.histoiredebastide.com
4 chambres. Chambre double de 130 € à 190 €.

Voici de superbes chambres avec vue sur la vallée du Loup et sur la mer. Elles sont raffinées et lumineuses offrant calme et confort, disposent toutes de grand lit 180/200 et d'une vue panoramique mer. Les équipements sont à la pointe de la modernité avec écran plat, climatisation et un accès wifi libre. Deux d'entre elles disposent de bain balnéothérapie. Les petits déjeuners sont issus de l'agriculture régionale, ils sont délicieux. Une superbe piscine est réservée aux hôtes, complétée par un espace bien être avec hammam et table de massages.

LE 2 - BED & BISTROT €€

2, rue des Portiques - **VENCE**
✆ 04 93 24 42 58
www.le2avence.fr
Chambre double de 65 € à 125 €. Petit déjeuner inclus. Restaurant végétarien sur demande.

Caroline et Nicolas ont rénové dans un style résolument contemporain cette vieille maison de village. Quatre chambres sont proposées, dont une à l'étage, décorées dans des tonalités grises et blanches avec des touches de couleur et des objets insolites et originaux. On aime l'atmosphère qui se dégage de cet ensemble. Le loft au dernier étage joliment appelé « La Chambre des Trophées » bénéficie d'un toit-terrasse avec vue panoramique sur la ville. Vous n'aurez plus à prendre votre véhicule, car tout est accessible à pied, y compris le restaurant végétarien.

BOUCHES-DU-RHÔNE

LA BASTIDE DE GANAY €€€

5635, Route du Puy Sainte-Réparade
AIX-EN-PROVENCE ✆ 07 71 82 48 03
bastidedeganay.com

4 appartements. 6 chambres (dont 3 suites). Chambre double à partir de 198 €.

Nichée au cœur de la forêt de la Trévaresse, cette élégante bastide du XVIIe siècle est une douce villégiature à 15 minutes d'Aix. Les chambres et suites sont spacieuses avec vue sur le parc, l'une d'entre elles se situe dans l'ancienne chapelle voûtée. La décoration joue la carte de l'épure chic et contemporaine tout comme les appartements aménagés dans une aile indépendante. Le bassin de nage et une grande piscine sont des agréments dont vous profiterez aux beaux jours. Et l'on recommande la table d'hôtes gourmande et saisonnière aux accents provençaux.

LA BRUISSANNE €€

283, chemin du Vallon-des-Gardes-Bas
AIX-EN-PROVENCE ✆ 04 42 21 16 76
www.labruissanne.com

Chambre double de 120 à 150 € la nuit. Minimum 3 nuits. Lit d'appoint 25 €. Petit-déjeuner inclus. Piscine.

Accordez-vous une halte relaxante dans cette maison d'hôtes de charme. Un écrin de nature dans lequel vous pourrez choisir entre plusieurs chambres Marius, César, Fanny et Manon, chacune dispose d'une entrée et d'une terrasse privative. On baigne ici bien dans une ambiance purement provençale tant dans la déco, les teintes choisies que dans les senteurs du jardin. La piscine vous attend aux beaux jours. Une cuisine d'été est commune aux chambres. Tout le confort attendu est là, un lieu idéal pour un séjour plus ou moins prolongé à Aix ou dans la région.

LA MAISON D'AIX €€€

25, rue du 4-Septembre - **AIX-EN-PROVENCE**
✆ 04 42 53 78 95
www.lamaisondaix.com

Chambre double à partir de 270 € ; suite à partir de 400 €. Petit déjeuner inclus. Parking fermé sur réservation.

Cet hôtel particulier du XVIIIe siècle a été rénové dans un style contemporain haut de gamme par Laure Juhen et Louis Mariotti, et aménagé en maison d'hôtes raffinée. La Chambre d'Henriette, la Love Suite, le Corset et le Jardin secret, les noms des chambres et suites sont des suggestions d'ambiance. Elles sont tout à la fois luxueuses, confortables et cosy, dans l'épure : teintes choisies, teck au sol et salles de bains design. Accès illimité au spa et à l'espace détente, avec bassin chauffé et hammam. Beau salon rouge au rez-de-chaussée pour la soirée.

L'ATELIER DU MIDI €

1, rue Sauvage
ARLES
✆ 04 90 49 89 40
www.atelierdumidi.com

Ouvert de mars à octobre. Chambre double de 64 € à 69 €. Petit déjeuner inclus.

Voilà une demeure bien singulière : L'Atelier du midi est une maison-galerie. Comprenez par là que Laurence et Patrick utilisent ces murs pour exposer des photographies. Vous profiterez ici de trois chambres d'hôtes, toutes baptisées du nom d'un peintre célèbre dont l'existence est en lien avec la ville. Les chambres aux couleurs vives sont bien aménagées avec salle de bains et accès privés. On profite avec plaisir de la terrasse tropézienne où on prend son petit déjeuner en saison. L'ensemble est réellement charmant pour des prix très abordables.

HOTEL DE L'ANGLAIS - GUESTHOUSE €€

7, avenue Victor Hugo
ARLES
www.hoteldelanglais.fr
Chambre double de 180 € à 230 €.

Classe et élégance, c'est ainsi que l'on pourrait qualifier ce très bel hôtel particulier ancienne banque, devenue maison d'hôtes, qui propose cinq chambres spacieuses et décorées avec goût. Vitraux, plafonds à caissons... on est sans conteste dans une demeure de charme vieille noblesse. Tout est sublime ici, y compris dans les espaces communs qui invitent à la rêverie et au repos. Les extérieurs ne sont pas en reste avec un superbe jardin agrémenté d'une fontaine.

MAS DU PETIT FOURCHON €€€

1070 chemin de Nadal - **ARLES**
✆ 04 90 96 16 35
www.petitfourchon.com
Chambre double de 115 € à 135 € ; suite de 115 € à 135 €. Petit déjeuner buffet inclus. Lit supplémentaire : 25 €.

Accueillis par 23 platanes tricentenaires, ce mas du XVIIIe siècle, implanté dans un domaine de pas moins de 40 hectares, saura vous ravir. Vous irez alors, émerveillé, de découverte en découverte dans un site parfaitement conservé (carrelages et poutres sont d'époque) et rénové avec grand respect. Le décor, purement provençal avec ses patines colorées et ses meubles anciens, ne fait que mettre en valeur un lieu plein d'esprit. L'accueil est des plus convivial et on profite en été d'une superbe piscine au bord de laquelle se prélasser.

LA MAISON DAUPHINE €€€

14, rue du 4-Septembre - **AIX-EN-PROVENCE**
✆ 06 51 06 18 75 - www.maisondauphine.com
Haute-saison à partir de 219 € la nuit. En basse saison, 168 € la nuit.

Cette grande bâtisse bourgeoise du XVIIe siècle abrite trois appartements de charme dans les étages. Une maison d'hôtes différente, ambiance feutrée, déco design et raffinée, le cadre est chic, élégant, c'est ainsi que l'a voulu Véronique Kadri, propriétaire des lieux et galeriste. On vous y assure un service de conciergerie si besoin : babysitting, chef à domicile, réservation d'une table, soins esthétiques, organisation d'excursion, location de véhicule, transferts depuis la gare ou l'aéroport. Petit déjeuner offert si la réservation est faite en direct.

LE MAS SAINT-FLORENT €€€

Route de la Crau
ARLES
✆ 04 90 97 02 79
www.le-mas-saint-florent.com
5 chambres (dont 3 suite). Suite de 181 € à 427 €. Petit déjeuner inclus.

Dans cette grande demeure de charme du XVIIIe siècle ayant appartenu à la même famille pendant 200 ans, vous apprécierez le calme de la terrasse ombragée avec sa grande piscine à débordement, son parc de 11 hectares, sa bambouseraie et son petit étang. Les 5 chambres et suites, avec chacune son style très différent, sont dotées d'un mobilier élégant. Elles sont toutes très confortables et bien équipées. Pour parfaire votre séjour, n'hésitez pas à profiter des activités bien être proposées en supplément et des dîners en formule table d'hôtes.

LE BALCON DES ALPILLES €€€

D 24A - **AUREILLE** ✆ 04 90 59 94 24
www.lebalcondesalpilles.fr
5 chambres. Chambre double de 150 € à 160 €. Petit déjeuner inclus.

Josy et Régis vous accueillent dans un écrin de nature et offrent de belles prestations : un champ de lavande, une piscine chauffée, un court de tennis, une piste pour jeu de pétanque, des dizaines d'oliviers et de pins... Un superbe décor paradisiaque pour poser ses valises. Dans les chambres, aucune faute de goût : du mobilier provençal et des boutis. Elles offrent tout le confort nécessaire et de belles vues. Chaque matin un copieux brunch vous est proposé. Il ravira les gros appétits et les gourmands amateurs de douceurs maison.

LA DEMEURE INSOUPÇONNÉE €€

21, montée de la Chapelle - **CASSIS**
✆ 06 31 10 73 12 -
www.la-demeure-insoupconnee-cassis.com
Ouvert toute l'année. 5 chambres dont 4 avec cuisine privative, de 130 € à 200 € pour deux avec petit déjeuner.

Au calme, on ne soupçonne guère cette magnifique demeure qui offre une vue imprenable sur la mer et le Cap Canaille. Julie et Jean-Claude, les propriétaires, ont soigné la décoration de leurs cinq chambres : murs en pierre, lit à baldaquin, terrasse privative, baignoire balnéo... Très spacieuses, elles peuvent accueillir jusqu'à 4 personnes, et disposent d'un splendide panorama. On adore aussi la salle de bains dans une grotte de la chambre *Ivresse des Sens*. Vous pourrez passer vos journées autour de la piscine de l'établissement, l'idéal pour se détendre !

L'ENSOLEÏLLADO €€

78, chemin de la Rigaude - **AURIOL**
✆ 06 07 89 63 83
https://lensoleillado.com
Fermeture de mi-novembre à fin mars. Parking et entrée indépendants. Animaux non admis. Wifi gratuit.

L'Ensolleïllado c'est le cocon provençal d'Emmanuelle et Philippe, tombés amoureux de la Provence. Ils ont repensé l'aménagement, la décoration et l'esprit de cette belle villa situé face au massif de la Sainte Baume. Vous séjournerez dans un rez-de-jardin de 50 m², pour 2 à 4 personnes, avec un confort 4-étoiles (lit *king size*, salon, cuisine équipée, coffre-fort, terrasse et jardin privatif avec barbecue, climatisation...). N'hésitez pas à profiter des nombreux atouts du lieu : la piscine, le sauna, le terrain de pétanque, le potager aromatique.

VILLA CALANCO

5, avenue des Calanques - CASSIS
✆ 06 84 96 11 07
villacalanco@orange.fr - villacalanco.com
Ouvert début Mars à fin Décembre. 4 appartements de 85 m² pour 2 à 4 personnes. Wifi gratuit. Jardin. Terrasse. Tv satellite.

Un bel immeuble délicatement posé au pied de la mer, à seulement 100 mètres de la plage du Bestouan. Décoration chic, chambres modernes, confortables et lumineuses, et surtout de belles terrasses de 45 m² avec une vue époustouflante sur le cap Canaille. 4 appartements de 85 m², de 2 ou 5 personnes, cuisine entièrement équipée, un salon avenant, une belle salle de bains et une ou deux chambres. Certains détails sont très appréciables : climatisation réversible, mobilier de qualité, parking privé fermé, linge fourni, ménage fin de séjour. Accueil chaleureux de Stéfanie.

MAS LAFLEUR €€

998, chemin de Rosette
CHÂTEAURENARD
✆ 06 85 25 05 59
www.maslafleur.com
3 chambres. Chambre double à partir de 92 €. Petit déjeuner inclus.

Aurélie et Pascal se sont installés dans ce mas typiquement provençal. Ils proposent trois chambres d'hôtes. Ici, tout a été rénové dans le respect de l'ancien (poutres apparentes, pierres, chaux), mais en y apportant une touche de modernité avec un décor industriel très réussi. Les chambres sont décorées de manière très sobre et sont ouvertes sur un espace douche et w.c.. La cuisine sera au cœur de votre séjour grâce à un espace adapté et à des cours pour vous perfectionner ou des cures de bons petits plats détox pour repartir d'ici ressourcés.

LA PALMERAIE DES CALANQUES €€

8, chemin de Montmillan et d'Aubrez
ENSUÈS-LA-REDONNE ✆ 04 42 06 57 75
www.lapalmeraiedescalanques.com
Chambre double de 130 € à 150 € la nuit, de 720 € à 840 € la semaine ; suite de 210 € à 240 € la nuit.

Brigitte et Robert vous accueillent dans 5 chambres, dont une suite, ou dans un gîte. Cette luxueuse villa dispose d'une piscine et de splendides terrasses avec vue sur la la calanque qu'elles surplombent. Les chambres confortables et bien équipées et disposent d'un coin salon. La suite est équipée en plus de deux lits simples pouvant être rapprochés, de toilettes séparées, d'un micro-ondes et d'un coin bureau. Vous trouverez ici de nombreux services et pourrez lâcher prise totalement.

MAS DES POULAINS €€

Chemin du Cèbe - **EYGALIÈRES** ✆ 04 90 90 65 96
www.masdespoulains.com

Ouvert toute l'année. Chambre double de 65 € à 75 € ; chambre triple de 80 € à 90 €. Petit déjeuner inclus.

Le Mas des Poulains, c'est un mas typiquement provençal au milieu d'un pré de 3 hectares. Mais c'est aussi une bonne opportunité de passer des vacances en Provence, à deux kilomètres d'Eygalières, sans se ruiner. Les quatre chambres sont décorées simplement mais offrent tout le confort nécessaire. Un gîte complet est également proposé pour séjourner ici en toute indépendance. Et ceux qui veulent un retour aux sources seront particulièrement ravis du calme qui règne au mas, ainsi que de la proximité avec l'élevage de poulains d'Irène et Andrea.

THE ADDRESS €€

30, avenue Jules Ferry - **CASSIS**
✆ 06 95 60 28 28
https://www.theaddress-cassis.com

Chambre spa 238 €, junior suite 268 €, suite 288 €. Fermé du 11 nov au 11 mars. Minimum 2 nuits. Table d'hôte. Parking.

© THE ADRESS CASSIS

Concept entre boutique-hôtel 4 étoiles et chambres d'hôtes de luxe, The Address est une délicieuse maison d'hôtes d'exception au cœur de Cassis. Imaginée par Eric et Sabine, la demeure sur 2 étages domine le port cassiden et la Méditerranée. Vous logerez au choix dans l'une des 2 suites junior, dans la suite Canaille ou la chambre avec bain bouillonnant extérieur privé. Piscine, jardin luxuriant, table d'hôte privilégiant les filières courtes, équipement de standing, tout est fait pour que vous passiez ici un moment inoubliable. C'est THE adress !

VILLA ANDREA €€

5, impasse du Pigeonnier - **CASSIS**
✆ 06 24 73 57 90 - www.villa-andrea.fr

Fermé en janvier. 4 chambres de 140 € à 220 € la nuit. Petit déjeuner inclus. Pas d'accès PMR. Animaux non admis.

© VILLA ANDREA CASSIS

Catherine et Peter accueillent leurs hôtes dans cette magnifique villa de style provençale, située dans les hauteurs de Cassis. Le salon ouvert au petit-déjeuner et les terrasses privatives offrent un panorama à couper le souffle sur l'immensité de la Méditerranée. Les 4 chambres sont toutes aménagées avec soins, selon une thématique qui leur est propre et possèdent toutes une terrasse privative. La suite solaire se pare de jaune et permet d'accueillir jusqu'à 3 personnes. Selon la saison, vous apprécierez plonger dans la piscine à débordement.

LA DEMEURE €€

2, rue du Fossé-Meyrol
EYGUIÈRES
✆ 04 90 57 85 05
www.lademeuredesalpilles.fr

Chambre double de 95 € à 120 € ; suite 150 €. Petit déjeuner inclus. Lit supplémentaire : 15 €.

Cette magnifique bastide du XVIIIe siècle propose trois chambres et une suite élégantes. Accessibles depuis un escalier d'époque, elles sont spacieuses et aménagées avec goût. On a particulièrement aimé celle appelée Roupillon. Et si vous voulez faire un somme ailleurs que dans votre chambre, les transats de la piscine seront parfaits ! Cette adresse où l'accueil est sympathique met à la disposition de ses clients une petite salle de sport, un sauna et vous pourrez même, sur réservation, prétendre à une agréable séance de massage.

LA RISOULETO €

Chemin des Arènes
EYGUIÈRES
✆ 04 90 57 92 83
www.la-risouleto.org
Chambre simple 70 € ; chambre double 80 €. Recommandé par le Parc.

La *Risouleto* ? Ce mot pourrait se traduire par « souriante » en provençal. C'est exactement ce qui définit ses propriétaires qui vous feront passer un excellent séjour. Cette maison d'hôte de charme vous propose 3 chambres (dont une suite familiale qui peut accueillir jusqu'à 7 personnes). Elles sont toutes coquettes et agréables avec leurs noms de fleur... Notre préférée : l'Hibiscus, pour son entrée indépendante. Les petits déjeuners sont ici excellents et proposent des produits maison avec de nombreux produits frais de la région.

LES CHAMBRES DU MOULIN €€

351, route de St Pons - **GÉMENOS**
✆ 06 34 42 91 07 - https://www.moulin-gemenos.fr/chambres-hotes/
Ouvert toute l'année. À partir de 80 €/nuit. Possibilité de séjours longs ou réguliers. Petit-déjeuner : 10 €.

© LES CHAMBRES DU MOULIN

Les Chambres du Moulin, c'est l'assurance d'une déconnexion bucolique à l'entrée de la vallée de Saint-Pons. Les 5 chambres qui composent cette jolie maison d'hôtes sont confortables et accueillantes, avec chacune leur personnalité. Mathilde et Jean se feront un plaisir de vous y accueillir toute l'année, pour une escapade courte ou prolongée. Attenant au Moulin de Gémenos, la philosophie écoresponsable y est largement partagée. Le petit-déjeuner est servi dans la salle à manger de la bâtisse ou en terrasse donnant sur le parc.

LE CLOS DES CYPRÈS €€

1863, route de Chateaurenard - **GRAVESON**
✆ 06 24 00 00 62
www.leclosdescypres.com
4 chambres. Chambre double de 125 € à 145 € ; suite à partir de 165 €.

Le Clos des Cyprès propose quatre superbes chambres dans un cadre idyllique. Valérie et Stéphane, les propriétaires, améliorent sans cesse leur maison, pour que leurs hôtes s'y sentent bien. Dernier aménagement en date, un jacuzzi d'extérieur chauffé de 7 places, qui vient compléter la piscine. Les petits déjeuners maison sont vraiment délicieux, sucrés et salés, faits de productions maison. Il faut dire que Valérie et Stéphane ont pas mal d'expérience en la matière, puisqu'ils ont tenu durant plus de 15 ans, un restaurant référencé trois fourchettes au Michelin.

LE MAS DES CHUTES €€

1, impasse des Chutes - **GRAVESON**
✆ 06 87 40 60 91
www.lemasdeschutes.com
Basse saison : chambre double de 70 € à 120 €. Haute saison : chambre double de 110 € à 145 €. Petit déjeuner inclus.

Dans cette charmante demeure posée aux pieds des Alpilles, Estelle et Patrice vous proposent quatre chambres d'hôtes confortables, toutes équipées de la climatisation et du wifi. Le soir vous apprécierez le mini bar et la terrasse privative, la télé à écran plat ou encore la grande piscine. Dès le lendemain, vous serez ainsi prêts à repartir en pleine forme, à l'assaut des merveilles de la région, non sans avoir pris un solide petit déjeuner gourmand. Les propriétaires pourront à ce moment vous concocter des programmes journaliers en fonction de vos goûts.

MAS DU BRAS D'OR €€

40F, chemin du Moutonnier
ISTRES
✆ 04 42 55 60 05
www.masdubrasdor.com
Studio / appartement 550 € la semaine. Petit déjeuner inclus.

Ce mas entièrement restauré par le charmant couple Picard date de la fin du XIXe siècle. Au printemps, les clients de la chambre d'hôte, qui peut se transformer en gîte car attenante à une cuisine d'été, aménagée dans un esprit provençal assumé, auront la surprise de voir les moutons, les fameux mérinos de la plaine de la Crau, paître dans le pré tout à côté. Un décor de carte postale dont on profitera avec le même plaisir que lorsque l'on profite de la grande piscine qui agrémente les lieux, même si les plages sont toutes proches.

LA LUNA €€

4, impasse de la Lune - **MARSEILLE**
✆ 06 71 62 50 36 - www.luna-marseille.fr
3 chambres : 100 €. Terrasse, piscine à débordement, jacuzzi intérieur creusé dans la roche, petit sauna.

© LA LUNA MARSEILLE

Venir dans ce lieu se mérite ! Mais une fois arrivé, vous êtes tout simplement au paradis… Les chambres d'hôtes, modernes et tout confort, sont situées en plein centre-ville et complètement au calme, à quelques minutes seulement de Notre-Dame-de-la-Garde, du parc Chanot, du palais du Pharo, mais aussi de la Pointe Rouge et des calanques. La Luna offre une belle vue sur la mer ainsi que les îles (et même un accès direct à la mer en traversant la Corniche !). Le lieu est également bien desservi par les bus pour profiter de l'ensemble des richesses de Marseille.

LE MAS DE PEINT €€€

LE SAMBUC
✆ 04 90 97 20 62
http://www.masdepeint.com
Chambre double de 250 € à 335 € ; suite de 395 € à 540 €. Demi-pension : 79 €. Petit déjeuner : 22 €.

Situé dans une manade de 500 ha en plein cœur de la Camargue, le mas est à seulement une vingtaine de minutes de l'étang de Vaccarès et des Saintes Maries de la Mer : l'endroit est une base idéale pour partir à la découverte de cette magnifique région. L'accueil est ici très chaleureux et les chambres sont toutes très confortables, bien décorées, avec beaucoup de charme. La piscine vous permettra de vous détendre après une inoubliable promenade à cheval dans ce cadre enchanteur. La table d'hôtes met en valeur les produits régionaux.

LES CHAMBRES DE JEANNETTE €€

7, boulevard de la Pugette - **MARSEILLE**
✆ 06 13 88 49 43 -
www.leschambresdejeannette.fr
4 chambres. Parking (public gratuit). Chambres de 85 € à 110 €, petit déjeuner inclus. Wifi. Possibilité de lit bébé.

Dans cette maison de ville typique «aux trois fenêtres», 4 chambres soignées : Marius, Playa del Carmen, Baie d'Halong (Jeannette est une grande voyageuse) et San Marco (suite). La maison a été rénovée en 2012. Vous ne serez pas en centre-ville mais non loin du métro qui vous amènera en ville en moins de 20 minutes et à une quinzaine de minutes des plages en enfourchant un vélo ! Les plus : le Wifi gratuit, des petits déjeuners faits maison et un accès indépendant pour chaque chambre.

LA PETITE CALANQUE €€

22, calanque de Saména - **MARSEILLE**
✆ 06 12 03 18 43
www.lapetitecalanque.com
2 chambres d'hôtes et un studio. Chambre double à partir de 85 €, suite à partir de 100 €. Petit-déjeuner compris. Wifi.

© LA PETITE CALANQUE

Une villa, deux chambres et un studio, un jardin tropical et un hôte des plus souriants pour vous accueillir. Bienvenue à la Petite Calanque, qui porte si bien son nom. La décoration intérieure des logements oscille entre tradition provençale Belle Époque et Art déco. Beaucoup d'objets chinés et de détails adorables comme cette baignoire sur pieds du XIXe siècle. Atmosphère paisible avec petite terrasse sur le jardin ombragé et balade possible autour de la calanque, à l'heure où les baigneurs ne sont pas encore là. Le studio comprend une kitchenette.

UN MAS EN VILLE €€

7, rue des Bergers - **MARSEILLE**
✆ 06 72 70 58 71 - www.un-mas-en-ville.com
Chambre double de 89 € à 99 € ; suite de 99 € à 119 €. Petit déjeuner inclus (bio et sans gluten sur demande). Wifi

© MAS EN VILLE

Dans une rue en pente, entre la préfecture et le cours Julien, vous serez surpris de sentir l'odeur de la cire et de la lavande à l'entrée du Mas en Ville. Du sol au plafond, tout a été mis en œuvre pour vous immerger en Provence : des tomettes marseillaises à la pierre traditionnelle. 14 logements au total dont une toute nouvelle suite inaugurée en 2020 mais également un dortoir de 9 lits. Dans ce décor rustique, l'ambiance est zen avec tout le confort moderne. Mention spéciale pour le petit déjeuner bio (sans gluten possible), son miel et sa confiture familiale.

VILLA VALBELLE €€

8, chemin de Guiramande
MEYREUIL
✆ 04 42 93 53 69
www.valbelle.com
Chambre simple 75 € ; chambre double 80 €. Petit déjeuner inclus. Lit supplémentaire : 20 €.

Cathy et Jacques vous accueillent à 3 kilomètres du centre d'Aix-en-Provence. Leur villa Valbelle, un tantinet massive, est à l'orée d'une forêt de pins avec une belle vue sur la Sainte-Victoire et près du parc naturel du Montaiguet. Leurs chambres sont sobrement décorées, avec des tons clairs, mais confortables. Dans le parc de 5 hectares, on se détend dans la piscine avec plage de repos et on profite d'une cuisine de jardin pour prendre un café. Les petits déjeuners copieux sont servis dans la maison de jardin ou sous les pins.

LA MÉRIDIENNE €€€

Route du Pont-des-Plaines
MOURIÈS
✆ 04 90 47 54 07
www.lameridienne-alpilles.com
Chambre double de 160 € à 195 €. Petit déjeuner inclus.

La maison est implantée dans un écrin de verdure de 7 000 m² où prospèrent oliviers et pins. Un havre de paix où vous pourrez vous ressourcer pleinement. Les quatre chambres sont lumineuses et apaisantes. Les patines à l'ancienne, les boutis : tout est en parfaite harmonie. Si vous avez le choix, demandez la chambre *Amandier* dont la terrasse est la plus isolée avec son mûrier platane. Un service personnalisé et très attentionné vous est proposé dans cette maison où recevoir est tout un art. En été, on aime particulièrement profiter de la belle piscine.

LE MAS DE LA ROSE €€

Route d'Eygalières
ORGON
✆ 04 90 73 08 91
www.mas-rose.com
Chambre double de 195 € à 345 € ; studio / appartement à partir de 545 € ; suite de 410 € à 425 €.

Au cœur d'un parc de 25 hectares, planté de pins, d'oliviers, de lavandes, un hameau d'anciennes bergeries du XVIIe siècle vous accueille et vous invite à la douceur de vivre. Les chambres et suites sont toutes sublimes, magnifiquement décorées, très bien équipées, en un mot : luxueuses. L'appartement n'est pas en reste. Le mas est agrémenté de terrasses, d'une piscine, d'une tonnelle et d'une table gastronomique très appréciée. Le petit déjeuner est fait de produits biologiques et locaux et on vous propose sur mesure des jus de fruits détox.

DOMAINE SAINTE-PHILOMÈNE €€

Route de Cazan - **PÉLISSANNE** ✆ 04 90 53 28 61
www.domainesaintephilomene.com
Bienvenue à la Ferme. Chambre double de 50 € à 120 €. Petit déjeuner : 7 €.

Entourée de vignes et d'oliviers, la famille de la Perière vous accueille au cœur de la Provence dans un mas du XVIIIe siècle. La chambre d'hôte, toute de blanc immaculé, dispose de tout le confort nécessaire pour passer un agréable séjour. Spacieuse et lumineuse, elle constitue un bon point de départ pour visiter toute la région. Vous pourrez profiter en plus de la piscine (bassin) et d'un espace privé dans les vignes. On ne saurait passer ici sans découvrir l'activité viticole des propriétaires et goûter à leurs bonnes bouteilles.

CHAMBRE D'HÔTES LA TRÉSORIÈRE €€

44, chemin de la Trésorière - **PUYLOUBIER**
✆ 06 87 10 60 33
2 chambres. Chambre double 80 €. Petit déjeuner inclus. CB non acceptée. Wifi gratuit. Label Vignobles et découvertes.

Fabienne a aménagé deux chambres d'hôtes dans sa jolie maison contemporaine à l'écart du village de Puyloubier. Les chambres ont chacune une entrée indépendante, elles donnent sur un patio privatif où sont servis les petits déjeuners ; hors saison, vous vous attablerez dans le séjour lumineux, l'occasion de partager les bons plans et conseils de Fabienne pour découvrir la région. De nombreux services vous seront proposés ici comme des massages ou des dégustations.

VILLA BAULIEU €€€

Route de Beaulieu - **ROGNES** ✆ 04 42 60 39 40
www.villabaulieu.com
Châteaux & Hôtels Collection. Ouvert de mai à octobre. Chambres de 420 à 630€ et suites de 630 à 1370€.

Une adresse chic et confidentielle du pays d'Aix. Une maison d'hôtes de charme et un bijou architectural du XVIIe au cœur d'un domaine de 300 hectares, dont 140 de vignes. Chambres et suites de grand luxe, salons de réception, salon de lecture, de musique et fumoir très *bristish*. Pour la détente, bassin de nage, court de tennis, terrain de boules, hammam et bain à remous au dernier étage en terrasse avec vue à 360°... Les petits-déjeuners sont servis dans l'orangerie face à la piscine. Une table d'hôte gastronomique, uniquement pour les hôtes et sur réservation.

LA MAISON DE LINE €€€

60, avenue Albert-Schweitzer
SAINT-RÉMY-DE-PROVENCE
✆ 04 90 24 92 66
www.lamaisondeline.fr/accueil
5 gîtes et 2 chambres. Chambre double à partir de 115 € ; studio / appartement à partir de 120 €.

Une belle propriété, très confortable, dans un environnement sympathique, La Maison de Line est un établissement d'un charme incontestable. Les cinq gîtes et les deux chambres proposés sont bien décorés et dotés de tout le confort. En été, la belle piscine sera un havre de fraîcheur, tandis que les espaces dédiés au bien-être (yoga, soins du corps…) permettront de se ressourcer pour terminer ses vacances en pleine forme. L'art sera au cœur de votre séjour avec de nombreux ateliers proposés et des découvertes d'artistes locaux sympathiques.

LE MAS DE PIOCH €

Route d'Arles - **SAINTES-MARIES-DE-LA-MER**
✆ 04 90 97 50 06
www.masdepioch.com
Chambre double de 47 € à 62 € ; triple de 70 € à 81 € ; studio / appartement de 105 € à 135 €. Petit déjeuner : 7 €.

Au cœur de la Manade Cavallini, cet ancien relais de chasse du XIXe siècle, rénové avec goût, propose une ambiance conviviale et familiale. Tenue par Laurent et Laura Cavallini, le Mas de Pioch invite à la découverte du monde si particulier des gardians. Visite en charrette de la manade d'élevage de taureaux et diverses activités traditionnelles vous attendent dans ce cadre authentique et sauvage. Le jardin, la piscine, il y a de quoi se détendre. Pour ceux qui souhaitent être un peu plus indépendants, deux gîtes totalement équipés sont proposés.

VILLA D'ORIENT €€

30, calanque de Saména - **MARSEILLE**
✆ 06 31 48 88 61 - www.villadorient.com
Chambre double de 90 € à 120 € ; petit déjeuner inclus. Studio / appartement de 450 € à 670 € la semaine. Climatisation.

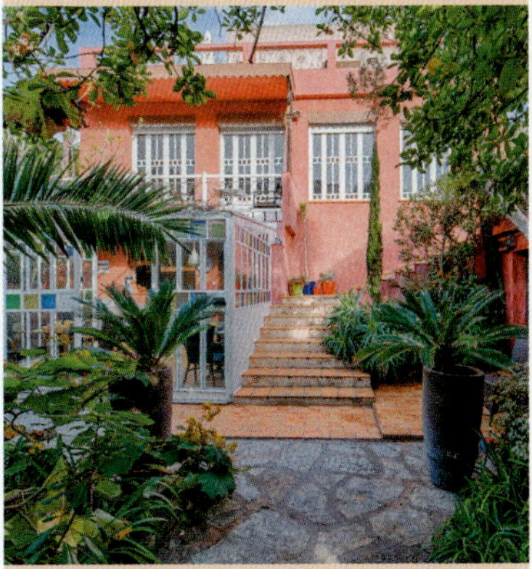

Installée au cœur du Parc national des Calanques, cette superbe maison semble au bout du monde alors qu'elle n'est qu'à 20 minutes du centre-ville, en bus ou en navette maritime l'été. La charmante maison d'hôtes comporte 2 chambres (dont une avec vue mer et terrasse), une suite donnant sur le jardin et un studio louable à la semaine. En bref, la Villa d'Orient cumule les bons points : un lieu unique et dépaysant, la mer à perte de vue, le calme, la fraîcheur d'un jardin exotique centenaire et la gentillesse du propriétaire.

HAUTES-ALPES

LE BACHA €€

111, rue de la Fontaine
BRIANÇON
www.lebacha.com
De 330 à 470€ la semaine.

Sur un coteau de la vallée de la Durance, le Bacha est une maison de caractère, une vieille maison de village qui regarde vers tous les sommets des alentours. Le gîte spacieux et confortable est à l'étage de la maison du propriétaire avec entrée indépendante et balcon privatif. Le séjour dispose d'un bel espace détente, d'un coin repas et d'une petite cuisine intégrée et toute équipée. La chambre dispose d'une grande baie vitrée avec un lit double, un lit en mezzanine et un couchage supplémentaire pour les enfants si besoin sur le canapé-lit.

LA GRANGE DES ECRINS €€

Chemin du Fangeasson
CHABOTTES
✆ 04 92 20 22 16
www.la-grange-des-ecrins.fr
Ecogîtes. Chambre double de 100 € à 150 € ; suite de 115 € à 165 €.

La Grange des Écrins est une ancienne ferme de la vallée du Champsaur, rénovée dans le style local et idéalement située au sud du Parc national des Écrins. Elle abrite cinq chambres, toutes très confortables, bien décorées et équipées, indépendantes. Sur place, vous pourrez profiter de moments de calme et de détente sur la terrasse ou au bord de la piscine chauffée ou vous relaxer en vous plongeant dans le bain bouillonnant. Jean et Meg vous proposent une cuisine du terroir ou fusion asiatique avec autant que possible des produits de la vallée et des hautes alpes.

LES OULES €€

CHÂTEAU-VILLE-VIEILLE
✆ 04 92 46 76 39
lesoules.com
62€ par personne et par jour en demi-pension, 56€ à partir de 3 nuits. Nuit deux personnes 72€ petit déjeuner inclus.

Chantal, François et leur famille vous accueillent à la ferme. Les 5 chambres avec salle de bains et wc dans chacune permettent d'accueillir 10 personnes. Elles disposent d'une décoration soignée en matériaux naturels : bois, enduits à la chaux. Un local pour vos skis et un sèche-chaussures sont disponibles. Le repas du soir est pris à la table familiale avec les produits de la ferme et du Queyras. La salle à manger offre une vue panoramique sur les montagnes environnantes. Vous êtes à 1 800 m d'altitude sur les sentiers de randonnée et les pistes de fond.

RELAIS SAINT-HUBERT €€

Chemin du Haut-Varsie - **GAP**
✆ 04 92 22 30 03
http://relaissainthubert.fr/
4 chambres. Chambre double de 61 € à 75 €. Petit déjeuner : 7 €. Animaux acceptés. Menus de 17 à 34€.

A l'entrée de Gap par la route Napoléon, ce Relais est une belle demeure du XVIIIe siècle sur les hauteurs de la ville avec son parc d'agrément où l'on peut voir de beaux daims en liberté. Claude vous accueille dans ce lieu merveilleux très chaleureusement, c'est un hôte très attentionné, qui met un point d'honneur à vous satisfaire quelles que soient vos envies. L'un des maîtres mots de cette adresse est d'ailleurs la convivialité que l'on trouve autant au restaurant que dans les chambres d'hôtes douillettes, véritables petits nids à la campagne.

L'EGLANTINE DU BUECH €€

Arzeliers - **LARAGNE-MONTÉGLIN**
✆ 04 92 46 90 88
wwweglantine-buech.net
Chambre double de 65 € à 75 € ; chambre triple de 80 € à 85 €. Petit déjeuner inclus. Lit supplémentaire : 20 €.

Dans une ferme entièrement rénovée en face de la montagne de Chabre, venez découvrir ces trois chambres d'hôtes ravissantes, spacieuses, lumineuses et disposant d'une ouverture sur le jardin. Ne manquez pas la chambre tournesol avec son plafond voûté. Dans le jardin, on profite des terrasses pour se prélasser, prendre un verre, déguster le copieux petit déjeuner avant pourquoi pas de faire un saut dans la piscine. L'accueil est ici très chaleureux, dans cette maison avec une vue superbe idéalement située pour les amateurs de randonnée.

LES CHALETS DU LOGIS D'ORRES €€

Pramouton - **LES ORRES** ✆ 04 92 44 00 07
www.logido.fr
Appartements 6 personnes de 378 € à 1 256 €/semaine. Chalets de 660 € à 1 697 €/semaine. Animaux acceptés.

Des chalets individuels, des studios et des appartements pouvant accueillir de 2 à 10 personnes sont proposés dans une ambiance montagne des plus agréable. On se repose, on se détend au salon d'hôte avec sa bibliothèque, alors que l'on peut profiter de soirées raclettes et dégustations de produits du terroir. Sauna et bain nordique vous offriront des parenthèses de détente et de bien-être avec une vue sublime sur la montagne enneigée, dépaysant à souhait !

GITES ET CHAMBRES D'HOTES DU CHATEAU DU TERRAIL €€

MONTMAUR
✆ 04 92 58 18 78
www.gites-chateau-terrail.com
Ouvert toute l'année. Chambre simple 50 € ; chambre double 85 €. Petit déjeuner inclus. Menus du jours 15€.

Cette ancienne ferme médiévale fortifiée remaniée au XVIIIe siècle a du caractère et une histoire forte. Les chambres sont toutes confortables et bien équipées et les deux gîtes permettent de séjourner ici en toute indépendance. Les espaces, s'ouvrant sur un parc arboré au milieu des montagnes, sont lumineux et clairs et l'on aimera se prélasser à l'extérieur. Pour parfaire le tout, on peut profiter sur demande de massages réalisés par des professionnels diplômés.

LA BARMA €€

RISTOLAS
✆ 04 92 46 84 84
www.alpinoc.com/
Chambre simple à partir de 54 € ; double à partir de 69 € ; triple à partir de 90 €. Petit déjeuner inclus.

Voici un gîte Panda de bois et de chaux, au bout de la route, au cœur de la nature alpine. La Barma dispose de 4 chambres d'hôtes pour un total de 9 places. Chaque chambre est dotée de couettes et de draps, d'une salle d'eau avec serviettes, et de toilettes indépendantes. La décoration est chaleureuse : petits escaliers, bois de mélèze du Queyras et badigeons de chaux colorée de Provence. Ces chambres d'hôtes avec une vue superbe sont idéales pour des randonnées pédestres ou en raquettes en étoile dans le Parc naturel régional du Queyras.

LE MOULIN OLLIVIER €€

Le Villard - **SAINT-ANDRÉ-D'EMBRUN**
✆ 04 92 43 65 78
www.lemoulinollivier.com
Chambre double 90 €. Petit déjeuner inclus. Lit supplémentaire : 20 €. Chambre 4 personnes 170€ la nuit. Repas : 30 €.

Cette ancienne ferme du XVIIIe siècle est située au bord d'un torrent à 1 100 mètres d'altitude, dans un écrin de verdure face au parc national des Ecrins, à 10 km du lac de Serre-Ponçon et de la cathédrale d'Embrun, et à 7 km de la station de ski de Crévoux. Cinq chambres à la décoration épurée et de goût vous attendent pour un repos assuré. Les bassins de nage dans le torrent offre une possibilité de loisir sportif pour les plus aventureux. Des plateaux repas faits maison sont proposés et la cuisine équipée est à disposition si vous ne choisissez pas le gîte.

LES ROSES TRÉMIÈRES €€

Rue du Boisset - **SAINT-ANDRÉ-DE-ROSANS**
✆ 04 92 24 28 10
www.lesrosestremieres.fr
Chambre simple 45 € ; chambre double 60 €. Petit déjeuner inclus. Gîte à partir de 460€ la semaine. Table d'hôte de 19€.

Dans une maison en pierre au cœur d'un village médiéval à 700 mètres d'altitude, vous disposerez d'une chambre d'hôte et d'un gîte. La chambre est très agréable et bien aérée, avec salle de bains, douche à l'italienne et lavabo, tandis que le gîte est tout aussi charmant, avec ses deux terrasses. Farniente assuré sur la terrasse ou à l'abri des différents recoins aménagés pour votre détente. Salon de jardin et matériel bébé sont à disposition. Le village médiéval abrite les ruines d'un prieuré fondé au Xe siècle classé monument historique.

A LA FERME DU VEYRE €

Les Alliberts

SAINT-BONNET-EN-CHAMPSAUR

✆ 04 92 50 09 88

Chambre simple 42 € ; chambre double 52 € ; chambre triple 67 €. Petit déjeuner inclus. Lit supplémentaire : 11 €.

Dans un charmant hameau proche de Saint-Bonnet-en-Champsaur, Pierre-Yves et Nathalie vous accueillent dans leur ferme parfaitement entretenue pour le plaisir de toute la famille. Les chambres, neuves du sol au plafond en passant par la literie, sont confortables et très bien décorées, dans des tons chauds. On découvrira la vie quotidienne d'une exploitation agricole, l'accueil généreux de vos hôtes qui ne manqueront pas de vous signaler les bons coins à visiter et vous goûterez également aux faisselles natures ou aux fruits de Nathalie.

LA BOURRASSÉE €€

Hameau des Clots

SAINT-CLÉMENT-SUR-DURANCE

www.labourrassee.com

Tarifs sur demande.

Annie et Jean-François accueillent les touristes dans leur vieille ferme du XVIIIe siècle entièrement rénovée, classée trois épis charme et labellisée Ecogîte. Les hôtes assurent ici une ambiance chaleureuse, un air pur et un ciel (presque) toujours bleu ! Les chambres sont confortables et décorées avec goût. Elles offrent depuis leurs balcons une vue apaisante sur le hameau. Le petit déjeuner est copieux et est l'occasion pour vos hôtes de vous conseiller au mieux sur les visites alentour. Ce sont des hôtes attentionnés et très chaleureux.

GÎTE DU HAMEAU €€

Les Richards

SAINT-JEAN-SAINT-NICOLAS

✆ 06 67 63 46 89

gitedesrichards.free.fr

Gîte du Hameau de 330 € à 470 €/semaine. Restauration (table d'hôtes : 20 €).

Quiétude assurée dans cette ancienne ferme rénovée, offrant un coin de nature totalement préservé et une vue imprenable à 360° sur les montagnes environnantes et la vallée du Champsaur. Juste magnifique et le lieu idéal pour se ressourcer et pratiquer des sports de pleine nature. Les groupes seront ravis de pouvoir louer le gîte complet, mais les familles et les couples disposeront à leur aise des 3 chambres d'hôtes bien équipées. Petits déjeuners et dîners sont gourmands et offrent d'excellents produits cultivés ici même : un délice !

LA COUSTILLE €€

1, impasse La Coustille

SAINT-LÉGER-LES-MÉLÈZES ✆ 04 92 50 76 74

www.lacoustille.fr

Chambre double de 90 € à 105 € ; suite de 120 € à 135 €. Petit déjeuner inclus. Table d'hôtes : 29€. Bain bouillonnant.

Dans un lieu enchanteur au cœur du Champsaur, Annie et Marcus vous accueillent dans leur magnifique chambre d'hôtes, La Coustille. Ici chaque saison a son charme : plaisirs de la glisse l'hiver, activités de pleine nature l'été et farniente en terrasse ou au coin du feu pour les moins sportifs. Un espace bien-être avec sauna et massages est également à votre disposition. La Coustille ne reçoit pas les jeunes enfants de moins de 9 ans, permettant ainsi aux adultes en recherche de calme et tranquillité de profiter pleinement de leurs vacances.

LE BRIN DE PAILLE €€

Les Casses - **SAINT-MARTIN-DE-QUEYRIÈRES**

✆ 04 92 24 77 83

www.brindepaille.com

Chambre simple 47 € ; chambre double 61 €. Petit déjeuner inclus. Lit supplémentaire : 12 €. Table d'hôtes 20€.

Niché dans un village entre les vallées de Serre-Chevalier et de Puy-St-Vincent, le Brin de Paille est la garantie d'un hébergement convivial, relaxant et engagé pour le tourisme durable : randonnées, VTT, ski, escalade, visites du patrimoine de Briançon, bains norvégiens et table d'hôtes avec des produits locaux. Avec ses 4 chambres spacieuses (wc et douche dans chacune d'elles), coin télé et bibliothèque, une salle commune, une cuisine équipée, WI-FI, parking privé, local de stockage..., vous aurez tout le confort et l'espace nécessaire.

LE SOUSTET DES AUCHES €€

Le Soustet des Auches - **SERRES**

✆ 06 14 86 18 66

www.le-soustet-des-auches.com

Chambre simple 65 € ; chambre double 99 €. Petit déjeuner inclus. Enfant gratuit jusqu'à 4ans pour les chambres.

Voici une maison de charme ouverte toute l'année, dans un village médiéval des Hautes Alpes, entre Sisteron et Veynes, où trois chambres d'hôtes et des appartements indépendants vous accueillent. L'ambiance est agréable et chaleureuse, la décoration bien faite, l'accueil chaleureux. Le propriétaire a le bon goût de proposer régulièrement des promotions qui mettent ce petit paradis à portée de tous ou presque, des petits déjeuners avec des produits de qualités et des repas avec des produits locaux, frais, et beaucoup de fait-maison.

VAR

ALTITUDE 823 €€

Grande rue - **AIGUINES**
✆ 04 98 10 22 17
www.altitude823-verdon.com/fr/
Basse saison : chambre double 60 €. Haute saison : chambre double 145 €. Petit déjeuner buffet inclus.

Jérôme et Laetitia ouvrent toute l'année, même hors saison et en hiver. Ils organisent une soirée jazz une fois par mois et un marché de Noël la dernière semaine de décembre ce qui redonne un peu vie à Aiguines en dehors de l'été. L'établissement propose, en plus des chambres, un bon restaurant ouvert à tous. Le menu, composé de plats mettant en avant le terroir de la région, est servi dans la salle à manger au cadre rustique ou sur la terrasse ombragée, dès les beaux jours. Pour vos escapades, vous profiterez d'une location de vélos électriques sur place.

LA MAISON DES VOYAGEURS €€

5, rue des Aires - **ARTIGNOSC-SUR-VERDON**
✆ 04 89 36 16 51 - www.aquarellia.com
Basse saison : chambre double de 65 € à 85 €. Haute saison : chambre double de 92 € à 101 €. Petit déjeuner inclus.

Jannik et Michel vous accueillent dans un colombier du XVIe siècle, complètement remis à neuf. Deux studios pour deux personnes, avec kitchenette, terrasse et entrées indépendantes en rez-de-jardin sont proposés. Le jardin, mis à votre disposition, bénéficie d'une jolie vue sur le village perché et les collines. Un petit-déjeuner copieux est servi au coin du feu ou sur la terrasse en fonction du temps. Vous profiterez sur place des nombreux ateliers artistiques proposés : une page d'écriture, de scrapbooking, d'aquarelle, des manières de valoriser vos photos...

LA FERME DE SAINT PIERRE €€

BARGÈME ✆ 04 94 84 21 55 - www.fermesaintpierre.net
800 à 1000€ la semaine pour 4 personnes. 600 à 800€ la semaine pour deux. Emplacement tente 210€ la semaine.

Cette éco-ferme bio, restaurée et exploitée avec amour par Carina et Berté depuis plus de 18 ans, sous le merveilleux Château de Bargème et son village classé comme l'un des plus beaux de France est un site exceptionnel de 80 ha classé WWF-Gîte PANDA-refuge LPO dans le merveilleux Parc régional du Verdon. Les hébergements proposés sont très variés : tipis, roulottes, yourtes, gîtes, chambres d'hôte, camping à la ferme... Vous pouvez venir avec votre monture, participer à la vie de la ferme, soigner les animaux et même partir randonner avec des ânes.

MAS LA JAÏNA €€

Les Espourounes - **BARGEMON**
✆ 06 88 99 79 93
www.maslajaina.com
Chambre double de 80 € à 180 €. Petit déjeuner inclus. Lit supplémentaire : 30 €. Animaux acceptés (sur demande).

Les chambres et les suites sont chaleureusement décorées dans le style sud-amérindien, africain, antillais, avec des objets artisanaux provenant de projets humanitaires. Si vous n'optez pas pour la piscine intérieure (chauffée en hiver), vous pouvez vous baigner dans un plan d'eau de plus de 800 m^3, comprenant en son sein une grande piscine immergée, où vous apprécierez une eau naturellement limpide. Ici on profite de plaisirs simples comme la présence de nombreux animaux dans le parc et d'une délicieuse table d'hôtes avec des produits frais.

CABANE DES AMOUREUX €€€

111, chemin des Prés Quartiers - **BARJOLS**
✆ 06 09 34 22 34
www.cabanedesamoureux.jimdo.com
Ouvert toute l'année. Chambre double. Tarif du vendredi au dimanche 169 €. Panier dîner 27 €/ personne.

Bercé par le bruit des feuilles et le craquement du bois, puis réveillé en douceur au chant des oiseaux et à la chaleur des premiers rayons, c'est la promesse d'une parenthèse en pleine nature et d'un formidable retour aux sources sans compromis de confort. Douche, toilettes, eau et électricité sont bien sûr opérationnels, tout comme la climatisation et la télévision, pour les plus inconditionnels des technologies modernes dans ces cabanes perchées sur pilotis au milieu de chênes verts avec une sublime terrasse panoramique où l'on prend le temps de se reposer.

DOMAINE DE MAJASTRE €€

Route des Salles-sur-Verdon - **BAUDUEN**
✆ 04 94 70 05 12
www.domaine-de-majastre.fr
Chambre double de 95 € à 150 € ; chambre triple à partir de 115 €. Petit déjeuner inclus.

© DOMAINE-DE-MAJASTRE.FR

Depuis plus de 30 ans, Rosy et Philippe de Santis vous reçoivent dans leur vaste gentilhommière du XVIIe siècle, ancienne résidence des comtes de Blacas, dissimulée dans la verdure au milieu d'un domaine truffier de 5 hectares.

Les chambres sont toutes équipées d'un lit double, idéal pour un séjour en couple. Certaines disposent d'un lit supplémentaire afin d'accueillir les visites en famille. Chaque chambre est dotée d'une salle de bain moderne, équipée de cabine douche, lavabo et toilettes. Vous profiterez de nombreuses découvertes autour de la truffe.

LA FARIGOULE €

504, chemin des Croix-du-Haut
BAUDINARD-SUR-VERDON ✆ 07 82 93 60 96
www.lafarigoule.org
Chambre double de 80 € à 90 €. Petit déjeuner inclus (continental). Lit supplémentaire : 30 € (lit bébé 5 € la nuit).

C'est à 900 mètres d'un petit village perché dans les collines, au cœur du parc naturel du Verdon, que cette villa provençale est édifiée sur 6 000 m^{2}, dans un environnement verdoyant. Toutes les chambres, spacieuses et décorées sobrement et avec goût, disposent d'une entrée indépendante. Une agréable piscine attend ceux qui souhaitent se délasser, alors que les plus courageux pourront partir randonner dans la région riche en découvertes. Le petit déjeuner est copieux et varié et c'est l'occasion pour vos hôtes de vous conseiller des itinéraires de promenades.

L'ABRI DU POÈTE €€

3, rue du Docteur Roux
BESSE-SUR-ISSOLE
✆ 06 76 61 26 63
Chambre double de 110 € à 120 € ; suite à partir de 150 €. Petit déjeuner inclus. Lit supplémentaire : 15 €.

De la poésie, de la quiétude et une bonne dose d'humanité, voici résumé en quelques mots l'esprit de l'Abri du Poète, lieu de charme imaginé par Gilles et Violaine. Ancienne maison de vigneron du XIXe siècle, la bastide en pierre a un cachet fou. Les chambres, aménagées dans l'ancien grenier à foin, ont conservé pierres apparentes et mansardes ; la suite indépendante fait face à la piscine, renaissance de l'ancien pigeonnier. Ici vous pourrez totalement vous déconnecter et vous laisser porter par la douceur de vivre provençale, en prenant votre temps.

L'OUSTAOU €€

Le Fougou, route de Sainte-Anastasie
BESSE-SUR-ISSOLE ✆ 04 94 86 14 85
www.chambre-d-hote-oustaou.com
Chambre double 78 €. Petit déjeuner inclus. Personne supplémentaire 18 €. Animaux acceptés.

Voici une villa récente en plein cœur de la Provence verte dans un cadre champêtre où l'esprit provençal règne en maître des lieux. Ce sont trois chambres joliment décorées par thème et couleur qui vous sont proposées : lavande, citron et olivier, comme autant d'invitations au repos et au bien-être. Elles possèdent toutes leur salle d'eau privative avec wc et sont équipées de télévision. Vous apprécierez la fraîcheur carrelée des lieux lors des étés particulièrement chauds. Vous bénéficierez également d'une piscine pour un séjour rafraîchissant et tout en douceur.

BELLONE EN PROVENCE €€

Ancienne route de Brue-Auriac à Barjols
BRUE-AURIAC ✆ 06 11 57 92 51
http://belloneprovence.com/
Ouvert toute l'année. 4 chambres de 100 € à 130 € suivant la saison. Dîner en table d'hôtes sur réservation : 30 €.

Perchée au sommet d'un oasis verdoyant, cette bastide en pierres vous est ouverte par vos hôtes qui vous feront partager les secrets de la Provence. Les quatre chambres spacieuses et colorées affichent un savant décor mêlant fantaisie et élégance, avec une touche de modernité, jusque dans les salles de bains et toilettes assorties. La literie est de grande qualité. Ode aux saveurs du terroir méditerranéen, le repas servi le soir, sur demande, et partagé avec Sylvie et Thierry, s'applique à révéler la manne des produits locaux.

VAL D'AZUR €€

3, impasse de la Valérane - **CARQUEIRANNE**
✆ 04 94 48 07 16
www.valdazur.com
Ouvert toute l'année. Chambre double de 129 € à 179 €. Petit déjeuner inclus. Gîte T2 à partir de 179 € la nuitée.

Dans une villa neuve au décor original, située au bord de la Méditerranée, vous aurez à disposition cinq chambres mettant à l'honneur votre bien-être puisque chacune possède soit Jacuzzi, soit hammam. Les chambres sont équipées de douches à l'italienne, de télévision écran plat et de sèche-cheveux et sèche-serviettes. Le lieu est idéal pour les escapades romantiques dans une ambiance dépaysante et dédiée à la détente. D'ailleurs, des soins et massages vous seront proposés sur réservation, de plusieurs types, et la piscine vous attend.

BASTIDE SAINT ESTÈVE €€€

Hameau de Saint-Esteve - **BRUE-AURIAC**
✆ 07 86 90 33 22
www.bastidesaintesteve.com
Ouvert toute l'année. 4 chambres en suite à partir de 140€ /basse saison et 240€/haute saison. Cuisine d'été. Hammam, sauna, massage.

© BASTIDE SAINTE ESTEVE

Cette bastide provençale du XVIIe siècle est une étape privilégiée nichée au cœur d'un hameau dans un écrin de verdure, de vignes, d'oliviers et de pinèdes. À l'étage, 400 m^{2} ont été aménagés pour accueillir 9 personnes. Les 4 suites spacieuses avec salon et salle de bain privative ont été rénovées et décorées avec beaucoup de goût par Alissa et Cédric. Une cuisine très fonctionnelle et une salle à manger avec cheminée sont à disposition au même étage. Pour votre bien-être : piscine, terrain de pétanque, hammam et sauna et 2 solex en location pour balade vintage.

LE PRADON €

Hameau de Jabron
COMPS-SUR-ARTUBY
✆ 06 83 22 22 13
www.chambredhote-pradon.com
Chambre simple 64 € ; chambre double 69 €. Petit déjeuner inclus. Lit supplémentaire : 23 €.

Corinne et Michel vous reçoivent dans leur bastide rénovée du XIXe siècle, située à proximité des gorges du Verdon et de ses nombreuses activités pédestres et nautiques. Les chambres sont assez simples mais confortables, avec une décoration sobre. L'un d'elles peut accueillir quatre personnes. Après une journée bien remplie, une table d'hôtes vous attend, le soir, sur demande, où vous pourrez apprécier une cuisine maison, simple, régionale et familiale, réalisée avec des produits frais locaux. Le petit déjeuner est de la même veine, excellent.

LA VUE DES ANGES €

491, chemin du Coutelet - **DRAGUIGNAN**
✆ 06 69 39 03 68
www.la-vue-des-anges.com
Gîtes de France (3 épis). Ouvert toute l'année. Chambre double de 80 € à 90 €. Petit déjeuner inclus.

Si vous cherchez la tranquillité, optez pour un séjour dans cette maison contemporaine située au calme sur les hauteurs de Draguignan, et qui bénéficie d'une vue panoramique sur la ville et les collines aux alentours. L'unique chambre, en rez-de-chaussée, dispose d'un accès direct sur la vaste terrasse, où sont servis les petits-déjeuners selon la saison, et sur la piscine agrémentée de transats. Durant votre séjour, ne manquez pas de visiter Draguignan et ses merveilles : la Cité du Dragon, le marché local, les points d'eau, les grottes…

LE VALLON DES PALOMBES €€

La Grande Jonqueirole - **FOX-AMPHOUX**
✆ 06 86 32 14 54
www.levallondespalombes.com
Ouvert du 2 avril au 14 novembre 2021. Gîte pour 6 personnes 200 € la semaine.

Les chambres d'hôtes de cette bâtisse traditionnelle de 1850, perchée au beau milieu d'un domaine forestier de 200 hectares ont été transformées en gîte. Les meubles de famille trônent encore fièrement au milieu du salon, tandis que la maîtresse des lieux a su ajouter çà et là de judicieux objets de déco pour mettre encore plus en valeur le charme de l'ancien. Côté extérieurs, la belle piscine n'attend que vous ! Manon et Olivier, agriculteurs céréaliers et exploitants forestiers, demeurent disponibles pour leurs convives, ils sont des hôtes charmants.

ATRIUM AUGUSTA €€

10, impasse du Mas - **FRÉJUS**
✆ 07 81 10 74 12
www.chambredhotesfrejus.fr
Chambre double de 68 € à 118 €. Petit déjeuner inclus. Gîte Agricola 180€ la nuit pour 4 à 6 personnes.

L'atrium Augusta est composé de 3 suites, d'un studio et d'un gîte d'étape pour 4 à 6 personnes, le tout avec entrée indépendante, cuisinette, terrasse. Appréciez le jardin et l'intérieur romain pour vous relaxer et la terrasse pour déguster un petit déjeuner gourmand. Profiter également d'un instant de détente, seul ou à plusieurs, dans l'espace bien-être situé au calme dans le jardin avec un bain bouillonnant 5 places. En 15 minutes à pied à peine, vous rejoindrez d'ici le bord de mer, le centre-ville et les nombreux commerces et restaurants.

LA GARONNE €

Chemin de la Roque - **GINASSERVIS**
✆ 04 94 80 14 00
www.gitelagaronne.fr
Chambre double 75 €. Petit déjeuner inclus. Lit supplémentaire : 15 €. Parking (gratuit). Ménage du gîte 30 €.

Sybille et Joël, à votre écoute pour vous guider dans la région, vous accueillent dans leur bastide du XVIIIe siècle, en pleine nature, au sein du parc du Verdon. En plus de deux grandes chambres, un gîte rural, qui donne de plain-pied sur le jardin et possède un petit jardin privatif, est également proposé en location à la semaine ou en week-end prolongé et peut héberger 4 personnes. Le petit déjeuner copieux est servi en extérieur à la belle saison et une vaste piscine vous attend pour des moments rafraichissants dans un cadre idyllique.

B&B LA BASTIDE €€

127, boulevard de Grimaud - **GRIMAUD**
✆ 04 94 79 82 25
www.la-bastide.org
Chambre double de 80 € à 100 €. Petit déjeuner inclus. Lit supplémentaire : 30 €.

Face à la baie de Saint-Tropez, la maison provençale de Cathy et Claude offre une vue exceptionnelle et imprenable, dont bénéficient les chambres, avec entrée indépendante, situées en rez-de-chaussée. Elles sont toutes équipées de climatisation, réfrigérateur et kitchenettes. Le petit déjeuner, avec confitures maison, est servi sur une terrasse ombragée face à la mer et au jardin planté d'une végétation luxuriante. Une piscine est à disposition. Vous pouvez rallier tranquillement à pied la plage privée Le pingouin bleu, distante de 100 mètres.

LA BASTIDE DES PINS €

Chemin de la Pinède - **LA BASTIDE**
✆ 04 93 60 37 10
www.labastidedespins-83.com
Chambre double de 75 € à 80 € ; chambre triple de 85 € à 115 €. Demi-pension : 80 € (100 € par couple).

Cette demeure provençale, datant de la fin du XVIIIe siècle, située à 1 000 m d'altitude. La propriété de 1,6 ha invite à la détente dans un esprit familial, les chambres sont confortables, équipées d'une salle de bains privées avec toilettes. La Bastide propose également à la location un gîte indépendant, à la déco rustique, avec salon, télé et cheminée, coin repas et une cuisine indépendante entièrement équipée. Eric propose des produits frais et faits maison, même le pain, au petit déjeuner comme à la table d'hôtes.

LE BOIS FAÉ €

553, chemin du Touant-Grangon - **LA BASTIDE**
✆ 06 61 77 56 21
www.leboisfae.com

Chambre double 80 €. Petit déjeuner inclus. Lit supplémentaire : 15 €. Yourte 85 € la nuit.

Dormir dans une yourte ? C'est possible au pied des monts Lachens et du Brouis, à 1 000 mètres d'altitude, dans cette petite structure familiale qui a implanté deux habitats nomades venus de Mongolie. Les petits déjeuners sont servis dans des petits paniers d'osier et sont composés de brioches et confitures maison, boissons chaudes au choix, jus d'orange et d'un délicieux pain réalisé par un artisan boulanger. Une chambre d'hôtes plutôt classique est également proposée, très lumineuse avec entrée indépendante, coin détente, salle de bain privative et grand lit.

DOMAINE DE LA BARATONNE - CHAMBRE D'HÔTES €€

1640, RD 98 - **LA GARDE**
✆ 04 94 30 31 59
www.labaratonne.com

Chambre double de 120 € à 140 €. Petit déjeuner inclus. Lit supplémentaire : 20 € (enfant jusqu'à 12 ans).

Blottie au cœur d'un domaine de 18 hectares, avec vignoble et oliveraie, cette maison de maître construite en 1735, entièrement rénovée dans la pure tradition provençale, dispose de chambres d'hôtes décorées avec goût et raffinement, qui bénéficient toutes d'une vue sur le jardin paysager, la fontaine Louis XIV et les vignes qui s'étendent au loin. Une belle piscine est accessible. Sur place, vous bénéficierez de dégustations de vins autour de moments festifs.

LEÏ BANCAOU €€

1300, route de Grimaud - **LA GARDE-FREINET**
✆ 06 83 33 91 95
www.leibancaou.com

Ouvert toute l'année. 5 chambres 100 % non fumeur, de 75 € à 105 €. Piscine. Table d'hôtes. Dîner sur réservation.

Au cœur du massif des Maures, dans un écrin de verdure de 4 000 m², cinq chambres décorées avec goût sont à votre disposition avec accès indépendant et terrasse privative, exposition sud-est. Vous serez réellement séduit par le lieu et pourrez profiter de la piscine nichée au milieu des chênes et des arbousiers. Si les plages vous tentent, vous êtes à proximité, avec notamment Saint-Tropez à seulement 20 minutes. Si vous dînez à la table d'hôtes, Sylvie, excellente cuisinière, vous fera goûter sa cuisine bistrot, avec mise en valeur des produits locaux de saison.

GÎTES ET CHAMBRES D'HÔTES CHÂTEAU MARAVENNE €€

Route de Valcros - **LA LONDE-LES-MAURES**
✆ 04 94 66 80 20
www.maravenne.com

Fermé de novembre à mars. Chambre double de 85 € à 125 €. Petit déjeuner inclus. Gîtes de 728 à 1134€ la semaine.

Le Château Maravenne propose 3 gîtes et 5 chambres d'hôtes d'exception, portant chacune le nom d'un cépage ou d'un nectar du domaine. Tous les hébergements sont modernes et très bien équipés. Toute l'année, vous êtes ainsi accueillis au cœur du vignoble, dans cette propriété qui accueille également un musée des automates et une superbe salle de réception. Belle piscine extérieure et cuisine d'été avec barbecue sont mises à disposition des vacanciers.

LA VIEILLE BASTIDE €€

306, route du Peyron - **FLAYOSC**
✆ 04 98 10 62 62 - www.lavieillebastide.fr

Ouvert toute l'année. Chambre double : 59-100 € (95-115 € avec petit déjeuner et dîner). Petit déjeuner buffet : 14 €.

L'accueil d'Isabelle et Alain d'Aubreby, les propriétaires de cette bastide provençale de pierres blondes située en contrebas du village, est toujours charmant. Les chambres, décorées avec goût aux couleurs de la Provence, sont vraiment confortables. La vaste terrasse ombragée de mûriers platanes et chênes verts centenaires sert d'écrin pour le petit déjeuner aux beaux jours. Le parc est verdoyant, la piscine avec solarium offre quant à elle un beau panorama sur le village. Que demander de plus pour un séjour détente et décontraction ?

LES PALMIERS €€

1890, route de La Motte
LE MUY
✆ 04 94 45 34 67
www.les-palmiers.fr
Chambre double de 93 € à 100 €. Petit déjeuner inclus. Lit supplémentaire : 15 €.

A la périphérie du village, la belle maison contemporaine d'Yvette et Stéphane, édifiée sur un parc arboré de 3 500 m², avec sa piscine entourée de transats et de parasols, promet de longs moments de farniente et des baignades bienvenues. Les chambres, aux noms de peintres célèbres, Cézanne, Matisse, qui donnent sur la piscine, et Degas, disposent de terrasses couvertes.Les petits déjeuners sont servis sur la terrasse ou dans la salle à manger selon le temps et la saison. Pour vos véhicules, motos ou autos, un garage est à disposition.

LE CLOS DES CAMBRES €€

317, chemin des Genêts - **LES ARCS SUR ARGENS**
✆ 06 50 68 38 88 - www.leclosdescambres.com
Chambre double de 130 € à 260 € ; suite de 100 € à 150 €. Petit déjeuner inclus. Lit supplémentaire : 30 €.

Situé à l'extérieur du village, au calme et en pleine nature, la maison de vos hôtes Sophie et Iden vous attendent dans un havre de paix. Avec des vues remarquables sur la végétation et les collines environnantes, chaque chambre dispose d'une entrée privative de plain-pied et de sa propre terrasse également privative. La décoration est superbe avec ses matériaux détournés. Chaque meuble, chaque objet a sa place et les touches asiatiques invitent à la détente d'un séjour zen. Plusieurs formules sont proposées pour des escapades en week-end romantique tout compris.

LE MAS DE LA VERRERIE €€

326, chemin de la Verrerie - **LES ADRETS-DE-L'ESTÉREL** ✆ 06 14 27 13 84 - www.chambres-dhotes-provence-var.com/index.php/fr/
Chambre double de 100 € à 170 €. Petit déjeuner inclus (en salle). Lit supplémentaire : 25 €. Parking fermé inclus.

Ancien hôtel transformé en maison d'hôtes, cette propriété construite à flanc de collines, au cœur d'un parc boisé de 5 000 m² à 400 mètres du village, avec une vue panoramique sur l'Estérel et les Préalpes, met à votre disposition de grandes chambres confortables, dont une en rez-de-jardin, qui ont été entièrement rénovées récemment (carrelage au sol, peinture, décoration). Elles offrent convivialité et indépendance. Relaxez-vous autour d'une grande piscine à débordement et chauffée (12 m x 5 m) avec Aquabike et Spa chauffé à 30° C toute l'année.

LE MAS DES ROMARINS €€

341, chemin de Chabara - **LES ARCS SUR ARGENS**
✆ 04 94 47 57 26
www.provence-golf.com
Ouvert toute l'année.4 chambres (jusqu'à 8 personnes, 100 % non fumeur). Chambre double de 70 € à 80 €.

Ce mas construit en 2007 avec des matériaux écologiques, en pleine nature sur un terrain de 5 000 m², met à votre disposition quatre chambres raffinées en rez-de-jardin, avec entrée indépendante et belle vue (deux des chambres possèdent un lit de 90 en supplément). Le lieu est charmant et la table d'hôte vous réservera des plats typiquement méditerranéens à base de produits frais. Vous pourrez également profiter d'une cuisine d'été commune et, pour les sportifs, de cours de golf personnalisés pour débutants ou confirmés dispensés par votre hôte.

À LA MÉRIDIENNE €€

1616, chemin des Contes - **LES ARCS SUR ARGENS**
✆ 04 94 60 94 21
www.a-la-meridienne.e-monsite.com
Chambre double de 80 à 98€. Chambre triple de 115 à 128€. Petit déjeuners inclus. Animaux acceptés.

Eve et Mireille vous proposent de passer des moments paisibles et délicieux dans cette suite, située au rez-de-jardin d'un magnifique mas provençal. Elle offre de très nombreux atouts grâce à des équipements haut de gamme et de douces nuits grâce à une literie de qualité. Au cœur de 7 200 m² de nature verdoyante et fleurie, prélassez-vous sur les transats au bord de la piscine à débordement. Si vous êtes bon marcheur, Eve et Mireille, randonneuses depuis plus de 25 ans, vous indiqueront les meilleurs chemins à prendre pour découvrir la région.

MA PROVENÇALE €

343, chemin du Cyprès - **LES ARCS SUR ARGENS**
✆ 04 94 99 57 09
www.maprovencale.fr
Chambre double 110 € ; studio / appartement de 850 € à 1 050 € la semaine. Petit déjeuner inclus. Lit supplémentaire 25€

Ce mas provençal, entouré de chênes, vous promet des vacances en toute quiétude, où seules les cigales viendront bercer vos journées d'été. Les chambres simples et confortables ouvrent sur la terrasse et la piscine. Des appartements sont également proposés à la location, pour plus d'indépendance. Jacqueline saura vous conseiller les balades et les loisirs qui sont légion aux alentours, que ce soit la découverte des pittoresques villages du Haut-Var, les dégustations dans les caveaux des domaines viticoles ou les plaisirs plus sportifs dans les gorges du Verdon.

LES PITOUNUS €€

1310, chemin du Danderelet - **LES ARCS SUR ARGENS** ✆ 06 73 24 95 98
www.pitounus.com
Chambre double de 100 € à 130 €. Petit déjeuner inclus. Lit supplémentaire : 50 €. Gîtes de 600 € à 780 € la semaine.

Marie et Philippe sont des hôtes très attentionnés qui vous accueillent à bras bras ouverts. Dans cette charmante demeure située en pleine nature, les chambres sont spacieuses et bénéficient d'une literie haut de gamme. Elle s'ouvrent sur le jardin où tables et transats vous attendent pour un apéro ou un pique-nique, ou sur la piscine à débordement de 13 x 7 m, au bord de laquelle vous pourrez aussi prendre votre copieux petit déjeuner quand le temps le permet. Deux gîtes sont également proposés, totalement indépendants et très bien équipés.

MER DU MER €€

34, avenue de la Gaillarde - **LES ISSAMBRES**
✆ 06 60 19 80 28
www.merdumer.com
Chambre double de 84 € à 200 €. Petit déjeuner 10 €. Lit supplémentaire 50 €. Parking fermé. Animaux acceptés 10 €.

La situation élevée de cette magnifique villa permet de découvrir un panorama exceptionnel sur la mer Méditerranée. Les chambres et suites, spacieuses, à la décoration raffinée, possèdent presque toutes la vue mer, et certaines une terrasse privée. Pour débuter votre journée dans les meilleures conditions, vos charmants hôtes Natacha et Johan, Belges de nationalité, vous invitent à prendre votre petit-déjeuner continental face à la mer. Piscine, sauna et jacuzzi invitent à des moments de détente, avant ou après être parti à la découverte des riches environs.

LES FIGUIERS €€

Chemin de la terre rouge
PLAN-DE-LA-TOUR
✆ 06 14 59 95 63
www.lesfiguiersdepratbourdin.fr
Chambre double de 85 € à 125 €. Petit déjeuner inclus. Lit supplémentaire : 25 €.

À l'écart du village, ce joli mas provençal édifié en pleine nature sur une colline au milieu d'un parc d'un hectare bordé de vignes, vous assure la certitude d'un séjour en toute tranquillité. Chaque chambre dispose d'un grand lit double, d'un bureau, de placards, de fauteuils et de wc et salles de bains privatives avec douches et vasques. Votre journée commence par un copieux petit-déjeuner servi en terrasse par votre hôte Nathalie et se prolonge, pour les amateurs de douce oisiveté, par de longues séances de repos sur les transats autour de la piscine.

DOMAINE DE SAINT-FERREOL €€

PONTEVÈS ✆ 04 94 77 10 42
www.domaine-de-saint-ferreol.fr
2 gîtes en location toute l'année, de 390 à 690 € la semaine selon la saison. Parking. Piscine.

Au pied des Bessillons, sur un domaine viticole d'une centaine d'hectares adossé à la colline, Armelle et Guillaume de Jerphanion, héritiers d'une famille de vignerons profondément attachée à la Provence, vous accueillent dans deux gîtes ruraux, une maison indépendante aménagée dans un ancien moulin à eau et un gîte donnant sur des vignes en terrasses. Vous pourrez apprécier sur place les vins en appellation coteaux-varois-en-Provence (rosé et rouge), IGP Verdon et IGP Var, légers et fruités, produits sur les 22 hectares du vignoble.

LE ROUGE-GORGE €

Quartier les Costes - **PONTEVÈS**
✆ 04 94 77 03 97
www.chambresdhotes-ponteves.com
Fermé de janvier à mars. 5 chambres 90 € à 130 €. Table d'hôtes : 23 €. Menus 28 € - 36 € pour la clientèle extérieure.

Cet ancien hôtel de charme situé à proximité du centre ancien est une adresse idéale pour les amateurs de repos et de calme. Les chambres à décoration provençale sont coquettes et confortables, les tons clairs apaisants. En journée, entre deux excursions pour découvrir les alentours, la belle piscine et l'agréable jardin planté d'oliviers tombent à point nommé. À la table d'hôtes, ouverte à tous, on vous concocte une cuisine traditionnelle provençale raffinée, évoluant chaque jour selon l'inspiration et suivant les produits dénichés au marché.

LA SAUVABELLE €€

Route de Montmeyan - **PONTEVÈS**
✆ 04 94 77 31 52
www.sauvabelle.fr
Chambre double 75 €. Petit déjeuner inclus. Quadruple 100 €. Gîte de 335 à 600 € la semaine selon la saison.

Bienvenue chez Sylvie et Pascal, au cœur de la Provence Verte ! Couple charmant et audacieux, ils se sont attelés à restaurer l'ancienne auberge du Bessillon pour lui donner une seconde vie : aujourd'hui un gîte de 60 m^2 (2 chambres), prolongé par une belle salle à manger pour les petits déjeuners. Les quatre chambres d'hôtes quant à elles vous attendent à l'étage et peuvent accueillir de deux à quatre personnes. Une belle piscine est accessible et le soir on profite d'une ambiance chaleureuse autour de la délicieuse table d'hôtes aux recettes régionales.

LA POTINIÈRE €

169, avenue de la Gare
SAINT-RAPHAËL ✆ 04 94 83 84 29
www.potiniere.fr
Gîtes de France. Ouvert toute l'année. 4 chambres à partir de 69 € pour deux. Petit déjeuner : 9 €. Parking.

Loin du bruit, cachée dans un quartier calme et résidentiel, la maison d'hôtes de Benjamin offre quatre chambres avec entrée indépendante, s'ouvrant sur une terrasse privée en rez-de-jardin, et sur la piscine nichée au cœur d'un jardin méditerranéen. Chaque unité offre un décor et une ambiance à part ; un duplex de 60 m² accueillant jusqu'à 6 personnes est également proposé à la location. Et côté détente, outre la piscine avec solarium, profitez du bain à remous privatif. Une belle adresse aux portes du massif de l'Estérel, entre Cannes et Saint-Tropez.

LE MAS PROVENÇAL €€

1006, avenue des Contents - **RÉGUSSE**
✆ 04 94 47 66 33
www.le-mas-provencal-a-regusse.fr
Chambre double de 70 € à 75 € ; suite familiale deux chambres de 120 € à 160 €. Petit déjeuner inclus.

A l'orée du village, au calme, sur un terrain clos de 3 000 m², la villa provençale de Machteld et Patrick offre de belles chambres en rez-de-chaussée, avec terrasses couvertes face au jardin. Une chambre double spacieuse et une suite avec trois lits de 90, à quoi s'ajoute une autre suite pouvant se conjuguer à la seconde, permettent de loger de 2 à 7 personnes. La grande piscine sécurisée pour les enfants permet de passer de beaux moments détente. le petit déjeuner est frais et copieux et il peut être pris à la belle saison dans le superbe jardin.

LA MAISON DE ROCBARON €€

3, rue Saint-Sauveur
ROCBARON
✆ 04 94 04 24 03
Chambre double de 120 € à 130 €. Petit déjeuner inclus. Lit supplémentaire : 30 €. Table d'hôtes le samedi soir : 40€.

Jeanne et Guy vous accueillent dans leur ancienne bergerie, authentique bâtisse du XIXe siècle, rénovée avec goût et passion et confortablement équipée. Les chambres sont bien décorées et très confortables, notamment avec la climatisation, très appréciable en été. Un jardin clos et ombragé ainsi qu'une vaste piscine raviront les amateurs de farniente. Pour ceux qui souhaitent bénéficier de la table d'hôtes, la maîtresse de maison mitonne le samedi soir une cuisine de marché privilégiant le poisson et les produits locaux issus de l'agriculture biologique.

LES MAYOMBES €€

719, chemin de la Combe-d'Azur
ROQUEBRUNE-SUR-ARGENS ✆ 04 94 81 66 89
www.lesmayombes.com
Chambre double à partir de 65 €. 7 gîtes sur le domaine du studio 30 m² à la petite maison 2 chambres de 55 m².

Avec de nombreux projets permettant d'améliorer l'accueil et le confort de leurs hôtes, Laurence et Jacques ont procédé à de nouveaux aménagements des chambres d'hôtes, équipements et literies neufs et de qualité, nouvelle décoration. Sept gîtes, du studio à la petite maison 2 chambres, de plain-pied et avec une terrasse privative, sont également proposés à la location. Il ne vous reste plus qu'à lézarder autour de la piscine, sur la terrasse en bois exotique, confortablement allongé sur les transats, à l'ombre des parasols, ou sous le solarium sous la pergola.

CHÂTEAU MENTONE €€

401, chemin de Mentone
SAINT-ANTONIN-DU-VAR
✆ 04 94 04 42 00
www.chateaumentone.com
Chambre double de 115 € à 235 € la nuit, de 230 € à 470 € le week-end. Petit déjeuner buffet inclus.

Château Mentone incarne un art de vivre dédié à la nature, au bien-être et à l'œnologie. Pionnier dans le développement œnotouristique dans le Var, le domaine propose en plus de ces chambres d'hôtes de deux gîtes. Le Lodge bénéficie d'un bilan carbone minimal, avec 3 appartements, en duplex de 45 m² environ chacun et Le Sévigné est composé de trois petites suites d'hôtes en duplex. N'hésitez pas à profiter de la table d'hôtes et de ses recettes délicieuses et locales, mettant en valeur les produits de la région et bien sûr les vins du domaine.

VAUCLUSE

MAS DE LA GARANCE €€

2316, route de Pernes - **ALTHEN-DES-PALUDS**
✆ 09 88 42 56 23
www.masdelagarance.fr

Ouvert toute l'année. 3 chambres ; chambre double à partir de 69 €. Petit déjeuner inclus. Wifi. Bain bouillonnant.

Ce mas du XIXe siècle est une étape de charme. Dans les chambres, ambiance romantique, teintes claires poudrées de gris. Deux d'entre elles peuvent accueillir 4 personnes. Pratique, micro onde et réfrigérateur sont à disposition des hôtes. Le jardin est planté d'oliviers et de lavandes, une pergola abrite la très grande terrasse sous laquelle on peut s'abriter du soleil et où Marie-Line sert les petits déjeuners. On apprécie la piscine et aussi le jaccuzzi niché dans un écrins de bambous. Idéal pour les amoureux des belles balades aux alentours.

UN PATIO EN LUBERON €€

Rue du Grand-Four
ANSOUIS
✆ 04 90 09 94 25
www.unpatioenluberon.com

Fermé de janvier à mars. 4 chambres. Chambre double à partir de 104 €. Petit déjeuner inclus.

Nichée au pied du château, cette ancienne auberge royale est un nid douillet avec quelques chambres d'hôtes dont les intitulés rendent hommage aux villages des environs : Roussillon, Gordes, Lourmarin, et Ansouis, forcément… Ambiance romantique avec ciel de lit, lumière tamisée, du lin et des teintes douces. La maison est aménagée sur plusieurs niveaux, sans ascenseurs, avec ses escaliers en pierre, ses salles voûtées, son salon cathédrale et la salle de réception avec cheminée. La table d'hôte est à l'image de la maison… raffinée !

LES JARDINS DE BARACANE €€

12 rue Baracane - **AVIGNON** ✆ 06 03 41 06 91
www.lesjardinsdebaracane.fr

3 Chambres doubles de 125 € à 250 € ; suite de 155 € à 310 €. Petit déjeuner : 15 €. Parking (parking Jean Jaurès).

© LES JARDINS DE BARACANE

Cette maison d'hôtes du XVIIe siècle fait partie des petites perles de la ville intramuros. C'est qu'elle a tellement d'atouts ! Et tout d'abord un jardin à l'abri des regards, un luxe en centre-ville car c'est un écrin de verdure suffisamment grand pour accueillir une belle piscine extérieure chauffée. Les chambres sont des nids douillets qui respirent le bonheur de vivre en Provence ; elles ouvrent leurs fenêtres au sud sur le jardin luxuriant. Tomettes anciennes, boutis, elles sont toutes différentes et décorées avec goût par la maîtresse de maison.

LE LIEU €€€

4, rue des Teinturiers - **AVIGNON**
✆ 04 32 76 39 91 - www.lelieuavignon.fr
2 appartements et une chambre d'hôtes pour 4 pers. De 70€ la nuit à 200€ suivant la saison. Wifi gratuit. Restauration.

© LE LIEU

A l'étage de cette belle demeure du XIXe siècle qui abrite un restaurant-salon de thé et un espace galerie-librairie se trouvent deux appartements et une chambre d'hôtes aménagés avec beaucoup de goût par Carole et Lionel. *Côté Jardin*, *Côté Couvent* et *Côté Sorgue* sont complètement indépendants cependant la capacité d'accueil des 3 réunis est idéale pour recevoir un groupe d'amis ou une grande famille jusqu'à 12 personnes. Lumineux et sans vis à vis, ce sont des nids douillets pour vous poser le temps d'un week-end ou plus en plein cœur d'Avignon.

LA PROVIDENCE €€

Hameau les Martins - **APT**
✆ 04 90 75 00 92
www.laprovidence-luberon.com
Ouv tte l'année. Pour 15 pers 850 € à 1 600 € la semaine selon saison. 3 maisons et 2 chambres d'hôte. CB non acceptée.

A la sortie d'Apt en direction de Rustrel, La Providence conjugue design et vieilles pierres, couleurs vives ou douces, entre l'épure et la bohème, tout est bien vu, le mobilier ultra contemporain et les grandes tables chinées, le mobilier patiné, les tentures en lin. Posez vos valises dans cet ancien hameau restauré par Dominique et Jérome. Le chic et la simplicité font bon ménage. La Maison Grives est idéale pour les amoureux, toute en ouverture nichée sous les toits, avec la vue sur les vignes, les champs de lavande et les monts de Vaucluse.

MAS DU TILLEUL €€

365, chemin de Mornas - **BEAUMES-DE-VENISE**
✆ 04 90 28 85 62
www.masdutilleul.com
Ouvert toute l'année. Pour 5 personnes (80 m², 2 chambres). De 600 € à 1 100 € la semaine selon saison.

L'ambiance est charmante dans ce gite de 80 m². Les deux chambres disposent de leurs salles de bain respectives et sont décorées dans des teintes calissons et berlingots. Chacune d'elles est en rez-de-chaussée et dispose d'une terrasse privée. Elles sont très confortables avec la climatisation et une douche à l'italienne. La cuisine très fonctionnelle et super bien équipée est ouverte sur la salle à manger conviviale. Le salon est plus intime avec son coin TV Hifi. On profite de la piscine et du pool house avec barbecue et cuisine d'été.

AU PIED DU LUBERON €€

Quartier Petit Saint Jean - **BONNIEUX**
✆ 04 90 75 94 08
www.location-aupiedduluberon.com
Chambre double de 105 € à 115 €. Petit déjeuner inclus. Gîtes de 600 € à 1550 € la semaine pour deux personnes.

Ici tout est XXL : la chambre fait 70 m², le lit 180x200, le parc défile au loin avec ses 6 hectares où les champs de lavande côtoient les vergers. Mais le plus appréciable derrière tous ces superlatifs, c'est la sensation d'intimité et de chaleur qu'offrent les lieux. Ce n'est pas pour rien que cette propriété est décrite comme un joyau par la famille depuis 4 générations. Chaque pierre, chaque porte est à sa place et tout cela se ressent pleinement. En chambres d'hôtes comme en formule gîte pour quatre personnes, vous êtes ici accueillis comme de vieux amis.

LA TUILIÈRE €€

Chemin de la Tuilière - **CADENET**
✆ 04 90 68 24 45
www.latuiliere.com
Ouvert toute l'année. 5 chambres. Chambre double de 74 € à 90 € ; chambre triple 106 €. Petit déjeuner : 8 €. Wifi.

Cette ancienne fabrique de tuiles est une bastide imposante datant du début du XVIIIe. Les chambres jouent la carte de la couleur, du jaune et du bleu, du vert, de l'orange et du parme de la Provence. Deux d'entre elles peuvent accueillir une famille de 4 personnes. Une cuisine commune est à disposition ainsi qu'un espace salon-salle à manger. Pour la détente, piscine, ping-pong et pétanque. On se régale au petit-déjeuner avec les confitures et yaourts maison, le gibassier et le pain maison, des fruits de saison et les miels de la région.

LES ROMARINS €€

Quartier Saint-Marcellin - **CAIRANNE**
✆ 04 90 12 36 63

Chambre double de 70 € à 100 €. 4 gites de 150 à 320 € le week-end suivant la saison et de 560€ à 910€ la semaine.

Voilà un endroit charmant où passer des vacances agréables et paisibles. Les gîtes refaits à neuf sont très colorés. Les chambres d'hôtes sont claires et spacieuses dans une ambiance tout aussi contemporaine. Le jardin est grand avec transats et chaises pour bronzer en compagnie d'un bon bouquin. Pour vous détendre, vous profiterez de la piscine chauffée et du jacuzzi ainsi que de massages sur réservation. Les petits déjeuners sont copieux et variés, composés de produits frais et biologiques, et peuvent être servis sur la terrasse avec vue panoramique.

LE CLOS SAINT-SAOURDE €€€

chemin de la Daumace - **BEAUMES-DE-VENISE**
✆ 04 90 37 35 20
www.leclossaintsaourde.com

Chambre double de 175 € à 260 €, suite de 215 € à 320 €. Petit-déjeuner compris. Gîte 10 personnes de 1 750 € à 3 900 €.

© LES JARDINS DE BARACANE

La bastide est perdue au milieu des vignes avec une vue exceptionnelle sur les Dentelles de Montmirail. Beaucoup de cachet pour cette ferme construite à même la roche qui affleure dans les chambres. Elles sont très spacieuses et lumineuses, aménagées avec goût. Lits à baldaquin ou ciel de lit donnent une ambiance romantique. Dans l'ancienne grange transformée en gîte pouvant accueillir 8 à 10 personnes, le charme opère de la même façon. Avec deux piscines, une cuisine d'été et la nature environnante, ce Clos a tous les atouts pour vous séduire et vous retenir.

LOU GRANOS €€

730, chemin des Chavelles
LES BEAUMETTES ✆ 33 4 90 72 49 01
www.lougranos.com

Chambre double à partir de 190 € ; suite à partir de 220 €. Minimum 3 nuits. Petit déjeuner : 10 € (brunch).

© LOU GRANOS

Ce grand mas cossu en pierres sèches au cœur d'un jardin luxuriant où se nichent de charmantes terrasses intimes est charmant. Tout a été imaginé et décoré avec beaucoup de goût par Nicky. Que ce soit dans les spacieuses chambres d'hôtes avec terrasses donnant sur le jardin ou dans le Mas du Verger (maison indépendante pour 4 personnes), tout est pensé pour votre confort et votre bien-être. On partage les espaces communs : salle à manger et salon d'hiver au coin du feu, salon d'été, piscine, terrain de pétanque, salle de gym, hammam, sauna, dojo de méditation.

CHÂTEAU DES CINQ CANTONS €€€

177, chemin des 5-Cantons - **CARPENTRAS**
✆ 06 09 24 56 78 -
www.chateaudescinqcantons.com

Ouvert toute l'année. 3 gites à partir de 250 €/nuit et 3 chambres d'hôtes à partir de 155€/nuit

Luxe et volupté pour chacun des gîtes et chambres d'hôtes aménagés dans les anciennes écuries de ce château du XVIIIe siècle. Tout est raffiné, le confort est partout, les volumes sont superbes, les grandes baies vitrées donnent sur le jardin et des terrasses privatives. La piscine à débordement flirte avec les vignes. Les activités sur place ne manquent pas : cours d'aquagym, massages sur rdv, coaching sportif. Les propriétaires ont des chevaux et vous pouvez aussi intégrer lors de votre séjour une initiation à l'équitation ou le perfectionnement de votre niveau.

LE MAS TURQUOISE €€€

23, chemin des Taillades
BÉDARRIDES ✆ 06 17 70 24 30
www.spalemasturquoise.com
Ouvert toute l'année. 4 chambres. Nuitée 140€ petit déjeuner et accès au Spa compris.

© MAS TURQUOISE

Besoin d'une pause, de se faire du bien ? Eh bien le Mas turquoise est un monde à part où tout a été conçu pour vous offrir un vrai temps de repos. Les chambres sont des petits cocons enveloppants. Le décor est très épuré, chaque objet a été précisément choisi et installé selon la méthode feng shui. Les adeptes de méditation ont leur véritable jardin zen. Les couleurs intenses sont réservées aux massages bien-être avec les huiles essentielles. Vous pouvez profiter du Spa, d'un hammam et d'un sauna. La maison est alimentée par une eau de source naturelle.

CHÂTEAU ROUGE €€€

255, avenue Pierre-de-Coubertin - **CARPENTRAS**
✆ 06 07 73 48 49
www.chateaurougecarpentras.com
Ouvert toute l'année. Chambre double à partir de 130 €. Gite à partir de 890 € la semaine. Animaux non admis.

Dans un écrin de verdure, Château rouge est une maison d'hôte à la fois familiale et de charme qui vous garantit un séjour paisible et fort plaisant. Trois chambres d'hôte et un gîte pour 2 à 5 personnes vous y attendent. Les suites se composent de deux chambres communicantes avec une belle vue sur le Mont Ventoux et de grands lits, ainsi que des wc séparés et des salles de douche. Pour la détente, vous profiterez d'une piscine sécurisée de 4 x 15 mètres, du terrain de pétanque à l'ombre des marronniers et d'un vénérable platane centenaire.

LE MAS DU PLATANE €€

2890, route de Lagnes - **CAVAILLON**
✆ 04 90 75 80 26
www.lemasduplatane.com
Chambre simple à partir de 90 € ; double à partir de 105 € ; triple à partir de 135 €. Petit déjeuner inclus.

Cet ancien relais de poste du XIXe siècle offre des chambres qui donnent sur le jardin où s'alignent les oliviers et les arbres fruitiers. On lézarde au bord de la grande piscine, même les jours de mistral. Les chambres ont toutes une petite touche discrète de la Provence, avec la lavande et les poutres blanchies. L'une d'entre elles est équipée d'une baignoire. Une attention particulière est portée aux familles avec des chambres où les couchages sont séparés. Le petit déjeuner est servi en terrasse ou sous la véranda ; cuisine d'été avec barbecue à disposition.

CHÂTEAU DU MOURRE DU TENDRE €€

1028, route de la plaine - **COURTHÉZON**
✆ 06 21 28 59 58
www.chateaudumourredutendre.com
Ouvert toute l'année. 2 chambres avec kitchenette 118€ Petit déjeuner inclus. Parking fermé.

Les deux chambres d'hôtes de charme que vous propose la famille Paumel, Grenache et Mourvèdre, sont totalement indépendantes et disposent chacune d'une kitchenette équipée et d'une terrasse privative. Douche à l'italienne en marbre de Toscane, literie de qualité, écran plat, le confort est partout et la déco raffinée. On profite de la piscine en été, du parc arboré d'oliviers tout au long de l'année et l'on se balade dans les vignes du domaine familial après en avoir dégusté le nectar.

CHÊNE BLEU - LA VERRIERE €€€

Chemin de la Verrière - **CRESTET**
✆ 04 90 10 06 30 - www.visit.chenebleu.com
De mai à septembre : du lundi au samedi de 10h à 18h. D'octobre à avril : du lundi au vendredi de 10h à 17h.

Ce domaine situé sur le lieu-dit de La Verrière n'est pas facile à trouver. Surtout venez bien par le Crestet et pas par Séguret sinon vous vous retrouverez perdu dans la montagne. Un chêne peint en bleu, visible au détour du chemin, vous guide jusqu'à cette propriété médiévale qui a été entièrement restaurée. Vignoble biologique, la biodynamie est expérimentée sur différentes parcelles. Dans le prieuré qui abrite la maison d'hôtes, il y a 7 chambres d'hôtes meublées avec style… On profite de la superbe piscine en été. Possibilité d'atterrir en hélicoptère !

CHÂTEAU LA SABLE €€

2944 A, Route de Lourmarin - **CUCURON**
✆ 06 95 25 79 98
www.chateaulasable.com/fr/le-domaine
3 chambres. Chambre et suite à partir de 110 €. Petit déjeuner inclus. Dégustation et vente des vins.

La vie de château en Provence ! Virginie et Jean-Marc ont fait l'acquisition de ce superbe domaine viticole en 2017, les deux millésimes donnent de très beaux vins en blanc, rouge et rosé. Vous pourrez prolonger la dégustation par un séjour dans la bastide du XVIIIeme siècle flanquée de tours crénelées. Trois chambres spacieuses sont aménagées à l'étage avec vue sur le parc. Les petits déjeuners gourmands sont servis sur la terrasse aux beaux jours ou bien dans la salle à manger conviviale. Depuis votre villégiature, vous rayonnerez en vélo dans le Luberon.

LE MOULIN VIEUX €€

346, allée du Moulin-Vieux
ENTRAIGUES-SUR-LA-SORGUE ✆ 04 90 48 06 59
www.moulinvieux.com
Ouvert toute l'année. 5 chambres. Chambre double de 79 à 139€. Petit déjeuner inclus. Parking. Lit bébé à disposition.

Tous les matériaux de cet ancien moulin ont été valorisés dans le cadre de sa restauration. Les chambres et suites sont toutes différentes. L'espace est ici très vaste et bien agencé, le salon et sa cheminée, la salle à manger spacieuse pour prendre son petit déjeuner quand le soleil ne permet pas d'être à l'extérieur, sur la terrasse dans le jardin ou celle proche de la piscine avec une cuisine d'été. Les propriétaires sont aussi chaleureux que leur maison et sauront vous conseiller quant aux visites touristiques à faire dans les environs.

LE MAS DES ROSES €€

329, Chemin de Fontcaudette - **GORDES**
✆ 04 90 72 10 92
www.mas-des-roses.net
Ouvert de Pâques à mi octobre. Chambre double de 80 € à 100 €. Petit déjeuner inclus. Lit supplémentaire : 30 €.

Ce mas provençal à 5 km du village vous procurera la sensation d'être hors du monde et de son agitation. Le jardin qui encadre la piscine est luxuriant, vigne vierge, rosiers, lauriers sont un hymne à la nature. Côté hébergement, vous avez le choix entre les chambres et les bastidons, gîtes entièrement équipés. La décoration est celle d'une maison de vacances un brin bohème. L'accueil est très chaleureux et aux petits soins, Angelika met à disposition des hôtes en chambres un réfrigérateur et de la vaisselle pour leur pique-nique.

AU VIEUX CHÊNE €

89, Route de Valréas
GRILLON
✆ 04 90 35 08 73
www.auvieuxchene.net
Gîtes de France (3 épis). Fermé décembre et janvier. 4 chambres. Petit déjeuner inclus.

Vous séjournez dans une ferme familiale, au calme, en pleine campagne, proche de truffières et de champs de lavande. Quatre chambres confortables sont proposées. Christine propose un petit déjeuner avec des produits frais et locaux ; elle laisse à votre disposition un salon attenant au coin cuisine dans lequel vous pouvez préparer votre pique-nique si vous avez décidé de partir découvrir les villages de l'enclave des papes ou de le Drôme provençale ; Christine saura vous recommander des lieux propices à la découverte de la Provence.

DOMAINE LA PARPAILLE €€

Chemin de Blanqui - **CUCURON**
✆ 04 90 68 28 25 -
www.domaine-la-parpaille.com
Gîte à partir de 1195€/semaine piscine privée chauffée.Chambres à partir de 153€/nuit petit déj inclus. Table d'hôtes

© LA PARPAILLE

Au cœur du Luberon, à 10 minutes de Lourmarin, 30 minutes d'Aix, 1 heure de Marseille ou Cassis, le Domaine avec son imposante bâtisse du XVIIe siècle rénovée dans un esprit contemporain bohème, est un lieu ressourçant dans un écrin de verdure. L'ambiance, ici, est au lâcher-prise, en mode slowlife, quel que soit l'hébergement que vous aurez choisi, en chambres d'hôtes, dans le loft ou la Maison sous l'Amandier, en famille, entre amis, en duo. Eve, la maîtresse des lieux propose des petits déjeuners gourmands et certains soirs une table d'hôtes et des apéros conviviaux. Séjours à thèmes : bien-être, gastronomie du Sud... Possibilité de privatiser La Parpaille.

PROVENCE-ALPES-CÔTE D'AZUR

CHÂTEAU LA ROQUE €€€

263, chemin du Château - **LA ROQUE-SUR-PERNES**
✆ 04 90 61 68 77
www.chateaularoque.com
Fermé de décembre à février. 5 chambres. Chambre double de 240€ à 380€. Petit déjeuner inclus. Lit supplémentaire : 65€

Ce superbe château-fort du XIe siècle domine le village et vous offre une plongée dans l'histoire si vous y résidez. Les chambres spacieuses et luxueuses ont toute une ambiance différente avec en dénominateur commun de belles des meubles anciens, des pierres apparentes et une literie haut de gamme. On flâne dans les jardins, on profite des terrasses et de la piscine qui semble creusée dans la falaise. On prolonge les plaisirs en réservant la table d'hôtes. Et l'on peut privatiser tout le château pour un mariage ou une réception.

LE CLOS DES CHÊNES €€

25, chemin de Sainte Perpétue - **LAGARDE-PARÉOL** ✆ 04 90 62 74 33
www.leclosdeschenes.fr
Ouvert toute l'année. 4 Chambres avec petit déjeuner inclus (70/90€) et un gîte. Table d'hôtes sur réservation. Piscine.

© CLOSDESCHENES

Cette maison aux lignes contemporaines se niche dans un écrin de verdure méditerranéenne. Les 4 chambres sont lumineuses et spacieuses, elles sont dotées de tout le confort avec salle de bains et terrasse privées/TV/climatisation. Idéal en famille, le gîte de 80 m2 tout confort (TV/climatisation/wifi), avec 2 chambres avec sdb et WC chacune, peut accueillir 4 personnes. Les petits déjeuners sont gourmands et élaborés avec produits locaux tout comme la table d'hôtes. De mai à septembre, profitez de la piscine. Pour les randonneurs, le Clos des Chênes est situé sur le GR4.

CÔTÉ PROVENCE €€

544, chemin du Pont-de-Bois - **LE THOR**
✆ 04 90 48 14 28
www.coteprovencefrance.fr
Ouvert toute l'année. 5 chambres à partir de 120€. La suite à partir de 140€ et 2 gîtes (150€). Table d'hôtes : 30€.

Cet ancien mas est entouré de vignes et constitue une escale feutrée un peu à l'écart des chemins touristiques. Vieilles pierres, teintes pastel, beaux volumes, les chambres très lumineuses et les gîtes parfaitement équipés ont du cachet, c'est à la fois très cocoon et champêtre. Le confort est partout. Dans le parc arboré de 7 500 m², chacun peut trouver son coin et s'isoler sans se gêner. Pour la détente, tout est bien pensé et l'on passe par toutes les cases si l'on veut : la piscine, le spa..Les petits déjeuners se prennent sous la treille.

L'ANCIENNE MAISON DES GARDES €€

Impasse des Gardes
LOURMARIN
✆ 06 78 34 03 58
www.anciennemaisondesgardes.com
Ouvert toute l'année. 5 chambres. Chambres et studios de 120 à 185 €/nuit. Wifi gratuit.

Rose est anglaise et elle est tombée amoureuse de cette maison de village qui fut jadis la maison des gardes. Elle y a aménagé 4 studios avec cuisine équipée et une chambre d'hôtes pour une capacité d'accueil d'une douzaine de personnes. On adore la chambre au balcon baignée de lumière et sans doute la plus british. Mais aussi l'appartement pour 3 dans la cour avec sa chambre voûtée et la petite maison pour 4 personnes avec terrasse et vue sur la campagne.

LE JARDIN DE MAZAN €€

65, rue des Pénitents-Noirs - **MAZAN**
✆ 07 83 43 28 51
www.lejardindemazan.com
Ouvert toute l'année. 7 chambres. Chambre double de 140 € à 195 €. Restauration sur demande tous les jours en saison).

Situé dans le joli village de Mazan, en plein cœur de la Provence, au pied du mont Ventoux, à 20 minutes d'Avignon et d'Orange, Le Jardin de Mazan est une ancienne demeure datant des XIVe et XVIIe siècles, entièrement restaurée. Imaginez une grande maison de charme, vous ouvrez la porte et vous découvrez un magnifique escalier du XVIIe siècle, un jardin provençal plein de charme hébergeant un imposant cèdre centenaire et une piscine à 27 °C de mai à octobre. Sur commande, Eric se fera un plaisir de vous faire découvrir la cuisine du terroir élaborée par ses soins.

METAFORT €€€

31, montée du Vieil-Hôpital - **MÉTHAMIS**
✆ 04 90 34 46 84
www.metafort-provence.com
Ouvert toute l'année. 5 chambres à partir de 160 €. Petit déjeuner inclus. 2 gîtes à partir de 200€ la nuit.

La vue est tout simplement époustouflante depuis le rocher où s'est ancrée la bastide au XVIIe siècle. C'est un lieu à part, unique, chic et design. Les prestations sont à la hauteur d'un 5 étoiles quelle que soit la chambre que vous choisirez ; avec la possibilité même de dormir sous les étoiles dans la chambre la plus haute de la maison, à vivre à deux. On adore la piscine à débordement creusée à même la roche, presque vertigineuse en surplomb des gorges de la Nesque, à l'instar du jardin panoramique. On recommande la table d'hôtes si l'on est 8 à réserver.

MAS DES SONGES €€€

1631, impasse Pérussier - **MONTEUX**
✆ 04 90 65 49 20
www.masdessonges.com
5 chambres. Chambre double de 120€ à 220€. Petit déjeuner inclus. Circuit touristique, cours de cuisine, location vélo.

Mariage réussi entre le mas traditionnel et sa rénovation dans un esprit totalement *design* avec quelques jolies références en matière de décoration. Les 5 chambres sont lumineuses et très spacieuses, à chacune son ambiance : Lune, Songe, Rêve, Constellation et Lumière. Les petits-déjeuners gourmands et copieux sont servis en terrasse aux beaux jours. On dit oui à la piscine et au grand jardin. Et l'on varie les plaisirs lors des week-ends thématiques proposés tout au long de l'année : vins et truffes, massages et bien-être, weekend en amoureux.

LES CHÊNES €€

925, chemin des Gellis - **OPPÈDE**
✆ 04 90 76 90 25
www.leschenes-oppede.com
Chambre double de 80 € à 90 €. Petit déjeuner inclus. Cabane pour 2 personnes à 99 € la nuitée et 693 € la semaine.

C'est une maison de maître qui cajole ses annexes au pied du vieux village, avec tout autour les champs et le parc aux chênes centenaires. Derrière la façade percée de nombreuses fenêtres, l'atmosphère est très familiale. On aime la cabane façon lodge tout en bois dedans et dehors, et où l'on joue aux Robinsons de luxe. Le gîte est plus familial dans un style très Provence et une tête de lit. Enfin, le contemporain s'invite dans l'univers des chambres d'hôtes, plus classiques mais tout aussi confortables et bien équipées que les autres hébergements.

DE BOIS EN BOIS €€

549, rue Gabriel-Turc - **PERTUIS**
✆ 06 11 05 20 10
www.deboisenbois.com
Chambre double à partir de 90 €. Petit déjeuner inclus. Lit supplémentaire (sur demande). Lit bébé et chaise haute.

© DE BOIS EN BOIS

Trois belles chambres d'hôtes ont été aménagées en rez-de-jardin de cette maison d'architecte en bois, aux lignes ultra contemporaines. Chaque chambre donne sur la terrasse arborée et la piscine traitée au sel. La déco joue la carte des vacances, c'est gai, tonique et lumineux. Dans les salles de bains privatives, douches à l'italienne et beaux matériaux. Deux chambres disposent d'un mini-réfrigérateur et dans un espace cellier-buanderie, machine à laver, fer et table à repasser sont à disposition. Petits déjeuners gourmands avec confitures maison, pain et viennoiseries.

CHÂTEAU GRAND CALLAMAND €€

Route de la Loubière - **PERTUIS** ✆ 04 90 09 61 00
www.chateaugrandcallamand.fr
Chambre double de 140 € à 200 €. Petit déjeuner inclus. Parking. Tv satellite.

Située sur le premier contrefort du Luberon, dans un paysage sublime, cette imposante demeure fortifiée appartenait au XVIe siècle au parlementaire aixois Malherbes, et c'est aujourd'hui un domaine viticole. Nathalie Souzan y a aménagé trois superbes chambres d'hôtes. Chacune dispose d'une entrée privative, d'une salle de bain avec baignoire et douche à l'italienne. Les petits déjeuners se prennent dans une grande salle voûtée attenante, ou bien sur la terrasse. Une belle piscine est à disposition et on peut louer des espaces pour des fêtes familiales.

BASTIDE LA COMBE €€

1885, Chemin sainte croix
VAISON-LA-ROMAINE ✆ 06 86 07 47 74
bastide-lacombe.fr
Fermé de novembre à avril. Suite de 165 € à 190 €. Petit déjeuner inclus. Table d'hôtes sur réservation.

© BASTIDE LA COMBE

Située en campagne avec vue sur Vaison, la Bastide «La Combe» a été restaurée avec beaucoup de goût. Cette demeure provençale aux volumes imposants est dotée du summum du confort afin de vous garantir un séjour des plus agréable, spacieux salon avec cheminée, une grande et lumineuse pièce à vivre agrémentée d'un billard, sans parler des terrasses et des jardins en restanque. Dés que vous quittez la propriété, vous êtes dans les vignobles. Sur réservation, Marie vous convie à la table d'hôtes pour déguster sa cuisine méditerranéenne. Beaucoup de charme ici partout.

CÔTÉ COUR €€

1, rue de la République - **RASTEAU**
✆ 06 19 44 42 81
www.rasteau-cote-cour.fr
Ouvert toute l'année. Chambre simple de 70 € à 90 € ; chambre double de 78 € à 98 €. Gites à partir de 420€/semaine

Les anciennes parties de cette bâtisse à l'histoire exceptionnelle comme les mangeoires ou les pièces d'eaux ont été totalement intégrées aux nouvelles chambres. L'effet est des plus réussi avec des sols en ciment aux motifs d'arabesque ou de grandes dalles de pierres presque noires, aux murs des pigments très chaleureux dont un profond violine. Une piscine chauffée est à disposition et en été on file au jardin à l'heure du petit déjeuner. Deux gîtes indépendants pouvant accueillir 4 personnes sont également proposés à la location, au week-end ou à la semaine.

L'AULIÈRE €€

901, chemin de l'Aulière - **RICHERENCHES**
✆ 04 90 28 05 04
www.lauliere.com
Ouvert toute l'année. Chambre double de 90€ à 130€. Petit déjeuner inclus. Gîte de 600 à 1750€ la semaine.

C'est dans un écrin de nature où serpente une petite rivière que se niche cette belle bastide du XVIIIe siècle restaurée avec goût. Les chambres aux couleurs chatoyantes avec poutres et pierres apparentes sont ravissantes, toutes aussi intimes les unes que les autres. Le salon possède une grande cheminée. Les familles nombreuses préfèreront investir les deux gites indépendants au sein de la propriété. Beaucoup de charme là-aussi et tout le confort, notamment les cuisines équipées, pour des séjours prolongés. Piscine, tennis, ping-pong, rien ne manque !

LE JOUR ET LA NUIT €€

1205, chemin des Ruches - **VAISON-LA-ROMAINE**
✆ 06 80 48 66 47
www.journuitvaison.fr
Ouvert toute l'année. 5 chambres de 90 € à 100 €. Petit déjeuner inclus. Piscine de Pâques à mi octobre.

Imposante au milieu des vignes, cette ancienne magnanerie magnifiquement restaurée est située à seulement 5 minutes en voiture du centre ville. On s'y ressource assurément. On se pose sur la terrasse à l'ombre des frondaisons centenaires ou sur un transat au bord de la piscine, on se fait un billard dans le grand salon. Les chambres sont toutes différentes dans leur décoration qui joue la carte de l'épure design et colorée. Douche à l'italienne, écran plat, le confort est partout. Petits déjeuners copieux préparés par Emmanuelle, confitures et jus de fruits maison.

DOMAINE LES DAVIDS - LES HAMEAUX €€

Route de Banon et Route d'Oppedette - **VIENS**
✆ 04 90 74 68 67
www.lesdavids.fr
Ouvert toute l'année. Location à partir de 1 610 € la semaine selon la maison. Restauration (service traiteur sur résa).

Au cœur d'un domaine de 20 ha, les maisons en pierres sèches des deux hameaux ont été restaurées à l'identique de ce qu'elles étaient autrefois mais avec tout le confort d'aujourd'hui et une décoration raffinée, bohème et tendance, chambres spacieuses, salons avec cheminée ! La Maison du Berger, la Maison Rose ou la Grande Maison au Hameau de Cournille et la Maison Basse et la Maison Haute au Hameau de Treimars ont des capacités d'accueil de 6 à 12 personnes.

INDEX

D

E

F

G

H

I

J

K

L

M

N

O

P

Q / R

S

EDITION

Directeurs de collection et auteurs : Dominique AUZIAS et Jean-Paul LABOURDETTE

Auteurs : Tanguy REVAULT, Julia VESQUE, Jean-Paul LABOURDETTE, Dominique AUZIAS et alter

Directeur Editorial : Stéphan SZEREMETA

Rédaction France : Elisabeth COL, Tony DE SOUSA, Mélanie COTTARD, Audrey VEDOVOTTO

Rédaction Monde : Caroline MICHELOT, Morgane VESLIN, Pierre-Yves SOUCHET, Natalia COLLIER, Laureen DUCHESNE

FABRICATION

Responsable Studio : Sophie LECHERTIER assistée de Romain AUDREN

Maquette et Montage : Julie BORDES, Delphine PAGANO

Iconographie et Cartographie : Anne DIOT assistée de Julien DOUCET

WEB ET NUMERIQUE

Directeur Web : Louis GENEAU DE LAMARLIERE

Chef de projet et développeurs : Nicolas de GUENIN, Adeline CAUX, Kiril PAVELEK

Intégrateur Web : Mickael LATTES

Webdesigner : Caroline LAFFAITEUR

Community Traffic Manager : Alice BARBIER, Mariana BURLAMAQUI et Vincent PHAM

DIRECTION COMMERCIALE

Directeur commercial : Guillaume VORBURGER assisté de Manon GUERIN

Responsable Régies locales : Michel GRANSEIGNE

Responsables Développement régie inter : Jean-Marc FARAGUET et Guillaume LABOUREUR

Chefs de Publicité : Camille ESMIEU

Chefs de Publicité Régie nationale : Caroline AUBRY, François BRIANCON-MARJOLLET, Perrine DE CARNE MARCEIN

DIFFUSION ET PROMOTION

Directrice des Ventes : Bénédicte MOULET assistée d'Aissatou DIOP

Responsable des ventes : Jean-Pierre GHEZ assisté de Nelly BRION

Relations Presse-Partenariats : Jean-Mary MARCHAL

ADMINISTRATION

Président : Jean-Paul LABOURDETTE

Directrice des Ressources Humaines : Dina BOURDEAU assistée de Sandra DOS REIS et Eva BAELEN

Directrice Administrative et Financière : Valérie DECOTTIGNIES

Comptabilité : Jeannine DEMIRDJIAN et Adrien PRIGENT

Recouvrement : Fabien BONNAN assisté de Sandra BRIJLALL et Vinoth SAGUERRE

Responsable informatique : Arney BADER

PETIT FUTÉ LES MEILLEURES CHAMBRES D'HÔTES

LES NOUVELLES EDITIONS DE L'UNIVERSITE
18, rue des Volontaires - 75015 Paris.
✆ 01 53 69 70 00 - Fax 01 42 73 15 24
Internet : www.petitfute.com
SAS au capital de 1 000 000 € -
RC PARIS B 309 769 966
Couverture : © alle12
Impression : IMPRIMERIE CHIRAT -
42540 Saint-Just-la-Pendue
Achevé d'imprimer : avril 2021
Dépôt légal : 25/05/2021
ISBN : 9782305056210

Pour nous contacter par email, indiquez le nom de famille en minuscule suivi de @petitfute.com
Pour le courrier des lecteurs : info@petitfute.com

IMPRIMÉ EN FRANCE

T

U

V / Y